평신과 총신을 중심으로 본
한국 장로교회의 종말론

평신과 총신을 중심으로 본
한국 장로교회의 종말론

2022년 4월 20일 초판 1쇄 인쇄
2022년 4월 30일 초판 1쇄 발행

지은이 | 이상웅
펴낸이 | 박영호
펴낸곳 | 도서출판 솔로몬

주소 | 서울시 동작구 사당로 170
전화 | 599-1482
팩스 | 592-2104
직영서점 | 596-5225

등록일 | 1990년 7월 31일
등록번호 | 제 16-24호
E-mail | solcp1990@gmail.com

ISBN 978-89-8255-604-3 03230

2022 ⓒ 이상웅
Korean Copyrigh ⓒ 2022
by Solomon Publishing Co., Seoul, Korea

저작권법에 의하여 한국 내에서 보호를 받는 저작물이므로
무단전재와 복제를 금합니다.

평신과 총신을 중심으로 본
한국 장로교회의 종말론

이상웅 지음

구례인 선교사

박형룡 박사

박윤선 박사

이눌서 선교사

솔로몬

결혼 30주년(2022.05.05.)을 맞아
아내 김영신에게

| 추천의 글 |

이상웅 교수의 이 책은 세 가지 특징을 가지고 있다. 첫째, 저자 자신이 중학교 때부터 관심을 갖기 시작한 후에 오랫동안 사고하고 경험하며 숙성시킨 결정체이다. 둘째, 목회자로서 교회를 목양하면서 여러 이단들과 싸우면서 얻은 정금 같은 교훈을 담고 있다. 셋째, 한국장로교회의 종말론의 초석이 되었던 칼빈을 비롯한 저명한 개혁주의 학자들의 종말론을 이해한 후에, 이런 이해가 평양신학교와 총신의 교수들에게 어떻게 접목되었는지 그리고 그 결과로 역사적 전천년설과 무천년설이 주류 종말론임을 밝히고 두 설의 장단점을 잘 설명해주고 있다. 한국 장로교회의 종말론 이해의 결정체로서 목회자들과 신학도 그리고 종말론에 대한 바른 입장을 가지기 위해 고뇌하며 공부하는 여러 평신도들에게 큰 도움이 될 것이라 생각되어 강추합니다.

김용주 | 안양대학교 겸임교수, 분당두레교회 담임목사

종말론은 신학의 뜨거운 감자이다. 종말론에 따라 교회가 혼란에 빠지기도 하고 바로 서기도 한다. 한국 장로교 신학의 발전에서도 두드러지게 나타나는 변화가 있다면 그건 종말론이다. 처음부터 개혁신학의 기본 노선을 따랐던 평양 신학교가 유독 종말론에서만은 세대주의로 치우쳤다. 이 책은 그 흐름의 근원을 끈질기게 추적했다. 저자는 평양 신학교에서 가르친 선교사 교수들이 미국 장로교 신학교 출신임에도 무디 부흥 운동이나 학생지원 운동을 통해 선교사로 헌신하게 된 데에서 그 원인을 찾았다. 그리고 그런 가르침이 일제 강점기에 이 땅에서 소망을 잃고 환난 가운데 있는 교회에 위로와 소망을 안겨주는 순기능을 했다는 점도 인정한다. 그러나 해방 이후에 이런 종말론은 시한부 종말론의 형태로 왜곡되어 교회와 사회에 큰 물의를 빚어온 점을 상기시키며 이제 세대주의적 종말론이 안고 있는 신학적인 문제점을 분명히 짚고 넘어가야 함을 지적한다. 저자는 자료 수집이나 연구가 쉽지 않은 평양 신학교의 선교사 교수들의 종말론을 세밀하게 살피고 분석하였다. 더 나아가 세대주의 전천년설이 대세였던 평양 신학교의 종말론과는 달리 총신의 종말론은 역사적인 전천년설과 무천년설이 양립한다는 사실을 박형룡을 비롯한 조직신학자들의 가르침을 분석함으로 규명하였다. 그래서 평신과 총신을 중심으로 한 한국 장로교의 종말론의 흐름을 한눈에 파악할 수 있게 하였다. 총신 신

학자들의 종말론을 다뤘지만, 그중에는 고신과 합신에서도 가르친 이들이 있어 이 책의 분석이 한국 장로교 종말론의 큰 흐름을 대변한다고 본다.

무척이나 힘겹고 수고스러운 작업이지만 누군가 꼭 해야 할 일이었는데 저자가 그걸 해냈다. 이 책은 앞으로 한국 장로교의 종말론이 나아가야 할 로드맵을 그려주는 중요한 의의가 있다고 본다. 올바른 종말론의 정립은 교회의 신학과 삶 전반에 지대한 영향을 미치는 신학 체계를 구축하는 작업이라고 해도 과언이 아닐 것이다. 앞으로 저자가 바라는 대로, 양립하는 천년설의 장단점을 잘 보완하며 성령 안에 이미 실현된 면과 아직 미완의 종말을 균형 있게 다루어 장로교의 종말론을 한 단계 더 업그레이드하는 저서가 나오기를 고대한다.

박영돈 | 고려신학대학원 교의학 명예교수

이상웅 박사의 종말론 강의와 논문들로 구성된 『한국 장로교회의 종말론』이 출판되는 것을 먼저 기뻐하며 축하드립니다. 저자는 이 주제에 대하여 청소년 시기부터 특별한 관심을 가졌으며 한국에서 널리 퍼졌던 시대주의 종말론과 시한부 종말론의 소동을 겪었다. 신학자가 된 후에 성경적 개혁주의 종말론을 강의하면서 역사적 뿌리로부터 한국의 신학 거장들을 연구한 그의 종말론 책은 한국의 토양에서 최고의 전문학자의 모습을 보여준다.

해방 전까지 한국교회의 신학의 중심은 종말론이라고 표현해도 지나치지 않을 것이다. 일제치하의 고난 속에서 현실을 극복하고 소망을 주는 천년왕국 사상은 한국교회의 역동성의 근원이 되었다. 선교사들에 의해 시작된 복음의 확장은 일제에서 꺾어지지 않은 고귀하게 꽃을 피우게 되었다. 이런 종말론 사상에는 세대주의적 전천년주의 흔적을 지울 수가 없었지만 또한 긍정적으로도 큰 역할을 하였다. 저자는 역사 문헌적 연구를 통하여 평양신학교의 종말론과 총신 교수들의 종말론을 통하여 한국 장로교의 종말론의 뿌리와 골격 그리고 개혁신학적으로 변혁되어가는 과정을 보여주고 있다.

저자는 총신의 신학적 정초자인 박형룡 박사의 역사적 전천년주의와 화란 개혁주의의 무천년주의는 서로 존중하고 서로의 배움 속에서 종말론이 발전할 수 있다고 지혜로운 조언을 강조한다. 이런 그의 연구의 수고는 독자로 하여금 신학의 발전을 위하여 서로가 격려하고 배우게 된다면 풍성한 성경적 개혁신학의 발전을 이룩할 수 있다는 것을 예시한다고 볼 수 있다. 독자들은 종말신학속에서 당시의 성도들의 역사를 체험하고 그 때의 현실 역사속에서 종말신학의 소중함을 맛보게 하는 한국장로교회의 역사적 작품을 적극적으로 추천합니다.

안명준 | 평택대학교 명예교수, 한국장로교신학회 전 회장

이상웅 교수의 글은 언제나 유익한 정보들과 꼼꼼하고 친절한 해설, 그리고 실제적인 적용점을 담고 있어서 큰 도움이 됩니다. 이번에 나온 『한국 장로교회의 종말론』도 역시 그러한 장점을 모두 지니고 있습니다. 이 책은 한국교회사를 훑어가면서 우리나라에 처음 선교사로 왔던 중요한 선교사들, 해방 이전의 한국교회 장로교 목사들, 보다 최근의 예장합동 교단 신학자들의 종말론을 소개하고 있습니다. 저자는 우선 1차 자료를 정확하게 해석하고, 관련된 2차 자료들을 두루 섭렵하여 책 전반에 걸쳐 학문적 수월성을 일관성 있게 유지하고 있습니다. 기존의 견해 가운데 가장 지지를 받는 견해를 소개하면서도 다른 견해들 역시 무시하지 않는 학문적 엄밀성을 보여주고 있습니다. 다양한 견해를 소개하지만 난삽하지 않고 깔끔하게 정리하여 독자의 이해를 돕고 있으며, 매 주제마다 저자의 견해를 정확하게 밝히고 있습니다. 하지만 이 책이 단지 상아탑에 갇힌 학자의 고루한 논문 모음집에 그친다고 본다면 오해입니다. 복잡한 각주까지 읽지 않고 본문만 읽는다면 누구나 완독을 도전해 볼 수 있습니다. 사실 매 챕터가 아주 재미있게 읽히고, 심지어 역동성과 박진감마저 느껴집니다. 이것은 한국 장로교회를 사랑하는 저자의 마음이 글 곳곳에 배어 있기 때문일 것입니다. 이 책의 독자들은 현대 한국교회의 종말론에 대한 이해가 왜 이렇게 제각각인지 비로소 이해할 수 있게 될 것입니다. 또한 올바른 종말론은 어떤 것인지 깨닫게 될 것입니다. 그러면서도 자신과 다른 견해를 가진 이들에 대해서도 좀 더 유연하게 배려하는 자세를 배울 수 있게 될 것입니다. 그만큼 이 책은 유익하고 흥미롭습니다. 저자가 약속하고 있는 개혁주의 종말론에 대한 교본도 하루 속히 나오기를 기대하는 이유가 바로 그런 까닭입니다. 종말론에

대해 올바르고 성경적이며 균형 잡힌 견해를 배우길 원하는 모든 독자들에게 적극
추천합니다.
우병훈 | 고려신학대학 교의학 교수

    그러하지만 이 책도 이상웅 교수님의 꼼꼼한 특성이 잘 나타나는 책입니다. 수년 동안 어려운 중에서도 열심히 연구하고 글을 써 내신 것이 집대성되었습니다. 그 중에서도 특히 초기 선교사님들의 종말론의 성향, 평양신학교에서부터 한국 교회에 종말론이 어떠한 것이지를 잘 연구하여 밝혀 낸 공은 크게 치하받아야 합니다. 박형룡 교수님서부터는 비교적 쉽게 논의할 수 있지만 그 이전의 자료들을 열심히 발굴하고 연구해 내어서 한국에 온 초기 선교사들의 종말론이 어떠하였는지를 확실하게 드러낸 것에 대해서는 매우 큰 칭찬을 해야 합니다. 그와 더불어서, 한국의 초기 선교사님들과 목사님들의 세대주의적 종말론에서 박형룡 박사님부터 박윤선 교수님과 김길성 교수님과 이상원 교수님까지 이어지는 역사적 전천년설과 구례인 선고사와 이상근 교수와 신복윤 교수님의 무천년설이 어떻게 서로 존중하면서 같이 있을 수 있는지를 잘 드러내신 것도 큰 공헌입니다.

    한편 한편의 논문을 내실 때도 각고의 노력을 하신 이상웅 교수님의 이 모아진 글들은 이와 같이 한국장로교회의 종말론이 걸어 온 길을 잘 드러내 주고 있습니다. 초기의 세대주의적 종말론을 극복한 것이 한국 장로교 신학계의 큰 신학적 작업이었고, 이 일에 역시 박형룡 박사님과 박윤선 목사님의 큰 기여가 있다고 여겨집니다. 여기서 예고하셨으니 얼마 뒤에 나올 이상웅 교수님의 『개혁주의 종말론』과 함께 이 책은 한국교회 종말론 논의의 큰 획을 긋는 귀한 연구서입니다. 마음 속 깊은 곳으로부터 축하드리면서 모든 신학생들과 목회자들이 반드시 읽고 생각해야 한다고 여겨서 널리 추천하는 바입니다.
이승구   합동신학대학원대학교 조직신학 교수

    이상웅 교수의 『한국 장로교회의 종말론』의 출간은 교수로서의 연구서 이상의 의미를 지니고 있다. 칼뱅의 개혁신학이 유럽과 신대륙으로 이동하는 과정을 살펴보면 유럽인들에 의한 대륙정복이라는 살벌한 과정을 통해서 수용되어졌다면 한

국교회의 개혁주의 수용은 우리 자신이 직접 공부해서 수입하고 성찰하여 정착시킨 비유럽권에서 유일한 예라고 할 수 있다. 이상웅박사는 지난 수년간 총신대학교 신학대학원 조직신학교수로 봉직하면서 꾸준하게 한국교회의 신학을 역사적 내력 속에서 파악하고 그 의미를 규명하는 작업을 해 왔다. 〈박형룡 신학과 개혁신학 탐구〉에 이어서 부제로 "평신과 총신을 중심으로 본" 〈한국 장로교회의 종말론〉이 출간된 것은 저자의 그 동안의 고통스러운 연구과정을 견디고 이루어낸 역작이어서 추천사를 쓰면서 특별한 감정을 가진다.

한국선교 140년이 지나가는 지금 한국교회는 신학 정체성의 혼란 가운데 있어 보인다. 그것은 한국이 국제사회에서 정치, 외교, 안보에서 주변국의 영향에서 자유롭지 못한 것과 같이 신학 역시 선교초기부터 신학적 다양성이 이 땅에 도입되었고, 신학적 기본이 튼튼하지 못했던 한국교회의 목회현장은 신학적 혼란으로 힘든 시기들을 보내었다. 대표적인 사례가 바로 종말론(eschatology) 분야라 할 것이다. 코로나 초기 상황에서 불건전한 계시록 해석으로 문제를 일으킨 집단 역시 한국교회 종말론 정립되지 못할 때 얼마나 심각한 문제를 불러 올 수 있는가를 보여준 사례라 할 수 있다.

저자는 이 문제의 심각성에 대해서 구체적인 연구를 통해서 기여해 왔다. 그는 〈개혁주의 종말론에 기초한 요한계시록 강해〉를 내었고, 이어 종말론의 논의 시점을 평양신학교에서 시작하여 총신대학교에 이르는 종말론의 대계(大系)를 일목요연하게 제시하여 한국교회의 종말론을 한 눈에 살펴볼 수 있도록 하였다. 특히 천년기설의 각기 다른 주장에 대한 배경을 설명하고 다양한 시각이 존중 속에서 공존하며 연구되어 온 성숙한 신학적 토양을 잘 설명해 내었다. 따라서 독자들은 종말론과 종말신학에 대한 소중한 지침을 이 책에서 얻을 수 있게 되었으므로 기쁜 마음으로 일독을 추천하는 바이다.

임종구 | 대신대학교 역사신학 교수, 푸른초장교회 담임목사

종말론에 관한 연구서는 많습니다. 그러나 평양 장로교 신학교(마포삼열, 기일, 소안론, 배위량, 이눌서, 이들의 한국인 제자들, 구례인)와 총신대학교(이상근, 신

복윤, 박형룡, 이상원)의 학자들을 중심으로 한국의 장로교 종말론을 다룬 연구서는 이상웅 교수의 이 책이 처음인 것 같습니다. 이 책은 저자가 한국 장로교의 종말론에 대해 10년 동안 쓴 논문들, 그리고 논문에서 다룬 주요 인물들의 배경을 이해할 수 있는 글들을 모은 것입니다. 종말론은 구속사의 결론과 같습니다. 결론을 알고 영화를 보면 아무리 두렵고 절망적인 장면들이 눈앞에 펼쳐져도 결코 두려움과 절망에 빠지지 않습니다. 이처럼 종말론에 대한 올바른 인식도 한 치 앞을 보지 못하는 어두운 현실을 살아가는 모든 성도에게 희망과 설렘을 제공해 줄 것입니다. 이 책은 그런 종말론을 한국 장로교가 과연 어떻게 수용했고 그 교리가 교회에 어떠한 영향을 주었으며, 서구의 종말론이 한국으로 넘어올 때에 어떠한 변화가 생기는지, 또한 한국의 경건한 선조들이 종말론을 성경과 전통에 비추어서 얼마나 바르게 이해를 했는지에 대해 문헌적인 객관성을 제공하고 있습니다. 한 시대의 사상과 한 나라의 문화와 한 사람의 전인격이 성경의 가르침과 어떻게 만나고 어떤 화학적인 반응을 일으키고 어떤 형태와 내용의 신앙에 이르게 되는지도 종말론을 중심으로 파악하게 해줍니다. 종말론은 교회만이 아니라 사회에도 큰 영향을 끼칩니다. 한국의 기독교 역사에서 종말론과 사회의 미묘한 상호작용에 대한 깨달음도 이 책이 제공하는 또 하나의 선물인 것 같습니다. 이 책의 가장 큰 유익은 오늘날 우리가 이해하는 종말론이 증말에 대한 외국인 선교사들 및 경건한 선조들의 이해와 무관하지 않다는 것을 깨닫게 해 준다는 것입니다. 저자는 1차 자료들의 수집과 비판적 읽기와 분석에 능하신 분입니다. 한국에 온 외국인 선교사들이나 그들의 제자들이 가진 종말에 대한 인식을 무작정 미화하는 분이 아닙니다. 학자의 객관적인 거리를 유지하며 그들의 종말론이 가진 밝은 부분과 어두운 그늘을 골고루 지적하며 균형 잡힌 평가를 내리려고 노력하는 분입니다. 한국의 기독교 역사에서 지금까지 확립되어 온 종말론을 역사적인 사료들에 근거하여 이해하고 싶다면, 우리의 세대에 보다 성경적인 종말론, 또 더 건강한 전통에 뿌리를 둔 종말론을 확립하고 싶다면 반드시 일독해야 할 책으로서 추천하고 싶습니다.

한병수 | 전주대학교 교의학 교수

차례

저자 서문　14

한국 장로교회의 종말론

1. 들어가는 말　21
2. 평양 장로회신학교의 종말론 전통　27
3. 해방 이전 한국 장로교 목사들의 종말론　75
4. 구례인(John C. Crane, 1888-1964)선교사의 종말론　102
5. 죽산 박형룡과 구례인의 천년기론에 대한 연구　131
6. 죽산 박형룡 이후 총신 조직신학자들의 천년기론　159
7. 유대인의 미래적 회복에 관한 죽산 박형룡의 입장 고찰과 신학적인 평가　188
8. 이상근 교수(1911-2011)의 종말론　226
9. 남송 신복윤(1926-2016)의 종말론　261
10. 기독교 윤리학자 이상원 교수의 종말론　299

부록

1. 죽산 박형룡과 예장합동 교단 333
2. 죽산 박형룡의 경건한 생애와 경건 이해 355
3. 한국 장로교회의 신학적 전통에 대한 죽산 박형룡의 이해 391
4. 송암 김길성의 생애와 신학적 관심사들 – 하나님·성경·교회
   중심의 신학고 삶 426
5. 최홍석 교수의 삶과 신학세계 470
6. 이상원 교수를 뒤따라온 사반세기 – 한 회상 523

저자 서문

본서는 필자가 속한 한국 장로교회의 종말론 전통을 규명하기 위해 수고했던 10여 년 간의 수고의 결실을 담은 것입니다. 한가지 당부드릴 것은 본서의 전체 제목을 기억하면서 본서를 읽어달라는 것입니다(『(평신과 총신을 중심으로 본) 한국 장로교회의 종말론』). 1884년 한국 선교의 시작으로부터 140여년이 흘러오는 동안 한국 장로교회는 다양한 교단으로 나누어졌고, 신학적인 스펙트럼의 차이뿐 아니라 종말론에 관한 논의들도 다양하기 때문에 종합적인 논의를 한 권의 책에 다 담기가 어려울지도 모르겠습니다. 필자는 다만 연구 관심에 따라 먼저는 평양 장로회신학교의 종말론 전통을 규명하는 일에 절차탁마의 노고를 치루었고, 이어서는 해방 이후 총신의 조직신학자들의 종말론 전통을 확인하는 작업을 해보았습니다. 따라서 본서는 평양 장로회신학교와 총신 조직신학자들을 중심으로 본 한국 장로교회의 종말론 연구라고 이해하시면 정확할 것입니다. 본서에는 평양 장로회신학교와 관련된 세 편의 논문과 총신 조직신학자들의 종말론과 관련한 아홉 편의 논문 등이 수록되었고, 배경 지식을 제공하기 위한 목적으로 신학자들에 관해 공표했던 다른 여섯 편의 글들을 선별하여 수록했습니다. 종말론과 관련해서만 보고자 한다면 본론에서 다루고 있는 2장-10장까지를 읽어보시기를 권합니다만, 신학적인 배경 지식을 위해서는 부록에 실은 여섯 편도 읽어보기를 권하고 싶습니다. 역사적인 순서를 따라 글들을 배치했기 때문에 처음부터 끝까지 읽어나가는 것이 좋겠으나, 매장이 독자적으로 쓰여졌고 공표되기도 했던 글이기 때문에 독자의 관심이 가는 장을 먼저 읽는 것도 가능하다고 생각됩니다.

필자는 2012년 가을 학기에 총신에 부임한 이래로 가을에는 종말론

(eschatology)을 강의해 왔습니다. 그러나 종말론 하면 중학교 2학년이던 1981년까지 거슬러 올라갈 수 밖에 없습니다. 교회에 인도한 반우가 하필이면 요한계시록을 읽고 나서는 교회 가지 않겠다고 선언했던 것이 충격이 되어, 그 어린 나이에도 불구하고 박윤선 박사의 『계시록 주석』을 구입하여 열심히 읽고 공부했던 것이 저의 종말론 연구의 시작이었습니다. 감사한 것은 그와 같이 종말론이라는 래빗 홀(rabbit hole)에 갑자기 빠져들었고, 지도해 주는 이가 없었지만, 박윤선 박사와 박형룡 박사의 종말론 관련 저술들을 읽었고, 대학 시절에는 카이퍼, 바빙크, 헨드릭슨, 리덜보스 등의 화란 칼빈주의를 접하게 되면서 세대주의 전천년설에 빠지지 않을 수가 있었다고 하는 사실입니다. 그러하였기에 1992년 다미선교회 열풍이 한반도를 휩쓸 때도 조금의 미동도 하지 않을 수 있었던 것도 역시 감사의 제목입니다. 본인의 사정이 그러하다 보니 목회 시절(1992-2012)에도 로마서 강해와 더불어서 요한계시록 강해를 준비하고 전하는 일을 자주 했었습니다. 그러한 긴 세월 여정 속에서 한국 장로교회에 편만했고, 여전히 그 영향력이 남아 있는 세대주의 전천년설에 대한 관심을 잊지 않았습니다. 그러한 관심사를 따라 본서에 담긴 여러 연구들을 진행해 본 것입니다. 이상에서 밝힌 필자의 개인적 이야기들은 본서의 실존적인 맥락을 형성하고 있다는 것을 말씀드리고자 하는 것입니다. 바라기는 개혁주의적이고 장로교회적인 종말론이 무엇인지를 알고자 하는 신학도들이나 일반 신자들에게 본서에 담긴 내용들이 다소나마 도움이 될 수가 있기를 소망해 봅니다. 물론 수 년안에 『개혁주의 종말론』 교본(textbook)을 출간할 계획을 세우고 준비 중인데, 교본 속에서 필자의 성경적이고 개혁주의적으로 정리

된 종말론 논의들은 종합적으로 보게 될 것임을 알려드립니다.

또 하나의 책이 세상에 출간되어지는 기회에 감사의 인사로 끝을 맺고자 합니다. 먼저 앞서 종말론을 가르치셨고, 많은 가르침을 주셨던 은사 김길성 교수님, 최홍석 교수님, 이상원 교수님 등께 감사를 드립니다. 학교로 돌아와 교수 생활을 시작한 초기 몇 년 동안 세 분 교수님들의 따뜻한 배려가 큰 힘이 되었음을 다시 한 번 밝힙니다. 그리고 평양 장로회신학교의 종말론 전통 탐구는 2020년 연구년 과제로 수행한 연구 결과들입니다. 어려운 시기에 연구년을 허락해 준 학교 당국과 이사회에 감사를 드립니다. 또한 일제 강점기하에 출간된 자료들을 접근하기가 너무나 어려웠으나 필요한 자료들을 접근하여 활용할 수 있도록 도와준 분들에 대해서는 본서 해당 부분에 이름을 밝혀 감사했습니다. 아울러 2012년 가을 학기부터 종말론 수업을 들었던(2016년부터는 인간론과 종말론 과목이 됨) 수 많은 원우들에게도 감사를 드려야 하겠습니다. 매년 적게는 네 반, 많게는 여덟 반까지도 종말론을 강의해야 했던 시간들은 단순히 기존의 지식을 전달하는 시간이었을 뿐만 아니라, 저의 종말론 연구를 더욱 더 진행하도록 자극제가 되어 주었습니다. 가르쳐야 하는 강단과 집중하여 들어주는 수많은 회중이 없었다면 지난 10년간 저는 그다지 발전을 하지 못했을지도 모릅니다. 지난 2년 동안 코로나 19 탓에 현장 대면 수업을 진행하지 못한 것은 적지 않은 상실과 결핍을 우리 모두에게 남겼음을 부인하기 어렵습니다. 하루 속히 현장에서 우리 원우들을 만나 종말론 강의를 진행하고, 때로는 허가 찔리게 하는 질문들도 받아보고 싶은 심정입니다. 또한 종이책 출판이 어려운 시기에 본서와 같은 전문 연구서적을 출간하기로 결단해 준 솔로몬 출판사의 박영호 장로님의 결단에 감사를 드리며, 편집 출간 작업에 수고한 모든 관계자들에게도 감사를 전합니다. 아울러 공사다망하신 중에도 본서 원고를 읽고 추천사를 써 주신 교수님들께 감사를 드립니다. 마지막으로는 늘 필자를 위해서 기도해온 양가 어른들과 형제자매들, 그리고 처남들과 처형 가족들에게 감사드리며, 특별히 본서를 이 때에 출간하기로 한 이유가 되는 결혼 30주년(2022.05.05.)을 맞이하여 강산이 세 번 바뀌는 세월 동안 인생의 동반자가 되어온 아내 김영신에게 감사하면서 본서를 헌정하는 바입니다. 그리고 박사과정 3학기를 진행중인 독자 진희도 늘 기억합니다. Last but not least! 여러 모로 바쁘고 힘겨운 환경 속에서도 온갖 은혜를 베풀어 주시는 삼위일체 하나님께 모든 영광을 올려드립니다.

주님 오시옵소서(Marana tha!)

2022년 2월 26일 토요일 늦은 오후
양지 캠퍼스 박형룡 박사 기념 도서관 관장실에서
이상웅 자서(自序)

한국 장로교회의 종말론

1
들어가는 말

『(평신과 총신을 중심으로 본) 한국 장로교회의 종말론』이라는 제목을 가진 본서에서 필자는 말 그대로 한국 장로교회의 종말론의 발전사를 살피되 평양 장로회신학교와 총신대학교를 중심으로 논구하였다. 사실 한국 장로교회의 종말론이라는 타이틀만 보고 본서를 읽다 보면 오도된 기대와 오해를 할 수도 있다. 왜냐하면 1884년에 선교 역사가 시작되어 근 140여 년의 시간이 흘러오는 동안 한국 장로교회의 역사는 수도 헤아릴 수가 없을 분열의 역사였고, 종말론에 관련해서도 다양한 저술들과 논문 연구들이 양산되어 있기 때문에 본서와 같은 부피의 연구서로는 다 포괄할 수가 없는데도, 그러한 연구서인 것처럼 오도될 수가 있기 때문이다. 독자들은 본서의 전체 제목을 염두에 두고 본서를 읽어 보기를 초두에 권하고 싶다.[1]

본서는 평양 장로회신학교의 종말론 전통을 탐구한 세 편의 글과 총신 교수들의 종말론을 다룬 여섯 편의 글을 담고 있으며, 배경 연구를 위해 부록으로 실은 여섯 편의 다른 글들이 포함되어 있다. 각장 별로

---

[1] 한국 장로교회 종말론과 관련하여 본서에서는 다루지 못했으나 합신의 이승구 교수, 통합의 이종성 교수, 연신의 김균진 교수, 고신의 이근삼 교수와 유해무 교수, 대신의 조석만 교수 등의 종말론 교구서들을 주목해 보기를 바란다. 아울러 한국 장로교회의 종말론과 관련하여 ACTS의 박응규 교수께서는 박사논문에서부터 시작하여 연구 노작들을 통해 많은 기여를 해오셨다.

간략하게 소개를 해 보자면 이어지는 첫 세장에서는 평양 장로회신학교의 종말론 전통이라는 항목으로 묶어볼 수가 있을 것이다. 2장에서는 평양 장로회신학교의 종말론 전통을 규명해 보았다("평양 장로회신학교의 종말론 전통"). 신학 교육에 직접 관여했거나 교과서 번역 내지 저술 작업 등으로 영향을 미쳤던 선교사들(마포삼열, 기일, 소안론, 배위량, 이눌서)의 프로필을 살피고, 그들의 종말론적 경향을 분석하는 작업을 수행했다. 이어지는 3장에서는 그러한 선교사 교수들의 교육을 받고 목회활동을 했던 일제 강점기 시절의 한국 장로교회 목회자들의 종말론이 어떠하였는지를 규명해 보았다("해방 이전 한국 장로교 목사들의 종말론"). 현재도 선교지에서는 선교사 교수들의 영향이 절대적일 수 밖에 없듯이, 초기 한국 장로교회의 신학 교육 역시도 선교사 교수들의 영향이 절대적일 수 밖에 없기에 2장에서 살펴보게 되는 선교사 교수들의 종말론은 한국 장로교 목회자들의 종말론에 반영될 수 밖에 없었다는 점을 보게 될 것이다. 2장과 3장의 연구 결과를 통해 우리는 평양 장로회신학교의 주류적인 종말론 입장이 전천년설이라는 이름하에 주로 세대주의적 전천년설(Dispensational Premillennialism)이 주류적이었음을 확인하게 될 것이다. 이는 기존 학계에서 일반적으로 인정되어온 바이기는 하지만, 본서에 담긴 필자의 연구들은 당사자들의 원문들을 직접 논구하여 증거를 제시하고 있다는 점에서 학술적인 기여가 된다고 필자는 생각한다. 그리고 이어지는 4장에서는 "구례인(John C. Crane, 1888-1964)선교사의 종말론"을 규명해 보았는데, 사실 구례인 선교사가 평양 장로회신학교에서 재직한 것은 단 1년(1937-1938)이기 때문에 평양 장로회신학교 보다는 1950년대에 『조직신학』의 출간을 통해서 미친 영향력이 더 크다고 보아야 할 것이다. 그럼에도 불구하고 그의 신학이 선교사 교수 시대의 신학을 대변하기도 한다는 점에서 우리는 평양 장로회신학교의 종말론 탐구라는 첫 영역에 구례인 선교사의 종말론 연구도 위치시킬 수가 있다고 본다.

5장부터 10장에 이르는 여섯 개의 장은 해방 이후 한국 장로교회의 종말론 전통을 규명하되 주로 총신 교수들의 종말론 전통을 논구해 본 것들이다. 물론 죽산 박형룡의 경우는 해방 이후 고신, 장로회신학교, 총신 등에서 연이어 교수했기에 단순히 한 교단 신학자로만 분류하기 어려운 점도 있을 것이고, 이상근 교수는 고신에서 재직하다가 총신에서 교수했고, 신복윤 교수의 경우는 총신 교수로 재직하다가 합신 설립에 동참하였던 것을 고려할 때에 단순히 총신의 종말론 전통이라고만 할 수 없을지도 모르겠다. 5장에서는 죽산 박형룡과 구례인 선교사의 종말론을 논구하되 그들의 천년왕국에 대한 입장을 중심으로 논구했다. 죽산은 역사적 전천년설을 대변했고, 구례인 선교사는 무천년설을 대변했다. 이어지는 6장에서 논구되어지는 바 "죽산 박형룡 이후 총신 조직신학자들의 천년기론"에서 확인할 수가 있듯이 역사적 전천년설과 무천년설은 총신 역사 가운데 양립하는 두 입장이라는 점도 분명하게 된다. 때로는 역사적 전천년설이 강렬하여 무천년설을 배제하고자 하는 이들이 교단 내부에는 있기 마련이지만, 무천년설 역시도 개혁주의 종말론의 대표적인 입장중 하나임을 인정해온 것이 총신의 종말론 전통이기도 하다는 점을 두 편의 글에서 분명하게 확인하게 될 것이다. "유대인의 미래적 회복에 관한 죽산 박형룡의 입장 고찰과 신학적인 평가"라는 제목을 가진 7장에서는 재림 전의 한 세대의 유대인에 대한 하나님의 구원 계획이 무엇인가에 대한 죽산 박형룡의 입장을 규명해 본것인데, 필자의 연구 결과로는 죽산은 초기부터 후기까지 여일하게 마지막 세대의 유대인들의 실질적인 전수가 회심하는 은혜를 입을 것이라고 하는 입장을 견지했다는 것이었다. 필자는 이러한 죽산의 입장이 그의 제자들에게 어떻게 이어지는지를 살펴 보았고, 또한 이 문제에 관한 세계적인 신학자들과 주석학자들의 견해가 어떠한지를 정리한 후에 죽산의 입장에 대한 평가를 해 보았다. 8장에서는 고신의 교수로 재직하다가 총신 교수로 부임하여 가르쳤던 이상근 교수(1911-2011)

의 종말론을 논구해 보았다. 동명의 주경학자 이상근 박사와 헷갈릴 정도이고, 남긴 저술이 부재한 조직신학 교수였지만, 이상근 교수는 자신의 많은 강의안들을 남겨 주었기 때문에 그의 신학에 대한 연구가 가능한 것이다. 8장에 수록한 이상근 교수의 종말론에 대한 논고는 그가 남긴 종말론 강의안을 분석하여 공표한 내용이다. 그리고 9장에서는 죽산 박형룡의 제자이자 후임자가 된 남송 신복윤 교수(1926-2016)의 종말론을 논구해 보았다. 남송은 루이스 벌코프의 저술을 번역하기도 하고, 벌코프의 영향을 많이 받아서 무천년설을 가르쳤던 신학자이다. 후일 합신으로 옮겨 가서도 그는 벌코프를 기본적인 교과서가 되도록 영향을 미치기도 했다. 이런 점에서 벌코프의 영향을 크게 받았으나 역사적 전천년설을 취했던 죽산과 달리 신복윤 교수는 이상근 교수처럼 벌코프의 무천년설까지 수용했다는 점에서 차이점이 두드러진다. 마지막 장인 10장에서는 최근에 은퇴한 기독교윤리학자 이상원 교수의 종말론을 논구했다. 기독교윤리학자이지만, 학과 특성상 교의학 과목들을 같이 가르쳐 왔고, 종말론 강의안 뿐 아니라 관련된 여러 논문들도 공표했기 때문에 이러한 논구 작업이 가능했다. 10장을 통해서 확인하게 되겠지만 이상원 교수는 죽산 박형룡의 신학적 입장을 충실하게 따랐으며, 역사적 전천년설을 세밀하게 제시해 주고 있다.

  본서는 이와 같은 9편의 종말론 논구들로 끝을 내지 않고 부록에 여섯 편의 다른 글들을 수록하고 있다. 그 까닭은 앞서 논구된 여러 신학자들에 대한 배경 지식을 제공 해주기 위해서이다. 부록의 첫 세 편은 죽산 박형룡과 관련된 글들이다. 박형룡 박사가 한국 장로교회에 미친 기여를 살피는 "죽산 박형룡과 예장합동 교단," 죽산의 생애를 경건(piety)이라는 키워드로 분석해 보고, 그의 경건론을 제시한 "죽산 박형룡의 경건한 생애와 경건 이해"과 한국 장로교회의 신학적인 정체성에 대해 죽산이 어떻게 규정하고 있는지를 논구해 본 "한국 장로교회의 신학적 전통에 대한 죽산 박형룡의 이해" 등의 글이다.[2] 그리고 이어지는 세 편의 글에서는 죽산 이후 총신에서 조직신학을 가르쳤던 김길성 교수("송암 김길성의 생애와 신학적 관심사들- 하나님·성경·교회 중심의 신학과 삶-"), 최홍석 교수("최홍석 교수의 삶과 신학세계"), 그리고 기독교윤리학자 이상원 교수("이상원 교수님을 뒤따라온 사반세기- 한 회상")에 대해 필자가 썼던 글들을 수록했다. 부록 4-6으로 수록된 글들은 세 분의 정년 퇴임을 맞이하여 썼던 글들임을 밝힌다. 본서에 수록된 모든 글들이 처음 공표된 출처는 각각의 글의 첫 각주에서 밝혀놓았다.

본론으로 들어가기 전에 정리해 보자면, 본서는 평양 신학교와 총신의 종말론 전통을 규명해 보려고 필자가 10여 년간 기울인 노력의 결과들을 모아 보았다는데 의의가 있음을 밝힌다. 한국 장로교회의 첫 번째 신학교였던 평양 장로회신학교의 경우는 원자료들 연구를 통해서 세대주의 종말론이 대세였음을 규명했고, 해방 이후 총신의 종말론 전통은 죽산 박형룡의 역사적 전천년설과 더불어 무천년설이 항상 양립해 왔음을 논증하고 입증했다. 사실 개혁주의를 추구하는 진영에서는 세대주의 전천년설에 대한 경계가 언제나 필요하다고 보고, 역사적 전천년설과 무천년설에 대해서는 서로가 관용하고 서로에게 배우고자 하는 자세를 가지는 것이 필요하다고 생각한다. 예컨대 무천년설을 확고히 따르고 있는 필자의 입장에서는 역사적 전천년설의 강점과 약점을 인

---

[2] 필자가 박형룡 박사와 관련하여 논구한 논문들은 본서에 수록된 것이외에도 이상웅, 『박형룡 신학과 개혁신학 탐구』, 수정판 (서울: 솔로몬, 2021)에 수록되어 있고, 논문집에만 공표된 것들로는 다음의 논문들이 있다: 이상웅, "박형룡 박사와 J. G. Machen의 신학적인 관계," 「신학지남」 79/2 (2011): 142-167; "3. 1 운동 100주년에 즈음하여 다시 보는 박형룡박사의 초기 생애(1897-1923)," 「신학지남」 5-37[제14회 죽산 기념강좌 발제문]; "박형룡박사 기념도서관 명명(命名)의 의의와 과제," 「신학지남」 86/4 (2019): 235-259; "두암 박용규교수의 죽산 박형룡 연구," 「신학지남」 87/2 (2020): 271-309; "죽산 박형룡(1897-1978)의 섭리론," 「신학지남」 88/2 (2021): 119-151[제15회 죽산기념강좌 발제문]; "총신에서의 헤르만 바빙크 수용과 연구사," 「신학지남」 88/3 (2021): 51-83[2021년 종교개혁 기념 학술세미나 발제문].

정하고, 무천년설로 종말론을 전개할 때에 문제점이 무엇인지에 대해서도 겸허하게 인정하고 신학적 해결을 위해 노력해야 한다고 스스로 생각하고 있다.³ 그간에 개별적으로 발표했던 종말론 관련 글들을 엮어서 출간하는 기회에 앞으로의 저술 계획을 밝힌다면 성경적이고, 개혁주의적으로 포괄적인 종말론 교과서를 불원간 집필하고자 한다는 점이다. 필자의 체계적인 종말론 서술은 수 년안에 출간 예정인 『개혁주의 종말론(Reformed Eschatology)』에서 개진되어질 것임을 알리면서 한국 장로교회의 종말론 전통 연구로 넘어가고자 한다.

---

3 필자의 무천년설은 본서에 실린 여러 논문들에서도 드러나지만, 『개혁주의 종말론에 기초한 요한계시록 강해』, 개정판 (서울: 솔로몬, 2019 [초판 2013])에서 분명하게 제시되고 있음을 밝힌다.

2
평양 장로회신학교의 종말론 전통[1]

I. 들어가는 말

한국 개신교 선교의 시작은 1884년을 기점으로 삼지만, 본격적인 장로교 선교는 1885년 부활주일에 아펜젤러와 더불어 한국에 온 호레이스 언더우드(Horace Underwood, 1859-1916)로부터 시작되었다. 언더우드는 서울을 선교 거점으로 삼아 사역을 하면서 초기의 사역의 밑그림을 그렸고, 그 계획 가운데는 대학 설립과 신학교 설립도 포함되어 있었다.[2] 그러나 장로교 신학교 설립의 꿈을 이룬 주역은 평양 선교부를 개척한 마포삼열(Samuel Austin Moffett, 1864-1939)선교사였다. 그는 1901년 5월 15일 자신의 집에서 두 사람의 한국인 장로들과 더불어 신학 교육을 시작했고, 1906년 봄 부터는 한국에 온 네 개의 장로교 선교부(미북장로교회, 미남장로교회, 호주장로교회, 카나다장로교회)가 모두 신학 교육에 동참하게 된다.[3] 1907년에 첫 졸업생 7인을 배출한 이래 1939년 신사참배에 반대하여 무기한 휴교(사실상 폐교)에 들어가기까지 800명이 넘는

---

1 본 장은 「한국개혁신학」 70 (2021): 218-264에 처음 공표되었음을 밝힌다.
2 언더우드는 1886년초에 고아들을 위한 집과 학교를 열었고, 장기적인 안목을 가지고 대학교와 신학교 설립을 꿈꾸고 있다는 점을 막역한 친구 헐버트에게 털어놓았다고 릴리어스 언더우드는 기록한다(Lillias H. Underwood, *Underwood of Korea*, 이만열 역, 『언더우드』 [서울: IVP, 2015], 54-55).
3 평양 장로회신학교에 관하여 종합적으로 잘 정리된 자료는 조경현, 『초기 한국장로교 신학사상』 (서울: 그리심. 2011)이다.

한국인 목회자들을 양성해냄으로, 초기 한국장로교회의 모판의 역할을 잘 감당해내었다. 교육 과정은 처음에는 1년에 3개월 반씩 5개년 과정으로 진행되었으나, 1920년에 이르러 3년제 교과과정으로 변경하였다.[4] 1925년에 이르러 최초의 한국인 신학교수 남궁혁이 임용되기 전까지 25년간은 전적으로 선교사 교수들이 신학 교육을 주도했다.[5] 따라서 "1920년대까지를 '초기'라고 말할 때, 초기 한국교회의 신학은 사실 선교사들의 신학을 의미했다"고 하는 이상규의 평가는 올바른 평가라고 할 수가 있으며,[6] 한국인 교수들의 임용후에도 선교사 교수들이 대다수를 차지했고 영향력을 발휘했기 때문에 평양 장로회신학교의 신학을 규명하는 작업은 선교사들의 신학이 무엇이었는가를 규명하는 문제로 논의의 초점이 맞추어질 수 밖에 없다.[7]

그동안 학계에서는 평양 장로회신학교의 교육과 신학 형성에 기여한 선교사들의 신학적 특징이 무엇이었는가에 대한 논의들이 많이 이루어져 왔는데, 한편에서는 "개혁파 복음주의," "보수주의," "보수적 복음주

---

[4] 조경현, 『초기 한국장로교 신학사상』, 207; 라부열, "신학교 소식"「신학지남」4/1 (1921): 139에 의하면 1920년부터 2학기제가 되었고, 학교에서 공부하는 기간은 도합 7개월씩이라고 말하고 있다.

[5] 남궁혁은 1925년 봄에 조교수로 임용되었고("신학교 소식"「신학지남」7/1 [1925]: 181; "신학교 소식"「신학지남」7/3 [1925]: 167), 1927년에 이르러 原교수(=정교수)로 승진하게 된다. 동년에 이성휘가 구약교수로 임용되었고("신학교 소식"「신학지남」10/1 [1928]: 69), 1931년 가을에는 박형룡이 변증학교수로 임용된다("신학교 소식"「신학지남」13/6 [1931.11]: 85.

[6] 이상규, "한국에서의 개혁주의 신학의 수용과 발전,"「갱신과 부흥」11 (2012): 103. 주강식은 "한국에서 1930년대 이전의 신학은 선교사의 신학을 의미한다"라고 말하기도 한다 (주강식. "한국장로교회의 개혁신학에 대한 연구: 1884년부터 2000년까지를 중심으로," 「갱신과 부흥」14 [2014]: 94). 이상규나 주강식은 한국의 개혁신학에 초점을 맞추고 이러한 평가를 내린다.

[7] 박용규, 『한국장로교사상사』(서울: 총신대학출판부, 2009): 62-104; 주강식, "한국 장로교회의 개혁신학에 대한 연구: 1884년부터 2000년까지를 중심으로"(신학박사, 고신대학교, 2014): 33-128; 김홍만, 『초기 한국 장로교회의 청교도 신학』(서울: 옛적길, 2003); 황재범, "한국장로교회의 칼빈주의 수용에 있어서의 이중적 태도,"「갱신과 부흥」11 (2012): 70-94.

의" 등으로 규정해 왔고, 또 다른 한편에서는 "극보수주의 혹은 근본주의"라고 비판되기도 했다.[8] 미국 북장로교회 선교부 총무였던 아서 브라운은 초기 선교사들이 "청교도 유형의 사람들"로서 주일 성수를 강조하고, "춤, 흡연과 카드 게임"을 금하고, "신학과 성경 비평에 있어 가장 보수적"이었으며 특히 "그리스도의 재림에 대한 전천년적인 견해를 절대 필요한 진리"로 확립했다고 평가했는데,[9] 후일 죽산 박형룡은 이러한 내용들이 한국형 청교도 개혁주의 신학의 주요 특징들이라고 주장하기도 한다.[10] 물론 장로교 선교사들의 신학적 기준은 성경과 웨스트민스터 표준문서였다는 점도 간과해서는 안될 것이다.[11] 필자는 본장에서 그러한 장로교 선교사들이 한국 장로교회에 전파한 종말론 전통이 무엇이었는지를 규명해 보려고 한다. 앞서 본대로 전천년설적인 진리를 "절대 필요한 진리"로 간주할 만큼, 선교사 교수들이나 그들에게서 배운 한국 목회자들은 철저한 전천년주의자들이었다는 점은 자주

---

8 이상규, "한국에서의 개혁주의 신학의 수용과 발전," 104; 박용규, 『한국장로교사상사』, 63 각주 7에서 이러한 해석의 차이를 나열해 준다.

9 Arthur J. Brown, *The Mastery of the Far East* (New York: Charles Scribner's Sons, 1919), 540. 마지막 문장의 원문은 다음과 같다: "… and he held as a vital truth the premillenarian view of the socond coming of Christ."

10 박형룡, "한국 장로교회의 신학적 전통," 「신학지남」 174 (1976): 11-22. 죽산은 한국형 청교도개혁주의의 다섯 가지 특징으로 "성경의 신령한 권위를 믿는 신념," "하나님의 주권에의 확신," "안식일의 성수와 경건 생활에 치중)," "성실한 실천(직접 전도주의 실천, 주초 금지)," "천년기건재림설" 등을 제시한다. 이에 대한 논의를 보기 위해서는 이상웅, 『박형룡신학과 개혁신학 탐구』 (서울: 솔로몬, 2019), 163-171을 보라.

11 방위량선교사는 한국선교 50주년 기념식에서 이 점을 잘 강조해서 지적해주었다: "Presbytrians with their historic Calvinistic background, accepting the Westminster Standards and Presbyterian form of government have as of old unquestioningly accepted the Scriptures and the very Word of God." Herbert E. Blair, "Development of the Korean Church," in The Fiftieth Anniversary Celebration of the Korea Mission of the Presbyterian Church in the U. S. A [Seoul: Y.M.C.A. Press, 1934], 121). 또한 이은선, "한국장로교단들의 웨스트민스터 신앙고백서와 대소요리문답의 수용," 「한국개혁신학」 51 (2016): 174-213을 보라.

언급되어져 온 사실에 속한다.¹² 더욱이 그들이 확집하고 전파한 종말론이 역사적 전천년설이 아니라 대체로 세대주의적인 전천년설이었다고 하는 사실은 후대에 신학하는 장로교(혹은 개혁주의) 신학자들에게는 이해하기 어려운 일로 보일 것이다.¹³

본 장을 통해 필자는 평양 장로회신학교의 종말론 전통을 집중적으로 조명하고 논구해 보려고 하는데, 관련된 원 자료들과 2차 연구 문헌들을 토대로 하여 논의를 진행해 보고자 한다. 그러한 논의 과정을 통하여 평양 장로회신학교의 종말론 전통이 단순히 전천년설인지, 아니면 세대주의적 전천년설인지를 분명하게 규명해 보는 것을 목표로 한다. 논의의 순서는 종말론 전통의 형성자들인 주요 선교사 교수들을 확인해 보고(II), 그들에 의해 한국에 소개된 주요 종말론 텍스트들을 살펴보도록 할 것이다(III).

II. 평양 장로회신학교의 종말론 형성에 영향을 미친 선교사들

평양 장로회신학교의 종말론적인 전통은 장로교 선교사 교수들에 의

---

12 박응규, "일제하 한국 교회의 종말론 형성에 관한 연구,"「역사신학논총」 2 (2000): 176-198; 박응규,『한국기독교회사II』(서울: 한국기독교사연구소, 2017), 292-311; 이승구, "죽산과 정암의 천년 왕국 이해,"「신학정론」 38/2 (2020): 497-498. 이 주제에 관한 광범위한 논의는 Pak Ungkyu, "From Fear To Hope : The Shaping of Premillennialism in Korea, 1884-1945"(Ph. D. dissertation. Westminster Theological Seminary, 1998): 80-278을 참고하라.

13 OPC선교사였던 간하배교수는 초기 한국 선교사들에 의해 유입된 세대주의를 "milder forms"라고 평가하면서도, 장로교주의와 일치하지 않는 요소였다고 바르게 평가했다 (Harvie M. Conn, "Studies in the Theology of the Korean Presbyterian Church: A Historical Outline," *Westminster Theological Journal* 29/1 [1966]: 50-51). 또한 이화여대 양현혜교수에 의하면 초기 장로교 선교사들이 전천년설을 확집한 반면에, 당시 감리교 선교사들은 전천년설을 매우 낯선 것으로 이해했다고 한다(양현혜,『근대 한 일 관계사 속의 기독교』[서울: 이화여자대학교출판부, 2009], 209).

해서 형성되고 강화되었기 때문에 먼저 그러한 전통 형성에 영향을 미친 선교사 교수들이 누구였으며 어떤 방식으로 영향을 미쳤는지를 먼저 확인해 볼 필요가 있다. 1901-1939년 어간 장로회신학교에서 재직한 교수들은 많지만,[14] 그들 중에 장로교신학교의 종말론 교육과 연관된 주요 인물들은 마포삼열, 기일, 배위량, 소안론, 이눌서 등 다섯 사람이다.

1. 마포삼열(Samuel Austin Moffett, 1864-1939)

평양 장로회신학교의 설립자이자 초대 교장으로 1924년까지 재직했던 마포삼열 선교사는 요리문답을 가르치고, 정치를 가르쳤다. 그의 종말론에 대한 입장은 일찍이 동료 선교사 게일의 소설형태의 책인 『밴가드』(Vanguard, 1904)에서 "전천년설적인 견해들"(pre-millennial views)을 가졌던 것으로 알려졌다.[15] 그의 아들 마삼락(Samuel Hugh Moffett, 1916-2015)박사는 부친의 종말론은 "비교리적 전천년설" 혹은 "역사적 전천년설"이었다고 강하게 주장했다.[16] 그러나 마포삼열이 역사적 전천년설자인지에 대해서는 규명이 되어야 할 난제라고 생각된다. 방위량 선교사의 회상에 의하면 LA의 근본주의자들 그룹에서 많은 선교비와 더불어 선교사를 파송하되 유일한 조건으로 전천년설 신봉자를 보내겠다고 제의해 왔을 때에 마포삼열은 "그런 조건에서라면 결코 받아들이지 않겠다"고 거부한 적이 있다고 한다.[17] 그러나 1983년 버지니아 유

---

14 평양 장로회신학교 교수들에 대한 간략한 소개는 정성구, "평양 장로회신학교 교수 약전," 「신학지남」 68/2 (2001): 80-98을 보라.

15 James S. Gale, Vanguard, 김재현 역, 『밴가드: 게일이 본 조선 교회 선구자들 이야기』 (서울: KIATS, 2012) 204(한글), 570(영문).

16 박응규, 『가장 한국적인 미국 선교사 한부선 평전』 (서울: 그리심, 2004), 292에서 재인용.

17 마포삼열박사전기편찬위원회, 『마포삼열박사 전기』 (서울: 대한예수교장로회총회교육부, 1973), 327-328.

니온신학교에서 통과된 이종형의 박사논문에 의하면, 마포삼열은 오히려 그런 지원자들의 도움을 받을 수 있도록 합당한 후보자를 찾아주기를 원했다고 한다.[18] 원자료들에 근거한 이종형의 글이 훨씬 더 설득력이 있어 보인다. 마포삼열의 한국선교에의 열정을 감안하고, 자신이 비교리적인 전천년설을 열정적으로 지향했다고 한다면, 세대주의 전천년설이냐 역사적 전천년설이냐가 그다지 큰 차이가 없다고 판단했을 것임에 틀림없기 때문이다.

2. 기일선교사(James Scarth Gale, 奇一, 1863-1937)

그러나 평양 장로회신학교에서의 종말론교육과 관련해서 보자면 가장 중요한 인물은 기일선교사(James Scarth Gale, 奇一, 1863-1937)이다. 그는 신학교 초기부터 강의를 했으며,[19] 1916년 평양 장로회신학교 요람에 의하면 게일은 1909년부터 "종말론과 구약석의"(Eschatology and Old Testament Exegesis)를 가르쳤다고 기록되어 있다.[20] 그러다가 1923년 봄 예수교회서회에 전무한다는 이유로 신학교 교수직을 사임하게 된다.[21] 게일은 한국 장로교에서 세대주의 전천년설을 보급하는데 일등 공신이라고 할 수가 있다.[22] 그는 초기부터 여러 종말론 문헌들을 번역 소개했

---

18 Lee Jong Hyeong, "Samuel Austin Moffett: His Life and Work in the Development of the Prsebyterian Church of Korea 1890-1936," 165-167.
19 Richard Rutt, *A Biography of James Scarth Gale and a New Edition of His of the History of Korean People* (Seoul: Taewon, 1972), 46.
20 *Catalogue of the Presbyterian Theological Seminary at the Pyeng Yang, Chosen* (Yokohama: Fukuin Printing Co., 1916), 5.
21 "신학교 소식"「신학지남」5/3 (1923): 173.
22 Cho Hang-Sik. *Eschatology and Ecology: Experiences of the Korean Church* (Oxford: Regnum Books, 2010). 146. 감신교수였던 김철손은 "기일 박사의 재림론은 우리 나라에 있어서 말세사상을 계몽시키는 데 큰 역할을 했다"고 평가한다(김철손, "묵시문학,"「기독교사상」15/6 [1971.6]: 161). 또한 김철손은 기일이 "우리 나라에 있어서 휴거론 주장자의 제1인자라"라고 소개한다(161).

는데,²³ 언더우드와 뜻이 맞아 C. I. 스코필드 성경을 번역했고,²⁴ 「신학지남」에 종말론과 관련하여 최초로 번역 소개된 중국선교사 정의화(E. W. Thwing)의 "묵시록대개"인데²⁵ 아마도 게일의 번역일 것이라고 추정된다.²⁶ 그리고 게일의 종말론에 관련된 가장 대표적인 역서는 1913년에 역간한 윌리엄 블랙스톤의 『예수의 재림』이라는 책이다.²⁷ 「신학지남」 1/2 (1918.7) 책광고에 보면 이 책에 대해 "예수의 재림하실 때에 발현될 각종 구절을 다수히 기록하였음으로 각 교우의 참고상 불가결할 책이외다"라고 추천하는 것을 보게 된다.²⁸ 그리고 「신학지남」 1/3 (1918.11)에 실린 영문 책 광고란에는 블랙스톤의 원서(Jesus is Coming)가 포함되어 있고, "이 책은 다 목사에게 크게 유익있는 책인데 누구든지 사실 마음 계시면 우리에게로 주문하시든지 이 「신학지남」 사무장으로 살 수 있음이오.'라고 광고하고 있는 것을 보게 된다.²⁹ 그가 번역 소개한 자료들은 대체로 세대주의 종말론을 가르치고 있는 것들이었고, 그

---

23 안수강, 『길선주목사의 말세론 연구』 (서울: 예영, 2008) 175-179.
24 Underwood, 『언더우드』, 267, 358, 360. 언더우드와 게일은 신학교 강의에 있어서도 상호 협력했다(237).
25 丁義華, "묵시록대개1," 「신학지남」 1/3 (1918): 57-71; "묵시록대개2," 「신학지남」 1/4 (1919): 48-66; "묵시록대개3," 「신학지남」 2/1 (1919): 63-70; "묵시록대개4," 「신학지남」 2/2 (1919): 50-63; "묵시록대개5," 「신학지남」 2/3(1919): 48-56. 안수강은 이 글들을 게일이 번역했다고 보는데 개연성이 충분히 있다고 사료된다(안수강, 『길선주목사의 말세론 연구』, 176). 하지만 안수강은 정의화를 중국인이라고 소개하나, 중국에서 활동했던 미국인 선교사 Edward Waite Thwing(1868-1943)의 중국식 이름이다 (https://baike.baidu.com/item/%E4%B8%81%E4% 39%89% E5% 8D%8E/4022966. 2020.06.30.접속).
26 안수강, 『길선주목사의 말세론 연구』.
27 William E. Blackstone, *Jesus is Coming*, re-revised ed. (Chicago e. a. : Fleming H. Revell Co., 1908), 7 일 역, 『예수의 재림』 (경성 : 조선야소교서회, 1913).
28 「신학지남」 1/2 (1918.7): 222.
29 「신학지남」 1/3 (1918.11): 599. 8년이 지난 후에 간행된 「신학지남」 8/2 (1926.4): 421에서도 "이 책은 서양에서 유명한 책이오 거기서 여러 십만권을 팔아소. 예수의 재림하실 일을 알고저 하면 이 책을 보셔야 될 것이라." 1926년 광고는 번역자를 배위량이라고 오기하고 있으나, 게일의 역서를 가리킨다.

가 평양에서 가르치는 동안에 이러한 자료들을 충분히 활용했을 것이라고 추정되어진다. 기일이 이처럼 강력한 세대주의 전천년설의 전파자가 된 이면에는 그가 토론토대학 재학 시절에 D. L. 무디를 만나서 감화를 받고 한국 선교사로 오게되었기 때문이라고 말할 수가 있다.[30]

3. 배위량선교사(William M. Baird, 1862-1931)

평양 장로회신학교의 종말론 교육과 관련하여 영향을 미친 또 다른 선교사는 숭실학당(과 전문학교)의 설립자로 더 유명하지만 초기에 신학교에서도 강의한[31] 배위량(William M. Baird, 1862-1931)이다. 배위량은 숭실학당을 설립하고 운영에 전념하면서 신학교에도 출강하여 구원론을 가르쳤고, 1922년에는 제임스 브룩스의 『주재림론』을 역간해 내었다.[32] 이 책은 기일이 번역한 블랙스톤의 책과 더불어 초기 한국 장로교회의 종말론 형성에 지대한 기여를 한 두 권의 텍스트북에 속한다. 배위량은 이 책의 역자서문에서 원래 전천년설자가 아니었음에도 불구하고, 브룩스의 책을 읽고 입장을 바꾸어 세대주의 전천년설자가 되었다고 고백한다.[33] 배위량이 이 책을 한국 성도들에게 소개하고 싶은 열망이 얼마나 강렬했는가하면 책의 내지 표제 부분에 보면 특고(特告)라는 이름 하에 "이 책을 좋은 지품에 인쇄하여 염가로 발매함은 이 책을 번역하신 배위량 목사의 특별한 보조로 발행함이니 우리는 이를 기뻐하고 하

---

30 Rutt, *A Biography of James Scarth Gale and a New Edition of His of the History of Korean People*, 7, 12.
31 *Catalogue of the Presbyterian Theological Seminary at the Pyeng Yang*, Chosen, 7.
32 James H. Brookes, *Till He Come*, 배위량 역, 『주재림론』 (경성: 조선야소교서회, 1922).
33 Brookes, 『주재림론』, 5: "역자도 젊었을 때에는 이 이치를 자세히 깨닫지 못하여 세상이 다 믿고 선하게 된 후에야 주께서 강림하실 줄로 알았더니 수십년 전에 이 책을 봄으로 성경 이치를 알게 되었으며 주재강림시에 공중 잔치 자리에 주께서 우리를 영접케 할 것이오." 또한 오주철, "한국교회사에 나타난 전천년설의 기원과 발전과정에 대한 교리사적 이해와 연구"(철학박사, 계명대학교, 2008), 47을 보라.

례하나이다"라는 광고가 실려있을 정도이다.[34] 본서에 대한 분석 개관은 이어지는 본 장의 III에서 살펴 보도록 하고, 종말론에 관련하여 배위량이 「신학지남」에 기고한 "주의 재림에 대한 성경의 교훈"이라는 제목의 짧은 글도 주목할 필요가 있다. 5쪽에 쿨과한 짧은 글이지만, 이 글에서 배위량은 전체적으로 세대주의 종말론을 소개하고 있다.[35]

4. 소안론선교사(William L. Swallen, 蘇安論, 1865-1954)

한국 장로교회 초기 종말론 형성과정에 지대한 공헌을 한 또 한 사람은 "하늘가는 밝은 길이 내 앞에 있으니"라는 찬송 작시자로 유명한 소안론선교사(William L. Swallen, 蘇安論, 1865-1954)이다. 소안론선교사는 우스터 대학과 매크믹신학교를 졸업하고, 마포삼열보다 2년 늦은 1892년에 내한하여 1893년에는 마포삼열, 이길함 등과 더불어 평양선교부 개척에 동역했다. 1894년 원산 선교부로 이임하여 사역하다가, 1899년에 다시 평양선교부로 복귀해서 1939년에 한국을 떠나기까지 긴 세월 동안 선교 사역을 했다.[36] 소안론은 숭실학당에서 가르치기도 했고,[37] 1901년 장로회신학교 시작부터 강의를 했다. 도덕학, 신구약해의, 유대역사, 모세오경 등 다양한 과목을 맡아 가르쳤지만,[38] 특히 1906년에는

---

34 책을 열면 표제와 역자 이름이 실린 면에 이러한 특고가 같이 수록되어 있다. 다음 페이지 영문 표제 소개란에는 "Presbyterian Publication Fund"로 발행된다고 소개되어 있다.
35 배위량, "주의 재림에 대한 성경의 교훈," 「신학지남」 8/1 (1926.01): 70-74. 편집인의 이름으로 되어 있는데, 당시 편집인은 배위량이었다. 배위량은 이 짧은 글에서 그리스도의 이중재림(rapture와 revelation)에 대해 말하고 있고, 임착한 재림에 대한 교훈을 말한다.
36 소안론선교사의 약전은 정성구, "평양장로신학교 교수 약전," 「신학지남」 68/2 (2001.6): 92을 보라.
37 평양 숭실전문과 장로회신학교에 기여한 소안론선교사의 수고에 비하자면 국내에서 그에 대한 연구 문헌은 많지가 않다. 평양 숭실에 관련해서는 오지석, "평양 숭실과 소안론(蘇安論, William L. Swallen) 선교사," 「한국기독교문화연구」 8 (2016): 159-178을 보라.
38 소안론의 도덕학 교육에 관련해서는 이장형, "한국기독교 초기 윤리학교과서 문헌해제 및 한국적 수용과정 연구," 「기독교사회윤리」 18 (2009): 317-351을 보고, 구약학과 관련해

계시록을 가르치기 시작했다.[39] 계시록에 대한 소안론의 관심은 지대해서 두 권의 해설서를 출간하기에 이르는데, 처음 출간은 1922년에 나온 『믁시록 공부』이다.[40] 이 책이 출간되고 난지 4년 후인 1926년 「신학지남」 8/2에서도 "소안론목사는 13도에 있는 선교사나 목사중에 믁시책을 제일 잘 아시는 선비니 이 책이 특별히 쓸만한 것이오."라고 추천하는 것을 발견하게 된다.[41] 같은 해에 곽안련을 비롯한 선교사들에 의해서 공역 출간된『믁시록주석』[42]이 무천년설적인 입장을 취하는데 반해, 소안론은 세대주의 전천년설을 확고하게 취하였다. 요한계시록에 대한 소안론의 관심은 지속적이었고, 71세이던 1936년에 이르러서는『계시록대요』를 출간하기에 이른다.[43] 이 책의 서언에서 소안론은 "계시록은 성경 가운데 가장 취미있는 책일 뿐 아니라 각 신자에게 가장 큰 가치가 있는 책"이라고 소개한다.[44] 요한계시록에 대한 소안론선교사의 두 권의 저술들 간에는 수정 증보의 의미는 있지만, 세대주의 전천년설을 전파하는 점에서는 조금도 차이가 없다. 종말론과 관련하여 중요한 또 다른 텍스트는 다니엘서인데, 소안론은 1938년에 『다니엘서요해』라는

서는 김지찬, "총신 구약학 형성의 토대: 신학지남 초창기 역사(1918-1940)를 중심으로," 「신학지남」 74/2 (2007): 92-135를 보라.

[39] 안수강, 『길선주목사의 말세론 연구』, 154.

[40] 소안론, 『믁시록 공부』 (경성 : 조선야소교서회, 1922). 총167쪽이고, 편집자로 소안론을 소개했다. 그리고 이 시기의 책자들은 묵시록이 아니라 믁시록이라는 발음 표기를 했다.

[41] 「신학지남」 8/2 (1926.4): 421.

[42] 곽안련, 밀의두, 도이명 공역, 『믁시록 주석』 (서울 : 조선야소교서회, 1922). 페이지 매김이 1503으로 시작해서 1578로 끝이 나는데(총 76쪽 분량), 이는 신약전체 주석(『신약주석』)의 마지막 부분을 따로 출간한 것이기 때문이다. 이 주석은 중국 선교사들인 杜步西 (H.C. DuBose), 潘神文(A.P. Parker), 慕維廉 (W. Muirhead) 등이 저술한 『新約註釋』 (上海: 中國聖敎書會, 1916)을 완역한 것이다. 천년기에 대한 계 20:1-6 본문에 대한 해석을 보면 간단하게 서술되어 있으나 무천년설 입장을 취하는 것으로 판단된다(『믁시록 주석』, 1570-1571을 보라).

[43] 소안론, 『계시록대요』 (경성 : 조선야소교서회, 1936). 분량은 180쪽이다.

[44] 소안론, 『계시록대요』, 1.

책을 출간했다.⁴⁵ 다니엘서 가운데 70이레를 다루는 9장이 종말론 도식을 확인함에 있어 중요한데, 소안론의 해석은 철저하게 세대주의 전천년설의 입장을 따르고 있다.⁴⁶

5. 이눌서선교사(William D. Reynolds, 1867-1951)

평양 장로회신학교에 1906년에 출강하기 시작하여, 1916년 조직신학 전임교수가 되어 1937년까지 가르친 이는 남장로교 선교사인 이눌서였다. 이눌서는 버지니아 유니온신학교를 졸업한 후에 1892년에 내한하여 전주를 중심으로 전라도 지역 개척 선교사로도 사역했고, 무엇보다도 구역과 개역 번역 작업에 큰 기여를 한 선교사이다(1895-1937).⁴⁷ 그렇게 공사다망한 중에 신학 교수를 하다 보니 조직신학 분야에서 크게 기여한 것은 없다. 심지어 단권 조직신학 교과서조차 출간하지 못했다. 다만 1915-1916년에 걸쳐 세 권의 간략한 신도요론 공과를 남겼을 뿐이다다.⁴⁸ 이 세 공과를 자세히 읽어 보아도 이눌서의 종말론에 대한 구체적인 정보를 얻기는 어려우나, 다만 적어도 그의 종말론적 입장

---

45 소안론, 『다니엘서요해』 (경성: 조선야소교서회, 1938). 필자가 참고한 것은 내용상 동일한 1954년 대한기독교서회 간행본이다.
46 소안론, 『다니엘서요해』 (서울: 대한기독교서회, 1954), 31-95.
47 이눌서선교사의 생애와 선교 사역에 대해서는 조용호, "미 남장로교 선교사 윌리엄 D. 레이놀즈의 생애와 선학연구"(철학박사, 연세대학교, 2007)와 김인수, "레널즈(W. D. Reynolds)가 한국장로교 선교상황의 발전과 변화에 끼친 영향 연구"(철학박사, 호남신학대학교, 2009) 등을 보라. 또한 이눌서에 관련된 원자료들은 *Personal Reports of the Southern Missionaries in Korea*, 19 vols. (Seoul : Archives for Korean Church History Studies, 1993), 제16권에 모아져 있다.
48 이눌서, 『인학 공과』(경성: 조선예수교장로회, 1915); 『구학 공과』 (경성/평양: 야소교서회/ 야소교서원, 1915); 『신학 공과』 (경성: 조선예수교장로회, 1916). 이 자료들은 희귀해서 접근이 쉽지 않으나, 인학은 총신대학교 박물관에, 구학은 숭실대학교 기독교박물관에, 신학은 연세대학교에 각기 소장되어 있다.

은 전천년설인 것을 분명하게 확인할 수가 있다.[49] 학자들간에 논란이 된 것은 이눌서가 1922년 「신학지남」에 나아아가라 신조를 번역 소개한 것을 두고서[50] 그의 입장이 세대주의였다는 쪽과 단순히 역사적 전천년설자였다는 쪽으로 양분되어있다.[51] 그리고 이눌서는 1931년에 이르러 중국신학자 가옥명(價玉銘, Jia Yuming)의 『신도학』(神道學)을 번역 감수해서 출간을 한 후에 계속해서 교재로 사용하게 되는데, 여섯 번째 책인『내세론』에 나타나는 종말론이 세대주의 전천년설이기 때문에 또 다시 논란에 휩싸일 수밖에 없게 되었다.[52] 감수자 서문을 보면 이눌서는 가옥명이 "솔직히 전천년설적"인 입장을 가지고 있음을 지적하고 있고, 이런 문제에 대해 옳고 그름을 따지면서 논쟁하지 말 것을 말하고 있다.[53] 여러 가지 증거로 볼 때에 이눌서 역시도 세대주의 전천년설과 역사적 전천년설의 구분을 하지 않았으며, 세대주의 전천년설의 문제점을 몰랐거나 적어도 공적으로 지적한 점이 없다는 점을 알 수가 있다.[54] 이런 점에서는 분명히 그도 당시 선교사 교수들의 대다수와 같은

---

49 이눌서,『신학 공과』, 89-90의 논의 순서를 주의해 보라.
50 이눌서 역, "신앙의 원리," 「신학지남」 5/1 (1922): 12-20. 번역 소개된 14조항의 조목은 나이아가라 사경회 회원이 되고자 하는 자는 동의해야 하는 것들이었고, 13번째와 14번째 조항 등에서 천년기전 재림설을 분명하게 표현하고 있다. 다만, 세대주의적인 특색인 공중휴거설이나 7년 대환난 등과 같은 내용은 포함하지 않고 있어서 이눌서를 변호하려는 이들은 이 신조 내용이 전천년설적이라는 점만 강조하고자 한다.
51 이런 논의에 대해서는 조형욱, "구프린스턴 신학의 종말론 연구"(철학박사, 총신대학교, 2011), 254-263을 보라. 박용규, 조용호 등은 이눌서가 세대주의 전천년설자였다고 주장했고, 조형욱은 서영일의 판단을 따라 역사적 전천년설자라고 입증하고자 했으나, 자신이 인정한대로 이눌서 스스로가 "자신의 종말론 견해를 드러내는 결정적이고 직접적인 증거"를 남기지 않았다는 점을 부인하기는 어렵다(256).
52 가옥명,『내세론』, 정재면 역 (평양: 장로회신학교, 1931). 가옥명의 생애와 종말론에 대한 개혁주의적 관점에서의 분석과 평가를 위해서는 모영보, "개혁주의 관점에서 본 가옥명의 종말론"(신학석사. 총신대학교. 2019)을 보고, 그럼에도 불구하고 이눌서가 세대주의 전천년설이 아니라고 하는 변호는 조형욱, "구프린스턴 신학의 종말론 연구," 263-274를 보라.
53 가옥명,『내세론』, Foreword(페이지 매김이 없음).
54 이 점은 이눌서를 변호하는 조형욱도 인정하는 바이다: "레이놀즈에게 역사적 전천년설

전천년설자였으며, 아마도 세대주의 전천년설에 가깝지 않았을까 추정되어진다.[55]

이상에서 살펴본대로 평양 장로회신학교 선교사 교수들은 대체로 세대주의 전천년설을 한국 교회에 도입하여 가르쳤음을 알 수가 있다.[56] 그리고 사실 당시에는 역사적 전천년설과 세대주의 전천년설간의 차이를 구별하지도 않았으며, 그렇게 할 필요도 못 느낀 것 같다.[57] 분명 그들이 신학을 공부한 곳은 매코믹신학교나 유니온신학교와 같은 장로교신학교들이었지만, 왜 그들이 전적으로 전천년설을 확집하여 가르쳤는지에 대해서는 그들 대부분이 무디와 학생자원운동(SVM)의 영향으로 선교사가 되었다는 점에서 찾을 수밖에 없다는 것은 학계에서 정립된 사실이다.[58] 그래서 신학교에 강사로 출강한 적이 있는 함일돈이나

과 세대주의 전천년설에 대한 명쾌한 구분과 세대주의 전천년설에 대한 확실한 비판이 없었던 것은 사실이다."(조형욱, "구프린스턴 신학의 종말론 연구," 270).

55 이눌서의 종말론을 비롯한 신학 사상의 전모를 밝혀내는 작업은 아직 국내에서 이루어지지 않고 있다. 1931-1938년 어간 장로회신학교에서 함께 가르쳤던 변증학교수 박형룡은 이눌서에게 직접 문의하여 "그저 천년기전 재림론을 믿기를 힘쓰노라"는 답을 들은 바가 있다고 소개하면서, "그가 시대주의 재림론자라는 인상을 필자는 받지 아니하였다."라고 단언하고 있다(박형룡, "신학지남의 한국신학적 의의," 『박형룡 박사 저작전집 XIV(신학논문 하)』 [서울: 한국기독교육연구원, 1981], 347).

56 1920년 내한하여 평양에서 사역했던 함일돈(Floyd E. Hamilton, 1890-1969)선교사에 의하면 평양 선교회 소속 선교사들 "거의 모두"(almost all)가 전천년주의자들이었으며, 무천년설에 대해 질문하면 전혀 알지 못했다고 회상한다(Floyd E. Hamilton, The Basis of Millennial Faith [Grand Rapids: Eerdmans, 1955], 7-8). 박형룡 역시도 1975년에 쓴 한 논문에서 "시대주의 천년기전 재림론은 가장 열렬한 재림론으로서 당시 보수적인 선교사들의 다수가 받아들인 신념이었던 것 같다."라고 회고해준다(박형룡, "신학지남의 한국신학적 의의," 347).

57 1939년에 한 선교사의 기고문에 의하면 천년기에 대한 관심도 없던 자신이 한국 선교지에 와서 어떤 천년기설을 가지고 있는지에 대해 답을 해야 했으며, 종말론 본문 연구를 통하여 자신도 전천년주의자가 되었다고 고백하기도 했다(박용규, 『한국장로교사상사』, 262에서 재인용). 그러나 전통적인 전천년설과 세대주의 전천년설을 구별하려는 시도는 1922년에 이미 나타나고 있으나 선교지에서는 그다지 반영되지를 못했던 것으로 보인다(Richard Clark Reed, *What Is the Kingdom of God? a Gracious Examination of Dispensational Premillennialism* [Richmond: John Knox Press, 1922]).

58 19세기 말과 20세기 초반 미국 교회에서의 전천년주의의 생성과 발전에 관련해서는

1937-1938년 어간 1년 동안 조직신학 교수였던 구례인 같은 이들은 무천년설을 지지했지만, 그들이 평양 장로회신학교의 종말론적인 교육에 영향을 미치기에는 역부족이었다.[59] 그리고 마포삼열, 이눌서 등과 더불어 평양 장로회신학교 교육 사역에 장기적으로 참여했고, 많은 논저들을 공표했던 곽안련선교사(Charles Allen Clark, 1878-1961, 1908-1939 교수 재직)의 종말론에 대한 논구 작업도 이루어진 바가 희소한데,[60] 감람산 강화에 관련된 그의 주석들을 고찰해 볼 때는 그가 전형적인 세대주의 종말론을 가졌다고 볼만한 증거는 없다.[61]

Ernest Robert Sandeen, *The Roots of Fundamentalism : British and American Millenarianism, 1800-1930* (Chicago : University of Chicago Press, 1970); Timothy P. Weber, *Living in the Second Coming: American Premillennialism 1875-1925* (New York/ Oxford: Oxford University Press, 1979); George M. Marsden, *Fundamentalism and American Culture: The Shaping of Twentieth Century Evangelicalism, 1870-1925* (New York/ Oxford: Oxford University Press, 1980) 등을 보라.

59 함일돈이 *The Basis of Millennial Faith*을 출간한 것은 1942년이고, 구례인이 무천년설적인 종말론을 공표한 것은 1953년이다(John C. Crane, *Systematic Theology*, 3 vols. [Gulfport: Specialized Printing Co., 1953], 3:288-356).

60 이동수는 곽안련이 수 많은 저술들을 남겼음에도 불구하고 "그의 종말론에 관한 글을 찾기는 쉽지 않다"고 하면서, 19세기 후반 미국 부흥운동에 영향을 받고 적극 지지하는 만큼 그가 세대주의 종말론의 영향을 받았을 것으로 평가한다(이동수, "초기 한국교회의 종말론 신학," 「유관순 연구」 19 [2014]: 140-141). 곽안련의 생애, 선교사역, 그리고 저술들에 대해서는 이호우, 『초기 내한선교사 곽안련의 신학과 사상』 (서울: 생명의말씀사, 2010)을 보라.

61 곽안련, 『표준성경주석 마가복음』 (서울: 대한예수교장로회 총회종교교육부, 1958), 381-398; 『표준성경주석 누가복음』 (서울: 대한예수교장로회 총회종교교육부, 1962), 329-338.

III. 평양 장로회 선교사 교수들에 의해 소개된
주요한 종말론 교재들

앞서 우리는 평양 장로회신학교의 종말론 교육에 있어 큰 역할을 수행했던 여러 선교사 교수들에 대해 살펴 보았고, 이제는 그러한 선교사들에 의해 한국 장로교회에 소개된 몇 권의 종말론 교과서들을 살펴 보려고 한다.[62] 선교지에서의 문서 선교 사역의 중요성과 기독교 서적이 희소하던 시절인 것을 감안할 때에 선교사 교수들이 역간했거나 저술한 종말론 교본들이 신학 교육의 교재로 쓰일 뿐만 아니라 한국 장로교 신학생들과 목회자들에게 절대적인 영향을 미쳤을 것은 불문가지라 할 것이다.[63] 지면 제한상 세밀한 분석은 할 수가 없고 세대주의 전천년설의 관점에서 각 저술들의 특징을 분석 평가하는 정도로 논의를 제한하고자 한다.[64]

---

62 1913-1936어간 국내에 출간된 종말론 관련 서적들에 대해서는 안은강, 『길선주목사의 말세론 연구』, 179의 도표를 참고하라.

63 본 절에서 살펴보게 될 블랙스톤, 브룩스, 소안론의 계시록 관련 두 권의 책 등은 제네바신학대학원대학교 도서관에 소장중인 사본들을 통해서 참고할 수가 있었으며, 가옥명의 역서들은 장신대학교도서관에 소장중인 원본에 대한 사본을 통해 참고했음을 밝힌다. 이 자료들에 접근할 수있도록 도움을 준 최윤배교수님과 김석현강도사님에게 이 자리를 빌어서 감사를 드린다. 아울러 본 장에서 인용시에 일정 수대의 한글/ 국한문 혼용의 글들을 현대 국어에 가깝게 옮겨 적었음을 밝힌다.

64 다비와 스코필드의 전통적인 세대주의는 1960년대에 이르러 수정된 세대주의로 발전했고, 20세기 말 로버트 소시, 크레이그 블레이징, 대럴 복 등에 의해 점진적 세대주의(Progressive Dispensationalism)로 발전했지만, 본 장에서 다루는 시기는 다비와 스코필드의 전통적인 세대주의라고 할 수가 있다. 전통적인 세대주의에 대한 분석과 평가에 관해서는 C. Norman Kraus, *Dispensationalism in America: Its Rise and Development* (Richmond: John Knox Press, 1958); Clarence B. Bass, Backgrouds to Dispensationalism (1960/ Grand Rapids: Baker, 1978); Vern S. Poythress, *Understanding Dispensationalism*, 2nd ed. (Philippsburg: P & R. 1994) 등을 참고하라. 필자는 간결하게 핵심을 잘 담아낸 Anthony A. Hoekema, *The Bible and the Future* (Exeter: Paternoster Press, 1979), 186-222에서 제시하고 있는 내용을 평가의 기준으로 삼으려고 한다.

1. 윌리엄 블랙스톤의 『예수의 재림』(1913)

먼저 우리는 기일에 의해서 초기 한국교회에 소개된 블랙스톤의 『예수의 재림』(1913)의 내용을 분석 개관해 보려고 한다. 일반적으로 이 책은 한국에 소개 되어진 최초의 종말론 서적으로 평가되고 있다.[65]

(1) 윌리엄 블랙스톤(William E. Blacksone, 1841-1935)

원 저자인 윌리엄 유진 블랙스톤은 19세기 말과 20세기 초반에 왕성하게 활동한 미국의 복음전도자이자 기독교 시오니스트였다. 그는 감리교 부흥집회를 통해 신앙인이 되었고, 사업을 하다가 영적인 갈등후에 물질적인 추구를 포기하고 하나님께 헌신하기로 결단하였다. 그후에 그는 평생 설교와 저술작업에 헌신했다. 블랙스톤은 D. L. 무디와, 제임스 브룩스(James H. Brookes) 그리고 존 넬슨 다비(John Nelson Darby) 등의 영향을 받았기 때문에, 교회의 휴거나 유대인들의 본토 귀환과 회복을 포함한 세대주의적인 전천년설을 강하게 믿고 전파하게 된다.[66] 기일에 의해서 한국에도 소개되어진 『예수의 재림』(Jesus is Coming)이 처음 출간된 것은 1878년이다. 윌킨슨에 의하면 이 책은 블랙스톤이 죽던 1935년까지 42개 언어로 번역되었으며, 1300만권이나 판매되었다고 하니, 이 책이 누린 인기나 영향은 측량하기가 어렵다.[67] 또한 그는

---

[65] 안수강은 본서에 대해 "한국에 최초로 소개된 종말론 관련 단행본 저서라는 점에서 의미가 있다"라고 논평한다(안수강, 『길선주목사의 말세론 연구』, 180).

[66] 윌킨슨은 개블라인, 스코필드, 블랙스톤 세 사람을 미국에서 세대주의를 대중화시킨 3인방으로 평가한다(Paul R. Wilkinson, *For Zion's Sake: Christian Zionism and the Role of John Nelson Darby* [Eugene: Wipf & Stock, 2008], 251-252).

[67] Wilkinson, *For Zion's Sake: Christian Zionism and the Role of John Nelson Darby*, 251. 무어헤드는 그의 책이 "당대의 전천년설에 관한 가장 대중적인 책이 되었으며, 헤아릴 수 없는 그리스도인들의 사고를 형성케 했다"라고 평가한다(Jonathan David Moorhead, "Jesus is Coming: The ife and Work of William E. Blackstone [1841-1935]" [Ph. D. dissertation, Dallas Theological Seminary, 2008], 304).

유대인들의 고토 회복 운동을 돕기 위하여 많은 수고를 하기도 했다. 블랙스톤은 최근까지도 기독교 시오니스트로서와 고전적인 세대주의 전천년설의 대변자로서 주목을 받았고 인정을 받았다.[68] 이와 같은 저자가 쓴 종말론 책을 기일이 이창직(李昌直, 1866-1936)을 통해 번역 소개한 것은 기일 자신이 세대주의 전천년설에 깊이 경도되어 있음을 잘 보여줄 뿐만 아니라,[69] 이러한 책이 한국 장로교회 종말론에 얼마나 크게 기여했을지를 짐작하게 해준다.[70]

(2) 윌리엄 블랙스톤의 종말론

블랙스톤의 『예수의 재림』은 총22편으로 구성되어 있다.[71] 블랙스톤이 본서를 저술한 목적은 1편에서부터 명시적이다. 그는 예수께서 재림하실 것을 명시적으로 언급하는 성경구절들을 나열함으로 자신의 논의를 시작한다. 따라서 재림의 소망이 없는 자들은 비성경적일 뿐만 아

---

68 Moorhead, "Jesus is Coming: The ife and Work of William E. Blackstone (1841-1935)," 1-9, 116-225를 보라. 블랙스턴의 기독교 시온주의와 실제적인 행동에 대한 관심사가 최근까지도 많은 주목의 대상이 되어 왔음을 알 수가 있다. 또한 Wilkinson, *For Zion's Sake: Christian Zionism and the Role of John Nelson Darby*, 252-254를 보라. 이스라엘 정부는 1956년에 그의 이름으로 한 숲(forest)을 지정함으로 그의 공로를 기렸다.

69 책의 표지나 마지막 페이지를 보면 기일의 번역으로 되어 있으나, 역자 서문은 그의 한글 선생인 이창직의 이름으로 되어 있다(Blackstone, 『예수의 재림』, "주의재림서," 1-3). 이창직은 역자 서문에서 천년기전파와 천년기후파로 양분하여서만 소개하고, 후파를 비판하고 전파를 성경적이라고 단언한다.

70 최명훈은 다음과 같이 적절한 논평을 해주고 있다: "특이한 점은 장로교에서 세대주의적 전천년설을 대표하는 김리교인이었던 Blackstone의 *Jesus is Coming*이 출판되었다는 점이다. 초기 한국교회의 종말론이 세대주의적 전천년설을 따르고 있음을 보여주는 많은 증거 중 하나인 것이다"(최명훈, "한국교회 종말론의 형성과정에 관한 연구"[철학박사, 성결대학교, 2011], 84).

71 Blackstone, 『예수의 재림』, 목록. 본서는 이처럼 체계적인 종말론을 전개한 것이 아니고 대중적인 해설서이다. 때로는 번역에 있어서 문자적이기 보다는 한국 현실을 반영한듯한 설명들이 추가되기도 함으로 때로는 블랙스톤의 말인지 기일이나 이창직의 말인지 불분명할 때도 있다. 필자가 번역서와 더불어 참고하는 원서는 1908년에 출간된 재재개정본이다: William E. Blackstone, *Jesus is Coming*, re-revised ed. (Chicago e. a. : Fleming H. Revell Co., 1908).

니라 장차 교회가 휴거되고 난 후에 이 땅에 남아 맹렬한 진노를 경험하게 되고, 후에는 은혜의 보좌가 아니라 심판대 앞에 서야 할 것이라고 경고한다.[72] 반면에 긍정적으로 재림 신앙의 중요성을 더욱더 강조를 하는데, 이러한 신앙을 가짐으로 "자기의 앞길을 예비하여 주를 친근히함으로 멸망을 면"하게되며, 재림 신앙을 가진 자는 이 세상에 사는 동안에도 "신령하고 성결한 자"로 살게되며, 또한 "깨어진 배"와 같은 이 세상에 사는 동안에 "열심으로 전도"하게 된다고 상술한다.[73] 그는 초두에서 이미 교회의 휴거와 대환난을 언급함으로 세대주의 전천년설자임을 드러낸다. 또한 재림 신앙이 성경적으로 확실한 근거를 가지고 있는 진리이며, 이 신앙은 단순히 이론적인 사유의 대상이 아니라 매우 실용적인 중요성을 가진 것임을 강조하였다.

그리고 이어지는 2편에서는 "쓴대로 해석할 것"(Litteral Interpretaion)이라는 표제하에 예언의 해석 원리에 대해서 설명해준다. 블랙스톤은 초림의 약속들이 문자적으로 성취되었듯이, 재림에 대해서 예언된 모든 내용들도 문자적으로 성취될 것이라고 하면서 여러 항목들을 나열한다.[74] 따라서 그는 문자적인 재림을 거부하는 신령적 해석을 모두 거부하는데, 3편에서는 죽음을 재림과 동일시하는 이론을 논파한다.[75] 블랙스톤은 본서에서 후천년설을 다니엘 휘트비에 의해 교회에 가만히 들어온 "신사상"인데 목사들 "태반"이라 좇고 있다고 비판을 한하고 나서,[76]

---

[72] Blackstone, 『예수의 재림』, 2-3.

[73] Blackstone, 『예수의 재림』, 2-6.

[74] Blackstone, 『예수의 재림』, 6-13. 문자주의는 세대주의 해석학의 특징으로 본서에 반복되어 나타난다.

[75] Blackstone, 『예수의 재림』, 13-20.

[76] Blackstone, 『예수의 재림』, 27-28. 블랙스톤은 19세기 미국 장로교회를 휩쓸었던 후천년설을 따라가면 성도들을 낙심케 하고 "믿음을 해롭게"한다고 비판한하는데(50), 초역자 이창직도 후천년설의 여러 가지 폐해를 말하면서 강하게 비판한다(이창직, "주의재림서," in Blackstone, 『예수의 재림』, 서문 1-3). 블랙스톤은 13장과 14장에서도 후천년설자들이 전천년설자들에게 제기하는 여러 반론들에 대하여 논박을 제시한다(Blackstone, 『예

전천년설("천년전패")의 성경적인 증거 여섯 가지를 제시한다.[77] 우리가 블랙스톤의 세대주의적인 전천년설의 핵심을 한 눈에 볼 수 있는 곳은 8장에서 그가 제시하는 도표와 설명을 통해서이다.[78]

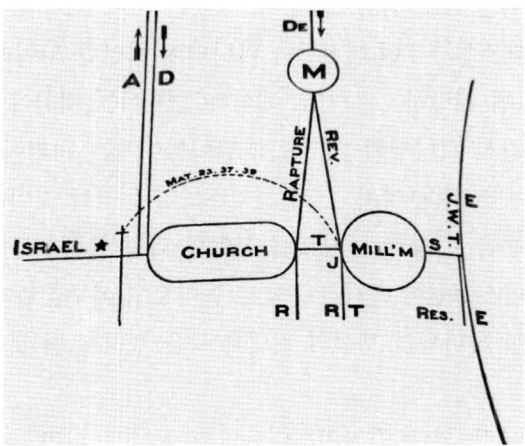

이 도표에서도 드러나지만 블랙스톤은 임박한 그리스도의 재림을 강조하면서도 이중적인 재림론을 제시했다.[79] 즉, 처음에는 공중에 비밀

수의 재림』, 96-131). 이러한 논박 가운데 블랙스톤은 교회와 나라(왕국)를 구분하고, 그 왕국이 신령적일 뿐 아니라 가시적임을 강조한다.

77 Blackstone, 『예수의 재림』, 28-47. 블랙스톤은 "주께서 어느 때를 정하시지 아니하시고 곧 오신다"고 하는 전천년설적 교훈은 사도 시대 이래로 "유명한 선생들"이 가르쳐온 것이라고 사도성을 주장하기도 한다(50, 54).

78 Blackstone, *Jesus is Coming*, 72-74; 『예수의 재림』, 56-60. 8장의 원 제목은 "Diagram"이기 때문에, 한역 제목을 "영접함을 입음 및 형상을 나타내심"이라고 한 것은 오역이다. 또한 이 도표와 설명은 다음에 살펴보게 될 브룩스의 책에 제시된 것과 거의 동일하다(James H. Brookes, *Till He Come*, 3rd ed. [New York: Fleming H. Revell, 1895], Preface to the Second edition[쪽수 매김이 없음]; 배위량 역, 『주재림론』, "서론," 9-12). 연대적으로 볼 때에 블랙스톤이 브룩스에게 많은 영향을 받았다.

79 따라서 본서 전편에 걸쳐 나타나는 블랙스톤의 임박한 재림(imminent coming)에 대한 강조는 그리스도인 독자들에게 임할 그리스도의 공중 강림과 비밀 휴거 때를 의미한다.

리에 강림하시어 그의 성도들을 끌어 올리시어 혼인 잔치를 하시는 동시에 지상에서는 유대인들을 다시금 돌아오게 하기 위해 7년간의 대환난 기간이 있을 것이고 그 끝에 지상 재림(나타나심 appearance)이 있을 것이라는 것이다.[80] 이러한 이중 재림을 말함에 있어 또 하나의 중요한 세대주의적인 요소가 강조되는데, 그것은 바로 교회와 유대인의 구별이다.[81] 블랙스톤은 7년 대환란을 다니엘이 예언한 70이레 예언의 마지막 한 주간에 해당하는 시기로 해석하고,[82] 이는 메시아를 거절했던 유대인들을 다시 하나님의 백성으로 받아들이시는 시기이며, 이 시기에 하나님의 진노가 부어지고, 적 그리스도가 등장할 것이라고 주장한다.[83] 블랙스톤은 15장과 16장에서 구약의 다양한 예언들을 인용하여 설명하면서 이스라엘이 다시금 고토로 돌아오고 예루살렘과 새 성전을 세우고 특별한 하나님의 백성의 지위와 복을 누리게 될 것을 장황하게 설명한다.[84]

블랙스톤은 7년의 혼인잔치/ 대환난이 끝나고 나면 그리스도께서 비로소 데려가신 성도들과 더불어 지상에 강림하실 것이며,[85] 그 날에 민족들에 대한 심판이 있고, 적 그리스도는 불못에 던져질 것이며, 사

블랙스톤은 17장에서 그러한 임박한 재림이 성도들의 마음에 어떤 유익을 주는지에 대해 제시하기도 한다(168-172).

80 Blackstone, 『예수의 재림』, 60-65, 83(어린양의 혼인 잔치), 146("교회에서 그리스도를 믿는 사람은 영접하심을 입어 이스라엘의 지내는 환난을 벗어난 자").

81 Blackstone, 『예수의 재림』, 65-83. 130, 157-160(이스라엘과 교회를 섞지 못할 것). 그러나 블랙스톤은 극단적인 세대주의 입장과 달리 교회도 천년왕국 통치에 참여한다고 명시한다(76).

82 Blackstone, 『예수의 재림』, 83-84, 181.

83 Blackstone, 『예수의 재림』, 89-96.

84 Blackstone, 『예수의 재림』, 131-168, 181-184. 또한 222-224, 257-266도 보라. 블랙스톤은 구약의 예언들 중 성취되지 않은 예언들을 영적으로 교회에 적용하려고 하는 해석을 반대한다(158). 그러한 예언들에 대한 개혁주의적인 해석의 원리는 Oswald T. Allis, *Prophecy and the Church* (Philadelphia: Presbyterian & Reformed, 1945), 111-166을 보라.

85 Blackstone, 『예수의 재림』, 184-186.

탄은 결박당하게 되고, 환난기에 죽은 성도들이 부활함으로 "첫째 부활"(계 20:4-6)이 완성될 것이라고 주장한다.[86] 그리고 나서 지상에서 천년왕국 통치가 이루어질 것인데 그곳에는 돌아온 유대인들과 휴거되었다가 돌아온 성도들이 다 참여하게 될 것이라고 그는 말한다. 그 후에 잠시 사탄이 놓여나 곡과 마곡과 더불어 그리스도를 대적할 것이나 곧 제압되어 불못에 던져지게 될 것이며, 그때에야 비로소 죽었던 모든 악인들이 부활하여 마지막 백보좌 심판을 통과하여 영벌을 받게 될 것이다.[87] 그리고 천지는 폐하여지고, 새 하늘과 새 땅이 임할 것이며, 어린 양의 신부인 새 예루살렘이 나타나며, 하나님은 만유위에 만유가 되시며, 하나님께서 구원받은 자들과 영원히 함께 거하시는 영원한 세대가 임할 것이다고 블랙스턴은 요점들만 말한다.[88]

이상에서 우리는 윌리엄 블랙스톤의 『예수의 재림』(1913)에 나타나는 종말론적인 특징들을 살펴보았다. 블랙스톤은 유대인들을 위한 행동가로서도 유명했고, 말씀 사경 운동과 세계 복음화 운동에도 크게 기여를 한 사람으로서 대중적인 종말론 교본 속에서도 성경에 대한 충성심과 거룩한 삶에의 진작, 세계 선교와 전도에 대한 열정을 북돋우기 위한 종말론의 실천적인 의미를 곳곳에서 잘 강조해주고 있다. 그럼에도 불구하고 그의 종말론은 고전적인 세대주의적 전천년설의 핵심들을 거의 모두 가지고 있다는 것을 확인할 수가 있다.[89] 이러한 교과서가 초기에 기일선교사에 의해 번역 소개되고 장로회신학교 종말론 강의 교재로 활용되었기에 한국 목회자들이 세대주의적인 전천년설을 장로교/개혁

---

86 Blackstone, 『예수의 재림』, 58-59.
87 Blackstone, 『예수의 재림』, 23-27(천년시대), 31-32, 3~, 59, 189-200.
88 Blackstone, 『예수의 재림』, 200-204. 블랙스톤은 신자의 영원한 상태에 대해 제목과 성경 구절들만 인용하고 있기 때문에 그의 입장이 정확히 어떠한지를 알기가 어렵다. 일례로 그는 세계 파괴설인지, 세계 갱신설인지를 알기 어렵다.
89 Blackstone, 『예수의 재림』, 236-240에는 7세대론(seven dispensations)에 대한 도식과 설명도 나온다.

주의 신학과 조화되는 입장인 것처럼 배우고 전파할 수밖에 없게 되었던 것이다.

2. 제임스 브룩스의 『주재림론』(1922)

윌리엄 블랙스톤의 『예수의 재림』(1913)과 더불어 초기 한국 장로교회 종말론 형성에 지대한 영향을 미친 책은 제임스 브룩스의 『주재림론』(1922)이다.[90] 블랙스톤과 달리 브룩스는 장로교 목회자였고, 배위량 선교사가 역간하며 극찬을 했기 때문에 장로교 목회자들이나 성도들에 의해서 널리 읽혀졌을 것임에 틀림없다.

(1) 제임스 H. 브룩스(James H. Brookes, 1830-1897)

제임스 H. 브룩스는 장로교 목사의 아들로 태어나 마이애미 대학을 졸업한 후에 프린스턴신학교에 진학했으나 경제적인 어려움으로 인해 오래 다니지 못한다. 그러나 1854년에 목사 안수를 받고 데이턴(Dayton)의 목회자가 되었고, 1858년에는 세인트 루이스의 제2장로교회 목사로 청빙을 받아 부임을 하고, 1897년 소천할 때까지 동일한 도시에서 목회 사역을 했다. 신학교를 졸업도 못했지만, 그의 성공적인 사역과 문서 활동 때문에 1864년에는 미주리 대학과 웨스트민스터 칼리지로부터 명예 신학 박사(D. D.) 학위를 받기도 했다.[91]

그는 프린스턴에서 잠시 공부했지만 천년왕국론에 그다지 관심이 없다가 목회중에 독서를 통해서 전천년설을 수용하게 되었고, 평생에 걸

---

[90] 박용규, "한국교회 종말신앙: 역사적 개관." 「성경과신학」 27 (2000): 200-201; 조경현, 『초기 한국장로교 신학사상』, 262.

[91] 브룩스의 약전은 https://en.wikipedia.org/wiki/James_Hall_Brookes(2021.01.14.접속)을 보라. 세대주의 전천년설자로서 브룩스의 형성 과정과 활동상은 Allan Thomas Terlep, "Inventing the Rapture: The Formation of American Dispensationalism, 1850-1875" (Ph. D. Diss. University of Chicago, 2010), 204-232을 참고하라.

쳐 세대주의 전천년설의 대변자가 된다.⁹² 1874년에 간행한 『마라나타』(Maranatha)라는 책은 대중들에게 세대주의 전천년설을 유포하는데 기여를 했고, 배위량이 번역한 『주재림론』(Till He Come)은 1891년에 처음 출간되었다.⁹³ 심지어 그는 D. L. 무디, A. J. 고든, C. I. 스코필드, 윌리엄 블랙스톤과 더불어 미국의 세대주의를 "정초한 아버지"(founding father)로 불리우기도 한다. 그는 나이아가라 성경 수련회를 창설하고 이끈 지도자였으며, 1878년에 "나이아가라 신조"(Niagara Creed)를 초안한 사람이기도 하다.⁹⁴ 또한 그는 후일 『스코필드 관주 성경』(Scofield Reference Bible)으로 유명하게 된 C. I. 스코필드의 스승이기도 하다.⁹⁵ 세인트 루이스에는 그의 공로를 기려서 Brookes Bible College도 존재하고 있다. 그의 둘째 딸 새라는 B. B. 워필드의 동생인 에델베르트 워필드(Ethelbert D. Warfield, 1861-1936)와 결혼했고, 브룩스 사후에 B. B. 워필드는 추모사를 쓰기도 했다.⁹⁶

---

92 David Riddle Williams, *James H. Brookes: A Memoir* (St. Louis: Buschart Bros., 1897), 147-158에서 사위 윌리엄스는 브룩스가 어떻게 전천년설의 대변자가 되었는지에 대해 자료를 제시해 주고 있다. 터를렙은 브룩스가 언제 전천년설자가 되었는지를 규명하기는 어렵다고 하면서도, 1859년에 이미 증거 자료가 있음을 말해준다(Terlep, "Inventing the Rapture: The Formation of American Dispensationalism, 1850-1875," 220).

93 Terlep, "Inventing the Rapture: The Formation of American Dispensationalism, 1850-1875," 219.

94 Carl Edward Sanders II, "The Premillennial Faith of James Hall Brookes"(Dallas Theological Seminary, 1995), 1-3; 브룩스가 초안하고 나이아가라 성경 컨퍼런스에서 수용한 14개 신조를 이눌서가 번역하여 소개했다(이눌서 역, "신앙의 원리,"「신학지남」5/1 [1922]: 12-20).

95 Wilkinson, *For Zion's Sake: Christian Zionism and the Role of John Nelson Darby*, 256: "Scofiled was discipled by James H. Brookes, whom he described as 'the greatest Bible student' he had ever known and who was 'an amazing blessing' to him."

96 Benjamin B. Warfield, "In Memoriam. James Hall Brookes. Fell Asleep April 18, 1897," in The Truth, 23/6 [June 1897], 311; https://en.wikipedia.org/wiki/James_Hall_Brookes에서 재인용. 2021.01.14.접속). 워필드의 찬사를 한 구절 인용하면 "[He

(2) 제임스 브룩스의 종말론

이제 1922년에 역간된 브룩스의 『주재림론』에 나타나는 종말론의 특징들을 확인해 보려고 한다. 지면 제한상 자세한 논구는 할 수가 없고 주요 특징들만 일별하고자 한다. 브룩스의 종말론의 골자는 제2판 저자 서문에서 확인할 수가 있다.[97] 브룩스는 서론에서 천년세계 이전 재림설(= 전천년설)과 천년세계 이후 재림설(=후천년설)을 대조하여 설명하면서, 전천년설이 성경적인 증거에 부합한다는 것을 독자들에게 확신을 심어주고자 한다.[98] 사실 이 서문만 주의해서 보아도 그의 주요 입장을 확인할 수가 있다.

특히 서문 말미에 있는 도표를 통해 시각적인 효과를 창출하기까지 하는데,[99] 그의 해설을 간추려 보기로 하자. 그는 전천년설을 주장하되 세대주의적인 입장을 취하고 있음을 보여주는데, 언제일지 모르지만 갑작스러운 주님의 공중 재림이 있고, 7년 대환난이 지상에 있을 것이고 그 초두에 유대인들이 자기 땅으로 돌아올 것이며 적 그리스도와 약조를 세우고 전3년 반을 보낼 것이나 그후에 약조를 깨트리고 모진 박해가 일어날 것이며 그 끝에 그리스도의 지상 강림이 있을 것이다. 그리스도를 믿는 신실한 교회는 7년 대환난이 시작되기 전에 공중에 끌

---

had] the voice of a lion and the vehemence of an Elijah."이다.

[97] Brookes, 『주재림론』, "서론," 1-12(일정하에 나온 책들은 저자 서문이나 역자 서문은 본문과 별개로 각기 페이지 매김이 따로 있다). 배위량은 밝히지 않았지만 서론은 제2판 서문이다(= James H. Brookes, Till He Come, "Preface to Second Edition"). 인터넷 검색에 의하면 2판은 1891년에 Chicago 소재 Gospel Publishing Company에 의해 간행되었다. 배위량 역본은 214쪽에 있는 역주에 의하면 1891년에 나온 2판을 대본으로 삼은 것이다.

[98] 신학교에서 1년도 채 공부하지 않았던 브룩스이지만 성경에 대한 박식한 지식을 가지고 있었고 자신의 저술들을 통해 오로지 성경의 권위에 호소하여 견해들을 주장해 나간다. Terlep, "Inventing the Rapture: The Formation of American Dispensationalism, 1850-1875," 221: "Brookes's command of the Bible was undoubtedly one of the most persuasive elements of his work."

[99] Brookes, 『주재림론』, "서론," 9에 도표가 있고 10-12에 해설이 있다.

어 올려져 공중에서 그리스도를 영접하여 혼인 잔치에 참여하게 될 것이다. 7년 대환난이 끝난 후에야 그리스도가 지상에 재림하게 되며 "모든 백성 곧 살아난 자의 심판"이 있고, 적 그리스도와 짐승이 잡히고, 사탄은 결박되고, "고난을 받아 죽은 성도의 부활"이 있고, 천년 동안 그리스도는 "그 신부로 더불어 일천년 동안 땅에서 영화롭게 왕노릇하"실 것이다. 그리고 그 끝에 사탄이 잠깐 놓여 곡과 마곡과 더불어 그리스도를 대적하는 전쟁을 일으킬 것이나 그리스도에게 패하게 되고, 백보좌 앞에서 "모든 남아있는 죽은 자의 심판"이 있을 것이고, 신자들은 영생 곧 무궁세계에 참여하게 될 것이다. 이상의 개략적으로 살펴본 내용을 보아서도 알 수가 있지만 브룩스의 종말론은 철저한 세대주의적 전천년설이다. 즉, 그는 그리스도의 재림을 두 번으로 보고, 그 사이에 7년 대환난과 공중 혼인 잔치가 있을 것을 말한다. 그리고 유대인들의 종말론적인 본토 회복과 회개운동에 대해서도 말한다.

이제 본문으로 들어가서 살펴보면 1-2장에서 브룩스는 재림에 대한 신앙이 사도들과 주님의 교훈에 근거한 것임을 상세하게 짚어준다.[100] 3장에서는 자신의 전천년설의 관점에서 주님의 재림이 임박하다는 점을 강조하고 다만 그 날과 그 시는 알 수 없으니 항상 깨어 기도하고 준비해야 할 것을 말한다.[101] 브룩스는 그리스도가 재림하시기 전 지상에서 "신령한 천년 세계나 정의의 통치"가 이루어지거나 번영의 시대가 올것이라고 가르치는 후천년설에 대하여 "현시대"라는 4장에서 오히려 재림전까지 세상은 조금도 변하지 아니하고 악해지고 고난의 때가 될 것임을 성경적으로 반박한다.[102] 특히 현시대의 끝(5장)에는 평안

---

100 Brookes, 『주재림론』. 1-30.
101 Brookes, 『주재림론』. 31-43. 브룩스는 몇 몇 학자들을 인용하는 중에 칼빈의 글도 인용한다(36-37).
102 Brookes, 『주재림론』. 44-54. 브룩스는 "세상이 변하여 선하게 되겠다 함은 진리와 심히 어그러지도다"라고 말하기도 한다(55-56).

이 아니라 "즉시 무서운 환난이 있을 것"이라고 브룩스는 명시한다.[103] 6장에서는 후천년설의 근거로 제시되는 마태복음 13장의 비유들을 자신의 관점에서 해설하여 논파하기도 하는데, 때로 억지적인 해석들도 보인다.[104] 7장에서는 적 그리스도를 다루는데, 브룩스는 "교황이 적 그리스도와 비슷하나 이 시대 끝에는 더욱 큰 적 그리스도가 일어날 줄" 안다고 말한다.[105] 그리고 여러 관련된 성경 구절들을 살핀 후에 천주교나 교황을 마지막 적그리스도라고 할 수는 없다고 단언을 한다.[106] 다니엘 7장에 근거하여 "적 그리스도가 옛적 로마 제국이 열 나라 모양으로 다시 일어날 때에야 나타날 것"이라고 브룩스는 말한다.[107] 브룩스의 세대주의적인 이해는 이스라엘에 대해 설명하는 8장에서 두드러지게 나타나는데, 그는 구약의 이스라엘의 회복과 본토 귀환에 대한 모든 약속이 문자적으로 실제적인 육신의 아브라함의 후손들에게 성취될 날이 올 것이라고 해석한다.[108]

9장 이하에서 브룩스는 그리스도의 이중 재림에 관련하여 해설하기 시작하는데, 먼저 9장에서는 비밀 공중 휴거(rapture)에 대해서 다룬다[109] 그는 초두에서 이 주제는 "주의 재림에 대한 전체 문제에 크게 상관되는 것"이라고 그 중요성을 밝히고, "그 백성을 위하여 오심"과 "저희들과 함께 나타나심"은 같은 사건이 아니라 구별된 사건이라는 점을

---

[103] Brookes, 『주재림론』, 55-64.
[104] Brookes, 『주재림론』, 64-73. 마 13장에 나오는 새들을 공중 권세 잡은자로 보거나, 누룩을 무조건 악한자로 이해하려는 브룩스의 관점은 정당한 주해라고 보기 어렵다.
[105] Brookes, 『주재림론』, 76.
[106] Brookes, 『주재림론』, 83-84.
[107] Brookes, 『주재림론』, 86.
[108] Brookes, 『주재림론』, 91-109. 브룩스는 렘 30:1-10의 본문 해설을 하면서 "이 흐어지는 것이 실상이면 모으는 것도 실상이 되리라. 성경 가운데 이스라엘과 예루살렘을 수백번 말씀하셨으나 다 야곱의 친 자손과 예루살렘을 가르"친 것이라고 문자주의적인 해석을 제시한다(102).
[109] Brookes, 『주재림론』, 109-122.

분명히 밝힌다.110 브룩스는 계시록 3장 21에서 19장까지 교회가 이 지상에 있지 아니하고 하늘에 있으며, 성령께서도 지상에서 일하시지 아니하는 것으로 설명하면서, 교회는 대환난에 참여하지 아니하고 하늘로 휴거되고 대환난은 오로지 "유대인에게 상관"된다고 말한다.111 철저한 성경주의자이기를 원하는 브룩스답게 이 주제에 관련해서도 여러 성경 구절들과 사례들을 증거로 제시하는데, 심지어 에녹이 홍수를 피하여 미리 데려가심에서도 휴거의 증거를 보고자 한다.112

브룩스는 10-13장 넉장에 걸쳐 재림에 대해서 상술한다. 10장에서는 재림이 복된 소망이라는 점을 밝히는데, 사람의 몸의 구속을 포함한 완전한 구원이 이루어지고, "만물이 그리스도의 재림시에 영화로이 변화될 것"이며, 모든 질병에서 자유하게 되는 날이기 때문일 뿐 아니라, 유대인들이 본토로 돌아오고 다시 주의 백성이 되며, 이방 신자들과 더불어 세상을 심판하는 복을 누리게 되는 것이 재림후이기 때문에 복된 소망이라는 것이다.113 11장에서는 재림이 "홀로 하나되는 소망"(the only hope)이라는 주제를 다루기 위해 세대주의자들의 전형적인 7세대론(seven dispenstations)을 상술해 주는데,114 앞의 다섯 세대가 다 실패로 끝났듯이 교회시대 역시도 복음의 번영시대가 아니라 "무섭게 캄캄하고 비길데 없는 환난의 재앙으로 마칠"것이라고 말하고,115 주님의 지상재림 후 천년왕국 때에도 비중생자가 함께 존재하기 때문에 "이 시

---

110 Brookes,『주자림론』, 109, 116-117. 소위 전통적인 세대주의자들은 이중 재림을 말하기 위하여 "성도를 위하여 오심"과 "성도와 함께 오심"으로 양분하여 말하나 이는 성경적인 근거가 없다.
111 Brookes,『주자림론』, 113-114. 브룩스는 두 번의 재림이라는 표현을 약화시키기 위해 "재림은 둘이 아니오 하나인데 두 걸음이 있"다고 견강부회적인 해석을 한다(115; Till He Come, 91: "there are not two comings, but two steps of one coming.").
112 Brookes,『주자림론』, 117.
113 Brookes,『주자림론』, 123-135.
114 Brookes,『주자림론』, 136-157.
115 Brookes,『주자림론』, 149.

대도 전시대와 같이 사람의 실패로 마"칠 것이라고 말한다.[116] 그러나 천년왕국 후에 오는 최후심판을 통해 악인들이 심판받고, 사탄과 음부도 불구덩이에 던져지고 나서 무궁시대가 올 것을 브룩스는 말하는데 지상 재림후의 천년기도 실패로 끝난다고 표현하면서 재림을 유일한 소망이라고 말하는 것은 7세대 이론을 고집하기 때문에 일어나는 모순이라고 보여진다. 12장에서 브룩스는 재림이 "실용할 소망"(the practical hope)이라는 점을 여러 가지로 설명한다.[117] 즉, 재림 신앙을 가지게 될 때에 구체적으로 어떤 실천들을 하게 되는가를 자세하게 설명하는데, 그 가운데서도 가장 중요한 강조점은 전천년설적인 신앙을 가진 이들이 선교와 전도에 힘쓴다는 점에 놓여진다.[118] 이어지는 13장은 이러한 전천년설적인 재림 신앙에 대한 증인들을 교회사 가운데 찾아서 나열하는 부분이다. 브룩스는 "초대 신자들이 다 천년 세계 이전 재림설자"라는 말로 증인 제시를 시작하여, 교회사적인 다양한 증인들을 제시한다.[119] 브룩스는 자신의 시대에도 무디나 블랙스톤을 비롯하여 "지능과 학식이 구비하고 열성의 경건과 충성의 봉사와 성경의 숙달함으로 교회의 으뜸되는 인물이 수 만명"이 전천년설자들임을 말한다.[120] 마지막 14장에서 브룩스는 지금까지 상세하게 설명해 왔던 자신의 세대주의적 전천년설의 관점에서 종말에 되어질 사건들의 순서(the order of

---

116 Brookes, 『주재림론』, 155-156.
117 Brookes, 『주재림론』, 157-171.
118 Brookes, 『주재림론』, 166-169.
119 Brookes, 『주재림론』, 171-181. 브룩스는 수 많은 증인들을 나열하고서 "이 가운데 큰 선비와 세계에서 가장 성경을 깊히 연구하는 학자들이 많"다고 칭찬한다(181). 반면에 후천년설에 대해서는 "칼빈교과대로 되는 것이 아니오 장로교 신조밖에 나아가는 것뿐 더러 성경을 위반하는 것"이라고 강력하게 비판을 한다(179). 이는 자신이 속한 미국 장로교회의 주류적인 신학자들(핫지 부자, 쉐드, 댑니 등)을 강도높게 비판한 것이라고 할 것이다.
120 Brookes, 『주재림론』, 182-183. 이 부분에서 브룩스가 나열하는 수 많은 인물들은 19세기 후반 미국의 세대주의 운동가들이다.

events)를 일목요연하게 정리해주고 있다.[121]

이상에서 우리는 『주재림론』에 담긴 제임스 브룩스의 세대주의적 전천년설을 개략적으로 살펴보았다. 나이아가라 성경 컨퍼런스의 지도자로서 브룩스는 19세기말 유행했던 고전적인 세대주의적 요소들을 확집했다는 것을 확인했으며, 그러한 세대주의적 전천년설의 신앙만이 성경적인 종말론이라고 하는 확신을 가지고 있었다는 점을 확인할 수가 있다.[122] 브룩스의 책은 산만한 블랙스톤의 책보다 더욱 더 명쾌하고 체계적인 특성을 지녔기 때문에 가독성이 훨씬 더 높은 것으로 보아 당시 한국 독자들에게 더욱 더 쉽게 읽혀졌을 것이며, 영향을 미쳤을 것으로 사료된다.

3. 소안론의 요한계시록 해설과 다니엘서 해설

II.3에서 살펴본대로 소안론선교사는 평양에서 장기간 활동하면서 장로회신학교와 숭실전문에서 가르쳤고, 수 많은 저술들을 통하여 한국 장로교회 성장 발전에 크게 기여를 했고, 특히 종말론과 관련된 주요 텍스트들인 요한계시록과 다니엘서에 대한 해설서들을 일찍이 출간하여 많은 영향을 미쳤기 때문에 그의 저술들을 종말론적인 관점에서 고찰해 볼 필요가 있다.[123] 일정하에 나온 많은 저술들이 그러하듯이 소안론의 저술들도 독창적인 저술이라기 보다는 신학교나 사경회 강의

---

[121] Brookes, 『주재림론』, 187-202. 부록으로는 "마귀가 일곱 번 패전한 것이라"는 내용이 실려있다(203-212).

[122] 샌더스 2세는 브룩스의 저작들을 광범위하게 연구한 후에 그가 세대주의 전천년설의 확집하고 유포하게 했으나 자신이 속한 장로교 구학파 신학 전통에 속해 있음을 논증했다 (Sanders II, "The Premillennial Faith of James Hall Brookes," 97-152, 202-207).

[123] 소안론, 『묵시록 공부』(경성: 조선야소교서회, 1922); 『계시록대요』(경성: 조선야소교서회, 1936); 『다니엘서주해』(경성: 조선야소교서회, 1938/ 서울: 대한기독교서회, 1954). 소안론은 『계시록대요』 서언에서 요한계시록 가운데 대환난에 관계된 부분을 잘 이해하기 위해서는 "다니엘 책을 아는 것이" 많은 도움이 된다라고 말한다.

안으로 준비한 자료집으로 판단되어진다.[124] 그리고 여기서는 그의 계시록해설과 다니엘해설을 자세하게 살필 수는 없기에 세대주의적인 특징만 간추려서 논구해 보려고 한다.[125]

소안론은 요한계시록을 해석함에 있어 "과거적 사실로 해석"하거나 "역사적 사실로 해석"하는 입장 보다는 "미래적 사실로 해석"하는 것을 자신의 입장으로 취한다.[126] 그러면서 특히 4장에서 19장까지 내용은 "다니엘의 70째 주일에 상관된 말씀으로 이 앞에 대환난 때에 당할 사건"이라고 서두에서 밝힌다.[127] 소안론은 4장 1절의 "이 일후에"라는 구절을 교회의 휴거("예수께서 교회를 데려가심")후라고 단언하고, 4장-19장을 7년 대환난기로 보고 교회는 그 환난에 동참하지 않는다라고 하는 세대주의적인 도식을 철저하게 따른다.[128] 고전적인 세대주의에 의하면 유대인과 이방인 교회는 철저하게 양분되시키는데, 소안론도 그 입장을 따라 7년 대환난 시기는 교회와는 관계없고 "유대인 교회 때"라고 설명한다.[129] 이러한 기본적인 관점에 따라 7인, 7나팔, 7대접 재앙에 대한 해설을 7년 대환난 기간동안 교회와는 관계없이 유대인과 관계된 환난으로 해설을 하고,[130] 7장의 144,4000을 문자적으로 "이방 사람이 아니고 유대 사람을 가르친 것"으로 보고, 7장 9-17절의 환난에

---

[124] 소안론은 『묵시록 공부』의 경우는 편집인으로 표기되어 있고, 『계시록대요』의 내지에 영문으로 "prepared by W. L. Swallen, D. D."로 표기하고 마지막 쪽에서는 저작자라고 표기한다.

[125] 안수강, 『길선주목사의 말세론 연구』, 162-172에는 소안론과 길선주의 종말론의 연관성의 측면에서 분석되어 있고, 오주철, "한국교회사에 나타난 전천년설의 기원과 발전과정에 대한 교리사적 이해와 연구," 79-82에는 소안론의 세대주의 전천년설의 특징을 간략하게 논의하고 있다.

[126] 소안론, 『계시록대요』, 3.

[127] 소안론, 『계시록대요』, 3; 『다니엘서요해』, 87-95.

[128] 소안론, 『묵시록 공부』, 43-45; 『계시록대요』, 50-51.

[129] 소안론, 『계시록대요』, 51. 소안론은 전통적인 세대주의자들처럼 교회는 원래 구약에서 예고된 적이 없다고 주장한다(96).

[130] 소안론, 『계시록대요』, 62-68, 76-82, 117-126.

서 나온 큰 무리를 대환난에 참여하지 않고 휴거된 교회라고 해석한다.[131] 또한 소안론은 11장의 두 증인을 "후삼년반 대환난 때에 예루살렘에서 참소하며 기롱하는 백성중에 (나타날) 모세와 엘리아 같은 두 큰 증인"으로[132] 12장의 여인을 이스라엘로 여인의 남은 자손들을 후3년반 동안 남은 "유대의 남은 자들"로 해석하고,[133] 13장의 바다에서 나온 짐승을 적 그리스도로 보고, 땅에서 나온 짐승을 거짓 선지자로 해석하지만[134] 666의 의미에 대해서는 불확실성을 말한다.[135] 그리고 소안론은 17장에 나오는 음녀와 짐승을 말세의 배도한 교회를 가리키며, 18장에 멸망할 바벨론을 문자적으로 "마지막 때에 유브라데 강가에 있는 바벨론 성 자리에 다시 큰 성을 세울 것"으로 해석한다.[136]

계시록의 기록을 주로 순차적이고 문자적으로 해석하는 소안론은 19장 1-10절의 어린 양의 혼인 잔치를 대환난전 교회가 공중 휴거하여 참여하는 것으로 해석하고,[137] 19장 11절 이하의 짐승들과 그리스도의 전쟁은 최후 아마겟돈 전쟁(16:16)에 대한 것으로 동일시한다.[138] 그리고 20장의 천년 동안 마귀를 결박함(20:1-3)은 "교회가 시작할 때" 일어난 것으로 보는 입장(무천년설의 입장이다)을 비판하고 주님의 지상 재림 후에 일어날 일로 해석하는데, 영적 존재인 마귀를 사슬로 결박할 수있는

---

[131] 소안론, 『계시록대요』, 69-71. 144,000을 유대인으로간 제한했기에 14:1-5절도 유대인들로 제한하여 말한다(106-107).
[132] 소안론, 『계시록대요』, 85-90. 소안론은 세대주의자들처럼 7년 대환난 기간을 전3년반과 후3년반으로 나누며, 이 때에 유대인들이 문자적으로 고토에 돌아와 나라를 세울 것을 전제로 설명한다.
[133] 소안론, 『계시록대요』, 94-100.
[134] 소안론, 『계시록대요』, 101-105.
[135] 소안론, 『계시록대요』, 105: "이 수에 대하여 여러 가지로 해석하는 것이 있으나 지금까지 그 뜻을 분명히 해석하는 사람이 없으니 그 일이 이룰 때에야 분명히 알줄로 아느니라." 소안론, 『묵시록 공부』, 94도 동일하다.
[136] 소안론, 『계시록대요』, 127-141.
[137] 소안론, 『계시록대요』, 141-143.
[138] 소안론, 『계시록대요』, 146-148, 122-124.

가 하는 문제에 대해서는 "신이라도 결박할 수 있는 사슬"으로 이해한다.[139] 소안론은 천년 동안의 마귀 결박과 천년 동안 성도들이 그리스도와 왕노릇하는 기간을 같은 문자적 천년으로 이해하고 있고, 이 천년 통치에 참여하는 자들은 공중 휴거했던 자들과 대환난 기간 동안 순교했던 유대인들 등이라고 한다.[140] 천년기 후에는 사탄이 다시 무저갱에서 풀려나 곡과 마곡의 전쟁이 일어날 것인데(20:7-9), 소안론은 곡과 마곡을 문자적인 나라나 인종명으로 이해하지 아니하고 "천년왕국후에 각나라 가운데서 마귀를 새로이 따라가는 사람이 많이 있을터인고로 그 사람들을 총칭하여 곡과 마곡"이라고 해석한다.[141] 이 전쟁에서 그리스도에게 패배한 사탄은 다른 두 짐승이 들어가 있는 불못에 들어가게 되는데, 소안론은 이 불못에 대하여 "들어가는 자가 멸절되는 곳이 아니오 영원토록 고통함으로 형벌받는 곳인 것이 분명"하다고 본다.[142] 그리고 이어서 최후 심판이 있을 것인데, 이때에 악인들이 비로소 부활하여 심판을 받게 된다고 해석하는데, 문제는 이 최후 심판에 악한 사람들만 참여한다고 보는 것이다.[143]

이제 우리는 계시록 21-22장에 기록되어 있는 인간의 최후 상태에 대한 소안론의 해석을 살펴보려고 한다. 소안론은 새 하늘과 새 땅에 관하여 대부분의 세대주의자들과 달리 세계 갱신설을 주장한다.[144] 그

---

139 소안론, 『계시록대요』, 149-150.
140 소안론, 『계시록대요』, 151-153. 소안론은 계시록에 기호와 상징이 많다고 하면서도(서언, 2), 세대주의의 특성처럼 많은 부분에서 문자주의(literalism)를 드러내준다. 천년에 대해서도 "천년인줄만 알 것뿐이오 다른 뜻으로 생각할 수 없"다고 말한다(151).
141 소안론, 『계시록대요』, 154-155.
142 소안론, 『계시록대요』, 156-157.
143 소안론, 『계시록대요』, 157. 이러한 소안론의 해석은 모든 산 자와 죽은 자가 모두 심판대 앞에 설 것을 가르치는 웨스트민스터신앙고백 33장 1항에 충돌한다(이상웅, "웨스트민스터 신앙고백서의 종말론," 「한국개혁신학」 44 [2014]: 166). 또한 소안론은 세대주의자로서 단회적인 심판이 아니라 여러 번에 걸친 심판에 대해서 말하기도 했다(소안론, 『계시록대요』, 158; 『묵시록 공부』, 144-145).
144 소안론, 『계시록대요』, 159. 166쪽에는 "새 땅이라 하는 것은 낡은 땅을 불로 깨끗이 하

리고 에덴 동산 보다 무궁 세계 속에 살아가는 형편이 더욱 더 영광스러울 것임을 바르게 강조하기도 한다.[145] 그러나 새 예루살렘에 대한 해석을 보면 소안론은 새 땅에 있을 것으로 보지 아니하고 하늘에서 내려오기는 하지만 땅 위에 있는 것으로 특이한 해석을 한다.[146]

이상에서 우리가 살펴본대로 소안론의 요한계시록과 다니엘 해석은 전통적인 세대주의 전천년설의 입장에 따라서 철저하게 저술된 책으로 1922년의 『득시록 공부』, 1936년의 『계시록대요』, 그리고 1938년의 『다니엘서 요해』간이 입장 변경은 없는 것으로 확인된다. 소안론은 교회와 유대인을 양분하고, 7년 대환난과 교회의 휴거를 말했고, 그리스도의 공중 강림과 지상 재림을 말했고, 지상 천년왕국과 단회적이지 않은 부활과 심판에 대하여 주장했다. 이러한 종말론을 담은 본문들에 대한 해설들은 일제 강점기의 한국 장로교 목회자들을 통해 교인들에게 표준적인 해석처럼 수용될 수밖에 없었다는 것은 불문가지이다.

4. 가옥명의 『내세론』(1931)

앞서도 보았듯이 장로회신학교의 첫 조직신학 교수인 이눌서선교사는 성경 번역에 큰 기여를 했지만, 조직신학 교과서 집필은 성취하지 못했다. 그래서 「신학지남」 13/6(1931.11) 광고에 보면 "다년간 본신학교에서 이 교리신학에 대하여 완전한 인쇄물이 없이 필히 그 대요만 등사 사용하"였다고 말하고 있다. 그러다가 그 동일한 해에 중국인 신학자 가옥명(價三銘)의 『신도학』(神道學)을 한글로 완역하여 출간하고 교

고 아름답게 고친 것이니 곧 낡은 땅이 저주함을 벗어나서 온전케 하심을 받은 새 땅이라."고 말한다(『득시록 공부』, 152도 동일).

145 소안론, 『계시록대요』, 165.
146 소안론, 『계시록대요』, 169; 『득시록 공부』, 154-155.

재로 사용하게 된 것이다.147 이눌서는 한국인 이영태와 정재면이 번역한 것을 감수하여 6책으로 발간하면서 『조직신학』이라는 명칭을 부쳤고, 그 가운데 마지막 책이 『내세론』(來世論)이다. 이 교과서는 번역 출간된 이래 1937년까지 이눌서의 강의 교과서가 되었다.148 따라서 우리는 1930년 평양 장로회신학교의 종말론적 성격을 이해하기 위해서는 이 책의 내용도 주의해서 살펴보아야만 한다.

(1) 가옥명과 『신도학』

가옥명의 생애를 간략하게 살펴 본다.149 1880년 산동성에서 출생했고, 1901년에 탱쵸대학(Tengchow College)을 졸업하고, 1904년에 장로교 신학교를 졸업하고 목사안수를 받았다. 1915년에 남경신학교(Nanjing Jinling Seminary) 교수가 되었고, 1921년에는 산동성 텡시안(Tengxian)에 소재한 북중국신학교 부원장이 되었다. 여기서 그는 『신도학』을 저술 출간했다.150 1930년에는 남경 진링여신학교 원장이 되었으나, 1936년에는 남경에 영성학원(the Spiritual Institute)을 설립했다. 1948년에는 암스테르담에서 열린 WCC 회의에 참석하고 부회장이 되었고, 1954년에는 삼자애국교회 부주석이 되었으며, 1964년 84세에 소천했다.

이눌서는 『기독교 험증론』의 감수자 서문에서 가옥명과 『신도학』

---

147 「신학지남」 13/6 (1931.11): 532.
148 선교 40주년을 당한 이눌서박사," 「신학지남」 15/1 (1933.1): 4. 또한 안치범, "가옥명(賈玉銘, Chia Yu Ming)의 신학사상이 평양신학교에 미친 영향에 관한 연구"(철학박사, 안양대학교, 2012); 문춘권, "중국 신학자 가옥명의 조직신학사상 연구"(신학석사, 장로회신학대학교, 2012) 등을 보라.
149 Hing Hung Otto Lui, "Development of Chinese Church Leaders—A Study of Relational Leadership in Contemporary Chinese Churches."(Ph. D. diss., Fuller Theological Seminary, 2011), 302. 그의 생애에 대해 자세한 내용은 Chi-Yeum Lam, "The Paradoxical Co-existence of Submissiveness and Subversiveness in the Theology of Yu-ming Jia"(M. Phil., University of Birmingham, 2010), 24-41을 보라.
150 賈玉銘, 『神道學』, 三冊(南京: 榮光報社, 1926). 가옥명의 이 책은 최근까지도 대만에서 재간행되고 있으나, 이눌서가 활용한 대본은 1926년 초판본이다.

의 성격에 대해 간략하게 설명을 했다.¹⁵¹ 이눌서는 저자의 "지식이 풍부할 뿐아니라 신앙이 특히 견실하고 경건함으로 일반 선교사 교사로부터 칭예를 많이 받는 목사"라고 소개하고, 『신도학』은 A. H. 스트롱과 A. A. 핫지의 교본을 근간으로 삼고 남경신학교 교수선교사였던 P. F. 프라이스의 강의안을 참고하여 편술한 것이라고 소개한다. 영어로 쓴 서문에서는 본서가 성경 인용이 풍성하고, "복음주의적이지, 분파주의적이거나 교파주의적인 것"을 지향하지 않는다는 프라이스의 말도 소개해 준다.¹⁵² 이러한 특성들을 종합해 보면 가옥명의 신학 특징이 드러나는데, 그의 신학은 장로교 신학의 근간을 따르면서도 어떤 부분에서는 폭넓은 복음주의 전통(성령론이나 부흥 등의 주제에 있어)을 따르고 있기도 하다는 것이다.¹⁵³ 우리는 이러한 복음주의적인 특색들을 그의 『내세론』에서도 분명하게 확인하게 된다.

(2) 가옥명의 『내세론』의 세대주의적 특징들

가옥명의 신학적 특징(장로교 신학과 복음주의 신학의 종합)은 『내세론』에서 세대주의적 전천년설을 따르는 것을 통해서 강하게 드러난다. 이눌서는 감수인 서문에서 그의 종말론 입장이 "솔직하게 전천년설적이나, 후천년 입장과 논증들에 대해서도 적절한 고려를 했다"라고 쓰고 있지만,¹⁵⁴ 가옥명은 확실히 세대주의적 전천년설을 따랐던 복음주의 신

---

151 가옥명, 『기독교 험증학』 (평양: 장로회신학교, 1931), Foreword와 서문. 『조직신학』의 첫 권으로 신학서론에 해당되는 교본이다.
152 가옥명, 『기독교 험증학』, Foreword.
153 성령론의 관점에서 이러한 사실을 밝힌 글은 최윤배, "중국인 가옥명(賈玉銘; Chia Yu Ming, 1879-1964)의 성령론연구: 구원론을 중심으로," 「한국개혁신학」 39 (2013): 124-159이다. 또한 송은 가옥명을 케직 신학자로 평가한다(Baiyu A. Song, "Jia Yuming (1880-1964) - A Chinese Keswick Theologian," *Journal of Global Christianity* 4/1 [2018]: 68-83).
154 가옥명, 『내세론』, Foreword.

학자이다.[155] 가옥명의 『내세론』은 총 7장으로 구성되어 있고, 분량은 103쪽에 불과하다.

제1장 영세(永世)의 필유(必有)에서는 영생 불멸에 대한 여덟가지 증거를 제시하고 있는 부분이고,[156] 2장 사망(死亡)에서는 사망의 정의를 내린 후에 사후 상태에 대해 의인과 악인으로 나누어 설명하고, 사후 상태(혹은 중간기 상태)에 대한 오류들인 수면설, 연옥설, 멸절설 등에 대해 비판적으로 서술한다.[157] 3장은 그리스도의 재림("基督의 復臨")에 대해 다루는데, 재림하신다는 성경의 약속들을 제시하고, 예수 재림시의 경상(景狀)이 어떠할지에 대해서 자세하게 상술해 준다.[158] 가옥명의 전천년설적인 입장은 재림의 시일을 논하는 부분에서부터 명료하게 나타나는데, 그는 후천년이 비성경적이라고 비판하고 그리스도와 교회가 왕노릇하는 지상 천년왕국론 입장을 자신의 입장으로 취한다.[159] 이어서 재림의 징조를 논하면서도 전천년설적인 관점에서 징조들을 제시하는데("환난의 날," "만국에 복음전파," "교회의 영락," "물질이 문명(文明)될 것," "대죄인이 출현할 것"), 유대인이 귀국(歸國)할 것도 포함하고 있다.[160]

---

155 필자는 가옥명의 『내세론』에 제한하여 살펴보겠지만, 모영보는 가옥명의 여러 저술들을 논구하여 이 사실을 분명하게 밝혀준다(모영보, "개혁주의 관점에서 본 가옥명의 종말론"[신학석사. 총신대학교. 2019]).

156 가옥명, 『내세론』, 1-13.

157 가옥명, 『내세론』, 13-27. 가옥명은 신자가 사후에 누리는 복에 대해 "평안히 휴식함, 영명(靈明)의 지식이 있음, 주로 더불어 함께 처함, 신으로 더불어 같이 있음, 다시 범죄치 아니함, 피차 알 것" 등으로 설명해 준다(19-21).

158 가옥명, 『내세론』, 28-36. 가옥명은 재림 교리의 중요성을 다음과 같이 강조하여 말한다: "기독의 재림하는 도는 실로 극히 중대하고 긴요한 문제임으로 성경중에 상론되었나니 혹이 왈 신약의 장절을 평균히 계산하여 보면 매 25절에 반드시 1절은 이 도에 대하여 밀절(密切)한 관계가 있다 하였도다."(45).

159 가옥명, 『내세론』, 36-43. 이눌서의 말대로 가옥명은 전천년설과 후천년설의 입장을 공정하게 비교하려고 노력했다. 아울러 그는 시한부 종말론은 거부한다(43). 이는 당시 한국교회에 많은 영향을 미쳤던 길선주가 시한부 종말론을 말한 것과 대조적인 부분이다(길선주, "말세학," in 『말세학, 말세론』 [서울: KIATS, 2010], 387-389).

160 가옥명, 『내세론』, 43-45.

가옥명의 전천년설은 제4장 천희년(千禧年)에서 상세하게 전개되어지는데, 그는 "성경 중에 천희년을 논한 요훈(要訓)이 심히 많"으며, "이 요도에 대하여 료해(了解)하기 어려우면 다른 요도(要道)에 대하여 있어서도 또한 오회(誤會)함을 면키 어"려울 것이라고 강조하며 논의를 시작한다.161 그는 구약과 신약의 각종 본문들을 증거로 제시한 후에, 천년왕국 전에 일어날 일들에 대해서 13가지를 나열하는데 주의해서 보면 고전적 세대주의를 따른다는 것을 확연이 알 수가 있다. 그는 그리스도의 공중 강림시 신자들이 공중에 끌어 올려져(携擧) 혼인잔치를 하는 사이, 지상에서는 7년간 대환난(전3년반, 후3년반)이 있을 것이고, 그 후에 그리스도의 지상 재림이 일어나고 그 때에 유대인이 회개하고 그리스도를 환영할 것이며 비로소 지상에서 그리스도의 왕국이 이루어질 것임을 말한다.162 가옥명은 이어서 천년왕국의 경상(景狀)에 대해서 설명하되, 국정 방면으로는 "만국이 공합할 것, 세계가 화평할 것, 정치가 창명(昌明)될 것"이며, 종교 방면으로는 "복음이 보급될 것, 신앙이 아주 순수할 것, 정교가 합일 될 것"이라고 설명하고, 국민 방면에서는 "자유 평등이 될 것, 평안이 거하여 낙업(樂業)할 것"이며, 만물 방면으로 보면 "세계가 취속(取贖)될 것, 만물이 부흥할 것"이라고 설명한다.163 가옥명은 그리스도의 재림후에 지상에서 세우시는 이러한 천년왕국의 시기를 부정하는 자들이나("혹 천희년을 부인하는 자") 혹은 그리스도가 재림하시기 전에 천년기가 있다고 믿는 후천년설자들("천희년후파")에 대하여 비판적으로 답함으로 천년기 논의를 마친다.164

---

161 가옥명, 『내세론』, 47.
162 가옥명, 『내세론』, 48-50.
163 가옥명, 『내세론』, 50-55. 가옥명은 천년왕국의 景狀을 총언하여 원시조 아담이 타락하기 전의 "前景狀을 回復함"이라고 말한다(55).
164 가옥명, 『내세론』, 55-57. 앞서본 블랙스톤이나 브룩스와 동일하게 가옥명은 전천년설 입장에서 후천년설을 거부하는데 이는 그가 기본 자료로 삼은 프린스턴신학자들이나 A. H. 스트롱의 천년기를 거부한 것이다. 물론 가옥명은 신학자들의 이름을 들어서 비판적

제5장에서 가옥명은 부활에 대해 다루는데, 먼저는 부활에 대한 반대론에 대해 검토하고 성경적 증거를 제시한다. 그러고나서 부활의 차서를 논의하는 중에 그의 세대주의적 전천년설의 입장이 또한 드러나게 된다. 가옥명은 성도의 부활이 한꺼번에 일어나는 것이 아니라, 대환난 전에 부활하는 자들과 대환난 후에 부활하는 자들로 구분한다.[165] 가옥명은 영혼뿐 아니라 몸도 "신(神)의 거소(居所)"로 지으셨기 때문에 부활체는 이전의 몸과의 연속성이 있을 것을 말하는데, 이는 장로교 표준문서에 합치하는 입장이라고 할 수가 있다.[166] 다만 의인이나 악인의 부활체의 성격에 대해 설명할 때에 마치 선한 천사나 악한 천사도 일종의 영체가 있는 것처럼 설명하는 것은 개혁주의 관점에 맞지 않다고 할 것이다.[167]

가옥명은 이어지는 제6장에서는 심판(審判)에 대해 다루는데, 심판의 필요성, 심판의 목적, 심판주(예수 그리스도), 심판의 차서, 심판의 기준, 심판의 결국 등의 순서로 논의를 전개했다.[168] 이 부분에 대한 가옥명의 설명중 주목할 필요가 있는 것은 심판의 차서에서 자신의 세대주의 입장에 따라 심판을 7년 대환난 전과 대환난 후 있을 국민 심판과 이스라엘 심판 그리고 천년기 이후 있을 악인과 악한 천사의 심판 등으로 네 번의 심판이 있다고 주장하는 점이다.[169] 그러나 심판의 결국을 설명하는 중에 가옥명은 세계 파괴설이 아니라 만물 갱신설의 입장을 표

논의를 하지 않고 항상 성경적 근거를 물어 입장을 취하거나 타견해를 비판한다.
[165] 가옥명, 『내세론』, 67-68. 악한 자들은 천년기 끝에 마지막 심판을 앞두고 모두 부활하게 된다고 가옥명은 말한다(69).
[166] 가옥명, 『내세론』, 73. 웨스트민스터 표준문서에 관련해서는 이상웅, "웨스트민스터 신앙고백서의 종말론," 161-164를 보라.
[167] 가옥명, 『내세론』, 70, 72.
[168] 가옥명, 『내세론』, 74-87.
[169] 가옥명, 『내세론』, 81-83.

명한 것은 개혁주의 관점과 일치하는 것이라고 판단되어진다.[170]

가옥명의 『내세론』의 마지막 7장은 최후 상태에 대한 논의로서 "영생과 영벌"이라는 표제를 가지고 있다. 이곳에서 가옥명은 일반적인 종말론의 논의대로 신자가 누릴 신천신지에서의 영원한 생명과 지옥(게헨나)에서 누릴 악인들의 영벌에 대해서 상술해 준다.[171] 가옥명은 정통적인 입장에 따라 신천신지와 지옥의 문자적인 경역성을 분명히 하였고, 특히 신천신지와 새 예루살렘을 따로 구별하여 설명하지 않는다.[172]

이상과 같은 논구에 의하면 가옥명의 종말론은 분명히 세대주의 전천년설의 입장을 대변했음을 다시 한 번 확인하게 되며, 다만 종말론의 주요 내용들을 설명함에 있어서 성경적으로 온당하고 장로교 표준문서에 일치하는 경우들이 적지 않음을 알 수가 있다. 따라서 이눌서는 자신의 종말론이 세대주의적이었느냐 아니냐와 상관없이도 본서가 가진 교과서적인 가치를 높이 평가하여 번역 감수하여 출간한 후에 장로회신학교 교재로 사용했을 것이라고 사료된다. 그리고 평양 장로회신학교의 첫 조직신학 교수였던 이눌서선교사의 종말론적인 입장이 역사적 전천년설인지 아니면 세대주의적 전천년설적인지에 대한 논쟁거리는 미해결 상태로 남겨둘 수밖에 없을 것 같다.

IV. 나가는 말

이상에서 우리는 평양 장로회신학교의 종말론 전통을 분석 개관하여

---

170 가옥명, 『내세론』, 87: "대개 불사른다함은 멸(滅)함이 아니오 실로 낡은 것을 불살라 다시 새로운 것을 준비함으로 신천신지를 화성(化成)랍이니라." 또한 가옥명, 『내세론』, 94-95의 상술을 참고하라.
171 가옥명, 『내세론』, 87-103.
172 가옥명, 『내세론』, 91, 95-96.

보았다. 일반적으로 해방전 한국교회의 주류적인 종말론은 세대주의 전천년설이었다고 하는 학계의 통념을 재확인하기 위해 필자는 먼저 평양 장로회신학교에서 종말론 교육에 참여했거나 영향을 미쳤던 다섯 명의 선교사 교수들의 면면을 확인해 보았고(II), 이어서 그들이 썼거나 번역 출간한 주요 종말론적인 교재들을 직접 분석 개관하였다(III).

앞선 논구 과정을 통하여 규명되고 재확인된 것은 평양 장로회신학교에서 가르쳤던 대다수의 선교사 교수들의 종말론이 전천년설이라는 이름 하에 세대주의 전천년설이었거나, 전천년설 안에 역사적 전천년설이나 세대주의 전천년설의 분별없이 관용하며 가르쳤다고 하는 사실이다. 이 점은 초기 선교사들 대부분이 19세기 말 20세기 초반 미국 교회의 선교 동력을 제공했던 나이아가라 성경 컨퍼런스와 학생자원운동(SVM)의 영향하에 자신들이 받은 신학 교육과 무관한 세대주의 전천년설을 유일한 종말론인 것처럼 흡수하고 수용한 결과라고 볼 수밖에 없다고 사료된다. 그러하였기에 앞서 살펴본 종말론 주요 텍스트들도 그런 지도자들의 책을 번역한 것이거나(블랙스톤, 브룩스), 아니면 세대주의적인 해석을 따라가는 성경 해설서들을 출간할 수밖에 없었던 것이다(소안론). 물론 조직신학 교수였던 이눌서선교사의 입장이 과연 세대주의였느냐는 문제는 보다 더 깊고 넓게 논구해 보아야 할 논쟁거리이지만, 그가 "나이아가라 신조"를 번역 소개하면서 긍정적으로 추천하거나 세대주의적 전천년설을 담고 있는 가옥명의 『내세론』을 번역 감수하여 교재로 사용했던 점 등으로 미루어 보아 적어도 그는 세대주의적인 종말론에 대해서 후대의 죽산 박형룡이나 정암 박윤선처럼 비판적이지 않고 매우 관용적이었다고 추단할 수밖에 없을 것이다. 이처럼 해방이전 한국 땅에서 유일했던 장로교 신학 교육기관에서 세대주의적인 전천년설이 지속적으로 가르쳐지고, 그러한 책들이 출간 보급되어졌기에, 선교사 교수들의 영향하에 신학 교육을 받은 대다수의 한국 목회자들 역시도 세대주의적인 종말론을 성경적인 종말론으로 수용하고 교회와 사경회에서 열정적으로 가르치고 전파할 수밖에 없었다는 것도 부인할 수 없는 사실이다. 이러한 역사적인 연유로 인하여 한국 장로교회 역사 가운데는 세대주의적인 종말론이 근절되지 아니했고, 오늘날까지도 세대주의 전천년설과 역사적 개혁주의가 양립할 수가 있다고 생각하는 이들이 장로교회 내에 존재하고 있는 것이고, 장로교회에 속한 많은 신자들이 세대주의 종말론을 근간으로 하는 선교단체들이나 선교운동에 쉽게 휩쓸려 드는 이유중 하나인 것이다.

물론 평양 주재 선교사들 가운데는 함일돈이나 구례인과 같은 무천년설자도 있었지만 당시의 대세를 극복하기에는 역부족이었으며, 한국 장로교회가 성결교와 달리 세대주의 전천년설과 대비적으로 역사적 전천년설을 구별할 수있게 된 것은 해방 이후 본격적으로 신학 교육을 주도하게 된 죽산 박형룡과 정암 박윤선의 기여가 컸다고 하는 점을 우리는 또한 인정하지 않을 수가 없다.[173] 우리는 선교사들이 세대주의 전천년설을 취함으로 전도와 선교에 대한 강력한 동기부여를 얻었다는 것이나, 환난중의 한국 장로교 신자들이나 목회자들이 전천년설적인 재림 신앙으로 불굴의 인내를 발휘하며 심지어는 순교에 까지 이를 수 있었다고 하는 사실을 인정하지 아니할 수가 없다. 그럼에도 불구하고 세대주의 전천년설은 성경적이지 않은 많은 요소들과 성경을 오독(誤讀)하게 만드는 그릇된 해석학 원리들을 가지고 있기에, 개혁주의 관점에서 평양 장로회신학교의 종말론 전통을 바르게 평가하고 비판할 수가 있어야 할 것이다. 어떤 큰 효과나 눈에 뜨이는 결과가 성경적이지 않은 교리와 신앙을 정당화해서는 안되고, "오직 성경으로"(Sola Scriptura)의 기준으로 공과(功過)를 분별할 수있어야 하기 때문이다. 아

---

[173] 이와 관련해서는 Park, "From Fear To Hope: The Shaping of Premillennialism in Korea, 1884-1945," 336-356; 이신열, "박윤선의 개혁주의적 종말론,"「한국개혁신학」 25 (2009): 112-130; 조봉근, "칼빈과 한국장로교회의 교파별 종말론에 관한 비교연구 -부활과 천년왕국을 중심으로-,"「한국개혁신학」 26 (2009): 303-310; 이승구, "죽산과 정암의 천년 왕국 이해,"「신학정론」 38/2 (2020): 471-501 등을 보라.

울러 이러한 논의들에 근거하여 한 가지 중요한 실천적인 교훈이 귀결된다고 사료되는 것은 우리의 장로교 신학교육에 있어서 건전한 종말론 교육을 강화하여 선교사 후보생들이나 목회자 후보생들이 성경적인 종말론을 익히고 현장에서 바로 가르칠 수있도록 심혈을 기울여야 한다는 것이다. 이는 동서고금을 막론하고 선교 현장이나 목회 현장은 선교사들이나 목회자들이 배우고 익힌 종말론을 비롯한 신학 입장들에 의해 영향을 받지 않을 수가 없기 때문이다(*)

참고문헌

가옥명.『기독교증험론』. 이영태 역. 평양: 장로회신학교, 1931.
_____.『내세론』. 정재면 역. 평양: 장로회신학교, 1931.
곽안련.『표준성경주석 마가복음』. 서울: 대한예수교장로회 총회종교교육부, 1958.
_____.『표준성경주석 누가복음』. 서울: 대한예수교장로회 총회종교교육부, 1962.
곽안련. 밀의두. 도이명 공역.『묵시록 주석』. 경성: 조선야소교서회, 1922.
권상덕. "레이놀즈의 구약성서 해석에 관한 연구." 철학박사, 한남대학교, 2011.
김인수. "레널즈(W. D. Reynolds)가 한국장로교 선교상황의 발전과 변화에 끼친 영향 연구." 철학박사, 호남신학대학교, 2009.
김지찬. "총신 구약학 형성의 토대: 신학지남 초창기 역사(1918-1940)를 중심으로."「신학지남」74/2 (2007): 92-135.
김철손. "묵시문학."「기독교사상」15/6 (1971.6): 154-161.
김홍만.『초기 한국 장로교회의 청교도 신학』. 서울: 옛직길, 2003.
마포삼열박사전기편찬위원회.『마포삼열박사 전기』. 서울: 대한예수교장로회 총회교육부, 1973.
모영보. "개혁주의 관점에서 본 가옥명의 종말론." 신학석사. 총신대학교. 2019.
박용규.『한국장로교사상사』. 서울: 총신대학출판부, 1992.
_____. "한국교회 종말신앙: 역사적 개관."「성경과신학」27 (2000): 190-222.
_____.『한국기독교사1-3』. 서울: 한국기독교사연구소, 2004-2018.
박응규. "일제하 한국 교회의 종말론 형성에 관한 연구."「역사신학논총」2 (2000): 176-198.
_____. "종교개혁과 한국교회의 종말론적 연관성에 관한 고찰."「ACTS 신학저널」34 (2017): 85-125.
박종현.『일제하 한국교회의 신앙구조』. 서울: 한들출판사, 2004.
서영일.『박윤선과 개혁신학 연구』. 서울: 한국기독교역사연구소, 2000.
소안론.『묵시록 공부』. 경성: 조선야소교서회, 1922.

_____.『계시록대요』. 경성: 조선야소교서회, 1936.
_____.『다니엘서요해』. 서울: 대한기독교서회, 1954.
신복윤.『종말론』. 서울: 한국개혁주의신행협회, 2005.
「신학지남」 1-23 (1918-1940). 영인본. 서울: 신학지남사, 1989.
안수강.『길선주목사의 말세론 연구』. 서울: 예영, 2008.
안치범. "가옥명(賈玉銘, Chia Yu Ming)의 신학사상이 평양신학교에 미친 영향에 관한 연구." 철학박사, 안양대학교, 2012.
양현혜.『근대 한 일 관계사 속의 기독교』. 서울: 이화여자대학교출판부, 2009.
오지석. "평양 숭실과 소안론 (蘇安論, William L. Swallen) 선교사."한국기독교문화연구」8 (2016): 159-178.
이근삼.『기독교와 신도국가주의의 대결』. 서울: 생명의양식, 2008.
이눌서.『인학 공과』. 경성: 조선야소교장로회, 1915.
_____.『구학 공과』. 경성/평양: 야소교소회/ 야소교서원, 1915.
_____.『신학 공과』. 경성: 조선야소교장로회, 1916.
이동수. "초기 한국교회의 종말론 신학."「유관순 연구」19 (2014): 135-157.
이상규, "한국에서의 개혁주의 신학의 수용과 발전,"「갱신과 부흥」11 (2012): 95-114.
_____.『해방전후 한국장로교회의 역사와 신학』. 서울: 한국기독교역사연구소, 2015.
이승구. "죽산과 정암의 천년 왕국 이해."「신학정론」38/2 (2020): 471-501.
이상웅. "죽산 박형룡과 구례인의 천년기론에 대한 연구."「개혁논총」38 (2016): 177-307.
_____. "죽산 박형룡 이후 총신 조직신학자들의 천년기론."「성경과 신학」80 (2016): 103-132.
_____. "새 하늘과 새 땅"(계 21:1-8)에 대한 개혁주의적 이해와 설교."「한국개혁신학」49 (2016): 8-38.
_____. "'그리하여 온 이스라엘이 구원을 얻으리라'- 유대인의 미래적 회복에 관한 죽산 박형룡의 입장 고찰과 신학적인 평가."「신학지남」84/4 (2017): 153-191.
_____.『박형룡신학과 개혁신학 탐구』. 서울: 솔로몬, 2019.
_____. "3. 1 운동 100주년에 즈음하여 다시 보는 박형룡 박사의 초기 생애

(1897-1923)." 「신학지남」 86/3 (2019) : 5-37.

_____. "박형룡 박사 기념도서관 명명(命名)의 의의와 과제." 「신학지남」 86/4 (2019): 235-259.

이신열. "박윤선의 개혁주의적 종말론." 「한국개혁신학」 25 (2009): 112-130.

이은선. "한국장로교단들의 웨스트민스터 신앙고백서와 대소요리문답의 수용." 「한국개혁신학」 51 (2016): 174-213.

이호우. 『초기 내한 선교사 곽안련의 신학과 사상』. 서울: 생명의말씀사, 2010.

정성구. "평양 장로회신학교 교수 약전." 「신학지남」 68/2 (2001): 80-98

조경현. 『초기 한국장로교 신학사상』. 서울: 그리심, 2011.

조봉근. "칼빈과 한국장로교회의 교파별 종말론에 관한 비교연구 -부활과 천년왕국을 중심으로-." 「한국개혁신학」 26 (2009): 301-336.

조용호. "미 남장로교 선교사 윌리엄 D.레이놀즈의 생애와 신학연구." 철학박사, 연세대학교, 2007.

조형욱. "구프린스턴 신학의 종말론 연구." 철학박사, 총신대학교, 2011.

주강식. "한국 장로교회의 개혁신학에 대한 연구: 1884년부터 2000년까지를 중심으로." 신학박사. 고신대학교, 2014.

_____. "한국장로교회의 개혁신학에 대한 연구: 1884년부터 2000년까지를 중심으로." 「갱신과 부흥」 14 (2014): 92-132.

최명훈. "한국교회 종말론의 형성과정에 관한 연구." 신학박사, 성결대학교, 2011.

최윤배. "중국인 가옥명(賈玉銘; Chia Yu Ming, 1879-1964)의 성령론연구: 구원론을 중심으로." 「한국개혁신학」 39 (2013): 124-159.

허호익. 『길선주 목사의 목회와 신학사상』. 서울: 대한기독교서회, 2009.

황재범, "한국장로교회의 칼빈주의 수용에 있어서의 이중적 태도," 「갱신과 부흥」 11 (2012): 70-94.

Bass, Clarence B. *Backgrounds to Dispensationalism: Its Historical Genesis and Ecclesiastical Implications*. Grand Rapdis: Baker, 1978.

Berkhof, Louis. *Systematic Theology*. Grand Rapids: Eerdmans, 1941.

Blackstone, W. E. *Jesus is Coming*. Re-revised Ed. Chicago e. a. : Fleming H. Revell Co., 1908. 기일 역. 『예수의 재림』. 경성: 조선야소교서회, 1913.

Brookes, James H. "Till He Come." Revised and Third Ed. Chicago e. a. :Fleming H. Revell Co., 1895. 배위량 역.『주재림론』. 경성 : 조선야소교서회, 1922.

Brown, Arthur J. *The Mastery of the Far East*. New York: Charles Scribner's Sons, 1919.

Brown, George Thompson. "History of the Korea Mission Presbyterian Church, U. S. from 1892 to 1962." Th. D. Diss. Union Theological Seminary in Virginia, 1963.

Catalogue of the Presbyterian Theological Seminary at the Pyeng Yang, Chosen. Yokohama: Fukuin Printing Co., 1916.

Conn. Harvie M. "Studies in the Theology of the Korean Presbyterian Church: A Historical Outline." *Westminster Theological Journal* 29/1(1966 November.): 24-57.

The Fiftieth Anniversary Celebration of the Korea Mission of the Presbyterian Church in the U. S. A. Seoul: Y.M.C.A. Press, 1934.

Gale, James S. *The Vanguard*, 김재현 역.『밴가드: 게일이 본 조선 교회 선구자들 이야기』. 서울: KIATS, 2012

Hamilton, E. Floyd. *The Basis of Millennial Faith*. Grand Rapids: Eerdmans, 1955.

Hodge, Charles, *Systematic Theology*. 3 Vols. New York: Scribner's Sons, 1872-1873.

Hoekema, Anthony A. *The Bible and the Future*. Exeter: Paternoster Press, 1979.

Kraus, C. Norman. *Dispensationalism in America: Its Rise and Development*. Richmond: John Knox Press, 1958.

Kwok, Wai-luen. "The Christ-human and Jia Yuming's Doctrine of Sanctification: A Case Study in the Confucianisation of Chinese Fundamentalist Christianity." *Studies in World Christianity*, 20/2 (2014): 145-165.

Lam, Chi-Yeum. "The Paradoxical Co-existence of Submissiveness and Subversiveness in the Theology of Yu-ming Jia." M. Phil. Thesis.

University of Birmingham, 2010.
Lee Jong Hyeong. "Samuel Austin Moffett: His Life and Work in the Development of the Prsebyterian Church of Korea 1890-1936." Ph. D. Diss. Union Theological Seminary in Virginia, 1983.
Lui, Hing Hung Otto. "Development of Chinese Church Leaders-A Study of Relational Leadership in Contemporary Chinese Churches." Ph. D. diss., Fuller Theological Seminary, 2011.
Marsden, George M. *Fundamentalism and American culture :the shaping of twentieth century evangelicalism, 1870-1925*. New York : Oxford University Press, 1980.
Moorhead, Jonathan David. "Jesus is Coming: The Life and Work of William E. Blackstone (1841?1935)." Ph. D Diss. Dallas Theological Seminary, 2008.
Pak, Ungkyu. "From Fear To Hope : The Shaping of Premillennialism in Korea, 1884-1945." Ph. D. Dissertation. Westminster Theological Seminary, 1998.
Park, Hee Suk. "Korean Resistance to Shintoism and ist Legacy." Ph. D. Dissertation. Westminster Theological Seminary, 1997.
Rutt, Richard. *A Biography of James Scarth Gale and a New Edition of His of the History of Korean People*, Seoul: Taewon Pub. Co., 1972.
Sanders, Carl Edward II. "The Premillennial Faith of James Hall Brookes." Th. D. Diss. Dallas Theological Seminary, 1995.
Sandeen, Ernest Robert. *The Roots of Fundamentalism : British and American Millenarianism, 1800-1930*. Chicago : University of Chicago Press, 1970.
Song, Baiyu Andrew. "Jia Yuming (1880-1964)- A Chinese Keswick Theologian: A Theological Analysis of Christ-Human Theology in Jia's Total Salvation." *Journal of Global Christianity* 4/1 (2018): 68-83.
Terlep, Allan Thomas. "Inventing the Rapture: The Formation of American Dispensationalism, 1850-1875." Ph. D. Diss. University of

Chicago, 2010.

Underwood, Lillias H. *Underwood of Korea*. 이만열 역. 『언더우드』. 서울: IVP, 2015.

Wilkinson, Paul R. *For Zion's Sake: Christian Zionism and the Role of John Nelson Darby*. Eugene: Wipf & Stock, 2008.

Williams, David Riddle. *James H. Brookes: A Memoir*. St. Louis: Buschart Bros., 1897.

3
해방 이전 한국 장로교 목사들의 종말론[1]

I. 들어가는 말

한국 장로교회는 선교 125년의 역사를 지나가고 있는데, 길지 않은 역사는 사분오열을 넘어 핵분열의 모습을 보여주고 있다.[2] 하지만 적어도 선교 초기에는 네 선교부(미국 북 장로교회, 미국 남 장로교회, 캐나다 장로교회, 호주 장로교회)가 한국에 들어와 선교 사역을 했지만, 그들은 하나의 선교 공의회를 만들어서 연합된 사역을 수행했고, 네 개의 장로교회가 아니라 하나의 장로교회를 이 땅에 세웠다.[3] 적어도 해방 이전까지 한국에는 단 하나의 죠선 예수교 장로교회가 있었고, 또한 총회가 공인한 평양 장로회신학교만이 유일한 목회자 교육 기관이었다.[4] 1901년 5월 15일에 마포삼열 선교사의 사랑 방에서 시작된 평양 장로회신학교는 1938년 신사참배에 반대하여 무기한 휴교하기까지 존속하면서, 800명이 넘는 한국 교회 목회자들과 지도자들을 배출했다.[5] 따라서 초기 한

---

[1] 본 장은 「조직신학연구」 37 (2021): 94-122에 처음 공표되었음을 밝힌다.
[2] 대한예수교장로회라는 이름을 건 교단만 200 교단이 넘는다는 점에서 이러한 표현을 사용했다.
[3] 초기 장로교회 형성 과정에 대한 자료는 곽안련, 『장로고회사전휘집』, 이교남 편집 (예천: 한국기독교교회사 주영연구소, 2019)를 보라. 이 자료집은 곽안련 선교사가 한국 장로교회와 관련하여 연대순으로 주요 내용들을 정리한 자료집이다.
[4] 평양신학교는 애칭이고, 평양 장로회신학교가 정식적인 명칭이다. 평양 장로회신학교에 대해서는 조경현, 『초기 한국장로교 신학사상』 (서울: 그리심, 2011)을 보라.
[5] 김요나, 『총신 90년사』 (서울: 양문, 1991), 903-910에 졸업생 명부가 수록되어 있다. 무기

국교회의 신학은 평양 장로회신학교와 떼려야 뗄 수가 없다는 것은 지극히 당연한 일일 것이다. 평양 장로회신학교는 선교사 교수들에 의해서 개교했고, 그 후 1925년 이후 한국인 교수 세 사람(남궁 혁, 이성휘, 박형룡)이 임용되지만 1939년까지 신학교를 주도하였던 것은 장로교 선교사들이었다. 따라서 선교사 교수들의 신학적 입장과 내용들은 곧바로 한국 목회자 교육 과정에서 전달되고 수용되었을 수밖에 없다.

1937년에 A. J. 브라운이 북장로교 선교 100주년사 속에서 한국은 "가장 보수적인 선교지 중의 하나"였으며, "많은 사람들이 전천년적 재림설을 옹호"했으며, "이런 타입의 종말 신앙은 한국 기독교인들에 의해 쉽게 수용"되었다고 평가하고 있듯이 장로교 선교사 교수들이 가르쳐준 보수적인 신학과 전천년설적인 신앙은 한국인 목회자들에게 잘 수용되고 신봉되어졌다고 하는 사실은 명약관하한 일이라고 할 것이다.[6] 본 장에서는 이러한 선교지에서의 선교사 교수들의 신학과 피선교지 목회자들의 신학의 연속성이라는 맥락 속에서 특히 초기 한국 장로교 목회자들의 종말론을 검토하려고 한다. 장로회신학교의 설립자요 초대 교장이었던 마포삼열 선교사는 전천년설 신앙을 확고히 붙들었고, 그 외에도 대부분의 선교사 교수들이 전천년설 신앙을, 그것도 대부분 세대주의 전천년설(Dispensational Premillennialism)을 장로교(혹은 개혁주의) 신학과 충돌이 없는 것으로 알고 열정적으로 가르쳤다고 하는 사실을 고려할 때에, 그들에게 배운 해방 이전 한국 장로교 목회자들의 종말론 역시 전천년설적일 수 밖에 없을 것이라는 것은 예상되는 일일 것이다. 이어지는 본론에서는 먼저 배경 연구로서 장로교 선교사들의 종말론을 검토해 볼 것이며(II), 이어서 초기 한국인 목회자인 길선주의 종말론을 먼저 논구해 보고 나서(III), 1930년대 후반에서 해방 이전까

한 휴교는 1938년에 먼저 결정되었지만, 통신과정을 통해 남은 52명 학생들은 1939년에 제34회로 졸업했다.

6 A. J. Brown, *One Hundred Years*, 433; 박용규, 『한국장로교사상사』, 261에서 재인용.

지 신사참배 반대로 인하여 옥고를 치루거나 순교했던 주기철 목사, 손양원 목사, 주남선 목사 등의 종말론을 확인해 보고(IV), 마지막으로 죽산 박형룡과 정암 박윤선의 초기 종말론을 검토해 볼 것이다(V). 이러한 논의를 진행함에 있어 해당되는 원저작들을 최대한 참고하여 그들의 입장을 확인해 볼 것이다.

II. 한국 장로교 선교사 교수들의 종말론[7]

평양 장로회신학교 교수들 가운데 종말론과 관련되어 우리가 살펴보아야 할 이들은 마포삼열(Samuel Austin Moffett, 1864-1939), 기일(James Scarth Gale, 1863-1937), 배위량(William M. Baird, 1862-1931), 소안론(William L. Swallen, 1865-1954), 그리고 이눌서(William D. Reynolds, 1867-1951) 등이다.

이 가운데 신학교 설립자인 마포삼열은 종말론에 관련된 글을 남기지 않았지만, 그가 확고부동한 전천년설자였음은 잘 알려져있다.[8] 그러나 강의와 저술을 통하여 초기 학생들에게 많은 영향을 미친 사람은 기일이었다. 기일은 언더우드와 더불어 스코필드 관주 성경을 한글로 번역했고, 미국 복음주의권에서 세대주의를 널리 확신시킨 저작인 윌리엄 블랙스톤(William E. Blackstone)의 *Jesus is Coming*을 한국어로 번역 출간하였다.[9] 이 책은 한국 교회에서 소개된 최초의 종말론이며, 그 내용은 다비와 스코필드의 전통적인 세대주의를 대중적인 필치로 잘 소

---

[7] II에서는 배경 설정을 위해서 앞장에서 다룬 "평양 장로회신학교의 종말론 전통" 연구 성과를 본 장의 배경 설정을 위해 간단하게 줄여서 제시하고자 한다.

[8] Lee Jong Hyeong, "Samuel Austin Moffett: His Life and Work in the Development of the Prsebyterian Church of Korea 1890-1936"(Ph. D. Diss. Union Theological Seminary in Virginia, 1983), 165-167.

[9] William E. Blackstone, *Jesus is Coming*, re-revised ed. (Chicago e. a. : Fleming H. Revell Co., 1908), 기일 역,『예수의 재림』(경성 : 조선야소교서회, 1913).

개해 주고 있다. 또 다른 영향력있는 교과서는 배위량 선교사에 의해 1922년에 출간되는데, 배위량은 자비를 들여서 소개하고자 할만큼 제임스 브룩스의 "Till He Come."에 깊이 매료되어 있었다.[10] 이 두 권의 종말론 책자들만으로 초기 한국장로교회뿐 아니라 성결교를 비롯한 다른 교단들에도 파급 효과가 컸었다.[11] 평양 장로회신학교에서 종말론과 관련하여 크게 영향을 미쳤던 또 다른 선교사는 소안론인데, 그는 1922년에 『묵시록 공부』를 출간하고, 1936년에 다시 『계시록 대요』를 출간하고, 1938년에는 종말론과 관련하여 중요한 또 다른 텍스트인 다니엘서 연구서인 『다니엘서 요해』를 출간하였다.[12] 소안론의 저서들도 면밀히 고찰해 보면 철저하게 전통적인 세대주의 전천년설의 입장을 취하고 있음을 알 수가 있다.[13] 마지막으로 우리가 고려해야 할 선교사 교수는 조직신학 첫 전임교수였던 이눌서 선교사인데, 그가 1915-1916어간에 간행한 공과 책들 속에서는 단순히 전천년설을 그가 따랐다는 것은 확인할 수가 있지만,[14] 문제가 되는 것은 그가 한국인들의 도움을 받아 1931년에 출간한 중국인신학자 가옥명의 『신도학- 내세론』과 관련되어 발생한다.[15] 가옥명 역시 세대주의 전천년설을 자신의 천년기론으로 확집하고 있기 때문에, 이런 책을 번역하여 흔쾌히 신학교 교재로 사용한 이눌서의 입장도 동일한 세대주의 전천년설이 아니냐고 하는 합당한 견해가 제시되기도 했고, 그럼에도 불구하고 세대주의 전

---

10 James H. Brookes, "Till He Come," revised and third ed. (Chicago e. a. :Fleming H. Revell Co., 1895). 배위량 역. 『주재림론』(경성: 조선야소교서회, 1922).
11 최명훈, "한국교회 종말론의 형성과정에 관한 연구"(신학박사, 성결대학교, 2011), 81-95.
12 소안론, 『묵시록 공부』(경성 : 조선야소교서회, 1922); 『계시록대요』(경성 : 조선야소교서회, 1936); 『다니엘서요해』(경성: 조선야소교서회, 1938).
13 이상웅, "평양 장로회신학교의 종말론 전통" III.3을 보라.
14 이눌서, 『인학 공과』(경성: 조선예수교장로회, 1915); 『구학 공과』(경성/평양: 야소교서회/ 야소교서원, 1915); 『신학 공과』(경성: 조선예수교장로회, 1916). 이 중에 그의 전천년설은 『신학 공과』, 89-90에서 확인되어진다.
15 가옥명, 『내세론』, 정재면 역, 이눌서 감수 (평양: 장로회신학교, 1931).

천년설은 아니라고 하는 반론도 강하게 제기되어 왔다.[16]

이상에서 간략하게 약술했지만 평양 장로회신학교에서 종말론을 가르쳤거나 종말론에 관한 책들을 출간한 다섯 명의 선교사 교수들의 신학적 입장을 고려할 때에 적어도 그들 모두는 전천년설을 주장했고, 특히 대체적으로 세대주의 전천년설을 확립하고 한국 목회 후보생들에게 가르쳤다는 점을 확인할 수가 있다.[17] 앞서 언급한 선교사 대부분인 미국 장로교 신학교들인 시카고 맥코믹 신학교나 남부 유니온 신학교 출신이었는데도 불구하고, 두 신학교의 주류적 입장이었던 후천년설을 따르지 아니하고 (세대주의) 전천년설을 따른 이유는 무엇보다 선교사로서 헌신하게 된 데에는 미국 나이아가라 성경 수련회나 학생 자원운동(Student Volunteering Movement) 지도자들의 세대주의 종말론의 영향이 지대했기 때문이라는 점은 하나의 역사적 사실이다.[18] 물론 무천년설을 주장하는 흔일돈 선교사나 구례인 선교사가 있었지만, 적어도 해방 이전 한국 장로교 목회자들 교육과 관련해서는 그다지 깊은 영향을 미칠 수가 없었다.[19]

---

[16] 조형욱, "구프린스턴 신학의 종말론 연구"(철학박사, 총신대학교, 2011), 254-274를 보라.

[17] 이러한 평가는 이미 간하배 선교사가 제시한 바가 있는데, 그는 초기 한국 선교사들에 의해 유입된 세대주의를 "milder forms"라고 평가하면서도, 장로교주의와 일치하지 않는 요소였다고 바르게 평가했다(Harvie M. Conn, "Studies in the Theology of the Korean Presbyterian Church: A Historical Outline," *Westminster Theological Journal* 29/1 [1966]: 50-51). 필자는 앞서 소개한 아직 미간행 논문인 "평양 장로회신학교의 종말론 전통"속에서 앞서 소개한 원전들을 모두 검토하여 초기 장로교 선교사들이 대체로 세대주의 전천년설을 확집(確執)하고 가르쳤다는 것을 논증했다.

[18] 이 점에 관련해서는 Timothy P. Weber, *Living in the Second Coming: American Premillennialism 1875-1925* (New York/ Oxford: Oxford University Press, 1979); George M. Marsden, *Fundamentalism and American Culture: The Shaping of Twentieth Century Evangelicalism, 1870-1925* (New York/ Oxford: Oxford University Press, 1980) 등을 보라.

[19] 1920년 내한하여 평양에서 사역했던 함일돈(Floyd E. Hamilton, 1890-1969)선교사에 의하면 평양 선교회 소속 선교사들 "거의 모두"(almost all)가 전천년주의자들이었으며, 무천년설에 대해 질문하면 전혀 알지 못했다고 회상해준다(Floyd E. Hamilton, *The Basis of Millennial Faith* [Grand Rapids: Eerdmans, 1955], 7-8). 평양 장로회신학교

III. 길선주 목사(1869-1935)의 종말론

우리는 II에서 살펴본 대로 평양 장로회신학교의 종말론적인 경향이 세대주의 전천년설이 강했다는 점을 확인했는데, 이제 그러한 선교사 교수들의 교육을 받은 초기 한국 장로교 목회자들의 종말론이 어떠한지를 논구해 보려고 한다. 초기 평양 장로회신학교 졸업생들이자 왕성한 부흥회 사역을 전국적으로 영향을 미친 두 사람은 길선주 목사(1869-1935)와 김익두 목사(1874-1950)[20]이다. 3회 졸업생(1910)인 김익두 역시도 전천년설적이고, 임박한 종말론을 가르쳤던 것으로 평가되어 왔지만,[21] 남겨진 설교들 속에서 그의 종말론적 입장을 확인하기는 어려워 보이기에[22] 첫 회 졸업생인 길선주의 종말론에 집중하여 먼저 고

교수들 가운데는 함일돈 뿐 아니라 라부열 등 여러 사람이 프린스턴 신학교 출신이었는데, 프린스턴 신학교의 종말론적인 경향에 대해서는 조형욱, "구 프린스턴 신학의 종말론과 세대주의 종말론: 세대주의 전천년설에 대한 구 프린스턴 신학의 경계," 「조직신학연구」 17 (2012): 112-133을 보라. 프린스턴신학자들 가운데는 후천년설 뿐 아니라 전천년설과 무천년설을 따르는 이들이 있었지만, 적어도 세대주의 전천년설은 모두가 경계했음을 조형욱은 잘 논증해 준다.

20 김익두 목사의 생애에 관해서는 Yang Hyun Phyo, "The Influence of Sun-Ju Kil, Ik-Du Kim, and Young-do Yi on Protestantism in Korea," 80-92을 보라.

21 양현표는 김익두가 "임박한 종말론"(imminent eschatology)를 전파했다고 말한다 (Yang Hyun Phyo, "The Influence of Sun-Ju Kil, Ik-Du Kim, and Young-do Yi on Protestantism in Korea," 104-106). 최명훈은 "또한 김익두를 통하여서도 전천년설이 널리 확대되어 갔다"고 평가한다(최명훈, "한국교회 종말론의 형성과정에 관한 연구," 87). 한홍 역시도 두 사람의 부흥 집회를 통해 전천년설이 전파되었다고 평가한다(Hahn, John Hong, "The Impact of Nineteenth Century American Church on the Shaping of the Foundation of the Early Korean Church and Society (1884-1935)," [Ph. D. Diss. Fuller Theological Seminary, 1999], 90). 또한 박응규, "일제하 한국 교회의 종말론 형성에 관한 연구," 189-190도 보라.

22 김익두 목사의 종말론 설교에 대한 당시대 증인으로 죽산 박형룡을 참고할 필요가 있다. 죽산은 1913-1916어간 선천 신성중학교 재학하는 중에 선천북교회에서 열린 김익두 목사의 부흥회 설교를 듣고 회상을 남긴 바가 있기 때문이다. "선천 북교회에 김익두목사가 와서 부흥회 설교로 예수의 재강림을 고대하라는 권면을 하면서 우리는 당연히 밖에 나가 기도하며 주 재림하시기를 간구하고 일어나면서 하늘을 쳐다보면서 주 나의 하나님을 갈망하는 태도를 가져야 된다 하였다. 그래서 그대로 실행하기를 얼마동안 하였다. 학

찰해 볼려고 한다.

길선주 목사는 1907년에 장로회신학교 첫 졸업생 중 1인으로서, 이 길함 선교사(Graham Lee)가 시무하던 평양 장대현교회 담임 목사직을 승계하여 목회하였고, 1919년 3.1운동시 33인 민족 지도자 중 1인으로 서명하였다가 2년간 옥고를 치루게 된다. 그는 안질이 좋지 않은데도 불구하고 옥중에서 요한계시록을 일만 독 이상 하게 되었고, 종말론적 관심이 증대되는 계기가 된다. 출옥 후에 전국적인 부흥회 인도를 하였으며, 1926년에 이르러서는 장대현 교회의 젊은 층들과 불화가 생겨 목회를 사임하고, 전국 순회 부흥사로 사역을 시작하여 1,300회의 부흥회 인도를 하였다. 그리고 그의 부흥회 내용은 주로 종말론에 관련된 것이었다.[23] 따라서 길선주의 종말론이 1920-1930년대 한국 교회에 강력하게 영향력을 미쳤다는 것은 일반적으로 인정되는 사실이다.[24]

길선주의 종말론은 1934-1935년 어간 김인서가 발간하던 「신앙생활」에 연속 기고한 말세학을 통해서 분명하게 확인할 수가 있다.[25] 학

교 타종 역을 할 때 학교 교실에서 숙직하며 자다가 차가운 밤하늘을 보고 밖으로 나가 흰 눈이 쌓인 교실 뒤 뜰에서 주님의 재림을 기도하고, 하늘을 우러러 주님의 재림을 소망하였다."(박형룡,『박형룡 박사 회고록』, 정성구 편집 [서울: 총신대학교출판부, 2011], 51-52).

[23] 길선주 목사의 생애에 관해서는 길진경,『영계 길선주』(서울: 종로서적, 1980); Yang Hyun Phyo, "The Influence of Sun-Ju Kil, Ik-Du Kim, and Young-do Yi on Protestantism in Korea" (Ph. D. diss. Southern Baptist Theological Seminary, 2003), 36-51을 보라. 후대에 출간된 길선주 저술 가운데는 부흥회시 사용한 "다니엘서 사경안"도 있다(이성호 편,『강대보감 및 다니엘서 사경안』[서울: 혜문사, 1969], 227-245).

[24] 감신 교수였던 김철손은 "우리 나라에 있어서 말세론자로 첫 손에 꼽히우는 사람은 길선주 목사라고 하겠다"라고 평가한다(김철손, "묵시문학," 「기독교사상」 15/6 [1971.6]: 160.). 그러나 그의 주장 중에 "그는 한국 장로교회 신학교의 千年世界 自由 取捨說을 극력 반대하고 천년왕국은 현 역사 안에서 실현될 것이라고 하였다"는 주장이나 길선주가 후천년설을 유포했다는 주장은 근거없는 주장이다.

[25] 원 형태의 "말세학"과 영어번역은『말세학, 말세론』(서울: KIATS, 2010), 223-434에 수록되어 있으며, 본 장에서는 이 현대판을 사용하기로 한다. 길진경 편,『영계 길선주 목사 유고 선집』(서울: 대한기독교서회, 1968), 1: 22-170에 재수록된 말세학에는 아들이 수정한 사항들도 있기 때문에, 원 형태의 말세학을 참고할 필요가 있다. 아울러 길선주의 감

계에서는 길선주의 종말론에 대한 거듭된 논구가 진행되어 왔고, 그의 종말론이 선교사들에게서 전수받은 전통적인 세대주의 전천년설이라고 하는 사실도 일반적으로 공인된 사실이다.[26] 지면 제한상 간략하게 길선주의 종말론의 내용과 특징을 정리하고자 한다. 길선주는 "말세학"을 시작하면서 "말세학은 주의 재림을 중심으로 한 것이다"는 말로 시작하고 나서, 바로 후천년설을 비롯하여 전천년주의와 다른 잘못된 해석들을 배격한다.[27] 이어지는 총론에서는 세대주의자들이 말하는 대로 7세대론을 소개하고, 그리스도의 5차 강림, 5회의 부활, 7번의 심판에 대해서 말한다.[28] 길선주는 전천년설적인 신앙에 따라 그리스도의 재림이 임박하다고 확신했으며, 그 증거로 내증 28가지와 6대 외증을 제시한다.[29] 그러는 중에 그는 1939년 혹은 2002년이 주의 재림의 해가 될 수도 있다는 유보적이긴 하지만 시한부 종말론을 제시하기도 했다.[30]

세대주의 전천년설적인 요소들에 집중해서 길선주의 말세론을 들여

화를 받아 쓴 김정현의 말세론 영인본도 『말세학, 말세론』 (서울: KIATS, 2010), 부록에 수록되어 있다. 김정현 목사에 대해 알려진 내용이 거의 없고, 그의 저술을 길선주의 종말론과 동일시하는 것은 옳지는 않아 보인다. 왜냐하면 김정현 목사가 길선주 목사의 종말론 강의에 많은 감화를 받고 썼지만, 내용은 반드시 동일하지 않으며, 또한 여러 다른 종말론 저술을 참고하고 있기 때문이다.

26 안수강, "길선주의 말세론 연구"(철학박사, 백석대학교, 2007)= 안수강, 『길선주 목사의 말세론 연구』 (서울: 예영, 2008); 오주철, "한국교회사에 나타난 전천년설의 기원과 발전 과정에 대한 교리사적 이해와 연구"(철학박사, 계명대학교, 2008); 김진수, "길선주의 '말세학'에 나타난 세대주의 전천년설에 대한 연구" (철학박사, 계명대학교 대학원 2009); 허호익, 『길선주 목사의 목회와 신학사상』 (서울: 대한기독교서회, 2009), 309-351. 이 가운데서 안수강의 박사 학위 논문이 원전들에 근거한 포괄적인 연구서이며, 길선주의 종말론을 이해하는데 있어서 필수적 문헌이라고 할 것이다.

27 길선주, "말세학," 352-354.
28 길선주, "말세학," 355-360.
29 길선주, "말세학," 362-391.
30 길선주, "말세학," 387-389. 아들 길진경 목사는 1939년을 1974년으로 수정했다(길진경 편, 『영계 길선주 목사 유고 선집』, 1:70).

다 보면, 길선주는 임박한 재림이 먼저는 공중에서 이루어지며 "진실한 신자와 아름다운 교회는 당신이 데려가"시어 공중 혼인 연석을 7년간 즐기게 하시지만,[31] "진실치 못한 교인과 타락한 교회는 7년 대환난"에 참여하게 될 것이라고 말한다. 길선주는 계시록 6장-16장에 기록된 7인, 7나팔, 7대접 재앙들은 7년 대환난 기간 동안 부어질 것이며, 그 결과 "말세 인류가 거의 전멸 상태에 이르게 될 것"이라고 예고한다.[32] 그러나 특이하게도 길선주는 이 대환난 기간을 유대인들에게 왕국 복음을 다시금 전하시어 옛 백성들을 불러 모으시는 시기라고 강조하는 전형적인 입장과 달리, 많은 유대인의 구원과 더불어 "이방교회를 확장"시키는 시기라고 해석한다.[33] 길선주는 7년 대환난 후에 그리스도의 지상 재림이 있고, 지상 천년 왕국이 세워질 것을 말한다. 이 천년 세계에는 교회와 이방인이 다 참여할 것이며, "가취(嫁娶)"가 있어 인구 수가 100억만에 이를 수도 있을 것이며, 에덴 동산같이 완전한 세계로 회복되기 때문에 수명은 천년이 넘을 것이라고 길선주는 말한다.[34] 세대주의의 도식에 따라 길선주는 천년 왕국 끝에 사탄이 석방되어 마지막 시험의 때가 잠깐 있을 것과 그 후에는 그리스도께서 심판장이 되시어 흰 보좌에 앉으시어 최후 심판을 하시게 될 것을 말한다. 이 때에 악인들이 부활을 하게 되어 심판에 들어가게 된다.[35] 이처럼 길선주는 다비, 스코필드에 의해 정립되고 기일이나 소안론과 같은 선교사 교수들에 의해 유포된 세대주의 종말론에 따라 말세학을 전개하였음을 알 수

---

[31] 길선주, "말세학," 391-394, 401-402. 길선주는 또한 교회가 7년 대환난에 참여하지 않을 12가지 증거를 자기 식의 해석을 통하여 제시하기도 한다(길선주, "말세학," 414-420).
[32] 길선주, "말세학," 403-408. 길선주는 세대주의 전형을 따라 7년을 전삼년반과 후삼년반으로 양분하여 설명하기도 한다(길선주, "말세학," 409-414).
[33] 길선주, "말세학," 410-413. 144,000명은 "유태인의 대표로 구원의 인을 맞은 자의 수"라고 이해함에도 불구하고, 환난 기간 동안 구원받을 유대인의 숫자가 많을 것을 예상하고 있다(413).
[34] 길선주, "말세학," 423-428.
[35] 길선주, "말세학," 428-430.

가 있는데, 한 가지 분명한 차이점은 지나치게 유대인 중심의 말세론을 전개하지는 않았다는 점이다.

이제 마지막으로 주목해야 할 것은 최후 심판 이후에 임할 최종 상태에 대해 길선주가 어떻게 이해하고 설명하는가 하는 것이다. 길선주는 마지막 장(12장)을 "변화무궁세계"라고 이름부치고, 이것을 "최후에 완성할 지상의 낙원"이라고 바로 설명해준다.[36] 이 부분에서 특이한 점이 또 하나 드러나는데, 길선주는 최후상태에 대해 "지옥계와 무궁세계와 새 예루살렘 등 말세 삼계(三界)"를 말한다는 것이다. 일반적으로 최종상태를 지옥(Gehenna)과 신천신지로 구분하여 말하는 것이 개혁주의 전통인데,[37] 길선주는 특이하게 신자들의 최종 상태를 무궁세계와 새 예루살렘 두 곳으로 대별한다. 길선주에 의하면 천성 새 예루살렘에는 "공중 혼인식에 올라갔던 신자"가 들어가고, 신천신지에는 "육신을 가지고 들어온 의인들이 살 곳"이라고 한다.[38] 길선주에 의하면 천년 세계보다 나은 곳이 신천신지이고, 그보다 더 나은 곳이 천성 새 예루살렘이 된다.[39] 우리는 이 부분에서도 길선주의 종말론이 유대인 중심의 세대주의(나 기독교 시오니즘)가 아니라는 것을 확인할 수가 있을 것이다. 그리고 길선주는 전형적인 세대주의에서 나타나는 세계 파괴설이 아니라 만물 갱신설을 주장하고 있다는 점은 긍정적으로 평가할 수 있는 점들이나,[40] 구원받은 신자들이 살게 될 최후 거처를 하늘의 예루살렘과

---

36 길선주, "말세학," 430.
37 Hoekema, *The Bible and the Future* (Exeter: Paternoster Press, 1979), 265-287; 박형룡, 『교의신학- 내세론』 (서울: 은성문화사, 1973), 341-378.
38 길선주, "말세학," 430-433. 길선주는 "변화한 성도와 부활한 성도, 곧 신부된 성도들은 영광 극한 새예루살렘에 살 뿐 아니라 무궁세계에도 자유자재로 왕래하면서 두 세계의 열락을 영원히 누릴 것이다."는 특이한 주장도 한다(433).
39 길선주, "말세학," 434. 길선주는 "말세학"을 끝내면서 다음과 같이 말한다: "이 글을 읽는 자는 다 말세에 믿음을 지켜 예수의 새예루살렘에 들어가기를 축원하노나. 저 좋은 낙원이 이르니 그 쾌락, 내 쾌락일세."(434).
40 길선주, "말세학," 431. 이 주제와 관련하여 이상웅, "새 하늘과 새 땅"(계 21:1-8)에 대한

신천신지로 양분하는 것은 성경적으로 바른 이해라고 볼 수가 없다.⁴¹

이처럼 우리는 길선주 목사의 종말론을 간략하게 살펴보면서, 그의 종말론이 당시 대세였던 세대주의 전천년설의 주요 특징들을 그대로 수용하여 재반포했다는 점을 확인할 수가 있었다. 유대인 중심성의 약화나 만물 갱신설의 주장 등은 의외적인 요소들이라고 할 것이나 그의 세대주의 말세학 강론은 전국적인 사경회를 통하여 한국 교인들의 가슴 속에 파고들어가 막대한 영향을 미쳤다. 물론 압박과 고난 중에 임박한 재림을 고대하면서 신앙의 열심을 내게 한 긍정적인 측면도 우리는 간과할 수가 없지만, 비성경적인 해석들은 비판적으로 극복해야 할 과제라고 할 것이다.

IV. 주기철, 손양원, 주남선, 한상동 등 신사참배 반대운동자들

길선주에 이어 살펴보고자 하는 그룹은 장로회신학교 재학 기간과 관계없이 신사참배 반대 운동과 관련되어 순교했거나 산 순교자가 된 졸업생들의 경우이다.⁴² 일제의 신사참배 강요에 대해 천주교와 감리교가 먼저 순응하고, 장로교도 이어서 굴복하고 말았으나 성경적인 신앙을 추구하는 보수적인 신앙을 가진 목회자들과 성도들은 결사 반대의 자세를 취하다가 50명이 순교하고 2천명이 투옥 생활을 해야 했다. 흥미로운 것은 박용규가 잘 지적해주듯이 "신사참배 반대로 순교 당한 50명과 투옥된 2천 명 모두가 전천년설을 믿는 보수주의 신앙인들이었

개혁주의적 이해와 설교," 「한국개혁신학」 49 (2016): 8-38을 보라.
41 길선주의 말세삼계설에 관련해서 안수강, 『길선주 목사의 말세론 연구』, 121-124, 130; 허호익, 『길선주 목사의 목회와 신학사상』, 309-351("말세삼계설의 한국신학적 특징") 등을 보라.
42 신사참배와 반대 운동에 대한 개요는 박용규, 『한국기독교회사II』 (서울: 한국기독교사연구소, 2017), 684-748에 잘 기술되어 있다.

고, 자유주의자는 단 한 명도 없다는 사실"이다.[43] 이 주제에 관련하여 논구된 여러 저술들 속에서 신사참배 반대 운동의 동인 중의 하나가 임박한 그리스도의 재림에 대한 전천년설적인 신앙에 있다고 하는 점은 일반적으로 인정되는 내용이다.[44] 우리는 평신 졸업생 가운데 네 사람의 종말론적 관점을 확인해 보기로 하겠다.

1. 주기철목사(1897-1944)

주기철 목사는 1922년에 장로회신학교에 입학해서 1926년에 졸업을 했다.[45] 주기철은 어떤 저술도 생시에 출간한 적이 없지만, 그의 설교들이 후대에 출간되었고, 그 가운데 연대는 미상이지만 "주의 재림"이라는 설교가 있다.[46] 이 설교 중에 주기철은 장차 7년 대환난 전에 신자들이 "주님에게 이끌리어 공중으로 올라갈 것"에 대한 소망을 밝힌다.[47] 즉, 이 한 구절만으로도 주기철의 종말론은 고전적인 세대주의 전천년설인 것을 알 수가 있다. 또한 그는 최후 심판이나 신천신지에 대한 소망도 말하는데, 신천신지의 새로움에 성격에 대한 이해는 길선주

---

43 박용규, 『한국기독교회사II』, 746-747.
44 일찍이 이 주제로 자유대학교에서 박사논문을 썼던 이근삼은 다음과 같이 적시해준다: "성경에 들어있는 종말론적 언급에 대한 문자적 해석으로 인해, 그리스도 재림에 관한 전천년설 견해는 한국 신자들이 일반적으로 지니는 보편적 종말론이었고, 그들이 믿었던 주님의 급작스런 재림은 엄청난 일제의 박해 가운데에서도 충분히 견디 낼 수 있는 근거가 되었다."(이근삼, 『기독교와 신도국가주의의 대결』 [서울: 생명의양식, 2008], 393). 박희석은 "장로교회의 저항 신학"이라는 항목에서 신사참배 반대운동의 근거를 철저한 성경관에 비중을 두고 다루었고 임박한 천년왕국 기대도 하나의 요소로 다루었다(Park Hee Suk, "Korean Resistance to Shintoism and Its Legacy"[Ph. D. dissertation, Westminster Theological Seminary, 1997]: 193-219, 특히 206을 보라).
45 주기철의 생애에 대해서는 민경배, 『순교자 주기철 목사』 개정판 (서울: 대한기독교서회, 1997)를 보라.
46 주기철, "주의 재림," in 민경배, 『순교자 주기철 목사』, 346-350.
47 주기철, "주의 재림," 349.

와 달리 세계 파괴설에 가까워 보인다.⁴⁸

2. 손양원 목사(1902-1950)

손양원 목사는 1935년에 장로회신학교에 입학하여 1938년에 졸업하였다. 그도 신사참배 반대 운동에 동참하여 1940년부터 1945년까지 수감 생활을 해야 했다.⁴⁹ 1940-1941년 어간 경찰과 검찰에서 받은 피의자 심문 조서와 판결문에는 손양원의 종말론 신앙이 곳곳에서 드러나고 있다.⁵⁰ 손목사의 입장을 간추려 보면 그 역시도 철저한 세대주의 종말론을 견지했음을 알 수가 있다. 그는 임박한 공중재림과 휴거 그리고 7년간의 혼인 잔치를 소망했고,⁵¹ 이어서 지상재림과 천년왕국이 있고 그 다음에 두굥 세계 혹은 천국이 임한다고 보았다.⁵² 손양원은 여러 말세 징조를 나열하는 중에 "우상인 신사참배를 강요하는 것"도 포함시켰으며,⁵³ 이러한 신사참배 강요없이 "그리스도를 수반하는 신천신지인 하나님의 나라를 건설하는 것이 우리 기독교의 궁극목적"이라고 밝히기도 한다.⁵⁴ 손 목사의 진술 중 특이한 점은 지상천국을 "유대민족을 주로 하는 것은 아니고 그리스도를 주권자로 하는 천국"을 가

---

48 주기철, "주의 재림," 549. 1939년 2월에 전한 일사각오를 밝힌 유명한 설교중에 주기철은 "이제 받는 고난은 오래야 7년이요"라고 선포하고 였다(주기철, "5종목의 나의 기원," in 민경배, 『순교자 주기철 목사』, 321).
49 손동희, 『손양원 목사 옥중 목회』, 수정판 (서울: 보이스사, 2009), 260-264.
50 손동희, 『손양원 목사 옥중 목회』, 173-224에 수록된 조서와 판결문을 보라. 동일한 자료가 김승태 편집, 『신사참배 거부 항쟁자들의 증언』 (서울: 다산글방, 1993), 295-336에도 수록되어 있다.
51 손동희, 『손양원 목사 옥중 목회』, 179. 193, 200쪽에 의하면 7년 혼인 잔치 기간 동안 지상에는 7년 대환난 기간이며 계시록의 재앙들을 문자적으로 적용하고 있다.
52 손동희, 『손양원 목사 옥중 목회』, 180, 192(이중재림), 209-211(종합적인 진술).
53 손동희, 『손양원 목사 옥중 목회』, 191,
54 손동희, 『손양원 목사 옥중 목회』, 196.

르킨다고 하면서 "유대인 중에서도 그리스도교를 믿지 않는 자는 구원 받지 못한다"고 명시하는 점과[55] 신천 신지를 옛 물질계의 파괴를 전제로 한다는 점 등이다.[56] 아무튼 이러한 손양원의 세대주의적인 종말 신앙의 명시적인 진술들 때문에, 일본 판사는 판결문에서 그가 천년왕국을 희구하면서 "국가 관념을 교란시켜 국체 의식을 변혁시켜 현존 질서 혼란 동요를 유발시"키는 죄인이라고 판결내리게 된다.[57]

3. 주남선 목사(1888-1951)

주남선 목사(1888-1951)는 1920년에 평신에 입학하였으나 옥고를 치루는 바람에 1930년에야 졸업을 했고 평생 거창읍 교회에 시무했다. 그도 신사참배 반대 운동에 동참했다가 1940-1945까지 옥고를 치루었다. 주남선의 "옥고기"에 의하면 그는 신사참배가 "말세에 나타난 바벨론 우상 숭배로 보다 확실하게 인식"하여 반대하기로 결심하였고, 구속되어 심문받는 중에 말세 신앙을 자세하게 밝히기도 했다. 그는 여러 가지 징조에 근거하여 재림이 가까웠으며, 천년왕국에 들어가려면 신사참배에 동참해서는 안된다는 점이나, 일본 천황도 천년왕국에 들어가려면 예수님을 믿어야 한다고 공적으로 증거했다.[58] 물론 이런 정도

---

[55] 손동희, 『손양원 목사 옥중 목회』, 215. 218쪽에 보면 손양원은 천국을 "지상 천국(천년왕국), 혼인식 신천 신지(무궁 천국 또는 하나님 나라" 등을 가리킨다고 진술한다.
[56] 손동희, 『손양원 목사 옥중 목회』, 179.
[57] 손동희, 『손양원 목사 옥중 목회』, 235.
[58] 주남선, "고 주남선 목사 옥고기," in 김승태 편집, 『신사참배 거부 항쟁자들의 증언』, 134-141. 한편 고신 교단의 설립자인 한상동 목사(1901-1976)는 1933년에 평신에 입학하여 1936년에 졸업을 했고, 신사참배 반대 운동으로 1940-1945년까지 역시 수감 생활을 했다. 그 역시도 취조중에 천년왕국 운동과 관련해서도 조사를 받아야 했다(한상동, "주님의 사랑: 출옥성도 한상동 목사의 옥중기," in 김승태 편집, 『신사참배 거부 항쟁자들의 증언』, 107-133). 121쪽에 보면 그가 부산에서 취조당할 때에 독립 운동, 외국 스파이 노릇 등과 더불어 "주님께서 재림하시는 천년 왕국 건설 운동이라고 하여 취조를 당했다"고 밝히고 있을 뿐, 구체적으로 그의 천년기론 입장이 무엇인지를 알기는 어렵다.

로는 주남선의 종말론이 단순히 전천년설이었는지, 세대주의 전천년설이었는지를 확증하기는 어렵다고 사료된다.

4. 소결론

이상에서 비록 간략한 형태의 개관이기는 하지만, 신사참배 반대 운동에 앞장 섰던 한국 목회자들의 철두철미한 신앙 속에는 선교사 교수들에게 배우고 익힌 전천년설적이거나 세대주의적인 전천년설 신앙에 근거한 임박한 재림에 대한 기대와 소망이 있었음을 알 수가 있다. 많은 학자들이 공인하듯이 그러한 철저한 종말론적인 신앙과 소망으로 인해 그들은 극단한 환난을 견디낼 수가 있었다는 것도 사실이다. 주님의 임박한 재림에 대한 소망과 재림 이후 심판과 신원설치하심에 대한 강렬한 신앙이 그러한 잠깐의 환난을 감내하고 이겨낼 수 있게 만들었던 것이다. 그런 점에서 초기 장로교회에서 풍미하고 있던 전천년설적인 신앙(그 가운데 대세는 세대주의적 전천년설 이었다)은 환난 중에 있는 많은 목회자들과 성도들을 위해 긍정적인 기능을 하기도 했다는 점에서 해방 이후 한국 사회에 물의를 일으켰던 시한부 종말론과는 다른 순기능의 역할을 했다고 인정할 수가 있다.[59]

---

[59] 박용규, 『한국장로교사상사』, 242-287. 이만열, "한국기독교의 말세의식과 천년왕국사상," 『한국기독고와 민족통일운종』 (서울: 한국기독교역사연구소, 2001), 219-271(특히 271의 마지막 문단의 긍정적인 평가를 보라). 김영한은 해방 이후 한국 교회의 정치 권력 지향적인 교회와 대비적으로 건전한 정치 참여의 한 형태로 신사참배 반대 운동을 거론한다(김영한, "한국교회의 정치참여에 대한 신학적 성찰," 『조직신학연구』 16 [2012]: 58-78).

V. 죽산 박형룡과 정암 박윤선의 초기 종말론

이제 마지막으로 살펴보려고 하는 이들은 죽산 박형룡과 정암 박윤선이다. 정암이 1931-1934년 어간 평양 장로회신학교에 재학하는 동안 죽산은 부임 초기의 변증학 교수였고, 정암에게 감화를 미쳤다. 그리고 여기서 죽산을 포함시키는 이유는 그가 평양 장로회신학교에서 공부한 적은 없으나, 마포삼열을 비롯한 선교사 교수들의 영향하에 신앙과 신학이 형성되어 전천년설자가 되었기 때문에 그의 초기 입장을 검토해 보려고 하는 것이다.

1. 죽산 박형룡(1897-1978)의 초기 종말론

죽산은 1931년 봄학기에 장로회신학교 변증학 교수로 임용이 되었고, 변증학, 현대신학, 기독교윤리 뿐 아니라 성경 과목들도 가르쳤다.[60] 그가 평양에서 교수한 만 7년 기간 동안 박사학위 논문이 통과되었고, 「신학지남」을 통해 수 많은 신학 논문들을 공표하였는데, 그 가운데 "시온에 귀로"라는 논문이 있다.[61] 죽산은 이 글에서 시오니즘 운동을 긍정적으로 소개하면서 유대인들의 고토 회복과 말세에 영적인 회복에 대한 소망을 피력했다.[62] 그리고 이 시기의 그의 주저는 1935년 11월에 『기독교근대 신학난제선평: 학파편』이라는데는 이의를 달 이가 없을 것이다.[63] 본서는 제목이 말해 주듯이 19세기와 20세기 초반에 유행했

---

60 정성구, 『나의 스승 박윤선』 (용인: 킹덤북스, 2018), 258.
61 박형룡, "시온에 귀로," 「신학지남」 11/5 (1929.9): 21-26; 박형룡, "시온에 귀로(속)," 「신학지남」 11/6 (1929.11): 17-22.
62 이에 대한 자세한 논의는 이상웅, "'그리하여 온 이스라엘이 구원을 얻으리라'- 유대인의 미래적 회복에 관한 죽산 박형룡의 입장 고찰과 신학적인 평가," 「신학지남」 84/4 (2017): 153-191을 보라.
63 박형룡, 『기독교 근대 신학난제선평: 학파편』 (평양: 예수敎長老會神學校, 昭和10年

던 여러 근대신학 학파들을 분석 소개하고 비평해 주는 현대 신학 비평서이다. 따라서 종말론과 무관해 보이는 책으로 여겨질 수 있지만, 이 책 안에서 우리는 죽산의 초기 종말론의 내용을 어느 정도 확인해 볼 수는 있다.

죽산은 자유주의 이(異) 사상들을 세부적으로 비판하기 전에 그 기준으로 정통 신학이 무엇인지를 정리해 준다. 그 가운데 "정통 신학에 대한 극히 간명한 요지" 중 마지막 사항으로 제시하는 것은 "내세에는, 의인과 악인의 부활과 그리스도의 앞에서 전개되는 대심판이 있을 것이며, 위치있는 천당에서의 영생과 위치있는 지옥에서의 영벌이 있을 것"을 믿는 것이라고 말한다.[64] 그리고 이어서 신신학(= 자유주의)의 종말론 비판 중에 종말론적 내용으로 영생과 천당,[65] 재림 부활,[66] 영벌과 지옥[67]에 관한 자유주의자들의 잘못된 이해들을 비판해 준다. 그러나 1935년에 출간한 대작을 통해 죽산은 종말론적인 신앙의 핵심들을 강조해주긴 하지만, 천년 왕국론과 관련된 논의는 포함하지 않고 있다. 죽산이 일찍이 성장 과정에서 영향 받은 종말론이 전천년설이었고, 죽산이 장로회신학교에 교수로 부임하였을 당시 조직신학 교수인 이눌서 선교사가 가옥명의 『내세론』을 가지고 전천년설적인 강의를 하고 있었기 때문에 죽산이 굳이 천년기론에 대해 자세한 논의를 공표하지는 않은 것으로 보인다. 우리는 해방 이전의 죽산 박형룡의 천년기에 대한 입장을 정확하게 확인하기는 어렵다는 점을 인정해야 하나, 후기 박형

[1935]). 이 작품을 대작이라고 불러야 마땅한 것은 847쪽에 달하는 방대한 양의 저술이기 때문이고, 또한 장로교 선교 반세기 역사 가운데 이와 같이 19세기에서 20세기 초반에 이르는 자유주의 신학에 대한 분석과 평가서가 국내에서 출간된 적이 없기 때문이다(이상웅, "박형룡 박사 기념도서관 명명(命名)의 의의와 과제," 「신학지남」 341 [2019]: 240, 246-249).

64 박형룡, 『기독교 근대 신학난제선평: 학파편』, 10.
65 박형룡, 『기독교 근대 신학난제선평: 학파편』, 133-143.
66 박형룡, 『기독교 근대 신학난제선평: 학파편』, 143-155.
67 박형룡, 『기독교 근대 신학난제선평: 학파편』, 156-164.

룡은 이눌서 선교사나 자신의 입장은 역사적 전천년설에 있다고 하는 점을 명시했던 것도 기억할 필요가 있다.⁶⁸

2. 정암 박윤선(1905-1988)의 초기 종말론

정암 박윤선은 1931-1934년 어간 장로회신학교에서 신학 수업을 하는 동안 박형룡에게 변증학과 현대신학을, 라부열 교장에게는 요한계시록을 배웠고,⁶⁹ 이눌서 선교사에 의해 조직신학을 배웠다.⁷⁰ 앞서도 보았듯이 정암이 신학교에서 수학하던 시기에는 이미 가옥명의 저술을 통하여 조직 신학 강의가 진행되고 있었기 때문에, 세대주의 전천년설을 배울 수 밖에 없었을 것이다.⁷¹ 또한 영계 길선주 목사가 종말론적인 사경회를 전국적으로 인도하고 있던 시기였기에 정암은 일찍이 요한계시록에 대한 관심을 가지게 된다. 그가 1934년 미국 웨스트민스터 신학교에 유학가서 1936년까지 존 G. 메이첸의 지도하에 신약을 공부했

---

68 죽산의 역사적 전천년설은 후기에 나온 『교의신학- 내세론』(서울: 은성문화사, 1973)에서 명시적으로 공표되었다. 죽산은 이눌서선교사가 역사적 전천년설을 따랐다고 확신하는가 하면, 초기 한국 선교사들 가운데 세대주의 전천년설이 풍미했다는 점도 인정했다. 그는 평양 장로회신학교와 총신의 종말론 입장은 역사적 전천년설이라고 천명하기도 했다(이상웅. "죽산 박형룡과 구례인의 천년기론에 대한 연구." 「개혁논총」 38[2016]: 181-194를 보라).

69 박윤선, 『성경과 나의 생애』(서울: 영음사, 1992), 51. "그가 3학년 과목 중에서는 요한계시록을 가르쳤는데, 매번 학생들에게 요한계시록 한 장을 읽어 와서 구두로 발표하도록 숙제를 주곤 하였다."

70 박윤선, 『성경과 나의 생애』, 52. 정암은 그가 강의할 때에 "고요히 해설하면서 말에 힘을 주지 않았"기 때문에 "그 모습이 마치 깊이 뿌리 박고 높이 자라난 백향목 같은 인상"이었다고 술회하기도 한다.

71 박윤선, 『성경과 나의 생애』, 52. 정암은 이눌서가 사용한 교재에 대해 "중국어로 번역된 찰스 핫지(Charles Hodge)의 조직신학을 우리 말로 다시 번역한 단편적인 것"이었다고 진술한다. 정암이 가리키는 책은 바로 가옥명의 『신도학』 번역본이다. 정암은 이 교재의 수준에 대해 "단편적인 것"이라는 표현을 썼는데, 이눌서의 강의법에 대해서도 "비판에 의해 진리를 확신케 하려는 것이 아니라, 그저 정통 교리를 보수하며 전달하는 것으로 일관하였"다고 평가해준다.

지만, 종말론에 있어서는 전천년설적인 입장을 견지한다.[72]

초기 박윤선의 종말론을 확인할 수 있는 자료 하나가 『신학지남』에 게재되어 있는데, "계시록 제7장을 묵상함"이라는 짧은 글이다.[73] 정암은 요한계시록 6장의 6인 재앙이나 8장에 있는 나팔 재앙 등을 "세상을 향한 하나님의 진노"라고 해설하고, 7장에 인 맞은 자들이나 후반부에 등장하는 수 많은 대중을 대환난에 참여하지 않는 선민들이라고 해설한다.[74] 144,000의 인 맞은 자들을 영적으로 이해하여 "말일의 대환난에서 구원될 일반 기독교도의 수효로 여자적으로 그 수를 상관하지 않고 단(單)히 선택이라는 구원학상 의미를 가진 것"으로 해석하는 점에서 유대인이라고 이해하는 소안론이나 세대주의자들과 다른 입장을 표명한다.[75] 또한 정암은 7장 9절 이하에 나오는 헤아릴 수 없는 대중 역시도 전반부의 인 맞은 자들과 동일한 이들이라고 보면서 "대환난을 이적적으로 통과하는 세말의 기독교회를 진술함에 있어 저자가 수효에 대한 관념을 고조하건서 신의 성도 보호가 수효적이고 개별적임을 보

---

[72] 서영일, 『박윤선과 개혁신학 연구』 (서울: 한국기독교역사연구소, 2000), 186-194. 서영일은 자신의 박사 논문 속에서 정암이 반세대주의적인 조천년설을 택하게 된 것이 "타계적 신앙을 강조하는 불교적 전통"과 "선교사들의 전천년적인 가르침을 던져버릴 수 없게 만드는 유교적인 충성심" 탓으로 분석하였는데, 필자가 보기에 서영일은 당시 대부분의 한국 선교사나 선교사 교수들이 세대주의 전천년설을 가르쳤다는 사실을 놓치고 있는 것으로 보인다. 또한 이신열, "박윤선의 개혁주의 종말론," 『한국개혁신학』 25 (2009): 112-130과 이승구, "죽산과 정암의 천년 왕국 이해," 『신학정론』 38/2 (2020): 471-501의 논의들을 보라.

[73] 박윤선, "계시록 제7장을 묵상함," 『신학지남』 20/1 (1938.01): 39-43. 박윤선은 1937년 7월에 칼 바르트의 성경관에 대해, 9월에는 칼 바르트의 기시관에 대해 『신학지남』에 기고한 글들을 통해 한국인으로서는 최초로 바르트의 『로마서강해』 (Der Römerbrief) 원서를 활용한다. 서영일은 이 두 논문에 대해서는 주목하지만, 계 7장에 대한 글은 전연 언급하지 않는다(서영일, 『박윤선과 개혁신학 연구』, 161-165).

[74] 박윤선, "계시록 제7장을 묵상함," 39.

[75] 박윤선, "계시록 제7장을 묵상함," 41; 소안론, 『계시록 대요』, 70. 정암은 짧은 글에서 많은 부분을 긍휼에 근거한 선택의 원리에 대해서 상술해 주는데(박윤선, "계시록 제7장을 묵상함," 41-42), 1차 귀국후 정암은 죽산을 도와 로레인 뵈트너의 『칼빈주의 예정론』을 역간하기도 했다.

여"주시는 것이라고 해석한다.[76]

사실 정암의 글은 짧은 데다가, 7장 한 장만 다루고 있어 초기 정암의 종말론적 입장이 무엇이었는지를 정확하게 규명하기는 어렵다고 사료된다. 그러나 적어도 인 맞은 자들을 유대인들이라고 이해하고, 9절 이하의 무리를 이방 신자로 양분하려는 소안론과 같은 세대주의적 해석에 대해 반대하였다는 것은 분명한 사실이다. 그러나 1944년에 집필을 시작하여 1949년에 출간을 하게 되는 그의 첫 주석인『계시록 주석』의 7장 해설과는 다른 면을 가지고 있다는 점 또한 주목해야 한다.[77] 한 가지 분명한 차이를 지적하자면, 1938년 기고문에서는 말세 성도들이 대환난에 참여하지 아니하고 이적적으로 통과한다고 보았다면, 1949년 주석에서부터는 역사적 전천년설의 관점에서 해설하면서 "본 장은 앞으로 있을 대환난 (8장에서부터 진술됨)에 신자들이 영적으로 수해(受害)하지 않는다는 사실을 보이는 위안(慰安) 계시이다."라고 분명하게 제시하는 점이다.[78]

VI. 나가는 말

우리는 이상에서 해방 이전 한국 장로교회 목회자들의 종말론을 논구해 보았다. 4개 선교부가 참여한 평양 장로회신학교를 통하여 800명

---

76 박윤선, "계시록 제7장을 묵상함," 42.
77 박윤선,『계시록 주석』, (부산: 고려신학교, 1949), 134-148. 흔히 알려져 있듯이 정암은 2차 미국 유학(1938-1939) 때에 화란어를 자습하였고, 그가 1954년 화란 유학을 가기 전에도 이미 무천년설을 따르는 화란어로 된 바빙크의『개혁 교의학』(Gereformeerde Dogmatiek 1-4)과 흐레이다누스(S. Greijdanus)의『요한 계시록 주석』(De Openbaring des Heeren aan Johannes, KNT)을 빈번하게 참고하고 있음이 확인된다.
78 박윤선,『계시록 주석』, 134. 정암의 역사적 전천년설은 계 20:1-6에 대한 해설 부분에서 간단하지만 분명하게 제시되고 있다(360-361). 이 부분에 대한 자세한 증보 작업은 1968년에 이르러서 이루어진다(박윤선,『성경주석 계시록』, [서울: 영음사, 2005], 7, 329-336).

이상의 한인 목회자들과 지도자들이 배출되었기 때문에, 한인 목회자들의 종말론을 논구하기 위한 배경으로 종말론 형성에 많은 영향을 미친 장로교 선교사 교수들을 간략하게 먼저 살펴보았다. 마포삼열을 위시하여, 기일, 배위량, 소안론, 이눌서 선교사 등이 종말론과 관련 있는데, 모두가 다 전천년설 신앙자들이었다고 하는 점과 그리고 그들이 출간하거나 번역한 종말론 저술들 모두가 세대주의 전천년설을 따르고 있다는 점을 먼저 확인했다. 19세기 말 20세기 초반 한국에 선교사로 온 대부분의 선교사들이 나이아가라 성경 수련회나 학생 자원 운동 지도자들에게 깊은 영향을 받았다는 점을 고려할 때에 그들의 종말론 배경을 이해할 수가 있다. 그러한 선교사들의 일치된 종말론적 가르침이 그들에게 배운 한국인 목회자들에게 그대로 전수되었을 것은 자명한 이치이다. 그래서 우리는 먼저 1회 졸업생인 길선주 목사의 종말론을 논구해 보았고 이어서 신사참배 반대 운동에 투신한 주기철 목사, 손양원 목사, 주남선 목사 등의 종말론을 살펴보았다. 수 십년 동안 종말론 부흥회를 하고 다니고, 자신의 종말론 교재를 남긴 길선주 목사와 달리 주기철, 손양원, 주남선 등은 종말론에 관한 저술을 남기지 않았고 그들의 설교나 심문 조서 가운데 드러나는 종말론을 확인해 볼 수 밖에 없었다. 어쨌든 우리의 논구의 결과는 이들이 모두 선교사 교수들이나 그들이 보급한 책들에 근거하여 전통적인 세대주의 전천년설(traditional dispensationalism)을 대체로 따르고 있다는 사실이었다. 다시 한 번 강조하지만 선교지의 신학 교육은 선교사 교수들의 신학이 어떠한 경향을 따르느냐에 절대적으로 영향을 받을 수밖에 없다는 사실을 명료하게 확인할 수 있는 사례라고 생각된다.

해방 이전 한국 장로교회의 종말론의 대세가 세대주의 전천년설이다 보니, 무천년설과 같은 입장을 가진 선교사들은 그다지 환영을 받지 못했고, 간혹 다른 입장의 종말론이 소개되어도 주목의 대상이 되지를 못했다. 우리가 마지막으로 살펴본 죽산 박형룡과 정암 박윤선의 해방 이

전 종말론 입장에 대해서는 자료가 충분하지 않아 확실한 판단을 내리기에는 어려움이 있었다. 다만 적어도 해방 이전에 쓴 자료들 속에서 세대주의 전천년설에 대해 명시적으로 비판한 증거도 없다는 것도 사실이다. 죽산은 변증학자로서 종말론의 요건들만 말했을 뿐이고, 정암은 아직 본격적인 저술들을 출간하기 전이었기 때문에 그랬을 것이라고 우리는 이해할 수가 있다. 그러나 해방 이후 이 두 사람의 저술들 덕분에 한국 장로교회는 세대주의 전천년설과 역사적 전천년설의 차이를 분별할 수가 있게 되었고, 장로교회는 전통적 세대주의를 경계하고 역사적 전천년설을 따라야 한다는 확실한 종말론적 전통을 형성하게 된다는 점도 우리는 기억해야 할 것이다.[79] 물론 필자는 무천년설의 입장이 개혁주의적 관점에 부합한다고 생각하지만, 적어도 장로교회 신학자들은 전통적 세대주의 전천년설을 경계하고 논박하는데 있어서 공동의 노력을 기울여야 한다고 생각한다.[80] 물론 20세기 후반 들어 언약신학을 반영한 점진적 세대주의(Progressive Dispensationalism)가 학계에서 개진되고 있어 전통적 세대주의와 다른 면들을 가지고 있다고는 하지만 여전히 세대주의 종말론의 기본적인 틀(즉, 그리스도의 두 번 재림, 7년 대환난, 환난전 휴거설 등)을 유지하고 있다는 것도 부인하기 어렵다.[81] 또한 필자가 말하는 것은 장로교 혹은 개혁교회 종말론에 관련된 것이지, 다

---

[79] Pak Ungkyu, "From Fear To Hope : The Shaping of Premillennialism in Korea, 1884-1945" (Ph. D. Dissertation. Westminster Theological Seminary, 1998), 342-356; 이승구, "죽산과 정암의 천년 왕국 이해," 「신학정론」 38/2 (2020): 471-501 등을 보라.

[80] 필자는 죽산 박형룡이후 현재까지 총신대학교신학대학원 조직신학 교수들의 종말론을 논구해 본 적이 있는데 역사적 전천년설과 무천년설이 대등하게 양립하고 있고, 서로 간에 불필요한 논쟁은 삼가 왔음을 확인할 수가 있었다(이상웅, "죽산 박형룡 이후 총신 조직신학자들의 천년기론," 「성경과 신학」 80 [2016]: 103-132).

[81] Sam Storms, *Kingdom Come: The Amillennialial Alternative* (Fearn: Christian Focus Pub., 2013), 43-69.

른 교단들의 종말론에 관한 주장은 아니라는 점도 덧붙이고 싶다.[82]

마지막으로 한 가지 첨언하고 싶은 것은 신학교 교육의 중요성에 관한 것이다. 해방 이전 한국 장로교 목회자들이 대체로 세대주의 종말론에 치중했던 이유는 그들이 평양 장로회신학교에서 대체로 그러한 교육을 받았기 때문이고, 선교사 교수들이 소개한 책들의 영향 때문이다. 그리고 장로교 선교사들의 경우는 자신들이 수학한 신학교 종말론 보다는 학생 자원 운동 지도자들의 세대주의 종말론에 깊이 영향을 받았기 때문이다. 이렇게 영향력의 연결 고리를 생각해 볼 때, 이제 세계 선교 사역에 선두 주자로 참여하고 있는 우리 한국 교회 신학교들은 선교사 후보생들을 신학적으로 잘 양육하고 훈련하고 있는가 하는 반성을 하게 된다. 후보생들이 신학교에서 어떠한 신학 사상을 얼마만큼 영향을 받느냐에 따라 장차 그들이 선교지에서 가르칠 신앙과 신학의 내용이 형성되어질 것이기 때문이다. 오늘날 한국 선교사들이나 선교 후보생들 가운데도 신학교 교육보다는 자신이 속한 여러 선교단체들의 영향을 깊이 받고 있는 현실을 생각할 때에 신학 교육을 맡은 교수들은 목회자와 선교사 후보생들을 위하여 성경적이고 표준문서에 의거한 신학 교육을 확실하게 교육할 방안을 마련해야 한다고 생각한다. 이러한 소견은 비단 장로교 신학자인 필자만의 생각이 아니라 모든 복음주의권 신학교 교수들이 주의해야 할 역사적 과제라고 생각한다(*)

---

[82] 개혁주의 종말론에 관련한 본 학술지에 기고된 다음의 글들을 참고하라: 최윤배, " 현대 개혁신학의 종말론: G. C. Berkouwer와 O. Weber를 중심으로,"「조직신학연구」4(2004): 233-254; 주호광, "칼빈 종말론의 정점(culmen)으로서 '부활' 이해,"「조직신학연구」29 (2018): 218-247; 윤천석, "바울: 종말론적 시간의식이 그의 신학에 미친 영향,"「조직신학연구」8 (2006): 316-339.

참고문헌

가옥명.『내세론』. 정재면 역. 평양: 장로회신학교, 1931.
곽안련.『장로교회사전휘집』. 이교남 편집. 예천: 한국기독교교회사 주영연구소, 2019.
길선주.『말세학, 말세론』. 서울: KIATS, 2010: 223-434.
____.『영계 길선주 목사 유고 선집(제1집)』. 길진경 편. 서울: 대한기독교서회, 1968.
____.『강대보감 및 다니엘서 사경안』. 이성호 편. 서울: 혜문사, 1969.
김승태 편집.『신사참배 거부 항쟁자들의 증언』. 서울: 다산글방, 1993.
김영한. "한국교회의 정치참여에 대한 신학적 성찰."「조직신학연구」16 (2012): 58-78.
김요나.『총신 90년사』. 서울: 양문, 1991.
김정현.『말세론』. 제3판. 경성: 강대사, 1937 In『말세학, 말세론』. 서울: KIATS, 2010: 23-221.
민경배.『순교자 주기철 목사』. 개정판. 서울: 대한기독교서회, 1997.
박용규.『한국장로교사상사』. 서울: 총신대학출판부, 1992.
____. "한국교회 종말신앙: 역사적 개관."「성경과신학」27 (2000): 190-222.
____.『한국기독교회사-III』. 서울: 한국기독교사연구소, 2004-2018.
박윤선. "계시록 제7장을 묵상함."「신학지남」20/1 (1938.01): 39-43.
____.『계시록 주석』. 부산: 고려신학교, 1949.
____.『성경과 나의 생애』. 서울: 영음사, 1992.
____.『성경주석 계시록』. 서울: 영음사, 2005.
박응규. "일제하 한국 교회의 종말론 형성에 관한 연구."「역사신학논총」2 (2000): 176-198.
박형룡. "시온에 귀로."「신학지남」11/5 (1929.9): 21-26
____. "시온에 귀로(속)."「신학지남」11/6 (1929.11): 17-22.
____.『기독교근대 신학난제선평: 학파편』. 평양: 예수教長老會神學校, 1935.
____. 교의신학-내세론』. 서울: 은성문화사, 1973.
____. 박형룡,『박형룡 박사 회고록』, 정성구 편집 [서울: 총신대학교출판부, 2011

서영일.『박윤선과 개혁신학 연구』. 서울: 한국기독교역사연구소, 2000.
소안론.『묵시록 공부』. 경성: 조선야소교서회, 1922.
____.『계시록 대요』. 경성: 조선야소교서회, 1936.
____.『다니엘서 요해』. 서울: 대한기독교서회, 1954.
손동희.『손양원 목사 옥중 목회』. 수정판. 서울: 보이스사, 2009.
안수강.『길선주 목사의 말세론 연구』. 서울: 예영, 2008.
윤천석. "바울: 종말론적 시간의식이 그의 신학에 미친 영향."「조직신학연구」 8 (2006): 316-339.
이근삼.『기독교와 신도국가주의의 대결』. 서울: 생명의양식, 2008.
이눌서.『인학 공과』. 경성: 조선야소교장로회, 1915.
____.『구학 공과』. 경성/평양: 야소교소회/ 야소교서원, 1915.
____.『신학 공과』. 경성: 조선야소교장로회, 1916.
이만열.『한국기독교와 민족통일운동』. 서울: 한국기독교역사연구소, 2001.
이승구. "죽산과 정암의 천년 왕국 이해."「신학정론」38/2 (2020): 471-501.
이신열. "박윤선의 개혁주의 종말론."「한국개혁신학」25 (2009): 112-130.
이상웅. "죽산 박형룡과 구례인의 천년기론에 대한 연구."「개혁논총」38 (2016): 177-207.
____. "죽산 박형룡 이후 총신 조직신학자들의 천년기론."「성경과 신학」80 (2016): 103-132.
____. "'그리하여 온 이스라엘이 구원을 얻으리라'- 유대인의 미래적 회복에 관한 죽산 박형룡의 입장 고찰과 신학적인 평가."「신학지남」84/4 (2017): 153-191.
____.『박형룡신학과 개혁신학 탐구』. 서울: 솔로몬, 2019.
장호광. "칼빈 종말론의 정점(culmen)으로서 '부활' 이해."「조직신학연구」29 (2018): 218-247.
정성구.『나의 스승 박윤선』. 용인: 킹덤북스, 2018.
조경현.『초기 한국장로교 신학사상』. 서울: 그리심, 2011.
조형욱. "구프린스턴 신학의 종말론 연구." 철학박사, 총신대학교, 2011.
____. "구 프린스턴 신학의 종말론과 세대주의 종말론: 세대주의 전천년설에 대한 구 프린스턴 신학의 경계."「조직신학연구」17 (2012): 112-133.
주강식. "한국 장로교회의 개혁신학에 대한 연구: 1884년부터 2000년까지를 중심으로." 신학박사. 고신대학교, 2014.
최명훈. "한국교회 종말론의 형성과정에 관한 연구." 신학박사, 성결대학교, 2011.
최윤배. "현대 개혁신학의 종말론: G. C. Berkouwer와 O. Weber를 중심으로."「조직신학연구」4(2004): 233-254.
허호익.『길선주 목사의 목회와 신학사상』. 서울: 대한기독교서회, 2009.

Blackstone, W. E. *Jesus is Coming.* Re-revised Ed. Chicago e. a. : Fleming H. Revell Co., 1908. 기일 역.『예수의 재림』. 경성: 조선야소교서회, 1913.
Brookes, James H. "Till He Come." Revised and Third Ed. Chicago e. a. :Fleming H. Revell Co., 1895. 배위량 역.『주재림론』. 경성 : 조선야소교서회, 1922.
Brown, Arthur J. *The Mastery of the Far East.* New York: Charles Scribner's Sons, 1919.
Conn. Harvie M. "Studies in the Theology of the Korean Presbyterian Church: A Historical Outline." Westminster Theological Journal 29/1(1966 November.): 24-57.
Hamilton, E. Floyd. *The Basis of Millennial Faith.* Grand Rapids: Eerdmans, 1955.
Hahn, John Hong. "The Impact of Nineteenth Century American Church on the Shaping of the Foundation of the Early Korean Church and Society (1884-1935)." Ph. D. Diss. Fuller Theological Seminary, 1999.
Hoekema, Anthony A. *The Bible and the Future.* Exeter: Paternoster Press, 1979.
Lee, Jong Hyeong. "Samuel Austin Moffett: His Life and Work in the Development of the Prsebyterian Church of Korea 1890-1936." Ph. D. Diss. Union Theological Seminary in Virginia, 1983.
Marsden, George M. *Fundamentalism and American culture :the shaping of twentieth century evangelicalism, 1870-1925.* New York : Oxford University Press, 1980.
Pak, Ungkyu. "From Fear To Hope : The Shaping of Premillennialism

in Korea, 1884-1945." Ph. D. Dissertation. Westminster Theological Seminary, 1998.

Park, Hee Suk. "Korean Resistance to Shintoism and Its Legacy." Ph. D. dissertation, Westminster Theological Seminary, 1997.

Storms, Sam. *Kingdom Come: The Amillennialial Alternative*. Fearn: Christian Focus Pub., 2013.

Weber, Timothy *Living in the Second Coming: American Premillennialism 1875-1925*. New York/ Oxford: Oxford University Press, 1979.

Yang, Hyun Phyo. "The Influence of Sun-Ju Kil, Ik-Du Kim, and Young-do Yi on Protestantism in Korea." Ph. D. diss. Southern Baptist Theological Seminary, 2003.

4
구례인(John C. Crane, 1888-1964)선교사의 종말론[1]

I. 들어가는 말

1901년부터 1939년까지 한국 장로교회 신학교육은 평양 장로회신학교에서 전적으로 이루어졌고, 소수의 한국인 교수들 외에는 주로 선교사 교수들에 의해서 신학교육이 주도되었다.[2] 조직신학은 1906년에 출강하기 시작하여, 1916년 전임교수가 된 이눌서(William D. Reynolds, 1867-1951)선교사가 1937년 은퇴할 때까지 전담했다. 이눌서는 상당히 긴 세월 동안 신학교육에 종사했지만, 자신의 교수 분야에 있어서 큰 기여를 하지는 못했다.[3] 그는 1915-1916년 어간에 세 권으로 된 신도요론 공과를 출간했고, 1931년에는 한국인 이영태와 정재면 등이 번역한 가옥명의 『신도학』을 감수한 후에 출간하여 평양 장로회신학교 교

---

[1] 본 장에 담긴 글은 「개혁논총」 55(2021): 41-72에 처음 공표되었음을 밝힌다.
[2] 평양 장로회신학교와 신학교육에 관련해서는 조경현, 『초기 한국장로교 신학 사상』 (서울: 그리심, 2011); 전준봉, "한국장로교 신학교의 신학과 교육: 평양신학교를 중심으로," 「개혁논총」 29 (2014): 213-244; 김은수, "한국장로교의 '조직신학' 교육과 연구역사(1901-1980)에 대한 고찰: 평양신학교와 장로교 주요교단 신학대학원(고신/장신/총신/한신)을 중심으로," 「성경과 신학」 74 (2015): 97-135 등을 보라.
[3] 이눌서는 조직신학 분과보다는 전라도 개척선교 사역과 성경 번역 사업(구역과 개역)에 있어 그 기여가 컸다고 일반적으로 평가되어진다. 이눌서에 대한 포괄적인 평가는 조용호, "미 남장로교 선교사 윌리엄 D. 레이놀즈의 생애와 신학연구"(철학박사, 연세대학교, 2007)와 김인수, "레널즈(W. D. Reynolds)가 한국장로교 선교상황의 발전과 변화에 끼친 영향 연구"(철학박사, 호남신학대학교, 2009) 등을 보라.

재로 삼았을 뿐이다.[4] 반면에 그의 후임자가 된 남장로교 선교사 구례인(具禮仁, John Curtis Crane, 1888-1964)은 선임자가 기대한 것과 달리 조직신학 교과서를 직접 집필하려는 노력을 바로 시작하였고,[5] 십 년이 넘는 긴 시간을 투자하여 1953년에 이르러 『조직신학』(Systematic Theology, 전 3권)을 완성하기에 이른다.[6] 구례인의 저술은 한국장로교 선교 70주년에 이르러서야 간행된 최초의 조직신학 교본이었으나, 구례인의 신학교 교수직은 1937-1938어간의 1년으로 제한되고 말았기 때문에 제대로 평가를 받지 못했다는 아쉬움을 남겼다.[7] 간하배는 구례인의 『조직신학』이 1950년대에야 출간되었지만, "초기 평양 신학을 대표"하고

---

[4] 이눌서의 신도요론 공과는 총 3권으로 간행되었다: 『인학 공과』 (경성: 조선야소교서회, 1915); 『구학 공과』 (경성/평양: 야소교소회/ 야소교서원, 1915); 『신학 공과』 (경성: 조선야소교서회, 1916). 가옥명(賈玉銘)의 『神道學』은 『조직신학』이라는 명칭으로 총 6책으로 번역 되었다(평양: 장로회신학교, 1931).

[5] 이눌서는 1937년에 은퇴하면서 가옥명의 번역서를 다시 영어로 번역하고 방주들을 달아서 후임자 구례인에게 넘겨 주면서 계속 교재로 사용하기를 희망했었다(John C. Crane, "Personal Report of J. C. Crane and Mrs. Cran, May 2, 1938," in *Personal Reports of the Southern Missionaries in Korea*, 19 vols. [Seoul : Archives for Korean Church History Studies, 1993], 5권에 수록되어 있으나 페이지 깨김은 없는 자료집임).

[6] John C. Crane, *Systematic Theology: A Compilation from the Works of R. L. Dabney, R. A. Webb, Louis Berkhof and Many Modern Theologians*, 3 vols. (Gulfport: Specialized Printing; Limited English edition, 1953). 사적으로 출간된 이 교본은 미국에서는 여러 차례 출간이 된 것 같다. 필자가 소장하고 활용하는 것은 남장로교 신학자 Morton H. Smith가 소장하고 있던 것으로 2, 3권은 1963년 간행된 것으로 되어 있다. 한역본은 김규당 역으로 『조직신학(상), (하)』 (서울: 대한예수교장로회총회 종교교육부, 1954-1955)로 간행되었다.

[7] 편집부, "구례인교수를 환영함," 「신학지남」 20/1 (1937): 74-75. 구례인은 콜로라도 대학과 버지니아 유니온신학교를 졸업한 후, 1913년에 내한하여 순천을 중심으로 학교 교육 사역과 순회 사역 등에 매진하다가, 1937년 가을 학기에 평양 장로회신학교에 부임하게 된다. 1938년 안식년을 맞아 팔레스타인을 거쳐 미국으로 귀국했고, 그 사이에 학교는 신사참배에 반대하며 무기한 휴교에 들어갔기 때문에 평양에서의 교수직은 1년으로 그치게 된다. 그리고 구례인은 조직신학 교본 출간 후에 1954-1956어간 서울 장로회총회신학교에서 잠시 조직신학을 가르치게 되는 기회를 얻기는 했다. 구례인의 생애와 사역을 정리해준 자료는 이재근, "남장로교 선교사 존 크레인(John C. Crane)의 유산: 전도자·교육자·신학자," 「한국기독교와 역사」 45 (2016): 121-156이 아직은 유일한 자료이다. 임춘복, 『크레인 가족의 한국 선교』 (서울: 한국장로교출판사, 1999)는 일화집 성격을 가지고 있다.

있다라고 평가를 내리고 있듯이, 우리가 평양 장로회신학교의 신학 전통을 이해하는 일에 있어서 구례인의 신학에 대한 온당한 평가도 절실하게 필요하다고 사료된다.[8]

본 장에서 필자는 구례인의 『조직신학』 가운데 개진된 개혁주의 종말론을 개관하고 평가해 보려고 한다. 그가 몸담아 가르치기도 했던 평양 장로회신학교의 종말론 전통이 대체로 세대주의 전천년설을 추종했고, 그의 전임자인 이눌서 역시도 지금까지도 세대주의자라는 논란이 끊임없이 제기되는 상황에서 구례인의 종말론을 고찰해 보는 것은 상당히 의미있는 논구라고 사료된다.[9] 일반적으로 구례인과 함일돈(Floyd E. Hamilton, 1890-1969)은 대다수의 선교사들의 세대주의적 경향과 달리 무천년설(Amillennialism)을 표방했다고 알려져 있는데, 본 장에서는 구례인의 종말론을 본격적으로 논구해 보려고 한다.[10] 주로 살펴보게 될 텍스트는 구례인의 『조직신학』, 제3권에 실려있는 "종말론"(Eschatology) 부분이고,[11] 논의 과정중에 개혁주의 종말론을 다룬 문헌들을 참고하고자 한다. 논의의 순서는 종말론을 네 주제로 나누어 다

---

[8] Harvie M. Conn. "Studies in the Theology of the Korean Presbyterian Church: A Historical Outline," *Westminster Theological Journal* 29/1(1966 November.): 24-57 중 구례인에 대해 평가하는 부분은 44-46에 있다. 간하배는 구례인이 현대신학에 대해 비평적인 관점을 가지고 있는데, 때로는 그 평가가 부정확하다고 아쉬움을 표현한다.

[9] 이눌서를 비롯하여 평양 장로회신학교의 종말론 전통에 관련해서 Park Yong Kyu, "Korean Presbyterians and Biblical Authority: the Role of Scripture in the Shaping of Korean Presbyterianism 1918-1953" (Ph. D. Diss. Trinity Evangelical Divinity School, 1991), 229-287; Pak Ungkyu, "From Fear To Hope : The Shaping of Premillennialism in Korea, 1884-1945"(Ph. D. Dissertation. Westminster Theological Seminary, 1998), 80- 278 등을 보고, 본서에 수록된 "평양 장로회신학교의 종말론 전통"을 보라.

[10] 필자는 이전에 구례인의 무천년설에 대해 간략하게 소개한 적이 있다(이상웅, "죽산 박형룡과 구례인의 천년기론에 대한 연구," 「개혁논총」 38 [2016]: 177-207중 196-202). 그러나 본 장에서는 단순히 천년기 문제에 제한하지 않고 구례인의 종말론 전체를 개관하고 평가해 보려고 한다.

[11] Crane, *Systematic Theology*, 3:288-355, 372-376(endnotes); 『조직신학(하)』, 791-902.

룬 구례인의 분류 방식을 따라서, 먼저 사후의 영혼의 상태에 대해 살펴보고(2), 그리스도의 재림에 대해 이어서 논구하고(3), 일반부활(4), 그리고 일반심판과 장래 생활(5)에 대해서 각기 논구해 볼 것이다.¹²

II. 사후 영혼의 상태(1장)

구례인은 종말론(괄세론)을 시작하면서 간단한 정의를 내리고 시작하는데, 그는 종말론을 "사후 영혼의 상태와 부활, 그리스도의 재림, 최후 심판, 세상 끝, 의인, 상급과 악인의 형벌과 천당 지옥에 대해 취급하는 것"이라고 정의 내린다.¹³ 이 가운데 처음으로 다루는 주제는 일반적으로 "중간상태"(the intermediate state)라고 일컬어지는 죽음과 죽음 이후의 상태에 대한 것이다.¹⁴

---

12 구례인이 크게 의존하고 있는 댑니의 경우는 제8부에서 종말론을 네 가지 주제로 다루기는 하지만 "신자의 죽음"(43장), "부활"(44장), "일반심판과 영원한 생명"(45장), "지옥 고통의 본질과 지속 기간"(46장) 등으로 구성하고 있고, 그의 종말론은 후천년설을 따른다(Robert L. Dabney, *Systematic Theology* [1871; Edinburgh: Banner of Truth, 2002], 817- 862). 찰스 핫지는 종말론을 네 주제로 다루되 "죽음후 영혼의 상태," "부활," "재림," 그리고 "재림과 동반된 일들" 등으로 나누었고, 후천년설을 역시 확집하고 있다(Charles Hodge, *Systematic Theology*, 3 vols. [New York: Scribners's Sons, 1872-1873], 3:713-880). 그리고 벌코프의 경우는 크게는 개인적 종말론과 일반적 종말론으로 나누고 총 9개장으로 구성하여 세밀하게 다루었고, 무천년설 입장을 따른다(Louis Berkhof, *Systematic Theology* [Grand Rapids: Eerdmans, 1941], 661-738).

13 Crane, 『조직신학(하)』, 796; Crane, *Systematic Theology*, 3:290("Eschatology treats the state of the soul after death, the resurrection; the Second Coming of Christ; the final judgement, the end of the world, the reward of the righteous and the punishment of the wicked; heaven and hell.").

14 벌코프, 후크마, 박형룡 등의 논의 방식에 의하면 이 부분은 개인적 종말론(individual eschatology)에 속한다(Lee Sangung, "The Individual Eschatology of Anthony A. Hoekema(1913-1988)," *Chongshin Theological Journal* 25 [2020]: 61-63).

1. 죽음의 의미

구례인은 사망이 "모든 생명에 공통된 현상"임에도 불구하고 사람에게는 "단순한 자연법의 결과"라고 볼 수 없다고 하면서, 성경적인 증거들에 근거하여 인간에게 있어 죽음은 "범죄의 결과"라는 점을 분명히 한다.[15] 신자는 중생할 때에 "영적 사망에서 구출"되지만, 질병이나 죽음에는 동참하게 되는데 그것은 더 이상 "하나님의 심판"이 아니라고 말한다.[16] 그렇다면 신자들에게 죽음은 어떤 의미를 가지는가에 대한 해명이 필요하게 되는데, 이에 대해 구례인은 죽음이 신자에게도 "필수적으로 필요하며 건전한 교훈이 되는 것"이라고 말한다.[17]

구례인은 육체적 죽음은 신자에게 "영의 유익을 위해 필수적"이면서 "건전한 징계"가 된다고 말한다.[18] 특히 징계적인 성격에 관해서 구례인은 "죽음과 거기 대한 공포는 악행과 무모한 방종 등을 억제하는 역할"을 하고, "순종과 인내 신앙의 은혜를 정련하고 성장하게 하며," 죽음을 통해 "그리스도의 고난에 동참함이며 그와 함께 사망의 능력을 정복하며 그의 영광에 동참하게 되는 것"이라고 설명한다.[19]

2. 사후 상태

구례인은 신자의 죽음 이후 중간 상태에 대해 설명하기 위해 먼저는

---

15 Crane, 『조직신학(하)』, 796-797. "영생은 하나님의 법을 준수하는데 관련되었고 사망은 죄에 관련된 것이다."(797).

16 Crane, 『조직신학(하)』, 797-798.

17 Crane, 『조직신학(하)』, 799. 구례인은 신자에게 있어 죽음의 의미를 짧게 논의하지만, 죽산은 로레인 뵈트너의 논의에 힘입어 자세하게 해설을 해준다(박형룡, 『교의신학- 내세론』, [서울: 은성문화사, 1973], 59-78). 이 주제에 대한 성경적이고 개혁주의적인 해설은 목회현장에서 성도들을 권면하고 상담하는 일에 있어 대단히 중요하다.

18 Crane, 『조직신학(하)』, 800.

19 Crane, 『조직신학(하)』, 800-801.

웨스트민스터 표준문서들의 진술에 따라 "신자가 죽을 때에 완전히 거룩하게 되어 즉시 영광중에 들어가고 그 몸은 여전히 그리스도께 연합하여 부활할 때까지 무덤에 쉬는 것이"라고 명시한다.[20] 구례인은 이러한 표준문서의 설명은 영의 불사(the immortality of the soul)를 전제하고 있다고 지적하면서, 성경적인 근거들을 살핀다.[21] 죽음에서 물질적 육체는 분해되나 영혼은 낙원 혹은 천국에 가서 살 수있다는 소망을 말하고나서, 주님을 보기 위해서는 완전함이 필요하다는 점을 직시한다. 여기서 구례인은 "신자들이 이 세상에서 이미 시작된 완전의 성취는 반드시 순간적으로 될 것"이라는 진술을 하면서, 십자가의 강도 예를 든다.[22] 또한 구례인은 사후에는 "회개할 기회" 즉, 제2의 기회가 없을 것이라고 말한다.[23] 구례인은 신자들이 사후에 누리는 생활이 "아무 일도 없는" 무위도식의 삶이 아니라는 점을 분명히 하기도 한다. 요한계시록 7장 15-17절에 근거하여 사후 성도의 삶은 하나님을 섬기는 삶이라는 것을 설명한다.[24]

구례인은 표준문서에 근거하여 고찰한 후에 신자의 사후 상태에 대한 성경적인 증거를 제시하는데로 나아간다. 먼저 구약의 여러 구절들

---

20 Crane, 『조직신학(하)』, 801; 웨스트민스터 소요리문답 37문답과 웨스트민스터 신앙고백 33장 1항을 인용함.
21 Crane, 『조직신학(하)』, 801-802, 810. 구례인이 이렇게 영혼 불사 혹은 불멸이라는 용어를 사용하고 있지만, 그는 그리스적 이원론에 근거한 "순수한 영적 불멸"에 대해서는 분명하게 비판적이다(Crane, 『조직신학(하)』, 859-860). 후크마는 심지어 영혼 불멸이라는 용어 자체도 비성경적이라고 본다(Anthony A. Hoekema, *The Bible and the Future* [Exeter: Paternoster 1979], 86-91; Lee Sangung, "The Individual Eschatology of Anthony A. Hoekema(1913-1988),": 71-76의 논의를 보라.).
22 Crane, 『조직신학(하)』, 802. 이점에 있어 죽산 박형룡도 동일한 입장을 피력한다(박형룡, 『교의신학- 내세론』, 50).
23 Crane, 『조직신학(하)』, 802.
24 Crane, 『조직신학(하)』, 803-804. 구례인은 브루너나 바르트와 같은 당시대의 신학자들의 견해를 곳곳에서 비판적으로 언급하는데, 이 부분에서는 브루너의 설명을 긍정적으로 소개한다.

을 설명하는 중에, 특히 스올(Sheol)의 용례에 대해 주목을 한다. 구레인은 스올의 의미를 "살고 있는 땅과 상대(相對)," "무덤," "형벌하는 곳" 등의 의미로 분류한 루이스 벌코프의 견해를 소개하고, 후대 유대교에 이르러 스올이 두 곳으로(즉, 낙원과 타르타루스/게헨나) 나누어 말하게 되었다고 소개한다.[25] 구레인은 사후 생활에 대한 구약의 내용이 제한적임을 인정함과 동시에 "의심없이 사후 영생 교리를 분명히 우리에게 제시한 것은 그리스도와 신약"이라고 밝힌다.[26] 몇 몇 신약 구절들을 제시하는 중에 구레인은 교회는 지상에만 아니라 하늘에도 있으며, "신자의 영들은 지금 그리스도와 거룩한 천사들과 함께 있"다고 말한다.[27]

구레인은 사후 상태에 대한 논의의 마지막 질문으로 "사후 성도의 억류되는 중간상태가 있느냐?"를 제기하고 나서, 유대교의 입장(낙원과 하데스 혹은 아브라함의 품과 타르타루스)과 로마교회의 연옥설에 대해 간략하게 언급하고 비판한다. 특히 구레인은 로마교의 연옥설과 그에 관련된 죽은 자를 위한 기도나 미사에 대한 주장들은 성경적 근거가 없다고 비판한다.[28] 구레인은 또한 영혼 수면설에 대해서도 비판을 한다.[29] 구레인은 1장 말미에서 중간 상태에 대한 자신의 입장을 종합하여 제시하는데, 성경에 의하면 사후 신자는 안식에 들어가며, 몸을 떠나 주와 함께 있는 것이며, 혹은 "영광 중에 들어"가거나 "보좌앞에" 있다거나 "낙

---

25 Crane, 『조직신학(하)』, 805-806; Berkhof, Reformed Dogmatics, II. 291-297. 구레인이 소개한대로 벌코프는 구약의 스올 용례를 세 가지로 말하지만(Berkhof, Systematic Theology, 685-686), 그의 제자 후크마는 이 가운데 "형벌의 장소"의미로 쓰인 구약의 용례가 없다고 비판을 한다(Hoekema, The Bible and the Future, 96-97).

26 Crane, 『조직신학(하)』, 807.

27 Crane, 『조직신학(하)』, 807.

28 Crane, 『조직신학(하)』, 808. 구레인이 "연옥설은 라틴말 림부스 파트룸(사후 영이 가있는 곳)에서 생긴 것"이라고 말하는데, 이것은 그릇된 주장이다. 로마교의 중간기론은 천당, 지옥, 연옥, 조상 림보(limbus patrum), 영아 림보(limbus infantum) 등 다섯 가지로 구성되어 있다(박형룡, 『교의신학- 내세론』, 121-122, 141-149).

29 Crane, 『조직신학(하)』, 809-810.

원"에 들어간다고 덧한다.[30] 따라서 신자는 죽음을 맞이하면서 "그리스도와 함께 즉시 영화될 것을 기대"할 수가 있다고 말하고나서, 구례인은 자신이 속한 남장로교 신학자 로버트 댑니(Robert L. Dabney, 1820-1898)의 말을 인용함으로 논의를 마친다:

> 복음의 영광은 사망을 극복하는 승리를 주는 것이다. 곧 감각을 가지고 소망과 공포심을 가진 인생에게는 사망이 다스릴 권세가 없다. 우리 육체만이 타격을 받아 거꾸러지는 것이다. 무덤에 무엇이 있든지 거기 있는 음울함과 부패성을 인생이 원하지 않는 것이니 참 자아는 거기 동참하지 않는 것이다. 벌레들이 의식을 잃은 육체를 멸하는 동안 의식을 가진 영은 빛 가운데 높이 날것이며 구주의 품속에서 안식할 것이다.[31]

III. 그리스도의 재림(2장)

구례인은 2장에서 종말론의 초점인 그리스도의 재림에 관련된 주제들을 논의한다. 초두에 밝힌대로 파루시아(Parousia)에 대한 기대는 초대 그리스도인들이 "기대한 초점이며 또한 그 사실이 그밖의 모든 것을 준비하게 만든 것"이라고 언급하면서, 이러한 재림에 대한 기대가 긍정적으로는 "열렬한 선교운동을 자극하"였는가 하면 부정적으로는

---

30 Crane, 『조직신학(하)』, 809.
31 Crane, 『조직신학(하)』, 811; Dabney, *Systematic Theology*, 829. 구례인은 댑니가 1853-1883어간 교수하고 주저 『조직신학』을 강의안으로 사용하기도 한 버지니아 유니온신학교를 1913년에 졸업했고, 1926년에는 D. D. 학위를 수여받기도 했다. 그리고 구례인의 *Systematic Theology* 부제에 보면 "A Compilation from the Works of R. L. Dabney, R. A. Webb, Louis Berkhof and Many Modern Theologians"라고 부기되어 있듯이, 본서에서 댑니와 벌코프에 대한 의존도가 상당히 높다.

"병적으로 그들을 개인적 책임까지 무력하게 만들었"다고 평가한다.[32]

1. 그리스도의 재림에 대한 술어들

구레인은 먼저 "역사의 절정 혹은 그리스도의 재림에 대해 사용된 술어"로 논의를 시작하는데, 그는 구약에 등장하는 "주의 날" 혹은 "여호와의 날"이라는 용어에 먼저 주목했다. 그는 구약에 의하면 그리스도의 "초림과 재림을 구별하지 않았"다고 지적하면서, 원근법적인 표현으로 설명한다.[33] 이어서 신약에 사용된 용어들로서 파루시아(parousia), 아포칼립시스(apokaplypsis), 에피파네이아(epiphaneia) 등을 설명하고, 신약에도 등장하는 "주의 날"과 특히 "인자"라는 용어를 자세히 설명한다.[34] 구레인은 인자 칭호의 구약 배경과 신약적 용례들을 살핀 후에 "이 기이한 말 인자라는 말은 하나님의 아들의 하늘에서의 영광과 땅 위의 겸손을 포함한 것"이라고 설명한다.[35] 이러한 용어들을 두루 설명한 후에 모든 증거들로 볼 때에 그리스도의 "영광스러운 재림이 그 중심"이라고 명시한다.[36]

2. "재림에 대한 교회의 기초적 공통적 교리"

흔히 종말론에서 그리스도의 재림에 대한 논의는 재림 자체에 대한 논의뿐 아니라 재림 전후에 일어날 종말론적인 사건들의 순서들에 대

---

32 Crane, 『조직신학(하)』, 820.
33 Crane, 『조직신학(하)』, 821: "장래를 전망할 때 우리 예상은 마치 산의 윤곽을 전망할 때 같이 그 사이에 있는 것을 묵과하는 것이다." 소위 예언적 원근법(prophetic foreshortening)에 대해서는 Hoekema, *The Bible and the Future*, 148-149를 보라.
34 Crane, 『조직신학(하)』, 823-824.
35 Crane, 『조직신학(하)』, 824.
36 Crane, 『조직신학(하)』, 824.

한 복잡한 논의들이 수반되기 마련이다.[37] 구례인 역시 그러한 종말론적 프로그램에 대한 자세한 해설을 제공하는데, 그는 먼저 웨스트민스터 신앙고백서와 교회의 기초적이고 공통적인 입장이 무엇인지를 제시함으로 시작한다. 먼저 그는 웨스트민스터 신앙고백서를 살펴보면 "최후적 또는 일반적 부활과 최후적 심판 날에 국한"시켜 논의했으며, 33장 3항에서는 재림의 시기를 알 수 없게 하셨다는 점을 명시했다고 소개한다.[38] 구례인은 이렇게 핵심적인 내용들만 포함시킨 표준문서의 "지혜와 겸손한 태도"를 칭찬한 댑니의 평가를 인용하기도 한다.[39]

이어지는 "재림에 대한 교회의 기초적 공통적 교리"라는 항목에서 구례인은 사도신경의 후반부의 내용을 근거로 하여 몇 가지 일치된 재림 신앙의 요소들을 소개해준다.[40] 먼저는 "성자의 인격적 가시적 영광스러운 재림"이 있다는 것과 재림 전에 있을 일들로는 "복음의 세계적인 전파"와 "유대인의 국가적 전환(비록 전반적 전환은 아닐지라도)," "적 그리스도의 도래"가 있을 것이라는 것이고, 그리스도께서 재림하실 때에 일어날 일로는 "죽은 자 곧 의인과 불의자의 부활," "일반심판," "세상 끝 새 하늘과 새 땅," "그리스도 왕국의 성취"가 있을 것이라는 것이다. 구례인에 의하면 이러한 내용들은 "모든 기독교회들은 로마교회나 개혁교회를 막론하고" 동의하는 바라고 평가한다.[41]

따라서 웨스트민스터 신앙고백서의 종말론적인 신중성이나, 초대 교회부터 교회의 일치된 종말 신앙 요소를 따라 종말론을 이해하고 설명

---

37 Hoekema, *The Bible and the Future*, 109-238.
38 Crane, 『조직신학(하)』, 825.
39 Crane, 『조직신학(하)』, 825; Dabney, *Systematic Theology*, 837. 웨스트민스터 신앙고백서의 종말론에 관해서는 이상웅, "웨스트민스터 신앙고백서의 종말론," 「한국개혁신학」 44 (2014): 152-177을 보라.
40 Crane, 『조직신학(하)』, 825-826.
41 Crane, 『조직신학(하)』, 826. 무천년설을 확집하는 서철원 역시도 "공교회의 종말론 도식은 한 번의 재림, 보편 부활, 한 번의 보편 심판 그리고 영원세계로 확정되었다."고 명시한다(서철원, 『종말론』 [서울: 쿰란, 2018], 118).

하는 것이 구례인에게는 중요한 기준이 되어진다는 것을 아래의 논의들에서 확인하게 될 것이다.

3. "재림에 대해 준비할 일들"

구례인은 "재림에 대해 준비할 일들"이라는 주제하에 오늘날 "시대의 표적들"(the signs of the times)이라고 불리우는 재림전 일어날 일들에 대해 설명을 해나간다.[42]

구례인은 먼저 "복음의 세계적 전파"(마 24:14)에 주목하여 설명하는데, 이는 "어디서나 그리스도가 모든 거짓 종교와 모든 나라들을 정복할 것을 약속"하심이며, 이러한 약속은 "우리 주의 위대한 명령(즉, 선교- 필자)을 순종하는데 힘있는 자극"이 된다고 말한다.[43] 두 번째 주제는 "유대인의 일반적 또는 국가적으로 교회에 돌아옴"에 관한 것인데, 많은 이들이 구약 본문에 근거하여 유대인의 국가적 회복과 고토 회복을 주장하지만, 구례인은 그러한 문자적인 해석을 반대한다. 구례인은 신약에서 이스라엘은 "신자들과 영적 이스라엘"을 가리키며, 신약에서는 더 이상 이방인과 유대인의 구별이 없다고 주장한다.[44] 물론 구례인도 "유대인중 다수가 피소(被召)되고 신자가 될 것"을 부인하지 않는다. 그리고 로마서 11장 25-26절의 "온 이스라엘" 역시 "그들의 국가 전체"를 말하는 것이 아니고, "하나님의 자녀의 총수 곧 그 나라 중에서

---

42 "시대의 표적들"의 의미에 대해서는 Hoekema, The Bible and the Future, 129를 보라.
43 Crane, 『조직신학(하)』, 829. 일정하에 나온 평양 장로회신학교와 관련된 여러 종말론 교재들을 보면(예컨대 W. E. Blackstone, *Jesus is Coming*, 기일 역, 『예수의 재림』 [경성: 조선야소교서회, 1913]와 James H. Brookes, *"Till He Come,"* 배위량 역, 『주재림론』 [경성: 조선야소교서회, 1922]를 보라) 세대주의 전천년설만이 성결한 생활을 촉진하고, 세계 선교와 복음 전도를 고무시킨다고 주장하곤 했는데, 한 평생 한국 선교사로 사역했던 구례인은 무천년설을 개혁주의 입장으로 확집하면서도 종말론이 선교 사역을 위해 강한 추동력이 된다는 점을 본서 곳곳에서 역설하고 있다.
44 Crane, 『조직신학(하)』, 831-832.

택한 자의 총수"를 의미한다고 해설한다.⁴⁵

구례인은 말세에 되어질 세 번째 일로 "적 그리스도의 도래"를 제시한다. 그는 이 용어(Antichrist)가 요한일서에만 등장한다는 점을 언급하고, 역사적으로 특정 인물을 적 그리스도와 동일시하기도 했다는 점을 말하고 나서, 그럼에도 불구하고 최후에 나타날 그 적 그리스도는 "선과 악 사이에 최후적 전쟁을 일으킬 자"요, 세력이나 단체를 의미하기보다는 "무법한 자"요, "유일한 자"로 이해하는 것이 옳다고 본다.⁴⁶ 그러한 적 그리스도의 등장으로 말세의 교인들 가운데 "명목상 기독인의 배반"(즉, 대배교)이 있을 것이며, 큰 환난이 일어날 것이라고 구례인은 이어서 설명한다.⁴⁷ 구례인은 신자들이 대환난의 때가 이르기 전에 공중에 휴거된다고 주장하는 세대주의 전천년설에 대해 "성경적 권위를 가지지 못한" 입장이라고 비판하고, 말세 성도들은 환난을 통과하되 "주의 임재로 말미암아 큰 환난의 공포를 견디게 될 것"이라고 명시한다.⁴⁸

그리고 이미 앞서 언급했듯이 구례인은 천년왕국에 관하여 무천년설

---

45 Crane, 『조직신학(하)』, 832. 구례인의 견해는 벌코프, 헨드릭슨, 후크마 등 화란 신칼빈주의 노선에 일치하는 것이다(Berkhof, *Systematic Theology*, 698-700; William Hendriksen, *Israel in Prophecy* [Grand Rapids: Baker, 1974] ; Hoekema, The Bible and the Future, 139-151). 로마서 11장 25-26절을 둘러싼 세 가지 주요 학파와 따르는 학자들에 관해서는 이상웅, "'그리하여 온 이스라엘이 구원을 얻으리라'- 유대인의 미래적 회복에 관한 죽산 박형룡의 입장 고찰과 신학적인 평가," 「신학지남」 84/4 (2017): 153-191을 보라.

46 Crane, 『조직신학(하)』, 833-834.

47 Crane, 『조직신학(하)』, 835.

48 Crane, 『조직신학(하)』, 835-836. 세대주의에 대한 구례인의 상세한 논의와 비판은 기독론 중 그리스도의 왕직에 대한 논의 중에 개진되어 있다(Crane, *Systematic Theology*, 2:337-343; 『조직신학(하)』, 300-309). 다만 구례인은 벌코프와 마찬가지로 전천년설을 역사적 전천년설과 세대주의 전천년설로 구별하여 말하지 아니하고 전천년설로 한꺼번에 사용한다(Berkhof, *Systematic Theology*, 712-716). 그러나 죽산은 두 입장을 명시적으로 구별하여 사용하며 전자의 입장에 서서 후자를 비판한다(박형룡, 『교의신학- 내세론』, 248-278; Kim Kilsung, "Dr. Hyung Nong Park's Theology of the Last Things," *Chongshin Theological Journal*, I/2 [August 1996]: 72-89).

의 입장을 견지한 신학자이다. 그리스도의 재림을 다루는 2장 7절에서 구례인은 천년왕국에 대해 상술하는데, 그는 "무천년파"와 "후천년파"에 대해 간단하게 소개하고, "전천년파"에 대해 다소 길게 비판적으로 소개한다.[49] 이러한 논의중에 구례인은 예언을 문자적으로 해석할 것이 아니라 표상적으로 해석해야 할 것과 요한계시록을 "점진적 병행법"으로 접근해야 할 것을 말한다.[50] 구례인은 재림의 목적을 말하면서도 "세상 끝과 주의 날과 죽은 자의 육체적 부활과 최후 심판은 성경 중에 동시적인 것으로 보통 말한다"라고 명시하고, 또한 웨스트민스터 신앙고백서는 천년왕국에 대해 무관심할 뿐 아니라 재림과 최후심판을 동시적으로 본다라고 첨언한다.[51]

IV. 일반부활(3장)

구례인은 그리스도의 재림에 이어 "일반 부활"(The General Resurrection)에 대해 3장에서 다룬다. 일반 부활이라는 구례인의 표현 가운데 이미 부활은 재림 후에 단 한 번 일어난다고 하는 의미를 담고 있다.

---

49 Crane, 『조직신학(하)』, 836-844. 필자는 구례인의 무천년설에 대해 이미 자세하게 논의했기 때문에 여기서 재반복하지 않으려고 한다(이상웅, "죽산 박형룡과 구례인의 천년기론에 대한 연구," 「개혁논총」 38 [2016]: 196-202).

50 Crane, 『조직신학(하)』, 838-839. 점진적 병행법(progressive parallelism)에 관해서는 Hoekema, *The Bible and the Future*, 223-226; William Hendriksen, *More Than Conquerors* (1940/ Grand Rapids: Baker, 1981), 32-43, 48을 보라.

51 Crane, 『조직신학(하)』, 844-845. 그러나 웨스트민스터 신앙고백서를 만든 작성자들의 종말론은 그렇게 단순하게 말해질 수가 없다. 웨스트민스터 신앙고백서 종말론과 관련해서 Derek Thomas, "The Eschatology of the Westminster Confession and Assembly," in *The Westminster Confession into the 21st Century*, vol. 2. ed. Ligon Duncon (Fearn: Christian Focus Pub., 2005): 307-79; Andrew Young, "Counter Currents to Chiliasm at the Westminster Assembly: Cornelius Burges and the Second Coming of Christ," *Westminster Theological Journal* 73 (2011): 113-32 등을 보라.

1. 부활의 일반적 증거와 성경적 증거

구례인은 부활의 대한 논의를 시작하면서 먼저는 사후 생활에 대한 여러 종교와 민족들 가운데 있는 증거들을 제시한다.[52] 이러한 다양한 사후세계관이 있다고 하더라도, "모든 인류의 육체적 부활과 그 직후 심판날이 따라오는 것은 순수한 계시적 교리"라고 구례인 재빨리 선언한다.[53] 구례인은 구약에서 부활에 관한 증거들을 먼저 제시하고, 바리새인이 부활의 신앙을 가지고 있는 것과 또한 외경문헌들에 증거되는 부활신앙에 대해 소개한다.[54]

구례인은 신약에서 일반 부활에 대해서 말하는 증거 본문들을 이어서 소개하는데, 첫째는 "영적 부활을 지시하는 말을 상징적으로 사용한" 경우는 중생을 지시하는 경우, 둘째는 "그 전 몸과 동일한 몸으로 (곧 동일인격 동일형) 다시 살게 되"는 부활을 지시하는 경우가 있다고 소개하고 나서, 예수님의 말씀에 의지해서 선인이나 악인이나 동일한 끝날에 일반적으로 부활할 것에 대해서 말한다(요 5:25).[55] 구례인은 악인들도 "전적 멸절"이 아니라 몸을 입고 부활하게 된다는 점을 명시적으로 인정하고 설명하는 점에서도 개혁파적이라고 할 수가 있다.[56]

---

[52] Crane, 『조직신학(하)』, 852-853.
[53] Crane, 『조직신학(하)』, 853.
[54] Crane, 『조직신학(하)』, 853-855.
[55] Crane, 『조직신학(하)』, 856.
[56] Crane, 『조직신학(하)』, 860-862. 구례인은 악인 멸절설 뿐 아니라 보편 구원론도 배격한다. 그리고 그는 지상에서 악인들이 일반 은혜(선)를 통해 "사망 선고의 집행 유예"를 누리기는 하지만, 부활후 최후 심판을 받고 나면 "사망의 최후적 형벌"을 받게 될 뿐 아니라 "모든 선에서 떠나게"된다고 말한다(862).

2. 부활의 성질

일반 부활의 증거를 제시한 후에 구례인은 부활(체)의 성질에 대해서 논의하는데로 나아간다. 구례인은 마지막 부활시에 입을 부활체는 지금의 몸과 "인격적으로 동일성"을 가진다거나 "전(前) 몸과 동일한 몸"이라고 말하면서도 또한 변화가 있을 것이라고 부활체의 양면성을 말한다.[57]

우선 동일성에 대한 구례인의 설명을 주목해 보면, 그는 "반드시 물질적 요소들의 동일성을 요"하는 것이 아니라는 점을 인정하고 있다.[58] 이는 사람이 죽고 몸이 썩어버리기 때문이기도 하지만, 살아있는 신체도 연령대에 따라 같은 세포로 된 것이 아니기 때문이다.[59] 그러나 그렇게 몸을 구성하고 있는 세포가 7년 단위로 다 바뀐다고 해도 "인격의 계속성" 혹은 "인격적 동일성"을 가지는 것과 같이 부활체도 마찬가지일 것이라는 것이다.[60]

구례인은 또한 지상의 몸과 부활체간의 차이를 씨와 열매에 빗대어 설명하거나, 직접적으로는 부활체는 "자연인에 속하지 않은 특성"을 가지기에 "육체적 욕망을 결여"한 몸이며, "성령으로 인해 변화된 몸"이라고 설명한다.[61] 그는 그렇게 변화된 몸이어도 "동일인격으로 알아

---

57 Crane, 『조직신학(하)』, 857.
58 구례인은 "순수한 영적 불멸"을 믿는 것이나 "현재 몸의 물질을 꼭 그대로 가진다는 기대"는 "미숙한 사상"이라고 비판한다(Crane, 『조직신학(하)』, 859-860).
59 Crane, 『조직신학(하)』, 858. 구례인은 Dabney, *Systematic Theology*, 823, 833을 참고하고 있다.
60 Crane, 『조직신학(하)』, 858. 우리 몸을 구성하는 모든 세포가 7년 단위로 모두 바뀐다는 것은 바빙크의 말인데, 이 주제에 관한 바빙크의 자세한 논의는 Herman Bavinck, *Reformed Dogmatics*, trans. John Vriend, 4 vols. (Grand Rapids: Baker, 2003-2008), 4:694-698을 보라.
61 Crane, 『조직신학(하)』, 857.

볼 것이 분명"하다고 말하기도 한다.[62] 구례인은 신자의 부활체의 성격을 그리스도의 부활체의 성격에서 유추하기도 했고, 성경적 증거에 근거하여 우리가 부활체를 입는 것은 어떤 개량이나 개선이 아니라 오로지 삼위 하나님의 사역에 의해서 가능한 것이라는 점을 강조한다.[63]

3. 일반 부활의 시기

부활의 시기에 대한 논의는 천년기에 대한 입장에 따라 차이가 난다는 것은 일반적으로 잘 알려져있다.[64] 구례인은 악인과 선인이 "끝날 곧 그리스도의 재림 때"에 한꺼번에 일어날 것이라고 하는 입장을 성경적이라고 본다.[65] 그래서 구례인은 "일반 부활"이라는 용어를 지속적으로 사용하고 있으며, 이 부활의 날은 "최후 심판 직전"이 될 것이라고 말하기도 한다.[66]

구례인은 이와 같은 일반 부활의 입장과 달리 2차 또는 3차 부활 시기를 제시하는 전천년설에 대해서 논의하기도 한다. 그는 세대주의 전천년설과 역사적 전천년설을 구별하지 않고 사용하는데, 분명히 그가 비판하고 있는 것은 전자의 부활 시기론이다. 그들은 그리스도의 공중 재림과 휴거 발생시 1차 부활이 있고, 대환난 후에 의인의 부활이 또 있고, 천년왕국 후에 악인의 부활이 있을 것이라고 하면서 세 번의 부

---

62 Crane, 『조직신학(하)』, 857. 부활체에 대해 상술하고 있는 전거본문(*locus classicus*)인 고전 15장에 대한 자세한 고찰이 구례인에게는 결여된 것이 아쉬운 점이라고 사료된다. 구례인의 참고서중 하나인 찰스 핫지의 Systematic Theology, 3: 780-785에는 핵심적인 설명들이 제시되고 있다.

63 Crane, 『조직신학(하)』, 859.

64 박형룡, 『교의신학-내세론』, 303-308. 물론 죽산은 역사적 전천년설을 따르기에 두 번의 부활을 주장한다.

65 Crane, 『조직신학(하)』, 862.

66 Crane, 『조직신학(하)』, 862. 그는 고전 15:23, 빌 3:20-21, 요 5:27-29, 계 20:11-15 등 여러 성경 구절들을 근거로 제시한다.

활을 말한다.⁶⁷ 구례인은 이와 같은 3차에 걸친 부활론을 주장하는 전천년설에 대해 "너무도 유대적 관념을 따르"는 해석이라고 비판을 하고, 이 입장은 "복음의 영성을 도외시"하는 것이라고 비판하기도 한다.⁶⁸

이상에서 우리는 구례인이 여러 번의 부활시기를 주장하는 전천년설에 대해 비판하였고, 악인이나 선인이 마지막 날에 한꺼번에 부활한다는 일반 부활론을 확집하였음을 확인하게 되었다. 그의 이러한 입장은 그가 웨스트민스터 대요리문답 87문답 인용을 통해서도 그 근거를 제시하고 있는데서도 확인할 수가 있다.⁶⁹

87문. 우리는 부활에 대해 무엇을 믿어야 합니까?
답. 우리는 마지막 날에 의인이나 불의한 자나 모든 죽은 사람들이 전면적으로 부활할 것을 믿습니다. 그때 살아 있는 자들은 순식간에 변화될 것입니다. 그리고 무덤 속에 누워 있는 죽은 자들의 몸도 그때 그들의 영혼과 영원히 다시 연합하여 그리스도의 권능으로 일어나게 될 것입니다. 의인의 몸은 그리스도의 영과 그들의 머리되신 그리스도의 부활을 힘입어 권능 가운데 영적으로 썩지 않는 몸으로 일어나게 되어 그리스도의 영광스러운 몸과 같이 될 것입니다. 그러나 악인의 몸은 진노하는 재판관이신 예수님에 의해 수치 중에 일어나게 될 것입니다.⁷⁰

---

67 Crane, 『조직신학(하)』, 863. 구례인도 인정하듯이 세대주의 전천년설자들 간에도 의견이 다양하다. 반면에 역사적 전천년설에 의하면 부활의 시기는 재림 직후 의인의 부활과 천년왕국 후 악인의 부활 등 두 시기로 양분된다(박형룡, 『교의신학-내세론』, 303-306).
68 Crane, 『조직신학(하)』, 863-864. 구례인은 "경험적으로 볼 때 성취되지 않은 예고의 해석은 매우 위험한 것"이라고 하면서, 전천년설의 해설들로 인해 실망을 당하기 쉽다고 경고하였고, 나아가서는 "우리는 재림에 대한 일반적 사실 만을 분명히 알 수 있는 줄로 생각하면서 겸손한 기대로 기다려야 할 것이라"는 신중한 견해를 밝힌다.
69 Crane, 『조직신학(하)』, 864.
70 웨스트민스터 대요리문답 87문답은 김학모 편역, 『개혁주의 신앙고백』 (서울: 부흥과개혁사, 2015), 642-643에서 인용한 것이다.

V. 일반심판과 장래 생활(4장)

구례인의 종말론의 마지막 제4장의 주제는 "일반 심판과 장래 생활"이다. 이는 최후 심판과 최후 상태에 대한 논의를 담고 있는 부분이다.

1. 일반 심판

구례인은 최후 심판을 부인하는 철학이나 심리학, 보편구원론, 영혼멸절론, 그리고 현대 신학자 파울 틸리히의 견해들을 간략하게 언급하면서 비판함으로 심판에 대한 논의를 시작한다.[71] 그리고 구례인은 심판에 대한 성경적인 증거를 제시하면서, 구약의 "주의 날"이 "희망과 경고"를 포함하고 있음을 설명하고나서, 신약의 증거를 제시한다. 구례인에 의하면 "그의 제자 누구보다도 위대하고도 최후적인 심판에 대해 경고하시며 또한 그 경고를 죄인들로 회개하게 하는 경고로 사용"하신 분은 바로 예수님이시다.[72] 그는 성경적인 증거들을 근거로 하여 "의인과 악인이 모두 심판을 받게"되는 "최후 심판은 인생과 천사의 영원한 운명이 결정되고 선고되는 결정적인 미래 사건"이라고 정의내린다.[73] 또한 구례인은 다음과 같이 실천적인 측면과 연결시켜서 말하기도 한다.

> 성경의 진술들은 최후에 가서 완전하고도 공적이고도 법정적인 처결과
> 완전한 공의의 선엽에 대한 희망에 대해 확증을 주는 것이니 그것 만이

---

71 Crane, 『조직신학(하)』, 874-879. 틸리히에 대해 구례인은 "공의를 하나님의 사랑의 일부분인 것으로 높이려고 하면서도 실제상으로는 계시의 논리적 결과를 피하려 한다. 곧 사랑보다도 거룩이 절대성을 가진 공의와 사랑의 상관 관계를 회피하려 하는 것이"라고 비판한다(879).
72 Crane, 『조직신학(하)』, 880.
73 Crane, 『조직신학(하)』, 885.

상한 심령 곧 의를 사랑하는 자에게 만족과 평화를 가져 올 것이다.[74]

구례인은 최후 심판의 목적에 대해서는 두 가지로 해명을 한다. 첫째는 하나님께서 우주를 "의와 거룩과 자비로운 취급"을 하신다는 것을 표시하는 것이오, 둘째는 "완수되지 못한 형벌과 보상을 정합하며 그리스도의 행하신 사업의 범위와 신자의 사죄를 선고함으로 그의 도덕적 특성과 섭리적 통치에 대한 비평을 침묵하게"하시려는데 있다는 것이다.[75] 그리고 심판관은 예수 그리스도가 되실 것이며, 성도들도 "반사적 영광에 의해 그들의 만형의 높이움 곧 그의 중재적 충성의 최고점에 동참"하기에 배심자의 역할을 하게 될 것이라고 구례인은 설명한다.[76] 그리고 최후 심판의 대상자로는 "모든 인생과 악한 천사"일 것이며, 사람들은 단순히 행동뿐 만 아니라 "그들의 사상과 말과 행동에 의해 심판" 받게 될 것이라고 구례인은 말한다. 그는 여러 번의 심판에 관해 말하는 세대주의 전천년설과 달리 단 한 번의 최후 심판을 성경적이라고 생각하기 때문에 선인이나 악인이나 같은 심판대 앞에 서게 될 것을 명시적으로 말한다.[77]

구례인은 최후 심판의 근거에 관하여 획일적으로 말하지 아니하고 계시의 빛에 따라 다르게 설명한다. 즉, 이방인은 "양심의 빛"에 의해, 구약 유대인은 "구약의 빛"에 근거하여, 복음을 향유하는 신약 신자

---

[74] Crane, 『조직신학(하)』, 883. 구례인은 최후 심판에 대한 교훈은 신자들에게 "위안과 자극물"이 되고, 사적 보복을 금하게 만드는 유익이 있다고 설명하기도 한다(Crane, 『조직신학(하)』, 884-885).

[75] Crane, 『조직신학(하)』, 883-884. 후크마는 최후 심판의 목적(the purpose)에 대해 좀 더 정밀하게 설명을 해주는데, 첫째는 "각 사람의 최후 운명을 계시함 속에서 하나님의 주권과 하나님의 영광을 드러내기 위해," 두 번째 "각자가 받아야 할 상급과 처벌의 정도를 드러내기 위해서," 세 번째는 "각자에 대한 하나님의 심판을 수행하기 위해서"라는 최후 심판이 있다는 것이다(Hoekema, *The Bible and the Future*, 254).

[76] Crane, 『조직신학(하)』, 885-886.

[77] Crane, 『조직신학(하)』, 886.

들은 이 모든 것에 의해 심판을 받게 될 것이라는 것이다.[78] 그러나 더욱 주의해서 보아야 할 것은 "심판의 기초는 몸으로 행한 행실에 기초할 것이니 거기에는 사상과 말도 내포"되는 것이라고 하는 구례인의 진술이다.[79] 소위 각자 자기 몸으로 행한대로 심판을 받게 된다는 것인데, 자칫하면 행위나 공로를 쌓아야 구원을 받게 된다는 오해를 불러일으킬 수가 있다.[80] 그러나 우리가 그의 설명을 주의해서 읽어보면 그는 믿음에 의한 칭의를 강조할 뿐 아니라 "믿음으로 말미암은 의의 열매"로서 선행을 "증거물"로 이해하고 있음을 알게 된다.[81] 또한 구례인은 "우리는 하나님이 갚으시기에 합당한 봉사를 하기 위해 칭의된 것"이라고 말하기도 한다.[82] 그리고 그는 신자가 몸으로 행한 착한 행실에 근거하여 "심판에서 받는 영광의 등급"이 정해질 것이라고 말함으로 차등상급(gradual reward)을 명시적으로 주장한다.[83] 이러한 등급의 차등은 신자들이 받는 영광만 아니라, 불신자들이 받게 되는 영원한 형벌에도 적용된다는 점도 분명히 한다.[84]

---

78 Crane, 『조직신학(하)』, 887.
79 Crane, 『조직신학(하)』, 887.
80 Crane, 『조직신학(하)』, 887. 같은 면에 있는 "우리는 은혜로 인해 칭의되었으나 행동에 의해 심판된다."거나 "심판은 칭의나 성화와 달라서 은혜로 말미암지 않고 행위로 말미암는 것이다"와 같은 구례인의 말들은 오해를 불러일으킬 수가 있다.
81 Crane, 『조직신학(하)』, 888. 구례인은 "성도들은 자기들의 선행에 기초하여 무죄백방(白放)될 것이 아니요 그들의 이름이 '어린양의 책' 하나님의 선택적 사랑의 책에 그 이름이 적힘으로 말미암아 무죄백방될 것"과 "그들의 선행은 그들이 그리스도로 더불어 연합된 증거로 인용(認容) 될 것"이라고 바르게 해명하기도 한다(Crane, 『조직신학(하)』, 896).
82 Crane, 『조직신학(하)』, 889.
83 Crane, 『조직신학(하)』, 888. 차등상급론에 대한 성경적인 해설은 Mark Jones, *A Christian's Pocket Guide to Good Works and Rewards*, 오현미 역, 『선행과 상급』(서울: 이레서원, 2017)을 보라. 권성수는 복음주의 권에서 차등상급론에 대한 거부감이 극심하다는 점을 인식하면서도, 마태복음에 대한 석의적 연구를 통하여 차등상급론은 성경적임을 입증해주고 있다(Kwon Sungsu, "Your Reward in Heaven is Great: A Study on Gradation of Reward in Matthew" [Th. D. dissertation, Westminster Theological Seminary, 1988]).
84 Crane, 『조직신학(하)』, 892: "천국에 기쁨의 정도가 있음과 같이 지옥에서도 고통의 등

2. 최후 상태

일반적으로 개혁주의 종말론 교본들은 악인들의 최후 상태와 의인들의 최후 상태를 나누어 설명함으로써 책을 마무리짓는데,[85] 구례인의 경우는 최후 심판과 최후 상태의 논의를 뒤섞어놓았기에 다소 무질서하고 산만해 보인다.

먼저 악인들이 받는 심판과 최후 상태에 대한 설명들을 간추려 보기로 한다. 구례인은 "악인은 심판 때 영원한 형벌로 처벌될 것"이며 그 결과 영원한 고통을 받게 될 것을 "가장 명료히 묘사한 이는 예수"시라고 적시한다.[86] 그리고 지옥에서의 형벌을 묘사하는 표현들이 표상적이라고 거듭 말하면서 형벌의 본질은 "영적"이라고 지적한다.[87] 이는 그가 지옥의 장소성을 부정한다는 말이 아니라, 지옥의 형벌의 본질은 그리스도와 "영원히 분리"되는데 있다고 하는 점을 직시하게 하는 것이다.[88] 그 결과 그들은 죄책감, 슬픔, 실망적 애통, 자기 정죄감 등을 영원히 경험할 수 밖에 없고, 지상에서 누렸던 일반은혜(common grace)도 더 이상 누릴 수가 없게 될 것이다.[89] 구례인은 이러한 악인들이 지옥에서

급이 있는 것이다." 구례인은 보상과 처벌의 차등에 대해 설명하면서 주인의 뜻을 모르고 행하지 않은 자 보다 주인의 뜻을 알고도 행하지 않는 자의 처벌이 클 것이라는 본문(눅 12:47-48)을 증거로 들기도 한다(889).

[85] Bavinck, *Reformed Dogmatics*, 4:702-730; Berkhof, *Systematic Theology*, 735-739; Hoekema, *The Bible and the Future*, 265-287.

[86] Crane, 『조직신학(하)』, 890.

[87] Crane, 『조직신학(하)』, 894. 구례인은 남장로교신학자인 W. G. T. 쉐드의 글을 인용하여 표상적이라는 말의 의미를 해명하기도 한다: "지옥의 형벌에 대해 성경에 기록된 설명들은 대부분이 표상적으로나 형이상학적으로 표시되었다. 그 말들은 우리들의 경험으로는 비교할 수 없는 개념을 표시하는 것이라."(Shedd, *Dogmatic Theology*, 3:508; Crane, 『조직신학(하)』, 894 재인용).

[88] Crane, 『조직신학(하)』, 891: "그리스도와 그의 복음을 거절한 영의 최대 고민은 그에게서 영원히 분리되는 것이니..." 구례인은 악인들이 "지상에서 싫어하는 천국을 좋아하거나 거기 합당하게 할 길이 다시 없는 것이다."고도 말한다(893).

[89] Crane, 『조직신학(하)』, 892에 있는 "악인간에 교통하는 모든 유쾌한 영향은 제거될 것이

받는 영원한 형벌과 하나님의 성품이 조화를 이룰 수 없다고 하는 반론에 대해서도 답을 하는데, 그는 그리스도는 "변태적인 학대광"이 아니시라고 선언적으로 말하기도 하고,[90] 또한 "무한한 자비와 지능, 공의, 진실은 조화적으로 행동하는 협동적 또는 수기일관한 속성"을 가지신 하나님은 "공의를 포기하는 의미에서 자비로운 것이 아니라 또한 광인적 독재자의 의미로 공의로운 것이 아니"라고 해명하기도 한다.[91]

이제 최후 심판후 의인들이 누리게 될 영원한 지복의 상태에 대해 구례인이 어떻게 말하는지를 살펴 보기로 하자. 구례인의 설명 가운데 특이한 것들로는 "하늘의 위치에 대해 논함도 중요하지 않다"라거나,[92] 신천신지는 "옛 것의 멸망"후에 온다는 표현이다.[93] 그는 "이 세계 자체는 멸망"이라는 말도 하고 있는데,[94] 우리는 그의 입장이 개혁주의적인 세계 갱신설 보다는 세계 파괴설(annihilatio mundi)적인 견해를 가지고 있는 것이 아닌가라는 의구심을 가지게 하는 부분이다.[95] 우리가 구례인의 기독론 중 그리스도의 왕권을 다루는 부분을 유심히 살펴 보면 이 문제에 대한 그의 입장이 매우 명시적으로 드러나는 것을 보여준다.

신천신지의 위치에 대해서는 이 지구가 변형될 것이라고 하고 또 다른 사

다. 악인들이 들어간 그 곳에는 희망이나 안전이나 보호할 자나 공포를 감제시킬 자가 없을 것이며 그같은 상태가 영속될 것이다."는 말이나 "지옥은 불만족과 시장함과 갈망함과 불행 고통 등이 계속되는 곳일 것이다"는 구절들에는 일반 은혜라는 표현을 쓰지 않아도 이 문장은 분명히 일반 은혜적인 요소들의 제거를 가리키고 있다.

90 Crane, 『조직신학(하)』, 890.
91 Crane, 『조직신학(하)』, 893.
92 Crane, 『조직신학(하)』, 897. 그러나 죽산 박형룡은 초기부터 "위치있는 천당에서의 영생"을 "정통신학에 대한 극히 간략한 요지"중 하나로 강조한다(박형룡, 『기독교 근대신학 난제선평』 [평양: 장로회신학교, 1935], 10).
93 Crane, 『조직신학(하)』, 897.
94 Crane, 『조직신학(하)』, 884.
95 이 주제에 관련해서는 이상웅, "'새 하늘과 새 땅'(계 21:1-8)에 대한 개혁주의적 이해와 설교," 『한국개혁신학』 49 (2016): 8-38을 보라.

람들은 전연 다른 곳이라고 하나 성경에 분명히 계시되지 않았다. 성경 중 알 수 있는 말 외에 표시할 수 없는 아지 못하는 것을 추상함은 쓸데 없는 일이다. 다만 그가 우리를 위해 한 장소를 준비하셨다는 것과 또 우리들은 그와 함께 영원히 있을 것이라는 것으로 만족한 것이다(요 14:1-3; 계 21장).[96]

이처럼 구례인은 천국 혹은 새 하늘과 새 땅의 성격에 대한 것은 불가하다고 판단하고 있고 오히려 "주와 함께 영원히 있는 것"이 중요하다고 강조를 하는 것이다.[97] 구례인은 그리스도인들이 받게 되는 영원한 보상중 중요한 것은 "영원하도록 그들이 구주와 함께 살"면서, "우리는 그와 같이 될 것이며, 그가 우리를 봄같이 우리도 그를 볼 것"이라고 설명한다.[98] 뿐만 아니라 구례인은 신자가 누릴 영원한 복에 대해 다음과 같이 성경적인 설명을 해주기도 한다.

우리는 왕과 제사장이 될 것이며 새 땅을 다스리게 될 것이다(계 5:10, 21:1-2). 그 곳에는 성도의 교통함이 있는 것이니 지상 방해가 없이 우리들은 서로 알게 될 것이다(살전 2:19). 그 행복과 사랑은 지상욕망이나 감정이 없는 영적이요 도덕적일 것이다(마 22:30, 눅 20:35). 그들의 가장 큰 기쁨은 우

---

[96] Crane, 『조직신학(하)』, 300. 구례인의 선임자 이눌서가 교과서로 사용한 가옥명의 『내세론』 (평양: 장로회신학교, 1931), 87에 조차도 세계 갱신설을 주장하고 있고, 세대주의 전천년설에다가 심지어 시한부 종말론적 경향도 가졌던 길선주 목사 역시도 세계 갱신설을 주창했다는 것은 대조적인 일이다(길선주, "말세학," in 『말세학, 말세론』 [서울: KIATS, 2010], 431).

[97] 구례인은 악인들의 영원한 거주지인 지옥과 신자들의 영원한 거주지인 신천신지 사이에는 분명히 분리가 있을 것을 인식하고 있다(Crane, 『조직신학(하)』, 891: "이 두 편을 최후적으로 분리시킴이 없다면 천국에도 안전이나 평화 행복이 없을 것이다."). 구례인은 신천신지와 새 예루살렘을 다르게 보지 아니하고, 신자들을 위한 "가장 완전한 의미로써 영원한 생활의 장소"라고 말한다(Crane, 『조직신학(하)』, 897).

[98] Crane, 『조직신학(하)』, 889.

리 사랑하는 주님과 교통하며 봉사하는 중에 있을 것이다(계 22:3-5).[99]

VI. 나가는 말

이상에서 우리는 이눌서를 이어 평양 장로회신학교 2대 조직신학 교수였으며, 한국 장로교 선교 이래 - 선교사 교수로서 - 최초의 조직신학 교본을 저술 출간했던 구례인선교사의 종말론에 대해 논구해 보았다. 그간에 학계에서는 구례인의 신학에 대한 논의가 희소했기 때문에 이러한 논의는 의미가 있다고 사료된다. 그의 주저 『조직신학』의 마지막 부분인 종말론을 분석 개관함을 통해서 우리는 그가 미국 장로교 신학자들이었던 로버트 댑니, 핫지 부자와 화란계 미국 신학자 루이스 벌코프의 저술들에 크게 의존하여 신학 작업을 했음을 확인할 수가 있었고, 미국남북장로교회가 공통적으로 표준문서로 중시했던 웨스트민스터 표준문서(Westminster Standards)도 존중하고 있음을 알 수가 있었다.

구례인은 종말론을 크게 네 부분으로 나누어 개진했는데 먼저는 사후 세계에 대한 논의를 제시했다. 그는 영혼과 육체가 죽음의 순간에 분리될 수 있다는 점과 사후의 영혼만이 의식적인 삶이 지속된다는 점을 인정하면서도 이원론에 근거한 영혼 불멸론을 거부하는 신중함을 보여주었다. 또한 천당과 지옥외의 다른 거쳐들을 제시하는 로마교회의 입장을 단호히 거부하는 것도 보았다. 그러나 우리가 구례인의 신학적 독특성을 경시적으로 볼 수 있는 곳은 그리스도의 재림을 다루는 2장에서 였으니, 그는 종래의 대다수의(almost all) 미국 장로교 선교사들과 달리 전천년설이 아니라 무천년설이 성경적이라고 하는 확신을 가지고 재림과 재림에 선행하는 시대의 표적들에 대해 설명하였다. 다만

---

99 Crane, 『조직신학(하)』, 890.

그의 무천년설은 최근에 보다 더 명료화되고 체계화된 수준은 아니고, 루이스 벌코프의 영향하에 다소 체계성이 없는 수준임을 보여주는 면도 있음을 인정할 수밖에 없다. 특히 세대주의 전천년설과 역사적 전천년설을 구별하지 않는 관점은 벌코프의 영향이 크다고 생각된다. 그럼에도 불구하고 구례인은 무천년설에 근거하여 하나님 나라(王國)의 현재성과 미래성에 대한 균형있는 강조를 기독론에서 제시하고 있고, 종말론에서 보듯이 한 번의 재림, 한 번의 부활(일반 부활), 한 번의 심판(일반 심판) 등을 잘 설명해 주고 있고, 악인의 영원한 형벌과 신천신지 등에 대해서도 말해주고 있다.

이러한 논구의 결과 우리는 구례인이 초기 한국 장로교회에서 조차도 대세가 되었던 세대주의 전천년설의 비성경적인 면들을 직시하고 무천년설적인 종말론을 한국 교회에 일찍이 소개한 기여를 인정해야 할 것이다. 더욱이 오로지 (세대주의) 전천년설만이 성경적이고, 거룩한 삶을 촉진시키고 선교와 복음 전도에 열심을 불러일으킬 수 있다고 생각했던 미국의 선교운동 지도자들이나 한국에 온 선교사들에게 반하여 자신도 선교 현장에서 생을 바쳐 헌신했던 구례인은 무천년설적인 종말론에 근거한다고 해도 동일한 결과를 나을 수 있음을 실증해 보여 주었다. 역사에는 가정법이 없다고 하지만, 만약에 구례인이 1937년 평양 장로회신학교 조직신학 교수로 취임한 후에 정년 퇴임할 연령이 되는 1958년까지 가르칠 수 있었다고 한다면, 전천년설이 아니라 무천년설이 장로교회의 종말론으로 정립될 수가 있었을지도 모른다.

그러나 우리가 그의 장점들을 인정함에도 불구하고, 그의 종말론이 가지고 있는 문제점도 지적할 수 있는데, 무엇보다도 개혁주의의 주류적인 입장이 세계 갱신설인데도 불구하고 세계 파괴설적인 경향을 보여주었다는 점을 우리는 주목해 보았다. 또한 최후 심판과 최후 상태를 선명하게 구별하여 다루지 아니하고, 섞어서 다룬 것도 논의의 방식으로는 탁월하지 못했다고 판단되어진다. 그리고 그의 종말론의 분량은 비교적 짧아서 때로 논의가 충분하게 개진되지 못하는 아쉬움을 남겼다. 이는 그가 많이 의존한 벌코프가 종말론에 대해 개략적으로만 다루고 있기 때문일 것이다. 우리는 구례인의 종말론이 평양 장로회신학교의 종말론적 경향을 극복하는데 긍정적인 기여를 했다는 점을 인정하면서도, 종말론에 대한 보다 더 풍성하고 선명한 논의는 1973년에 간행된 죽산 박형룡의 『내세론』에서 볼 수 있게 된다는 것도 인정할 수밖에 없다(*).

참고문헌

가옥명. 『내세론』. 정재면 역. 평양: 장로회신학교, 1931.
길선주. "말세학." In 『말세학, 말세론』. 서울: KIATS, 2010: 223-434.
김은수. "한국 장로교의 '조직신학' 교육과 연구역사(1901-1980)에 대한 고찰: 평양신학교와 장로교 주요교단 신학대학원(고신/장신/총신/한신)을 중심으로." 「성경과 신학」 74 (2015): 97-135.
김인수. "레널즈(W. D. Reynolds)가 한국장로교 선교상황의 발전과 변화에 끼친 영향 연구." 철학박사, 호남신학대학교, 2009.
김학모 편역. 『개혁주의 신앙고백』. 서울: 부흥과개혁사, 2015.
박형룡. 『기독교 근대신학 난제선평』. 평양: 장로회신학교, 1935.
____. 『교의신학-내세론』. 서울: 은성문화사, 1973.
서철원. 『종말론』. 서울: 쿰란, 2018.
이상웅. "웨스트민스터 신앙고백서의 종말론." 「한국개혁신학」 44 (2014): 152-177.
____. "'새 하늘과 새 땅'(계 21:1-8)에 대한 개혁주의적 이해와 설교." 「한국개혁신학」 49 (2016): 8-38.
____. "죽산 박형룡과 구례인의 천년기론에 대한 연구." 「개혁논총」 38 [2016]: 177-207.
____. "'그리하여 온 이스라엘이 구원을 얻으리라'- 유대인의 미래적 회복에 관한 죽산 박형룡의 입장 고찰과 신학적인 평가." 「신학지남」 84/4 (2017): 153-191.
이재근. "남장로교 선교사 존 크레인(John C. Crane)의 유산: 전도자 · 교육자 · 신학자." 「한국기독교와 역사」 45 (2016): 121-156.
임춘복. 『크레인 가족의 한국 선교』. 서울: 한국장로교출판사, 1999.
전준봉. "한국장로교 신학교의 신학과 교육: 평양신학교를 중심으로." 「개혁논총」 29 (2014): 213-244.
조경현. 『초기 한국장로교 신학사상』. 서울: 그리심, 2011.
조용호. "미 남장로교 선교사 윌리엄 D. 레이놀즈의 생애와 신학연구." 철학박사, 연세대학교, 2007.
Bavinck, Herman. *Reformed Dogmatics*. Trans. John Vriend. 4 Vols.

Grand Rapids: Baker, 2003-2008.

Berkhof, Louis. *Systematic Theology*. Grand Rapids: Eerdmans, 1941.

Blackstone, W. E. *Jesus is Coming*. 기일 역.『예수의 재림』. 경성: 조선야소교서회, 1913.

Brookes, James H. "Till He Come." 배위량 역.『주재림론』. 경성: 조선야소교서회, 1922.

Conn, Harvie M. "Studies in the Theology of the Korean Presbyterian Church: A Historical Outline." *Westminster Theological Journal* 29/1 (1966 November.): 24-57.

Crane, John C. *Systematic Theology: A Compilation from the Works of R. L. Dabney, R. A. Webb, Louis Berkhof and Many Modern Theologians*, 3 vols. (Gulfport: Specialized Printing; Limited English edition, 1953-1963; 김규당 역.『조직신학(상), (하)』. 서울: 대한예수교장로회총회 종교교육부, 1954-1955.

Dabney, Robert L. *Systematic Theology*. 1871/ Edinburgh: Banner of Truth, 2002.

Hendriksen, William. *More Than Conquerors*. Grand Rapids: Baker, 1981.

____. *Israel in Prophecy*. Grand Rapids: Baker, 1974.

Hodge, Charles. *Systematic Theology*. 3 Vols. New York: Scribners's Sons, 1872-1873.

Hoekema, Anthony A. *The Bible and the Future*. Exeter: Paternoster, 1979.

Jones, Mark. *A Christian's Pocket Guide to Good Works and Rewards*. 오현미 역.『선행과 상급』. 서울: 이레서원, 2017.

Kim, Kilsung. "Dr. Hyung Nong Park's Theology of the Last Things." *Chongshin Theological Journal* I/2 (1996): 72-89.

Kwon, Sungsu. "Your Reward in Heaven is Great : A Study on Gradation of Reward in Matthew." Th. D. Dissertation, Westminster Theological Seminary, 1988.

Lee, Sangung. "The Individual Eschatology of Anthony A. Hoekema(1913-1988)." *Chongshin Theological Journal* 25 (2020):

61-97.

Pak, Ungkyu. "From Fear To Hope : The Shaping of Premillennialism in Korea, 1884-1945." Ph. D. Dissertation. Westminster Theological Seminary, 1998.

Park, Yong Kyu. "Korean Presbyterians and Biblical Authority: the Role of Scripture in the Shaping of Korean Presbyterianism 1918-1953." Ph. D. Diss. Trinity Evangelical Divinity School, 1991.

Personal Reports of the Southern Missionaries in Korea. 19 Vols. Seoul : Archives for Korean Church History Studies, 1993.

Thomas, Derek. "The Eschatology of the Westminster Confession and Assembly." In *The Westminster Confession into the 21st Century.* Vol. 2. Ed. Ligon Duncon. Fearn: Christian Focus Pub., 2005: 307-79.

Young, Andrew. "Counter Currents to Chiliasm at the Westminster Assembly: Cornelius Burges and the Second Coming of Christ." *Westminster Theological Journal* 73 (2011): 113-32.

5
죽산 박형룡과 구례인의 천년기론에 대한 연구[1]

I. 들어가는 말

평양신학교에서 그러했듯이 총신에서도 조직신학 과목중 종말론은 재학생이 필수적으로 이수해야 하는 과목에 손한다.[2] 본 장에서는 해방 이후 총신에서의 종말론 교육이 어떻게 이루어졌는지를 확인해 보려는 관심에서 쓰여진 논문이다. 지난 1세기 동안 수많은 사이비 종말론과 이단들이 준동했고, 한국 교회를 어지럽게 만들었기 때문에 예장합동의 교단신학교에서 어떠한 종말론이 가르쳐져 왔는지를 확인해 보는 것은 의미 있는 일이라고 생각한다. 그러나 한편의 논문에서 종말론 전체를 논의하는 것은 무리한 일이기 때문에 천년기론을 중심으로 살펴보려고 한다. 총신에 앞서 평양신학교에서 가르쳐진 종말론이 세대주의 전천년설이었느냐, 역사적 전천년설이었느냐에 대한 학계의 논란이

---

[1] 본 장과 다음 장에 수록된 글은 2016년 4월 9일에 개최된 개혁신학회 봄 학술대회에서 "해방 이후 총신에서의 종말론 교육"이라는 제목으로 발표했으나, 분량이 많아서 두 편으로 나누어 공표했었다. 본 장은 「개혁논총」 38 (2016): 35-65에 처음 공표되었다.

[2] 평양신학교는 5년 과정이었으며, 때에 따라 커리큘럼은 조정되곤 했다. 박응규교수는 4학년 때 말세학을, 5학년 때에 묵시록과 다니엘서를 수강해야 했다(Pak Ungkyu, "From Fear To Hope : The Shaping of Premillennialism in Korea,1884-1945" [Ph. D. dissertation, Westminster Theological Seminary, 1998], 338)고 했고, 조경현이 정리한 바에 의하면 1902년의 경우엔 5학년에 '죽음, 부활, 종말론'이 개설되었고, 1910년과 1916년의 경우에는 3학년에 종말론이 4시간과 5시간으로 개설되었다. 1910년의 경우에는 제임스 게일선교사가 종말론 담당이었다(조경현, 『초기 한국장로교 신학사상』 [서울: 그리심, 2011], 210-212).

계속 이어져 왔다.[3] 앞서 우리는 평양 장로회신학교의 종말론 전통에 대해 고찰해 보았고, 이제부터 해방 이후 총신의 종말론 전통에 대해서 특히 천년왕국론에 초점을 맞추어서 고찰해 보려고 한다.[4] 본 장에서는 우선 총신의 설립 초기부터 지대한 영향력을 미쳤던 죽산 박형룡(1897-1978)과 구례인선교사(John C. Crane, 1888-1964)의 종말론적 입장을 논구해 보려고 한다.

해방 이후 장로교회에는 조선신학교만이 존재했으나 김재준의 신학에 대한 51인의 진정서 사건으로 총회 인준을 받지를 못했다. 결국, 중국에서 귀국한 박형룡이 중심이 되어 1948년 남산에서 장로회신학교를 개교하게 되고, 1951년에 이르러는 총회 직영신학교로 인준을 받고

---

[3] Park Yong Kyu, "Korean Presbyterians and Biblical Authority: the Role of Scripture in the Shaping of Korean Presbyterianism 1918-1953" (Ph. D. Diss. Trinity Evangelical Divinity School, 1991): 229-287; 조경현, 『초기 한국장로교 신학사상』, 261-269. 평양신학교의 조직신학교수였던 이눌서(William D. Reynolds)가 1931년에 중국사람 치아 유 밍(Chia Yu Ming = 가옥명)의 『내세론』(평양신학교 간행)을 번역 감수하여 출간하고, 이를 교재로 사용했기 때문에 세대주의자였다고 하는 학계의 주장에 대해서 조형욱은 자신의 박사논문에서 상세하게 검토하고 반박하고 있다(조형욱, "구프린스턴 신학의 종말론 연구" [철학박사, 총신대학교, 2011], 254-271). 조형욱은 논의의 끝부분에서 다음과 같이 주장한다: "레이놀즈에게 역사적 전천년설과 세대주의 전천년설에 대한 명쾌한 구분과 세대주의 전천년설에 대한 확실한 비판이 없었던 것은 사실이다. 레이놀즈는 역사적 전천년설을 자신의 견해로 삼았다."(270).

[4] 천년기론 혹은 천년왕국론(Millennialism or Chiliasm)이란 요한계시록 20:4-6절에 기록된 "성도가 그리스도와 함께 천년 동안 다스림"이 언제 그리고 어떠한 양식으로 이루어지느냐에 따라 크게 네 가지의 입장으로 대변되어 왔다: 역사적 전천년설, 세대주의 전천년설, 후천년설, 그리고 무천년설. 천년기론에 대해서는 김영재, "기독교 종말론에 대한 역사적 고찰 - 천년 왕국 신앙을 중심하여, 초대교회부터 종교개혁까지," 『성경과신학』 13 (1993): 119-149; Robert G. Clouse (ed.), *The Meaning of Millennium*, 권호덕 역, 『천년왕국』(서울: 성광문화사, 1980); Darrell L. Bock (ed), *Three View on the Millennium and Beyond*, 박승민 역, 『천년왕국이란 무엇인가』(서울: 부흥과개혁사, 2011); Kim Riddlebarger, *A Case for Amillennialsim*, 박승민 역, 『개혁주의 무천년설』(서울: 부흥과개혁사, 2013); Craig L. Blomberg and Sung Wook Chung eds. *A Case for Historic Premillenialism*, 조형욱 역, 『역사적 전천년설』(서울: CLC, 2014); Samuel Storms, *Kingdom Come*, 윤석인 역, 『개혁주의 무천년설 옹호』(서울: 부흥과개혁사, 2016) 등을 보라.

장로회총회신학교로, 1959년 통합과의 분열 후에는 총회신학교로, 그리고 마침내 1969년에 이르러 총회신학대학으로 승격하게 된다.[5] 죽산 박형룡은 1948년부터 1972년 은퇴하기까지 24년간을 조직신학교수로서 가르쳤을 뿐만 아니라 때로는 교장과 학장으로서 중추적인 지도자의 역할을 수행했다.[6] 그리고 계속되는 증보 작업을 거쳐 『교의신학』 전집(전 7권, 1964-1973)을 한국교회에 선사하게 된다. 따라서 총신의 종말론 교육을 논의하려면 죽산 박형룡의 종말론으로부터 시작하지 않을 수가 없다. 주지의 사실이거니와 죽산의 종말론은 제자이자 동료 교수였던 정암 박윤선과 더불어 역사적 전천년설(Historic Premillennialism)을 확고부동하게 취한 것이었다.[7] 반면에 이눌서(William D. Reynolds) 선교사를 이어 1937년부터 평양신학교에서 가르쳤고, 장로회총회신학교에서도 1954-1956년 어간에 가르친 적이 있는 구례인선교사의 경우는 무천년설을 가르쳤다. 따라서 평양신학교나 총신의 경우 적어도 역사적 전천년설과 무천년설이 양립했다는 것을 알 수가 있다. 그리고 그들을 이어서 조직신학을 가르쳤던 교수들 가운데도 두 가지 입장이 각기 계승되고 있는 것을 확인할 수가 있다. 우선 본 장에서는 역사적 전천년설의 초기 대표자인 죽산 박형룡의 종말론적 입장을 논구해 보고자 하며(2), 이어서 무천년설의 초기 대표자로 구례인선교사의 무천년설에 대해 다루어 보고자 한다(3), 후대 학자들이 두 입장을 어떻게 계승했는지에 대해서는 이어지는 다음 장에서 제시해 보려고 한다.

---

5 100년사편찬위원회, 『총신대학교백년사 1권: 역사편』 (서울: 총신대학교, 2003), 477-704. 총신대학으로 교명을 고친 것은 1975년 12월 16일에 되어진 일이다.

6 "따라서 총신은 박형룡 박사와 떼어서 생각할 수도 없다"고 한 서철원 교수의 평가는 지나친 것이 아니다(서철원, '총신 개교 104주년에 박형룡 박사의 신학적 공헌을 생각함," 「신학지남」 72/2 [2005], 4).

7 간하배에 의하면 박형룡과 박윤선 두 사람은 '역사적 전천년설과 세대주의 전천년설의 차이를 명료하게 인식하면서 전천년설을 전파했던 주요 신학자들'이다(Harvie M. Conn, "Dispensationalism in the Korean Presbyterian Church", 19; Pak Ungkyu, "From Fear To Hope", 342에서 재인용).

II. 죽산 박형룡의 역사적 전천년설(1948-1972재직)

1. 역사적 배경

박형룡은 미국 프린스턴신학교와 남침례교신학교에서 신학공부를 하고 난 후 귀국하여 1930년 9월부터 평양신학교에 부임하여 1938년 8월까지 교수로 재직했다. 그의 전공이 변증학이었고, 당시 평신에는 이눌서선교사가 조직신학 과목을 가르치고 있었기 때문에 변증학, 신학사상, 기독교 윤리 등을 가르쳤다.⁸ 그러다가 그가 조직신학 7로치(7 loci, 서론에서 종말론에 이르기까지)를 가르치게 되는 것은 만주 소재 봉천신학교에서 1942년 9월부터 가르치게 되면서 부터였다.⁹ 1947년까지 계속된 만주에서의 조직신학 강의를 준비하는 과정에서 죽산은 구 프린스턴의 핫지 부자, 벤저민 워필드, 잔 그래스햄 메이첸과 남침례교 신학자 어거스트 H. 스트롱, 스코틀랜드신학자 제임스 오르 등의 책들을 활용할 뿐 아니라, 특이하게도 루이스 벌코프(Louis Berkhof)의 『조직신학』(Systematic Theology, 1941)을 강의의 근간으로 삼았다.¹⁰ 그리고 1947년에 귀국하여, 1948년 6월 남산 신궁 건물에서 개교한 장로회신학교¹¹ 교수로 취임한 이래 1972년까지 총신에서 조직신학을 가르치면

---

8 이상웅, 『박형룡 박사와 개혁신학』 (용인: 목양, 2013), 36. 그가 평양신학교에서 재직하며 최초로 출간한 대작은 『기독교 근대 신학 난제 선평』 (평양: 장로회신학교, 1935)이었다 (이상웅, 『박형룡 박사와 개혁신학』, 38).
9 박아론, "죽산 박형룡 박사의 생애와 신학," in 『죽산 박형룡 박사의 생애와 사상』, 박용규 편 (서울: 총신대학교출판부, 1996), 144.
10 이상웅, 『박형룡 박사와 개혁신학』, 64-98(제2장. 박형룡 박사와 루이스 벌코프의 『조직신학』). 필자는 졸저의 65쪽 각주 6에서 대동아 전쟁중이던 시절 만주에 있던 죽산이 1941년에 증보 출간된 벌코프의 책을 어떻게 입수하게 되었을까에 대해서 추정하면서 미국인 친구 길모어목사를 생각했으나, 최근에 출간된 박아론, 『나의 아버지 박형룡』 (서울: 대한예수교장로회총회, 2014), 361을 보면서 Presbyterian and Reformed Pub.의 설립자인 새무얼 크레이그(Samuel G. Craig)가 보내어 주었을 가능성이 높다는 생각을 하게 되었다.
11 100년사편찬위원회, 『총신대학교백년사 1권: 역사편』, 479.

서 그의 강의 원고는 계속 증보의 과정을 거치게 되었다.¹² 그리고 마침내 1964-1973어간에 교의신학 전집으로 출간되기에 이른다.¹³

1973년에 출간되어진 『교의신학-내세론』뿐 아니라 1958년 경에 만들어진 『내세론』(등사본)에 의하면 박형룡이 취한 천년기설에 대한 입장은 일관되게 역사적 전천년설이었다.¹⁴ 래드와 박형룡에 이르러 역사적 전천년설과 세대주의 전천년설을 구분하게 되었다고 하는 박용규의 말이 사실이라고 하더라도 1958년 강의안에서는 명칭적으로 구분을 하지 않고 있다.¹⁵ 죽산은 양자를 '천년기 전설'에서 다루고 나서 자신의 입장은 '단순화한 천년기 재림설'이라고 밝힐 뿐이다.¹⁶ 또한 그가 역사적 전천년설을 가지고 있다고 하더라도 1950년대 말에 이르기까지는 보완과 증보 작업을 계속하고 있었다는 것을 확인할 수 있다. 1958년 3월 24일자 웨스트민스터신학교 교회사 교수였던 폴 울리(Paul Woolley)에게 보낸 편지가 남아있는데, 그는 '전천년설 입장에서 바라본 그리스도의 재림에 관한 좋은 책이나 팸플릿 또는 잡지 논설들' 혹은 '중도적인 입장을 취하는 서적'을 소개해 달라고 하는 요청을 하는 것을 발견하게 된다.¹⁷ 그와 같은 요청에 대한 응답과 관련 있는지는 모르겠으

---

12 우리는 그러한 증보과정에서 화란신학자 G. C. Berkouwer와 동시대 신학자들인 존 머리, 코넬리우스 반틸, 로레인 뵈트너, 헤르만 훅스마, 올리버 버스웰 등의 저술들로부터 많은 도움을 받았음을 확인할 수가 있다(이상웅, 『박형룡 박사와 개혁신학』, 99-149 [제3장. 박형룡 박사와 G. C. 베르까우어의 『교의학 연구』]).

13 초기에는 강의안을 등사본으로 만들었고, 1957년에 『기독론』을 첫 출판했으나 중단되었고, 1963년에 이르러 다시금 『신학서론』부터 시작하여 7권 전집의 간행을 완수하게 된다.

14 박형룡, 『내세론』(장로회신학교), 83-100; 『교의신학-내세론』 (서울: 은성문화사, 1973), 230-278. 필자가 활용한 『내세론』(등사본)은 1959년 2월에 총신을 졸업한 김용기 목사가 소장했던 것이다. 이 초기 등사본 강의안과 1973년에 출간된 책 사이에 비교 분석하는 작업을 수행하는 것도 학문적으로 의미 있는 일이 될 것이라 생각한다.

15 박용규, 『한국기독교회사 2』 (서울: 생명의말씀사/ 한국교회사연구소, 2004), 299.

16 박형룡, 『내세론』, 100.

17 "박형룡 박사가 웨스트민스터신학교수 Paul Wooley에게"(1958년 3월 24일자 편지); 100년사편찬위원회, 『총신대학교백년사 2권: 학술편, 자료편』 (서울: 총신대학교, 2003), 635-636. 박형룡은 동일한 편지 속에서 책의 추천을 바라는 이유를 상세하게 밝히기도 했

나, 마침내 박형룡은 미국의 세대주의 전천년설에 맞서 역사적 전천년설을 변호하는데 큰 기여를 하고 있던 풀러신학교의 조지 래드(George Eldon Ladd, 1911-1982)와 서신을 교환하게 된다.[18] 그 서신 교환을 통하여 역사적 전천년설에 대한 학문적인 지식을 업데이트하게 되었을 뿐 아니라 자신의 천년기론에 대한 확신을 더욱 강화하게 되었다. 그러한 면학정진의 결과 마침내 1973년에 박형룡의 종말론은 완결된 형태로 출판되기에 이른다.[19] 그리고 최종 인쇄본 속에서 박형룡은 '천년기 전 재림론'을 '역사적 천년기 전 재림론'과 '시대론적 천년기 전 재림론'으로 양분하여 명시적으로 다루었다.[20]

2. 『교의신학-내세론』에 나타나는 전천년설

이제 박형룡이 천년왕국에 대해서 어떻게 최종 정리했는지를 그의 『교의신학-내세론』에서 논구해 보고자 한다. 논의 순서를 보면 박형룡은 『교의신학-내세론』에 있어서도 벌코프의 종말론을 근간으로 삼고 있다는 것을 확인하게 된다. 그는 벌코프처럼 종말론을 개인적 내세론

다: "저희 교단에서는 그리스도의 재림에 대해 전천년주의가 거의 정통교리처럼 유력합니다. 하지만 이 입장에 대한 어떤 확실한 서술도 만들어지지 않았습니다. 현재 그러한 서술이 매우 필요한데, 왜냐하면 요즘 진리에 대해 열정적인 몇몇 설교자들이 주의 재림이 매우 임박했음을 가르치며 교인들의 대중감정을 자극시키려고 하기 때문인데 이들은 종종 성경을 왜곡하여 가르치곤 합니다."

[18] 박형룡, 『교의신학-내세론』, 250-251에 보면 래드가 1959년 1월 6일자로 써 보낸 편지를 인용하여 소개한다. 그는 래드를 '역사적 천년기 전론의 신진 변호자'라고 소개한다. 또한 세대주의의 왕국 연기론과 관련하여 래드의 *Crucial Questions About Kingdom of God* (Grand Rapids: Eerdmans, 1952)이 '연기론의 오류를 설파함에 상세하고 명쾌한 논의를 개진'하였다고 논평한다.

[19] 박형룡, 『내세론』 (장로회신학교)은 111쪽의 등사본이지만, 『교의신학-내세론』 (서울: 은성문화사, 1973)은 총 378쪽에 달한다. 15년(1958-1973)간 박형룡은 거의 네 배에 가까운 증보 작업을 수행했다는 것을 알 수가 있다. 천년기에 대한 논의도 등사본은 17쪽에 불과한데, 인쇄본은 49쪽에 이른다.

[20] 박형룡, 『교의신학-내세론』, 248-255.

과 일반적 내세론으로 양분하여 다룬다.²¹ 그러나 그는 천년기를 다룸에 있어서는 무천년설자였던 벌코프와 달리 역사적 전천년설의 입장에서 다룬다.²²

박형룡의 천년기 논의는 '제2편 일반적 내세론' 중 '제2장 천년기'에서 다루어진다. 기본적인 논의 순서는 '무천년기 재림론', '천년기 후 재림론', 그리고 '천년기 전 재림론' 순이다. 박형룡은 논의를 시작하면서 "계시록 20장 1~6절을 기초로 하여 말세 일을 구명(究明)할 때에는 그리스도의 재림 전이나 후에 천년의 기간을 가진 그의 지상 통치가 있을 것을 믿게 된다. 그러나 어떤 사람들은 성경이 이런 대망을 지원하지 않는다고 생각한다."라는 코멘트로 시작한다. 그리고 세 가지 입장을 구별하여 검토한 후에 '역사적 천년기 전 재림론의 입장에서 천년 왕국의 내용성질을 약술'할 것이라고 자기 입장을 명시적으로 밝힌다.²³

(1) 무천년설에 대한 검토

박형룡 박사는 무천년설(Amillennialism)의 주장이 무엇인지를 소개하는 일을 먼저 한다. 그는 먼저 "무 천년기 재림론은 성경이 지상에 천년기 혹은 전 세계적인 평화와 의(義)의 시기가 세계의 종말 전에 있을 것을 예언하지 않는다고 주장하는 종말관(終末觀)이다"라고 한 J. G. 보스

---

21 박형룡, 『교의신학-내세론』, 목차; Louis Berkhof, *Systematic Theology* (Edinburgh: Banner of Truth, 1988), 15-16.

22 양자의 종말론의 비교 분석은 Kim Kil-sung, "Dr. Hyung-nong Park's Theology of Last Things," *Chongshin Theological Journal*, 1/2 (1996): 72-89; 김길성, "박형룡 박사의 내세론 연구," 『죽산 박형룡 박사의 생애와 사상』, 박용규 편 (서울: 총신대학교 출판부, 1996), 451-469(= 김길성, 『개혁신학과 교회』, 283-304에 재 수록됨) 등을 보라. 특히 다음과 같은 김길성의 평가는 적절하다고 사료된다: "박형룡 박사의 『교의신학 내세론』은 벌콥의 『조직신학』의 일반적 순서를 따르고 있을지라도, 그 내용이 풍부하고, 당시 내세론에 관한 여러 주제들을 역사적 개혁주의, 정통 칼빈주의 입장에서 적절하게 수렴하고 있다고 보겠다."(김길성, 『개혁신학과 교회』, 289).

23 박형룡, 『교의신학-내세론』, 230.

의 정의를 소개한다.[24] 그리고 무천년설은 천년기에 대한 성경적 기초가 없기에 부정적이라고 소개하고, "성경은 오직 하나님 나라의 현 시대 다음에 완성되고 영원한 형의 하나님 나라가 즉시 나타난다는 관념을 찬성(贊成)한다"고 한 벌코프의 말을 소개한다.[25] 또는 함일돈(Floyd E. Hamilton)선교사가 "천년기는 최종 심판 전 땅에서 그리스도의 문자적 통치의 지상적인 것이기 보다는 영적 혹 천상적 천년기"라고 말한 것을 인용 소개한다.[26] 죽산이 보기에 무천년은 "천년기 전론에 대항하여 그들은 지상에 그리스도의 성도들과 함께 다스리시는 왕정은 없다고 주장"하며, 박형룡이 중시하여 다룬 "이스라엘인의 민족적 회심에 대해서 혹은 긍정(함일돈 같이)하고 혹은 부정한다(벌콥 같이)"고 비판한다.[27]

그러나 죽산은 이러한 무천년설의 입장이 개혁파 '신학계에서 무시할 수 없는 지위를 가진 재림관'임을 인정한다.[28] 어거스틴의 경우는 논란의 여지가 있다고 밝힌 후에, 카이퍼, 바빙크와 같은 화란개혁주의 신학자들, 그리고 그 뒤를 따르는 수많은 신학자들이 무천년설 입장에 있으며, '미주리 대회 루터교회,' '기독개혁교회'(Christian Reformed Church), '정통 장로교회'(Orthodox Presbyterian Church) 등이 공식적으로 무천년설을 표방하며, "가장 보수적이요 학구적인 두 신학교 즉 칼빈신학교와 웨스트민스터 신학교에서 유능하게 해설되고 있다"라고 진

---

24 박형룡, 『교의신학-내세론』, 230; Dr. J.G. Vos, Blue Banner Faith and Life, Jan. March, 1951. J. G. Vos(1903-1983)는 게할더스 보스의 아들이자, 비슷한 시기에 박형룡과 프린스턴신학교에 재학한 사람이다(http://bluebanner.org/about. 2016년 2월 6일 접속).
25 박형룡, 『교의신학-내세론』, 230; Berkhof, *Systematic Theology*, 708.
26 박형룡, 『교의신학-내세론』, 231.
27 박형룡, 『교의신학-내세론』, 233-234. 재림전 대사변중 하나로 '이스라엘 전국의 회심'에 대한 박형룡의 논의는 『교의신학-내세론』, 186-189을 보라. 또한 이 중요한 주제에 관하여 개혁주의적 관점에서의 포괄적인 논의는 Anthony A. Hoekema, *The Bible and the Future* (Exeter: Paternoster, 1979), 139-147; William Hendriksen, *Israel in Prophecy* (Grand Rapids: Baker, 1974) 등을 보라.
28 박형룡, 『교의신학-내세론』, 234.

술한다.²⁹

그러나 그와 같은 신학적인 지위를 인정한다고 하더라도 무천년설은 세 가지의 주요 문제점들을 가지고 있다고 죽산은 이의를 제기한다. 첫째, 천년기에 대해 명백하게 말하고 있는 계시록 20장 1-6절에 대해서 '영해하고 지상 천년기의 실재성을 부정하려는데 견강부회(牽强附會)의 논법이 많이 포함'하고 있기 때문에 동의할 수 없다.³⁰ 둘째, 밀과 가라지 비유(마 13장)는 '기독교인과 비기독교인이 심판날까지 함께 살 것을 예시한다'고 하여 중간 천년기를 거부하는데, 박형룡이 보기에 "천년기가 끝난 때에 사탄이 해방되어 지상의 사방 백성을 미혹하고 소집하여 전쟁을 붙일 것이라 하니(계 20:7) 그 때에 밀과 가라지의 혼잡은 다시 생길"것이라고 보견 된다고 반박한다.³¹ 셋째, 죽산이 보기에 무천년설은 "말세에 관한 많은 예언들을 설명되지 못한 채로 무의미한 언설(言說)로 버려주게 되는 약점"을 가지고 있다고 한다. 특히 사탄의 결박(마 12:29)을 무천년설이나 후천년설이 해설하는 바와 같이 보기 보다는 "그리스도의 지상 왕정의 기간에 있을 사탄 활동의 제지(制止)를 의미한다"고 보는 것이 가장 성경적이라고 답한다.³²

(2) 천년기 후 재림론에 대한 검토

죽산은 이어서 '천년기 후 재림론'(Postmillennialism)에 대해서 다룬다. 우선 이 명칭에서 볼 수 있는 대로 후천년설은 "천년기가 그리스도의

---

29 박형룡, 『교의신학-내세론』, 235. 하지만 두 신학교 교수들이 획일적으로 무천년설을 지지하는 것은 아니다. 존 프레임에 의하면 J. G. 메이첸은 후천년설자였고(박응규, 『한부선 평전』 [서울: 그리심, 2004], 164-165에서 재인용), 칼빈신학교 교회사교수였던 잔 크로밍가는 역사적전천년설을 확고하게 가르쳤다(Lee Sangung, "'Already but Not Yet': A Study on the Background and the Inaugurated Eschatology of Anthony A. Hoekema [1913-1988]." *Chongshin Theological Journal*, 20 [Feb. 2015], 129).
30 박형룡, 『교의신학-내세론』, 235-236.
31 박형룡, 『교의신학-내세론』, 236-237.
32 박형룡, 『교의신학-내세론』, 237.

재림보다 앞선다고 믿는다"고 해설하고, 이어서 "재림 전에 복음 전도와 그것의 성과의 특별한 시대가 있어 물이 바다를 덮음 같이 여호와를 아는 지식이 세상에 충만할 것이며 평화와 창성(昌盛)의 영광스러운 치세(治世)가 될 것이라 한다(사 11:9)."고 상술한다.³³ 이어서 죽산은 후천년설의 두 형식을 구분해서 소개한다. 하나는 '천년기가 성령의 초자연적 감화를 통하여 실현될 것을 기대'하는 '초기 보수형'이고, 다른 하나는 '진화의 자연적 과정에 의해서 오리라고 생각'하는 '후기 자유형'이다.³⁴

'초기 보수형'이란 16, 17세기 네덜란드 신학자들 일부와 다른 면에서는 죽산이 존경하고 따랐던 19세기의 수많은 장로교 신학자들(찰스 핫지, A. A. 핫지, 캐스퍼 위스타 핫지, 쉐드, 댑니, 헨리 스미스, 벤저민 워필드 등)과 그가 지속적으로 참조한 신학교본의 저자중 하나인 어거스트 스트롱(August H. Strong)이 취한 입장이기도 하다.³⁵ 이 입장에 의하면 "천년기는 이 현시대 기간에 즉 교회시대 동안에 있을 영적 창성의 황금시대니 지금 세계에 활동하고 있는 복음의 감화력을 통하여 도입될 것"이라고 하는 것이다.³⁶ 이들에 의하면 천년기는 문자적으로 보기 보다는 '절대적 완전과 완성을 상징'하는 것으로 보며, 그러한 황금시대 끝에는 '세계적 배교'가 있을 것도 믿는다.³⁷

---

33 박형룡, 『교의신학-내세론』, 238.
34 박형룡, 『교의신학-내세론』, 238-244.
35 박형룡, 『교의신학-내세론』, 244. 박형룡과 같이 프린스턴을 동문수학한 로레인 뵈트너도 후천년설자이다(Loraine Boettner, "Postmillennialism," in *The Meaning of Millennium*, ed. Robert G. Clouse [Wheaton: IVP, 1980], 117-141). 그러나 구 프린스턴의 신학자들 모두가 후천년설자였다고 주장하는 것은 옳지 않다. 프린스턴 신학자들의 종말론의 다양성과 일관성에 관해서는 조형욱, "구프린스턴 신학의 종말론 연구", 63-214를 보라.
36 박형룡, 『교의신학-내세론』, 240.
37 박형룡, 『교의신학-내세론』, 241-242. 천이라는 숫자를 '절대적 완전과 완성'(absolute perfection and completeness)을 상징하는 것으로 보는 것은 후천년설자인 B. B. Warfield의 견해이다(Benjamin B. Warfield, "The Millennium and the Apocalypse,"

반면 '후기 자유형'에 의하면 복음의 역사가 아니라 "자연적 과정에 의하여 인류가 개량(改良)되며 사회의 제도들이 개혁(改革)되어 문화와 능률(能率)이 보다 더 고등(高等)한 수준(水準)에 달(達)하므로 지상 하나님 나라가 성립되리라"고 가르친다.[38] 이는 자유주의 형이요, 미국의 사회복음주의자들이 주장한 이론인데, 죽산이 보기에 이런 천년기론은 '하나님 나라를 진화적 과정에 자연법칙의 산물(産物)'로 보는 '가짜 천년기 후론'이라고 반박했다.[39]

이와 같은 소개를 한 후에 죽산은 곧 바로 이의를 제기하는 데로 나아간다. 그는 "천년기 후론에 대하여 매우 중대한 반대 몇 가지가 있다."라고 말한 후에, 다섯 가지 반론을 제기한다. 첫째, 계시록 20장 1-6절을 문자적으로 보지 아니하고 영해하는 것은 '견강부회(牽强附會)의 논법'이라고 비판한다.[40] 둘째, 계시록 19장에 기록된 예수님의 재림 사건을 초림이라고 해석하는 것에 대해 "이 장은 사실상 승리(勝利) 영화(榮化)한 그리스도, 적그리스도의 멸망을 제시하여 재림 때의 광경을 말하고 있다"라고 반박한다.[41] 셋째, "재림 직전에 교회가 비류(比類)없는 창성을 경험하리라"는 후천년설의 기대와 달리 성경에 의하면 '재림 직전에 올 시기는 큰 배교, 환란, 핍박의 때'(마 24:6~14,21,22; 눅 18:8; 21:25~28; 살후 2:3~11; 계 13장)가 예고되고 있다고 논박한다.[42] 넷째, "현 시대가 큰 격변으로 종결될 것이 아니라 거의 지각(知覺)되지 않을 정도로 평이(平易)히 내 시대에 과도하리라"는 주장도 성경에 맞지 않다고 반박한다(마 24:29~31,35~44; 히 12:26,27; 벧후 3:10~13).[43] 다섯째 비판은 '후

Biblical Doctrines [Grand Rapids: Baker, 2003], 654).
38 박형룡, 『교의신학-내세론』, 242-243.
39 박형룡, 『교의신학-내세론』, 243.
40 박형룡, 『교의신학-내세론』, 245-246.
41 박형룡, 『교의신학-내세론』, 246.
42 박형룡, 『교의신학-내세론』, 246.
43 박형룡, 『교의신학-내세론』, 247.

기 자유형'에 대한 것으로 "중생(重生)없는, 심정의 초자연적 변화 없는 문명은 도무지 그리스도의 영광스러운 통치로서의 천년기 지복시대를 도입하지 못할 것"이라고 비판한다.[44]

(3) 천년기 전 재림론

이처럼 죽산은 무천년설과 후천년설에 대해서 비판적으로 다룬 후에, 자신의 확고한 입장인 '천년기 전 재림론'(Premillennialism)을 상술하는 데로 나아간다.[45] 일단 죽산은 천년기 전 재림론의 주요 요지가 무엇인지를 J. G. 보스의 글로 대신하여 소개한다.

> 천년기 전 재림론은 그리스도의 재림에 뒤따라 세계의 종말 전에 천년기 혹은 하나님의 왕국이라 칭하는 세계적 평화와 의의 시기가 있어 그 동안에 그리스도께서 지상에서 친히 왕으로서 통치하시리라고 주장하는 종말관(終末觀)이다. 천년기 전 재림론자들은 그리스도의 재림과 관련된 사변의 순서에 관한 그들의 견해들의 차이에 의하여 다양(多樣)의 무리로 분열(分裂)되나 그들은 다 그리스도의 재림 후 세계의 종말 전에 지상에 천년기가 있으리라고 주장함에서 동의한다.[46]

이어서 초대 교회로부터 존재했던 '역사적 천년기 전 재림론'과 최근에 등장하여 성행하는 '시대론적 천년기 전 재림론'으로 양분하여 소개한다. 전자는 이미 초대교회 때 존재했으며 유스티누스, 이레네우스, 테르툴리아누스, 락탄티우스, 힙폴리투스 등 교부들이 견지했던 바 '모든

---

44 박형룡,『교의신학-내세론』, 247.
45 앞의 두 견해를 비판적으로 소개하는 데는 18쪽(230-247)을 할애했지만, 비록 세대주의 전천년설에 대한 비판을 포함한다고 하더라도 박형룡 자신의 입장인 전천년설에 대한 논의는 31쪽이나 할애했다(248-278).
46 박형룡,『교의신학-내세론』, 248; J.G. Vos, Blue Banner Faith, Jan-March, 1951.

점에서 간이(簡易)하고 단순'한 재림론이다.**47** 이 입장에 의하면 주님의 재림전에 '모든 민족에게 전도(傳道), 대배도(大背道)와 대환란, 불법의 사람의 나타남 같은 사변들'이 일어날 것이라고 한다.**48** 죽산은 '최근 도안'이라는 항목을 따로 마련하여 '역사적 천년기 전론의 신진 변호자인 미국 풀러신학교 래드 교수'의 견해를 상세히 소개하기도 했다.**49**

죽산은 이어서 같은 천년기 전 재림론이긴 하지만 내용상 동의하기 어려운 '시대적 천년기 전 재림론'에 대해서 상세하게 소개한다. 그는 Dispensationalism이라는 영어 단어를 '세대주의'가 아니라 '시대론'이라 번역한다. 그리고 이 시대론은 존 넬슨 다비와 스코필드의 관주성경에 의해서 제시된 '그릇된 성경해석의 법식'이며, 이 입장에 의하면 "인류의 역사를 일곱 판연(判然)한 시기들 혹 「시대들」로 나누고 각 시기에서 하나님이 어떤 특수한 원리를 기초로 하여 인류와 대처하신다는 것을 긍정한다."고 한다.**50** 시대론자들이 7세대를 주장하고, 교회 시대를 왕국과 관련 없이 은혜시대 일뿐이라고 보는 것과**51** 종말에 일어날 사건들로 그리스도의 이중재림, (7년간의) 대환난, 천년왕국 등 세밀하게 제시한 점을 소개한다. 또한 그리스도의 재림은 언제나 일어날 수 있으며, 천년왕국은 '가견적, 차세적, 물질적인 유대인의 왕국이며 다윗 왕위의 재 설립을 포함하는 신정국의 회복'이 될 것이라고 하는

---

47 박형룡, 『교의신학-내세론』, 248.

48 박형룡, 『교의신학-내세론』, 249-250. 250쪽에서 이 입장을 표방했던 여러 학자들의 명단을 나열하고 있다.

49 박형룡, 『교의신학-내세론』, 250-251.

50 박형룡, 『교의신학-내세론』, 251. 252쪽에 이 시대론(=세디주의) 전천년설을 취하는 수많은 지지자들의 영단을 제시한다. 그 명단 가운데는 한국장로교 선교사들에 의해 번역 소개된 브룩스나 블랙스톤 등도 포함되어 있다(James H. Brookes, *Till He Come* [London and Edinburgh: Fleming H. Revell, 1895]; W. E. Blackstone, *Jesus is Coming* [London and Edinburgh: Fleming H. Revell, 1898]). 박형룡은 또한 255-257에서 시대론의 '신학적 지위'라 하여 세대주의자들이나 그룹을 소개한다.

51 박형룡, 『교의신학-내세른』, 252-253.

점 등을 소개한다.⁵² 예상할 수 있듯이 죽산은 이러한 시대론에 대하여 여러 가지로 반론을 제기한다. 첫째, 시대론자들이 스코필드 관주성경의 주석들에 의지하되, 교회와 이스라엘에 해당하는 말씀들로 나누어 해설하는 것은 오류를 낳게 된다는 점을 비판했다.⁵³ 둘째, 죽산은 그들이 주장하는 7시대론이 비성경적임을 비판한다.⁵⁴ 셋째, 죽산은 시대론이 '말세사변들의 수를 격증'시켜서 두 번의 재림(공중 재림과 지상현현), 2회의 부활, 7년 대환난도 2부분으로 나누어 말한다고 비판한다.⁵⁵ 넷째, 시대론의 오류중 하나는 예수께서 선포한 천국이 '유대인의 신정국가의 회복'을 염두에 둔 것이었고, 유대인이 거절하자 '왕국의 설립을 그의 재림 때로 연기'하셨다고 하는 '왕국 연기론'이다. 죽산은 이러한 주장은 '성경의 통일성과 하나님의 백성의 통일성'을 깨트리는 것이라고 비판한다.⁵⁶ 다섯째, 스코필드 성경을 추종하는 시대론자들은 기성 교회와 올바른 관계를 가지지 못하고 있다는 점을 적시한다.⁵⁷ 여섯째, 이러한 여러 가지 시대론의 주장들이 개혁파신학과 표준문서들과 일치하지 않는다고 논박하면서 신도 게요(= 웨스트민스터 신앙고백서 25장 2조)와 소요리 문답(26)을 증거로 들었다.⁵⁸

---

52 박형룡,『교의신학-내세론』, 253-255에 상술된 내용을 보라.
53 박형룡,『교의신학-내세론』, 257-259.
54 박형룡,『교의신학-내세론』, 259-260. 박형룡에 의하면 시대론자들이 사용하는 오이코노미아(oikonomia)라는 단어가 '경륜'(經綸)으로 한역되었으며 '가재직, 처리, 혹 행정'을 가리키지 '시취(試取)나 시련의 기간'을 의미하지 않는다고 비판한다(259). 그리고 시대론의 오류에 대한 더 자세한 비평은 박형룡,『교의신학-인죄론』(서울: 은성문화사, 1968), 388-391에 있다.
55 박형룡,『교의신학-내세론』, 260.
56 박형룡,『교의신학-내세론』, 260-261.
57 박형룡,『교의신학-내세론』, 261-262.
58 박형룡,『교의신학-내세론』, 262. 박형룡은 이어서 시대론적 천년기 전론과 역사적 천년기 전론은 구분되어야 한다는 점을 다시 한 번 말하면서 비판에 대해 답을 한다(263-267). 마지막 부분에서 자신이 취한 역사적 천년기 전 재림론은 개혁신학과 조화된다는 것을 말하면서 래드도 동일한 입장을 표현했다고 1959년 1월 6일자 서신을 소개하는데(266-267), 최근에 델리아는 래드가 침례교신학자이며, 칼빈주의 구원관을 배척했다고

시대론에 대한 장문의 비판을 끝내고 나서 죽산 박형룡은 '역사적 천년기 전론'의 입장에서 '천년 왕국의 내용 상태'를 여러 가지 실례를 들어서 상술한다. 우선 그는 '본래의 묘사'라 하여 다음과 같이 종합적인 정리를 해준다.

> 그리스도의 재림 후 옛적 선지자들이 예언했던 하나님 나라가 완성한 상태로 지상에 건설될 것이다. 예루살렘은 중건될 것이요 이방인들은 절대한 다수로 그 왕국에 편입될 것이다. 천년 동안에 그리스도는 그의 왕정을 영광스러운 방식으로 시행하실 것이다. 부활, 변화한 성도들이 그의 통치에 참여할 것이다. 이스라엘이 전체로 주께 돌아와서 복음을 전파할 것이다. 평화와 의의 상태는 전 세계에 충만할 것이다. 땅은 과실을 풍부히 낼 것이요 부활 혹은 변화를 통과하지 못한 사람들도 장수와 안락한 생활을 누릴 것이다.[59]

그리고 이어서 '근년의 묘사'라 하면서 조지 래드의 견해를 소개한다. 그러고 나서 죽산은 이 입장에 의하면 천년기를 매우 간단하게 묘사한다고 지적한다. 즉, 천년왕국 시기를 '지상 역사의 한 시기'로 보고, 이스라엘의 '회심'을 우선하고, 그들의 '정치적 회복'은 부차적인 것으로 보는 것이나, 시대론과 달리 '구약 제사 제도의 회복을 부정하는 것'이나 '왕국의 복음과 은혜의 복음을 동일시하는 것' 등을 예거하면서 죽산은 이 견해가 '매우 단순 또는 신중함'을 드러낸다고 평가한다.[60]

논증한 것을 참고할 필요가 있다(John A. D'Elia, *A Place at the Table: George Eldon Ladd and the Rehabilitation of Evangelical Scholarship in America* [New Work and Oxford: Oxford University Press, 2008], 10). 필자가 지적하고자 하는 것은 역사적 전천년설이 개혁신학과 조화되지 않는다는 것이 아니고, 과연 래드의 신학이 온전히 개혁주의적인가에 대해서 이의를 제기하는 것이다.

59 박형룡, 『교의신학-내세론』, 271.
60 박형룡, 『교의신학-내세론』, 271-273. 이어서 박형룡은 "천년기를 세계적 왕국이라 칭

죽산의 천년기론에 대한 논의의 결론은 '三論의 鼎立'이라고 하는 제목 하에 주어진다.[61] 앞서 소개한대로 천년기에 대한 세 가지 입장이 존재하는데, "대교파들의 신경들은 이 삼론에 대하여 취사(取捨)를 행하지 않은 고로 아무라도 교회의 권위에 의하여 이것들의 시비를 경정하기 곤란"하다는 점을 그는 인정했다. 그러나 어느 하나의 입장을 취하지 않을 수는 없는 관계로 "교회의 지도자들과 신도들은 이 삼론의 하나를 자유로이 취하되 다른 이론을 취하는 자들에게 이해와 동정으로 대하여야 할 것이다"라고 관용적으로 말하기까지 한다.[62] 그러나 그의 입장은 분명히 밝히는데, 천년기 전 재림론 중 '간단한 역사적인 형(型)의 입장'을 선택했다.[63] 그리고 죽산은 다음과 같은 유명한 코멘트로 천년기에 대한 결론을 내린다.

하는 동시에 그 천년 왕국은 유대인 왕국의 관념으로 발원하여 세계적 판도로 확대된 지상 나라일 것이라 하여 유대 사상의 관련에 주의를 촉구"한 올리버 버스웰(J. Oliver Buswell, 1895-1977)의 견해를 상세하게 소개한다(박형룡, 『교의신학-내세론』, 273-275; J. Oliver Buswell, *A Systematic Theology of the Christian Religion*, 2 vols. [Grand Rapids: Zondervan, 1962-63], 2:537, 538). 박형룡에 의하면 "버스웰은 시대론에 경향하는 태도를 적지 않게 보이면서 구약 제사의 회복을 상징적으로 신천신지에서 있을 것으로 이해함에서 시대론에 대립한다. 그러나 그는 구약 제사의 천년기에서의 문자적 회복을 믿는 것도 부조응하지 않다고 양보함에서 시대론에게 호의를 보인다."고 비평한다.

61 박형룡, 『교의신학-내세론』, 277-278.
62 박형룡, 『교의신학-내세론』, 277. 이러한 언명은 1973년 최종 인쇄본에서 주어진 것인데, 앞서 소개한 1958년 경에 만들어진 『내세론』, 100에 보면 단순한 천년기 전설과 다른 "他異說에 同情을 적게 表示한다"라고 하면서 역사적 전천년설에 대한 강한 애정을 표시했던 것과는 대조적이다.
63 죽산이 이러한 '간단한 역사적 형'을 선택한 이유에 대해서 다음과 같이 말한다: "한국 교계에 전통적으로 많이 유행한 재림론은 천년기 전론이요 부흥사들로부터 시대론의 색채를 띤 설교를 듣게 되는 때도 종종 있다. 그러나 우리는 우리 교회의 전통인 역사적 천년기 전론의 간단한 입장을 취하여 말세 사변들의 연쇄(連鎖)를 과도히 연장하거나 천년기의 묘사에 번잡한 상상을 사용하기를 피하는 것이 신중하고 현명한 일일 것이다."(박형룡, 『교의신학-내세론』, 278). 한편 1958년 경에 만들어진 『내세론』, 100에서는 "필자도 역시 한국교회 전도자들의 일반적 사상의 감화하에 성장하야 천년기 전설에 흥미를 가지고 왔다"라고 밝혔다. 박형룡은 신학수업 이전의 초기 한국선교사들의 영향으로 역사적 전천년설을 가지게 된 것으로 명시한 본문이다.

대한 예수교 장로회의 신학적 전통은 역사적 천년기전 재림론이다. 구 평양장로회신학교에서 오랜 세월동안 조직신학을 가르친 이눌서(李訥瑞) (W.D. Reynolds)박사가 역사적 천년기전 재림론을 강의하였다. 8.15 광복 후 남한의 장로회신학교와 총회 신학교에서 여러 해에 걸쳐 조직신학을 강의한 필자도 역사적 천년기전 재림론을 전하였다.[64]

III. 구례인(具禮仁, John Curtis Crane, 1888-1964)의 무천년설(1954-56재직)

구례인은 이눌서선교사에 이어서 1937-1938년 어간에 평양신학교에서 조직신학 강의를 한 미국 남장로교 선교사이며, 해방 이후 다시 귀환하여 장로회신학교에서 조직신학을 가르치기도 했기 때문에 총신의 종말론적 전통을 논의할 때에 논급되어져야 할 인물 중 하나이다.[65]

1. 역사적 배경

제임스 B. 로이드의 『1817-1967어간의 미시시피 저자들의 삶』이라는 인명사전에 의하면 구례인(존 커티스 크레인)은 1888년 2월 25일 미시

---

64 박형룡, 『교의신학-내서론』, 278. 박형룡 박사는 「신학지남」에 마지막으로 기고한 "한국 교회의 신학적 전통"에서 '청교도 개혁주의'를 '한국장로교회의 신학적 전통'이라고 하면서, 다섯 가지 특징중에 '천년기전 재림론'을 제시하였다(박형룡,『신학논문(하)』, 395-397; 이상웅,『박형룡 박사와 개혁신학』, 172-175를 보라).

65 김광열, "총신에서의 '조직신학' 논의 : 회고와 전망 I," 「신학지남」 317 (2013): 68-74; 김광열, "개혁주의 종말론의 목회적 적용," 「總神大論叢」 34 (2014): 89-92. "레이놀즈의 뒤를 이어 존 크레인(John C. Crane, 구례인)은 1953년 출간된 강의 교재 '조직신학'(Systematic Theology)을 통하여 칼빈주의 신학의 진수를 선보이고 있다."라는 전준봉의 평가는 합당한 평가이다(전준봉, "한국장로교 신학교의 신학과 교육: 평양신학교를 중심으로"「개혁논총」 29 [2014]: 236).

시피 주 야주(Yazzo) 시에서 출생했으며, 콜로라도 대학(1909)과 버지니아 리치먼드 소재 유니온신학교를 졸업(B.D. 1913, D.D. 1927)하고 나서 바로 목사안수를 받은 후에 한국 선교사로 부임했다.66 그는 전남 순천에서 매산학교 교장으로(1914-1916, 1921)로 사역했고, 이어서 순회 전도자로 사역하고(1916-1937), 그간에 평양신학교 강사를 지내기도 했다(1923-1940).67 일제의 신사참배 강요 때문에 미국으로 돌아가게 된 구례인은 미시시피 주 파스카굴라에서 목회를 하기도 했다. 그러나 1946년에 다시금 한국 땅으로 돌아와 선교사역을 속개했으며, 1954-1956년 어간에는 장로회신학교(총신의 이전 이름)에서 조직신학을 가르치기도 했다.68 구례인의 『조직신학』은 1954-1955년에 한역본으로 출간되었지만, 번역 작업은 1952년 미국에서 완성되어졌으며, 영어 원서도 1953년에 미시시피 주에서 사적으로 출판되었다.69 그리고 이 저술은 평신과 총신의 역사 가운데 조직신학교수가 저술한 최초의 조직신학 교본이라고

---

66 James B. Lloyd, *Lives of Mississippi Authors 1817-1967* (Jackson, MS : Press of Mississippi, 1981), 107.

67 Lloyd, *Lives of Mississippi Authors 1817-1967*, 107; 순회전도자로서 구례인의 역할에 대해서는 신호철, "교육과 의료선교에 몸 바친 크레인(Crane) 3남매 가문"(http://yanghwajin.co.kr/ zboard/ view.php?id=forum&page=12&sn1= & divpage= 1&sn=off&ss =on&sc= on&select_ arrange= hit&desc=desc&no=252. 2016년 2월 5일 접속)을 보라. 구례인이 1937-1940어간에 평양신학교 강사로 있었다고 하는 로이드의 소개는 1938년에 평양신학교가 폐쇄되고 난 후 그가 강제 송환된 때 까지를 포함한 것으로 추정된다.

68 Lloyd, *Lives of Mississippi Authors 1817-1967*, 107. 100년사편찬위원회, 『총신대학교 백년사 2권: 학술편, 자료편』, 371에 의하면 구례인선교사는 1955년 4월-1956년 3월까지 재직한 것으로 기록되어 있다. 당시 교장이던 박형룡은 1954년 10월-1955년 4월까지 미국과 유럽의 신학교 순방 일정 때문에 학교를 떠나있었다(박형룡, 『저작전집 XVII. 세계견문록』, (서울: 한국기독교교육연구원, 1988]).

69 John Curtis Crane, *Systematic Theology: A Compilation from the Works of R. L. Dabney, R. A. Webb, Louis Berkhof and Many Modern Theologians* (Missisipi: Specialized Printing; Limited English edition, 1953); 김규당 역, 『조직신학 (상), (하)』, (서울: 대한예수교장로회총회 종교교육부, 1954, 1955). Crane, 『조직신학 (상)』, 역자서문을 참고하라.

하는데 의의가 깊다."⁰

1952년 2월에 쓴 『조직신학(상)』 서문을 보면 본서의 출간 배경, 역자들, 활용 자료에 대한 언명이 담겨져 있다. 우선 저작 배경으로는 1937년 평양신학교 조직신학 교수가 되었을 때에 당시 교장이던 라부열선교사가 "그 신학교에서 교과서로 사용할 내용 충실한 조직신학"을 간행하자고 한데서 비롯되었다고 말한다. 하지만 앞선 말한 대로 신사참배 반대로 평신이 문을 닫고, 구례인은 본토로 귀환할 수밖에 없었기 때문에 그 뜻한 바를 이룰수 없었다. 하지만 구례인은 미국에서 목회하는 동안에도 조직신학 교과서 집필에 대한 집념을 포기하지 아니하고 여러 신학교에서 현대 신학을 배우고 익히는가 하면, 자신이 속한 남장로교의 로버트 댑니, 쉡, 윌리엄 쉐드, 구 프린스턴의 두 거장 찰스 핫지와 워필드, 루이스 벌코프의 저술들을 토대로 교과서를 편찬하는 일을 계속했다. 1946년에 다시 내한한 후에도 이 작업은 계속되었고, 장로회총회신학교 교장이었던 박형룡 박사도 이 책의 출간을 요청하였다고 한다.⁷¹

2. 구례인의 천년기론

(1) 천년기론

구례인의 『조직신학』은 총 6편으로 구성되어 있으며, 그 가운데 말세론은 교회론과 더불어 제6편에 들어있다. 제6편의 제2부 말세론은 또한 '사후영혼의 상태'(1장), '그리스도의 재림'(2장), '일반 부활'(3장), 그

---

70 박형룡의 『교의학』 (전7권) 전집은 1964-1973년에 완간된다. 간하배는 구례인의 교본이 "1954년에야 출판되었지만, 평양 신학교 초기의 신학을 잘 나타내주는 것"이라고 평가하였다(간하배, 『한국 장로교 신학사상』 [서울: 실로암, 1991]), 24-34.

71 Crane, 『조직신학 (상)』, 저자서문(페이지 매김이 없음). 박형룡은 제4계명인 안식일 계명을 해설하면서 구례인의 『조직신학 (상)』, 754-779를 명시적으로 활용한다(박형룡, 『인죄론』 [서울: 은성문화사, 1968], 322-323).

리고 '일반심판과 장래생활'(4장) 등의 네 부분으로 구성되어 있다. 구례인의 천년왕국 논의가 나타나는 곳은 이 가운데 2장 '그리스도의 재림' 중 'ㄴ. 천년왕국'에서이다.72 사실 그의 교본의 방대한 분량에 비해서 천년왕국에 대한 논의는 분량이 적다고 할 것이다. 그리고 이미 학계에 널리 알려져 있는 대로 천년기에 대한 구례인의 입장은 '무천년파' 혹은 '무천년설'이었다.73

구례인은 천년왕국 논의를 시작하면서 다음과 같은 안타까움을 토로한다:

> 성경을 하나님의 뜻을 계시한 절대적이고도 최후의 권위적인 것으로 믿으며 또한 우리의 믿음과 행실의 유일한 표준으로 믿는데 일치하는 열성 있는 기독교인이 가석하게도 분립되어 그리스도의 재림과 관련하여 생길 사건들에 대해 논쟁하는데 많은 시간을 허비했으며 또 그로 인해 누구든지 독단적으로 진술할 수 없는 매우 표징적으로 된 말을 상상적으로 고정된 역사문헌 같이 대조하는 것으로써 신앙을 혼란하게 한 것이다.74

그러고 나서 구례인은 '무천년파'와 '후천년파'의 공통점을 지적하기에 이른다. 그에 의하면 "그리스도의 교회에서 교회를 통해 성령의 역사로 말미암아" 하나님 나라가 임한다고 믿는 점에서 두 파는 일치하며, 차이가 나게 되는 것은 '비상한 복락이 일천년간 지속되는 특수한 기간'을 가리킨다고 보느냐(후천년파) 아니면 '그리스도의 초림과 재림 사이의 기간을 상징적으로 사용한 말인 줄"로 믿느냐(무천년파)에 있다

---

72 Crane, 『조직신학 (하)』, 836-844.
73 Pak Ungkyu, "From Fear To Hope: The Shaping of Permillennialism in Korea, 1884-1945," 339. 박응규가 지적한대로 평신교수 가운데 함일돈선교사(Floyd E. Hamilton) 역시 무천년설자였다.
74 Crane, 『조직신학 (하)』, 836,

고 그는 설명한다.[75]

구례인은 무천년설, 후천년설, 그리고 전천년설 순으로 논의를 전개했다. 우선 무천년설에 대해 설명하면서 사탄의 매임(계 20:2)의 의미에 대해 길게 설명한다. 그에 의하면 사탄의 매임이란 "복음이 인생을 죄의 사슬과 거기 종 된 데서 해방하며 또한 사망의 공포와 그들의 생활을 주장하는 악의 세력으로부터 해방할 때 그리스도의 손 아래 사탄을 제어하게 함"을 지시한다고 본다.[76] 그는 여러 관련 구절들(계 12:10, 11; 눅 10:13, 11:20; 유 6)을 들어 해명하고 나서, 현실적으로 '악이 창궐한 것'을 근거로 반론을 제기하는 전천년설에 대하여 사탄의 결박은 성령의 부어주심을 통한 '사탄의 영향을 매는 것이며 제한하는 것'이라고 응수한다.[77] 또한 구례인은 계시록의 구조가 '순환적 패노라마(= 파노라마) 성질'을 가지고 있다고 말하는데, 이는 윌리엄 헨드릭슨을 비롯한 여러 무천년설자들이 말하는 '점진적 병행법'(progressive parallelism)과 유사하다고 할 수 있다.[78]

구례인은 이어서 후천년설을 소개한다. 이 입장은 '천년 평화설이나 두 계단으로서의 부활'을 거부하며, "나라들이 주에게로 돌아올 때 성령의 능력으로 크게 부어줄 때가 있을 것이니 그런 때는 그의 유형적 재림전에 있게 될 것"이라고 믿는다고 말한다.[79] 혹은 "재림 직전 순교자들이 하늘에서 그리스도와 함께 향유하게 되는 영광스러운 영의 생

---

75 Crane, 『조직신학 (하)』, 836-837.

76 Crane, 『조직신학 (하)』, 837.

77 Crane, 『조직신학 (하)』, 838.

78 Crane, 『조직신학 (하)』, 838. Herman Bavinck, *Gereformeerde Dogmatiek*, 2nd ed. (Kampen: Kok, 1911), 4: 751-763(#569, 570); 박태현 역, 『개혁교의학 4』 (서울: 부흥과 개혁사, 2011), 803-815; William Hendriksen, *More Than Conquerors*, 김영익, 문영탁 공역, 『요한계시록』 (서울: 아가페, 1975), 17-41 ; Anthony A. Hoekema, *The Bible and the Future* (Exeter: Paternoster, 1979), 223-238 등을 보라.

79 Crane, 『조직신학 (하)』, 839.

활의 상태와 동시적인 것"(계 6:9)이라고 해설하기도 한다고 소개한다.[80] 그러나 구례인은 신약의 어떤 곳에서도 천년왕국에 대한 언급이 없기 때문에 천년왕국이 '지상에 실현됨을 단언'하는 것은 '독단적'이고 '무리한 일'이라고 비판한다.[81]

마지막으로 구례인은 전천년설에 대해 논의한다. 그는 우선 전천년설의 전제들을 소개하고, 이어서 답을 하는 형식으로 논의를 전개했다. 그에 의하면 천년기에 대한 기록은 '표상적'인데 전천년설은 문자적 천년기가 있다고 주장하며, 이는 '평화와 의'(사 66:25) 시대에 대한 예언이 성취되는 때이며, 예수 그리스도가 '공중에서 자기 교회를 맞이하기 위해' 재림하신 후에 이루어진다고 주장한다는 것이다.[82] 구례인은 이러한 전제들에 대해 '논쟁의 여지가 있으며 확증할 수 없는 것'이라고 일축한다.[83] 그러면서 여러 가지 반론을 제기한다. 그러한 반박 속에 그의 무천년설 입장이 거듭 드러난다. 재림은 최후심판과 관련되며, 성도들의 축복은 언제나 신천신지에 있다고 하며 그곳은 의인이 심판 후에 살게 될 곳이라고 보는 것이 성경적이라고 그는 주장한다.[84] 그리고 계시록을 문자적으로 읽을 것이 아니라 상징적으로 읽어야 하며 20장 4-6절 같은 '상징적 성구들은 다른 성구와 전후 문맥이 일치하게 해석하는 것이 우리의 의무'라고 말하기도 한다.[85] 그리고 전천년설에 대한 그의 논의를 유심히 살펴보면 '역사적 전천년설'에 대한 비평보다 '세대주의 전천년설'에 대한 비평을 하고 있는 것으로 판단되어진다. 예컨대 공중에서 그의 교회를 마중하기 위해서 재림한다거나, 주의 재

---

80 Crane, 『조직신학 (하)』, 839.
81 Crane, 『조직신학 (하)』, 840.
82 Crane, 『조직신학 (하)』, 840-841.
83 Crane, 『조직신학 (하)』, 841.
84 Crane, 『조직신학 (하)』, 843.
85 Crane, 『조직신학 (하)』, 842-843.

림의 날을 알 수 있다고 하거나, 재림의 절박성을 강조하는 것에 대해 비판하는 그런 대목들에서 전자보다는 후자에 대해서 그가 비평을 하고 있는 것으로 보인다.[86]

이처럼 구례인은 천년기에 대한 논의를 세 입장으로 나누어 소개하면서 자신의 입장인 무천년설을 드러내었다. 그는 각 입장의 주요 특징을 소개하는 일에 치중할 뿐 주요 대변인들이 누구인지를 언급하지 않는다. 그는 특히 계시록에 대한 문자적 해석을 반대하고, 상징적 해석을 일관되게 주장했다. 그리고 주의 재림을 사모해야 하지만, 재림 일시를 알 수 있다거나 예고하는 것에 대해서는 강력하게 반대했다.[87]

(2) 세대주의 전천년설에 대한 비평

앞서 살펴 본대로 구례인은 '세대주의 전천년설'과 '역사적 전천년설'을 명확하게 구분하지 않고 둘 다 전천년설의 범주 하에 다루었다.[88] 우리가 세대주의 전천년설에 대한 그의 비판을 확인해 볼 수 있는 곳이 제4편 기독론 중 '11장 왕이신 그리스도' 부분에서 이다. 이 부분은 세대주의 전천년설의 왕국관을 비판적으로 다루고 있는 부분이다.[89] 이곳에서 그가 사용한 표현 중 '건전한 전천년론자'의 경우는 역사적 전천년설자를 가리킨다고 볼 수 있고,[90] 전천년론자들 중 '극단적 주창자

---

[86] Crane, 『조직신학 (하)』, 840, 843-844.
[87] Crane, 『조직신학 (하)』, 844: "재림의 시일과 절박에 대한 반복적 예고의 실패는 다만 그 희망을 몽롱하게 할뿐이며 또한 다른 신자들도 그의 재림에 대해 그 시간과 시기를 정하는데 오해를 받을까 하여 더욱 침묵을 지키게 만드는 것이다. 또한 이는 그의 인격적 유형한 재림을 전적으로 부인하는 합리론자에게 더욱 유리한 구실을 주는 것이다."
[88] 구례인이 세대주의자의 왕국연기론을 비판하면서 유니온신학교 선배이자 컬럼비아신학교 교수였던 리처드 클라크 리이드(Richard Clark Reed, 1851-1925)의 책에 의존하였는데도 불구하고 '세대주의 전천년설'이라는 명시적 언급을 사용하지 않는다: Richard Clark Reed, *What Is the Kingdom of God? a Gracious Examination of Dispensational Premillennialism* (Richmond, VA. : John Knox Press, 1922).
[89] Crane, 『조직신학 (하)』 300-309(二. 하나님의 나라에 대한 전천년파의 해석).
[90] Crane, 『조직신학 (하)』 298.

들', '세대를 구분하는 전천년론', '시대구분론자들' 등의 표현은 '세대주의적 전천년설'을 가리키는 것으로 이해할 수 있다.[91] 구례인은 후자의 입장을 취하는 자들로 C. I. 스코필드, W. G. 무어헤드, 그렉, 반하우스, 캠벨 몰간 등을 언급한다.[92]

그러면 구례인은 세대주의 전천년설에 대하여 어떻게 평가를 하였는지를 살펴보도록 하겠다. 그의 비판은 세대주의자들이 주장한 하나님 나라에 대한 해석에 초점이 맞추어져 있다. '하나님 나라'와 '하늘나라'(즉, 천국)을 구분하고, 후자를 지상 예루살렘에서 세워져야 하는 다윗 왕국으로 보는 것에 대해, 그리스도가 지상에 오셔서 왕국 복음을 전했으나 유대인들이 거절함에 따라 왕국을 연기했다는 것, 교회는 하나님의 의중에 없었다고 말하는 것 등에 대해서 칼빈주의 관점에서 비판을 했다.[93] 구례인은 자신의 무천년기적 입장에 따라 하나님의 나라는 성령의 사역에 의해서 이미 하나님의 백성의 마음에 임했다고 반박한다.[94] 또한 세대주의 전천년설자들이 자신들의 입장을 견지하기 위하여 '글자적 해석주의'(이는 현대어로 말하자면 문자주의 [literalism]를 말한다)를 집요하게 견지하다가 '불합리'에 빠지게 되고, 마침내는 합리주의자들과 다를 바 없이 '극단적 상징적 해석'을 하는 데로 봉착하게 된다고 예리하게 비평을 가한다.[95]

---

91 Crane, 『조직신학 (하)』, 300, 305, 308. 이러한 구례인의 구별을 근거로 할 때에 "전천년설 가운데 세대주의 입장만을 비판하고 있다. 그의 '전천년론'이란 말은 곧 세대주의적 전천년론이라는 뜻이다"라고 한 간하배의 논평은 정당하지 않다고 판단되어진다(간하배, 『한국 장로교 신학사상』, 34).

92 Crane, 『조직신학 (하)』, 301, 305, 307.

93 Crane, 『조직신학 (하)』, 300-309.

94 박형룡 역시도 『교의신학-기독론』 (서울: 은성문화사, 1970), 289에서 하나님 나라의 미래성만 아니라 현재성도 명백하게 말한다. 이 부분은 Berkhof, *Systematic Theology*, 409에 따른 것이다.

95 Crane, 『조직신학 (하)』, 304-309. 안토니 후크마도 세대주의 전천년설의 기본적인 두 원리로 문자주의와 교회와 이스라엘의 구별이라고 비판했다(Hoekema, *The Bible and the Future*, 187).

이처럼 구례인선교사는 무천년설의 입장을 분명하게 견지했으며, 세대주의에 대해 세밀하게 비평을 한 것이 특징이라고 할 수 있다. 구례인선교사에 대한 박아론의 다음과 같은 평가는 합당하다고 사료된다.

이눌서 박사의 뒤를 이은 구례인(J. C. Crane)박사는 무천년기 재림론을 교수하되, 세대주의 천년기전 재림론은 과격하여 성경의 무리한 해석을 많이 포함하고 있기 때문에 배격하고, 비교적 온건하고 단순한 역사적 천년기전 재림론을 '성경의 정상적인 해석에 의지하그 개혁주의 신학에 용납될 수 있는 재림관'으로 간주했다.[96]

IV. 나가는 말

이상에서 우리는 해방 이후 총신에서의 종말론 교육을 맡았던 첫 조직신학 교수이자 지토적인 신학자로 인정되어온 죽산 박형룡의 역사적 전천년설과 구례인선교사의 무천년설에 대해서 살펴보았다. 죽산은 총신 역사의 초기 24년간 조직신학을 가르치면서 수 많은 목회자들을 길러내었으며,『교의신학』전집을 통해 예장합동의 신학적 표준을 제시하였기 때문에, 그가 천년기론을 어떻게 전개했는지를 살피는 것은 의의가 있다고 사료된다. 그가 이전에 몸담았던 평신에서의 종말론 입장이 세대주의가 아니었는가라고 하는 학계의 비판에 맞서 죽산은 역사적 전천년설을 예장합동의 종말론 전통이라고 명시적으로 밝혔다. 하지만 우리가 살펴본 것처럼 죽산은 다른 천년기론에 대해서 전면 부정이나 배척의 입장을 표명하지 아니하고, 양심적으로 취사선택할 문제라고 하면서 유화적인 자세를 취했다. 그는 자신의 분명한 입장을 천명

---

96 박아론, "총신의 신학에 대한 역사적 고찰과 미래적 전망," 13.

하면서도 다른 천년기론에 대해서 공정하게 해설을 하려고 했고, 신학적인 지위도 최대한 공정하게 밝히려고 했다. 그러면서도 자신의 입장에 근거하여 다른 천년기론에 대해서 비판을 하는 것을 우리는 살펴보았다. 죽산은 특히 세대주의 전천년설(시대론적 전천년설)에 대해서 여러 가지로 비판을 하였다는 점도 확인했다. 죽산이 역사적 천년기론을 초기부터 취하였다고 하는 사실은 분명하지만, 또한 그의 천년기론은 적지 않은 시간의 모색과 연구의 과정을 거쳐서 확정되고 확립된 것임을 확인하기도 했다. 특히 그는 조지 엘든 래드와의 서신교환이나 저술을 통해서 많은 도움을 받았다고 하는 사실도 분명하다.

우리가 이어서 살펴본 구례인선교사의 무천년기론은 죽산의 역사적 전천년설에 비해서 총신과 예장합동에 큰 영향력을 행사하였다고 판단하기는 어려울 것이다. 하지만 역사적 전천년설이 강하게 가르쳐지고 있던 총신에서 명시적으로 무천년기론을 가르치고, 평양신학교와 총신 교수들 가운데 가장 처음으로 조직신학 교본을 출간하여 무천년기론을 설파했다고 하는 점 때문에 구례인선교사의 견해를 살피는 것도 역사적 의의가 있다고 생각한다. 구례인선교사는 무천년기론의 관점에서 다른 천년기론을 다루되, 특히 세대주의 종말론에 대해서 강한 경계심을 표현한 것을 살펴보았다. 이처럼 1948년에서 1972년어간까지의 총신에서의 종말론 교육은 역사적 전천년설이 강조되고, 무천년기론 역시도 일정한 소리를 내고 있었다고 정리를 해볼 수 있을 것이다. 죽산이 은퇴한 후부터 현재까지의 총신에서의 종말론 교육을 살펴볼 때에 죽산과 구례인의 천년기론의 차이는 지나치게 강조된 때도 있지만, 현재로선 극단적인 대립이 아니라 양립가능한 입장들로 서로 존중되고 있음을 확인할 수 있다. 이러한 자세는 결국 죽산이 명시적으로 취했던 유화적인 자세에 힘입은 면이 적지 않다고 할 것이다(*)

참고문헌

간하배.『한국 장로교 신학사상』. 서울: 실로암, 1991.
김광열. "총신에서의 '조직신학' 논의 : 회고와 전망 I."「신학지남」317 (2013): 58-83.
____. "개혁주의 종말론의 목회적 적용."「總神大論叢」34 (2014): 84-125.
김길성. "박형룡 박사의 내세론 연구."『죽산 박형룡 박사의 생애와 사상』. 박용규 편. 서울: 총신대학교 출판부, 1996: 451-469.
____.『개혁신학과 교회』. 서울: 총신대학교출판부, 1998.
박아론. "죽산 박형룡 박사의 생애와 신학." In『죽산 박형룡 박사의 생애와 사상』. 박용규 편. 서울: 총신대학교출판부, 1996: 139-157.
____. "총신의 신학에 대한 역사적 고찰과 미래적 전망."「신학지남」66/2 (1999): 7-21.
____.『나의 아버지 박형룡』. 서울: 대한예수교장로회, 2014.
박용규.『한국기독교회사 2』. 서울: 생명의말씀사/ 한국교회사연구소, 2004.
박형룡.『내세론』(강의안 등사본). 서울: 장로회총회신학교, 1958년경.
____.『교의신학-인죄론』. 서울: 은성문화사, 1968.
____.『교의신학-내세론』. 서울: 은성문화사, 1973.
____.『신학논문(하)』. 서울: 한국기독교교육연구원, 1988.
서철원. "총신 개교 104주년에 박형룡 박사의 신학적 공헌을 생각함."「신학지남」72/2 (2005): 4-8.
100년사편찬위원회.『총신대학교백년사』. 전3권. 서울: 총신대학교출판부, 2003.
이상웅.『박형룡 박사와 개혁신학』. 용인: 목양, 2013.
전준봉, "한국장로교 신학교의 신학과 교육: 평양신학교를 중심으로"「개혁논총」29 (2014): 213-244.
조경현.『초기 한국장로교 신학사상』. 서울: 그리심, 2011.
조형욱. "구프린스턴 신학의 종말론 연구." 철학박사, 총신대학교, 2011.

Bavinck, Herman. *Gereformeerde Dogmatiek*. 4 Vols. 2nd Ed. Kampen: Kok, 1906-1911. 곽태현 역.『개혁교의학』. 전4권. 서울: 부흥과개혁사,

2011.

Berkhof, Louis. *Systematic Theology*. Grand Rapids: Eerdmans. 1941.

Calvin, John. *Institutes of the Christian Religion*. Trans. Ford L. Battles. Philadelphia: Westminster, 1960.

Crane, John Curtis. *Systematic Theology: A Compilation from the Works of R. L. Dabney, R. A. Webb, Louis Berkhof and Many Modern Theologians*. Missisipi: Specialized Printing; Limited English edition, 1953; 김규당 역,『조직신학 (상), (하)』. 서울: 대한예수교장로회총회 종교교육부, 1954, 1955.

D'Elia, John A. *A Place at the Table: George Eldon Ladd and the Rehabilitation of Evangelical Scholarship in America*. New Work and Oxford: Oxford University Press, 2008.

Hendriksen, William. *More Than Conquerors*. 김영익, 문영탁 공역.『요한계시록』. 서울: 아가페, 1975.

Hoekema, Anthony A. *The Bible and the Future*. Exeter: Paternoster, 1979.

Kim Kilsung. "Dr. Hyung Nong Park's Theology of the Last Things." *Chongshin Theological Journal*, I/2 (August 1996): 72-89.

Lee Sangung. "'Already but Not Yet': A Study on the Background and the Inaugurated Eschatology of Anthony A. Hoekema (1913-1988)." *Chongshin Theological Journal*, 20 (Feb. 2015): 120-157.

Lloyd, James B. *Lives of Mississippi Authors 1817-1967*. Jackson, MS : Press of Mississippi, 1981.

Pak Ungkyu. "From Fear To Hope: The Shaping of Premillennialism in Korea, 1884-1945." Ph. D. Dissertation. Westminster Theological Seminary, 1998.

Park Yong Kyu. "Korean Presbyterians and Biblical Authority: the Role of Scripture in the Shaping of Korean Presbyterianism 1918-1953." Ph. D. Diss. Trinity Evangelical Divinity School, 1991.

Schaff. Philip. *Creeds of Christendom*. 3 Vols. New York: Harper & Brothers, 1919.

Warfield, Benjamin B. *Biblical Doctrines*. Grand Rapids: Baker, 2003.

6
죽산 박형룡 이후 총신 조직신학자들의 천년기론[1]

I. 들어가는 말

　죽산 박형룡(1897-1978)의 주도하에 1948년에 남산에서 시작된 장로회신학교는 평양신학교 계승을 천명했다. 이후에 이 신학교는 장로회총회신학교로 개칭되고, 1959년 통합과 합동의 교단분열한 후에는 총회신학교, 총회신학대학 등의 이름을 거쳐 총신대학교라는 이름으로 개칭하게 된다. 그리고 죽산은 1972년에 은퇴하기까지 근 사반세기를 총신의 조직신학 교수로 재직하면서 총신과 예장합동의 '지로적인 신학자'의 역할을 수행한다.[2] 그가 소천한지 근 40년이 가까아오는 현재도 총신의 조직신학 수업시간에는 그의 이름이 빈번하게 언급되어지며, 강도사 고시 조직 신학 문제는 죽산의 『교의신학』(전7권; 1964-1973)에 근거하여 출제되어지고 있다. 종말론에 관련허서도 죽산은 총신의 전통이 무엇인지를 명시적으로 밝혀준 바 있다. 그는 자신이 몸담고 가르치기도 했던 평양신학교의 종말론적 전통은 세대주의 전천년설이 아니라 역사적 천년설이었다라고 주장하기도 했고,[3] 24년간 총신에서 종말

---
[1] 본 장은 「성경과신학」 80 (2016): 103-132에 공표되었으며, 필자의 『박형룡신학과 개혁신학 탐구』 수정판 (서울: 솔로몬, 2021)에도 수록되었음을 밝힌다.
[2] 김은수, "한국 장로교의 "조직신학" 교육과 연구역사(1901-1980)에 대한 고찰: 평양신학교와 장로교 주요교단 신학대학원(고신/장신/총신/한신)을 중심으로," 「성경과신학」 74 (2015): 110-114, 120.
[3] 총신에 앞서 평양신학교에서 가르쳐진 종말론이 세대주의 전천년설이었느냐, 역사적 전

론을 가르친 자신의 입장도 동일하다는 사실을 들어서 총신의 종말론적 전통은 '역사적 전천년설'(Historical Premillennialism)이라고 천명하였다.[4] 물론 죽산은 세 가지 주요 천년설(무천년기 재림론, 천년기 후 재림론, 천년기 전 재림론)을 설명한 후에 "대교파들의 신경들은 이 삼론에 대하여 취사(取捨)를 행하지 않은 고로 아무라도 교회의 권위에 의하여 이것들의 시비를 결정하기 곤란"하다는 점을 인정했고, "교회의 지도자들과 신도들은 이 삼론의 하나를 자유로이 취하되 다른 이론을 취하는 자들에게 이해와 동정으로 대하여야 할 것이"라고 관용적으로 말하기까지 한다.[5]

죽산이 총신을 은퇴하고 반세기가 지나왔는데, 그의 뒤를 이어 총신에서 가르쳤거나 가르치고 있는 후배 교수들의 천년기론은 어떠하였을까 하는 문제를 본 장에서 다루어 보고자 한다. 사실 죽산이 총신에서 재직하면서 '역사적 전천년설'을 확립하고 가르칠 때도 무천년설을 가르친 구례인(John Curtis Crane, 1888-1964) 선교사도 있었다. 따라서 평양신학교나 총신의 경우 적어도 역사적 전천년설과 무천년설이 양립했다는 것을 알 수가 있다.[6] 그리고 본 장의 논구 과정을 통해서 밝혀지겠지

천년설이었느냐에 대한 학계의 논란이 계속 이어져 왔는다. 다음의 자료들을 보라: Park Yong Kyu, "Korean Presbyterians and Biblical Authority: the Role of Scripture in the Shaping of Korean Presbyterianism 1918-1953" (Ph. D. Diss. Trinity Evangelical Divinity School, 1991): 229-287; 박용규, "한국교회 종말신앙: 역사적 개관,"「성경과신학」27(2000): 190-222; 조경현,『초기 한국장로교 신학사상』(서울: 그리심, 2011), 261-269; 조형욱, "구프린스턴 신학의 종말론 연구" (철학박사, 총신대학교, 2011), 254-271.

4 박형룡,『교의신학-내세론』(서울: 은성문화사, 1973), 278; 박형룡,『신학논문(하)』(서울: 한국기독교교육연구원, 1988), 395-397; 이상웅,『박형룡 박사와 개혁신학』(용인: 목양, 2013), 172-175.

5 박형룡,『교의신학-내세론』, 277. 이러한 언명은 1973년 최종 인쇄본에서 주어진 것인데, 1958년 경에 만들어진『내세론』(강의안 등사본), 100에 보면 단순한 천년기 전설과 다른 "他異說에 同情을 적게 表示한다"라고 하면서 역사적 전천년설에 대한 강한 애정을 표시했던 것과는 대조적이다.

6 죽산과 구례인의 천년기론에 대해서는 앞장을 보라.

만 그들을 이어서 조직신학을 가르쳤던 교수들 가운데도 두 가지 입장이 각기 계승되고 있는 것을 확인할 수가 있다. 이어지는 본 장의 논의 순서는 2절에서 역사적 전천년설이 총신에서 어떻게 계승되어 왔는지에 대해서 논구해 보고, 3절에서는 죽산의 재직 시절 보다 훨씬 더 명시적이고 폭넓게 가르쳐지고 있는 무천년설에 대해서 논구해 보려고 한다. 이러한 논의를 진행함에 있어서 성경신학자들(특히 신약학자들)에 대한 논구도 포함되어야 마땅하겠으나, 지면 제한상 조직신학 교수들에 대한 논의에 집중하고자 함을 미리 밝힌다. 반세기에 걸친 총신의 종말론적 전통을 규명해 보는 논문이기에 역사적 연구 성격도 가질 수 밖에 없다는 점과 이해를 돕기 위해 각 학자의 배경을 밝히는 것도 포함되어 있음을 유념해 주기를 바라는 바이다.

II. 역사적 전천년설의 계승

"대한 예수교 장로회의 신학적 전통은 역사적 천년기전 재림론이다."라고 죽산이 분명하게 천년기론에 대한 입장을 밝히고 난후, 조직신학 후배교수들은 박형룡의 전천년설을 잘 유지한 편이었다는 것도 분명하게 지적되어야 할 사실이다. 죽산의 장남 박아론, 죽산의 후임자로 조직신학을 가르치게 된 신복윤,[7] 김길성, 그리고 화란 깜쁜(Kampen)에서 유학하면서 바빙크를 비롯한 화란 개혁주의를 직접 배우고 돌아왔음에도 불구하고 차영배, 최홍석 등은 역사적 전천년설을 확

---

[7] 남송 신복윤(1926-2016) 교수는 죽산의 제자로서 1972년에 유학을 마치고 돌아와 1973년 봄-1980년 2월까지 총신의 조직신학 교수로 재직했다(간명준, "고 남송 신복윤 박사의 생애와 사상," 『한국의 칼빈주의자들』 [용인: 킹덤북스, 2020], 205-237). 남송은 1979년 총신의 Th. M.과정에 종말론을 개설했는데, 이때 그가 취한 입장은 죽산과 같이 역사적 전천년설이었다고 당시 수강했던 최홍석 교수는 회상해준다(2016년 2월 7일자로 최홍석이 필자에게 보낸 이메일).

신하고 가르쳤다.⁸ 이하에서 역사적 전천년설의 계승이라는 이름하에 박아론, 김길성, 최홍석 등의 공표된 입장을 차례대로 살펴보려고 한다.⁹

1. 박아론 교수(1965-1999년 재직)

박아론은 죽산이 총신 교수로 재직 중이던 1965년에 교수로 부임하여 변증학과 현대신학을 가르쳤고, 1981년부터 1999년 은퇴할 때 까지 종말론도 가르쳤다.¹⁰ 그가 1981년에야 비로소 종말론을 가르치게 된 것은 자신의 전공이 현대신학이었고, 1980년 까지는 이상근이나 신복윤과 같은 선배 교수들이 가르치고 있었기 때문인 것으로 보인다.¹¹ 박아론은 평생에 선친의 신학을 총신 신학의 기초를 놓은 '지로적인 신

---

8   또한 신약학자인 이한수도 역사적 전천년설이 성경적이라고 확신한다(이한수: "한국교회의 역사적 전천년설의 태동과 발전: 박형룡과 이광복의 종말론 신학의 비교평가," in 『역사적 전천년주의 국제학술대회 논문집』 [서울: 흰돌, 2012], 57-109; "Interpreting Symbols in the Book of Revelation," *Chongshin Theological Journal* 24 [2016]: 24-48). 또한 "역사적 전천년주의를 매우 설득력이 있게 제시하고 있다고 판단하여" 이교수가 번역하여 소개한 William J. Webb의 논문 "계시록 20장: 주석적 연구," 「신학지남」 323 [2015]: 31-65도 보라).
9   천년기론에 대한 차영배의 입장이 드러나는 글은 전무하다. 그의 제자이자 사위인 최홍석도 필자에게 보낸 이메일에서(2016.2.7.일자) "차 교수님의 경우, 아마도 제 기억으로는 글로써 남긴 자료는 없는 줄 압니다. 대화하는 중, 자신의 성경해석과 입장을 피력하셨을 뿐입니다."고 답변해 주었다. 그가 학교에 재직 중일 때에는 신론, 구원론(성령론), 라틴어 등을 주로 가르쳤다.
10 박아론, "총신의 신학에 대한 역사적 고찰과 미래적 전망," 「신학지남」 66/2 (1999), 8. 1971년 캘리포니아 신학대학원에서 통과된 그의 박사논문은 현대신학을 주제로 한 것이었다(Park Aaron Pyungchoon, "The Concepts of Revelation in the theologies of Paul Tillich and Cornelius Van Til" [Ph. D. dissertation, California Graduate School of Theology, 1971]).
11 이상근(1911-2011)은 신약 주석가 이상근과 동명이인으로 총신에서 조직신학을 가르쳤던 학자이다(김길성, "이상근박사의 신학과 사상," 「신학지남」, 79/3 (2012): 242-263; 김길성, 『총신의 신학 전통』 [서울: 총신대학교 출판부, 2013], 113-140에 재수록 됨). 본서에 수록된 이상근 교수의 종말론에 대한 필주의 글을 참고하라.

학'이라고 하는 예찬을 아끼지 않았고, 본인의 학문적 과제도 선친의 신학을 잘 계승하고 후대에 전달하는데 있다고 확고하게 인식했다.[12] 변증학에 관한한 박아론은 '구 프린스톤 변증학 중심'이던 선친의 입장을 따르지 아니하고 반틸의 전제주의적 변증학을 일관되게 추종하고 가르쳤다. 하지만 종말론에 있어서는 선친이 예장합동의 종말론적 전통이라고 천명했던 '역사적 천년기전 재림론'을 확집(確執)하고 가르쳤다.[13] 그는 은퇴 직전에 쓴 글에서 자신이 선친에게서 계승하여 가르쳐 온 '역사적 천년기전 재림론'에 대해 그 자신의 특유의 표현으로 다음과 같이 정리하였다.

> 좌로는 지상천년기의 존재를 부인하면서 천년생활을 신자의 영혼들이 천상에서 누리는 행복상을 묘사하는 '무천년기 재림론'과 또 '천년기후 재림론'에 반대하는 한편, 우로는 7년간의 '공중휴거'와 '대환난전 재림'을 주장하는 '세대주의적 천년기전 재림론'에 반대하는 입장이다.[14]

1981-1999년까지 종말론을 가르칠 때에 박아론은 주로 선친의 『내세론』을 주교재로 하여 강의를 하다가, 은퇴하기 직전인 1998년에 자신의 종말론 교본을 출간했다.[15] 그의 천년기를 다룬 장을 보면 선친의

---

[12] 그러한 박아론의 사명 의식은 최근에 출간한 『나의 아버지 박형룡』 (서울: 대한예수교장로회, 2014)뿐만 아니라, 다음의 논문들에서 일관되게 거듭 공표하였다: "총신의 신학적 전통 -박형룡의 신학을 중심하여-,"「신학지남」 58/3 (1991): 44-68; "총신의 종말론적 전통,"「신학지남」 59/44 (1992): 4-6; "총신의 신학전통과 나의 신학,"「신학지남」 61/4 (1994): 15-23; "총신의 신학에 대한 역사적 고찰과 미래적 전망,"「신학지남」 66/2 (1999): 7-21.

[13] 박아론, "총신의 종말론적 전통,"「신학지남」 59/44 (1992): 4-6; "총신의 신학전통과 나의 신학," 19-21; "총신의 신학에 대한 역사적 고찰과 미래적 전망," 12-14.

[14] 박아론, "총신의 신학에 대한 역사적 고찰과 미래적 전망", 13.

[15] 박아론, 『기독교 종말론 : 영생과 내세』 (서울: 기독교문서선교회, 1998). 2004년에는 칼빈대학교 교수 김석환과 확대 증보판을 간행하기도 했는데(박아론, 김석환, 『기독교 종말론』 [서울: 기독교문서선교회, 2004]), 김석환 교수가 집필한 부분은 6장(죽은자의 부활),

논의 순서대로 '무천년기 재림론', '천년기 재림론', 그리고 '천년기전 재림론'을 다루는데, 마지막 부분에서는 역사적 천년기전 재림론과 세대주의적 천년기전 재림론을 양분하여 다룬다.[16] 논의 순서도 분량도 선친의 천년기론과 유사할 뿐 아니라 주요 부분들에 있어서 선친의 견해를 인용하면서 추종한다.[17] 차이점으로 지적될 수 있는 것은 선친의 시대 이후 출간된 여러 저술들을 활용하여 업데이트하고 있다는 점,[18] 문체가 읽기에 수월하고 독특한 면을 갖추고 있다는 점, 각 입장에 대해서 도표를 제시하고 있는 점 등을 들 수가 있다.[19] 또한 그의 독특한 점 중 하나는 세대주의 전천년설에 대해 '역사적 천년기론의 변형이요 변질'이라고 평가하거나 "재림론의 제 4견해로 봄이 옳겠고 본래의 천년기 재림론과 결코 혼동되어서는 안 될 것이다"라고 하면서 선을 분명하게 긋는다는 점이다.[20] 또한 역사적 전천년설에 대한 확고한 박아론의 입장 때문에 선친이 무천년설이나 후천년설에 대해서 보여주었던 관용적인 언급조차도 생략해 버리는데서 그의 역사적 천년기론에 대한 강한 애정과 확신이 드러나고 있다.[21]

7장(최종심판)과 8장(최후상태) 등이다.

[16] 박아론, 김석환, 『기독교 종말론』, 213-253.

[17] 박아론, 김석환, 『기독교 종말론』, 216, 218, 219, 222, 223, 224, 230, 232, 235, 237, 238, 239, 241, 242, 244, 246, 247, 248.

[18] 박아론, 김석환, 『기독교 종말론』, 251-253에 보면 박형룡의 책에서 다루어지지 않은 H. Bavinck, R. Clouse, Millard Erickson, Wayne Grudem, Gordon Lewis & Bruce Demarest, Charles C. Ryrie, Rodman Williams 등의 자료들이 소개되어 있다.

[19] 박아론, 김석환, 『기독교 종말론』, 223, 234, 245249.

[20] 한 가지 의아한 점은 박아론, 김석환, 『기독교 종말론』 확대증보판이 2004년에 출간되었고, 천년기에 대한 문헌소개(251) 가운데 Darrell L. Bock and Stanley N. Gundry (eds.), *Three Views on the Millennium and Beyond* (Grand Rapids: Zondervan, 1999)도 소개되어 있는데도 불구하고 그의 세대주의 비판은 박형룡처럼 전통적 세대주의에 한정되었고, '점진적 세대주의'(progressive dispensationalism)에 대한 언급조차 하지 않고 있다.

[21] 박형룡, 『교의신학-내세론』, 277을 보라. 박아론은 천년기에 대한 논의를 '역사적 천년기 재림론의 타당성'을 논증하는 것으로 끝을 맺는다(박아론, 김석환, 『기독교 종말론』, 246-250). 또한 다음과 같은 강한 비판은 박형룡의 책에선 찾아보기 어려운 것이다: "실제로

2. 송암 김길성 교수(1993-2014년 재직)

김길성은 부친 김용기 목사와 장인 정문호 목사를 통해 받은 죽산 박형룡과 정암 박윤선의 신학에 대한 애정을 가지고 한평생 신학 작업을 하고 교수 사역을 한 총신의 정통신학의 계승자였다.[22] 원래 메이첸의 교회론을 전공한 학자이지만, 1999년 박아론이 은퇴한 후에 종말론도 가르치기 시작한다.[23] 죽산 박형룡의 신학을 가슴깊이 존경했던 김길성은 죽산에 대한 여러 편의 논문을 썼을 뿐만 아니라[24] 조직신학 강의안을 작성함에 있어서도 죽산의 『교의신학』을 기본적인 텍스트로 삼았다.[25] 이러한 특징은 그의 『개혁주의 종말론』 강의안에서도 그대로 드러난다.[26] 강의안의 목차를 보면 박형룡의 『내세론』의 순서를 따라 서론, 개인적 종말론, 그리고 일반적 종말론 순으로 다루었다. 개인적 종말론에서는 죽음, 영생, 중간기 상태를 다루고, 일반적 종말론에서는 그

무천년기 재림론자들은 그리스도의 육체적인 공중재림을 기다리고 대망하는 삶을 사는 일에 천년기전 재림론자들이 보여 주고 있는 열심과 관심을 별로 보여 주지 않고 있으니, 이것은 우리에게 이해가 잘되지 않는 '모순된 일'이라고 어찌 말하지 않을 수가 있겠는가?"(박아론, 김석환, 『기독교 종말론』, 216).

[22] 김길성의 삶의 이력, 동적 활동, 그리고 주요 신학적 관심사에 관해서는 이상웅, "송암 김길성 박사의 생애와 신학적 관심사," 「개혁논총」 30 (2014): 17-64; "송암 김길성 교수의 삶과 신학세계," 「신학지남」 320 (2014): 29~62 등을 보라.

[23] 김은수는 송암이 데이첼 교회론으로 학위를 취득한 것에 대해서 "역사적으로 총신신학의 기초가 된 박형룡 박사와 박윤선 박사의 신학적 전통과 계보를 잇는다는 의미가 있다"고 바르게 평가한다(김은수, "한국장로교 100년간의 '조직신학'의 발전 역사," 「장로교회와 신학」 12 [2015], 145).

[24] 김길성, "박형룡 박사의 내세론 연구," 『죽산 박형룡 박사의 생애와 사상』, 박용규 편 (서울: 총신대학교 출판부, 1996), 451-469; "Dr. Hyung Nong Park's Theology of the Last Things," Chongshin Theological Journal, I/2 (August 1996): 72-89; "조직신학자 박형룡 박사의 신학과 사상," 「신학지남」 64/3 (1997): 44-59; "박형룡 박사의 신학에 대한 이해와 평가," 「신학지남」 71/4 (2004): 100-117 등.

[25] 그가 남긴 『신론』, 『구원론』, 『교회론』 강의안 뿐 아니라 『종말론』 강의안에서도 이러한 사실은 확인되어진다.

[26] 김길성, 『개혁주의 종말론』 (2012년 총신대학교신학대학원/신학원 강의안).

리스도의 재림, 천년기, 죽은 자의 부활, 최종 심판, 최후 상태 등을 다룬다.[27]

그러면 이제 송암의 천년기론을 살펴보도록 하겠다. 그는 평생 존경해온 신학적 멘토들인 죽산 박형룡과 정암 박윤선의 '역사적 전천년설'을 자신의 종말론적 입장으로 일관되게 취하였고 글로 공표하거나 강의하여 왔다. 또한 그것을 본인의 확고부동한 입장으로 삼고 강의를 하거나 글을 썼다.[28] 그가 은퇴하기 전 마지막으로 만든 강의안(2012년 가을)에서 천년기를 다루면서 송암은 죽산의 논의 순서를 따르지 아니하고 '천년기 전 재림론'을 먼저 다루고 나서야, 무천년기 재림론과 천년기 후 재림론을 다루었다.[29] 이러한 논의 순서의 변경도 송암이 확집하는 천년기 전 재림론에 대한 강조점을 보여주는 방식이라고 사료된다. 그리고 한 가지 주의해서 보아야 할 것은 송암은 단순히 박형룡의『내세론』에 담긴 내용을 반복 전달하는 역할을 한 것이 아니라, 새로운 자료들과 대화를 부단히 했다고 하는 점이다. 그는 무천년기를 다룸에 있어서 카이퍼와 바빙크의 종말론적 저술을 참고했고,[30] 후천년설을 대변했던 조나단 에드워즈와 구프린스턴 신학자들의 저술을 직접 연구했다.[31] 이 두 주제에 대한 논의는 강의안 형태여서 핵심과 참고문헌을 제시하는 형식으로 되어있지만 관심있는 연구자들에게는 실마리가 될 수 있다고 사료된다.

송암이 가지고 있는 장점 중 한 가지는 자신은 역사적 전천년설 입장

---

27 김길성,『개혁주의 종말론』, 목차; 이상웅, "송암 김길성 교수의 삶과 신학세계", 55).
28 박윤선에 대해서는 김길성,『개혁신학과 교회』(서울: 총신대학교출판부, 1998), 298-299을 보라. 박윤선의 역사적 전천년 입장은 1949년에 간행된『계시록주석』(부산: 고려신학교, 1949)의 20장 주석에서 이미 공표되어 있다. 박윤선박사의 천년기에 대해서는 정승원, "박윤선의 `1000년`이해에 대한 비판적 분석,"「신학지남 80/4 (2013): 84-111을 보라(이상웅, "송암 김길성 교수의 삶과 신학세계", 56에서 재인용함).
29 김길성,『개혁주의 종말론』, 54-61.
30 김길성,『개혁주의 종말론』, 89-91, 105-108.
31 김길성,『개혁주의 종말론』, 97-104.

에 견고히 서 있으면서도 무시할 수 없는 견해인 무천년설에 대해서는 관용하는 마음을 가지고 있다고 하는 점이다.[32] 특히 "무천년기 재림론을 사랑하는 역사적 천년기전 재림론자들의 입장에 서기를 원한다"라고 하는 송암의 고백은 그의 제자들의 뇌리 손에 인상깊게 남아있다.[33] 이러한 송암의 관용적인 자세는 앞서 살펴본 대로 죽산의 관용적인 입장을 따른 것이기도 하다.[34] 그러나 송암은 죽산보다 좀 더 적극적으로 무천년설을 대한다는 것을 곳곳에서 확인해 볼 수가 있다. 그는 루이스 벌코프가 전천년설을 비판하면서 역사적 전천년설과 세대주의 전천년설을 구분하지 아니하고 '이 둘을 하나로 보고 구분 없이 비판'한 것에 대해서는 비판하면서도, 그가 전천년설에 대해 제기한 여섯 가지 비판한 점들에 대해서는 "비판을 받아들이는 겸손한 자세가 필요하다"고 말한다.[35] 또한 요한계시록 20장에 대한 논의를 마치면서 내린 다음과 같은 결론은 '확고부동한 역사적 전천년설자'인 송암 김길성의 포용적인 입장을 잘 대변해 준다고 생각된다:

계 20장의 어느 해석을 취하든 영적인 가치를 가지고 있다. 우리는 다른 사람들의 견해를 존중해야 한다. 이제 우리는 과거에 하던 방식과는 달리, 어느 것을 택하느냐의 문제보다도 '왜' 택하느냐를 질문해야 한다. 그래서 필자는 무천년을 사랑하는 역사적 전천년주의자들의 입장에 서기를

---

[32] 이상웅, "송암 김길성 교수의 삶과 신학세계", 54-57.
[33] 김길성, 『개혁주의 종말론』, 94(= Kim Kilsung, "Dr. Hyung Nong Park's Theology of the Last Things," 86: "Therefore, the writer as with Dr. Hyong-nong Park, would like to adopt the viewpoint of a historic premillennialist who appreciates the amillennialist position").
[34] 박형룡, 『교의신학-내세론』, 277. 또한 송암은 평양신학교와 총신에서도 무천년설을 가르쳤던 이들이 있었음을 소개한다(김길성, 『총신의 신학 전통』 [서울: 총신대학교출판부, 2014], 135, 253-259).
[35] 김길성, 『개혁주의 종말론』, 106-108; Louis Berkhof, *Systematic Theology* (Grand Rapids: Eerdmans. 1941), 712-716.

원한다. 이것은 한국교회에 주신 축복인 동시에 [내세신앙] 후대에 맡겨진 도전으로 생각해야 한다. 우리가 어떻게 주님의 재림을 기다리며, 하루 하루를 내세의 소망으로 살아갈 수 있을까를 생각하는 동시에 [역사적 전 천년주의] 오늘 주어진 삶에서 주님의 십자가와 부활의 능력이 나타나는 책임 있는 그리스도인의 삶을 살 수 있을까 하는 [무천년주의] 두 가지 큰 책임이 우리에게 있는 것이다.[36]

3. 최홍석 교수(1985-2016년 재직)

최홍석은 총신을 졸업하고 화란 깜쁜신학교(= 후에 깜쁜신학대학교로 명칭 변경됨)에서 독토란두스 과정을 마치고 귀국하여 총신에서 31년간 조직신학을 가르치고 최근에 은퇴했다.[37] 그는 총신 신대원의 전신 신학연구원을 졸업한 후에 대학원에 진학하여 1년 동안 조직신학을 전공하면서 차영배와 신복윤의 강의를 들었다. 또한 은퇴했다가 다시 대학원장으로 부임했던 정암에게 배우기도 했다. 최홍석은 차영배와 박윤선의 감화하에 헤르만 바빙크의 신학에 대한 깊은 관심을 가지게 되었고, 박아론과 신복윤 등의 영향하에 죽산 박형룡의 신학에도 관심을 기울이게 되었다.[38] 총신에서 재직하는 동안 구원론과 현대신학을 제외한 모든 조직신학 과목을 골고루 가르쳤으며, 특히 교회론, 인간론, 신론을 주로 강의했었다. 종말론도 후기에 몇 차례 강의한 것으로 확인되는데, 그가 마지막으로 종말론을 강의한 것은 2014년 2학기였다.[39] 최홍석은 여러 해 동안 종말론 강의를 했지만, 독자적인 강의안이나 교재를 집필

---

36 김길성, 『개혁주의 종말론』, 94.
37 최홍석의 생애와 신학세계에 대해서는 이상웅, "최홍석 교수의 삶과 신학세계," 「신학지남」 324 (2015), 85-135을 보라.
38 이상웅, "최홍석 교수의 삶과 신학세계", 95-99.
39 이 마지막 강의를 들은 한 학생이 채록한 강의안을 필자에게 보내어 주어서 간단히 참고하려고 한다.

한 적이 없다. 또한 종말론에 관련해서 쓴 글도 단 두 편 확인되어질 뿐이다.[40]

그러나 최홍석은 강의와 한편의 논문을 통하여 자신의 입장이 역사적 전천년설이라고 명시적으로 밝혔다. 이는 그가 존경하던 죽산과 정암의 입장일 뿐 아니라 자신의 장인 차영배가 취한 입장이기도 했다. 2014년 종말론 강의를 들었던 한 학생이 채록한 종말론 강의안을 보면 천년기에 대한 세 가지 입장에 대해 싸움거리로 만들지 말고, 각 입장의 "공통분모까지만 경계선 나눠서 공통분모에 나오는 진리를 이끌어 우리의 종말론적 삶을 살도록 가르치고 설교해야"한다고 권하는 것을 보게 된다.[41] 이 녹취록에서 세 가지의 입장을 차례대로 설명하되 자신의 확신하는 바 역사적 전천년설의 견지에서 소개하는 것을 볼 수가 있다.[42] 학교 홈페이지에 업로드한 2014년 2학기 강의 계획서를 보면 주교재는 박형룡의 『교의신학-내세론』 한 권 뿐이고, 참고도서 속에 바빙크, 래드, 후크마, 리덜보스, 루니아, 스킬더, 보스, 그루뎀, 에릭슨, 박윤선, 신복윤, 간하배 등의 저술을 리스팅하고 있다. 강의 채록본도 전체적으로 살펴보면 박형룡의 교본에 충실하되, 참고도서들로부터 보충하여 설명하는 것을 확인할 수가 있다.[43]

그러면 이제 천년왕국과 관련하여 그가 공표한 "현대교의학에서의

---

40 최홍석, "현대 교의학에서의 천년왕국과 종말 -현대 교의학의 동향과 관련하여-," 「신학지남」59/4 (1992): 7-48(= 최홍석, 『신학과 삶』[서울: 총신대학교출판부, 1998], 130-177에 재 수록됨); "죽음, 그 이후 -기독교 장례문화의 이론적 근거 제공을 위한 논의-," 「신학지남」66/1 (1999) 46-82.
41 2014년 11월 11일 강의.
42 2014년 11월 11일 강의와 11월 18일 강의.
43 사실 최홍석 교수가 직접 출간한 저술이 없는 과목을 강의하는 경우에는 한 권의 교과서만 제시하는 경우는 드물었다. 오히려 여러 가지 참고도서를 소개하고, 독자적인 강의안을 만들어 강의를 진행하곤 했다. 하지만 종말론의 경우에는 박형룡의 책만 주교재로 소개하고 그 내용에 충실했다는 것은 박형룡의 종말론에 대한 존중과 의존도를 보여준다고 사료된다.

천년왕국과 종말"이라는 논문을 살펴보도록 하자.⁴⁴ 한편의 논문으로서는 분량이 많은 편인(총 42쪽) 이 논문을 시작하면서 종말론은 "기독교적 사고와 삶 (존재와 의식)을 주도하는 전제 역할을 한다"는 말로 논의를 시작한다. 종말론에 대한 그의 논의의 관심은 '현학적 관심이나 지적 욕구 충족의 차원'에 있지 아니하고 '기독교적 종말론이 가지는 실천적 의미' 추구에 놓여있다고 미리 밝힌다.⁴⁵ 따라서 최홍석은 종말론에 관한 다양한 견해들을 비교하는 것 보다는 "오히려 다양한 견해들 가운데 존재하는 공통성에 근거하여 기독교적인 삶의 의미를 추구하는데 초점을 맞추"고 있다.⁴⁶ 그럼에도 불구하고 그의 논문 전반부에서 현대 교의학의 동향을 분석하고 현대의 비성경적인 종말론의 유형들을 분석 소개하는 것을 보게 된다.⁴⁷ 그는 현대신학의 분석 작업을 통해서도 일관되게 '오직 성경으로'(Sola Scriptura)라는 잣대를 적용하고 있음을 보여준다.⁴⁸

천년기에 대한 논의는 논문의 후반부(IV. 성경적인 종말론과 천년왕국)에 가서야 등장하는 것을 보게 된다. 이 논의의 시작에서도 최홍석은 "어떠한 종말론이 과연 성경적이라고 할 수 있는가"라는 주안점을 먼저 표현한다.⁴⁹ 그는 하나님 나라의 현재적 관점과 미래적 관점의 양면성과 결국은 미래적 측면이 '궁극적'이라는 점을 말하고 나서, "이 미래적인 나라가 지상에서의 일시적인 나라로서 천년왕국을 포함하고 있는

---

44 이 글은 1991년 10월 15일 한국교회문제연구소가 주최한 심포지엄에서 발제한 글로서 「신학지남」에 기고했다. 본 장에서는 최홍석,『신학과 삶』, 130-177에 재 수록된 글을 인용하도록 하겠다.
45 최홍석, "현대교의학에서의 천년왕국과 종말", 130.
46 최홍석, "현대교의학에서의 천년왕국과 종말", 130.
47 최홍석, "현대교의학에서의 천년왕국과 종말", 132-157.
48 최홍석, "현대교의학에서의 천년왕국과 종말", 155-157.
49 최홍석, "현대교의학에서의 천년왕국과 종말", 157.

가?"라는 질문을 제기한다.[50] 그는 계시록 20장 4-6절의 본문 가운데 등장하는 '살아서'(ἔζησαν)라는 단어의 의미를 어떻게 보느냐가 '모든 해석학적인 문제의 열쇠'라고 말하면서 이에 대한 무천년기론과 역사적 전천년의 입장을 꼼꼼히 대조하여 설명하고 나서는 전자의 해석이 바른 해석이라는 결론을 내린다.[51] 그리고 이어서 그는 '복음주의 진영 가운데 발견되는 대표적인 해석 유형들'로 후천년설, 무천년설을 살피고 나서 '계 20장의 가장 자연스러운 주해를 근거로 하여 세워진 관점'이라고 여기는 바 역사적 전천년설을 소개한다.[52]

천년기에 대한 최홍석의 논의 중 특이한 점은 이러한 세 가지 관점이 가지고 있는 '모종의 공통분모' 내지는 '다양성 중의 통일성'을 찾아서 제시하는 것이다. 평소 그가 많이 읽고 활용했던 『개혁교의학』의 저자 헤르만 바빙크와 같이 평화적이고 대화론적인 자세를 최홍석이 여실히 보여주고 있는 대목이라고 할 것이다. 그렇다면 그가 제시하는 세 입장의 공통점은 어디에 있을까? 그가 제시한 내용들 중 핵심을 추려서 소개해 본다:

(1) 이 세대와 오는 세대에서 실현되고 완성될 하나님 나라의 양면적인 구도와 이미와 아직 사이의 구속사적 긴장은 세 견해에 모두 발견될 수 있는 관점일 것이다.
(2) 종말의 진전 과정에 대한 관심보다 결과론적인 궁극적 상태(status)가 중요하다.

---

50 최홍석, "현대교의학에서의 천년왕국과 종말", 157-158.
51 최홍석, "현대교의학에서의 천년왕국과 종말", 159-162. 최홍석은 "해석학적 접근은 항상 신학적 접근에 앞서야 하며 가장 자연스러운 귀납적인 주해가 문맥을 통해 이루어져야 한다"라는 원칙을 천명하고, "귀납적인 주해연구 이전에 반천년왕국적 성격의 신학적 경향이 전제로서 역할하는 것"에 대하여 경계를 한다(163).
52 최홍석, "현대교의학에서의 천년왕국과 종말", 164-167. 최홍석은 그의 신학적 멘토들처럼 '역사적 전천년설'과 '세대주의 전천년설'을 분명하게 구분한다(163, 166).

(3) 종말의 진전 속에 나타나는 형식적인 과정에 중요성이 있는 것이 아니라, 그 과정 속에 놓여 있는 실질적 국면(하나님과의 신앙윤리적인 관계/ 하나님의 은총과 인간의 책임/ 하나님의 주권성과 인간의 위치 등)이 더 중요하다.

(4) 미래적 종말은 거시적 차원에서 예언의 성취라는 관점의 구속사적 의미와 하나님의 영광을 위한 창조와 그 종결이라는 우주적 차원의 유일회적 사건이다.[53]

III. 무천년설의 계승

죽산 박형룡이 총신을 은퇴한 후 '역사적 전천년설'은 총신의 여러 교수들에 의해서 여전히 표준적인 입장으로 가르쳐졌고, 최근까지도 그런 상황이었다.[54] 또한 분명한 것은 죽산이 재직하고 있을 당시의 총신 안에도 무천년설의 입장을 가르치는 이상근 교수(1911-2011)가 있었고,[55] 죽산을 열렬히 따랐던 정규오 목사의 경우도 이미 그 입장을 무천

---

53 최홍석, "현대교의학에서의 천년왕국과 종말", 167-168. 최홍석은 마지막으로 '신앙의 표현 내지는 표출로 이해될 수 있는 문화와 관련하여 생각될 수 있는 기독교적 종말론의 의미'를 살피는 것으로 논의를 마무리한다. 그는 만유 갱신설이 성경적이며, 현재의 문화적 책임과 신천신지간의 관련성에 대한 개혁주의적 관점을 소개하는 것으로 논문을 마무리 짓는다(168-176).

54 조봉근, "칼빈과 한국장로교회의 교파별 종말론에 관한 비교연구," 「한국개혁신학」 26 (2009), 303-304. 김영재는 전천년설이 얼마나 절대시되었는지에 대해서 다음과 같이 논평해준다: "한국교회에서는 1960년대까지만 하더라도 종말론에 관한 한 전천년설이어야 하고, 무천년설을 지지하는 사람은 이단시하거나 신신학자로 인정할 정도였다."(김영재, "한국교회의 종말론," 「신학정론」 11/1 [1993], 266-267).

55 김길성, 『총신의 신학전통』 [서울: 총신대학교출판부, 2013], 112-114; 100년사편찬위원회, 『총신대학교백년사 2권: 학술편, 자료편』 (서울: 총신대학교출판부, 2003), 376; 김남준, "설교자와 영성(4)," 「그말씀」 [2015년 4월호], 209-210. 김길성에 의하면 이상근이 총신에서 강의하며 만든 『종말론강의』 프린트물이 남아있으며, 그 자료에 의하면 이상근은 루이스 벌코프를 따라 전천년설과 후천년설을 비판적으로 다루었고, 역사적전천년설과 세대주의 전천년설을 구분하지 아니하고 비판하는 점도 동일하다고 한다(이상근, 『종말론강의』, 46-74; 김길성, 『총신의 신학전통』, 135-136에서 재인용-).

년설로 변경하기도 했다는 점이다.[56] 그리고 흔히 말하는 것처럼 화란이나 영어권의 개혁주의 학교에서 공부하고 돌아온 교수들에 의해서 무천년설은 많이 보급되어 왔다.[57] 죽산의 은퇴이후 무천년설이 공표되기 시작한 것은 주로 신약교수들을 통해서였다. 신약학 교수였던 신성종 교수(1981-1987년 재직)는 『요한계시록강해』를 통해 무천년설을 공표했고,[58] 정훈택 교수(1989-2013년 재직)는 두 편의 논문 속에서 성실한 주해 작업을 통하여 무천년설을 지지했다.[59] 총신을 떠나 합신 교수가 된 죽산의 후임자 남송 신복윤도 1990년대에 이르러 역사적 전천년설에서 무천년설로 입장을 바꾸었다.[60] 총신에서 조직신학을 가르쳤던 교수들 가운데 가장 명시적으로 무천년설을 지지한 이는 서철원 교수이다. 이하에서 서철원 교수의 입장을 먼저 살펴보고, 현재의 상황을 간략하게 살펴 보도록 하겠다.

---

[56] 해원 정규오(1914-2006)목사는 1970년에 간행한 『사도신경해설』에서 자신이 "초기에는 천년기 전기설을 믿었으나 지금에 와서는 무천년설에 기울어지고 있"다고 고백했다(정규오, 『정규오박사 저작 전집 IX. 사도신경해설』 [광주: 한국복음문서협회, 1994], 140-144; 김길성, 『총신의 신학전통』, 235에서 재인용).

[57] 앞서 언급했지만 화란에서 바빙크 신학을 깊이 연구하고 돌아온 차영배, 최홍석 교수나 바빙크를 화란어로 읽은 이상원 교수는 역사적 전천년설을 따른다.

[58] 신성종, 『요한계시록강해』 (서울: 엠마오, 1983), 132.

[59] 정훈택, "하나님의 나라와 천년," 「신학지남」 231(1992): 158-219 = 『신학적 도약』 (서울: 민영사, 2004), 293-352에 재수록; "기독론적 종말론: 신약의 종말론 연구," 「성경과 신학」 13 (1993): 119-149 = 정훈택, 『신학적 도약』, 255-292에 재수록.

[60] 김영재, "한국교회의 종말론", 267. 조봉근은 신복윤의 책을 보면 "'후천년설'을 따르는지 '무천년설'을 따르는지 불투명한 입장이 엿보인다"고 의문을 제기한 적이 있는데(조봉근, "칼빈과 한국장로교회의 교파별 종말론에 관한 비교연구", 322), 이는 신복윤이 "無千年期說," 「신학정론」 11/1 (1993): 245-260과 은퇴 후 출간한 『종말론』 (서울: 개혁주의신행협회, 2001), 281-354('천년기') 등에서 자신의 입장을 뚜렷이 밝히지 않고 있기 때문이다. 그러나 『종말론』, 378-379를 보면 계 20:4-6절에 나오는 '첫째 부활'을 무천년설의 해석을 따라 '성도들이 죽을 때 그리스도와 함께 영광스러운 삶의 상태에 들어가게 되는 것을 의미'하는 것으로 해석하고 있다. 합신에서 조직신학고수로 재직하다 총신에서 가르치고 있는 정승원 교수도 이러한 입장 변경에 대해서 필자에게 확인해 주었다.

1. 서철원 교수(1991-2007년 재직)

서철원 교수는 죽산에게 조직신학을 배웠으며, 웨스트민스터신학교에 유학 가서 코넬리우스 반틸 지도하에 신학석사 논문을 썼으며, 화란 암스테르담 자유대학교에서 "예수 그리스도의 창조 중보직"으로 박사학위를 취득하였고, 귀국하여 개혁신학교에서 교수로 재직하다(1982-1991), 총신으로 옮겨서 조직신학을 가르쳤다. 개혁신학교에서는 조직신학 모든 과목들을 가르친 것으로 확인되지만, 총신에서는 주로 신학서론, 기독론, 현대신학 등을 가르쳤다. 그의 개혁신학원 재직 시절의 종말론 강의 녹취본들은 남아있지만, 총신에서 종말론을 가르쳤다는 증거는 없다. 그럼에도 불구하고 총신에서 재직할 때에 쓴 글들에서 그의 무천년기 입장은 분명하게 확인되어진다.

죽산의 출생 100주년을 앞두고 박용규 교수와 총신 교수들은 박형룡의 생애와 신학을 조명하는 논문 모음집을 출간했는데, 서철원은 "박형룡 박사의 조직신학"이라는 논문을 기고했다.[61] 이 논문 속에서 서철원은 죽산의 여러 가지 신학적인 기여를 평가한 후에 그에게 '신학자'라는 호칭을 부여하는 것이 합당하다고 호평을 했지만, 반면에 비판적 평가도 제시했다. 서철원에 의하면 죽산이 '개혁신학 전통을 떠나 신학하게 된 가장 대표적인 예는 천년기 문제'라고 지적한다. 그렇게 된 것은 죽산이 평신에서 배운 이눌서(Reynolds)의 가르침과 당시 한국교회의 경향에 합류했기 때문이라고 한다. '전통적 개혁신앙과 공교회의 신앙'은 무천년설이라고 보는 서철원은 죽산의 계시록 20장 해석에 대해서도 다음과 같이 비평한다:

박 박사는 근본주의적 입장에서 계시록 20장을 문자적으로 해석했다. 계

---

[61] 서철원, "박형룡 박사의 조직신학," 『죽산 박형룡 박사의 생애와 사상』, 박용규 편 (서울: 총신대학교출판부, 1996): 435-450.

시록은 문자적으로 이해하기 어려운 책이다. 20장의 쇠사슬, 무저갱 열쇠, 사탄결박, 천사가 그렇게 함과 천년을 문자적으로 해석하면, 매우 곤란한 귀결에 도달한다. 그런데 문자적으로 해석을 해서 역사적 천년기를 바른 신앙으로 주장하면 뵈트너의 가르침처럼 평신도들은 다 세대론이 되고 만다.[62]

서철원은 역사적 전천년설이나 세대주의 전천년설은 거의 차이가 없다는 지론을 가지고 있다. 그가 자신의 은퇴 기념 논총에 기고한 "나의 신학"이라는 글의 말미에서 서철원은 구약의 제사제도와 피제사의 회복을 말하는 천년기는 그리스도의 속죄 제사를 임시적으로 만들기 때문에 '철저하게 배격'해야 할 것을 강변했다.[63] 그는 공교회의 입장이란 천년기론 자체를 배격하는 것이었음을 지금까지 언급한 두 편의 글에서 명시적으로 말한다.

죽산의 제자이자 정규오를 존경했던[64] 서철원의 무천년설에 근거한 반 천년기론은 개혁신학원 재직시절에 행한 강의 녹취록들에서 분명하게 확인해 볼 수가 있다.[65] 필자가 참고한 1989년 『종말론 강의』 녹취

---

[62] 서철원, "박형룡 박사의 조직신학", 447-448.
[63] 서철원, "나의 신학,"『성경과 개혁신학』, 서철원박사 은퇴기념 논총위원회 편 (서울: 쿰란출판사, 2007), 71-73.
[64] 서철원은 1982년에 통과된 자신의 박사논문을 광주중앙교회 담임목사였던 정규오목사에게 헌정했다. 암스테르담 유학시절 전반부에 재정적으로 지원했고, 자신의 신학공부에 대해 정목사가 기울여준 오랜 관심에 대해 감사를 표현했다(Suh, Chul-Won, The Creation-Mediatorship of Jesus Christ [Amsterdam Rodopi, 1982], Foreword).
[65] 서철원의 무천년설에 대해서 요약적으로 제시한 조봉근은 1983년 여름학기와 1986년의 강의안을 활용했다고 참고문헌에 적고 있는데(조봉근, "칼빈과 한국장로교회의 교과별 종말론에 관한 비교연구", 307-310, 327), 필자가 참고한 것은 1989년 4월-6월에 행한 『종말론 강의』의 녹취본이다. 이 녹취본은 수강자에 의해서 만들어진 것으로 서양 인명이나 단어들이 정확하게 채록되지 않은 곳들이 많이 있음에도 불구하고, 서철원의 입장은 분명하게 전달되고 있다고 사료된다. *본 장에 수록된 논문을 발표한 후인 2018년에 서철원 교수의 교의신학 종말론이 출간이 되었고, 그 내용을 살핀 결과 1989년의 강의안의 기본적인 입장과 동일하다는 것을 확인할 수가 있었다. 그러나 본 장에서 인용하지는 않았

록은 총 12개 강좌로 되어 있는데, 그 가운데 천년기론을 다루고 있는 강좌는 네 개(7-10강좌)나 된다.[66] 종말론의 다양한 주제들 가운데 천년기 문제에 1/3을 할애한 것은 서철원이 이 주제를 중요하게 생각했다는 증거이기도 하다. 그가 신학교수 재직시에는 천년기설을 강력하게 비판하고 무천년설을 강변했지만, 그의 고백에 의하면 그도 원래는 '역사적 전천년설'을 강하게 믿고 가르치다가 암스테르담 유학 마지막 시기에 '무천년설'로 입장을 바꾸었다고 한다.[67] 그의 무천년기에 대한 확신은 다음의 인용에서 두드러진다:

> 여기서 다시 강조해서 말씀을 드리거니와 종말론에 관한 한은 공교회가 한사코 천년기론을 배척을 하고 무천년기, 무천년이라는 말이 없지요. 왜냐하면 주님의 재림, 보편 일반부활, 한 번의 보편심판, 그리고 신천신지의 도입, 이러게 되어 있으니까 무천년이라는 말이 전혀 없지요. 그러나 그 종말 도식이 성경이 가르치는 종말도식이라고 성경이 가르치는 무천년 도식입니다.[68]

서철원은 콘스탄티노플신경(381년)에 나오는 "그의 나라는 끝이 없다"는 구절을 자주 인용하면서, 임시적이고 지상적인 천년왕국에 대한 모든 이론은 맞지 않다고 주장한다.[69] 또한 그는 무천년기 도식에 따라

다(서철원,『종말론』[서울: 쿰란, 2018]).
66 서철원,『종말론 강의』, 94-160.
67 서철원,『종말론 강의』, 143.
68 서철원,『종말론 강의』, 128.
69 서철원,『종말론 강의』, 97, 128. 서철원은 콘스탄티노플회의에서 뿐만 아니라 "그 이후에 모든 공의회들이 다 천년기론에 관한 한은 천년기를 배척하고 무천년을 가장 바르고 합당한 것으로 주장을 하고 믿어오게 되었"다고 말한다(128). 그리고 서철원이 인용한 콘스탄티노플신경의 문장의 원문은 "οὗ τῆς βασιλείας οὐκ ἔσται τέλος; cujus regni non erit finis."이다(Philip Schaff, Creeds of Christendom, 3vols. [New York: Harper & Brothers, 1919], 2:57). 또한 서철원은 "그리스도의 나라는 영원한 나라인데 천년에 제

종말에 있을 사변들의 순서를 '재림, 일반적 부활, 한 번의 심판, 신천신지의 도입'이라고 말하곤 했다.[70]

서철원은 한국에 온 선교사들 대부분이 '천년기론 사상'을 가지고 왔기 때문에 한국교회에도 천년기론이 그대로 전달되어 '가장 확실하고 바른 이론'인 것처럼 지내왔다고 비판한다.[71] 그의 강의녹취록을 읽어보면 서철원은 무천년기론에 확고히 서있다 보니 '역사적 전천년설'과 '세대주의 전천년설' 간에 거의 구별을 하지 않는다는 것을 확인하게 된다. 그는 '천년기론을 주창을 하면 세대론으로 가는 것이 논리적인 귀결'이라고 말했고,[72] 몇 가지 차이점 외에는 '둘 간에 별로 차이가 없는 것'으로 보인다라고도 말하기도 했다.[73] 그러나 그가 천년기에 대한 비판이라고 강의한 내용을 보면 대부분은 '세대주의 전천년설'에 대한 것임을 알게 된다.[74] 그는 '세대론'이 7세대를 구분하고, 왕국연기론을 주장하며, 이중 재림과 교회의 휴거를 주장하고, 7년 대환란을 말하고, 천년왕국시 유대인 중심의 정치적 왕국 혹은 메시아 왕국이 지상에

한하는 것은 바람직하지 않다"는 이유에서 칼빈 역시도 천년기를 반대 했다고 말한다(서철원, 『종말론 강의』, 126). 이 점에 대해서는 John Calvin, *Institutes of the Christian Religion*, trans. Ford L. Battles (Philadelphia: Westminster, 1960), 3.25.5를 보라.

70 서철원, 『종말론 강의』, 20, 98, 99,111, 128, 157. 서철원은 재림과 그 이후에 일어난 일들에 대한 이러한 무천년기 도식이 '가장 바르고 확실한 교회의 신앙'이라고 주장한다 (98). 이러한 서철원의 입장은 다음의 대표적인 무천년설자들의 저술에서 개진된 내용과 일치한다: Herman Bavinck, *Gereformeerde Dogmatiek*, 4 vols. 2nd ed. (Kampen: Kok, 1906-1911), 4: 712-784 (#562-574); 박태현 역, 『개혁교의학 4』 (서울: 부흥과개혁사, 2011), 765-833; Louis Berkhof, *Systematic Theology* (Grand Rapids: Eerdmans, 1941), 695-734; Anthony A. Hoekema, *The Bible and the Future* (Exeter: Paternoster, 1979), 109-264 등.

71 서철원, 『종말론 강의』, 58.
72 서철원, 『종말론 강의』, 143.
73 서철원, 『종말론 강의』, 107. 역사적 전천년설이 7세대를 주장하지 않으며, 환난기 통과를 주장한다는 점에서 차이가 있다고 말한다.
74 서철원, 『종말론 강의』, 107-141. 조봉근, "칼빈과 한국장로교회의 교파별 종말론에 관한 비교연구", 308-309에 서철원의 전천년설, 후천년설에 대한 비판을 요약 소개한다.

수립된다고 주장하는 점, 제사제도와 피제사 회복을 주장한 것에 대해서 비판했다. 또한 교회와 유대인을 구별하여 두 백성으로 만드는 것에 대해서도 단호하게 비판한다.[75] 서철원은 이러한 천년기 사상은 성경적이라기보다는 '유대주의 사고'에서 비롯되었다고 비판을 한다.[76] 또한 죽산의 천년기론에 대해서도 역시 비판적으로 소개한다.[77]

그리고 서철원은 무천년기의 입장에 따라 계시록 20장도 문자적으로 해석할 것이 아니라 상징적으로 풀어야 할 것을 역설했다.[78] 사탄의 결박은 '십자가의 권세로 결박'하는 것으로, 천년기는 '그리스도의 복음이 선포되고 교회가 지상에서 존속되고 그리스도의 교회를 박멸하려고 하는 일이 생기기 전까지의 사탄의 역사의 제약됨'의 기간으로, 천년통치는 '순교자들의 영혼이 하늘나라에 가서 그리스도의 통치에 동참함'을 의미한다고 해석한다.[79] 이와 같이 서철원은 무천년을 말하되 아주 강렬한 언어로 말했으며, 천년기에 대해 지나칠 정도로 강력하게 비평한 것을 알 수가 있다.

2. 정승원 교수(2008-현재 재직)와 이상웅 교수(2012-현재 재직)의 입장

현재 총신에서 조직신학을 가르치는 교수들 가운데 공개적으로 무천

---

[75] 서철원, 『종말론 강의』, 117, 133. 서철원은 앗수르의 혼혈정책에 의해서 10개 지파가 끊어져 없어졌음도 명쾌하게 말한다(145-146).
[76] 서철원, 『종말론 강의』, 121: "천년기 세대론 뿐만 아니라 천년전기도 다 유대주의 사고지 기독교 사고가 아닙니다. 왜 이와 같은 사고가 생겼느냐? 그들은 이것이 그들의 묵시문학에서 비롯합니다."
[77] 서철원, 『종말론 강의』, 127. 이눌서선교사의 영향으로 죽산이 역사적 천년기론을 가지게 되었고, 이는 '교회의 가르치는 근본교리에 의해서 조직신학을 전개'한 것이 아니라고 한다. 이러한 비판은 앞서 언급한 서철원, "박형룡 박사의 조직신학", 447-448에서도 공표한 내용이다.
[78] 서철원, 『종말론 강의』, 139-153.
[79] 서철원, 『종말론 강의』, 151-152.

년설을 자신의 입장으로 표방하는 학자는 필자와 정승원 교수이다. 이렇게 말한다고 해서 현재 총신 교수들 가운데 단지 우리 두 사람만 무천년설을 취하고 있다는 말은 아니고, 글을 통해 공표한 경우만 언급한 것이다. 개인적으로 여러 교수들에게 천년기 입장을 물어보곤 했는데, 역사적 전천년설과 무천년설의 입장이 팽팽하게 양립하고 있는 상황인 것을 확인하게 되었다. 물론 예전처럼 첨예하게 대립하고 반대 입장을 배척하는 그런 분위기는 존재하지 않는다. 아래에서는 정승원교수와 필자의 입장을 간략하게 개괄하도록 하겠다.[80]

정승원교수는 웨스트민스터 신학교에서 "존 칼의 기독론"연구로 학위를 취득하고 돌아와 처음엔 합신에서 가르치다가 2008년부터 총신에서 조직신학 교수로 재직중이다.[81] 신대원에서 변증학, 현대신학을 주력하여 가르치면서, 학과 사정상 기독론이나 종말론 등을 가르치기도 한다. 2013년도 2학기 종말론 강의계획서를 보면 그가 지정한 주교재는 헤르만 리덜보스의 『하나님의 나라』이다.[82] 그의 종말론 강의는 교과개요에서 볼 수 있듯이 구속사적이고, 성경신학적인 관점에서 이루어졌다.[83] 이러한 특징은 그가 종말론과 관련하여 공표한 두 편의 논문 속에서도 선명하게 드러나고 있다.[84] 박윤선의 천년기 이해에 대해

---

[80] 아직 현직에서 가르치고 있기 때문에 최종적인 입장이라고 단언하기는 어렵다는 점을 감안해 주기를 바란다.

[81] 그의 부친 정문호목사는 박형룡 박사저작전집간행위원회 위원장으로서 20권의 저작전집을 출간하는 일에 큰 기여를 한 사람이다(정문호,『그 십자가의 그 말씀은 나의 능력이다』 [서울: CLC, 2015], 230-244, 356).

[82] Herman Ridderbos, *De Komst van het koninkrijk* (Kampen: Kok, 1950); ET. *The Coming of Kingdom*, trans. H. de Jongste (Philippsburg: P&R, 1962); 오광만 역,『하나님의 나라』(서울: 솔로몬, 2008).

[83] 정승원은 자신의 논의를 전개하기 위해서 여러 주석들을 활용하지만, 특히 정훈택, "하나님의 나라와 천년,"「신학지남」231(1992): 158-219; "기독론적 종말론: 신약의 종말론 연구,"「성경과 신학」13 (1993): 119-149 등을 비중 있게 인용한다.

[84] 정승원, "박윤선의'1000년'이해에 대한 비판적 분석,"「신학지남」317 (2013): 84-111; "요한계시록에 언급된 "나라"와 "제사장"에 대한 성경신학적 고찰,"「개혁논총」30

서 분석하고 비판할 때에도 그는 구속사적인 관점에서 전개했으며, 결론적으로 "1000년의 핵심은 바로 그리스도의 십자가와 부활의 승리"에 있으며, 독생 성자의 피로 구원받은 우리가 그의 공로에 힘입어 "그와 함께 지금부터 세세토록 왕노릇하는 것이다"고 명시한다.[85] 계시록의 세 구절(1:6, 5:10, 21:6)에 등장하는 '나라와 제사장'의 의미를 해명하는 논문에서도 정승원은 '성경의 구속사적 일체성을 근거로' 논의를 전개했다. 그는 구약적 배경을 살피고, 다양한 신약학자들의 논의를 참조하여 마침내 무천년기적인 결론에 이르는 것을 볼수 있다. 다음과 같은 결론을 보더라도 정승원의 무천년기 입장은 서철원의 입장처럼 강경하지 않음을 알 수가 있을 것이다:

> 계시록 20:4-6을 어떻게 이해하며 이 구절을 근거로 어떤 천년왕국을 주장하든지간에 그리스도의 보혈로 말미암아 성도들을 나라(왕)와 제사장으로 삼으신 것은 성경 전체에 흐르고 있는 구속사적 주제이며 오직 죽임당하신 어린양의 승리와 그를 따르는 자들의 승리가 계시록의 주제임을 부정할 수 없다. 또한 그리스도의 구속의 성취로 말미암는 결과가 최종적으로 그의 재림 후 세워질 새 하늘과 새 땅에서도 성도들이 영원토록 제사장이 되어 왕 노릇하게 될 것이다(계 21:3; 22:3,5).[86]

한편 2012년 가을에 총신에 부임한 이래 가을 학기마다 종말론을 주력하여 가르치고 있는 이상웅 교수는 청소년기에 요한계시록에 빠져서 박윤선의 『계시록 주석』을 읽었고, 박형룡의 『내세론』을 읽으면서 건전한 종말론을 형성하게 되었다. 그러다가 여러 화란 개혁주의 신학자들(카이퍼, 바빙크, 보스, 리덜보스, 후크마 등)의 종말론을 공부하면서 무천년설이

(2014): 195-228.
85 정승원, "박윤선의 '1000년' 이해에 대한 비판적 분석", 110.
86 정승원, "요한계시록에 언급된 "나라"와 "제사장"에 대한 성경신학적 고찰", 224.

보다 성경적이라고 하는 확신에 이르게 되었다.[87] 그리고 15년 반 동안 전임 목회 사역을 하면서 요한계시록 강해를 세 차례 연속강해 해 본 후에 2013년에 『개혁파종말론의 관점에서 본 요한계시록』을 출간했으며, 총신에서 종말론을 가르치면서 종말론에 관련된 여러 편의 논문을 공표하고 있다.[88] 그리고 필자는 매년 수강생들에게 '역사적 전천년설'이 예장합동의 공식적인 입장임을 소개한 후에, 죽산이 천년기에 대해 어떤 입장을 선택할 것인지를 각자의 양심에 맡겼듯이 필자 역시도 학생 각자가 성경 본문을 잘 연구해서 '역사적 전천년설'과 '무천년설' 중에 선택할 것을 권하곤 한다. 그리고 어느 입장을 택하든지 간에 서로의 장점과 약점을 잘 알고, 상대에게 배우고자 하는 자세와 비판에 대해서 주의 깊게 경청하는 것이 필요하다고 가르치곤 한다. 다만 어느 입장에 서든지 간에 비성경적인 종말론과 시한부종말론의 근거가 되곤 하는 세대주의 전천년설에 대해서는 철저하게 경계할 것을 권하곤 한다.

IV. 나가는 말

이상에서 우리는 죽산 박형룡(1897-1978) 이후 총신에서의 천년기론에 대해서 고찰해 보았다. 널리 알려진대로 죽산은 총신의 신학을 정초한 지로적인 신학자였으며, 그는 총신과 예장합동의 종말론적 입장이 '역사적 전천년설'임을 명시적으로 밝혔었다. 그가 1972년에 총신을 은

---

[87] 이상웅, 『개혁파종말론의 관점에서 본 요한계시록』 (용인: 목양, 2013), 8-12. *본서는 수정 보완하여 『개혁주의 종말론에 기초한 요한계시록 강해』 (서울: 솔로몬, 2019)으로 재출간되었다.

[88] 본서에 실린 여러 글들 이외에도 영어로 공표한 다음의 논문들을 보라: Lee, Sangung. "'Already but Not Yet': A Study on the Background and the Inaugurated Eschatology of Anthony A. Hoekema (1913-1988). *Chongshin Theological Journal* 20/1 (Feb. 2015): 120-57: "The Individual Eschatology of Anthony A. Hoekema (1913-1988)." *Chongshin Theological Journal* 23/1 (Feb. 2020): 61-97.

퇴하고 현재에 이르기까지 그의 후배들이 천년기론에 대한 어떤 입장을 취하였는지를 본 장에서 살펴보았다. 2절에서는 죽산이 은퇴한 이후 총신 교수들 가운데 역사적 전천년설을 계승한 후학들(박아론, 총신재직시의 신복윤, 차영배, 천정웅, 김길성, 최홍석, 이상원) 가운데 박아론, 김길성, 최홍석 세 교수의 공표된 견해를 살펴보았다. 박아론은 죽산의 역사적 전천년설을 강력하게 대변했고, 김길성은 '무천년설을 사랑하는 역사적 전천년설자'라고 하는 관용적 입장을 표방했으며, 최홍석은 불필요한 논쟁과 불화를 피하고 세 가지 천년기론의 공통분모를 찾고자 했다. 그리고 3절에서는 무천년설을 계승한 여러 교수들(이상근, 신성종, 정훈택, 서철원, 정승원, 필자) 중 서철원, 정승원 그리고 필자의 입장을 개략해 보았다. 원래 역사적 전천년설을 확집했었던 서철원은 화란 유학시기에 무천년설로 입장을 바꾸었고, 교수로 재직하는 기간 동안 어떤 형태의 천년기론이든지 다 배격하고 무천년설만이 공교회적이고 성경적인 종말론이라고 강변하는 입장을 취했다. 그러나 정승원이나 필자는 무천년의 입장을 취하되 역사적 전천년설이나 후천년설에 대해서는 관용적인 입장을 가지고 있으며, 성경신학적이고 구속사적인 관점에서 해당 본문들에 대한 깊은 연구와 논의를 지속적으로 추구하고 있다.

이와 같이 해방 이후 총신의 종말론 교육에 대해서 고찰해 본 결과 죽산이 은퇴한 후에도 총신에서는 역사적 전천년설이 강력하게 가르쳐져 왔다는 점과 그런 가운데도 무천년설이 양립해 왔다는 점을 확인하게 되었다. 그리고 후천년설을 주장하는 이는 아무도 없었다는 점과 세대주의 전천년설에 대해서는 한결같이 반대하고 경계했다는 점도 확인할 수가 있었다. 역사적 전천년설이나 무천년설 어느 입장에 서든지 자신이 취한 입장을 극단적으로 대변하는 학자들도 있었지만, 자신의 입장을 분명하게 밝히되 다른 견해에 대해서 관용적이고 대화론적인 자세를 표방한 학자들이 더 많았음도 논구 결과 밝혀졌다. 그리고 돌이켜 생각해 보면 총신의 종말론적 교육이 이와 같이 이루어져 왔는데도 불구하고 때로 장로교 교단 목회자들 가운데 세대주의 전천년설을 확집하고 가르치는 이들이 계속 존재해 왔다는 것은 실로 이해하기 어려운 일이다.

논의를 마무리하면서 한 가지 제언을 하고자 한다. 천년기론이 아디아포라(adiaphora) 문제에 속할 정도로 이래도 좋고 저래도 좋은 사소한 문제라고는 생각하지 않지만, 누구든지 성경과 신학 연구를 통해 역사적 전천년설이나 무천년설 가운데 성경적이라고 생각되는 입장을 양심적으로 선택할 수가 있다고 생각한다. 물론 어느 입장을 택하든지 간에 '종말론 뿐 아니라 성경해석 전반에 걸쳐 왜곡을 가져오는 세대주의에 대해서는 강력하게 공동 대처해야' 하는 것은 당연지사이다. 그러나 역사적 전천년설이나 구천년설 간에는 서로 배척하는 자세를 취하지 말고, "서로 열린 마음을 가지고 대화하고 토론하며 각자의 입장의 약점이 무엇인지, 그리고 상대에게 배울 수 있는 점이 무엇인지를 찾으려는 노력을 해야 한다"고 생각한다.[89] 어느 입장을 선택하든 성경본문들을 충분히 다 해명할 수 없는 약점을 지닌다는 것을 우리는 인정할 수밖에 없기 때문이다. 따라서 구속사적이고 성경신학적인 연구를 계속 수행하여 천년기 문제에 대한 보다 더 포괄적인 이해에 이를 수 있기를 상호 도모해야 할 것이라고 생각한다. 천년기를 포함한 종말론에 대한 논의를 진전시키려고 한다면 단순히 조직신학자들 뿐만 아니라 구약학자들과 신약학자들이 팀워크를 이루어 연구하는 기획도 필요하다고 사료된다.(*)

---

[89] 이상웅, "송암 김길성 교수의 삶과 신학세계", 57.

참고문헌

김길성, "박형룡 박사의 내세론 연구."『죽산 박형룡 박사의 생애와 사상』. 박용규 편. 서울: 총신대학교 출판부, 1996: 451-469.
_____. "조직신학자 박형룡 박사의 신학과 사상."「신학지남」64/3 (1997): 44-59.
_____.『개혁신학과 교회』. 서울: 총신대학교출판부, 1998.
_____. "박형룡 박사의 신학에 대한 이해와 평가."「신학지남」71/4 (2004): 100-117.
_____.『개혁주의 종말론』(강의안). 용인: 총신대학교신학대학원/ 신학원, 2012.
_____.『총신의 신학 전통』. 서울: 총신대학교출판부, 2004.
김남준. "설교자와 영성(4)."「그말씀」(2015년 4월호), 209-210.
김영재. "한국교회의 종말론,"「신학정론」11/1 (1993): 261-287.
_____. "기독교 종말론에 대한 역사적 고찰 - 천년 왕국 신앙을 중심하여 , 초대교회부터 종교개혁까지."「성경과신학」13 (1993): 119-149.
김은수. "한국 장로교의 "조직신학" 교육과 연구역사(1901-1980)에 대한 고찰: 평양신학교와 장로교 주요교단 신학대학원(고신/장신/총신/한신)을 중심으로."「성경과신학」74 (2015): 97-135.
_____. "한국장로교 100년간의 '조직신학'의 발전 역사."「장로교회와 신학」12 (2015): 112-159.
박아론. "총신의 신학적 전통 -박형룡의 신학을 중심하여-."「신학지남」58/3 (1991): 44-68.
_____. "총신의 종말론적 전통."「신학지남」59/44 (1992): 4-6.
_____. "총신의 신학전통과 나의 신학."「신학지남」61/4 (1994): 15-23.
_____. "총신의 신학에 대한 역사적 고찰과 미래적 전망."「신학지남」66/2 (1999): 7-21.
_____.『나의 아버지 박형룡』. 서울: 대한예수교장로회, 2014.
박아론, 김석환.『기독교 종말론』. 서울: 기독교문서선교회, 2004.
박용규. "한국교회 종말신앙: 역사적 개관."「성경과신학」27(2000): 190-222.
박형룡.『내세론』(강의안 등사본). 서울: 장로회총회신학교, 1958년경.

____. 『교의신학-내서론』. 서울: 은성문화사, 1973.
____. 『신학논문(하)』. 서울: 한국기독교교육연구원, 1988.
서철원. 『종말론 강의』(녹취본. 1989).
____. "박형룡 박사의 조직신학." 『죽산 박형룡 박사의 생애와 사상』. 박용규 편. 서울: 총신대학교출판부, 1996: 435-450.
____. "나의 신학." 『성경과 개혁신학』. 서철원박사 은퇴기념 논총위원회 편. 서울: 쿰란출판사, 2007. 71-73.
신복윤. "無千年期說." 『신학정론』 11/1 (1993): 245-260.
____. 『종말론』. 서울: 개혁주의신행협회, 2001.
신성종. 『요한계시록강해』. 서울: 엠마오, 1983.
100년사편찬위원회. 『총신대학교백년사 2권: 학술편, 자료편』. 전3권. 서울: 총신대학교출판부, 2003.
안명준. "고 남송 신복윤 박사의 생애와 사상." 『한국의 칼빈주의자들』. 안명준 편. 용인: 킹덤북스, 2020: 205-237.
이상웅. 『박형룡 박사와 개혁신학』. 용인: 목양, 2013.
____. "송암 김길성 박사의 생애와 신학적 관심사." 「개혁논총」 30 (2014): 17-64.
____. "송암 김길성 교수의 삶과 신학세계." 「신학지남」 320 (2014): 29-62.
____. "웨스트민스터 신앙고백서의 종말론." 「한국개혁신학」, 44 (2014): 152-177;
____. "최홍석 교수의 삶과 신학세계." 「신학지남」 324 (2015), 85-135.
____. "'Already but Not Yet': A Study on the Background and the Inaugurated Eschatology of Anthony A. Hoekema (1913-1988)." *Chongshin Theological Journal*, 20 (Feb. 2015): 120-157.
____. "벨직신앙고백서의 역사적 배경과 37조에 담긴 종말론." 「개혁논총」 36 (2015): 105-143.
____. "'새 하늘과 새 땅'(계 21:1-8)에 대한 개혁주의적 이해와 설교," 「한국개혁신학」 49 (2016): 8-38.
____. "죽산 박형룡과 구례인의 천년기론에 대한 연구." 「개혁논총」 38(2016): 35-65.
이상원. 『종말론』(강의안). 용인: 총신대학교신학대학원/ 신학원, 2004.

이한수. "한국교회의 역사적 전천년설의 태동과 발전: 박형룡과 이광복의 종말론 신학의 비교평가."『역사적 전천년주의 국제학술대회 논문집』. 서울: 훤돌, 2012: 57-109.
정문호.『그 십자가의 그 말씀은 나의 능력이다』. 서울: CLC, 2015.
정승원. "박윤선의 '1000년'이해에 대한 비판적 분석."「신학지남 80/4 (2013): 84-111.
＿＿＿. "요한계시록에 언급된 "나라"와 "제사장"에 대한 성경신학적 고찰,"「개혁논총」30 (2014): 195-228.
정훈택. "기독론적 종말론: 신약의 종말론 연구."「성경과 신학」13 (1993): 119-149.
＿＿＿.『신학적 도약』. 서울: 민영사, 2004.
조경현.『초기 한국장로교 신학사상』. 서울: 그리심, 2011.
조봉근. "칼빈과 한국장로교회의 교파별 종말론에 관한 비교연구."「한국개혁신학」26 (2009): 301-336.
조형욱. "구프린스턴 신학의 종말론 연구." 철학박사, 총신대학교, 2011.
천정웅.『시한부 종말론과 실현된 종말론』. 서울: 말씀의 집, 1991.
최홍석.『신학과 삶』. 서울: 총신대학교출판부, 1998.
＿＿＿. "죽음, 그 이후 -기독교 장례문화의 이론적 근거 제공을 위한 논의-."「신학지남」66/1 (1999): 46-82.

Bavinck, Herman. *Gereformeerde Dogmatiek*. 4 Vols. 2nd Ed. Kampen: Kok, 1906-1911. 박태현 역,『개혁교의학』. 전4권. 서울: 부흥과개혁사, 2011.
Berkhof, Louis. *Systematic Theology*. Grand Rapids: Eerdmans. 1941.
Blomberg, Craig L. and Sung Wook Chung (Eds.). *A Case for Historic Premillenialism*. 조형욱 역.『역사적 전천년설』. 서울: CLC, 2014.
Bock, Darell L. and Stanley N. Gundry (Eds.). *Three Views on the Millennium and Beyond*. 박승민 역.『천년왕국이란 무엇인가』. 서울: 부흥과개혁사, 2011.
Calvin, John. *Institutes of the Christian Religion*. Trans. Ford L. Battles. Philadelphia: Westminster, 1960.

Clouse, Robert G. (Ed.). *The Meaning of Millennium*, 권호덕 역.『천년왕국』. 서울: 성광문화사, 1980.

Hoekema, Anthony A. *The Bible and the Future*. Exeter: Paternoster, 1979.

Kim Kilsung. "Dr. Hyung Nong Park's Theology of the Last Things." *Chongshin Theological Journal*, I/2 (August 1996): 72-89.

Park Yong Kyu. "Korean Presbyterians and Biblical Authority: the Role of Scripture in the Shaping of Korean Presbyterianism 1918-1953." Ph. D. Diss. Trinity Evangelical Divinity School, 1991.

Lee Han Soo. "Interpreting Symbols in the Book of Revelation." *Chongshin Theological Journal* 24 (2016): 24-48.

Ridderbos, Herman. *The Coming of Kingdom*, trans. H. de Jongste. Philippsburg: P&R, 1962); 오광만 역.『하나님의 나라』. 서울: 솔로몬, 2008.

Riddlebarger, Kim. *A Case for Amillennialsim*. 박승민 역.『개혁주의 무천년설』. 서울: 부흥과개혁사, 2013.

Suh Chul-Won. The Creation-Mediatorship of Jesus Christ. Amsterdam Rodopi, 1982.

Schaff. Philip. *Creeds of Christendom*. 3 Vols. New York: Harper & Brothers, 1919.

Storms, Samuel. *Kingdom Come*. 윤석인 역.『개혁주의 무천년설 옹호』. 서울: 부흥과개혁사, 2016.

7
유대인의 미래적 회복에 관한
죽산 박형룡의 입장 고찰과 신학적인 평가[1]

I. 들어가는 말

개혁주의 종말론은 통상적으로 개인적인 종말론과 우주적 혹은 일반적 종말론으로 구성된다. 전자는 개인의 죽음과 중간기 상태에 대한 논의가 중심이고, 후자에서는 그리스도의 재림을 중심으로 하여 시대의 표적과 천년왕국론에 대해 다루고, 재림과 연관하여 네 가지의 최종적인 것들 즉, 몸의 부활, 최후 심판, 지옥과 신천신지 등에 대해 다룬다.[2] 이러한 종말론적인 주제들 가운데서 본 장에서 관심을 기울여 논구하

---

1 본 장은 「신학지남」 84/4 (2017): 153-191에 공표되었으며, 필자의 『박형룡신학과 개혁신학 탐구』 수정판 (서울: 솔로몬, 2021)에도 수록되었음을 밝힌다.
2 개혁주의 종말론을 잘 제시하고 있는 몇 몇 표준적인 저작들을 참고하기를 바란다: Charles Hodge, *Systematic Theology*, 3 vols. (New York: Scribner's Sons, 1872-1873), 3:713-880; Herman Bavinck, *Gereformeerde Dogmatiek*, 2nd ed., 4 vols. (Kampen: Kok, 1906-1911), 4:645-815; *Reformed Dogmatics*. 4 vols. trans. John Vriend (Grand Rapdis: Baker, 2003-2008), 4: 589-730; 박태현 역, 『개혁교의학』, 전 4권 (서울: 부흥과개혁사, 2011), 4:697-867; Louis Berkhof, *Systematic Theology*, 4th ed. (Grand Rapids: Eerdmans, 1941), 661-738; William Hendriksen, *The Bible on the Life Hereafter* (Grand Rapids: Baker, 1958); Anthony A. Hoekema, *The Bible and the Future* (Exeter: Paternoster Press, 1979); Cornelis P. Venema, *The Promise of Future*, 박승민 역, 『개혁주의종말론 연구』 (서울: 부흥과개혁사, 2011); 박형룡, 『교의신학 내세론』 (서울: 은성출판사, 1973). 죽산의 내세론은 1973년에 처음 출간되고, 1977년부터 간행되기 시작한 『박형룡박사저작전집 VII 내세론』 (서울: 한국기독교교육연구원, 1977)에도 수록되었는데 두 판본 다 내용상 차이가 없고, 페이지 매김도 동일하다. 그리고 최근에 김길성 교수의 감수하에 현대 어투로 개정한 『박형룡박사 조직신학 종말론』 (서울: 개혁주의 출판사, 2017)도 출간되어 있다.

고자 하는 주제는 "시대의 표적"과 관련하여 흔히 다루어지는 이스라엘의 종말론적인 회복에 관한 주제이다. 신구약 성경 가운데는 아브라함 자손들이 종말에 대거 회심하고 신앙에 이르게 될 것처럼 해석되어지는 여러 구절들이 존재하고, 그 가운데 "그리하여 온 이스라엘이 구원을 얻으리라."(καὶ οὕτως πᾶς Ἰσραὴλ σωθήσεται)라고 하는 로마서 11장 26절과 같은 대표적인 구절들이 존재한다. 이러한 구절들에 근거하여 세대주의자들은 이방인 그리스도인들과 유대인 그리스도인들 사이에 구별이 여전히 존재한다그 주장하고, 심지어 어떤 이들은 그러한 구별이 영원히 존재할 것이라고 주장하기도 했다. 뿐만 아니라 20세기에 등장한 "백투예루살렘 운동"과 같은 선교 운동이 일어나 친 이스라엘적인 선교 방향성을 주장하여 왔을 뿐 아니라 여러 가지 무리를 일으키기도 했다.[3] 그리고 수십 년 사이 한국 교회 가운데 영향력을 미쳐 온 무천년설적인 개혁주의의 주류적인 입장에 의하면 앞서 말한 입장에 대해 신약과 구약을 통전적으르 바로 해석하지 못한 입장이라고 하는 비판이 제기되었기에 이스라엘의 종말론적 회복에 대한 모든 해석이 거부되어지는 경향도 존재하고 있다. 과연 이스라엘의 종말론적 회복을 말하는 것이 세대주의나 백투예루살렘운동의 지지자들 만의 입장일까에 대해서 본 장은 의문을 제기하고자 한다.

사실 논의의 주제와 관련된 여러 종말론적인 서적들이나 로마서 11장 26절과 같은 본문들에 대한 다양한 주석들을 살펴보게 되면 이스라엘의 종말론적 회복에 대한 기대가 단순히 세대주의나 특정 집단의 전유물이 아니라는 것을 확인하게 된다. 특히 본 장에서 주목하여 논구하고자 하는 죽산 박형룡(1987-1978)의 입장은 격사적 전천년설을 취하면서 "이스라엘의 전국의 회심"을 명백하게 견지했던 것을 보게 되면

---

[3] 백투예루살렘 운동에 대래 개관하고 개혁주의적 관점에서 잘 비판해 준 이는 이필찬이다. 다음의 책들을 보라: 이필찬, 『백투예루살렘 운동, 무엇이 군제인가』 (서울: 새물결플러스, 2014); 『이스라엘과 교호, 어떻게 이해할 것인가』 (서울: 새물결플러스, 2014).

서 본 주제에 대하여 심도있는 논구와 논의가 필요함을 인식하게 된다. 해당 주제에 대한 죽산의 입장은 은퇴 직후에 출간한 『교의신학 내세론』(1973년)에서 확인할 수가 있다. 이 교본은 1973년에 정식 인쇄 출간되었지만, 이미 1950년대에도 등사본(mimeographed syllabus)으로 만들어져 교재로 보급되어졌다. 따라서 죽산의 입장의 변화 과정을 등사본과 정식 인쇄본 사이에서 확인해 볼 수가 있다. 그리고 남침례교신학교에서 박사과정을 마친 후 귀국하여 평양신학교가 간행하고 있던 「신학지남」에 기고한 "시온에 귀로"라는 논문을 통해서 우리는 초기 박형룡의 입장도 확인해 볼 수가 있다.[4] 따라서 본 장의 논의는 이어지는 2절에서 초기 박형룡의 입장과 후기 박형룡의 입장을 확인해 보도록 하고, 그의 제자들이나 후학들이 그의 입장을 어떻게 계승하거나 비판하였는지를 살펴보고 나서, 3절에서는 역사적인 논의의 빛에서 죽산의 견해가 어떠한 신학적 지위를 가지고 있는지를 확인해 보려고 한다.

II. 이스라엘의 회복과 민족적 회심에 대한 죽산 박형룡과 제자들의 입장

먼저 이스라엘의 종말론적 회복에 대한 죽산 박형룡의 입장을 살펴보도록 하겠다. 앞서 말한대로 죽산은 평양신학교에 교수로 임용되기 전에 「신학지남」에 기고한 "시온에의 귀로"라는 논문에서 초기 입장을 밝힌 바가 있고,[5] 총신 교수에서 정년퇴임한 후 1973년에 출간한 『내세

---

4 박형룡, "시온에 귀로," 「신학지남」 11/5 (1929.9): 21-26; 박형룡, "시온에 귀로(속)," 「신학지남」 11/6 (1929.11): 17-22; 이 논문은 『박형룡박사 저작전집 XIV 신학논문(하)』 (서울: 한국기독교교육연구원, 1981), 139-150에 재수록되어 있다. 본 장에서는 후자를 활용하도록 하겠다.
5 죽산은 1927년 여름에 귀국하였고, 1929년 5월 5일 목사안수를 받았으며, 1930년 9월에 평양신학교 임시교수로 임용됨으로 교수 생활을 시작하게 된다(이상웅, 『박형룡박사와 개

론』에서 후기 입장을 밝히고 있기 때문에 차례대로 논구해 볼 것이다. 그리고 이어서 2,3에서 죽산을 뒤이어 총신에서 가르쳤던 제자들의 입장이 어떠한지를 확인해 보도록 하겠다.

1. "시온에 귀로"(1929)에 나타는 죽산 박형룡의 입장

1929년 9월과 11월에 간행되는 「신학지남」에 기고한 "시온에 귀로"는 12쪽 분량의 짧은 글이다. 죽산은 총 8개 항목으로 논의를 전개했다. 첫째 항목에서는 이스라엘의 멸망의 참담함을 노래하는 예레미야애가로부터 시작해서 "이스라엘의 부활을 묵시하여 민중의 마음을 안위"케 하시기 위해 에스겔을 통해 주셨던 "해골의 부활"에 대한 묵시(겔 37:1-10)를 언급했다.[6] 죽산은 에스겔의 예언을 "말세의 육체적 부활에 관한 묵시"로 해설한 제론, 칼로비우스, 클리포트 등이 있음을 소개하면서, 결국에는 이 예언은 "이스라엘의 국가적 부활"을 의미하는 것이라고 해석한다.[7] 그리고 과연 그러한 국가적인 회복이 어느 때에 일어날 것인지에 대해서는 "혹은 저들의 회개 후에라 하고 혹은 저들의 회개 전이라 하여 신학가에 의론이 분분하나 그리스도의 재림 전에 있을 것만은 분명하다고 역설하는 자가 다수이다."라고 말한다.[8]

죽산은 에스겔 37장의 예언을 우선적으로 소개한 후에, "이스라엘 회복의 예언"이라는 제목을 단 2항에서 에스겔 외에도 "이스라엘의 회복을 의미하는 예언이 성경에 무수히" 있다고 말한다.[9] 그렇기 때문에 "이스라엘 자손이 고토에 돌아가서 국가를 재건할 것을 부인"하는 것

혁신학』 [용인:목양, 2013], 36).
6 박형룡, "시온에 귀로", 139.
7 박형룡, "시온에 귀로", 140.
8 박형룡, "시온에 귀로", 140.
9 박형룡, "시온에 귀로", 140.

은 "성경을 폐지하는 것"과 다름없다고 단언한 류다-트의 견해를 인용 제시하기도 한다.¹⁰ 이 지점에서 이미 초기 죽산의 입장이 무엇인지를 분명하게 확인할 수가 있다. 그는 "아브라함 자손의 재기(再起)"를 확신한다. 이에 반하여 문자적으로 이스라엘의 재기를 믿지 않는 자들이 있다는 것도 죽산은 잘 알고 있었다. 그는 "이스라엘의 재기를 믿지 않는 학설이 역시 상당히 유력"하다고 말한 후에, 그들은 이스라엘의 회복에 대한 예언을 "여자적(如字的)"으로 이해하지 아니하고 "유사(喩辭) 즉 비유적으로" 해석하는 자들이라고 소개한다.¹¹ 죽산은 정통신학자들 가운데에도 이러한 입장을 취한 이들이 있음을 감안하여 회복의 예언이 여자적인지 아니면 비유적인지에 대해 "명백한 답을 만들기 곤란하다"라고 유보적인 듯이 의견을 피력한다. 그러면서도 여자적인 해석은 "이스라엘 사람 다수의 마음에 환영되어 저들에게 오색찬란한 희망을 공급한 것은 사실"이라는 점을 분명히 한다.¹²

"그 살아 돌아옴의 지연"이라는 제하의 3항에서 죽산은 이스라엘의 고토 귀환에 대한 역사적인 예들을 검토한다. 바벨론 포로에서 일부 유대인들이 돌아옴이나 마카비 반란, 십자군 운동에 의한 예루살렘 점령, 그리고 20세기 초 팔레스타인에 유다인들이 일부 돌아온 것 등 역사적

---

10 박형룡, "시온에 귀로", 140. 죽산은 명시적으로 밝히지 않았으나 Hodge, *Systematic Theology*, 3: 808의 인용문을 재인용했다("Luthardt says a man must 'break' the Scriptures who denies such restoration."). 죽산이 언급한 류다-트는 독일 신학자 Christoph Ernst Luthardt (1823-1902)를 음역 표기한 것이다.

11 죽산은 그런 입장을 가진 자들 가운데 대표자로 찰스 핫지를 소개한다(박형룡, "시온에 귀로", 140-141). 죽산은 핫지의 글 인용처를 밝히지 않고 있지만, 그가 소개한 내용은 Hodge, *Systematic Theology*, 3: 808-810의 간략한 소개이다. 죽산은 핫지에 대해 본 장에서는 "정통 신학자"라고 지칭했고(박형룡, "시온에 귀로", 141), 1935년에 간행한 『근대신학 난제선평』에서는 "우리가 가장 두터운 신임을 가지는 정통 신학자"(이상웅, 『박형룡 박사와 개혁신학』, 64에서 재인용)라고 평가하기도 했었다. 그러하기에 이스라엘의 고토 회복에 대해 부정적인 핫지의 견해가 "여자적 해석가에게 슬픈 실망을 주기 쉬울 것"이라는 점을 토로했다(박형룡, "시온에 귀로", 141).

12 박형룡, "시온에 귀로", 141.

인 자료들을 소개한 후에 "슬프다, 죽은 해골 이스라엘이 어느 날에서 살아 돌아오려는가?"라고 탄식한다. 어느 것도 구약의 예언을 충분히 성취한 것이 없기 때문이다.[13] 이러한 약속의 지연은 이스라엘인의 "심간(心肝)을 태울 뿐"이나, 이어지는 4항에서 그러한 "신의 약속의 실현이 지연함에 낙심치 아니"하고 "죽은 해골 살아옴의 열망이 저들의 마음 속에 여전히 불붙"은 결과 시온주의(Zionism)가 발흥하게 되었다고 논평한다.[14] 죽산은 헤르츨(Herzl)로부터 시작된 시온주의의 역사적 발전 과정을 자신의 시대까지(즉, 1929년까지) 간단하지만 핵심 사항들을 소개해 준다.[15] 죽산이 글을 쓰던 시점에서는 아직 이스라엘이 재건되기 전이었을 뿐만 아니라, 시온주의자들의 팔레스타인 복국(復國) 운동이 진행되고 있던 시점이었다. 그래서 죽산은 "죽은 해골 이스라엘이 소생하여 시온으로 돌아오는 노정" 혹은 죽산의 논문 제목처럼 "시온에 귀로"가 아직 "요원하기 천만리이며 난산과 의운(疑雲)이 차단함을 살피지 않"으면 안 될 것이라고 주의를 준다.[16]

죽산의 논문은 이처럼 구약의 이스라엘 회복에 대한 예언들에 주목을 한 후에 여자적인 성취가 역사 가운데 어떻게 이루어져 왔는지를 추적하려고 노력하였다고 평가할 수 있겠다. 결론을 통해 죽산은 이러한 "묵시와 예언의 여자적 해설을 불고(不顧)하고 영적 설명에 경향"하는 이들에 대해 합당하지 못하다고 비판한다. 물론 죽산이 영적인 해설의 가능성을 전면 부인한 것은 아니었다. 그리고 죽산은 "유대인의 회심

---

13 박형룡, "시온에 귀로," 141-142.
14 박형룡, "시온에 귀로," 142-143.
15 박형룡, "시온에 귀로," 143-148. 우리는 죽산이 논문을 쓴 시점이 1929년이라는 점을 염두에 두고 그의 글을 읽어야 한다. 시온주의 운동의 역사에 대해 최근에 저술 출간된 Michael Brenner, *Geschichte des Zionismus*, 강경아 역,『다윗의 방패 - 시온주의의 역사』(파주: 들녘, 2005)을 참고할 필요가 있다.
16 박형룡, "시온에 귀로," 149. 죽산은 유대인의 복국운동은 "시온회 해외 운동기", "팔레스타인 이민기", "유대 건국기" 등 3기로 대별할 수 있다고 본다. 그의 판단에 의하면 1929년까지 상황은 "제1기에서 제2기로 보무를 진행하는 중"이라고 판단한다.

(기독교에)"에 대한 성경적인 예언이 확실하고, 이러한 회심이 고토에 나라를 회복하기 전인지 아니면 후인지를 정확하게 알순 없다는 점을 밝힌다. 그러나 확실한 것은 호세아 14장 1절이 말하는대로 "회개가 유일의 요건(要件)이라는 점은 분명하다고 주장한다.[17]

정리를 해보자면, 초기(1929년) 죽산의 입장은 유대인들의 미래적이고 집단적인 회심뿐 아니라 이스라엘 고토에로의 회복을 확신하고 있었다라고 할 수가 있다. 우리는 여기서 죽산의 이러한 입장은 어디에 근거하고 있는 것일까라는 질문을 제기하지 않을 수가 없다. 물론 구약을 문자적으로 읽거나 로마서 11장을 그런 방식으로 읽을 때에 가능한 해석일 것이다. 그러나 죽산의 신학의 형성 과정에 있어서 과연 어떠한 요인이 이러한 견해를 취하게 만들었는가 하는 점을 확인할 필요가 있다. 일단 우리는 죽산이 성장하고 영향을 받았던 초기 선교사들의 영향을 고려해 보아야 한다.[18] 죽산 스스로도 거듭 밝혔듯이 자신이 평생 대변하게 되는 "한국형 청교도 개혁주의 신학"의 특징 중 하나는 "전천년설에 대한 확집"이다. 그는 평양신학교의 초대 조직신학 교수인 이눌서(W. D. Reynolds)도 자신과 같이 "역사적 전천년설"을 가르쳤다고 주장했다.[19] 이눌서는 1922년 1월 「신학지남」에 "신앙의 원리"라는 제하에

---

[17] 박형룡, "시온에 귀로," 150. 죽산은 "그리고 유대인민에게 우리들이 희망하는 바는 속히 회개하고 예수를 그리스도로 신앙함이다"라고 말하기도 한다. 그러나 우리는 국가로서 이스라엘이 1948년 5월 14일 다시 건국되었으나 그들은 유대교를 공식적 종교로 표방하고 있지 죽산의 염원대로 그리스도께 민족적으로 회심하고 돌아온 것은 아니라는 점을 지적할 수가 있겠다. 암스테르담의 구약학자였던 아알더르스(G. Ch. Aalders, 1880-1961)는 구약의 이스라엘 회복 본문들을 개혁주의적 관점에서 잘 평가하는 글을 1940년 경에 이미 출간했다: G. Ch. Aalders, *Het Herstel van Israel volgens het Oude Testament* (Kampen: Kok, n.d.).

[18] 이상웅, 『박형룡박사와 개혁신학』, 48-53, 175-176을 보라.

[19] 죽산은 "신학지남의 한국신학적 의의," 「신학지남」 42/4 (1975); 『박형룡박사 저작전집 XIV 신학논문(하)』 (서울: 한국기독교교육연구원, 1981), 342-360에 재수록됨. 죽산은 "시대주의 천년기전 재림론은 가장 열렬한 재림론으로서 당시 보수적인 선교사들의 다수가 받아들인 신념이었던 것 같다. 지금까지 많은 장로교회 목사들이 성결교회 교역자들과 함께 이 재림관을 품고 있는 것은 그 선교사들의 감화가 전해 내려온 결과일 것이다."고

"나이아가라 사경회에서 작정한 신앙의 조목" 14개 항을 번역 기고한 적이 있다.[20] 이 조목 제14항에 의하면 그리스도가 지상에 재림하시고 나서 "천년세계를 建하시고 이스라엘國을 회복하여 본토에 거하게 하시고"라는 구절이 포함되어 있다.[21] 이눌서가 이러한 세대주의적인 신앙조목을 번역 발표하거나, 중국 사람 가옥명(Jia Yu Ming)의 『종말론』을 번역케하여 교재로 사용한 점 등을 들어 세대주의자였다라고 하는 비판이 있으나 "스스로 자신의 종말론적 견해를 드러내는 결정적이고 직접적인 증거가 없"다는 입장도 존재한다.[22] 그러나 이눌서나 초기 선교사들의 글들에서 최소한 "유대인의 민족적 회심"과 "고토에로의 회복"에 대한 견해가 존재한다는 것은 사실이다. 우리는 이러한 영향을 평양신학교가 배출한 최초의 목사중 하나인 길선주목사(1869-1935)의 『말세학』에서도 확인할 수가 있다.[23] 우리가 해방 이전 장로교회 선교사들이나 목회자들의 저술, 번역서, 논문, 설교 등을 천착해 본다면 죽산 박형룡이 1929년에 주창한 "유대인의 고토회복"과 "유대인의 민족적 회심"에 대한 입장이 당시 국내에서 결코 생경하거나 지엽적인 견해가 아니었다는 점을 확인할 수가 있다.[24]

인정하면서도, 이눌서 선교사는 역사적 천년기전 재림론을 견지했다고 확신한다(『박형룡 박사 저작전집 XIV 신학논문(하)』, 347).

[20] 이눌서, "신앙의 원리," 『신학지남』 4/2 (1922): 206-214.

[21] 이눌서, "신앙의 원리", 214. 이 신앙조목은 세대주의 종말론을 반영하고 있다. 반면에 「신학지남」 5/3 (1923): 19-24에 소개한 "주의 재림"이라는 미국북장로회신문에서 번역한 내용을 보면 천년왕국에 대해서 확정적인 입장을 밝히지도 않을 뿐 아니라, 유대인의 고토회복이나 민족적 회심에 대한 언급이 없다.

[22] 조형욱, "구 프린스턴신학의 종말론 연구"(철학박사, 총신대학교, 2011), 254-271에 이눌서의 종말론을 둘러싼 논쟁을 잘 정리해 주고 있다.

[23] 길선주, 『영계 길선주 목사 유고 선집』 (서울: 대한기독교서회, 1968), 1:57-61을 보라.

[24] 안수강은 길선주목사의 말세론 연구를 주제로 한 자신의 박사논문에서 그러한 자료들을 잘 분석해 주고 있다(안수강, 『길선주목사의 말세론 연구』 [서울: 예영, 2008], 146-215). 또한 조경현도 자신의 박사논문 『초기 한국장로교 신학사상』 (서울: 그리심, 2011), 261-269에서 평양신학교 교수들의 종말론을 요약 제시해준다.

2. 『내세론』 등사본(1950년대)과 『교의신학 내세론』(1973)에 나타나는 죽산 박형룡의 입장

이제 이스라엘의 회복에 대한 죽산 박형룡의 후기 입장을 살펴보려고 하는데, 그의 최종적인 견해는 그가 24년간 총신에서 가르치고 은퇴한 지 1년뒤인 1973년에 간행한 『교의신학 내세론』에서 확인할 수 있다.[25] 그러나 죽산은 이미 1942년 만주에서부터 교의신학 강의를 하면서 강의안을 만들기 시작했고, 해방후에 귀국하여 1948년에 총신이 설립된 후 교의신학 강의를 하면서 강의안을 등사판으로 만들어 사용했기 때문에 그의 입장에 변화가 있는지를 확인해 볼 수도 있는데, 이스라엘의 회복 문제에 대한 죽산의 입장에는 변화가 없는 것으로 판단되어진다.[26] 이제 우리는 『교의신학 내세론』에서 개진된 죽산의 최종 입장을 확인해 보도록 하겠다. 본 주제에 대한 죽산의 논의는 제2편 일반적 종말론, 제1장 그리스도의 재림 중 제2절 "재림 전의 대사변들"이라는 곳에서 소위 "시대의 표적" 가운데 하나로서 제시되어 있다.[27]

죽산은 "복음의 세계적 전파(이방인의 부름)"에 대한 논의를 끝내고 두 번째 시대의 표적으로 "이스라엘 전국의 회심"에 대한 논의를 시작한다. 죽산의 논의는 3쪽이 채 되지 않을 만큼(378쪽에 달하는 책 분량에 비해) 간단명료하다는 점을 먼저 지적하고 싶고, 죽산은 서두에서 몇 문단을

---

[25] 죽산의 내세론에 대한 분석과 평가는 김길성, "박형룡 박사의 내세론 연구," 『죽산 박형룡 박사의 생애와 사상』, 박용규 편 (서울: 총신대학교 출판부, 1996), 451-469(= 김길성, 『개혁신학과 교회』, 283-304에 재수록); Ezra Kilsung Kim, "Dr. Hyung Nong Park's Theology of the Last Things," *Chongshin Theological Journal*, I/2 (August 1996): 72-89등을 보라.

[26] 필자가 확인할 수 있었던 1958년경에 등사한 『내세론』 강의안, 62-65에는 1973년 인쇄본에 최종 소개된 "이스라엘의 전국적 회심"에 대한 견해와 대동소이한 입장이 서술되어 있다. Cf. 이상웅, "죽산 박형룡과 구례인의 천년기론에 대한 연구," 「개혁논총」 38 (2016): 181.

[27] 박형룡, 『교의신학 내세론』, 184-198. 이 가운데 "이스라엘 전국의 회심"에 대한 논의는 186-189에 제시되어 있다.

통해 자신의 입장이 무엇인지를 명료하게 밝히고 있다는 것도 주목할 만한다.

구약과 신약이 다 이스라엘의 장래 회심을 말한다(슥 12:10~14; 13:1~6; 고후 3:15,16). 그리고 로마서 11장 25~29절은 이 사변을 시간의 종말과 연락시키는 듯하다.[28] 특히 「온 이스라엘이 구원을 얻으리라」(롬 11:26)는 말씀은 그들의 회심이 전체적인 것을 강조한다. 여기서 「이스라엘」은 영적 이스라엘을 가리킨 것이 아니라 민족으로서의 이스라엘을 의미한다는 것이 전문맥에서 명백히 표시되며 특히 25, 28절에 의하여 입증된다. 이것은 이스라엘이 민족적으로 영적 구원을 얻을 때가 장차 이른다는 것을 의미한다. 그리고 이것은 고금 이스라엘의 각 개인이 다 회심하여 구원얻는다 함도 아니라, 그리스도의 귀환 때에 생존하는 이스라엘 민족의 실질적 전수가 회개하고 주께 돌아올 것을 뜻함이다.[29]

우리가 인용문을 통해서 볼 때 『내세론』(1973년)에서 밝힌 후기 죽산의 견해는 더 이상 이스라엘의 고토 회복과 국가 재건에 대해 초점을 맞추지 아니하고, "그리스도의 귀환 때에 생존하는 이스라엘 민족의 실질적 전수"의 회개에만 초점을 맞추고 있음을 확인하게 된다.

죽산은 이어서 "이스라엘인의 장래 전체적 회심을 위한 기대에 반대한 인사들"이 있다고 하면서, 특히 "참 이스라엘인 자 즉 피택(被擇)한 자의 전수"를 의미하는 것으로 이해하는 자들에 대해서 언급한다.[30] 다

---

[28] 이 첫 문장들은 루이스 벌코프의 글을 그대로 번역한 것이다. 물론 벌코프와 죽산의 이스라엘의 회복과 전국적 회심에 대한 견해는 상이하다: "Both the Old and the New Testament speak of a future conversion of Israel, Zech. 12:10; 13:1; II Cor. 3:15, 16, and Rom. 11:25-29 seems to connect this with the end of the time."(Berkhof, *Systematic Theology*, 693-699).

[29] 박형룡, 『교의신학 내세론』, 186-187.

[30] 박형룡, 『교의신학 내세론』, 187.

음 절에서 우리가 검토하겠지만 로마서 11장 26절에 대한 해석이 여러 가지 존재함에도 불구하고, 죽산은 "온 이스라엘의 구원"을 "영적 이스라엘의 구원" 또는 "그 고대 언약민 중에서 피택한 자의 전수"로 해석하는 이들에게 초점을 맞추어 비판하고자 했다. 후자의 해석을 하는 대표적인 신학자가 죽산이 교의신학 집필에 크게 의존했던 루이스 벌코프이고, 벌코프가 의지했던 헤르만 바빙크이기도 했다.[31] 죽산은 벌코프나 바빙크의 이름을 언급하지 않은채 그러한 견해를 가진 자들에 대해 "무시하지 못할 두 세 가지 답변이 있다"라고 하면서 세 가지 반론을 제시한다. 첫째, 주요 전거구절(*locus classicus*)인 로마서 11장 25-26절에서 이방인의 충만한 수가 들어온 후에는 "이스라엘의 전체가 회개할 것이라는 뜻을 암시"하는 것으로 보인다고 하며, 28-29절에서도 "이스라엘 민족 전체를 구원하실 때 필경(畢竟)있을 것을 함의한다고 보지 않을 수 없다"라고 해석한다.[32] 둘째, 바울사도가 로마서 11장에서 전개한 "전 논의의 추세(趨勢)는 이스라엘 민족의 전체적 구원"을 지향하고 있다라고 주장한다. 이방인들이 회심의 복을 누리게 된 것은 "이스라엘인의 회심에 인도하기 위함"이며, "그 회심의 방편은 복음"이었으며, 이방인도 유대인도 다 긍휼의 복음을 통해 구원을 받을 것이라고 바울의 본문을 읽는 것이 합당하다고 주장한다. 그리고 11장 26절의 온 이스라엘은 "말세 이스라엘인 중에 피택한 자 절대 다수"이며, "그 민족의 전체적 회심과 같은 일이 될 것"이라고 이해한다. 셋째, 죽산은 "이스라엘인의 장래 전체적 회심을 암시하는 다른 신약 성구들"로서 마태복음 23장 39절과 사도행전 3장 19절~21절 등을 제시한다.[33]

---

31 죽산 박형룡이 교의신학 집필 과정에서 벌코프나 바빙크의 신학을 활용했으며, 어떤 신학적 관련성이 있는지에 대해서는 이상웅,『박형룡박사와 개혁신학』, 64-98에서 시론적으로 제시한 바가 있다.

32 박형룡,『교의신학 내세론』, 187.

33 박형룡,『교의신학 내세론』, 187-188. 조형욱, "구 프린스턴신학의 종말론 연구", 248-250도 보라.

이상의 고찰에서 이스라엘의 회복에 대한 죽산의 입장은 이처럼 재림 직전의 전 유대인이 회심하고 주께로 돌아올 것이라고 생각하는 점에 있어서는 초기나 후기나 변화가 없었다는 점을 분명히 말할 수가 있을 것이다. 다만 1929년의 논문에서는 이스라엘의 고토 희복과 국가 재건에 대한 기대와 관심도 컸다고 한다면, 이미 이스라엘 국가가 건국되고 반세기가 지나가는 시점에서 출간한 『내서론』에서는 그 문제에 대해서는 별 언급이 없다는 중대한 차이점이 발견되어진다. 그리고 감탄과 통탄의 표현들이 많던 초기 논문과 달리 후기의 논의에서는 조직신학서답게 간단 명료하고도 건조한 어체로 견해를 밝히고 있다는 차이점도 확인할 수가 있다.

3. 죽산의 제자들의 입장

이제까지 이스라엘의 회복과 민족적 회심에 대한 죽산의 견해를 살펴보았는데, 그의 제자들의 입장이 어떠한지를 확인해 보려고 한다.[34] 먼저 죽산의 제자이자 동료교수였던 정암 박윤선(1905-1988)의 입장을 살펴보도록 하자. 정암은 『성경주석 로마서』에서는 "이스라엘 민족 중 구원 얻는 자들의 총수"가 구원 받을 것이라고 해석했고,[35] 유고로 출간된 『개혁주의 교리학』의 종말론 부분에서는 "주님의 재림 직전에 유

---

[34] 죽산은 1948년부터 1972년까지 총신에서 가르쳤다. 그의 제자들 혹은 총신 교수들의 천년기론에 관한 입장이 어떠하였는지에 대해서는 다음과 같은 논문을 공표한 적이 있다 (이상웅, "죽산 박형룡 이후 총신 조직신학자들의 천년기론," 「성경과 신학」 80 [2016]: 103-132).

[35] 박윤선, 『성경주석 로마서』 (서울: 영음사, 1987), 310: "'구원을 얻으리다'는 말은 이스라엘의 광복을 의미하지 않고, 그 민족이 복음으로 돌아올 것을 의미한다 '온 이스라엘'이란 말은 개인적으로 빠짐 없는 전수를 가리키지 않고, 이스라엘 민족 중 구원 얻는 자들의 총수를 가리킨다." 참고로 이 주석은 1954년에 초판 간행됐고, 1969년에 增補전정판이 나온 것이다.

대인들이 대거 회개할 시기가 한 번 있다"는 상반된 입장을 보인다.[36] 로마서 주석에서는 이스라엘 백성들 가운데 선택된 자들로서 구원 얻게 되는 총수로 이해한 반면에, 강의안 작성 시기를 알 수 없는 종말론에서는 죽산과 동일한 입장을 견지했다는 것을 우리는 확인할 수가 있다.

한편 죽산이 은퇴후 총신에서 종말론을 오래 가르친 그의 아들 박아론은 『기독교 종말론』에서 죽산과 동일한 입장을 개진했다.[37] 그는 "이스라엘의 회심"을 시대의 징조로 제시하면서, "이스라엘의 택자 회심설"과 "이스라엘의 민족적 회심설"로 양분해서 논의했다. 전자는 벌코프와 같은 무천년설자들과 후천년설자들 다수가 취하는 입장이라고 소개하고, 후자는 세대주의를 포함한 전천년설자들이 취하는 입장이라고 소개한다. 로마서 11장 26절에 대한 이해에 있어서 박아론은 "이방인의 충만한 수가 들어온 후에는 이스라엘의 전체가 회개할 것을 암시" 한다라고 밝힌다.[38] 그가 볼 때에 하나님의 구원 계획에는 "옛적 선민인 이스라엘이 현재에도 하나님의 구원의 주된 대상이요, 이방인의 구원은 하나님의 구원 계획에 있어서 차순위요 제2차적인 목적임을 분명"하다라고 강조하기도 한다.[39] 이처럼 박아론의 입장은 죽산의 후기 입장과 대동소이하다는 것을 알 수가 있다. 박아론처럼 기독교윤리학자인 이상원 역시 죽산과 동일한 입장을 견지하고 있다.[40] 다만 특이한 점은 벌코프나 바빙크의 입장과 죽산의 입장이 "상호모순 되는 것은 아니다"라고 하면서 다음과 같이 양자를 중재하려고 한다는 점이다.

박형룡이나 벌코프나 역사상에 등장한 모든 혈통상의 이스라엘인들이 모

---

36 박윤선, 『개혁주의 교리학』, 김재성 편 (서울: 영음사, 2003), 472-473. 우리는 이 대목이 어떤 시기에 쓰여진 강의안인지를 확인할 길이 없다.
37 박아론, 김석환, 『기독교 종말론』 (서울: CLC, 2004), 170-174.
38 박아론, 김석환, 『기독교 종말론』, 172.
39 박아론, 김석환, 『기독교 종말론』, 173.
40 이상원, 『종말론 강의안』 (2004년), 50-51.

두 다 구원 받는 것은 아니라는 점에 동의한다. 다만 벌코프는 최종적으로 구원받은 이스라엘인들의 총수가 이스라엘 전수일 수 없다는 결과적 상태를 강조하고, 박형룡은 그 결과에 이르는 과정 중에 한 때 이스라엘인들 전체가 다 구원받은 시점이 있다는 점을 강조할 뿐이다. 결과적 상태가 이스라엘인들 전부의 구원이 아니라는 말은 결과에 이르는 과정중에 이스라엘인들 전부가 구원받는 한 시기가 있으리라는 것을 배제하는 것은 아니다.⁴¹

이처럼 박아론이나 이상원은 죽산의 후기 입장을 요약하거나 해명하려는 시도를 했다고 볼 수가 있다. 오랫동안 총신에서 종말론을 가르쳤던 김길성의 입장 역시도 죽산의 후기 입장과 다르지가 않다. 다만 김길성은 단순히 죽산의 입장을 소개할 뿐 아니라 존 머리, 안토니 후크마, 로이버트 레이먼드, 게할더스 보스 등의 저술들을 참고하여 논의하면서 죽산의 입장을 자신의 입장으로 재확인하는 과정을 거친다는 점이 중요한 특징이라고 할 수가 있다.⁴²

비록 신학자가 아니라 목회자로 활동했지만, 죽산 박형룡의 후기 제자들 중 하나인 옥한흠(1938-2010)은 자신의 로마서강해 속에서 이스라엘의 구원 혹은 회복 문제에 대해 입장을 밝힌 바가 있다. 옥한흠은 로마서 11장 26절의 "온 이스라엘"에 대한 세 가지 해석을 소개하고 "여러 가지 모순을 가지고 있음에도 불구하고 이스라엘은 그들의 특별한 위치 때문에 마지막 때에 특별한 방법으로 구원 받게 될 것이라고 보는 견해가 우세하다"고 말하면서 유보적 입장을 취한다.⁴³ 또한 설교를 마치면서도 "이스라엘의 구원 문제도 우리는 지켜보아야 합니다. 하나님이 베일을 열어 주시는 그날까지 우리는 믿고 기다려야 합니다"라고

---

41 이상원, 『종말론 강의안』 51.
42 김길성, 『개혁주의 종말론 강의안』 (2012년), 40-47.
43 옥한흠, 『로마서 2』 (서울: 국제제자훈련원, 2003), 350.

권면함으로써 유대인의 민족적 회심에 대한 견해에 대해 마음이 기울어 있음을 내비친다.[44] 또한 총신의 신약교수인 이한수는 동일 구절에 대한 여러 가지 해석을 소개한 후에 "바울은 구원사의 마지막 단계에 이스라엘 백성 전체가 집단적으로 구원을 얻게 될 미래 시점을 내다보고 있는 것이 분명하다"고 자신의 입장을 밝힌다.[45]

이상과 같은 간단한 개관을 통해서 우리는 죽산 박형룡의 이스라엘의 종말론적이고 민족적인 회심에 대한 견해가 그의 제자들이나 총신 교수들에 의해서 폭넓게 계승되어져 왔다는 점을 분명하게 확인할 수가 있다. 다만 예외적인 경우들도 있으니 죽산을 이어 총신에서 8년간 교수한 신복윤[46]과 서철원 등은 바빙크, 벌코프, 후크마 등이 견지하고 있는 "유대인 가운데 택자 총수"라는 입장을 따랐다.[47]

III. 이스라엘의 회복과 회심에 대한 다양한 해석들의 빛에서 본 죽산의 입장

우리는 앞서 죽산 박형룡이 이스라엘의 회복과 민족적 회심에 대한 견해가 어떠하였으며, 그의 견해가 그의 제자들이나 총신 교수들에게 어떻게 계승되어졌는지를 논구해 보았다. 이러한 고찰을 통해 죽산의 견해는 역사적 전천년설과 더불어 총신의 주류적인 견해임이 확인되어졌다. 이제 우리가 논구해 보고자 하는 것은 그러한 죽산의 견해를 해

---

44 옥한흠, 『로마서 2』, 356.
45 이한수, 『복음은 구원을 주시는 하나님의 능력』 (서울: 이레서원, 2008), 1142-47.
46 신복윤, 『종말론』 (서울: 개혁주의신행협회, 2011), 235-238.
47 이러한 입장을 취하는 대표적인 죽산의 제자는 서철원이다. 서철원, 『종말론강의』 (연대미상)와 "박형룡박사의 조직신학," 『죽산 박형룡박사의 생애와 사상』: 435-450 중 특히 447-448 등을 보라. 앞서 소개한 이상웅, "죽산 박형룡 이후 총신 조직신학자들의 천년기론," 「성경과 신학」 80 (2016): 103-132도 참고하라.

당 주제에 대한 다양한 해석의 가능성들 가운데서 어떻게 평가되어질 수 있는가 하는 것이다. 피상적으로 생각하거나 평가하게 되면 죽산의 입장은 마치 세대주의 전천년설의 영향을 받아서 자기 입장을 결정한 것처럼 비판되어질 수가 있기 때문에, 이스라엘의 회복 혹은 회심에 대한 해석의 다양성을 간단하게나마 개관하고 죽산의 입장을 역사적으로 평가해 보는 것이 필요하다고 생각되기 때문이다.[48]

논의를 편리하게 전개하기 위해서 이스라엘의 회복 내지 회심과 관련된 신학자들의 다양한 견해를 로마서 11장 26절 "그리하여 온 이스라엘이 구원을 얻으리라"(καὶ οὕτως πᾶς Ἰσραὴλ σωθήσεται)에 등장하는 "온 이스라엘"의 정체성이 무엇이냐에 대한 견해 차이로 정리해 보는 것이 유익하다고 사료된다. 신약학자 C. E. B. 크랜필드(C. E. B. Cranfield, 1915-2015)의 경우는 네 가지의 견해 차이를 소개하는데, 그가 말하는 네 가지 입장은 "(1) 유대인이나 이방이나 할 것 없이 모든 선택된 사람들로 보는 입장, (2) 이스라엘 국가 가운데 모든 선택된 사람들로 보는 입장, (3) 이스라엘 국가에 속한 모든 사람들로 보는 입장, (4) 이스라엘 국가 전체이나 필연적으로 모든 개인들을 포함한 것은 아니라고 보는 입장 등"이다.[49] 그러나 필자가 생각하기에는 캘빈신학교 교수였던 안토니

---

[48] 서철원은 박형룡 신학에 대한 긍정적인 평가를 제시함에도 불구하고 "다만 아쉬운 점이 있다면 박형룡박사가 신학함에 있어서 개혁신학의 전체 틀에 맞지 않은 것들을 취한 경우들도 있다"라고 비판하면서 그 사례 중 하나로 천년기론을 예시하고 있다(서철원, "박형룡박사의 조직신학", 447-448). 서철원이 역사적 전천년설과 세대주의 전천년설을 거의 같다고 보는 것은 역사적 전천년설 입장에서는 유감스러운 입장일 것이 틀림없다. 그의 『종말론 강의안』을 보면, 유대인의 회복 문제도 그런 관점에서 비판적으로 다루어진다.

[49] C. E. B. Cranfield, The Epistle to the Romans, ICC, 2 vols. (Edinburgh: T&T Clarke, 1989), 2:576. 참고로 톰 라이트의 정리 방식도 주제 파악에 도움이 될 수 있다고 생각한다: "하지만 주요한 입장들은 다음 세 질문에 대한 다양한 답변들로 구성된다. '모든 이스라엘'은 누구인가, 그들의 '구원'은 언제 일어나는가, 그 일은 어떤 방식으로 달성되는가?" 첫 질문에 대한 네 가지 가능성은 크랜필드의 정리를 인용해 준다. 남은 두 질문에 대한 답변들은 이렇게 나뉘어진다고 소개해준다. "시기에 관한 가능한 답변은 다음과 같다. (가) 현재 역사가 진행되는 동안, (나) 재림 바로 직전 (다) 재림 때. '어떤 방식으로'에 관한 가능한 답변은 다음과 같다. (가) 해당되는 사람들이 (그리스도에 대한) 믿음을

후크마(Anthony A. Hoekema, 1913-1988)의 세 가지 분류 방식이 더욱 더 편리하다고 생각된다. 후크마가 정리해 주는 바에 따르면 견해 차이는 "(1) 이방인의 충만한 수가 하나님 나라로 모여든 후에 이스라엘 민족 전체가 회심할 것이라고 주장하는 자들, (2) 모든 선택받은 자들의 구원을 가리키는 것으로 해석하는 자들, (3) 유대인들 중 선택받은 자들의 전체 숫자가 인류 전 역사를 통해서, 구원에 이르게 된다는 주장 등"으로 나뉜다.[50] 우리는 이러한 세 가지 입장을 취하는 학자들을 간략하게 개관해 보려고 한다. 지면 제한상 자세한 논의를 제시하려는 의도는 없고, 다만 세 가지의 주요 해석들이 존재하고 있으며, 죽산의 입장은 그 가운데 다수의 지지를 받고 있는 해석 전통을 따르고 있음을 확인하는 것으로 제한하려고 한다.

1. 유대인과 이방인 가운데 선택된 모든 이들의 구원을 믿는 입장

첫째로 우리가 살펴볼 것은 유대인이건 이방인이건 선택된 자 모두를 의미한다고 보는 입장이다. 이러한 견해를 지지한 초기 교부는 아우구스티누스였다. 그의 편지 149에서 다음과 같이 이 구절에 대해서 말한다.

> 모든 유대인들이 맹목적이지는 않았다. 그 가운데 어떤 이들은 그리스도를 인정했다. 그러나 유대인의 충만함이 계획에 따라 부름받은 자들 가운데 들어올 것이고, 거기에서 유대인과 이방인들로부터 선택된 하나님의

가지게 됨으로써, (나) 그것이 무엇이든지 그들 자신의 믿음을 통해서, (다) 아마도 재림 때 그리스도를 매개로 하되, 그것이 일종의 그리스도에 대한 믿음이든지 아니든지 어떤 직접적인 하나님의 개입을 통해서."(N. T. Wright, Romans, NIB X, 장용량, 최현만 공역, 『로마서』 [평택: 에클레시아북스, 2014], 516).

50 Hoekema, *The Bible and the Future*, 139-147의 논의중 139-140을 보라. 후크마의 제자로서 진전된 논의를 제시하는 Venema, 『개혁주의종말론 연구』, 167-182도 참고하라.

참된 이스라엘도 일어날 것이다.[51]

피츠마이어는 이렇게 로마서 11장 26절의 "온 이스라엘"을 영적으로 이해하는 것이 5세기-12세기 주석가들의 대다수가 취한 입장이라고 소개한다.[52] 그리고 종교개혁자 존 칼빈 역시 이스라엘을 영적으로 이해하였다. 칼빈은 해당 본문 주석 가운데서 "유대 민족이 그 민족이 이전의 종교 생활로 회복될 것을 전망"하려는 해석을 거부하고, "유대인과 이방인으로 구성되어 있는 교회인 영적 이스라엘"로 이해하였다.[53] 그러나 유대인들에 대해 거칠게 글을 썼던 후기 루터와 달리 칼빈은 유대인들에게 "하나님의 복이 그들 가운데 여전히 머물고 있다"고 말한다.[54]

그러나 후크마의 비판처럼 로마서 9-11장에서 바울이 이스라엘이라는 단어를 11회 사용하는 중에 단 한 번도 영적으로 이해한 적이 없는데, 11장 26절만 영적으로 이해하는 것은 무리가 있다고 하는 것을 우리는 인정하지 않을 수가 없다.[55] 따라서 현대의 학자들 가운데 이 입

---

51 *Fathers of Church*, 20:253; Gerald Bray (ed.), *Romans*, ACCSNT VI (Downers Grove: IVP, 1998), 293에서 재인용.
52 Joseph A. Fitzmyer, *Romans*, AB (New York: Doubleday, 1992), 624.
53 John Calvin, *Comm. Rom.* 11:26. 이어지는 칼빈의 설명은 다음과 같다: "This interpretation seems to me the most suitable, because Paul intended here to set forth the completion of the kingdom of Christ, which is by no means to be confined to the Jews but is to include the whole world. The same manner of speaking we find in Galatians 6:16. The Israel of God is what he calls the Church, gathered alike from Jews and Gentiles; and he sets the people, thus collected from their dispersion in opposition to the carnal children of Abraham, who had departed from his faith." 칼빈의 견해에 대해서는 H. Quistorp, *Calvin's Doctrine of Last Things*, 이희숙 역 『칼빈의 종말론』 (서울: 성광문화사, 1986), 162-163도 보라.
54 Calvin, *Institutes*, 4.16.15; David E. Holwerda, *Jesus & Israel: One Covenant or Two?* (Grand Rapids: Eerdamans, 1997), 3에서 재인용.
55 Hoekema, *The Bible and the Future*, 144. 후크마는 칼빈을 제외하고는 J. C. C. van Leeuwen and D. Jacobs, *Romeinen* (Kampen: Kok, 1952)을 이 입장을 주장하는 자들

장을 취하는 이는 많지가 못하다. 여기서 우리가 주목해야 할 학자는 두 사람이다. 구약학자 팔머 로벗슨은 1979년에 발표한 한 논문에서는 "온 이스라엘"을 선택된 유대인들로 이해했다가, 2000년에 간행된 『하나님의 이스라엘』이라는 저술에서는 칼빈처럼 영적인 이해를 주장하고 있음을 발견하게 된다.[56] 또한 흥미로운 것은 "바울에 대한 신선한 관점"(Fresh Perspective on Paul)을 주창하고 있는 톰 라이트(Tom N. Wright)의 입장 변화이다. 2002년에 간행된 『로마서 주석』에서 톰은 로마서 연구 초기에는 "이스라엘 민족 중에서 선택된 사람"으로 이해했으나, 계속되는 로마서 연구를 통해 "주해상으로 강력한 지지를 받는 의견을 따라서 나중에 마지못해 마음을 바꾸"어서 "신약학자들은 차치하고 친구들 사이에서도 소수 의견"에 속하는 입장을 취하게 되었다고 밝힌다. 그의 변화된 입장이란 다음과 같다.

> 하나님은 '모든 이스라엘'을 즉, 유대인과 이방인들 모두를 포함하는 아브라함의 가족 전체를 구원하실 것이며, 이 일은 현재 역사가 진행되는 동안 일어날 것이며, 그 일은 그리스도에 대한 믿음을 가지게 됨으로써 발생할 것이다.[57]

우리는 이러한 해설을 전적으로 배격할 수는 없으나, 문제는 앞서 지적한대로 로마서 9-11장 문맥에서 이 해설이 정당화될 수 없다고 하는

로 인용한다(140). 그리고 피츠마이어에 의하면 "온 이스라엘"에 해당하는 히브리어 콜-이스라엘(kol-Yisrael)이 구약이 148회 등장하면 "항상 역사적이고, 인종적인 이스라엘"을 가리킨다고 말한다(Fitzmyer, Romans, 623).

56 O. Palmer Robertson, *The Israel of God: Yesterday, Today, and Tomorrow* (Philippsburg: P&R, 2000), 187.
57 Wright, 『로마서』, 516-517. 라이트는 "나는 내 결정을 다시 바꿀 만한 근거를 찾지 못했다"고 분명히 밝힌다.

사실이다.⁵⁸

2. 유대인들 가운데 택자 총수의 구원으로 보는 입장.

두 번째 견해는 역사 전체를 통해 이방인들의 충만함처럼 유대인들 중 택자들의 총수가 그리스도의 교회에 들어온다고 이해하는 것이다. 종교개혁자 마르틴 루터는 로마서 11장 26절의 "온 이스라엘"이란 종말의 유대인들의 국가적 회복으로 보지 아니하고, 역사 가운데 선택된 모든 유대인들로 해석했다.⁵⁹ 그러나 이러한 해설을 취하는 이들은 대체로 아브라함 카이퍼(Abraham Kuyper, 1837-1920)와 신칼빈주의자들이라고 하는 특징을 가진다.⁶⁰ 카이퍼가 자유대학교 신학부에서 행한 종말론 강의를 학생들이 녹취한 자료를 보면, 카이퍼의 입장은 그의 사상의 특징인 유기체론(een organisme)의 관점에서 이방인의 구원과 이스라엘의 구원을 접근하는 것을 드러내 준다. 그의 입장은 이스라엘 백성 가운데 선택된 자들의 총수의 구원으로 이해한다는 것이다.⁶¹ 그러나 카이퍼의 강의안은 저자의 감수를 거치지 않은 자료이기 때문에 그리 영향을 미치지 못했다.

---

58 Holwerda, *Jesus & Israel*, 169.

59 Martin Luther, *Lectures on Romans*, LW 25 (Sain Louis: Concordia Publishing House, 1972), 430-431; "On the *Schem Hamphoras* and On the Lineage of Christ (1543)," in *The Annotated Luther*, vol. 5: Christian Life in the World, ed. Hans J. Hillerbrand (Minneapolis: Fortress, 2017), 624.

60 이런 점에서 앞서 언급한 박아론의 평가처럼 이 입장에 속한 이들은 대체로 무천년주의자들이라고 하는 점도 정확하다는 점을 말할 수가 있다(박아론, 김석환, 『기독교 종말론』, 172).

61 Abraham Kuyper, *Locus de Consummatione Saeculi*, in Dictaten Dogmatiek, 2nd ed., 5 vols. (Kampen: Kok, 1910), 188-189. 카이퍼의 교의학 5권 전반부는 Locus de Magistratu이고, 후반부가 종말론에 해당한다. 카이퍼의 종말론 가운데 천년기에 대한 입장이 무천년기이면서도 전천년설의 여지를 가진다는 박윤선의 논의는 흥미롭다(박윤선, 『성경주석 계시록』 [서울: 영음사, 2005], 335-336).

오히려 이 입장을 강력하게 대변한 대표적인 학자는 헤르만 바빙크 (Herman Bavinck, 1854-1921)였다. 바빙크는 기본적으로 신약의 "신자들의 공동체가 모든 면에서 국가적, 육체적 이스라엘을 대치했"으며, "구약 성경은 신약 성경 안에서 성취되었다."라고 말한다.[62] 그는 로마서 11장 26절의 "온 이스라엘"에 대해서도 "마지막 날에 회심하게 될 이스라엘 백성 전체"로 이해하는 것이 "보편적"인 견해라는 점을 인정하면서도, 이에 반대하면서 "수 세기에 걸쳐 이스라엘로부터 인도함을 받게 될 충만한 수"를 가리킨다고 해설한다.[63] 이러한 바빙크의 견해는 화란 개혁주의 진영에 속한 여러 학자들에게 영향을 미쳤는데, 루이스 벌코프,[64] 윌리엄 헨드릭슨,[65] G. C. 베르까우어,[66] 헤르만 리덜보스,[67] 안

---

[62] Bavinck, 『개혁교의학』, 4:791. 바빙크의 개혁교의학 화란어 원본은 1906-1911년에 간행된 2판에서 내용적으로는 완성되었다. 그의 종말론을 담은 4권의 출간 연대는 1911년이다.

[63] Bavinck, 『개혁교의학』, 4:794-796.

[64] Berkhof, *Systematic Theology*, 699.

[65] William Hendriksen, *Israel in Prophecy* (Grand Rapids: Eerdmans, 1968, 1974). 이 소책자는 안토니 후크마에게도 많은 영향을 미친 것이다. 헨드릭슨이 대중적인 필치로 쓴 *The Bible on the Life of Hereafter* (Grand Rapids: Baker, 1959), 146-148에서도 온 이스라엘이란 "not as a nation, but as a collection of remnants throughout the ages"로 해설한다.

[66] G. C. Berkouwer, *The Return of Christ*, trans. James van Oosterom (Grand Rapids: Eerdmans, 1972), 323-358(Chapter 11. Israel as Sign?). 베르까우어는 온 이스라엘이 구원받는다는 미래적 예언이나 신비에 대해 말하는 것이 아니라 "이제 이스라엘이 그들에게 열려있는 길로 돌아올 것을 기도하면서 적극적으로 섬기고 행하는 태도"를 가리킨다고 해설했다.

[67] Herman Ridderbos, *Aan de Romeinen* (Kampen: Kok, 1959), 263-265; *Paul: An Outline of His Theology*, trans. John R. de Witt (Grand Rapids: Eerdamsn, 1975), 354-361; 박문재 역, 『바울신학』 (서울: 솔로몬, 2017), 657: "로마서 11장은 바울이 여기에서 이스라엘이 종말의 어느 시점에 이스라엘이 한꺼번에 회심할 것이라고 생각했다는 것을 보여 주지 않는다. 그가 역사 속에서의 복음의 선포(cf. 10:14ff.; 11:11, 14, 22) 및 믿는 이방 세계가 이스라엘 대하여 행하는 사역(11:31)으로부터 생겨나는 회심 이외의 또 다른 회심을 생각하지 않았다는 것은 의심의 여지가 없다."

토니 A. 후크마,⁶⁸ 얀 판 헨드른⁶⁹ 등을 들 수가 있다. 이들 모두는 화란 개혁주의 신학자들이든지, 아니면 화란 후예들로서 미국 칼빈신학교와 연관된 이들이다.⁷⁰ 예외적으로 밥 존스대학 출신의 PCA신학자인 로버트 레이먼드(Robert Reymond)⁷¹와 미국 루터파 주석가인 리처드 렌스키(Richard C. H. Lenski, 1854-1936) 등도 이 입장을 대변하고 있다.⁷²

3. 이방인의 충만함이 들어온 후에 유대인의 충만함이 들어올 것이라는 입장

세 번째 입장은 "온 이스라엘"을 민족적 유대인으로 이해하는 입장이다. 초기 죽산의 경우는 이스라엘의 고토 회복과 유대인의 종말론적이고 국가적인 회심을 주장했고, 후기 죽산의 경우에는 유대인의 전국적 회심을 주장했기 때문에 이 세 번째 입장에 속한다는 점을 앞서 확

---

68 Hoekema, *The Bible and the Future*, 139-147.
69 Jan van Genderen and W. H. Velema, *Concise Reformed Dogmatics*, trans. Gerrit Bilkes and Ed M. va der Maas (Philippsburg: P&R, 2008), 853-857. 두 저자는 아뻴도오른(Apeldoorn) 신학대학의 교수들이었고, 종말론 부분의 저자는 얀 판 헨드른이다. 판 헨드른에 의하면 종말에 유대인의 국가적 회심이 있으리는 성경적 근거가 없기 때문에 시대 표지로 삼으면 안된다라고 단언한다.
70 국내에서는 이 전통에 속한 유해무교수가 신중성을 띠지만 동일한 입장을 대변하고 있다(유해무, 『개혁교의학』[서울: 크리스챤다이제스트, 1997], 627-628). 또한 가톨릭 신약학자인 피츠마이어의 입장도 이 두 번째 입장에 속한 것으로 판단되어진다: "For Paul, *pas Israel* means Israel in the ethnic sense and diachronically, because of the eschatological sense of the future *sothesetai*: the Jewish people as whole… just as it is promised in *T. Benj.* 10:11: 'all Israel will be gathered tho the Lord'; or in th later *m. San.* 10 :1: 'All Israel will have a shire in the world to come."(Fitzmyer, *Romans*, 623). 그가 유대인의 택자 총수라는 말은 쓰지 않으나,
71 Robert L. Reymond, *A New Systematic Theology of the Christian Faith*, 2nd and revised ed. (Nashville: Thomas Nelson, 2002), 1024-1032.
72 Richard C. H. Lenski, *St. Paul's Epistle to the Romans* (Minneapolis: Augsburg, 1961), 726: "That 'all Israel' here means one thing, and only one, namely *totus coetus eclectorum ex Israele*."

인한 바가 있다. 따라서 이 세 번째 입장에 속한 이들을 잘 확인해 보는 것이 중요하다고 사료된다.

우선 이 입장을 주장하는 이들 가운데는 세대주의 전천년설자들이 두드러진다는 점을 부인하기 어렵다. 고전적인 세대주의자들 뿐 아니라,[73] 찰스 라이리, 존 월부드 같은 수정된 세대주의자들과 그들이 중심이 되어 개정한 『새로운 스코필드 성경』(1967년)의 해당 구절 각주에는 이스라엘의 고토 회복과 회심에 대한 예언은 아직 성취되지 않은 미래사임을 분명하게 주장한다.[74] 이러한 입장은 현재도 활동중인 세대주의 설교자인 존 맥아더에게서도 발견되어진다.[75] 그러나 세대주의의 주류적인 입장은 교회와 이스라엘을 구분하는 것이고, 종말의 시기에 유대인들을 위한 특별한 섭리가 남아있다라고 하는 것이다.[76] 그리고 이러

---

[73] 초기 고전적 세대주의를 영어권에서 보급하는데 기여한 James H. Brookes, *Till He Come*, 3rd. and revised ed. (New York: Fleming H. Revell, 1895)와 W. E. Blackstone, *Jesus is Coming*, re-revised ed. (New York: Fleming H. Revell, 1908)에서도 우리는 고전적인 입장을 확인할 수가 있다. 블랙스턴의 책은 1922년에, 그리고 브룩스의 책은 1913년에 한글로 번역 출간되어 한국교회에 세대주의 종말론이 강력하게 보급되도록 만들었다.

[74] *New Scofield Reference Bible* (New York: Oxford University Press, 1967), 1226: "According to the prophets Israel, regathered from all nations, restored to her own land and converted, is yet to have her greatest earthly exaltation and glory." 소위 수정된 세대주의를 대변하는 월부어드, 라이리와 펜티코스트의 저술들에서도 강력하게 이 입장이 개진되고 있다: John F. Walvoord, *The Millennial Kingdom* (Findlay: Dunham, 1959); Charles C. Ryrie, *Dispensationalism Tody* (Chicago: Moody Press, 1965); J. Dwight Pentecost, *Things to Come* (Grand Rapids: Zondervan, 1964). 이 가운데 펜티코스트의 책은 『세대주의 종말론』 (서울: 대한기독교서회, 1998)로 한역되어 있고, 원서는 수십만 권 보급되었다.

[75] 국내에 소개되기도 한 *The MacArthur Bible Commentary*, 황영철 외, 『맥아더 성경 주석』 (서울: 아바서원, 2015), 1274에서는 "온 이스라엘 – 이 교회 시대에 교회 내에 있는 믿는 남은 자 유대인이 아니라 환난의 마지막 시기에 살고 있는 모든 선택된 유대인이다." 라고 해설한 맥아더는 *Romans 9-16*, The MacArthur New Testament Commentary (Chicago: Moody, 1994), 128에서는 7년 대환란기 동안 하나님의 심판에서 살아남은 유대인 "전 민족"(the entire nation)의 구원을 말한다.

[76] Sam Storms, *Kingdom Come: The Amillennial Alternative* (Fearn: Mentor, 2013), 43-69를 보라.

한 세대주의적 근거위에서 백투예루살렘 운동과 같은 극단적인 입장이 주창될 수 있었다는 것도 간과해서는 안 될 것이다.[77]

그러나 우리가 이스라엘의 회복 혹은 회심에 대한 해석의 역사를 개관해 보면 죽산이 취하고 있는 입장이 단순히 세대주의자들이나 기독교 시온주의자들(Christian Zionists)의 입장일 뿐 아니라 수 많은 개혁주의자들이나 복음주의자들도 취하고 있다는 놀라운 사실을 발견하게 된다. 따라서 이러한 입장을 견지했던 다양한 학자들의 면면을 개관해 볼 필요가 있는 것이다. 일단 우리는 이스라엘의 그토 복귀와 독립에 대한 관심과 이스라엘의 종말론적 회심에 대한 관심을 분리할 필요가 있다. 전자에 대해서는 주장하지 않아도, 후자에 대해서 주장한 이들이 많기 때문이다. 우리는 이러한 해석의 전통을 개관하기 위하여 이안 머리(Ian Murray)의 『청교도의 소망』(A Puritan Hope)라는 책을 참고할 필요가 있다. 그는 유대인의 종말론적 회심을 정당한 해석이자 소망이라고 생각했던 다양한 이들을 소개해 준다.[78] 종교개혁 시기에는 마르틴 부처, 테오도르 베자, 피터 마터 터미글리를 들 수가 있고, 1560년에 간행된 『제네바 성경』에서는 바울이 "전체 유대 민족이, 비록 모든 개인 한 사람까지는 아니더라도, 그리스도 교회에 연결될 때가 올 것이라는 사실을 진술하고 있다"라고 주해를 달고 있다.[79]

이안 머리는 또한 이러한 해석이 청교도 전통에 영향을 미쳐서 수 많은 청교도들이 동일한 입장을 견지했음을 서술해준다.[80] 신약을 유대인

---

77 Cf. 이필찬, 『백투예루살렘 운동, 무엇이 문제인가』 (서울: 새물결플러스, 2014).

78 Ian Murray, *The Puritan Hope: Revival and the Interpretaion of Prophecy* (Edinburgh Banner of Truth, 1971); 장호익 역, 『청교도의 소망』 (서울: 부흥과개혁사, 2011). 아래에서 머리의 글을 참고한 경우는 일일이 출전을 밝혔다.

79 Murray, 『청교도의 소망』, 76에서 재인용.

80 청교도들의 입장에 대해서는 이안 머리의 책 외에 Katharine R. Firth, *The Apocalyptic Tradition in Reformation Britain 1530-1645* (Oxford: OUP, 1979); Robert Doyle, *Eschatology and the Shape of Christian Belief*, 박응규 역, 『교리 속 종말론』 (서울: 그리심, 2010) 등을 참고하면 좋을 것이다.

을 위해 히브리어로 번역할 것을 제안한 최초의 영국인 휴 브러턴(Hugh Broughton, 1549-1612)이 있고, 또한 케임브리지 청교도주의의 원조라 할 윌리엄 퍼킨스(William Perkins)가 있는데 그에 의하면 종말이 오기 전에 하나님께서 정하신 날과 정하신 방법에 따라 "유대 민족은 부르심을 받고, 회개하고 이 복에 참여하게 될 것"이라고 공표했고, 그의 영향을 받은 리처드 십스, 토마스 굿윈 등을 통해 이런 입장은 계승되어 졌다.[81] 상황이 그러하였기에 "17세기의 첫 사반세기부터 유대인의 장래 회심은 영국 청교도 사이의 공통의 믿음이 되었"고 "유대인의 미래에 관한 동일한 믿음은 17세기 청교도 문헌에서 폭 넓게 발견"되어진다고 논평을 할 정도로 이 입장은 17세기 영국에서 보편화된 입장이 되었다. 윌리엄 브릿지, 조지 길레스피, 로버트 베일리, 존 오웬, 토마스 맨턴, 존 플라벨, 데이비드 딕슨, 조지 허치슨, 제러마이어 버러스, 윌리엄 그린힐, 엘나단 파, 제임스 더럼, 윌리엄 구지, 잉크리즈 매더 등 머리가 소개하는 청교도들의 명단은 이런 사실을 입증해 주고 있다.[82] 이렇게 주도적인 청교도들이 취하는 입장이 동일하다 보니 1640년대에 만들어진 『웨스트민스터 대요리문답』 191문답(주기도문의 두 번째 간구 해설)에서도 동일한 해석이 반영되고 있음을 보게 된다.[83] 죽산은 장로교 신학자로서 웨스트민스터 표준문서들을 중시하며 신학작업 한 사람이기 때

---

81 Murray, 『청교도의 소망』, 76-78.
82 Murray, 『청교도의 소망』, 78-80. 또한 110-111에 의하면 1652년에 청교도 신학자 18명이 선교사역을 지원하면서 동일한 신앙을 고백했다. 이상에서 언급된 청교도들에 대한 입문은 Joel R. Beeke and Randall J. Pederson, Meet the Puritans, 이한상, 이상웅 공역, 『청교도를 만나다』(서울: 부흥과개혁사, 2011)를 참고하라.
83 Thomas, "The Eschatology of the Westminster Confession and Assembly," in *The Westminster Confession into the 21st Century*, 3 vols. ed. Ligon Duncon (Fearn, Ross-shire: Christian Focus Pub., 2005), 2: 361-363와 Murray, 『청교도의 소망』, 73-91; 이상웅, "웨스트민스터 신앙고백서의 종말론," 「한국개혁신학」 44 (2014): 165에서 재인용.

문에 이점은 상당히 중요하다.⁸⁴ 또한 대체로 웨스트민스터신앙고백을 따랐던 독립파들의 신앙고백서인 「사보이선언」(1658년)에서도 유대인의 종말론적인 회복에 대해 고백했다.⁸⁵ 그리고 웨스트민스터 표준문서를 따라 신학했고, 청교도 전통에 속했던 조나단 에드워즈 역시 1739년에 노샘프턴 교회에서 연속 강해한 『구속 사역의 역사』에서 교회의 영광의 시대에 있어서 유대인의 불신앙이 타파되며, 유대인의 민족적 회심이 일어날 것에 대한 소망을 표현하는 것을 볼 수가 있다.⁸⁶ 그리고 그의 『여백성경』의 로마서 11장 26절 해설에서도 온 이스라엘이란 "유대인들의 충만함은 기독교를 고백하는 유대 나라 전체다."라고 말한다.⁸⁷

죽산 박형룡이 평생 존경하고 의존하였던 찰스 핫지(Charles Hodge) 역시도 이스라엘의 그토 회복에 대해서는 반대하면서도 유대인의 종말론적인 회심 가능성에 대해서 인정했다.⁸⁸ 죽산의 프린스턴 유학 시절 스승이었던 게할더스 보스(Geerhardus Vos)는 화란신학 전통에 속해 있으면서도 유대인의 민족적 회심을 초기부터 가르쳤다. 그의 생애 만년에 나온 『바울의 종말론』에서도 그런 입장을 분명히 밝혔지만,⁸⁹ 그

---

84 죽산의 웨스트민스터 표준문서에 대한 평가에 대해서는 이상웅, "박형룡과 웨스트민스터 신앙고백서," 『박형룡박사와 개혁신학』, 229-275을 보라.
85 Murray, 『청교도의 소망』, 89.
86 Jonathan Edwards, *A History of Work of Remption*. WJE 9:467-470; 이상웅, 『조나단 에드워즈의 성령론』 (서울: 부흥과개혁사, 2009), 189-190에서 재인용.
87 Jonathan Edwards, *Blank Bible*. WJE 24/2, 1028; 이상웅, 『조나단 에드워즈의 성령론』, 205에서 재인용. Jonathan Edwards, *The Power of God*, 김귀탁 역, 『로마서주석』 (서울: 복있는사람, 2014), 383-385과 Barry E. Horner, *Future Israel: Why Christian Anti-Judaism Must Be Challenged* (Nashville: B&H, 2007), 333-338에 있는 "Appendix A. Jonathan Edwards and the Future of Israel" 등도 보라.
88 Hodge, *Systematic Theology*, 3:812에서 핫지는 "national conversion of the Jews"에 대해서 말하면서도 "in many cases the conversion may be merely nominal"이라는 해석을 제시한다.
89 Geerhardus Vos, *Pauline Eschatology* (1930; Grand Rapids: Baker, 1979), 88-89.

가 스트라스부르에서 학위를 받고 돌아와 5년간 모교 캘빈신학교에서 교의학을 가르치면서도 그러한 해석을 소개했다.[90] 뿐만 아니라 죽산과 프린스턴에서 동문수학한 존 머리(John Murray)의 경우도 『로마서주석』에서 온 이스라엘이 구원받을 것이라는 것은 "하나의 민족으로 이스라엘의 충만함, 받아들임, 접붙임의 견지에서 해석하는 것 외에 다른 방법은 없다"라고 단호하게 주장한다.[91]

현재도 왕성하고 활동하고 있는 학자들 가운데도 여러 신학자들이 이 입장을 취하고 있다. 안토니 후크마의 제자로서 중미개혁신학교 교수인 코르넬리스 비네마(Cornelis P. Venema)는 『개혁주의 종말론 탐구』속에서 자기의 스승의 어깨위에 서 있음을 도처에서 보여주면서도 "온 이스라엘"에 대한 문제에 있어서는 스승과 다른 입장을 취한다. 그는 세 가지 해석을 소개한 후에 로마서 11장 본문 주해에 근거할 때에 "이스라엘 백성 전체가 미래에 회심할 것이라는 사실이 이 본문의 주요 논점으로서 가장 타당하다"고 의견을 밝힌다.[92] 비네마처럼 무천년설을 취하는 킴 리델바거(Kim Riddlebarger) 역시 "온 이스라엘"을 "이스라엘의 대다수나 많은 수"를 의미하며, "이방인의 충만한 수가 들어오면, 하나님은 민족 이스라엘의 대다수가 그리스도를 믿도로 역사하실 것"

---

[90] Geerhardus Vos, *Reformed Dogmatics*, trans. Richard Gaffien e. a. 5 vols. (Bellingham: Lexham Press, 2016), 5:279-280; Horner, Future Israel, 173-178, 268도 보라.

[91] John Murray, *The Epistle to the Romans*, NICNT, 2 vols. (Grand Rapids: Eerdmans, 1959, 1965), 2:91-100; 아바서원 번역팀, 『로마서 주석』 (서울: 아바서원, 2014), 571-582. 그러나 머리는 "종말에 이르러 모든 이스라엘이 다 회심할 것을 의미하는 것"으로까지 과도하게 이해하는 것은 거부한다. 이는 죽산이나 핫지의 견해와 다르지 않다.

[92] Venema, 『개혁주의종말론 연구』, 179. "온 이스라엘의 구원"에 대한 169-180쪽의 논의를 참고하고, 다음과 같은 결론적인 논평을 보라: "모든 족속에게 복음이 전파되는 일을 통해 이스라엘의 충만한 수가 회심하고 이스라엘이 하나의 백성으로 다시 접붙임을 받게 되어 하나님의 특정한 이 백성이 하나님의 은혜와 복을 받게 되는 회복이 있을 그 때가 올 것이라는 사실이다."(180).

이라고 주장한다.[93] 캘빈신학교의 데이빗 홀베르다(David Holwerda) 역시 자신이 속한 신칼빈주의 전통과 달리 이 입장을 대변했다.[94] 그의 영향을 입은 마이클 호튼(Michael Horton)도 "말세에는 유대인들이 광범위하게 접붙임을 받는 일" 혹은 "민족적 유대인의 대량 유입을 통해" 교회가 확대될 것을 주장한다.[95] 또한 화란개혁주의 전통에 서서 신학하고 있는 판 데어 꼬이와 판 덴 브링크 역시 "유대인의 미래적이고 집단적인 회심"에 대해 말하고 있다고 생각하고 있고, 나아가서는 18세기 나더러 레포르마치(Nadere Reformatie, Second Dutch Reformation) 시기의 화란 신학자들이 동일한 입장을 취하였으며 "당시 유대인들을 위한 희망의 근거"로 삼았다고 논평을 해준다.[96]

이제 신약학자들의 주석들을 고려해 본다면 이 세 번째 입장을 취하는 주석가들이 의외로 많음에 놀라지 않을 수가 없다. 죽산이 역사적 전천년설을 확립하고 보강하는데 많은 도움을 준 조지 엘든 래드

---

[93] Kim Riddlebarger, *A Case for Amillennialism*, 박승민 역, 『개혁주의 무천년설』 (서울: 부흥과개혁사, 2013), 323. "로마서 11장: 이스라엘에 미러가 있는가"라는 제목을 가진 14장 전체(297-326)를 참고하라.

[94] Holwerda, *Jesus & Israel*, 168-175.

[95] Michael Horton, *The Christian Faith*, 이용중 역, 『개혁주의 조직신학』 (서울: 부흥과개혁사, 2012), 947-948.

[96] Cornelis van der Kooi and Gijs van den Brink, *Christian Dogmatics*, trans. Reinder Bruinsma and James D. Bratt (Grand Rapids: Eerdmans, 2017), 356. 따라서 앞서 살펴본 두 번째 입장은 단순히 화란 신학자 전체의 견해가 아니라 19-20세기 신칼빈주의자들의 주류적인 해석이었다는 것을 확인할 수가 있다. 나더러 레포르마치 시기 신학자들의 종말론에 관해서는 C. J. Meeuse, *De toekomstverwachting van de Nadere Reformatie in het licht van haar tijd* (Kampen: De Groot Goudriaan. 1990)을 보라. 그 시기의 대표적인 신학자중 하나인 빌헬무스 아 브라끌(Wilhemus a Brakel, 1635-1711)은 자신의 주저 *The Christian's Reasonable Service*, trans. Bartel Elshout 4 vols. (Grand Rapids: Reformation Heritage Books, 1992-1995), 4:510-535에서 유대인의 종말론적이고 민족적인 회심에 대해 상세하게 논의하고 있다.

(George Eldon Ladd, 1911-1982),[97] 판 안델(J. van Andel),[98] 헤르만 바빙크의 제자로서 신약학을 가르친 세이끌르 흐레이다누스(Seakle Greijdanus),[99] 샌디와 헤들럼(Sanday and Headlam),[100] 스위스 바젤의 신약신학자였던 오스카 쿨만(Oskar Cullmann),[101] 크랜필드(C. E. B. Cranfield),[102] 더글러스 무(Douglas Moo),[103] 유딧 건드리 볼프(Judith Gundry-Volf),[104] 토마스 슈라이너(Thoms Schreiner),[105] 박익수[106] 등을 세 번째 입장의 지지자들로 제시할 수가 있다. 심지어는 가장 최근에 출간된 리처드 롱게네커(Richard N. Longenecker)의 주석에서도 동일한 입장을 표방하고 있다.[107]

---

[97] George E. Ladd, *A Theology of the New Testament*, rev. ed. Donald Hagner (Grand Rapids: Eerdmans, 1993), 606-608.

[98] J. van Andel, *Paulus' brief aan de Romeinen* (Kampen: Kok, 1904), 225-227.

[99] Seakle Greijdanus, *De Brief van den Apostel Paulus aan de Gemeente te Rome II*, KNT VI/2 (Amsterdam: Van Bottenburg, 1933), 515-16. 흐레이다누스는 칼빈과 자신의 스승이었던 바빙크 조차 비판하고, 이스라엘 전체, 유대인의 전체 회심을 주장한다 ("Dan komt Israël als geheel, het Joodsche volk in zijne Gesamtheit tot bekeering en tot geloovige aanneming van Gods Evangelie en de Heere Christus.").

[100] W. Sanday and A. C. Headlam, *The Epistle to te Romans*, ICC(New York: Charles Scribner's Sons, 1915), 335-336.

[101] Oscar Cullmann, *Christ and Time*, trans. Floyd V. Filson (Phialdelphia: Westminster, 1960), 78.

[102] Cranfield, *Romans*, 2:576-577. 크랜필드는 전 이스라엘의 회복으로 해석한 주석가들로 Kühl, K. L. Schmidt, T. Zahn, Lagrange, C. K. Barrett, E. Käsemann, H. Schlier 등을 열거해 준다.

[103] Douglas J. Moo, *The Epistle to the Romans*, NICNT (Grand Rapids: Eerdmans, 1996), 722-724. 시카고 소재 TEDS의 신약학자 무의 주석은 존 머리의 주석을 대체한 것인데 같은 입장을 피력했다.

[104] Judith M. Gundry Volf, *Paul and Perseverance: Staying In and Falling Away* (Lousville: W/JNP, 1990), 177.

[105] Thomas R. Schreiner, *Romans*, Baker Exegetical Commentary on the New Testament (Grand Rapids: Baker, 1998), 615-619. 슈라이너는 존 파이퍼에 이어 베델신학교에서 신약학을 가르치는 학자로서 아래에 언급하는대로 존 파이퍼와 동일한 견해를 취하고 있다.

[106] 박익수, 『로마서 주서 II』 (서울: 대한기독교서회, 2008), 219-220.

[107] Richard N. Longenecker, *The Epistle to the Romans*, NIGTC (Grand Rapids:

이제 마지막으로 살펴보고자 하는 것은 두 사람의 설교자의 견해로서 마틴 로이드존스와 존 파이퍼의 견해이다. 마틴 로이드존스(D. Martyn Llyod-Jones)는 1952-1955년어간 웨스트민스트 채플 금요집회에서 연속해서 강론했던 "성경의 위대한 교리들"(Great Doctrines of the Bible)을 통해서는 로마서 11장 26절의 의미가 "모든 시대와 세대들 중의 모든 믿은 유대인들의 전부"가 확실하게 구원받을 것이라는 의미로 해석했으나,[108] 10여 년 후인 1965년 금요집회에서 연속강해한 로마서 11장 강해를 통해서는 앞서 견지했던 자신의 입장을 조목조목 비판하고, 종말에 있을 유대인들의 민족적인 회복이 있을 것이 확실하다고 강해했다.[109] 한편 미국 칼빈주의 침례교 목사이자 다작가로서 영어권에서 많은 영향을 미쳐 온 존 파이퍼(John Piper)는 로마서 11장 22-29절에 대한 강해 속에서 로마서 11장 26절이 이스라엘 민족 전체를 가리키는 것으로 믿는지 다섯 가지 이유들을 제시했다.[110]

Eerdmans, 2016), 897: "My own view is that Paul is here speaking of the salvation of Jewish people who will be alive when the course of God's salvation history is brought by God himself to its culmination."

[108] D. Martyn Lloyd-Jones, *The Church and the Last Things* (Wheaton: Crossway, 2003), 105-113중 특히 113을 보라("…the total of all believing Jews in all ages and generations, all whom God has foreseen shall infallibly be saved.").

[109] D. Martyn Lloyd-Jones, *Romans: An Expostion of Chapter 11* (Edinburgh: Banner of Truth, 1998), 182-223을 보라. 194쪽에 보면 로이드존스는 "The Apostle then is saying that the future restoration of Israel as a nation is certain"이라고 단언한다.

[110] John Piper, "All Israel Will Be Saved(Romans 11:22-29)"(2004년 2월 29일 설교. http://www.desiringgod.org/messages/all-israel-will-be-saved). "Five Reasons Why I Believe Romans 11:26 Refers to the Nation of Israel as a Whole"로서 파이퍼가 제시한 근거는 다음과 같다: "1. I think the term 'Israel' in verse 25 and 26 most naturally refer to the same thing. 2. The reference in verse 26 to banishing ungodliness from Jacob fits with the national view of 'all Israel.' 3. The parallel between the two halves of verse 28 point to all Israel as the nation as a whole. 4. The parallels in verse 12 point in the same direction. 5. The same thing is true about the parallels in verse 15."

IV. 나가는 말

이상에서 우리는 이스라엘의 회복 내지 민족적 회심에 대한 죽산 박형룡의 견해가 무엇인지를 살펴보고, 그의 견해가 후학들에게 어떻게 계승되었는지를 확인해 보고, 나아가서는 죽산의 견해가 해당 주제에 관련한 해석의 전통들 가운데 어디에 위치하고 있는지를 천착해 보았다. 앞선 논의의 결과들을 간단하게 먼저 요약해 보겠다.

2절에서 우리는 죽산 박형룡의 조기 입장과 후기 입장을 대별해서 살펴보았다. 초기 죽산은 한국내한 영미권 출신의 선교사의 영향을 받아 종말론을 형성하게 되었고, 1929년에 쓴 논문을 통해 죽산은 종말론적이고 민족적인 유대인의 회심뿐 아니라 유대인의 고토 복귀와 나라 설립에 대한 기대를 가지고 있었다는 것을 확인했다. 그리고 『교의신학 내세론』(1973년)에 개진된 후기 죽산의 입장은 이스라엘의 고토 회복이나 나라 재건에 대해서는 언급하지 않지만 유대인의 민족적 회심은 여전히 시대의 표지로 주창하고 있음을 살펴 보았다. 이어서 우리는 이러한 죽산의 기본적이고 확고한 입장이 그의 후학들(박아론, 김길성, 이상원, 옥한흠, 이한수)을 통해서 계승되었음을 확인했고, 더러는 화란신학 전통의 영향하에 무천년설적인 입장을 취하는 이들도 있음을 살펴보았다.

3절에서는 죽산이 분명하게 개진했고 한평생 견지했던 입장을 동 주제에 관련하여 제기된 주요 세 가지 입장의 빛에서 확인하는 일을 해 보았다. 우리는 로마서 11장 26절에 나타나는 "온 이스라엘"의 정체성을 둘러싼 세 가지 입장(즉, 영적 해석, 유대인 가운데 택자 총수, 종말론적인 국가적 회심)을 취하는 학자들을 개관해 보면서, 각각의 입장이 해석의 역사 가운데 어느 정도 비중을 차지하는지 가늠해 볼 수 있었다. 피상적으로 관찰하자면 죽산의 입장이 세대주의나 기독교 시온주의의 영향으로 오독될 가능성이 있기 때문에 이러한 확인 작업은 적실하고 필요하다고 판단되었다. 그래서 세 가지 입장을 취하는 이들을 개관한 결과 얻게 된 중요한 결론은 그리스도 재림 전에 이스라엘의 국가적 회심(죽산의 말대로 전수는 아니라고 하더라도)이 일어날 것이라는 죽산의 확고한 입장이 단지 세대주의와 유사한 것이 아니라 종교개혁자들, 주요 청교도들, 수많은 조직신학자들과 신약학자들이 취하여 온 입장이라는 것이다. 따라서 말세에 유대인들의 집단적 회심이 있을 것이라고 기대하고, 위하여 기도하며, 선교에 힘을 쓰는 것은 결코 비성경적이거나 비개혁주의적이라고 일도양단해서는 안 된다는 것을 분명히 알 수가 있다.[111] 물론 우리는 세대주의가 강변해 온 교회와 이스라엘의 구별, 세대론 등 극단적인 입장을 잘 경계해야 하고, 나아가서는 백투예루살렘 운동과 같은 극단적인 입장의 문제점이 무엇인지를 잘 비판할 수도 있어야 할 것이다.[112]

결론적으로 한 가지 첨언을 한다면, 이상의 논의에도 불구하고 이스라엘의 종말론적인 회복 내지 유대인의 민족적 회심에 대해 비판적인 입장을 취하는 화란신학 전통의 입장도 결코 비성경적이라고 매도할 수만은 없다는 것이다.[113] 죽산의 입장이나 화란신학 전통 양자는 다 성경적이기를 추구하는 개혁신학자들이 취하는 입장들이기 때문이다. 더

---

[111] 그래서 로마서 11장 26절의 온 이스라엘의 충만함이 선택된 유대인의 총수의 구원으로 이해하는 유해무 역시도 죽산이 속한 입장에 대해 다음과 같이 신중론을 말하는 것이다: "이런 식으로 이스라엘을 '성지'로 보는 것을 우리는 동의하지 않지만, 성지로 보는 자들에 대한 평가에 있어서는 신중한 태도를 취하려고 한다. 이런 입장 자체가 실상은 복잡한 양상을 띠고 있을 뿐만 아니라 온 힘을 다하여 성경의 절대적 권위를 신봉하는 자세에서 연유하고 있기 때문이다."(유해무, 『개혁교의학』, 628).

[112] 또한 우리는 역사 가운데 등장했던 안티 세미티즘(Anti-Semintism)에 대한 경계도 필요하다고 생각한다. Cf. Barry E. Horner, *Future Israel: Why Christian Anti-Judaism Must Be Challenged* (Nashville: B&H, 2007).

[113] 필자는 이스라엘 민족의 종말론적인 회복과 회심을 주장하는 이들은 Hendriksen, *Israel in Prophecy*; Hoekema, *The Bible and the Future*, 139-147 등에서 개진된 화란신학 전통의 반론들을 주의 깊게 읽어 볼 필요가 있다고 생각한다. 필자는 이번 논구 과정을 통해 종말론적이고 단독적인 유대인의 회심에 대한 기대가 강력한 전통임을 확인하고 놀란 바가 있으나 바빙크, 벌코프, 헨드릭슨, 후크마 등이 견지한 대로 유대인들 가운데 선택된 자들의 총수가 구원받는다는 입장을 변함없이 견지하게 된다는 점을 밝힌다.

욱이 후자의 전통에서 유대인에 대한 선교나 그들 가운데 많은 사람들이 주께로 돌아와 구원받기를 원치 않는 것도 결코 아니라는 점을 고려해야 한다.[114] 우리는 본질적인 점에 대해서는 통일성을, 비본질적인 점에 대해서는 관용과 양해의 마음을 발전시키는 것이 필요하다고 생각한다.[115] 종말론에 있어서도 본질적으로 일치를 추구해야 할 것과 해석상의 다양성을 인정할 수 있는 점들에 대한 구별이 필요하다고 사료된다(*).

---

[114] 국내에서는 이스라엘 혹은 유대인들에 대한 선교에의 열정이 그리 높지 않은 것 같다. 종말론적인 유대인들의 회심을 믿든 믿지 않든간에 우리는 19세기 로버트 머리 맥체인의 유대인들에 대한 선교의 열정을 귀감을 삼을 필요가 있다고 생각한다(Andrew Bonar ed. *Memoir and Remains of Robert Murray M'Cheyne* [Edinburgh: Banner of Truth, 2004], 83-115, 187-198).

[115] Cf. J. M. R. Diermanse, *De fundamentele en niet-fundamentele Geloofsartikelen in de Theologische Discussie*, Diss. VU (Franeker: T. Wever, 1974).

참고문헌

길선주.『영계 길선주 목사 유고 선집』. 서울: 대한기독교서회, 1968.
김길성. "박형룡 박사의 내세론 연구."『죽산 박형룡 박사의 생애와 사상』. 박용규 편. 서울: 총신대학교 출판부, 1996: 451-469.
_____. "Dr. Hyung Nong Park's Theology of the Last Things." *Chongshin Theological Journal*, I/2 (August 1996): 72-73.
_____.『개혁주의 종말론 강의안』. 2012년.
박아론, 김석환.『기독교 종말론』. 서울: CLC, 2004.
박윤선.『성경주석 로마서』. 서울: 영음사, 1987.
_____.『개혁주의 교리학』. 김재성 편. 서울: 영음사, 2003.
_____.『성경주석 계시록』. 서울: 영음사, 2005.
박익수.『로마서 주서 II』. 서울: 대한기독교서회, 2008.
박형룡. "시온에 귀로."「신학지남」 11/5 (1929.9): 21-26.
_____. "시온에 귀로(속)."「신학지남」 11/6 (1929.11): 17-22.
_____.『내세론 강의안』. 등사본. n.d.
_____.『교의신학 내세론』. 서울: 은성출판사, 1973.
_____.『박형룡박사 저작전집 XIV 신학논문(하)』. 서울: 한국기독교교육 연구원, 1981.
서철원.『종말론강의』. 연대미상.
_____. "박형룡박사의 조직신학."『죽산 박형룡 박사의 생애와 사상』. 박용규 편. 서울: 총신대학교 출판부, 1996: 435-450.
신복윤.『종말론』. 서울: 개혁주의신행협회, 2011.
안수강.『길선주목사의 말세론 연구』. 서울: 예영, 2008.
옥한흠.『로마서 2』. 서울: 국제제자훈련원, 2003.
유해무.『개혁교의학』. 서울: 크리스챤다이제스트, 1997.
이눌서. "신앙의 원리."「신학지남」 4/2 (1922): 206-214.
이상웅.『조나단 에드워즈의 성령론』. 서울: 부흥과개혁사, 2009.
_____.『박형룡박사와 개혁신학』. 용인: 목양, 2013.
_____. "웨스트민스터 신앙고백서의 종말론."「한국개혁신학」 44 (2014): 152-177.

commentaries/ calvin/ romans/11.htm.

Cranfield, C. E. B. *The Epistle to the Romans*. ICC. 2 Vols. Edinburgh: T&T Clarke, 1989.

Cullmann, Oscar. *Christ and Time*. Trans. Floyd V. Filson. Phialdelphia: Westminster, 1960.

Edwards, Jonathan. *The Power of God*. 김귀탁 역.『로마서주석』. 서울: 복있는사람, 2014.

Fitzmyer, Joseph A. *Romans*. AB. New York: Doubleday, 1992.

Greijdanus, Seakle. *De Brief van den Apostel Paulus aan de Gemeente te Rome II*. KNT VI/2. Amsterdam: Van Bottenburg, 1933.

Gundry- Volf, Judith M. *Paul and Perseverance: Staying In and Falling Away*. Lousville: W/JNP, 1990.

Hendriksen, William. *The Bible on the Life Hereafter*. Grand Rapids: Baker, 1958.

_____. *Israel in Prophecy*. Grand Rapids: Eerdmans, 1974.

Hodge, Charles. *Systematic Theology*. 3 Vols. New York: Scribner's Sons, 1872 -1873.

Hoekema, Anthony A. *The Bible and the Future*. Exeter: Paternoster Press, 1979.

Holwerda, David E. *Jesus & Israel: One Covenant or Two?*. Grand Rapids: Eerdamans, 1997.

Horner, Barry E. *Future Israel: Why Christian Anti-Judaism Must Be Challenged*. Nashville: B&H, 2007.

Horton, Michael. *The Christian Faith*. 이용중 역.『개혁주의 조직신학』. 서울: 부흥과개혁사, 2012.

Kuyper, Abraham. *Dictaten Dogmatiek*. 2nd Ed. 5 Vols. Kampen: Kok, 1910.

Ladd, George E. *A Theology of the New Testament*. Rev. Ed. Donald Hagner. Grand Rapids: Eerdmans, 1993.

Lenski, Richard C. H. St. *Paul's Epistle to the Romans*. Minneapolis: Augsburg, 1961.

____. "죽산 박형룡과 구례인의 천년기론에 대한 연구."「개혁논총」 38 (2016): 177-207.

____. "죽산 박형룡 이후 총신 조직신학자들의 천년기론."「성경과 신학」 80 (2016): 103-132.

이상원.『종말론 강의안』. 2004년.

이필찬.『백투예루살렘 운동, 무엇이 문제인가』. 서울: 새물결플러스, 2014.

____.『이스라엘과 교회, 어떻게 이해할 것인가』. 서울: 새물결플러스, 2014.

이한수.『복음은 구원을 주시는 하나님의 능력』. 서울: 이레서원, 2008.

조경현.『초기 한국장로교 신학사상』. 서울: 그리심, 2011.

조형욱. "구 프린스턴신학의 종말론 연구." 철학박사, 총신대학교, 2011.

Aalders, G. Ch. Het Herstel van Israel volgens het Oude Testament. Kampen: Kok, n.d.

À Brakel, Wilhelmus. *The Christian's Reasonable Service*. Trans. Bartel Elshout. 4 Vols. Grand Rapids: Reformation Heritage Books, 1992-1995.

Bavinck, Herman. *Gereformeerde Dogmatiek*. 2nd Ed. 4 Vols. Kampen: Kok, 1906-1911. 박태현 역,『개혁교의학』. 전4권. 서울: 부흥과개혁사, 2011.

____. *Reformed Dogmatics*. 4 Vols. Trans. John Vriend. Grand Rapdis: Baker, 2003-2008.

Beeke, Joel R. and Randall J. Pederson. Meet the Puritans. 이한상, 이상웅 공역.『청교도를 만나다』. 서울: 부흥 과개혁사, 2011.

Berkhof, Louis. *Systematic Theology*. 4th Ed. Grand Rapids: Eerdmans, 1941.

Berkouwer, G. C. *The Return of Christ*. Trans. James van Oosterom. Grand Rapids: Eerdmans, 1972.

Bonar, Andrew (Ed.). *Memoir and Remains of Robert Murray M'Cheyne*. Edinburgh: Banner of Truth, 2004.

Bray, Gerald (Ed.). *Romans*. ACCSNT VI. Downers Grove: IVP, 1998.

Calvin, John. *Comm. Rom.* 11:26. Available at: http://biblehub.com/

Lloyd-Jones, D. Martyn. *Romans: An Expostion of Chapter 11*. Edinburgh: Banner of Truth, 1998.

_____. *The Church and the Last Things*. Wheaton: Crossway, 2003.

Longenecker, Richard N. *The Epistle to the Romans*. NIGTC. Grand Rapids: Eerdmans, 2016.

Luther, Martin. *Lectures on Romans*. LW 25. Saint Louis: Concordia Publishing House, 1972.

_____. "On the Schem Hamphoras and On the Lineage of Christ (1543)." *The Annotated Luther. Vol. 5: Christian Life in the World*. Ed. Hans J. Hillerbrand . Minneapolis: Fortress, 2017: 622-666.

MacArthur, John. F. Romans 9-16. *The MacArthur New Testament Commentary*. Chicago: Moody, 1994.

_____. *The MacArthur Bible Commentary*. 황영철 외.『맥아더 성경 주석』. 서울: 아바서원, 2015.

Moo, Douglas J. *The Epistle to the Romans*. NICNT. Grand Rapids: Eerdmans, 1996.

Murray, Ian H. *The Puritan Hope: Revival and the Interpretaion of Prophecy*. Edinburgh: Banner of Truth, 1971. 장호익 역.『청교도의 소망』. 서울: 부흥과개혁사, 2011.

Murray, John. *The Epistle to the Romans*. NICNT. 2 Vols. Grand Rapids: Eerdmans, 1959, 1965. 아바서원 번역팀.『로마서 주석』. 서울: 아바서원, 2014.

New Scofield Reference Bible. New York: Oxford University Press, 1967.

Piper, John. "All Israel Will Be Saved(Romans 11:22-29)." 2004년 2월 29일 설교. Availlabe at: http://www.desiringgod.org/messages/all-israel-will-be-saved.

Quistorp, H. *Calvin's Doctrine of Last Things*. 이희숙 역.『칼빈의 종말론』. 서울: 성광문화사, 1986.

Reymond, Robert L. *A New Systematic Theology of the Christian Faith*. 2nd and Revised Ed. Nashville: Thomas Nelson, 2002.

Ridderbos, Herman. *Aan de Romeinen*. Kampen: Kok, 1959.

_____. *Paul: An Outline of His Theology*. Trans. John R. de Witt. Grand Rapids: Eerdamsn, 1975. 박문재 역. 『바울신학』. 서울: 솔로몬, 2017.

Riddlebarger, Kim. *A Case for Amillennialism*. 박승민 역. 『개혁주의 무천년설』. 서울: 부흥과개혁사, 2013.

Robertson, O. Palmer. *The Israel of God: Yesterday, Today, and Tomorrow*. Philipsburg: P&R, 2000.

Sanday W. and A. C. Headlam. *The Epistle to te Romans*. ICC. New York: Charles Scribner's Sons, 1915.

Schreiner, Thomas R. *Romans*. Baker Exegetical Commentary on the New Testament. Grand Rapids: Baker, 1998.

Storms, Sam. *Kingdom Come: The Amillennial Alternative*. Fearn: Mentor, 2013.

Van der Kooi, Cornelis and Gijs van den Brink. *Christian Dogmatics*. Trans. Reinder Bruinsma and James D. Bratt. Grand Rapids: Eerdmans, 2017.

Van Genderen Jan and W. H. Velema. *Concise Reformed Dogmatics*. Trans. Gerrit Bilkes and Ed M. va der Maas. Philippsburg: P&R, 2008.

Venema, Cornelis P. *The Promise of Future*. 박승민 역. 『개혁주의종말론 연구』. 서울: 부흥과개혁사, 2011.

Vos, Geerhardus. *Pauline Eschatology*. Grand Rapids: Baker, 1979.

_____. *Reformed Dogmatics*. Trans. Richard Gaffien E. A. 5 Vols. Bellingham: Lexham Press, 2016.

Wright, N. T. *Romans*. NIB X. 장용량, 최현만 공역. 『로마서』. 평택: 에클레시아북스, 2014.

8
이상근 교수(1911-2011)의 종말론[116]

I. 들어가는 말

신학자 이상근(李相根)하면 대부분은 예장통합의 신약학자이자 대구 제일교회 담임목사였던 정류(靜流) 이상근 박사(1920-1999)를 떠올리게 될 것이다.[117] 그러나 본 장에서 다루고자 하는 이상근 교수는- 한문 이름 조차도 동일하지만- 조직신학 교수였던 이상근 교수이다. 이상근은 1946년 고려신학교가 개교할 때에 조직신학 강사로 강의를 시작하였고, 1948년 부터는 교수가 되어 교장이던 정암 박윤선과 동역을 했고,[118] 고신과 합동이 교단 통합게 되었을 때에 이상근은 총신의 교수가 되었고 교장 시무(1962-1963)까지 했다. 고신이 환원한 후에도 계속 총신에 남은 이상근은 1987년 명예교수가 될 때까지 조직신학 교수로 지낸 사람이다.[119] 그러나 그렇게 오랜 세월동안 고신과 총신의 교수로 사역했지만, 그는 석박사 논문도 쓴 적이 없고, 「신학지남」에 기고한 몇 편의 논

---

[116] 본 장에 실린 글은 제41차 한국복음주의조직신학회 정기학술대회(2021.11.20.)에서 발표한 후에, 수정 보완하여 「ACTS신학저널」 50 (2021): 352-390으로 공표한 것임을 밝힌다.
[117] 정류 이상근에 대해서는 권호덕, "칼빈의 시각으로 본 정류(靜流) 이상근 목사," 「한국개혁신학」 36 (2012): 16-65를 보라.
[118] 허순길, 『고려신학대학원 50년사』 (서울: 양문, 1996), 42, 93; 양낙홍, 『한국 장로교회사』, (서울: 생명의말씀사, 2008), 279. 이상규 교수도 "고신의 신학자들(2) 이상근 교수," 「선지 동산」 60 (2011): 33을 쓴 바가 있다.
[119] 정정숙, 『삶의 길목에서 만난 사람들』 (서울: 베다니, 2016), 52-60.

문들만 남아있다 보니 이제는 거의 잊혀지다시피한 옛 사람이 되고 말았다.¹ 그래서 1960년대에 그에게 직접 신학을 배웠던 기독교 상담학자 정정숙은 "이상근 교수님은 많은 사람들에게 각광을 받은 이른바 '스타성'이 아니라 조용히 당신의 사명을 감당한 '온유와 겸손의 선비'이시다"고 단적으로 말해준다.² 또한 1960년대와 1970년대 총신에서 후배 교수로 동역했던 박아론은 이상근에 대해 "부드럽고 온화하면서도 신앙의 열기가 뜨거웠고 특히 신학을 재밌고 신바람나게 가르치는 모습을 보여 많은 사람들의 존경을 받았다"라고 평가하기도 한다.³

이처럼 생의 대부분을 고신과 총신의 교수로 재직했던 이상근이지만, 남겨진 자료들이 희소하다 보니 교계에도 거의 알려지지 않았지만 학술적인 연구의 대상이 되지도 못하고 있다.⁴ 본 장에서 필자는 이상근 교수의 종말론을 고찰해 보려고 하는데, 도대체 무슨 자료에 근거하여 논의를 진행하려고 하는가 의아할 수도 있을 것이다. 본 장에서의 논의가 가능한 이유는 이상근 교수가 소천하기 직전(2010년)에 LA의 의사인 그의 아들이 이상근 교수의 장서와 개인 강의안들과 설교 원고들

---

1 이상근 교수가 기고한 논문들은 다음과 같다: "은혜계약," 「신학지남」 23/1 (1966년 3월호): 25-32; "은혜계약 (II)," 「신학지남」 34/2 (1967년 6월호): 33-37; "상황윤리 비판," 「신학지남」 35/4 (1968년 12월호): 27-35; "하나님의 전쟁허용," 「신학지남」 36/3 (1969년 9월호): 95-99; "인간의 구성적 요소 - 이부분설 대 삼부분설 -," 「신학지남」 41/4 (1974년 12월호): 18-26 그리고 "요한복음에 나타난 부성," 「신학지남」 25/1 (1958년 6월호): 72-79은 논문 내용상 정류 이상근의 기고문으로 판단된다.
2 정정숙, 『삶의 길목에서 만난 사람들』, 52.
3 박아론, 『세월 따라 신학 따라- 어느 보수신학자의 회고록』 (서울: 기독교연합신문사, 2002), 177, 이어지는 177-179에 보면 이상근에 대한 회상이 이어지며, 박아론은 총신 초창기 신학자들 네 명으로 "박형룡, 박윤선, 명신홍, 이상근" 등을 꼽고 있다. 물론 이것은 박아론의 개인적인 평가로서, 학자들에 따라서는 이상근 대신에 차남진을 꼽기도 한다.
4 이상근에 대해 다룬 학술적 논고는 김길성, "이상근 박사의 생애와 신학," 「신학지남」 79/3 (2012): 242-263뿐이다. 고신 50주년을 기념하는 학술 세미나 때도 한상동, 주남선, 한부선, 박형룡, 박윤선, 함일돈 등이 각기 다루어진 것과 달리 이상근에 대한 개별 발제는 없었고 지나가며 이름이 연급된 경우가 있을 뿐이다(심군식, "한상동 목사와 고려신학교," in 기독교사상연구소 편, 『고신의 인물과 신학 사상』 [서울: 영문, 1996], 15).

(육필, 등사본, 옵셋 인쇄본 등)을 총신대학교 신학대학원에 기증하여 주었기 때문이다.[5] 이 개인 자료 캐비넷 속에는 그의 조직신학(서론, 신론, 인간론, 기독론, 구원론, 교회론, 종말론), 변증학, 기독교 윤리, 웨스트민스터 신앙고백 요해 등 다양한 강의안들 내지 육필 원고들이 포함되어 있다. 앞으로 고신과 총신의 조직신학 전통을 연구하려는 학자들은 이러한 이상근 아카이브의 자료들을 활용해서 그의 신학을 규명해 볼 수가 있을 것이다. 본 장에서는 바로 이 자료들 가운데 포함되어 있는 종말론 강의안을 참고해서 그의 종말론을 논구해 보려는 것이다.[6]

이상근 교수의 종말론을 논구하기 위해 이어지는 II에서는 먼저 이상근의 생애와 사역에 대해 개관해 볼 것이며, 이어지는 III과 IV에서는 이상근 교수의 개인적 종말론과 일반적 종말론을 그의 강의안을 중심으로 분석하되, 개혁주의 종말론 교본들도 참고하면서 평가도 병행하고자 한다.[7] 이와 같은 논의가 고신과 총신의 조직신학 교수로 한평생을 헌신하고 소천한 이상근 교수에 대한 신학적인 논의가 본격적으로 이루어지는데 작은 계기가 될 수있기를 소망하며, 논의를 개진하고자 한다.

---

5 이상근 자료들은 수백 점에 달하며 초기 고려신학교 시절의 등사본 자료들도 포함하고 있으며, 현재 총신대학교 신학대학원 개혁신학 연구처장실에 비치되어 있으나 아직 자료 정리가 되지 않아 외부에 공개할 수는 없는 실정이다.

6 이상근 교수 자료 캐비넷에는 여러 종류의 종말론 강의안과 육필 강의 원고가 남아있으나, 본 장에서는 마지막 시기인 1983-1987년 어간 총신대학교 신학대학원 교수 시절에 만든 옵셋 강의안을 중심으로 논구해 보고자 한다: 이상근, 『종말론 강의안』 (서울: 총신대학교 신학대학원, 연대 미상). 강의안은 총97쪽으로 되어 있으며, 내지 표제면 하단에는 다음과 같은 영문이 타이핑 되어 있다: "This syllabus is for class purposes only, and is not to be regarded as a published book."

7 그는 벌코프와 죽산 박형룡을 따라 종말론을 개인적 종말론과 일반적 종말론으로 크게 양분하고 있다. Louis Berkhof, *Systematic Theology* (Grand Rapids: Eerdmans, 1941), 661-738; 박형룡, 『교의신학 내세론』 (서울: 은성문화사, 1973). 죽산의 제자로서 1970년대 총신에서 이상근과 같이 교의신학을 가르쳤던 남송 신복윤 역시도 종말론을 동일한 구조로 전개한다(신복윤, 『종말론』, [서울: 개혁주의신행협회, 2001]). 이상의 세 학자들과 다른 점이 있다면, 이상근은 서론적인 논의를 결여하고 있다는 점이다.

II. 이상근 교수의 생애와 사역

먼저 이상근 교수의 생애와 사역에 대해 간략하게나마 재구성해 보려고 한다. 이상근 교수의 신학 사상 뿐 아니라 생애에 대해서도 학문적인 연구 성과가 부족하기 때문에 이러한 배경 연구도 필요하다고 생각된다. 우리는 그의 생애와 사역을 크게 세 시기로 나누어 준비기, 고려신학교 시절, 그리고 총회신학교와 은퇴 등으로 나누어 고찰해 보고자 한다.

1. 준비기

이상근은 1911년 7월 5일 부산 범일동에서 출생했다. 1931년 초 동래고보를 졸업한 후에, 일본 도쿄로 유학을 가서 아오야마학원(청산학원) 영문과에 입학하여 1935년 3월에 졸업을 하게 된다. 이처럼 일찍부터 영어를 전공하게 된 것은 후일 그가 신학자로 준비되는데 있어서 중요한 장점이 되었다.[8] 한편 이상근이 대학을 졸업한 후의 거취에 대해 정정숙과 김길성의 의견이 달라진다. 정정숙은 그가 곧바로 고베에 있는 고베 중앙신학교(현저 고베개혁파신학교)에 입학하여 1941년 12월에 졸업하기까지 공부했다고 하고,[9] 한편 김길성은 이상근이 대학 졸업후 귀국하여 교사로 1년간 재직한 후에 1937년에 평양 장로회신학교에 입학하여 1년간 수학한 후에 다시금 일본 고베 중앙신학교로 유학을 간 것으로 말해주고 있다.[10] 만약 김길성의 주장하는 바가 정확하다면 이상

---

[8] 정정숙, 『삶의 길목에서 만난 사람들』, 53.
[9] 정정숙, 『삶의 길목에서 만난 사람들』, 54. 정정숙은 1960년대 중반에 직접 이상근에게 배웠을 뿐 아니라, 글을 쓰기 전에 이상근의 가족들과 연락을 통해 정보를 취합한 것으로 밝힌다.
[10] 김길성, "이상근박사의 생애와 신학," 243. 각주 1에서 김길성은 이상근의 전기적 자료에 관련하여 그신의 이상규 교수의 글과 미국의 한종희 목사의 이메일 등을 통해 도움을 받

근은 평양에서 1년간 죽산 박형룡의 강의도 들었을 것이고, 양자의 친분은 이때에 이미 형성되었을 것으로 추정할 수가 있다.

2. 고려신학교 강사와 교수 시절(1946-1961)

이상근은 해방 후에 부산 해운대 교회 교역자로 사역하다가, 1946년 9월에 개교한 고려신학교의 조직신학 강사로 출강을 하기 시작했다.[11] 그리고 죽산 박형룡(1897-1978)이 교장으로 취임하였다가 반년 만에 떠난 후인 1948년에 이르러는 이상근도 조직신학 전임 교수가 되어 본격적으로 교수 생활을 시작하게 된다.[12] 허순길은 박윤선 교장을 비롯하여 이상근, 김진홍, 한부선 등의 고려신학교 초기 교수진이 웨스트민스터 신학교와 연관되어 있었기 때문에 "한국의 웨스트민스터 신학교"라고 불리기도 했었다고 적시해 준다.[13] 그러나 이상근이 웨스트민스터 신학교로 유학을 떠나게 된 것은 1949년 1월이고, 동료 선교사 교수인 한부선(Bruce Hunt) 선교사의 추천을 받아 유학을 떠날 수가 있게 되었다.[14] 웨스트민스터 신학교에 유학중 그는 특히 조직신학 교수인 존 머리(John Murray, 1898-1975)의 감화를 많이 받게 된다. 그러나 한국 전쟁이 일어난 후인 1951년 5월에 그는 학업을 중단하고 귀국하여,[15] 먼저 목

왔다고 밝힌다.
11 정정숙, 『삶의 길목에서 만난 사람들』, 54-55; 김길성, "이상근박사의 생애와 신학," 82; 허순길, 『한국 장로교회사- 고신 교회 중심』 (서울: 양문, 2008), 357; 남영환 편저, 『한국 교회와 교단- 고신 교단사를 중심으로』 (서울: 소망사, 1988), 303.
12 허순길, 『한국 장로교회사- 고신 교회 중심』, 431.
13 허순길, 『한국 장로교회사- 고신 교회 중심』, 432; 박응규, 『가장 한국적인 미국 선교사 한부선 평전』 (서울: 그리심, 2004), 352.
14 한부선선교사의 1946-1948어간 서간집을 역간해 낸 『한부선 서간집 1-3』, 전경미 역 (서울: KIATS, 2018)에는 박형룡, 박윤선, 한상동에 대한 언급은 빈번해도, 1946년부터 고신에 출강하기 시작한 이상근에 대한 언급은 눈에 뜨이지 않는다.
15 김요나는 이상근이 웨스트민스터 신학교에서 석사학위를 취득한 것으로 말하지만, 다른 자료들에서 확인할 수가 없다(김요나, 『총신 90년사』 [서울: 양문, 1991], 409).

사 안수를 받았고 이전에 재직했던 고려신학교 조직신학 교수로 전념하게 된다.[16] 1955년에 설립된 고신대의 전신 칼빈학원의 강사로도 사역했다.[17] 교수로 재직중 박윤선이 고신내 세상 법정에 소송하는 것에 대해 반대하면서 고신을 떠나 개혁신학교를 세웠을 때에도 이상근은 정암과 뜻을 같이 했다.[18] 이와 같이 정암과 행보를 같이 한데는 두 사람이 사돈지간인 탓도 있을 것이라고 사료된다.[19]

3. 총회신학교(총신대학교) 교수 시절과 은퇴(1961-2011)

1961년에 고신과 합동이 교단 통합을 하고, 신학교육을 일원화 시켰을 때에 이상근은 부산 분교에 남아 조직신학을 가르쳤고,[20] 통합 결의안에 따라 1963년부터 1964년까지 1년간은 총회신학교 윤번제 교장직무를 수행하기도 했다.[21] 1963년 한상동 목사의 주도하에 고려파

---

16 이상근은 후일 조직신학을 강의하면서 존 머리의 "성경신학적 교의신학" 노선에 따라 강의를 진행했고, 총신 수업 시간에 존 머리의 『로마서 주석』도 소개하면서 "깊이 있는 그리스도 중심의 성경 해석과 성경적 교리 설명"을 전달했다(정정숙, 『삶의 길목에서 만난 사람들』, 57-58). 존 머리의 생애와 "성경신학적 조직신학"(biblical-theological systematic theology)에 관해서는 강웅산, "존 머레이의 생애와 신학," 『웨스터민스터 신학과 역사』, 편집위원회 편 (서울: 킬그림, 2010), 325-341을 보라.
17 주강식, "한국 장로교회의 개혁신학에 대한 연구: 1884년부터 2000년까지를 중심으로"(신학박사, 고신대학교, 2014), 176.
18 허순길, 『고려신학대학원 50년사』, 122; 『한국 장로교회사- 고신 교회 중심』, 457-458. 박윤선이 고려파 탈퇴를 선언한 것은 1956년 총회에서이고 서울에 개혁신학교를 세운 것은 1957년 봄인데, 총회의 설득에 의해 다시금 고신 교장으로 복귀하였다(서영일, 『박윤선의 개혁신학 연구』, 장동민 역 [서울: 한국기독교사연구소, 2000], 270-276; 김영재, 『박윤선- 경건과 교회 쇄신을 추구한 개혁신학자』 [파주: 살림, 2007], 124-131).
19 정성구에 의하면 건망증이 심했던 정암은 사돈의 이름도 깜박 잊어버리자 정성구에게 대구제일교회(정류 이상근 박사) 목사의 이름이 무엇이냐고 물은 적이 있다고 한다(정성구, 『나의 스승 박윤선 박사』 [용인: 킹덤북스, 2018], 93).
20 양낙홍, 『한국 장로교회사』, 649.
21 정정숙, 『삶의 길목에서 만난 사람들』, 58-59; 양낙홍, 『한국 장로교회사』, 653; 백년사편찬위원회 편, 『총신대학교 100년사』, 전3권 (서울: 총신대학교출판부, 2003), 1:638. 이상

가 다시 환원한 후에도 이상근은 따라가지 아니하고 총신 교수로 남아 1977년 2월말에 정년 퇴임하기까지 교수로 재직하였다.[22] 그가 고신으로 돌아가지 아니한 이유중 간과할 수 없는 이유는 사돈이었던 정암 박윤선과 행보를 같이 한다는 의미도 있었을 것으로 짐작된다. 이상근에게 직접 강의를 들었던 정정숙의 회상에 의하면, 이상근은 "변증학적 논리를 전개하고 철학적 단어들을 많이 사용"하였던 죽산과 달리 존 머리를 따라 "성경신학적 교의신학"을 강조하였다고 한다.[23] 이상근은 "기독론, 인죄론, 교회론, 구원론, 교리설교" 등을 가르쳤는데, 그의 경상도 억양이 강하여 학생들이 필기하는데 어려움도 있었다고 한다.[24]

1977년 2월말에 정년 퇴임한 이상근은 곧 바로 미국으로 이민을 떠나, 처음에는 필라델피아에 교회 개척을 시작했다가 1년 뒤에는 로스앤젤레스로 옮겨가 1981년까지 4년 동안 개혁장로회신학교 교수로 재직했다.[25] 그러다가 1979년과 1980년 두 번의 교단 분열 이후 교수진이 부족했던 총신은 1983년에 그를 다시 조직신학 교수로 초빙을 하게 됨에 따라 70세가 넘은 노령에도 다시 한국으로 돌아와 1987년 5월 19일에 명예교수로 추대될 때까지 4년간 또 다시 조직신학을 가르치게 된다.[26] 이 시기에 김남준 목사(평촌 열린교회)가 조교로 근무했는데, 은사

근은 한상동 목사 주도하에 이루어진 고신 환원에 동참하지 아니하고 총신 교수로 남았다. 고신의 조직신학은 2세대인 이근삼(1923-2007)박사가 화란 유학을 마치고 돌아와 전담하게 된다(황대우, "이근삼 박사의 생애와 신학," 안명준 편,『한국 교회를 빛낸 칼빈주의자들』[용인: 킹덤북스, 2020], 137-161; 주강식, "한국 장로교회의 개혁신학에 대한 연구," 258-261).

22 김요나는 총신에서 이상근교수가 구약학을 가르쳤으며, 후일 홈스테드 대학에서 명예 신학박사 학위를 취득하였다고 한다(김요나,『총신 90년사』, 408).
23 정정숙,『삶의 길목에서 만난 사람들』, 56-57.
24 정정숙,『삶의 길목에서 만난 사람들』, 57-58. 당시는 신학 교재들이나 번역서들이 많지 않아 많은 과목들이 교수의 강의를 채록하는 것으로 만족해야 했던 시절이다.
25 정정숙,『삶의 길목에서 만난 사람들』, 58.
26 정정숙,『삶의 길목에서 만난 사람들』, 58-59. 정정숙은 70세가 넘은 이상근을 다시 교수로 청할 수밖에 없는 상황을 "긴급호출"이라고 표현했다. 당시 고신 시절 제자였던 차영

에 대해 간략한 회상을 남겼다.²⁷ 김남준에 의하면 이상근은 "참 자애로우시고 경건하신 분"이었다고 추억된다.²⁸ 4년간 총신의 교수 사역을 마치고 명예교수로 추대받은 이상근은 다시 미국으로 돌아가서 거주했고, 2002년에 사모와 사별하고, 홀로 작은 집에서 생활하다가 2011년 5월 8일에 LA에서 소천했다.²⁹ 그는 슬하에 3남 5녀의 자녀들을 남겼고, 소천하기 전 모든 장서와 자료들은 총신에 기증하였다.

III. 이상근 교수의 개인적 종말론

이제 이상근 교수의 종말론을 분석하고 평가해 보려고 한다. 먼저 III에서는 이상근 교수의 개인적 종말론에 대해 먼저 논구해 보려고 한다. 그는 개인적 종달론에 대한 논의를 세 주제로 나누어서 다루고 있는데, 육적 죽음, 영혼의 불멸성, 그리고 중간 상태 등이다. 개인적 종말론이라고 하는 것은 결국 육체의 죽음과 사후 영혼의 중간 상태 내지 중간 거처 문제를 다루는 것이기에, 이러한 논의의 주제들은 적절하다고 할 수가 있다.³⁰ 이하에서 세 주제에 대해 이상근 교수가 어떻게 해명하고

배 교수가 교무처장으로 재직하면서 어려운 학교 상황을 수습중이었기 때문에, 아마도 차영배 교수의 영향이 있지 않았을까 추정된다. 또한 당시 총신의 상황에 관련해서 이상웅, "최홍석 교수의 삶과 신학세계,"「신학지남」324 (2015): 109도 보라.

27 김남준, "설교자와 영성 (4) 설교자와 성경, 그리스도,"「그말씀」(2015년 4월호): 209-210.

28 김남준, "설교자와 영성 (4)," 209. 같은 시기에 이상근의 강의를 들었던 박영실(총신대학교신학대학원 역사신학 교수)의 전언에 의하면 당시 노령의 이상근은 강의안에 의존하여 읽어나가는 형태의 강의를 진행했고, 불필요한 이야기는 전혀 첨가하지 않았다고 한다(개인적인 대화에서 들음).

29 김남준, "설교자와 영성 (4)," 210. 94세의 고령일 때 김남준이 방문했을 때에 외롭지 않느냐는 제자의 질문에 이상근은 "아니야. 외롭긴 뭐가 괴로워. 내가 왜 혼자 있나? 우리 주님이 항상 함께 계시는데…"라고 답했다고 한다.

30 이상근은 전반적으로 루이스 벌코프의 교본을 의존하고 있기 때문에, 개인적 종말

있는지를 살펴 보도록 하겠다.

1. 육적 죽음

이상근은 성경에서는 세 가지의 죽음에 대해 말하고 있음을 밝힌다. 이는 육적 죽음, 영적 죽음, 영원한 죽음 등이다.[31] 이 중에 영원한 죽음은 일반적 종말론과 관계된 것이라고 말한 후에 육적 죽음에 대한 논의에 집중을 한다. 육적 죽음에 대한 논의는 세 가지 소주제로 나누어져 있다.

첫째, 육적 죽음의 성질. 이상근은 성경에서 육적 죽음을 "생물적 생명의 단절 또는 상실," 또는 "영과 육의 분리"로 표현되고 있음을 소개하고 나서, "육적 죽음은 육체와 영혼의 분리로 인한 육적 생명의 단절"이라고 정의내려 준다.[32] 이상근은 인간이 죽으면서 육체와 영혼이 분리된다고 하더라도, 이것은 존재의 멸절을 의미하지 아니하고 "생명의 자연적 관계의 분리"를 의미한다고 정해해 준다.[33] 그리고 그러한 분리가 발생하게 된 이유를 하나님의 형상으로 지음 받은 인간이 하나님께 죄를 지음으로 "창조주되신 하나님께 대하여 가지는 관계의 파괴"가 일어났기 때문이라고 밝혀준다.[34]

론(individual eschatology)도 벌코프의 논의 주제와 내용을 약술하는 경향이 있다 (Berkhof, *Systematic Theology*, 668-694). 반면에 죽산 박형룡과 남송 신복윤은 벌코프의 논의에서 골격을 취하되, 논의의 내용을 풍성하게 확장하고 있다(박형룡, 『교의신학 내세론』, 49-172; 신복윤, 『종말론』, 109-218). Cf. Charles Hodge, *Systematic Theology*, 3 vols. (New York: Scribner's Sons, 1872-1873), 3:713-770; Herman Bavinck, *Reformed Dogmatics*, 4 vols. trans. John Vriend (Grand Rapdis: Baker, 2003-2008), 589-643; Cornelis P. Venema, *The Promise of the Future*, rep. ed. (Edinburgh: Banner of Truth, 2009), 35-75.

31 이상근, 『종말론 강의안』, 1.
32 이상근, 『종말론 강의안』, 1.
33 이상근, 『종말론 강의안』, 1.
34 이상근, 『종말론 강의안』, 2.

둘째, 우리는 앞선 고찰에서 이상근이 죽음의 원인으로 죄를 적시하고 있음을 이미 보았지만, 두 번째 항목에서 이상근은 죄와 죽음의 관련성 문제를 다루어 준다. 먼저 그는 죄와 죽음의 관련성을 부정하고, 죽음의 자연성을 주장했던 펠라기우스파와 스키니우스파에 대해 간략하게 소개한다.[35] 이상근은 죄와 죽음의 연관성을 부정하는 무리들에 대하여, 네 가지 반론을 제기한다. 원래 상태의 인간은 "완전한 상태에 있었기 때문에 분해와 죽음의 가능성이 없었을 것"이라는 점, 성경에는 육체적 죽음을 자연 과정으로 보지 않고 "영적 죽음의 결과"로 본다는 것, 성경에는 죽음이 죄로 말미암아 들어온 형벌이라고 명시하고 있다는 것, 그리고 죽음은 자연스럽다기 보다는 "결정적으로 인간 생명에 본래 없었던 것, 적대하는 것"으로 성경은 말하고 있다는 것이다.[36]

셋째, 신자의 죽음의 의의. 개혁파 신학의 주류를 따라 이상근은 이처럼 죽음이 죄의 결과라는 점을 명시하고, 또한 그리스도 안에서 사망이 정복되고 죄문제가 해결되었다는 점도 밝힌다. 그러하다면 신자들은 왜 죽음을 경험해야 하는가라는 또 다른 종류의 난제가 제기될 수밖에 없게 되는데, 이상근은 이에 대해 "신자의 죽음이 하나님이 자기 백성의 성화를 위하여 정하신 징계의 절정"이라고 답변한다.[37] 그도 물론 죽음 자체는 "부자연스러운, 자연적 악"이라고 말하기도 하지만, 죽음은 신자들에게 여러 가지 면에서 영적 유익을 준다고 말한다. 즉, "교만을 겸손케 하는 역할을 하며, 육의 욕망을 억제하며 세속화를 저지하며 영적인 것에 관심을 집중시키는 역할"을 하며, 죽음은 "신자의 성화를 완성"한다는 것이다.[38] 또한 죽음은 끝이 아니라 "신자들이 하늘에 들

---

[35] 이상근, 『종말론 강의안』, 2. 후크마는 현대 신학자들 가운데서는 라인홀트 니버와 칼 바르트를 예로 든다(Anthony A. Hoekema, *The Bible and the Future* [Exeter: Paternoster, 1979], 8)).

[36] 이상근, 『종말론 강의안』, 2-3.

[37] 이상근, 『종말론 강의안』, 4.

[38] 이상근, 『종말론 강의안』, 4.

어가는 문로"가 되며, "그리스도 안에서 자는 것이요 주님과 영원히 함께 하는 것"이기에 신자들에게 소망할 만한 것이라고 밝히기도 한다.[39]

2. 영혼의 불멸성

이상근이 육적 죽음 다음에 논의한 주제는 "영혼의 불멸성"(the Immortality of the Soul)에 대한 것이다. 이 주제는 20세기 중반까지 종말론 논의의 주요 논의 주제중 하나였으나, 오늘날은 이 문제에 대한 신학적인 비판들이 왕성한 편이다.[40] 이상근에 의하면 불멸의 의미는 "영혼(이) 육체와 분리된 후에도 생을 계속한다"는 의미로 이해한다.[41] 또한 절대적인 의미에서의 불멸성은 오직 하나님께만 있지만, "계속적 또는 끝이 없는 존재라는 의미에서의 불멸성은 인간의 영혼까지 포함한 모든 영물에게 있다"고 주장한다.[42] 이상근은 불멸성을 "신학적 술어로 인간이 쇠멸과 죽음의 종자에서 해방한 상태"를 묘사하는데도 쓸 수가 있고, "종말적 술어로서 죽지 않는, 죽을 가능성이 없는 인간의 상태"를 묘사하기도 한다라고 해설을 한다.[43] 그리고 이러한 불멸은 행위언약에 대한 이행의 실패로 말미암아 "다만 궁극적으로 완성될 구속사업의 결과"로만 성취될 수 있다는 점을 명시한다.

이상근 교수는 영혼 불멸에 대해 성경에서 명시적으로 말하지 않는

---

[39] 이상근, 『종말론 강의안』, 4.
[40] "영혼 불멸"에 대한 현대 개혁주의 신학자들의 논의는 Lee Sangung, "The Individual Eschatology of Anthony A. Hoekema," *Chongshin Theological Journal* 25 (2020): 49-56을 보라.
[41] 이상근, 『종말론 강의안』, 5. 이러한 정의는 로레인 뵈트너가 내린 정의와 유사함: "Immortality means the eternal, continuous, conscious existence of the soul after death of the body"(Loraine Boettner, *Immortality* [London: Pickering & Inglis, 1958], 59).
[42] 이상근, 『종말론 강의안』, 5.
[43] 이상근, 『종말론 강의안』, 5-6.

다는 점을 인정하면서도, 성경이 "그것을 부인하거나, 모순되거나, 모르는다는 말"은 아니라고 해설하면서, 구약과 신약에서 증거를 제시하고자 한다.⁴⁴ 이상근은 계시가 점진성을 가지고 있기 때문에, 구약은 신약보다 이 주제에 대해 덜 명백하다는 점을 인정하면서도, 구약에는 "인간의 계속적, 의식적 존재가 단순한 불멸에, 영의 잔존어 축복된 미래 생활에 함의"되어 있다고 말한다.⁴⁵ 또한 구약의 스올(Sʃeol)의 교리가 죽은 후의 의식적 존재를 명시적으로 보여준다는 점, 구약에도 부활에 대한 소망이 계시되고 있다는 점(욥 19:23-27; 시 16:9-11; 사 26:19; 단 12:2), 신자가 사후에도 하나님과도 교제한다고 가르치는 구절들 등을 예로 들어 준다.⁴⁶ 신약에서는 더욱 더 명시적으로 계시되고 있는데, 이상근은 "사후 영혼의 잔존을 언급"하거나, "미래 존재에 육체도 참여하는 부활을 언급"하거나, 또는 "하나님과 교제하는 신자의 축복된 생활을 언급"하는 다양한 성구들을 증거로 제시한다.⁴⁷

이상근 교수는 영혼 불멸에 대한 마지막 주제로 "개인적 불멸성에 대한 반대설과 현대의 대체물"을 논의하면서, 반대설로는 유물론을 제시하고, 현대적 대치물로는 "인종적 불멸," "기억의 불멸," "감화의 불멸" 등을 소개해 준다.⁴⁸

---

44 이상근, 『종말론 강의안』, 6. 영혼 불멸에 대한 일반계시의 증거를 자세하게 먼저 논의한 죽산 박형룡과 달리(박형룡, 『교의신학 내세론』, 85-106), 이상근은 성경적 증거에 대해 상술한 후에 "영혼 불멸에 대한 일반계시의 증거"라는 제하에 "역사적 논증," "형이상적 논증," 그리고 "목적론적 논증"을 간략하게만 소개해준다(이상근, 『종말론 강의안』, 10).
45 이상근, 『종말론 강의안』, 6-7.
46 이상근, 『종말론 강의안』, 7-8.
47 이상근, 『종말론 강의안』, 8-9.
48 이상근, 『종말론 강의안』, 9-10.

3. 중간상태

개인적 종말론의 세 번째 주제는 사람이 죽은 후에 영혼이 그리스도의 재림 때까지 어떤 상태로 존재하는가에 대한 논의로서, 신학자들은 흔히 "중간 상태"(the Intermediate State)라고 부르는 주제이다.[49] 중간 상태에 대한 이상근의 논의는 분량이 많고, 크게 여섯 소제목을 가지고 있다.

먼저 이상근은 중간 상태에 대한 성경적 견해를 소개한다. 이상근은 죽음과 부활 사이의 신자들이 어떠한 상태와 조건 속에 있을 것인지를 말해주는 여러 성구들을 소개해 주고, 의인들과 악인들을 포함하여 중간 상태를 명시적으로 밝히는 부자와 나사로 비유를 주목하게 한다.[50] 두 번째로 이상근은 중간 상태에 대한 논의의 역사를 간략하게 기술해 준다. 중간 상태에 대한 논의는 초대 교회에 이미 시작되었고, 중세 교회에서 논의가 발전했고 특히 연옥, 조상 림보와 같은 사상이 발전하게 되었다는 점을 이상근은 서술한다. 그러나 종교개혁에 이르러서는 연옥설이 부정되고, "주안에서 죽는 자는 직접 하늘의 축복에 들어가고 죄중에 죽는 자는 지옥에 들어간다"고 정리되어졌다.[51] 이상근은 이어서 소키누스주의자들과 재세례파가 영혼수면설을 주장했다는 것과 19세기 신학자들이 보편 구원론의 단서를 제공했음을 밝힌다.[52]

이상근이 집중하여 논의한 주제는 스올에 대한 논의이다. 우선 구약에 의하면 스올은 신불신 관계없이 모든 인간이 들어가는 장소로 인식

---

[49] Hoekema, *The Bible and the Future*, 92. 비네마 역시 다음과 같이 정의 내린다: "It is precisely 'intermediate' because it falls between death and the resturrection of the body at the return of Christ."(Venema, *The Promise of the Future*, 42).

[50] 이상근, 『종말론 강의안』, 11-12.

[51] 이상근, 『종말론 강의안』, 12-13.

[52] 이상근, 『종말론 강의안』, 13-14.

되고 있다는 점을 이상근은 설명한다.53 또한 이상근은 구약에서 스올의 용례를 단순히 "하계라든가 죽음의 상태라든가 무덤" 등의 일반적인 의미로 사용될 수가 없다는 점을 지적하면서, 때로는 악인들의 형벌 장소인 지옥(hell)의 의미도 가질 때가 있다고 경시한다.54 한편 스올은 신약에서 하데스(Hades)로 번역되는데, 이 두 용어는 성경 속에서 "종종 죽음의 상태, 육체와 영혼의 분리 상태"를 가리킬 때도 있고, 장소로서 "보통으로 hell이라고 부르는 것 또는 무덤"을 가리키기도 한다고 정리해 준다.55

네 번째 주제는 사후 거처에 관한 로마 가톨릭의 교리에 대한 비판적 고찰이다. 이상근은 로마 교회의 연옥설에 대해 간략하게 해설하고 난 후에, 이 교리는 그리스도의 사역에 무엇을 더하려고 하는 교리일 뿐 아니라, 성경적인 근거가 없다는 점을 적시해 준다.56 이상근은 이어서 "구약 성도 대망옥" 즉, 조상 림보(limbus patrum)와 "유아옥" 즉, 영아 림보(limbus infantum)에 대해서도 간략하게 설명해 주고, 두 가지 모두 성경적 근거가 없다고 비판을 해준다.57

다섯 번째 주제는 "사후 영혼 상태는 의식적 존재 상태"라고 하는 것

---

53 이상근, 『종말론 강의안』, 14.
54 이상근, 『종말론 강의안』, 15-18.
55 이상근, 『종말론 강의안』, 19-21. 이상근은 스올과 하데스의 용례 차이에 대해서 다음과 같이 말하주기도 한다: "구약에서는 Sheol이란 말이 지옥(hell)으로는 매우 적게 사용되고 무덤(grave)으로 자주 사용되었고 거기 해당한 신약의 음부(Hades)란 말의 사용은 그 반대이다"(이상근, 『종말론 강의안』, 21). 이러한 주장은 벌코프의 주장과는 일치하나(Berkhof, Systematic Theology, 685-686. Cf. 박형룡, 『교의신학 내세론』, 138-140), 구약에서의 스올이 지옥을 가리킨 적이 없다고 논증하는 후크마의 주장과는 상반된다(Hoekema, The Bible and the Future, 97).
56 이상근, 『종말론 강의안』, 21-22.
57 이상근, 『종말론 강의안』, 22-23. 로마 가톨릭의 사후 거처관에 대한 이상근의 해설은 대체로 벌코프의 논의를 의지하고 있다(Berkhof, Systematic Theology, 686-688). 박형룡 박사는 벌코프의 논의를 기조로 하여 내용을 보완해서 보다 더 자세한 설명을 제시해준다(박형룡, 『교의신학 내세론』, 141-149).

인데, 이상근은 성경적인 증거들을 들어서 사후 영혼은 분명히 "의식 작용이 있어 합리적 종교적 행동을 할 수"있다는 점을 강변한다.[58] 그러나 이러한 성경적 계시에 반하여 사후 영혼의 의식적 존재를 부인하는 견해들이 있다고 하면서, 이상근은 영혼 수면설, 멸절설, 조건적 불멸설 등을 간략하게 제시하고 비판한다.[59]

중간 상태론의 마지막 주제는 중간 상태에서도 구원 받을 기회가 있다는 주장에 대한 소개와 반박이다. 이상근은 복음을 듣지 못한 이방 성인들과 유아시에 죽은 모든 아이들에게 다시금 복음을 들을 기회가 주어질 것이라고 하는 주장에 대해 성경은 "불신자의 사후 상태를 고정 상태"로 말한다는 점, 최후 심판의 기준은 "육신으로 있을 때 행해진 것들에 의하여 결정된다"고 명시하는 점, 그리고 "그리스도와 그의 복음의 의식적 거절만이 멸망이 원리"가 되는 것이 아니고, 원죄와 자범죄도 정죄에 이르게 한다는 점 등을 들어 반박한다.[60]

IV. 이상근 교수의 일반적 종말론

이상근 교수는 개인적 종말론에 비해 일반적이고 우주적인 종말론에 많은 지면을 할애하고 있는데, 그는 총 다섯 주제로 논의를 개진했다: 그리스도의 재림, 천년왕국적 견해, 부활, 최후 심판, 그리고 최후 상태 등. 이러한 주제들은 개혁파 종말론 교본들에서 흔히 다루어져온 내용

---

58 이상근, 『종말론 강의안』, 23-24. 이상근은 눅 16:19-31; 고후 5:6-9; 빌 1:23; 히 12:33; 계 6:9, 20:4 등을 증거로 제시한다. 우리가 여기서 유의할 것은 천년 왕국에 대해 언급하고 있는 계 20:4에 대하여 "순교자들의 영들이 그리스도와 더불어 왕노릇한다"고 해석함으로 자신이 무천년설을 지지하고 있음을 드러낸다는 것이다.
59 이상근, 『종말론 강의안』, 24-26. 또한 Berkhof, *Systematic Theology*, 688-692; 박형룡, 『교의신학 내세론』, 152-162 등을 보라.
60 이상근, 『종말론 강의안』, 26-27.

들인데,⁶¹ 이상근 교수의 견해를 주제별로 살펴 보기로 하겠다.

1. 그리스도의 재림

사도 바울이 말한대로 그리스도인들에게 있어 복스러운 소망은 예수 그리스도의 재림에 있다(딛 2:13). 이상근은 주님과 사도들이 재림에 대해 강조했다는 점을 적시하고나서 재림에 대한 논의를 세 부분으로 나누어서 전개했다.

(1) 재림은 단회적 사건이다

이상근은 첫 번째 주제로 재림이 단회적(single)이라는 사실을 명시한다. 재림이 단회적이라 함은 세대주의자들이 공중 강림(과 비밀 휴거)과 7년 대환란 후의 지상 재림으로 양분하는 것에 대한 반박인 것이다.⁶² 이상근에 의하면 그리스도의 재림을 양분하는 성경적 근거가 전무하며, 교회가 환난을 통과하지 않는다는 주장도 성경적 증거에 반대된다는 점을 적시해준다.

(2) 파루시아 전 큰 사건들

두 번째 주제는 종말론에서 흔히 "시대의 표적들"(the Signs of the Time)이라고 칭해지는 재림 이전에 일어날 대 사건들 내지 표지들에 대

---

61 Bavinck, *Reformed Dogmatics*, 4:644-730; Berkhof, *Systematic Theology*, 695-738; Hoekema, *The Bible and the Future*, 109-287; Venema, *The Promise of the Future*, 77-488; Millard J. Erickson, *Christian Theology*, 3rd ed. (Grand Rapids: Baker, 2013), 1087-1145; 박형룡, 『교의신학 내세론』, 173-372; 신복윤, 『종말론』, 219-422.

62 이상근, 『종말론 강의안』, 28-30. 다비, 스코필드, 체퍼, 월부어드, 라이리 등의 전통적 세대주의자들 뿐만 아니라 최근의 점진적 세대주의자들 조차도 이 종말론적 도식은 그대로 유지되고 있다(Darrell Bock, "Charting Dispensationalism," Christianity Today 38/10 [1994]: 29; Darrell Bock, "Why I am a Dispensationalist with a Small 'd'," *JETS* 41/3 [1998]: 395).

한 논의이다. 이상근은 재림의 임박성만 강조하는 입장에 반대하여 성경은 "재림 전에 여러 가지 중요한 일이 일어날 것"을 알려주셨다고 교정을 해준다. 그러나 깨어 있어 징조를 살필 것을 말하는 성경 구절들을 "잘못 생각하여 하늘에 이상한 징조를 탐색하라는 권면으로 여기지 말고 경성하여 준비하며 주의 일에 충성"하라는 의미로 이해할 것을 적시해준다.[63] 이상근에 의하면 주님이 재림 전에 일어날 징조는 크게 봐서 다섯 가지로 나누인다.

첫째는 만방에 복음이 전파되어 이방인을 부르시는 사건이다(마 24:14). 이상근은 만국의 복음화를 "복음이 각국의 각인에게 전파"된다는 의미로 이해하지 않고, "복음이 국가적으로 볼 때 모든 국가에 전파될 것"을 가리킨다고 해석한다.[64]

둘째는 이스라엘의 회심 문제이다. 세대주의자들 뿐만 아니라 많은 신학자들은 "한 국가로서 이스라엘이 결국 주께로 돌아오는 일이 지상 재림 전에 일어날 것"이라고 이해하고 소망을 한다.[65] 특히 로마서 11장 16절에 있는 "그리하여 온 이스라엘이 구원을 얻으리라"는 구절을 주요한 근거로 제시하기도 한다.[66] 그러나 이상근은 이 구절의 의미는 "단순히 택자의 만수"를 의미한다고 해석한다.[67]

세 번째 종말론적인 징조는 "큰 배교와 대환난"이다. 이 둘을 세대주

---

[63] 이상근, 『종말론 강의안』, 30-31.
[64] 이상근, 『종말론 강의안』, 31-33. 이에 반해 세대주의자들에 의하면 만국 복음 전파는 7년 대환난기 동안 이루어질 일로 본다고 비판을 한다.
[65] Hoekema, *The Bible and the Future*, 139-147.
[66] 롬 11:26의 해석과 관련한 종합적인 논의는 이상웅, "그리하여 온 이스라엘이 구원을 얻으리라," 153-191을 보라.
[67] 이상근, 『종말론 강의안』, 33-35. 이상근은 또한 "온 이스라엘(all Israel)은 전 이스라엘 민족(the Whole Nation)을 지언함이 아니고 고대 언약 백성 가운데 택자 전수를 가리키는 것으로 이해되어야 한다"라고 명시한다(34). 이러한 해석은 그가 깊이 의존하고 있는 벌코프의 견해를 따른 것이기도 한데(Berkhof, *Systematic Theology*, 698-700), 온 이스라엘을 말세의 민족적 회심으로 이해하는 이들이 전천년기설자들에 제한한 것은 잘못된 판단이다(Hoekema, *The Bible and the Future*, 139-140).

의자들은 교회가 경험하지 아니하고 7년 대환난기에 일어날 일이라고 해석하는데, 이상근은 이에 대해 비판한다. 성경은 교회가 환난을 통과해야 할 것을 말하고 있고(마 24장), 바울은 배교를 주님 재림 전에 일어날 것으로 말하고 있기 때문이라는 것이다(살후 2:3).[68]

네 번째 표징은 "적 그리스도의 출현"이다. 이상근은 Antichrist라는 표현이 요한 서신에만 등장한다는 것과 Anti-의 의미가 대신에 보다는 적대적이라는 의미를 가진다는 점을 먼저 적시한다. 그리고 적 그리스도가 개인인지, 어떤 악의 원리인지에 대해 의문을 제기하고, 여러 가지 용례들을 살핀다.[69] 그는 바울이 말하는 "불법의 사람"(살후 2:3-4)과 적 그리스도를 동일시하고, 요한계시록 13장에서 언급된 두 짐승과도 동일시 한다. 또한 역사적으로 적 그리스도로 지칭된 인물들의 타당성도 검토한다.[70] 적 그리스도에 대한 이상근의 최종적인 정리는 다음과 같다.

(a) 적 그리스도적 원리는 바울과 요한의 증거어 의하면 그들의 시대에 이미 활동하였다. (b) 그것은 세상 끝의 최고의 세력에 도달할 것이다. (c) 다니엘은 정치적 세력을, 바울은 교회적 세력을, 요한은 계시록에서 그것의 두 면을 묘사한다. (d) 아마 이 세력이 결국 모든 악의 구현인 1개인에게 집중될 것이다.[71]

마지막 다섯 번째 징조는 "징조와 기사"(Signs and Wonders)이다. 이상

---

68 이상근, 『종말론 강의안』, 35-36. 이상근은 또한 계 7:13, 14와 계 6:9를 증거 본문으로 제시한다.
69 이상근, 『종말론 강의안』, 36-37. 적 그리스도에 대한 종합적인 논의는 Kim Riddlebarger, *The Man of Sin*, 노동래 역, 『적그리스도의 비밀을 파헤치다 - 개혁주의 관점에서 본 불법의 사람의 정체』 (서울: 새물결플러스, 2020)을 보라.
70 이상근, 『종말론 강의안』, 38-39.
71 이상근, 『종말론 강의안』, 39.

근은 재림 전에 전쟁, 기근, 지진 등이 각처에서 일어날 것과 거짓 선지자들이 출현하여 미혹을 할 것과 일월성신에 징조가 있을 것이라고 적시한다. 다만 어느 때나 그런 일들이 일어나곤 하는데, 무엇이 마지막 때의 징조인가에 대해서는 "세상 끝이 가까울 때는 이러한 모든 징조의 연결이 있고 자연적 사건에 초자연적 현상이 수반한다는 사실에 주의"할 것을 강조한다.[72]

(3) 파루시아 혹은 재림 자체

이상근은 재림 이전에 일어날 대사건들 혹은 징조에 대해서 다룬 후에 재림 자체를 다룬다. 먼저 그는 성경에 근거하여 재림의 때는 알 수가 없다는 점을 강조한다(마 24:36).[73] 그리고 재림은 곧 세상 종말을 의미하며, 재림에 수반하여 부활, 최후 심판, 만물의 회복도 이루어질 것임을 적시해준다.[74]

두 번째로 이상근은 재림의 양태(the manner of the second coming)에 대해 다루는데, 재림은 "인격적 내림일 것이며," "육체적 내림일 것이며," "가시적 내림일 것이며," "돌연한 내림일 것이며," 그리고 "영광스러운 승리의 내림"일 것이라고 정리해 준다.[75] 이상근은 이러한 성경적인 재림 양태론 제시와 더불어 이에 반하는 사회 진화설이나 오순절 성령 강

---

[72] 이상근, 『종말론 강의안』, 39-40. 요한계시록 6-16장에 있는 7인, 7나팔, 7대접 재앙에 대한 본문들도 이 "징조와 기사"와 연관이 있는데, 7나팔 재앙을 어떻게 이해할 것인가에 대해서는 손하영, "요한계시록 나팔 심판 시리즈에서의 출애굽 모티프 사용 패턴 연구(1)," 「ACTS 신학저널」 44 (2020): 9-47와 "요한계시록 나팔 심판 시리즈에서의 출애굽 모티프 사용 패턴 연구(2)," 「ACTS 신학저널」 48 (2021): 60-96 등을 보라.

[73] 이상근, 『종말론 강의안』, 40. 이 점은 웨스트민스터 신앙고백서 33장 3항도 명시적으로 강조한 점이다(이상웅, "웨스트민스터 신앙고백서의 종말론," 171-172).

[74] 이상근, 『종말론 강의안』, 41-42.

[75] 이상근, 『종말론 강의안』, 42-45. 이러한 다섯 가지 특징 제시는 대체로 벌코프를 따른 것이다(Berkhof, *Systematic Theology*, 704-706). 박형룡 박사도 벌코프를 따라 상술하되 "종말적, 완성적 강림"을 추가하여 다룬다(박형룡, 『교의신학 내세론』, 214-219).

림을 재림과 동일시하는 입장들에 대해서 비판적으로 응수한다.

세 번째로 이상근은 재림의 목적에 대해서 간략하게 다룬다. 그에 의하면 재림의 목적은 "세상 끝에 미래 시대의 사물의 영원한 상태를 개시하"시기 위한 것이며, 재림과 더불어 몸의 부활과 최후 심판이 실시되어질 것임을 명시한다. 이상근은 시종일관 무천년설을 취하기 때문에 재림과 더불어 일반 부활과 일반 심판이 시행될 것을 강조하는 것인데, 이와 달리 부활이나 심판의 수효가 단일하지 않은 입장을 지닌 전천년설에 대해서는 비판적으로 소개한다.[76]

2. 천년왕국적 견해

종말론 구조와 내용을 결정짓는 주요 요소 중 하나는 천년기에 대한 입장이다. 이제 우리는 이상근 교수의 천년기에 대한 논의들을 고찰해 보고자 한다. 분량이 많지 않은 강의안임에도 불구하고 천년기에 대한 긴 논의를 담고 있는 것을 볼 수가 있다. 이상근의 논의는 크게 두 부분으로 나누어져 있는데, 이는 전천년설과 후천년설에 대한 소개와 비판으로 구성된다.

(1) 전천년설

이상근은 먼저 전천년설(Premillennialism)에 대해 다루는데, 초대 교회에서 이미 등장한 전천년설의 개요를 소개하고,[77] 이어서 19세기에 등장한 "현재의 전천년설"을 다룬다. 후자는 세대주의적 견해를 의미한다. 이상근은 간단하게 역사적 설명을 한 후에, 세대주의 종말론의 체계의 특징으로 7세대론, 이스라엘과 교회의 구별, 7년 대환란 전 공중

---

[76] 이상근, 『종말론 강의안』, 46.
[77] 이상근, 『종말론 강의안』, 46-48.

강림과 대환란 후의 지상 재림 등의 이중 재림, 대환난전 교회의 휴거, 유대인 중심의 가시적이고 물질적인 천년 왕국설 등을 소개해 준다.[78] 이러한 소개는 주로 벌코프의 정리를 따른 것으로, 수정된 세대주의나 점진적 세대주의 등에 대한 고려는 빠져있다.[79]

이렇게 세대주의적 전천년설의 주요 요지들을 소개한 후에 이상근은 몇 가지 비판점들을 제시한다. 우선 그가 보기에 세대주의는 "이스라엘의 장래와 하나님 나라에 대한 예언적 묘사를 문자적으로 해석"하려고만 하는 극단적 입장을 가지고 있다는 것이 문제라는 것이다.[80] 두 번째로 하나님의 나라(왕국)가 연기되었다고 하는 연기설 역시 "성경의 통일성을 파괴하며 하나님 백성의 통일성을 파괴하기 때문"에 비성경적이라고 비판한다.[81] 이상근은 또한 세대주의 전천년설에 의하면 미래적 대사건들인 부활, 최종 심판, 세상의 종말 등이 동시적으로 일어날 것으로 성경이 말하는 것과 다른 입장을 제시하고 있다고 비판하고, 네 번째로는 그들이 이중, 삼중 부활을 말하는 것 역시도 성경과 맞지 않다고 비판한다.[82] 뿐만 아니라 지상 천년 왕국에 대한 묘사 가운데도 성경적으로 해명하기 어려운 문제점들이 있음을 적시하고, 그 근거 구절로 제시되는 요한계시록 20장 4-6절에는 "팔레스틴, 예루살렘, 성전, 천년 왕국의 자연적 시민인 유대인들에 관한 말이 없다"라고 비판한다.[83]

---

[78] 이상근,『종말론 강의안』, 48-52.
[79] Berkhof, *Systematic Theology*, 710-712. 물론 1980년대 후반에 등장한 점진적 세대주의에 대해 노년의 이상근이 인지했어야 한다는 것은 무리스러운 일인줄 안다.
[80] 이상근,『종말론 강의안』, 53-54. 후크마도 세대주의가 가진 두 가지 근본 원리로 성경 예언의 문자적 해석과 이스라엘과 교회의 분리를 들고 있다(Hoekema, *The Bible and the Future*, 187).
[81] 이상근,『종말론 강의안』, 54-55.
[82] 이상근,『종말론 강의안』, 56-57.
[83] 이상근,『종말론 강의안』, 57-58. 이상근은 비판적 논의를 끝내면서 계 20:4-6에 대한 무천년적인 견지에서 해석하는 Kuyper, Bavinck, Greijdanus, Vos, Hendriksen 등을 참

(2) 후천년설

전천년설에 대한 논의에 이어 이상근은 후천년설에 대한 논의로 나아간다. 이상근은 후천년설이 "복음 시대 동안 또는 마지막에 천년 왕국이 있고, 그것 후에 그리스도의 재림이 있을 것"이라고 주장하는 입장임을 밝히고 나서, 두 가지 형태가 있었음을 적시해 준다. 하나는 소위 보수적인 입장이라고 불리우는 바 "성령의 초자연적 감화로 천년왕국이 실현될 것"이라고 믿는 입장이고, 다른 하나는 "진화의 자연적 과정으로 말미암아 실현될 것"이라고 믿는 입장이다.[84] 전자는 16, 17세기 화란 신학자들, 조나단 에드워즈와 같은 청교도 신학자들, 그리고 19세기 미국의 대부분의 장로교 신학자들이 견지했고, 후자는 월터 라우센부쉬와 같은 사회복음(Social Gospel)을 주장했던 이들의 입장이다.[85]

이상근은 후천년설에 대하여 간략하게 소개한 후에 비판점들을 제시한다. 성경은 지상에서의 온 세상의 회심에 대해 말한 적이 없고, 세계가 개선되어가기 보다는 재림 전에 환난과 박해의 시대가 올 것임을 말하고 있다고 이상근은 적시한다.[86] 또한 이상근은 성경에 의하면 점진적 개선이 아니라 하나님의 특별한 간섭에 의해서 세상의 종말이 이를 것을 말하고 있다고 비판한다. 더욱이 "자연적 진화와 교육 분야와 사회 개혁 분야와 입법 분야에서의 인간 노력이 기독교 정신의 완전 통치를 점점 오게 한다"는 사회 복음 사상은 결코 성경적이지 않음도 적시한다.[87]

조점으로 제시하는데, 현대적인 논의는 Hoekema, *The Bible and the Future*, 223-238; G. K. Beale, *The Book of Revelation*, NIGTC (Grand Rapids: Eerdmans/ Carlisle: Paternoster, 1999), 991-1021 등을 보라.

84 이상근, 『종말론 강의안』, 59.
85 이상근, 『종말론 강의안』, 59-60. 조나단 에드워즈의 후천년설에 관해서는 조현진, "계몽주의 유토피아 사상의 18세기 청교도적 수용: 조나단 에드워즈의 포스트밀레니엄 사상을 중심으로," 「ACTS 신학저널」 38 (2018): 161-190을 보라.
86 이상근, 『종말론 강의안』, 61.
87 이상근, 『종말론 강의안』, 62. 이상근은 "중생이 없는, 마음의 초자연적 변화가 없는 문화

이처럼 천년왕국에 대한 이상근의 논의는 전천년설과 후천년설에 대한 소개와 비판 등으로 구성되어 있다. 피상적으로 그의 강의안을 읽으면 그의 천년기 입장이 무엇인지를 놓칠 수도 있으나, 분명 그는 곳곳에서 무천년설을 자신의 입장으로 취하고 있음을 노정(露呈)하고 있다.[88] 다만 천년기 논의를 두 입장에 대한 소개와 비판으로 끝낸 것은 그가 주로 벌코프의 논의에 의존하고 있기 때문이다. 벌코프처럼 그도 역사적 전천년설과 세대주의 전천년설을 구분하지 아니하고 함께 논의했음도 알 수가 있다.[89] 그러나 벌코프에 크게 의존한 것으로 널리 알려져있는 죽산 박형룡의 경우는 이상근에 비하자면 네 가지 천년기설에 대해 상술하고 자신의 입장이 무엇인지를 선명하게 밝히고 있다.[90]

3. 부활

이상근은 자신의 무천년설 입장에 따라 그리스도의 재림 시에 일반부활, 최후 심판 등이 있을 것이라고 믿는다. 몸의 부활에 대한 논의를 시작하면서 이상근은 먼저 역사적인 고찰을 간단하게 제시했고,[91] 구약과 신약의 전거 구절들을 제시한다.[92] 그리고 나서 이상근은 부활의 성

는 천년 왕국 통치 곧 예수 그리스도의 주효적(奏效的), 영광스러운 통치를 결코 가져올 수 없다"라고 적시하기도 한다.

[88] 김길성, "이상근 박사의 신학과사상," 259. 은사 박형룡 박사나 사돈이자 동료 교수였던 정암 박윤선 등이 역사적 전천년설을 확집하고 가르쳤던 것을 고려할 때에 이상근이 무천년설을 가르친 것은 특이한 일이고 이 또한 벌코프의 영향을 깊이 받은 결과라고 보여진다. Cf. 이상웅, "죽산 박형룡 이후 총신 조직신학자들의 천년기론," 103-32.

[89] Berkhof, *Systematic Theology*, 708-719. Cf. Kim Kilsung. "Dr. Hyung-nong Park's Theology of Last Things." *Chongshin Theological Journal* 1/2 (1996): 81.

[90] 박형룡, 『교의신학 내세론』, 230-278/ 또한 Kim Kilsung. "Dr. Hyung-nong Park's Theology of Last Things." *Chongshin Theological Journal* 1/2 (1996): 72-89; 이상웅, "죽산 박형룡과 구례인의 천년기론에 대한 연구," 35-65 등을 보라.

[91] 이상근, 『종말론 강의안』, 62-63.

[92] 이상근, 『종말론 강의안』, 64-65.

질에 대해 소개라는데, 부활은 "삼위일체 하나님이 사역"이며, "육체적 부활"이며, "의인과 악인의 부활"이라고 소개한다.[93] 이상근은 현재의 몸과 부활체 사이의 질적인 차이 뿐 아니라 어떤 의미에서든 동일성에 대해서도 언급하지만 상술하지는 않는다.[94] 또한 그가 의인과 악인의 일반적 부활 즉, 동시적 부활을 주장하지만 양자의 부활의 의미가 다르다는 점도 명시한다. 의인의 부활은 "구속과 영화의 사건"이요, "그리스도와의 생명적 연합으로부터 되어지는 것"이지만, 악인의 부활은 전인에 대한 심판을 시행하기 위한 "주권적 공의의 행위"라고 그는 적시한다.[95] 부활에 대한 논의 중에 이상근이 집중하여 고찰한 주제 중 하나는 "부활의 때"에 관한 것이다. 그는 천년왕국을 중심으로 이중 부활이 있을 것이라고 주장하는 전천년설적 부활 시기론을 상세히 다루면서, 결과적으로는 그러한 입장이 바른 주해에 근거하고 있는 것이 아니라는 점을 논증해준다.[96] 다음과 같은 결론적인 주장 속에서도 우리는 이상근의 무천년기적인 입장을 확인할 수가 있다.

> 단 12:2, 요 5:28-29, 행 24:15에서와 같이 어디든지 의인의 부활과 악인의 부활을 함께 말하는 구절에는, 이 둘이 천년 간격을 두고 분리되어 있을 것이라는 암시가 조금도 포함되어 있지 않다. 또 한편으로 그것은 부활이 마지막 날에 일어날 것이며 또 최후 심판이 즉시 따를 것이라는 것을 힘있게 가르치고 있다.[97]

---

93 이상근, 『종말론 강의안』, 65-67.
94 이상근, 『종말론 강의안』, 66-67. 이 문제에 관해서는 이상웅, "웨스트민스터 신앙고백서의 종말론," 162-164에 있는 논의를 보라.
95 이상근, 『종말론 강의안』, 68.
96 이상근, 『종말론 강의안』, 68-73.
97 이상근, 『종말론 강의안』, 73-74.

4. 최후 심판

이상근 교수는 부활론에 이어 최후 심판에 대해 다룬다. 먼저는 역사 가운데도 하나님의 심판이 시행되긴 하나, 현실 속에는 선행에 대한 보상과 악행에 대한 시벌이 완전히 나타나지 않는다는 점에서 최후 심판이 예기된다는 점을 밝힌다.[98] 그러고 나서 최후 심판에 대한 그릇된 견해들을 소개해주는데, 상징적인 이해, 전적으로 내재적인 이해, 단회적인 심판이 아니라 3중적 심판으로 이해하는 세대주의 견해, 심판이 필요 없다는 입장 등이다.[99] 이상근은 최후 심판에 대한 생각은 오직 성경에 근거해야 함을 환기시키면서, 성경은 심판이 있다고 말한다는 것과 최후 심판의 목적에 대해 다음과 같이 적시하기도 한다.

> 그것은 오히려 공식적 법적 사행으로, 일방으로 하나님의 거룩과 의를 타방으로 하나님의 은혜와 자비를 나타냄으로, 하나님의 거룩과 의를 타방으로 하나님의 은혜와 자비를 나타냄으로, 하나님의 선포적 영광을, 모든 이성적 피조물 앞에 현시하는 목적에 역할할 것이다.[100]

세 번째로 이상근은 심판주와 그의 조력자들에 대해 다루는데, 심판은 "삼위일체 하나님의 하시는 일"이라고 특히 우리의 구주이신 예수 그리스도가 주관하신다는 점을 적시한다. 이는 "중보자로서의 그리스도께서 속죄 사업의 보수로 또 높아지심의 일부"이자 "그리스도의 왕

---

[98] 이상근, 『종말론 강의안』, 74.
[99] 이상근, 『종말론 강의안』, 75-77.
[100] 이상근, 『종말론 강의안』, 77. 이 부분도 벌코프에 의존하고 있는데 명확한 이해를 위해 원문을 인용해 보겠다: "It will serve the purpose rather of displaying before all rational creatures the declarative glory of God in a formal, forensic act, which magnifies on the one hand His holiness and righteousness, and on the other hand, His grace and mercy."(Berkhof, *Systematic Theology*, 731).

권의 최고 영예의 하나"로 위임되어지는 일이라고 정허한다.[101] 또한 심판을 돕는 조력자들로는 천사들을 말하고, 어떤 의미에서든 성도들도 그리스도의 심판의 참여할 것이라고 말한다.[102] 네 번째 주제는 심판 받는 대상들이 대한 것으로서, 타락한 천사들과 선악간의 모든 사람들이 될 것임을 그는 적시한다. 사죄함을 받은 신자들의 죄라도 그날에 공포될 것임을 이상근은 말한다. 아울러 선한 천사들도 심판의 대상으로 보는 바빙크의 견해에 반하여, 벌코프를 따라 가부를 말하지 않고 침묵하기를 택한다.[103] 다섯 번째로 심판의 시기에 대해서는 무천년기의 입장을 따라 재림, 몸의 부활, 만물 갱신 등과 긴 시간적 간격없이 거의 동시적으로 이르어질 것임을 명시한다.[104] 여섯 번째로 심판의 표준은 "오로지 하나님의 계시된 의지"인데, 사람들 마다 동일하지 않다고 이상근은 적시한다. 즉, 구약 이스라엘인들은 구약 계시에 의해, 신약 성도들은 구약과 복음의 빛에 따라 받게 된다는 것이다. 또한 구원받는 것은 그리스도의 의의 옷을 입었나, 안 입었나 관련되어 있다는 것과 심판의 결과 "하늘의 축복과 지옥의 형벌에는 정도의 차이가 있을 것"이라고 말한다.[105] 마지막 주제는 심판의 구성요소에 대한 것으로, 이상근은 "원인(原因) 인지," "선고 공포," 그리고 "선고 집행" 등 세

---

[101] 이상근, 『종말론 강의안』, 78.
[102] 이상근, 『종말론 강의안』, 78-79. 이상근은 시 149:5-9; 고전 6:2-3; 계 20:4 등과 같은 성경 구절들에 근거하여 성도의 심판 참여를 말하면서도, 그 내용에 대해서는 깊은 사색을 하지 않는다.
[103] 이상근, 『종말론 강의안』, 79-80. Cf. Bavinck, *Reformed Dogmatics* 4:702; Berkhof, *Systematic Theology*, 732-733.
[104] 이상근, 『종말론 강의안』, 80-81.
[105] 이상근, 『종말론 강의안』, 81-82. 복음주의권에서도 차등 상급(gradual reward)에 대한 반론이 우세하지만, 성경적 근거위에서 많은 개혁신학자들은 차등 상급에 대해서 말해 왔다(Hoekema, *The Bible and the Future*, 262-264; Kwon Sung Soo, "'Your Reward in Heaven is Great': A Study on Gradation of Reward in Matthew"[Th. D. dissertaion, Westminster Theological Seminary, 1988]; Venema, *The Promise of the Future*, 405-419).

요소로 설명해 준다.[106]

5. 최후 상태

이상근 교수의 종말론은 최후 상태(final state)에 대한 주제로 끝맺음 하게 된다. 이상근은 최후 심판시에 사람들의 최후 상태가 결정되되 "영원한 불행의 상태이거나 그렇지 않으면 영원한 형복의 상태이거나 둘 중 하나"라고 적시한다.[107]

(1) 악인의 최후 상태

이상근은 먼저 악인의 최후 상태를 다루는데, 악인의 멸절을 주장하거나 지옥을 부정하는 견해들을 소개하고 나서 성경적 근거위에서 악인들이 가게 되는 지옥 혹은 게헨나(Gehenna)는 장소성을 가진다고 설명한다.[108] 두 번째로 악인의 영벌을 구성하는 것이 무엇인지에 대한 주제를 다루면서, 이상근은 여러 성경 구절들에 근거하여 악인들은 "(a) 하나님의 총애가 전혀 없는 것, (b) 완전한 죄지배의 결과로 생활의 부단한 불안, (c) 육체와 영혼의 적극적 고통, (d) 양심의 고통, 고민, 절망, 통곡, 이를 갊 등의 주관적 형벌"등으로 구성된다고 말한다. 아울러 형벌에도 차등이 있을 것이나, 모든 형벌이 영원한 형벌(eternal punishment)일 것이라고 적시한다.[109] 물론 "영원한"으로 번역된 원어의

---

106 이상근,『종말론 강의안』, 82-83.

107 이상근,『종말론 강의안』, 83. 일반적으로 최후 상태에 대한 논의를 지옥과 새 하늘과 새 땅에 대한 논의로 양분하여 다루는 경향이 있다(Hoekema, *The Bible and the Future*, 265-287).

108 이상근,『종말론 강의안』, 84-85. 지옥에 대한 현대신학계의 반론은 뜨거운데, 이에 대해서는 Christopher Morgan and Robert Peterson, *Hell under Fire*, 박미가 역,『지옥론』(서울: 은혜출판사 2008)을 보라.

109 이상근,『종말론 강의안』, 85. 이상근은 또한 "천당과 지옥에 관한 말이 대부분은 상징적으로 이해해야 함은 의심할 여지가 없다"라고 말하기도 한다(86).

의미를 제한된 의미로 이해하여 장기간의 의미로 축소시키려는 이들이 있음에도 불구하고, 이상근은 성경에 보면 의인의 행복이 영원하듯 악인들의 형벌도 영원하다고 말하거나 후자가 들어갈 지옥의 불이 "꺼지지 않는 불"이라고 칭해지는 점 등을 들어 문자 그대로 영원하다고 명시해준다.[110]

(2) 의인의 최후 상태

의인의 최후 상태를 논함에 있어 먼저 새로운 창조에 대해 이상근은 언급한다. 새 하늘과 새 땅에 대해 루터파적인 이해를 거부하고, 개혁주의적인 견해 세계 갱신설을 이상근은 소개한다. 그리고 의인의 거처로 천당을 말하면서도, "성경은 의인이 천국을 기업으로 받을 뿐 아니라 신천지 전체를 받을 것이라"고 말한다고 적시한다.[111] 이상근은 의인의 행복한 상태에 대해 "영생과 영광의 상태"일 것이라고 말한다.[112] 사실 의인의 최후 상태에 대한 이상근의 해설은 바로 이 점에 대해 상술하는 것으로 구성이 되어 있다. 그리스도의 생명이 성령 안에서 우리들에게 주어지고, 삼위 하나님과 교통함이 충만한 삶으로 구성되는 것이 영생이라고 그는 적시한다.[113] 그리고 그러한 삶은 영원 무궁할 것이라고 강조한다.[114] 이상근은 그러한 생명의 원리를 지상에서 신자들이 이미 누리고 있다는 점도 간과하지 않지만, 그리스도의 영광스러운

---

110 이상근,『종말론 강의안』, 86-87.
111 이상근,『종말론 강의안』, 87. 세계 갱신설과 관련한 논의는 이상웅, "'새 하늘과 새 땅'(계 21:1-8)에 대한 개혁주의적 이해와 설교,"「한국개혁신학」49 (2016): 8-38을 보라.
112 이상근,『종말론 강의안』, 88.
113 이상근,『종말론 강의안』, 88-92. 이상근은 영생에 대해 "그리스도의 내주의 영이 우리의 마음에 가져다 주신 부활 생명이요, 그것은 예수 그리스도의 얼굴에 있는 은혜로운 덕성의 모든 영광에서 계시된 하나님의 지식과 친교"에 있다고 말하기도 한다(92).
114 이상근,『종말론 강의안』, 92.

재림 때에 "기쁨 충만으로 바뀌게 될 것"을 말한다.115 의인들은 완전한 부활체를 입게 될 뿐 아니라 아름답고 영광스러운 새 창조를 누리게 될 것이지만, "새 세계의 모든 행복과 영광의 본질은, 그럼에도 불구하고 그리스도 안에서 사신 하나님과의 완전한 친교일 것"이라고 이상근은 재삼 재사 강조를 한다.116 의인들이 누릴 영광과 영생의 생명에 대한 이상근의 상술은 주로 헤르만 훅스마(Herman Hoeksema, 1886-1965)의 논의에서 빌려온 내용들이다.117

V. 나가는 말

이상에서 우리는 해방 이후 고신과 총신에서 40년간 조직신학을 강의했던 이상근 교수의 생애와 종말론에 대해 고찰해 보았다. 그가 한국 장로교 교단 신학교들에서 조직신학 교육에 생을 바쳤지만, 공표한 자료들이 많지 않다보니 그간에 학계에서 논의나 평가 작업이 전무하다시피 했었는데, 본 장을 통해서 논의가 촉진될 수있기를 소망한다. 그는 조직신학의 제 분야를 강의하고 남겨놓은 강의안 자료들이 있지만, 지면 제한상 혹은 필자의 관심에 따라 종말론 고찰에 논의를 제한했었다.

앞서 살펴본 바에 의하면 이상근은 철저하게 자신이 속한 신학 전통에 충실한 신학자였음을 확인할 수가 있었다. 특히 그는 루이스 벌코프의 종말론을 근간으로 삼고 종말론 강의안을 구성했다는 점을 알게 되었다. 그는 벌코프를 따라 종말론을 개인적 종말론과 일반적 종말론으

---

115 이상근, 『종말론 강의안』, 92.
116 이상근, 『종말론 강의안』, 92-93.
117 Herman Hoeksema, *Reformed Dogmatics* (Grand Rapids: Reformed Free Pub., 1976), 867-872.

로 양분하여 다루었고, 주요 주제들인 죽음, 불멸, 중간 상태, 재림, 천년왕국, 부활, 최후 심판, 그리고 최후 상태 등을 차례로 논의했다. 그러한 종말론의 주요 주제들을 다루되 장황하지 아니하고 간결하게 다루었으며, 대체로 성경 전거 구절 중심으로 정해하려고 했다고 평가할 수가 있다. 그가 주로 활동했던 1940-1970년대의 한국 신학교 교육은 외국 교과서들에 의존도가 높았던 시절이었고, 죽산 박형룡이나 남송 신복윤처럼 이상근 역시도 루이스 벌코프의 『조직신학』(Systematic Theology, 1941)을 강의안의 기초로 적극 활용하였다는 점을 종말론 강의안에서도 분명하게 확인할 수가 있다. 한 가지 특이한 점은 벌코프와 벌코프를 통해 접한 바빙크 신학에 크게 의존적인 박형룡 박사가 역사적 전천년설을 확집하고 고수한 것과 달리 이상근은 벌코프가 개진한 무천년설적 종말론을 그대로 수용하고 가르쳤다고 하는 사실이다. 이런 점은 죽산의 신학적 지로가 강력했던 총신의 상황 속에서는 구례인 선교사(John C. Crane)를 이어 개혁주의 무천년설을 신학생들에게 전수하는 긍정적 기능을 감당했던 것으로 평가할 수가 있다.

이상근의 종말론 손에는 하나님 나라의 현재성과 미래성에 대한 균형을 찾아 보기 어렵다는 점을 단점으로 지적하고 싶다. 물론 우리가 선대의 신학 작업을 연구하고 평가하는 이런 작업은 공정하게 진행할 필요가 있다고 사료되며, 그 신학자가 활동하던 시대나 삶의 정황(Sitz im Leben)을 고려함이 없이 진행해서는 합당하지 않다고 생각된다. 그리고 비록 강의안이라고 하더라도 100쪽 미만의 짧은 분량을 통해 종말론의 역사적 개관이나 성경신학적인 기초들에 대한 논의들을 다 담아낼 수는 없었을 것이라는 점도 참작해야 할 것이다. 다만 선대의 어깨 위에 서서 종말론을 개진해야 하는 후대의 학자로서는 이러한 선대의 약점들을 보완하되, 성경 신학적인 기초들을 충분히 살피고, 종말론의 역사를 초대 교회부터 현대신학에 이르기까지 잘 개관해 주고, 기존 종말론의 주제들에 대한 다각적인 논의 뿐만 아니라 21세기에 제기되는 새로운 논의 주제들도 잘 다루어 주는 것이 필요하다고 생각한다(*).

Theologia reformata semper reformanda.

참고문헌

기독교사상연구소 편.『고신의 인물과 신학사상』. 서울: 영문, 1996.
권호덕. "칼빈의 시각으로 본 정류(靜流) 이상근 목사".「한국개혁신학」 36 (2012): 16-65
김길성. "이상근 박사의 신학과 사상".「신학지남」 79/3 (2012): 242-63.
김남준. "설교자와 영성(4)."「그말씀」(2015년 4월호), 209-10
김영재.『박윤선- 경건과 교회 쇄신을 추구한 개혁신학자』. 파주: 살림, 2007.
김요나.『총신 90년사』. 서울: 양문, 1991.
남영환 편저.『한국교회와 교단- 고신 교단사를 중심으로』. 서울: 소망사, 1988.
박아론.『세월 따라 신학 따라- 어느 보수신학자의 회고록』. 서울: 기독교연합신문사, 2002.
박응규.『가장 한국적인 미국 선교사 한부선 평전』. 서울: 그리심, 2004.
____. "종교개혁과 한국교회의 종말론적 연관성에 관한 고찰".「ACTS 신학저널」 34 (2017): 83-125.
박형룡.『내세론』. 서울: 은성출판사, 1973.
백년사편찬위원회 편.『총신대학교 100년사』. 전3권. 서울: 총신대학교출판부, 2003.
백년사편찬위원회 편.『대한예수교장로회 총회 100년사』. 전2권. 서울: 대한예수교장로회총회, 2006.
서영일.『박윤선의 개혁신학 연구』. 장동민 역. 서울: 한국기독교사연구소, 2000.
손하영. "요한계시록 나팔 심판 시리즈에서의 출애굽 모티프 사용 패턴 연구 (1)".「ACTS 신학저널」 44 (2020): 9-47.
____. "요한계시록 나팔 심판 시리즈에서의 출애굽 모티프 사용 패턴 연구 (2)".「ACTS 신학저널」 48 (2021): 60-96.
송영목. "종말론과 크리스천의 환경 책무: 베드로후서 3:10-13을 중심으로".「갱신과 부흥」 27 (2021): 65-96.
신복윤.『종말론』. 서울: 개혁주의신행협회, 2001.
양낙흥.『한국 장로교회사』. 서울: 생명의말씀사, 2008.

이상근.『종말론 강의』. 서울: 총신대학교 신학대학원, 연대없음.
이상웅. "웨스트민스터 신앙고백서의 종말론".「한국개혁신학」 44 (2014): 152-177.
____. "최흥석 교수의 삶과 신학세계".「신학지남」 324 (2015): 85-135.
____. "'새 하늘과 새 땅'(계 21:1-8)에 대한 개혁주의적 이해와 설교".「한국개혁신학」 49 (2016): 8-38.
____. "죽산 박형룡과 구례인의 천년기론에 대한 연구".「개혁논총」 38 (2016): 35-65.
____. "죽산 박형룡 이후 총신 조직신학자들의 천년기론".「성경과신학」 80 (2016): 103-132.
____. "그리하여 온 이스라엘이 구원을 얻으리라 - 유대인의 미래적 회복에 관한 죽산 박형룡의 입장 고찰과 신학적인 평가".「신학지남」 84/4 (2017): 153-91.
____. "구례인(John C. Crane, 1888-1964) 선교사의 종말론 연구".「개혁논총」 55 (2021): 41-72.
____. "평양 장로회신학교의 종말론 전통".「한국개혁신학」 70 (2021): 218-64.
____. "해방 이전 한국 장로교 목회자들의 종말론".「조직신학연구」 37 (2021): 94-122.
정정숙.『삶의 길목에서 만난 사람들』. 서울: 베다니, 2016.
조현진. "계몽주의 유토피아 사상의 18세기 청교도적 수용: 조나단 에드워즈의 포스트밀레니엄 사상을 중심으로".「ACTS 신학저널」 38 (2018): 161-90.
주강식. "한국 장로교회의 개혁신학에 대한 연구: 1884년부터 2000년까지를 중심으로". 신학박사 학위 논문, 고신대학교, 2014.
편집위원회 편.『웨스터민스터 신학과 역사』. 서울: 필그림, 2010.
황대우. "이근삼 박사의 생애와 신학". 안명준 편.『한국 교회를 빛낸 칼빈주의자들』, 137-61. 용인: 킹덤북스, 2020.
허순길.『고려신학대학원 50년사』. 서울: 양문, 1996.

Bavinck, Herman. *Reformed Dogmatics*. 4 Vols. Trans. John Vriend. (Ed.) John Bolt. Grand Rapdis: Baker, 2003-2008.

Beale, G. K. *The Book of Revelation*. NIGTC. Grand Rapids: Eerdmans/Carlisle: Paternoster, 1999.

Berkhof, Louis. *Systematic Theology*. Grand Rapids: Eerdmans, 1941.

Bock, Darrell L. "Charting Dispensationalism." *Christianity Today* 38/10 (1994): 26-29.

_____. "Why I am a Dispensationalist with a Small 'd'." *Journal of Evangelical Theological Study* 41/3 [1998]: 383-396.

Boettner, Loraine. *Immortality*. London: Pickering & Inglis 1958.

Calvin, John. *Institutes of the Christian Religion*. 2 Vols. Trans. Ford L. Battles. Philadelphia: Westminster Press, 1960.

Erickson, Millard J. *Christian Theology*. 3rd Ed. Grand Rapids: Baker, 2013.

Hodge, Charles, *Systematic Theology*. 3 Vols. New York: Scribner's Sons, 1872-1873.

Hoekema, Anthony A. *The Bible and the Future*. Exeter: Paternoster Press, 1979.

Hoeksema, Herman. *Reformed Dogmatics*. Grand Rapids: Reformed Free Pub., 1976.

Kim, Kilsung. "Dr. Hyung-nong Park's Theology of Last Things." *Chongshin Theological Journal* 1/2 (1996): 72-89.

Kwon, Sung Soo. "'Your Reward in Heaven is Great': A Study on Gradation of Reward in Matthew." Th. D. Dissertaion, Westminster Theological Seminary, 1988.

Lee, Sangung. "'Already but Not Yet': A Study on the Background and the Inaugurated Eschatology of Anthony A. Hoekema (1913-1988).?? *Chongshin Theological Journal* 20/1 (Feb. 2015): 120-157.

_____. "The Individual Eschatology of Anthony A. Hoekema (1913-1988)." *Chongshin Theological Journal* 23/1 (Feb. 2020): 61-97.

Morgan, Christopher and Robert Peterson. *Hell under Fire*. 박미가 역.『지옥론』. 서울: 은혜출판사, 2008.

Riddlebarger, Kim. *The Man of Sin*. 노동래 역.『적그리스도의 비밀을 파헤

치다 - 개혁주의 관점에서 본 불법의 사람의 정체』. 서울: 새물결플러스, 2020.

Venema, Cornelis P. *The Promise of the Future*. Rep. Ed. Edinburgh: Banner of Truth, 2009.

9
남송 신복윤(1926-2016)의 종말론[1]

I. 들어가는 말

남송 신복윤(1926-2016)은 죽산 박형룡(1897-1978)의 제자로서 죽산이 총신을 은퇴한 후에 후임 교수로 취임하여 8년을 가르친 후, 정암 박윤선(1905-1988)과 더불어 합동신학교를 설립하여 교수와 총장 등으로 재직했던 신학자이다.[2] 남송은 루이스 벌코프(Louis Berkhof, 1873-1957)와 죽산의 신학 위에 서서 조직신학을 강의했던 신학자이지만, 그의 주된 기여는 한국에서 존 칼빈을 원전으로부터 소개하고 연구를 활성화한 데 있다.[3] 그가 칼빈의 신지식론으로 박사학위를 취득한 후에, 다른 학자들과 더불어 『기독교강요』를 완역하고 42권 분량의 칼빈 성경주석을 완역하는 일에 감수자로 참여한 것을 통해서 이러한 사실을 분명하게

---

[1] 본 장은 「성경과 신학」 92 (2019): 169-205에 처음 공표된 것임을 밝힌다.
[2] 김은수, "한국 장로교의 '조직신학' 교육과 연구역사(1901-1980)에 대한 고찰: 평양신학교와 장로교 주요교단 신학대학원(고신/장신/총신/한신)을 중심으로", 「성경과 신학」 74(2015): 97-135에는 신복윤의 조직신학 교육에 대한 논의가 포함되지 않았다.
[3] 김재성은 남송이 청년기에 죽산 박형룡을 통해 배운 청교도 개혁주의 전통을 잘 수호하고 전달했다는 점에서 "박형룡 박사를 이어서 릴레이를 완주한 훌륭한 제 2주자의 성취"였다는 점을 인정함과 동시에 선대가 하지 못했던 뿌리의 탐구로서 칼빈의 원전을 읽고 연구하여 소개하는 일을 선도적으로 감당했다는 양면성을 남송의 신학적 기여로 평가한다(김재성, "신복윤 교수의 조직신학과 한국 교회사적 의의", 『칼빈의 신학과 한국 교회의 과제』, 신복윤 명예총장 은퇴기념 논문집 출판위원회 편 [수원: 합동신학대학원출판부, 2002], 49-63).

확인할 수가 있다.⁴ 뿐만 아니라 칼빈 신학에 관련한 여러 권의 저술들을 출간했고,⁵ 또한 신학교재가 부족하던 1950년대부터 10여권의 신학 양서를 번역하여 신학도들과 목회자들에게 기여하기도 했다.⁶ 2015년 연세신학 100년을 기념할 만한 인물 30인으로 선정되었을 때에 제자 김재성은 남송에 대한 논문의 제목으로 "신복윤, 개혁신학의 정립과 칼빈 연구를 정초하다"로 정했는데, 이는 남송의 신학적 기여를 단적으로 잘 드러내 주는 제목이라고 생각된다.⁷

그러나 본 장에서 관심을 기울이고자 하는 것은 조직신학자로서 남송 신복윤이 남긴 공헌이 무엇인가를 확인하려고 하는데 있다. 남송은 1956년부터 2002년까지 반세기에 가까운 긴 세월 동안 몇 몇 신학교에서 연이어 조직신학을 가르쳤는데 그가 어떤 신학적인 입장 위에 서 있었으며, 그가 남긴 교의신학적 저술들은 어떤 것들이 있는가 논구하

---

4 John Calvin, *Institutes of the Christian Religion*, 이종성, 한철하, 신복윤, 김종흡 공역, 『기독교강요』전3권 (서울: 생명의말씀사, 1986-1988); John Calvin, *Commentaries*, 『구약, 신약주석』, 42권(서울: 성서교재간행사, 1979-1983). 박경수 편저, 『한국칼빈학회 50년의 발자취』(성남: 북코리아, 2014), 9-29, 191-206 등을 보라.

5 신복윤, 『칼빈의 신학사상』(서울: 성광문화사, 1993); 『칼빈의 하나님 중심의 신학』(수원: 합동신학대학원출판부, 2002); 『존 칼빈』(수원: 합동신학대학원출판부, 2013).

6 남송 신복윤의 번역서를 출간 연대순으로 보자면 다음과 같다: L. Berkhof, *Manual of Christian Theology*, 『기독교신학개론』(서울: 대한예수교장로회총회교육부, 1958); L. Berkhof, *The History of Christian Doctrine*, 『기독교 교리사』(서울: 성암문화사, 1959); Carl H. F. Henry, *European Theology in the Twentieth Century*, 『20세기구미신학』(서울: 성암문화사, 1960); James Stalker, *The Life of Christ*, 『예수전』(서울: 성광문화사, 1965); L. Berkhof, *Systematic Theology*, 551-658, 『교회론 교회와 은혜의 수단에 관한 교리』(서울: 성광문화사, 1981); Fred H. Klooster, *Calvin's Doctrine of Predestination*, 『칼빈의 예정론』(서울: 성광문화사, 1984); L. Boettner, *Roman Catholicism?*, 『천주교의 마리아 교리는 성경적인가』(서울: 성광문화사, 1992); George E. Ladd, *Crucial Questions about Kingdom of God*, 『하나님 나라에 관한 중요한 문제들』(서울: 성광문화사, 1990); Henry H. Meeter, *The Fundamental Principle Calvinism*, 『칼빈주의 근본원리』(서울: 성광문화사, 1990); William E. Monter, *Calvin's Geneva*, 『칼빈의 제네바』(수원: 합동신학대학원출판부, 2015).

7 김재성, "신복윤, 개혁신학의 정립과 칼빈 연구를 정초하다", 『인물로 보는 연세신학 100년』, 연세대학교신과대학동문회 편저 (서울: 동연, 2015), 632-659.

고 평가해 보는 것이 필요하다고 사료되어 본 논구 작업은 시작되었다. 앞서 소개했듯이 칼빈 연구가로서 남긴 여러 저서들과 번역가로서의 기여들에 더하여, 남송은 몇 권의 조직신학 관련 저술들을 남기기도 했다. 남송은 1980년에 『기초교리학』[8]을 필두로 하여 『나는 하나님을 믿는다』, 『종말론』, 『교의학 서론』, 그리고 『개혁주의 신학의 특성들』 등의 저술을 남겼다.[9] 개혁주의 교의학의 전통적인 7 로치(loci) 분류에 의한다면 남송은 교의학의 첫 과목인 서론과 종말론에 관련한 저술을 만년에 남겼다는 것을 확인하게 된다. 본 장에서는 지면제한상 남송의 종말론에 제한하여 분석하고 평가해 보려고 한다. 이어지는 본문에서 우선 남송의 신학적인 배경에 대해 먼저 간략하게 정리해 본 후에(II), 그의 종말론의 구조와 주요 내용 등을 확인해 보고 평가해 보려고 한다 (III).

II. 남송 신복윤의 신학 형성과정과 신학자로서의 공적 활동

한 사람의 사상가나 신학자의 사상을 이해하기 위해서는 그 사람의 형성과정이나 배경을 잘 이해하는 것이 전제되어야 한다는 것은 일반적으로 인정되는 바이다. 남송의 경우도 예외는 아니기 때문에 그의 신학 형성 과정에 대해 먼저 논구하고(1), 신학자로서의 그의 공적 활동에 대해 간략하게 정리해 보고자 한다.

---

[8] 신복윤, 『기초교리학』 (서울: 대한예수교장로회출판부, 1980). 이것은 예장합동의 성경통신대학교재 중 한 권으로 저술 출간한 것이다. 1980년 남송이 합동신학교로 떠난 후에도 본서는 계속해서 주교통신대학교재로 사용되고 있는데 저자의 이름은 누락되어 있다. 필자가 참고한 것은 1999년에 나온 재판 인쇄본이다.

[9] 신복윤, 『나는 하나님을 믿는다』 (서울: 성광문화사, 1990); 『종말론』 (서울: 개혁주의신행협회, 2001); 『교의학 서론』 (수원: 합동신학대학원출판부, 2002); 『개혁주의 신학의 특성들』 (수원: 합신대학원출판부, 2007).

1. 남송의 신학 형성 과정

남송은 1926년에 평안도 순천군 사인면(현재 평성시)에서 부유한 가정에서 출생했고, 어머니를 따라 교회를 출석함으로 기독교 신앙에 입문하게 되었다.[10] 부호의 독자로 태어난 덕분에 남송은 일찍이 일본 동경으로 가서 일본대학교 부속 제2 상업학교를 다닐 수 있었으나, 해방 후 북한 공산정권의 수립으로 기독교 신앙에 대한 박해가 심해지자 1945년 12월 24일에 남한으로 내려오게 된다.[11] 그의 나이 열아홉에 신앙에 의지한 고학의 길이 시작된 것이다.

남송은 1946년 당시 남한에서 유일한 신학교였던 조선신학교에 입학하여 공부하게 되는데, 장로교역사 가운데 유명해진 조선신학교 재학생 51인의 총회 진정서 사건에 참여자가 된다.[12] 후일 남송이 정암 신학강좌에서 소개한 바에 의하면 진정서의 내용은 김재준교수의 성경관이나 신학에 있어 자유주의적인 신학 사상에 관한 것들이었다.[13] 1947년 9월 죽산이 만주로부터 귀국하여 부산 고려신학교 교장으로 취임할 때에 남송은 학우들과 더불어 부산으로 내려가 죽산과 정암 등

---

10 김재성, "신복윤, 개혁신학의 정립과 칼빈 연구를 정초하다", 634-635. 그와 동향인으로는 내수동교회 원로목사인 박희천 목사와 정암 박윤선의 후처인 이화주 사모가 있다(안만수 대담, 『박윤선과의 만남 2』 [수원: 영음사, 2013], 11; 박희천, 『내가 사랑한 성경: 박희천 자서전』 [서울: 국제제자훈련원, 2016], 83).

11 안명준, "신복윤의 생애와 신학", 「한국개혁신학」 54 (2017): 49.

12 김양선, 『한국기독교해방십년사』 (서울: 대한예수교장로회총회교육부, 1956), 214-227; 박용규, 『한국장로교사상사』 (서울: 총신대학출판부, 1992), 288-345. 51인의 대표적인 정규오의 『한국장로교회사(상)』, 개정판 (광주: 광신대학교출판부, 2014), 57-87과 『나의 나 된 것은: 정규오목사 회고록』 개정판 (광주: 광신대학교출판부, 2014), 66-94를 보라.

13 신복윤, "한국개혁주의 신학의 전망", 『개혁주의 신학의 특성들』, 288. 남송은 "김재준교수의 현대주의 신학사상과 성경의 고등비평을 거부한다고 당돌히 호소할 수 있었던 계기를 바련해 준 것"은 박형룡 박사의 『근대신학난제선평』(평양: 장로회신학교, 1935) 덕분이었다고 술회하기도 한다(신복윤, "기독교현대신학난제선평", 「신학지남」 43/2 [1976], 116-119).

의 신학 강의를 들었다. 그리고 1948년 죽산이 부산을 떠나 서울 남산에 장로회신학교를 개교했을 때는 다시 서울로 와서 동년 7월 9일에 장로회신학교 제1회 졸업생으로 졸업을 하게 되었다. 불과 3년여의 신학 수업 기간이지만 그 과정이 파란만장했음을 우리는 알 수가 있다.[14] 그러나 이 기간 동안 그는 김준곤 같은 평생의 동지들을 얻게 되었으며,[15] 무엇보다 죽산 박형룡의 가르침에 따라 정통 개혁주의 입장을 확고히 수립하게 되었다고 하는 사실을 기억해야 한다. 남송은 비단 신학 수업기간 뿐만 아니라 그의 남은 전 생애 동안 죽산을 스승으로 존경하고, 죽산이 지로하는 신학적 방향에서 신학 작업을 수행했다고 하는 것을 숨기지 않았다.[16] 만년이던 2014년에 이르러 남송이 죽산에 대해 남긴 평가를 브더라도 우리는 그 사실을 확인할 수가 있다.

> 저는 그분 밑에서 조직신학을 배웠고 그분으로부터 건전한 신앙과 그의 고귀한 인격의 가르침을 받았습니다. 박형룡 박사님은 한국교회 최고의 신학자요 가장 존경할 만한 인격자라고 저는 믿고 있습니다. 그는 해방 전후 한국교회의 신학적 혼란기에 성경적 개혁주의 신학의 입장에서 우리에게 신앙의 바른 길을 안내해 주셨습니다. 그리하여 오늘날 대부분의 한국교회가 성경을 바로 해석할 수 있게 되었습니다 … 한국교회가 순수한 신앙과 고결한 인격을 갖추신 성경적 개혁주의 신학자 박형룡 박사님

---

[14] 신복윤과 동일한 과정을 겪고 같이 졸업한 정규오의 자전적 기록을 보면 1회 졸업생들의 심경을 엿볼 수가 있다(정규오, 『나의 나 된 것은: 정규오 목사 회고록』, 94).

[15] 김준곤, "나의 친구, 신복윤 박사", 『칼빈의 신학과 한국 교회의 과제』, 43-48. 한편 남송은 유성 김준곤의 소천후 두 사람의 우정을 다윗과 요나단의 우정에 비유하여 말하기도 했다(http://www.christiantoday.co.kr/news/250337).

[16] 남송의 죽산의 신학적 기여에 대한 평가는 "박형룡 신학의 한국 보수신학사적 의의", 「신학사상」 25 (1979): 222-240와 "박형룡 신학의 한국 보수신학사적 의의", 『죽산 박형룡 박사의 생애와 사상』, 박용규 편 (서울: 총신대학교출판부, 1996), 473-493 등을 보라. 또한 남송은 다중적인 월간지에 "나의 스승 박형룡 목사", 「빛과 소금」 22 (1987년 1월): 98-99을 기고하기도 했다.

을 바로 알고 스승으로 모신다면 예수님을 따라 가는 데 더욱 즐겁고 감사한 삶이 될 것이라고 생각합니다.[17]

남송은 장로회신학교를 졸업하고 목사로 안수받고 나서도 더 공부하고 싶은 열망을 가지고 국제대학교(현 서경대학교) 영문학과에 진학을 한다. 6.25 전쟁이라는 민족의 비극을 몸소 겪기도 하면서 공부에 진력한 남송은 영문학사가 된 후인 1953년에는 연세대학교 대학원에 진학하여 신학석사(Th. M.) 과정을 이수하게 된다. 당시는 아직 합동과 통합이 분열되기 전이었다.[18] 그의 신학석사 논문은 조직신학 논문으로서 "基督論의 根本 問題"라는 제목으로 분량은 218쪽에 달했다.[19] 남송이 초기에 가졌던 신학적 관심이 기독론에 초점을 맞추고 있다고 하는 사실은 그의 석사논문뿐 아니라 1956년에 『예수전』을 간행한 것을 통해서도 알 수가 있다.[20]

---

[17] 신복윤, "추천사", 『나의 아버지 박형룡』, 박아론 저 (서울: 대한예수교장로회총회, 2014), 10. 동서 116-118에 보면 죽산의 장남 박아론이 남송의 죽산 평가에 대해 호의적으로 소개하는 것을 볼 수가 있다.

[18] 김재성, "신복윤, 개혁신학의 정립과 칼빈 연구를 정초하다", 644.

[19] 논문은 필사본(아마도 당시 여건으로 볼 때에 필사하여 등사본으로 만들었을 것으로 사료됨)으로 제출되었으며 연세대학교 학술정보원에 소장되어 있다(http://www.riss.kr/link?id=T5048885).

[20] 신복윤, 『예수전』 (서울: 대한예수교장로회총회교육부, 1956), 181쪽에 달하는 본서는 총회교육부가 기획한 기독교본 제2권으로 간행한 것으로서, 평신도들을 위한 예수님의 생애 개설이다(총 20과). 남송 앞서 당시 장로교신학자 가운데 기독론을 출간한 경우는 다음과 같다: 구례인(John C. Crane), 『조직신학(하)』, 김규당 역 (서울: 대한예수교장로회총회교육부, 1955), 13-329; 박형룡, 『기독론』 (서울: 대한예수교장로회총회교육부, 1957). 신복윤은 또한 James Stalker, *The Life of Christ*, 『예수전』 (서울: 성광문화사, 1965)을 역간하기도 했는데, 역자 서문에서 "한국교회에 예수전다운 예수전이 없어서 항상 염려하며 이 일을 위해 기도해 오던 중 이번 본서를 번역 출판하게 된 것을 무엇보다도 큰 다행으로 생각한다"라고 밝힌다.

2. 초기 교수 생활과 미국 유학

1955년 2월 신학석사 학위를 받게 된 남송에게는 신학교에서 강의할 수 있는 기회가 주어진다.[21] 일단 1955년에는 스승 박형룡이 재직하고 있던 총신의 강사로 출강하기 시작했고, 1956년에는 광주신학교(현 광신대학교) 교수로 부임하게 된다. 1960년에는 관동대학고 교수가 되었고, 1961년에는 총회 직영신학교인 칼빈신학교 교수가 되어 1967년까지 조직신학을 가르치게 된다. 1962년에는 칼빈신학교 고장 서리가 되어 학교 행정가로서의 경험도 쌓게 된다.[22]

남송의 교수 생활은 약 12년간 지속되었는데, 1967년에 이르러 남송은 미국으로 유학을 떠나게 된다. 먼저는 버나드 램이 재직하고 있던 미국 웨스트 침례신학교(American Baptist Seminary)에서 공부한 후, 1969년에 설립된 캘리포니아 신학대학원(California Graduate School of Theology)[23]에 진학하여 박사과정을 이수한 후에 "칼빈의 신지식론" 연구로 철학박사 학위를 취득하게 된다.[24] 이 논문이 가지는 의의는 한국인 가운데 칼빈을 본격적으로 연구하여 박사학위를 받은 첫 번째 사례

---

21 김재성이 잘 설명해주는 대로 남송이 신학석사 학위를 취득한 시기 한국 상황은 새로운 대학교들이 많이 설립되어 교수 요원이 많이 필요하던 시기였기 때문이니, Th. M. 학위 소지만으로도 교수로 임용되는 사례들이 많았다(김재성, "신복윤, 개혁신학의 정립과 칼빈 연구를 정초하다", 545).
22 안명준, "신복윤의 생애와 신학", 50.
23 이 학교에 대해서는 다음의 사이트를 참고하라: https://en.wikipedia.org/wiki/California_Graduate_School_of_Theology. 박아론, 박경희 등 전 총신 교수들이 박사학위 취득한 학교이기도 하다.
24 Shin Bock Eyun, "Calvin's Doctrine of the Knowledge of God" (Ph. D. dissertation, California Graduate School of Theology, 1972). 논문은 타이평본으로 되어있고, 미주와 참고문헌 포함 총 164면이다. 접근하기 어려운 이 논문을 열람할 수 있도록 배려해주신 합동신학대학원대학고 도서관담당자와 주선해 준 진주 주뜻교회 김찬성 목사님께 이 자리를 빌어 감사를 드린다.

라는데 있다.²⁵ 남송은 20세기 중반 유럽신학계에 일어났던 일반계시를 둘러싼 바르트-브룬너의 논쟁을 논의로 담기도 했고, 칼빈의 신지식론을 창조주에 대한 지식과 구속주에 대한 지식으로 나누어 논의하였다.²⁶ 남송은 소천전에도 자신의 박사논문 번역본 출간 작업을 하고 있다고 했는데, 제자 안명준에 의하면 그 작업은 계속되고 있다고 한다.²⁷

3. 유학후의 교수 생활

1972년에 귀국하자마자 46세의 남송에게 처음 열린 사역의 길은 학교가 아니라 목회지였다. 서울 내수동교회가 그를 담임목사로 청빙하자 부임하여 1975년 2월까지 2년 반 목회를 하게 된다.²⁸ 그리고 목회 중에 24년간 조직신학을 가르치고 은퇴한 스승 박형룡의 뒤를 이어 조직신학 교수로 총신에 부임하게 된다. 이미 1964년부터 죽산의 장남 박아론이 교수로 재직하고 있었지만 변증학과 현대신학 담당 교수였기에, 교의신학자 박형룡의 후임 교수는 남송 신복윤이라고 할 수가 있다.²⁹ 남송은 한 인터뷰 가운데 자신의 총신 부임 사연을 이렇게 밝힌 적이 있다.

---

25 박경수, "한국에서의 칼빈 연구사", 『한국칼빈학회 50년의 발자취』, 23에서 이수영을 칼빈 연구로 박사받은 첫 한국인으로 소개한 것은 수정이 필요하다. 안명준은 이 점을 최근 논문에서 바로 잡았다(안명준, "신복윤의 생애와 신학", 50).

26 1부는 창조주 하나님을 아는 지식이라는 제하에 세 개의 장이 있고, 2부는 구속주 하나님을 아는 지식이라는 제하에 세 장이 배치되어 있다.

27 신복윤의 학위논문 내용은 "칼빈 神學에 있어서의 創造主 하나님에 관한 知識"은 「신학정론」 8/1 (1990): 75-102; 「신학정론」 8/2 (1990): 390-410; 9/1 (1991): 120-140 등에서, 그리고 "칼빈 신학에서 구속주 하나님에 관한 지식" 「신학정론」 24/2 (2006): 375-387; 25/1 (2007): 105-116; 26/1 (2008): 241-261등에서 볼 수가 있다.

28 1975년 남송의 후임목사가 된 박희천의 회고에 의하면 1975년경 내수동교회의 성인교인은 140여명 남짓이었다고 한다(박희천, 『내가 사랑한 성경: 박희천 자서전』, 83-86).

29 김재성, "신복윤, 개혁신학의 정립과 칼빈 연구를 정초하다", 651.

박형룡 목사님이 교장 겸 조직신학을 가르치셨는데 이 어른이 조직신학은 중요하기 때문에 일체 다른 교수들에게 맡기지 않았습니다. 그런데 내가 어떻게 들어가게 되었느냐 하면 박형룡 목사님이 총신에서 은퇴를 하셨기 때문입니다. 그때 김희보 목사님이 학장이셨는데 저한테 와서 좀 도와줘야 되겠다고 해서 총신에 들어가게 되었습니다.[30]

이렇게 해서 남송은 총신의 조직신학 교수가 되어 이상근(1911-2011), 박아론(1934-) 등과 동료교수로 가르쳤고, 1976년엔 차영배 교수가 신임교수로 부임하여 이상근을 이어 가르치게 된다.[31] 그러나 총신에서의 교수 생활은 만 7년간 지속되었다.[32] 총신이 속한 예장합동은 박형룡 사후 주류와 비주류의 분열(1979년)을 겪은 후에도 신복윤, 김명혁, 윤영탁, 박형용 4인이 중심되어 개혁을 외치며 나가 합동신학교를 세우고 후에 합신교단이 형성되는 일이 일어나게 된다.[33]

1980년 12월 11일 남서울교회당을 빌어 개교한 합신의 조직신학 교수로서 남송의 남은 인생은 특징지어진다. 초기 합신은 박윤선과 신복윤 두 사람이 중심적인 역할을 한 것으로 말해지곤 한다.[34] 김명혁의 증

---

[30] 안만수 대담, 『박윤선과의 만남 2』, 11-12. 남송이 분명히 밝혔듯이 죽산이 남송을 후계자로 세웠다기 보다는 신임 학장이 된 김희보 교수가 남송을 교수로 초빙했다고 하는 것이 사실이다.
[31] 100년사편찬위원회, 『총신대학교백년사』, 전3권 (서울: 총신대학교출판부, 2003), 2:372. 이상근과 박아론에 대해서는 김길성, 『총신의 신학전통』 (서울: 총신대학교출판부, 2013), 112-140, 168-184를 보라.
[32] 총신대학교 100년사 자료집에 의하면 남송 신복윤의 총신 교수 재직 기간은 1973년 3월 1일에서 1980년 2월 29일까지였다(100년사편찬위원회, 『총신대학교백년사』, 2:372).
[33] 교단역사편찬위원회, 『합신 30년』 (수원: 영음사, 2011), 19-42; 100년사편찬위원회, 『총신대학교백년사』, 1716-756; 박형용, "합동신학대학원대학교 설립 역사의 뒷안길에 감추어진 진실들", 「신학정론」 35/2 (2015): 273-303. 남송은 합신 20년사 "권두언"에서 "가장 무서운 병폐가 고권주의"였다고 회상해준다(합동신학대학원대학교 20년사 편찬위원회, 『합동신학대학원 20년』 [수원: 합동신학대학원출판부, 2000], 6).
[34] 김준곤, "나의 친구, 신복윤 박사", 46: "지금의 합동신학교는 여러 학자들이 협력해서 세웠지만 박윤선 목사님과 신복윤 목사님이 두 기둥처럼 설립자의 상징적 대표이다." 또한

언에 의하면 " '바른 신학, 바른 교회, 바른 생활'이라는 합신과 합신 교단의 모토를 만든 사람"도 남송과 김명혁 자신이라고 한다.[35] 남송은 합신을 설립한 후 조직신학 교수로 재직하는 한편, 1985년-1988년에는 2대 교장으로, 1997-2000년 어간에는 5대 학장으로, 2001년부터 소천시까지는 명예 총장으로 재직하였다.[36] 조직신학 교수로서 남송은 스승인 죽산 박형룡과 루이스 벌코프의 신학을 근간으로 삼아 강의하였는데, 이러한 초기 전통은 지금까지도 자율적으로 계승되고 있다.[37] 남송은 학교 행정가와 교수로 바쁜 중에도 합신의 기관지인「신학정론」에 41편 이상의 논문을 기고하기도 했다.[38] 그리고 대외적으로는 1988년 1월 18일 한국칼빈학회 창립총회에 참여하기 시작해서 1990년에는 회장이 되었다.[39] 또한 한국복음주의신학회에도 창립 초기부터 참여했고, 두 편의 논문을 발표하기도 했다.[40]

III. 남송 신복윤의 종말론에 대한 분석과 평가

이제 남송의 종말론을 분석하고 평가하는 일을 시작해 보도록 하겠

김재성은 "박윤선 박사의 서거 후에는 학교의 원로이자, 상징적인 학자로서 자리 매김하여 왔다"라고 회고하기도 한다(김재성, "신복윤 교수의 조직신학과 한국 교회사적 의의", 62).

35 「기독일보」 2019년 1월 1일자 인터뷰 기사. 남송은 「합동신학보」 2 (1981.9.5.), 2면에 실린 "합동신학원의 이념과 진로"라는 글을 통해 세 가지 모토에 대해 해설했다(교단역사편찬위원회,『합신 30년』, 41-42).
36 교단역사편찬위원회,『합신 30년』, 228.
37 정승원교수나 이승구교수와의 개인적인 톡을 통하여 이러한 사실을 확인할 수가 있었다.
38 논문의 목록은 www.riss.kr에서 검색할 수 있고, PDF도 확인할 수 있다.
39 박경수 편저,『한국칼빈학회 50년의 발자취』, 213.
40 신복윤, "칼빈의 교회관,"「성경과 신학」 1 (1983): 140-152; "칼빈의 교회관",「성경과 신학」 7 (1989): 341-374. 이 논문의 제목이 같으나 내용을 살펴보니 다른 논문이다.

다. 남송은 45년여의 신학교수 생활을 마치고 은퇴하던 해인 2001년 8월에 『종말론』을 출간했다.[41] 남송은 죽산에 이어 총신 교수가 된 후에 종말론을 가르치던서는 죽산이 장로회 신학전통이라고 규정했던 역사적 전천년설에 따라 강의를 진행했던 것으로 확인된다.[42] 그러나 그가 1980년 예장 총회 주교통신대학 교재로 집필 출간한 『기초교리학』에 의하면 전천년기설이 아니라 무천년설을 따르고 있음을 드러내고 있다.[43] 존경하는 스승인 죽산의 역사적 전천년설과 젊은 시절부터 번역서까지 내면서 깊이 학습한 루이스 벌코프의 무천년설 양자를 고려하고 있었다는 점을 확인할 수가 있다. 아무튼 남송은 그 후 합신에서 교수 생활을 하는 동안에는 루이스 벌코프의 『조직신학』을 교재로 삼아 신학 교육을 하게 되었고, 재직 기간에도 종말론에 관련하여 몇 편의 글들을 발표한 후,[44] 마침내 은퇴한 직후에 『종말론』 교과서를 출판

---

[41] 신복윤, 『종말론』(서울: 개혁주의신행협회, 2001). 남송의 나이 75세일 때인데, 그의 스승 죽산 역시도 총신을 은퇴한 다음해인 1973년(76세)에 『교의신학 내세론』(서울: 은성문화사, 1973)을 출간하였다는 유사점이 있다.

[42] 이상웅, "죽산 박형룡 이후 총신 조직신학자들의 천년기론", 「성경과신학」 80 (2016): 106: "남송은 1979년 총신의 Th. M.과정에 종말론을 개설했는데, 이때 그가 취한 입장은 죽산과 같이 역사적 전천년설이었다고 당시 수강했던 최홍석 교수는 회상해준다(2016년 2월 7일자로 최홍석이 필자에게 보낸 이메일)", 우리는 신복윤의 "세대주의의 역사와 그 특징", 「신학지남」 282 (1978): 17-28에서 그의 입장을 확인할 수가 있는데 특히 26쪽에 보면 "우리의 입장인 역사적 전천년기설을 정의한다면, 그것은 계시록 20:1-10의 해석을 근거로 하여, 주님께서 재림하신 후 지상 통치를 하게 된다고 하는 단순한 신념이라 하겠다"라고 명시적으로 말하는 것을 볼 수가 있다. 헨리 티이슨의 "조직신학 강론"에 대한 서평을 통해서도 전천년설에 대한 긍정적인 평가를 하고 있다("조직신학 강론", 「신학지남」 43/2 [1976] 119-121).

[43] 신복윤, 『기초교리학』, 139. 남송의 무천년설 입장이 명시적으로 표명되진 않았지만, 전천년설의 이중부활을 부정하고 "성경은 의인과 악인의 부활이 다함께 마지막 날에 있게 된다는 것을 명백하게 가르쳐주고 있다"고 함으로써 무천년설 입장을 드러내고 있다. 이 평신도 교리 교재의 말미에는 저자가 참고한 서적으로 Berkhof, *Manual of Christian Doctrine*과 *Systematic Theology* 두 권만 소개되어 있다(143).

[44] 신복윤, "재림 전에 있을 사건들", 「신학정론」 11/1 (1993): 226-245; "무천년기설", 「신학정론」 11/1 (1993): 245-261; "칼빈의 종말사상 1", 「신학정론」 21/1 (2003): 93-134; "칼빈의 종말사상 2", 「신학정론」 22/1 (2004): 93-112. 이 가운데 앞의 두 논문은 신복윤,

하기에 이른다.

남송은 『종말론』 서문에서 자신의 저술은 벌코프와 박형룡의 구조를 사용한다고 밝힌다.[45] 남송의 말대로 그의 종말론은 벌코프와 죽산의 교본 구조를 따라 서론에 이어 개인적 종말론과 일반적 종말론 두 부분으로 나누어 논의를 전개하고 있고, 장별로 다루는 주제 순서도 거의 유사하다는 것을 알 수가 있다.[46] 남송의 저술을 죽산과 벌코프의 저술을 비교해서 읽어보면 남송은 두 사람의 신학 사상을 최대한 잘 소화하여 자신의 것으로 삼으려고 했다는 것을 확인할 수도 있지만, 후대의 학자로서 내용들을 좀 더 보완하거나 발전을 위해 노력한 흔적들도 발견할 수가 있다. 이제 이어지는 논의에서 우리는 남송의 논의 순서에 따라 서론, 개인적 종말론, 그리고 일반적 종말론을 분석 개관하고 필요에 따라 평가를 하고자 한다.

1. 종말론 서론

남송은 종말론을 서론으로 시작하는데, 서론은 6개의 소제목으로 전개된다. "철학, 종교, 역사상의 내세 사상"(1절)과 "원천, 지위, 명칭, 내용"(2절) 등으로 양분하여 서장을 다룬 죽산과 달리, 남송은 "종말론의 명칭", "종말론과 다른 교리와의 관계", "교회사에 나타난 종말 사상", "한국 교회사에 나타난 종말 사상", "종말론에 관한 다양한 견해들" 등

『종말론』, 231-253과 282-300에 각각 재수록 된다.

45 신복윤, 『종말론』, 5.
46 신복윤, 『종말론』, 7-13; 박형룡, 『내세론』 (서울: 은성출판사, 1973), 23-25; Louis Berkhof, *Systematic Theology* (Grand Rapids: Eerdmans, 1941), 661-738. Cf. Kim Kilsung, "Dr. Hyung Nong Park's Theology of the Last Things", *Chongshin Theological Journal* 1/2 (August 1996): 72-89; 김길성, "박형룡 박사의 내세론 연구", 『죽산 박형룡 박사의 생애와 사상』, 박용규 편 (서울: 총신대학교 출판부, 1996): 451-69.

으로 좀 더 세분하여 상세하게 개진했다.⁴⁷ 죽산이나 벌코프에 비해 세목들도 많아졌을 뿐 아니라, 논의 분량도 훨씬 같다.

(1) 종말론의 명칭, 다른 교리들과 관계, 구성(1-3절)

남송은 1절에서 종말론의 명칭에 대해 서술해 주는데, 그에 의하면 종말론은 "마지막 날에 이루어질 일에 대한 연구"를 의미한다. 말일은 단순히 그리스도의 재림 직전의 시기만 의미하지 아니하고 "메시아의 오심과 세계의 종말 직전에 있는 시기"를 의미한다고도 말해준다.⁴⁸ 남송은 종말론과 다른 교리와의 관계를 다루면서(2절) 죽산과 벌코프를 따라 "종말론은 교리들이 해답을 주지 못하고 남겨 놓은 마지막 결론에 대하여 해답"을 준다고 말하고, 종말론이 독립적인 교리임을 주장한다.⁴⁹ 남송은 벌코프-죽산의 논의 방식에 따라 종말론을 개인적 종말론과 일반적 종말론 두 부분으로 나누어 기술한다(3절).⁵⁰ 개인의 죽음이 주님의 재림보다 앞서기 때문에 이러한 논의 순서가 합당하다고 그 이유를 밝히기도 한다.⁵¹ 그리고 "모든 사람에게 다같이 해당되는 문제"를 다루는 일반적 종말론을 소개함에 있어 개별적으로 죽은 모든

---

47 박형룡, 『내세론』, 27-47; 신복윤, 『종말론』, 15-97.
48 신복윤, 『종말론』, 15-17. 남송은 Berkhof, *Systematic Theology*, 666을 인용하고 있는데, 남송은 임박한 종말만을 강조하는 세대주의에 대해 가장 강하게 비판하고 경계를 하곤 한다("세대주의 역사와 그 특징": 17-28;『종말론』, 44-56, 333-354).
49 신복윤, 『종말론』, 19. 남송은 종말론이 종속적으로 오해되거나 연구가 소홀했음에 대해서도 분명하게 인식하고 있다.
50 종말론 논의를 개인적 종말론과 일반적 종말론으로 양분해서 다루는 것은 루이스 벌코프와 죽산 박형룡의 분류 방식이다. 찰스 핫지는 종말론을 "죽음후의 영혼의 상태", "부활", "재림", 그리고 "재림에 동반될 일들" 등으로 4분해서 다루고(Charles Hodge, *Systematic Theology*, 3 vols. [New York: Scribner's Sons, 1872-1873], 3:713-880), 헤르만 바빙크는 "중간상태", "그리스도의 재림", 그리고 "완성" 등 3분해서 다룬다(Herman Bavinck, *Reformed Dogmatics*, trans. John Vriend, 4 vols. [Grand Rapids: Baker, 2003-2008], 4:589-730).
51 신복윤, 『종말론』, 20.

자들이 "부활할 때에는 다같이 함께 부활하고, 심판받을 때에도 다같이 힘께 심판받는다"라는 점을 명시적으로 밝힌다.[52] 이는 남송이 역사적 전천년설이 아니라 무천년설의 입장을 취하고 있음을 알게 해주는 대목이다. 다만 아쉬운 점은 윌리엄 헨드릭슨(William Hendriksen)이나 안토니 후크마(Anthony A. Hoekema)의 무천년설을 활용하고 있는 남송이 종말론 논의를 함에 있어서 '시작된 종말론'(inaugurated eschatology) 부분을 별개로 다루지 않는다는 것이다.[53]

(2) 종말론 연구의 역사적 개관(4-6절)

남송의 서론 4-6절은 종말론의 역사적인 개관 부분이라고 할 수가 있다. 4절에서는 "교회사에 나타난 종말 사상"을 소개하는데, 시작하면서 어떤 교리들도 "종말론만큼은 기독교 사상의 중심적인 위치를 차지한 적이 한 번도 없었다"라고 강조하여 말한다.[54] 그리고 나서 초대교회, 중세교회, 종교개혁시대, 17세기, 18, 19세기 등의 종말 사상을 개관적으로 소개한 후, 미국 교회사에 나타난 몇 가지 종말론 사상들과 이단들에 대해서도 개관해 준다.[55]

죽산이나 벌코프와 달리 남송은 5절에서 "한국 교회사에 나타난 종

---

52 신복윤, 『종말론』, 21. 심판과 부활에 대한 자세한 논의는 355-401에서 다루어진다.

53 Anthony A. Hoekema, *The Bible and the Future* (Exeter: Paternoster, 1979). 후크마의 종말론 배경과 그의 '시작된 종말론'에 대한 분석은 Lee Sangung, "'Already but Not Yet': A Study on the Background and the Inaugurated Eschatology of Anthony A. Hoekema (1913- 1988)", *Chongshin Theological Journal* 20/1 (2015): 120-157을 보라.

54 신복윤, 『종말론』, 22.

55 신복윤, 『종말론』, 22-38. 이런 역사적인 개관은 벌코프와 죽산의 책에서 많이 빌려온 것이지만, 새로운 자료들도 많이 활용해서 보완했다. 특히 자신이 번역한 Berkhof, 『기독교교리사』나 자신이 전문적으로 연구한 칼빈 종말론에 관한 논문들도 활용되고 있다(신복윤, "칼빈의 종말사상 1", 「신학정론」 21/1 [2003]: 93-134; "칼빈의 종말사상 2", 「신학정론」 22/1 [2004]: 93-112).

말 사상"도 개관해 준다.⁵⁶ 특히 선교 초기 험난하고 불안한 시절에 한국인들이 "내세지향적인 종말 신앙을 구원의 복음으로 받아들인" 것을 적시하고, 식민지 치하에 그러한 내세지향적 종말 사상이 신앙의 골격이 되고 활력소가 되었다는 점도 적시한다.⁵⁷ 그러나 해방 이전 종말론 신앙과 사상이 긍정적인 면들만 가진 것이 아니라는 점도 남송은 직시하는데, 즉 선교 초기부터 선교사들의 영향으로 세대주의적 종말론이 유입되어 많은 초기 목회자들이 영향을 받았다고 하는 점을 비판적으로 제시한다.⁵⁸ 해방전까지 세대주의적 종말론이 지배적이었다면, 해방 이후에 이를 경계하면서 역사적 전천년설을 확립한 박형룡과 박윤선의 기여에 대해서 남송은 소개를 한 후에 심지어는 "무천년기설이나 후천년기설을 주장하는 사람은 이단시될 정도로 역사적 전천년기설은 한국교회의 표준적인 재림론이" 되고 말았다고 은근하게 비판을 가하기도 한다.⁵⁹ 또한 남송은 해방 이후 한국에서 일어난 통일교, 전도관, 용문산기도원 운동, 다미선교회 이단들의 종말론을 간략하게 소개하고, 안

---

56 신복윤, 『종말론』, 38-71. 또한 신복윤, "한국교회의 신앙과 이단문제", 「신학정론」 11/2 (1993): 292-293드 보라. 안명준도 "그러나 종말의 역사와 한국의 종말 사상을 첨가한 점이 특이하다"라는 점을 지적한다(안명준, "신복윤의 생애와 신학": 64).

57 신복윤, 『종말론』, 40, 45; Pak Ungkyu, "From Fear To Hope : The Shaping of Premillennalism in Korea,1884-1945" (Ph. D. dissertation, Westminster Theological Seminary, 1998), 174-278; 박용규, "한국교회 종말신앙 : 역사적 개관", 「성경과 신학」 27 (2000): 190-222.

58 신복윤, 『종말론』, 44-57. 남송은 예언 해석의 문자주의를 표방한 세대주의적 원리가 "아직 성경 연구에 역사적 자료와 언어 및 신학을 이용할 수 없었던 한국교회에는 아마 체질에 맞는 것이었는지 모른다"라고 이해적 차원에서 말한 후에, "미래의 강조가 널리 보급되고, 반면에 하나님 나라의 현재성은 제대로 인식되지 못하는 결과"를 낳았다고 비판한다(신복윤, 『종말론』, 56-57).

59 신복윤, 『종말론』, 57-59. 죽산 박형룡의 천년기에 대해서는 이상웅, "죽산 박형룡과 구레인의 천년기론에 대한 견구", 「개혁논총」 38 (2016): 177-207을 보고, 죽산 이후 역사적 전천년기설과 무천년설의 계승과 양자간의 긴장에 대해서는 이상웅, "죽산 박형룡 이후 총신 조직신학자들의 천년기론", 「성경과 신학」 80 (2016): 103-132을 보라.

식교, 여호와 증인, 몰몬교의 한국내 유입에 대해서도 소개한다.⁶⁰

남송의 종말론 서론의 마지막 논의는 "종말론에 관한 다양한 견해들"이라는 제목을 가진 6절이다. 남송은 하나님 나라 관점에서 19-20세기에 개진되고 발전한 다양한 종말론을 유형별로 소개한다. 리츨과 트뢸치 같은 19세기 자유주의 학파의 윤리적 종말론, 그에 대한 반동으로 등장한 바이스와 슈바이처의 철저한 종말론, 다드의 실현된 종말론, 칼 바르트의 수직적 종말론, 불트만의 실존주의 종말론, 몰트만의 미래주의 종말론 등⁶¹ 여러 유형의 종말론에 대한 남송의 소개는 벌코프나 죽산에 비하자면 상세할 뿐 아니라 두 사람 이후에 발전된 형태들을 포괄하고 있다.⁶² 남송은 후크마, 훅스마, 노만 페린, 베르까워 등의 저술들을 활용하여 그러한 업데이트와 보완작업을 수행했다. 그리고 후크마처럼 하나님 나라의 현재성과 미래성에 대한 관점에서 각 유형을 잘 평가해 준다.⁶³ 다만 여기서도 아쉬운 점은 남송의 저술 시점을 생각할 때(2001년) 『교회교의학』(Kirchliche Dogmatik)에서 개진된 칼 바르트의 후기 입장이나 『하나님의 오심』(Das Kommen Gottes, 1994)⁶⁴에 개진된 후기 몰트만의 종말론 입장에 대한 평가를 담아내지 못한 점이나 볼프하르트 판넨베르크나 다른 주요 현대 신학자들의 종말론 논의를 담지 못하고 있다는 점이다.⁶⁵

---

60 신복윤, 『종말론』, 61-71.
61 신복윤, 『종말론』, 71-97.
62 Berkhof, *Systematic Theology*, 662-664; 박형룡, 『내세론』, 36-40.
63 Hoekema, *The Bible and the Future*, 288-316.
64 Jürgen Moltmann, *Das Kommen Gottes*, 김균진 역, 『오시는 하나님』 (서울: 기독교서회, 1997).
65 판넨베르크의 종말론에 관해서는 Ra Younghwan, "The Eschtological Hermeneutics of John Calvin and Wolfhart Pannenberg"(Ph. D. dissertation, University of Cambridge, 2004)를 보라.

2. 개인적 종말론

남송은 서론에 이어 제1편에서 개인적 종말론(individual eschatology)을 서술한다. 죽산과 벌코프의 논의 순서를 따르는 남송은 육체의 죽음, 영혼의 불멸성, 중간기 상태 등 세 주제로 나누어 논의를 전개한다. 남송의 논의 순서에 따라 주요 요점들을 개관해 보고자 한다.

(1) 육체의 죽음

남송은 죽음의 실재성에 대한 설명으로 죽음에 대한 논의를 시작해서(1절), 죽음이란 무엇인가를 2절에서 다룬다. 남송은 죽음을 "분리"(separation)라고 정의내리고 죽음이 육신적 죽음, 영적 죽음, 그리고 영원한 죽음 등으로 삼중적임을 말한다.[66] 3절에서 남송은 죄와 죽음의 관계가 무엇인지를 다룬다. 죽음과 죄가 무관하고, 죽음이란 자연스러운 것이라고 주장하는 자들에 대항하여 남송은 죽산과 벌코프처럼 죽음은 죄의 결과요 형벌임을 분명히 밝힌다.[67] 남송의 저술 전체에 두드러지는 특징 중 한 가지는 철학적인 논의보다는 성경 본문들을 구체적으로 인용하여 자신의 주장을 입증해 나간다는 점이다.[68] 이어지는 주제는 그리스도인들이 왜 죽는가하는 문제인데(4절), 남송은 신자의 죽음은 저주가 아니라 "축복의 원천"임을 밝힌다. 또한 신자의 죽음은 "하나님이 정하신 훈련과 징계의 절정"이라고 설명해준다.[69] 따라서 신자가 죽음에 대해 가져야 할 마땅한 태도는 죽음을 두려워하거나 슬퍼하지 말며, 준비해야 한다고 남송은 말한다(5절).[70] 남송이 죽산의 논의

---

66 신복윤, 『종말론』, 103-108.
67 Berkhof, *Systematic Theology*, 669-670; 박형룡, 『내세론』, 55-59.
68 신복윤, 『종말론』, 110-118.
69 신복윤, 『종말론』, 118-122. 여기서 남송은 Robert Dabney, *Systematic and Polemic Theology* (Grand Rapids: Zondervan, 1972), 818-19를 길게 인용하여 사용한다.
70 신복윤, 『종말론』, 123-129. 이 점에서 남송은 죽산의 논의보다 간단하다(박형룡, 『내세

순서를 따라가면서 마지막으로 다룬 주제는 "매장과 화장의 문제"인데, 남송은 죽산의 논의보다 상세하게 매장의 정당성을 주장한다.[71] 남송은 자신의 주장을 입증하기 위해 다양한 성경적인 증거들을 제시할 뿐 아니라 국내에서 해당 주제에 대해 어떤 토론들이 있는지도 살펴 소개한다. 그리고 그의 결론적인 입장으로 "성경은 매장의 방법을 계명으로 규정하지는 않았으나, 매장에 대한 규범적인 의미를 부여하고 있는 것만은 틀림없다"고 밝힌다.[72]

(2) 영혼의 불멸성

죽음에 대한 논의에 이어지는 두 번째 주제는 "영혼의 불멸성"(the immortality of the soul)이다. 죽음이 영혼과 육신의 분리라고 한다면, 죽음 이후에 영혼의 존재는 어떻게 되는가라고 하는 질문이 자연스레 이어질 수 밖에 없고, 전통적으로 영혼의 불멸성으로 답변되어졌다. 남송은 로레인 뵈트너를 따라 불멸을 "육신이 죽은 후에도 영혼은 영원히 계속적으로 그리고 의식적으로 존재함"이라고 정의한다.[73] 혹은 머레이 해리스를 따라 "모든 종류의 부패와 죽음으로부터의 면제"를 의미하며 "하나님께서 주시는 영생을 누리게 될 때 오는 은사"라고 설명하기도 한다.[74] 남송은 영생은 불멸성의 "적극적인 면, 즉 하늘나라 생명을 나누어 가지는 측면"을 의미하고, 불멸은 "영생의 미래 측면"을 가리킨다고 설명하기도 한다.[75] 남송은 불멸성 혹은 영생에 관련된 신구약의 다

론』, 67-75).

71 박형룡,『내세론』, 75-78; 신복윤,『종말론』, 129-140.
72 신복윤,『종말론』, 139.
73 신복윤,『종말론』, 140; Loraine Boettner, *The Immortality* (London: Pickering & Inglis, 1958), 59: "Immortality means the eternal, continuous, conscious existence of the soul after the death of the body".
74 신복윤,『종말론』, 141.
75 신복윤,『종말론』, 145.

양한 구절들을 일일이 인용하여 설명을 한 후에,[76] 신학자들의 찬반 양론을 검토한다. 칼빈[77]을 비롯하여, 벌코프, 핫지, 쉐드, 죽산 같은 이들은 영혼 불멸에 대해 긍정적으로 말하지만, 바빙크는 신중론을 말하고, 베르까워는 "성경은 영혼의 불멸성에 대한 독립적인 관심을 전혀 갖지 않"는 입장을 가지고 있다고 소개한다.[78] 물론 남송은 벌코프와 죽산의 불멸성/영생 이해를 적극적으로 따라간다.[79]

우리가 남송의 논의를 주의깊게 읽어보면 남송은 분명히 몸의 부활에 대한 미래적 소망을 전제로 하고 영혼 불멸내지 영생에 대해 말한다는 점을 확인하게 된다. 또한 남송은 영혼의 불멸성은 인정하되 몸의 부활에 대해 경시하는 학자들에 대해 비판적으로 다루기도 한다.[80] 따라서 남송은 플라톤이나 피타고라스적인 영육이원론에서 말하는 영혼의 불멸성을 주장하고 있는 것이 아님을 분명히 알 수가 있다. 오히려 그는 죽산이나 벌코프의 입장 위에 굳게 서있음을 알 수가 있다. 그러나 벌코프의 제자인 안토니 후크마가 제기한 바를 고려해볼 필요가 있다고 생각한다. 후크마는 성경에는 영혼만의 불멸을 강조하는 구절이 없으며, 도리어 우리의 궁극적인 소망은 몸의 부활이며 불멸이라는 특성은 오히려 전인(the whole person)에 속한다는 점을 잘 입증해 보여 주

---

76 신복윤, 『종말론』, 145-150.
77 칼빈의 영혼 불멸성에 대한 논의는 초기 작품 *Psychopannychia*와 *Institutes* 3.25에 제시되어 있으며, 종합적인 논의는 Heinrich Quistorp, *Calvin's Doctrine of Last Things*, trans. Harold Knight (London: Lutterworth, 1955), 55-107을 보라.
78 신복윤, 『종말론』, 150-152. 남송은 간단히 언급하고 지나갔지만 바빙크와 베르까워는 불멸성 문제에 대해 방대한 논의를 남겼다(Bavinck, Reformed Dogmatics, 4:589-606; G. C. Berkouwer, *Man: The Image of God*, trans. Dirk W. Jellema [Grand Rapids: Eerdmans, 1962], 234-278).
79 죽산은 "영생"이라는 주제로 불멸성을 포함하여 상세하게 서술하였고(박형룡, 『내세론』, 79-119), 벌코프는 "영혼의 불멸성"이라는 제하에 간결하게 다루었다(Berkhof, *Systematic Theology*, 672-678) . 죽산과 남송은 뵈트너의 상세한 논의에 많이 의존하고 있기 때문에 벌코프보다 상세한 논의가 가능해졌다(Boettner, *The Immortality*, 59-87).
80 신복윤, 『종말론』, 153-155.

고 있다.[81]

(3) 중간기 상태

남송은 죽음과 불멸성에 대해 논의한 이후에 "영혼이 죽음과 부활 사이에 존재하는 상태"인 중간상태(intermediate state)에 대한 논의를 위해 많은 지면을 할애한다.[82] 남송은 "중간상태에 있는 영혼이 어디에 머물러 있는가하는 문제와 그 상태의 성질에 대하여는 많은 의견의 차이"가 있기 때문에 "이 교리를 매우 신중하게 검토할 필요가 있다"고 말한다.[83] 중간상태에 대한 남송의 논의 순서는 성경적인 입장을 제시하고, 그 후에 비성경적인 견해들을 논박하는 방식으로 진행된다.

남송은 우선 중간기 거처로 의인들이 가는 천당과 악인들이 가는 음부밖에 성경은 인정하지 않는다는 점을 적시한다.[84] 각론에 들어가서 먼저 의인들이 거주하는 천당 혹은 낙원에 대한 논의를 한다.[85] 천당은 죽은 신자들이 "영화하신 주님과 함께" 거하면서 안식과 행복의 상태를 누리는 곳이요, 재림때까지 "계속적 성장과 발전"이 있는 곳이라고 말하기도 한다.[86] 남송은 천당에서 성도들간에 서로 알아볼 수 있다는

---

[81] Hoekema, *The Bible and the Future*, 86-91. 후크마의 제자인 비네마 역시도 동일한 입장을 견지하고 있다(Cornelis P. Venema, *The Promise of the Future* [Edinburgh: Banner of Truth, 2000], 39-43).

[82] 신복윤, 『종말론』, 156-218. 중간상태에 대해 비교적 간략하게 다룬 벌코프(Berkhof, *Systematic Theology*, 679-694)나 후크마(Hoekema, *The Bible and the Future*, 92-108)보다 남송은 죽산을따른다고 할 수가 있다(박형룡, 『내세론』, 120-172). 또한 죽산과 남송은 찰스 핫지(Hodge, *Systematic Theology*, 3:743-770)나 뵈트너의 책을 많이 활용하고 있는 것도 사실이다(Boettner, *The Immortality*, 91-159).

[83] 신복윤, 『종말론』, 156.

[84] 신복윤, 『종말론』, 157. 남송은 웨스트민스터 신앙고백서 32장 1항을 인용한다. 이상웅, "웨스트민스터 신앙고백서의 종말론", 「한국개혁신학」 44 (2014): 159-161을 보라.

[85] 신복윤, 『종말론』, 159-171.

[86] 신복윤, 『종말론』, 163-166. 성화의 진보가 있느냐하는 문제는 중요하고 논란의 여지가 있는 주제이다.

점도 분명하게 인정하지만, 중간상태는 "최종적인 완전을 전망하는 불완전한 상태"라는 점도 분명하게 말한다.[87] 남송은 천당에 이어 음부(陰府)에 대한 논의를 하는데, 음부란 히브리어 스올(sheol)과 헬라어 하데스(hades)의 역어이다.[88] 남송은 성경의 여러 가지 용례들을 구체적으로 살피되, 벌코프와 죽산이 분류한대로 세 가지 용례로 구분한다. 즉, 악인들을 위한 형벌의 장소, 죽음의 상태, 그리고 무덤 등.[89]

남송은 성경적인 중간상태를 설술하고 나서 두 가지 비성경적인 중간상태론을 비판적으로 논급한다. 첫째는 로마교회의 중간상태론이다. 벌코프와 죽산을 통해서도 잘 논의되었듯이 로마교회는 천당과 지옥 외에도 연옥(purgatory), 선조 림보(limbus patrum) 그리고 유아림보(limbus infantum) 교리를 주창해 왔다.[90] 남송 역시도 로마교회가 주창한 세 가지 다른 중간기 거처에 대해 논술하되 그 역사적 근원, 그들이 제시하는 근거 등을 살피고, 모두가 다 성경적 근거가 없는 견해들로 비판한다.[91] 또한 남송은 몇 가지의 비성경적인 중간상태론 즉, 사람이 죽으면 무덤에서 부활할 때까지 무의식 상태에 있다고 하는 영혼수면설(Soul-

---

87 신복윤, 『종말론』, 166-170. 후크마도 이 점을 잘 적시해주고 있다: "Therefore the condition of believers during the intermediate state, as Calvin taught, is a condition of incompleteness, of anticipation, of provisional blessedness", (Hoekema, *The Bible and the Future*, 108).
88 총신의 중국인 유학생들에게 문의한 결과 천당, 음부 등의 역어는 중국 한자에서 시작된 것임을 알 수가 있었다.
89 신복윤, 『종말론』, 171-179; Berkhof, *Systematic Theology*, 681-686; 박형룡, 『내세론』, 131-140. 그러나 후크마는 구약에서 스올의 용례가 악인들을 위한 형벌의 장소로 사용된 것에 대해 주해적으로 틀렸다고 본다(Hoekema, *The Bible and the Future*, 96-97).
90 Berkhof, *Systematic Theology*, 686-688; 박형룡, 『내세론』, 141-149. 후크마는 로마교회 중간상태론에 대해서 다루지 않았으나, 그의 제자 비네마는 연옥설만 다루고 있다 (Venema, *The Promise of the Future*, 63-74).
91 신복윤, 『종말론』, 179-191. 칼빈학자답게 남송은 "연옥은 사탄이 만들어 낸 치명적인 거짓말"이라는 말도 인용한다(*Institutes*, 3.5.6; 신복윤, 『종말론』, 190). 웨스트민스터 신앙고백서 역시도 명시적으로 로마교회 입장을 거부하였다(이상웅, "웨스트민스터 신앙고백서의 종말론": 160).

Sleep View), 죽은 후에도 구원을 받을 수 있는 기회가 주어진다고 하는 제2시련설(Second Probation), 악인은 죽은 후에 멸절한다고 하는 멸절설, 그리고 조건적 불멸설(혹은 조건적 영생설) 등에 대해서도 상세하게 소개하고 비판한다.[92] 물론 남송은 이 부분에서도 벌코프와 죽산의 기존 논의들을 많이 활용하고 있지만, 멸절설을 다룸에 있어 존 스토트나 클락 핀녹 등의 최근 입장을 언급하는 등 발전적 요소들도 보여주고 있다.[93]

3. 일반적 종말론

남송은 개인적 종말론(제1편)에 이어 일반적 종말론(제2편)을 다루는데, 이 후반부에서도 벌코프와 죽산의 논의 순서를 따라 다섯 주제를 논구한다: 그리스도의 재림(1장), 천년기(2장), 죽은 자의 부활(3장), 최후의 심판(4장), 최후 상태(5장). 우리는 남송이 제시한 논의의 순서를 따라 분석 평가해 보도록 하겠다.

(1) 그리스도의 재림

일반적이고 우주적인 종말론의 핵심 주제는 부활 승천하신 예수 그리스도가 이 땅위에 다시 재림하시는 것이다. 바울은 "우리의 복스러운 소망"이라고 표현하기도 한 것이다(딛 2:13). 남송 역시 그리스도의 재림이 "성경에서 매우 탁월한 위치를 차지"하고 있음을 언명함으로 논의를 시작한다.[94] 2장에서 다룰 천년기 문제도 결국 재림과 연관된 주제

---

[92] 신복윤, 『종말론』, 195-218.
[93] 신복윤, 『종말론』, 211-212.
[94] 신복윤, 『종말론』, 221. 안명준은 남송의 재림에 대한 강조를 이렇게 적시해 준다: "종말론에 특히 강조하는 것은 그리스도의 재림이라고 본다. 그의 재림은 교회의 위대한 소망이라고 한다. 재림의 근본적 성격을 인식하지 못한다면 성경의 진리를 충분히 이해할 수 없는 일종의 열쇠와 같은 것이라 한다. 성경의 많은 교리들과 약속들 그리고 규례들은 재림교리에 비추어서 볼 때만 충분하게 이해된다고 한다"(안명준, "신복윤의 생애와 신학,"

이긴 하지만 논의의 중요성과 방대함 때문에 별도로 다루고, 1장에서는 세 가지의 주제를 다룬다.[95]

남송이 다룬 첫 주제는 "재림의 단일성"문제이다. 재림의 단일성이란 세대주의자들의 이중 재림론에 대하여 논박하고, 그리스도의 재림이 유일회적인 사건임을 말한다. 남송은 세대주의자들이 논거로 삼은 세 단어들(즉, 파루시아, 아포칼립시스, 에피파네이아), 성도들을 의하여 오심과 함께 오심, 그리스도의 날과 주의 날 등에 대해 성경적 용례를 고찰함을 통해 반박하고, 요한계시록 역시도 이중재림의 근거가 되지 못함을 밝힌다.[96]

두 번째 주제는 "재림 전에 있을 대사건들"이다. 다르게 표현하자면 "시대의 표적들"에 대한 논의이다.[97] 이 부분에서도 남송은 벌코프와 죽산이 제시한 다섯 가지 표적들을 다룬다. 첫째는 마태복음 24장 14절 등에 예고된 이방인의 부르심인데, 남송은 "복음은 반드시 증거의 의미로 전파되어 모든 민족에게 그리스도와 그의 나라에 대한 태도를 결정하도록 결단을 촉구하는 증거가 되어야 한다"고 해설해 주고, 교회의 선교적 사명을 강조한다.[98] 두 번째 표적은 이스라엘의 회심(롬 11:25-26)인데, 남송은 "말세 이스라엘인의 전체적 회심'에 대해 주장했던 죽산과 달리 "유대인들 증 선택받은 자들의 전체가 인류의 전역사를 통하

---

65).

[95] 남송은 벌코프를 따라 재림의 단일성, 재림 전에 있을 대사건들, 재림 그 자체로 삼분하여 다룬다(신복윤, 『종말론』, 221-280; Berkhof, *Systematic Theology*, 695-707). 반면 죽산은 재림의 사실성과 중요성, 재림 전의 대사변들, 재림의 시기, 재림의 성질, 재림의 대망 등 다섯 주제를 다룬다(박형룡, 『내세론』, 175-229).

[96] 신복윤, 『종말론』, 224-231; Berkhof, *Systematic Theology*, 695-696; 박형룡, 『내세론』, 207-213. 후크마 역시도 세대주의자들의 두 단계(two stages) 재림론을 논박하고 재림의 단일성을 확증한다(Hoekema, *The Bible and the Future*, 164-171).

[97] Hoekema, *The Bible and the Future*, 129. 후크마는 "the signs of the times"라는 용어를 마태복음 16:3에서 차용하는데, 본문은 초림과 관련된 것이지만 후크마의 의도는 재림과 관련된 표적들이 무엇인가에 놓여있다. 구체적인 논의는 129-163을 보라.

[98] 신복윤, 『종말론』, 231-235.

여 구원"받는 것으로 해석한 벌코프나 화란 개혁주의 전통을 따른다.[99] 세 번째 표적은 대환난과 대배교인데, 이 부분에서 남송은 배교와 환난의 연관성을 다루고, 또한 교회는 휴거를 통하여 대환난을 면한다고 하는 세대주의자들에 대하여 반론을 제기한다.[100] 남송은 "대환난이 유대인에게만 국한되고 교회는 이 환난에서 제외된다는 주장은 예수님의 말씀 어느 곳에서도 찾아볼 수 없다"고 단언한다.[101] 네 번째 표적은 적 그리스도(Antichrist)의 출현이다. 남송은 적 그리스도가 "그리스도를 대신하는 자 또는 그리스도의 모양을 가지고 그리스도를 대적하는 자"를 의미한다고 말한다.[102] 남송은 초대교회로부터 수 많은 적그리스도적인 세력들이 존재했음을 인정하면서도, 마지막 때에 나타날 한 인격적인 존재로서의 적 그리스도를 말하는 헨드릭슨의 견해에 대해 긍정적으로 인정한다.[103] 마지막 다섯 번째 표적은 징조와 기사들이다. 남송은 성경이 전쟁, 전쟁의 소문, 지진, 온역들 등 다양한 재앙들은 하나님의 심판을 상징하는 것들로서, "세상의 종말이 가까운 때에는 이 모든 징조들이 놀랍도록 연결되어 일어나게 된다는 사실, 그리고 자연계에 초자연적인 현상들이 수반하게 된다"는 점을 균형있게 강조한다.[104]

세 번째 주제는 그리스도의 재림 자체에 대한 논의이다. 남송은 재림의 시기, 양식, 그리고 목적 세 가지로 세분하여 다룬다. 첫째 재림

---

99 신복윤, 『종말론』, 235-238; Berkhof, *Systematic Theology*, 698-700. 이 주제에 관한 종합적인 논의는 이상웅, "그리하여 온 이스라엘이 구원을 얻으리라: 유대인의 미래적 회복에 관한 죽산 박형룡의 입장 고찰과 신학적인 평가", 「신학지남」 333 (2017): 153-191을 보라.

100 신복윤, 『종말론』, 238-242. 휴거와 대환난의 전후 순서를 두고 환난전, 환난중, 환난후 휴거설로 나뉘기도 한다(Gleason L. Archer e. a. *The Rapture: Pre-, Mid-, or Post-Tribulational* [Grand Rapids: Zondervan, 1984]).

101 신복윤, 『종말론』, 242; Berkhof, Systematic Theology, 700.

102 신복윤, 『종말론』, 243.

103 William Hendriksen, *The Bible on the Life Hereafter* (Grand Rapids: Baker, 1959), 130; 신복윤, 『종말론』, 243-249.

104 신복윤, 『종말론』, 250-253; 박형룡, 『내세론』, 197-198.

의 시기에 관련하여 여러 가지 논의들을 한 후에 재림의 시기를 우리는 알 수 없다는 점, 한 번의 영광스러운 재림이 있다는 것, 환난 전 휴거가 아니라 재림시 성도들의 부활내지 변화와 휴거가 있고, 심판이 있다고 하는 점을 적시한다.[105] 둘째 재림의 양식에 관해서는 벌코프와 죽산의 입장대로 인격적으로, 신체적으로, 가시적으로, 돌발적으로, 영광스러운 승리자로 재림하실 것이라고 설명한다.[106] 셋째로 재림의 목적으로 남송이 소개하는 것은 "세계의 종말에 미래 시대, 즉 만물의 영원한 상태를 소개"하는데 있다고 본다. 그리고 자신의 무천년설 입장을 명시적으로 밝히지 않는 남송은 여기서 "성경은 통상적으로 세계의 종말, 주님의 날, 죽은 자의 육체적 부활, 그리고 최후 심판을 동시적인 사건으로 표현"한다고 함으로 자신의 무천년설 입장을 간접적으로 밝힌다.[107]

(2) 천년기

요한계시록 20장 1-6절에 대한 입장에 따라 역사적 전천년설, 후천년설, 무천년설 그리고 세대주의 전천년설 등으로 나뉘어져 있는데, 남송은 "그리스도의 재림을 부인하지 않고 확고히 믿는다며, 우리는 겸손한 마음으로 다른 입장을 가진 자들에 대하여 이해와 동정과 관대함을 보여야 할 것이다"라는 말로 논의를 시작한다.[108] 남송은 이러한 관용

---

105 신복윤, 『종말론』, 253-267; Berkhof, *Systematic Theology*, 703-704. 남송은 핼 린지나 이장림 등의 시한부종말론을 "인간의 주관적인 추측을 기초"로 삼은 인간적 억측들에 불과하다고 논파하고, 재림 일시를 알 수 없다고 하는 성경적이고 신앙고백적인 입장을 분명히 한다(*Westminster Confession of Faith*, 33.3; 이상웅, "웨스트민스터 신앙고백서의 종말론": 171-172).
106 신복윤, 『종말론』, 267-275; Berkhof, *Systematic Theology*, 704-706; 박형룡, 『내세론』, 214-219.
107 신복윤, 『종말론』, 275-276. 서철원에 의하면 이러한 입장은 공교회적인 입장이다(이상웅, "죽산 박형룡 이후 총신 조직신학자들의 천년기론": 117-121을 보라).
108 신복윤, 『종말론』, 281. 이러한 관용적 입장은 스승 박형룡의 태도를 따른 것이다(박형룡,

적인 자세를 가지고 천년기 논의를 시작하여 무천년설, 후천년설, 역사적 전천년설 그리고 세대주의 전천년설 순서로 소개한다.[109] 남송이 각 천년기를 논의하는 방식을 주목해 보면 우선 용어 설명, 주창하는 주요 내용들, 주요 대변인들 등을 소개하고 비판점을 제시하는 방식으로 되어 있다. 물론 남송이 가장 비판적으로 다루는 것은 세대주의 전천년설이지만,[110] 나머지 세 입장들이 가지고 있는 "난관들"에 대해서도 균형 있게 소개한다. 그래서 그의 방대한 논의를 읽다 보면 그가 "'후천년설'을 따르는지 '무천년설'을 따르는지 불투명한 입장이 엿보인다"고 의문을 제기한 조봉근의 논평이 공감이 가는 바가 있다.[111] 앞서도 지적했다시피 남송이 취한 입장은 무천년기설이지만, 스승들인 박형룡이나 박윤선에 대한 존경심 때문이었는지 아니면 평소에 잘 알려진 성품대로 논란이 많은 주제에 대해서는 날카롭게 논쟁하지 않으려고 했든지 어떤 이유에서든 천년기에 대한 자신의 입장에 따라 종말론 논의를 전개하면서도 역사적 전천년설에 대해 날카로운 비판을 제기하지는 않는다.[112] 그러나 남송은 죽산이나 정암이 취한 역사적 천년기론이 근거로

『내세론』, 277).

109 신복윤, 『종말론』, 282-354.

110 신복윤, 『종말론』, 333-354. 신복윤은 이미 총신에 재직중일 때도 "세대주의의 역사와 그 특징", 「신학지남」 282 (1978): 17-28를 공표한 바 있다. 죽산도 『내세론』, 251-263에서 세대주의에 대해 비판했지만, 남송은 후크마의 논의에 힘입어(Hoekema, *The Bible and the Future*, 186-222) 좀 더 업데이트되고 자세한 논의를 전개한다.

111 조봉근, "칼빈과 한국장로교회의 교파별 종말론에 관한 비교연구", 「한국개혁신학」 26 (2009): 322. 사실 남송이 자신의 천년기 입장이 무천년설이라고 명시적으로 밝히고 있는 곳은 『종말론』보다 1년 후에 출간한 『교의학 서론』에서이다: "저자는 … 그리스도의 재림을 믿되 무천년기설(無千年期說)의 입장을 취한다. 물론 모든 독자가 다 저자의 입장에 동의할 수는 없겠지만, 성경에 호소할 때 충분한 이해가 있으리라 믿는다."(신복윤, 『교의학 서론』 [수원: 합동신학대학원출판부, 2002], 3).

112 김영재는 전천년설이 얼마나 절대시되었는지에 대해서 다음과 같이 회상한다: "한국교회에서는 1960년대까지만 하더라도 종말론에 관한 한 전천년설이어야 하고, 무천년설을 지지하는 사람은 이단시하거나 신신학자로 인정할 정도였다."(김영재, "한국교회의 종말론", 「신학정론」 11/1 [1993], 266-67). 죽산이후 총신에서의 천년기론의 전개와 갈등

제시하는 본문(계 20:1-6)이 재림후에 지상 통치를 "결정적으로 증거하지 못한다"는 점 장차 일어날 대사건들이 동시적으로 발생할 것이라고 보지 않는 점, 영화롭게 된 그리스도와 신자들이 자연인과 천년왕국에서 공동 거주한다는 것은 모순이라는 점 등을 들어서 명시적으로 비판하기도 했다.[113] 광대한 논의에도 불구하고 남송의 천년기 논의는 공정하고 온화하게 전개되어 있다는 강점을 지니며, 최신 문헌들을 섭렵하여 벌코프나 죽산 보다 쇄신된 정보들도 제공한다는 장점을 가지고 있다.[114]

(3) 죽은 자의 부활

예수님의 재림 이후 발생할 대사건은 죽은 자의 부활이다. 남송은 원시 기독교의 주요 특징은 그리스도의 부활과 신자들의 부활을 선포하는데 있었다는 언명으로 논의를 시작한다.[115] 또한 부활이라는 주제가 "성경의 중심 제목"이자 종말론에서 중요한 자리를 차지한다고 주장하면서 그 이유로 "부활은 만물의 유기적 재창조를 수행하는 데 그 진원지가 되기 때문"이라고 밝힌다.[116] 남송은 먼저 부활 교리를 역사적으로 소개하고,[117] 구약과 신약의 여러 관련 구절들을 증거로 제시해

내지 긴장 문제는 이상웅, "죽산 박형룡 이후 총신 조직신학자들의 천년기론", 「성경과 신학」 80 (2016): 103-32을 참고하라.

[113] 신복윤, 『종말론』, 332-333. 역사적 전천년설과 세대주의 전천년설을 구분하지 않고 한 입장으로 비판한 벌코프(Berkhof, *Systematic Theology*, 708-716)와 달리 남송은 분명하게 구분하여 별개로 비판한다.

[114] 다만 아쉬운 점은 남송이 비판적 논구의 대상으로 삼은 세대주의는 전통적인 세대주의와 수정된 세대주의에 머물고(신복윤, 『종말론』, 333-354), 1980년대부터 학계에서 논의되기 시작한 점진적 세대주의(Progressive Dispensationalism)에 대한 검토가 결여되어 있다는 점이다. 후자에 대해서는 Craig Blaising and Darrell Bock, *Progressive Dispensationalism* (Wheaton: Victor Books, 1993)을 보라.

[115] 신복윤, 『종말론』, 355.
[116] 신복윤, 『종말론』, 356.
[117] 신복윤, 『종말론』, 356-358.

준다.[118] 이어서 "부활의 성질"을 정리해 주는데, 우선 부활이 "삼위일체 하나님의 사역"이라는 것을 밝혀주고,[119] 웨스트민스터 신앙고백서와 개혁신학 전통에 따라 부활체가 현재의 신체와 동일성을 유지한다는 점을 분명히 적시했고, 자신의 무천년기 입장에 따라 악인과 의인의 부활 시기가 다르지 않고 동시적이라는 점을 명확하게 주장했다.[120] 이어지는 "부활의 시기"라는 4절에서 남송은 다시 한 번 역사적 전천년설의 이중 부활론에 맞서 "의인과 악인의 부활이 동시적인 것"이라고 하는 성경적 증거들을 제시한다.[121] 죽산은 여러 성경적인 증거들을 근거로 할 때에 "마지막 날에 부활이 있을 것이며, 그 뒤에는 즉시 최후의 심판이 있을 것이라고 가르치고 있"다라고 분명하게 결론을 내린다.[122]

(4) 죽은 자의 심판

남송은 그리스도의 재림 후에 일반적인 부활과 죽은 자의 심판이 연이어서 일어난다고 생각한다. 최후 심판에 대한 확신은 모든 인간들이 가지고 있는 "가장 깊은 확신 중의 하나"라는 진술과 "이 세상에서 그리스도에 대해 어떤 반응을 나타냈느냐에 따라" 최후 심판을 받게 될 것이라는 선언으로 논의를 시작한다.[123] 남송은 우선 1절에서 최후 심판 교리의 역사를 개관하고,[124] 2절에서는 최후 심판의 성질로 미래에 있을 "유형적이며 단 한번만 있는 사건"이며 "완전하고 최종적"이라는

---

118 신복윤, 『종말론』, 359-362.
119 신복윤, 『종말론』, 363-366.
120 신복윤, 『종말론』, 366-372.
121 신복윤, 『종말론』, 372-379. 이러한 비판들은 명시적이진 않지만 죽산의 이중 부활론에 대한 비판이기도 하다(박형룡, 『내세론』, 303-308).
122 신복윤, 『종말론』, 378.
123 신복윤, 『종말론』, 380.
124 신복윤, 『종말론』, 380-383. 남송은 역사적인 논의를 제시할 때는 Berkhof, *Systematic Theology*에서 뿐 아니라 자신이 번역한 벌코프의 『기독교 교리사』의 자료도 늘 활용한다.

점을 제시한다.[125] 여기서도 2회 내지 4회의 심판을 말하는 역사적 전천년설이나 세대주의 전천년설에 반대하여 단 한 번의 최후 심판만 있음을 명시적으로 밝힌다.

이어지는 3절에서 남송은 심판장과 심판받을 무리들에 대해 논의한다. 심판장은 특별히 중보자로서 그리스도가 맡으신다는 점을 말한다. 그리스도에게 심판권이 부여되신 네 가지 이유를 제시하는데, 첫째 그리스도 비하에 대한 보상, 둘째 그리스도의 성육신 때문, 셋째 그리스도의 대속에 대한 보상, 넷째 높아지심으로 나타난 보상 등이다.[126] 한편 심판의 보조자들도는 성경적 전거에 의지하여 "천사들과 성도들"이라고 설명하고, 심판받을 대상은 "모든 인격적 피조물" 즉, "악한 천사들과 온 인류"가 될 것임을 명시한다.[127]

심판의 시기(4절)에 관련해서는 신중하게 논의하다가 최후부활이 있은 후에, 선인과 악인에 대한 일반적인 부활이 있고 "심판 후에 신천지가 완전히 나타날 것으로 일반적으로 말할 수 있겠다"는 입장을 밝힌다.[128] 그리고 심판의 표준이 무엇인가에 대한 논의에 있어 남송은 벌코프와 죽산의 정통적인 입장을 따라 일단 모든 사람들은 "그들에게 계시된 하나님의 의지"에 대한 지식의 정도 즉, 자연의 빛, 구약의 계시, 복음의 빛 등에 따라 심판을 받게 될 것이며, 성경은 일관되게 "각자 행한대로 심판"받게 됨을 가르친다고 제시한다.[129] 남송은 심판의 기준이 행위에 따른다는 것에 대한 반론들에 대하여 "신앙과 행위의 밀접

---

[125] 신복윤, 『종말론』, 383-386; 박형룡, 『내세론』, 319-320; Berkhof, *Systematic Theology*, 729.

[126] 신복윤, 『종말론』, 387-389. 이러한 근거 제시는 죽산에 따른 것이다(박형룡, 『내세론』, 324-326).

[127] 신복윤, 『종말론』, 389-393; 박형룡, 『내세론』, 326-330. 죽산은 "선한 천사들에 관해서는 성경이 전연 침묵을 지킨다"라고 부연한다(330-331).

[128] 신복윤, 『종말론』, 393-395.

[129] 신복윤, 『종말론』, 395-398; 박형룡, 『내세론』, 336-338; Berkhof, *Systematic Theology*, 733-734; Hoekema, *The Bible and the Future*, 259-262.

한 관계성"에 대한 논의로 답변한다. 즉, 행위로 구원을 받는다는 것이 아니라 행위는 "참된 신앙의 증거"이기 때문에 "증거로 나타난 믿음에 따른 심판"이라고 설명한다.[130] 이러한 논의 전개에 있어 남송은 벌코프와 죽산을 활용할 뿐 아니라 후크마의 논의도 활용하고 있는데, 후크마의 차등 상급론 논의는 반영하지 않는다.[131] 마지막 6절에서 남송은 최후의 심판이 왜 필요하냐는 문제를 약술한다. 최후심판은 성경을 통해 하나님이 선언하신 내용이기 때문이고, 사람들의 "장래신분을 결정하기 위해서"가 아니라 "하나님의 영광을 공식적이며 법정적인 행위로 선포"하기 위해 필요하다라고 적시한다.[132]

(5) 최후 상태

일반적 종말론의 대미는 최후 상태에 대한 논의로 장식된다. 남송은 일반적인 방식대로 악인들의 영원한 상태와 신자들의 최후 상태 순서로 논의를 전개한다. 먼저 악인의 최후 상태에 대한 남송의 입장을 개관해 보겠다. 남송은 악인의 최후 처소가 게헨나(Gehenna) 즉, 지옥 불못임을 밝힌다. 용어상 혼용하는 이들이 적지 않은데, 남송은 영원한 형벌의 장소인 게헨나와 중간기 고통의 장소인 하데스(hades)를 분명하게 구별한다.[133] 또한 남송은 게헨나에서의 형벌 받는 기간이 영원할 것임을 적시하고, 악인들은 "주의 얼굴과 영광을 떠난 상태"에서 영원히 고통을 받을 것이라는 것과 "그들이 받은 빛을 거슬러 행한 죄에 비례"

---

[130] 신복윤,『종말론』, 398-399; 박형룡,『내세론』, 338.
[131] Hoekema, *The Bible and the Future*, 262-264. 상급론에 대한 학술적 논의는 다음의 두 학위 논문을 보라: Kwon Sungsoo, "Your Reward in Heaven is Great : A Study on Gradation of Reward in Matthew" (Th. D, dissertation, Westminster Theological Seminary, 1988); 류재룡, "개혁주의 관점에서 본 천국상급에 대한 연구" (철학박사, 총신대학교, 2005).
[132] 신복윤,『종말론』, 399-401; 박형룡,『내세론』, 323.
[133] 신복윤,『종말론』, 402-405. 이상웅, "'새 하늘과 새 땅'(계 21:1-8)에 대한 개혁주의적 이해와 설교",「한국개혁신학」49 (2016): 9-15를 참고하라.

하여 그 고통의 정도가 사람마다 다를 것이라고 말한다.[134]

남송은 악인들의 최후 상태에 이어 의인들의 최후 상태에 대해 논의한다. 남송은 의인의 최후 상태의 논의를 "새 하늘과 새 땅"에 대한 논의로 시작한다. 우선 남송은 "우주 신창조론"이 아니라 "우주 갱신론"의 입장이 성경적이라는 점을 밝힌다.[135] 우리가 주목해야 할 부분은 "의인의 영원한 거처"를 천당(天堂)으로 소개하는 남송의 입장이다. 남송은 "의인들이 영원히 살게 될 장소는 일반적으로 천당이라고 한다"라고 밝힌다.[136] 남송은 천당 혹은 하늘(heaven)을 "주관적 상태로 생각하고, 이것을 현재에도 누리고 장래에도 영구적으로 누리게 될 상태"라고 말하는 학자들에 반대하며, 천당은 장소라고 보는 것이 성경적임을 밝힌다. 남송은 현재 신자들이 중간기에 가게 될 천당도 장소적이며, 부활과 심판 이후 신자들이 거하게 될 곳에 대해서도 천당이라는 명칭을 쓰되 "최후 심판 때 새로워져서 갱신된 땅과 합류하게 될 하나님이 거하실 처소"라고 주장한다.[137] 남송은 천당과 "신세계를 구성하는 새 하늘과 새 땅"이 동일 실체가 될 것임을 생각하나, "새 예루살렘"과는 구별한다.[138] 그러면서도 남송은 또한 "새 예루살렘의 복스러움과 물리적이며 동시에 초물리적인 여러 가지 성질은 새 하늘과 새 땅 전부에

---

[134] 신복윤, 『종말론』, 406-412; 박형룡, 『내세론』, 343-347; Berkhof, *Systematic Theology*, 736.
[135] 신복윤, 『종말론』, 412-416. 남송은 "우주 갱신론"(일반적인 용어로 만유갱신설)의 정당성을 밝히기 위해 흐크마의 논의를 인용하기도 한다(Hoekema, *The Bible and the Future*, 280-281). 죽산은 "가장 성경적인 신천지관은 그것은 현존 만유의 갱신"이라고 명시한다(박형룡, 『내세론』, 356). 이상웅, "'새 하늘과 새 땅'(계 21:1-8)에 대한 개혁주의적 이해와 설교": 16-25도 보라.
[136] 신복윤, 『종말론』, 416.
[137] 신복윤, 『종말론』, 416-418.
[138] 신복윤, 『종말론』, 419; Wayne Grudem, *Systematic Theology* (Grand Rapids: Zondervan, 1994), 1159-1160. 이러한 남송의 입장은 죽산의 입장을 거의 따르는 것으로 판단되어진다(박형룡, 『내세론』, 360).

속"하는 것이라고도 주장한다.[139] 그리고 천당 혹은 새 하늘과 새 땅에서 누리게 되는 의인들의 복의 본질로는 "하나님의 은혜로우신 임재"를 누리며 "하나님과 자유로운 교제를 즐기는 것"에 있음을 강조하는데, 이것이 바로 영생이라고 말하기도 한다.[140] 75세이던 남송 신복윤은 『종말론』의 긴 논의를 다음과 같은 문장으로 끝을 내면서, 의인에게 주어질 최후 상태의 복의 본질이 무엇인지를 명시적으로 고백한다.

> 우리가 주님의 얼굴을 보고, 한편 주님께서 무한한 사랑으로 우리의 얼굴을 보실 때, 우리는 주님에게서 우주 안에 선하고 의롭고 바람직한 모든 것들의 충만함이 있음을 보게 될 것이다.[141]

IV. 나가는 말

이상에서 우리는 죽산 박형룡이후 한국 장로교의 주도적인 신학자 중 한 사람이었던 남송 신복윤의 종말론을 분석 개관해 보았다. 한 신학자의 신학 사상은 신학의 형성 과정을 전제로 하기 때문에 신복윤의 교육 배경과 공적 활동상을 먼저 개략해 보았다(II). 그러한 배경 연구를 통해 우리는 남송의 신학적인 형성 과정에 미친 박형룡과 루이스 벌코프의 영향력이 지대함을 확인하게 되었다. 남송은 평생 동안 그러한

---

139 신복윤, 『종말론』, 419. 새 예루살렘에 대한 개혁주의적인 논의는 이상웅, "'새 예루살렘'(계 21:9-22:5)에 대한 개혁주의적 이해와 설교", 「신학지남」 328 (2016): 11-39를 보라.

140 신복윤, 『종말론』, 421-422. 의인들의 최후 상태에 대한 벌코프의 짧은 논의의 핵심도 "영생"을 누리는 것에 있다(Berkhof, *Systematic Theology*, 737). 한편 죽산은 "의인의 영생의 성질"을 "무궁한 생, 완성의 생, 영교 평화의 생, 거룩하고 의로운 생, 화미한 생, 애교의 생" 등으로 나누어 상술하는데(박형룡, 『내세론』, 365-371), 핵심은 남송과 동일하다.

141 신복윤, 『종말론』, 422.

전통에서 신학 작업을 했고, 후학들을 양성하는 일에 매진했다고 하는 점도 확인했다. 그러나 남송은 일찍이 존 칼빈의 원전 연구에 매진하여 마침내는 박사논문을 쓰고 칼빈의 저술들 번역 작업을 통해서 칼빈의 신학에 조예가 깊은 학자였다는 점은 죽산을 넘어서는 성취라고 생각 되어진다. 따라서 남송의 모든 신학적인 활동과 작업 가운데는 존 칼빈과 20세기 정통 개혁주의 신학 사상이 조화롭게 어우러져있음을 발견하게 된다.

이어지는 III에서 우리는 이러한 배경을 염두에 두고 2001년에 출간한 남송의 『종말론』 교본을 분석하는 작업을 수행해 보았는데, 남송이 머리말에서 밝힌 대로 벌코프와 박형룡의 종말론의 구조를 그대로 활용해서 자신의 종말론 논의를 전개하였다는 것을 확인할 수가 있었다. 남송은 벌코프-죽산의 종말론처럼 개인적 종말론과 일반적 종말론으로 양분하여 구성했고, 세부적인 장들의 경우도 크게 벗어나지 않은 것도 알 수 있다. 죽산에게 직접 배우고, 벌코프의 책을 번역했고 교과서로 삼고 가르쳤던 학자로서 은퇴 후에 내어 놓은 종말론 교본에서 이러한 방향성이 드러나는 것은 지극히 정상적인 일일 것이다.[142] 청교도 개혁주의 신학 혹은 정통 개혁주의 신학 사상을 전수하고자 했던 신학적 소신에 따라 남송은 자신이 속한 신학적 전통에 지극히 충실했다는 점을 우리는 인정할 수 있을 것이다.

그러나 또한 남송의 종말론 논의를 세부적으로 읽어보면 고령의 나이에도 불구하고 죽산과 벌코프 이후의 많은 자료들을 활용해서 교본의 내용을 쇄신하고 보완하였다는 점도 분명하게 알 수가 있다. 남송은 특히 벌코프 이후의 안토니 후크마나 G. C. 베르까워의 종말론으로

---

[142] 신복윤의 제자인 안명준은 남송의 종말론의 특징으로 다음과 같이 논평한 바가 있다: "기존의 종말론과 많은 점에서 유사함에도 불구하고 한국적 맥락에서 연구가 있으면서 버림이라는 독특한 주제를 통하여 하나님의 나라의 영원성을 제시한 점에서 공헌이 있다고 평가된다",(안명준, "신복윤의 생애와 신학": 65).

부터 많은 자료를 활용하고 있다는 점이 자료 활용면에서 두드러진다. 남송의 종말론의 또 다른 특징은 벌코프처럼 간결하지 않고 죽산처럼 논의를 풍성하게 하되, 철학적이거나 사변적인 논의보다는 성경 본문들을 많이 고려하고 있다는 점이다.[143] 따라서 남송의 스타일은 현학적이지 아니하고, 실천적이고 건덕적이라고 할 수가 있다. 따라서 남송의 교본은 일반 신자들이 성경적 종말론을 이해하도록 돕거나 목회자들이 종말론 강론이나 관련 상담을 할 때에 유익할 것이라고 생각된다.

우리는 남송의 종말론 논의에서 다소 아쉬움을 발견하기도 했다. 몇 가지 지적한다면 남송이 후크마의 교본을 많이 활용하면서도 "시작된 종말론" 논의를 수용하지 않은 점이나 영혼 불멸성, 세대주의, 천당에 대해 후대 개혁신학자들이 좀 더 주해적으로 엄밀하게 논의했던 내용들 등을 수용하지 않은 점 등이다. 어떤 면에서 남송은 벌코프와 죽산의 논의 범위를 넘어서기 위해서 자료들을 활용하는 면들도 있으면서도, 또 다른 면에서 남송은 자신이 속한 전통 안에 굳게 서 있으려고 한 성향을 가진 것으로 판단되어진다. 물론 한 신학자의 종말론 속에서 모든 것을 기대할 순 없을 것이다. 후학들로서는 선대의 학문의 공과 과를 잘 평가하고, 주해적으로, 신학적으로 건전한 발전을 꾀하는 것이 도리일 것이다. 그러나 남송은 한평생 개혁주의 신학자로서 고결한 삶, 교회의 교리적 순수성에 대한 열정 등을 보여 주었고, 노년에 이르기까지 저술하는 일과 가르치는 일에 진력했다는 점 등에서 후학들이 주목하여 연구하고 학술적인 논의들을 개진할 필요가 있다고 생각하며, 필자가 쓴 이 글이 한 계기가 될 수 있기를 소망해 본다(*).

---

[143] 이런 특징은 칼빈의 종말론 전개에서도 드러난다. 타카시 요시다는 칼빈의 종말론의 특징들 중 하나가 "철학적이거나 사변적이거나 교의적으로 결정되어지기 보다는 근본적으로 주해적이다"라고 적시한다(Takashi Yoshida, "Calvin's Eschatology in its Historical and Exegetical Context" [Ph. D. dissertation, Calvin Theological Seminary, 2015], 253-254).

참고문헌

교단역사편찬위원회. 『합신 30년』. 수원: 영음사, 2011.
김길성. "박형룡 박사의 내세론 연구", 『죽산 박형룡 박사의 생애와 사상』. 박용규 편. 서울: 총신대학교 출판부, 1996: 451-469.
_____. 『총신의 신학전통』. 서울: 총신대학교출판부, 2013.
김양선. 『한국기독교해방십년사』. 서울: 대한예수교장로회총회교육부, 1956.
김영재. "한국교회의 종말론", 「신학정론」 11/1 (1993): 266-267.
김은수. "한국 장로교의 '조직신학' 교육과 연구역사(1901-1980)에 대한 고찰: 평양신학교와 장로교 주요교단 신학대학원(고신/장신/총신/한신)을 중심으로", 「성경과 신학」 74(2015): 97-135.
김재성. "신복윤 교수의 조직신학과 한국 교회사적 의의", 『칼빈의 신학과 한국 교회의 과제』. 신복윤 명예총장 은퇴기념 논문집 출판위원회 편. 수원: 합동신학대학원출판부, 2002: 49-63.
김재성. "신복윤, 개혁신학의 정립과 칼빈 연구를 정초하다", 『인물로 보는 연세신학 100년』. 연세대학교신과대학동문회 편저. 서울: 동연, 2015: 632-659.
김준곤. "나의 친구, 신복윤 박사", 『칼빈의 신학과 한국 교회의 과제』. 신복윤 명예총장 은퇴기념 논문집 출판위원회 편. 수원: 합동신학대학원출판부, 2002: 43-48.
박경수 편저. 『한국칼빈학회 50년의 발자취』. 성남: 북코리아, 2014.
박아론. 『나의 아버지 박형룡』. 서울: 대한예수교장로회총회, 2014.
박용규. 『한국장로교사상사』. 서울: 총신대학출판부, 1992.
_____. "한국교회 종말신앙 : 역사적 개관", 「성경과 신학」 27 (2000): 190-222.
박형룡. 『내세론』. 서울: 은성출판사, 1973.
박형용. "합동신학대학원대학교 설립 역사의 뒤안길에 감추어진 진실들", 「신학정론」 35/2 (2015): 273-303.
박희천. 『내가 사랑한 성경: 박희천 자서전』. 서울: 국제제자훈련원, 2016.
100년사편찬위원회. 『총신대학교백년사』. 전3권. 서울: 총신대학교출판부, 2003.

신복윤. 『예수전』. 서울: 대한예수교장로회총회교육부, 1956.
____. "기독교현대신학난제선평", 「신학지남」 43/2 (1976): 116-119.
____. "조직신학 강론", 「신학지남」 43/2 (1976): 119-121.
____. "박형룡 신학의 한국 보수신학사적 의의", 「신학사상」 25 (1979): 221-240
____. "칼빈의 교회관", 「성경과 신학」 1 (1983): 140-152.
____. "칼빈의 교회관", 「성경과 신학」 7 (1989): 341-374.
____. "재림 전에 있을 사건들", 「신학정론」 11/1 (1993): 226-245.
____. "無千年期說", 「신학정론」 11/1 (1993): 245-260.
____. "박형룡 신학의 한국 보수신학사적 의의", 『죽산 박형룡 박사의 생애와 사상』. 박용규 편. 서울: 총신대학교출판부, 1996: 473-493.
____. "칼빈의 종말사상 1", 「신학정론」 21/1 (2003): 93-134.
____. "칼빈의 종말사상 2", 「신학정론」 22/1 (2004): 93-112.
____. 『기초교리학』. 서울: 대한예수교장로회출판부, 1981.
____. 『칼빈의 신학사상』. 서울: 성광문화사, 1993.
____. 『종말론』. 서울: 개혁주의신행협회, 2001.
____. 『칼빈의 하나님 중심의 신학』. 수원: 합동신학대학원원출판부, 2002.
____. 『교의학 서론』. 수원: 합동신학대학원원출판부, 2002.
____. 『개혁주의 신학의 특성들』. 수원: 합신대학원출판부, 2007.
안만수 대담. 『박윤선과의 만남 2』. 수원: 영음사, 2013.
안명준. "신복윤의 생애와 신학", 「한국개혁신학」 54 (2017): 45-80.
이상웅. "웨스트민스터 신앙고백서의 종말론", 「한국개혁신학」 44 (2014): 152-177.
____. "'Already but Not Yet': A Study on the Background and the Inaugurated Eschatology of Anthony A. Hoekema (1913-1988)", *Chongshin Theological Journal* 20 (Feb. 2015): 120-157.
____. "벨직신앙고백서의 역사적 배경과 37조에 담긴 종말론", 「개혁논총」 36 (2015): 105-143.
____. "'새 하늘과 새 땅'(계 21:1-8)에 대한 개혁주의적 이해와 설교", 「한국개혁신학」 49 (2016): 8-38.
____. "죽산 박형룡과 구례인의 천년기론에 대한 연구", 「개혁논총」 38 (2016):

35-65.

____. "죽산 박형룡 이후 총신 조직신학자들의 천년기론", 「성경과신학」 80 (2016): 103-132.

____. "'새 예루살렘'(계 21:9-22:5)에 대한 개혁주의적 이해와 설교", 「신학지남」 328 (2016): 11-39.

____. "그리하여 온 이스라엘이 구원을 얻으리라: 유대인의 미래적 회복에 관한 죽산 박형룡의 입장 고찰과 신학적인 평가", 「신학지남」 333 (2017): 153-191.

____. 『박형룡신학과 개혁신학 탐구』. 서울: 솔로몬, 2019.

정규오. 『한국장로교회사(상)』. 개정판. 광주: 광신대학교출판부, 2014.

____. 『나의 나 된 것은: 정규오목사 회고록』. 개정판. 광주: 광신대학교출판부, 2014.

조봉근. "칼빈과 한국장로교회의 교파별 종말론에 관한 비교연구", 「한국개혁신학」 26 (2009): 301-336.

합동신학대학원대학교 20년사 편찬위원회. 『합동신학대학원 20년사』. 수원: 합동신학대학원출판부, 2000.

Bavinck, Herman. *Reformed Dogmatics*. Trans. John Vriend. 4 Vols. Grand Rapids: Baker, 2003-2008.

Berkhof, Louis. *Systematic Theology*. Grand Rapids: Eerdmans, 1941.

Berkouwer, G. C. *Man The Image of God*. Trans. Dirk W. Jellema. Grand Rapids: Eerdmans, 1962.

Blaising, Craig and Darrell Bock. *Progressive Dispensationalism*. Wheaton: Victor Books, 1993.

Boettner, Loraine. *The Immortality*. London: Pickering & Inglis, 1958.

Calvin, John. *Institutes of the Christian Religion*. 신복윤 외 공역. 『기독교강요』. 전3권. 서울: 생명의말씀사, 1986-1988.

Hodge, Charles. *Systematic Theology*. 3 Vols. New York: Scribner's Sons, 1872-1873.

Hoekema, Anthony A. *The Bible and the Future*. Exeter: Paternoster, 1979.

Kim, Kilsung. "Dr. Hyung Nong Park's Theology of the Last Things", *Chongshin Theological Journal* 1/2 (August 1996): 72-89.

Pak, Ungkyu. "From Fear To Hope : The Shaping of Premillennialism in Korea,1884-1945", Ph. D. Dissertation, Westminster Theological Seminary, 1998.

Quistorp, Heinrich. *Calvin's Doctrine of Last Things*. Trans. Harold Knight. London: Lutterworth, 1955.

Ra, Younghwan. "The Eschtological Hermeneutics of John Calvin and Wolfhart Pannenberg", Ph. D. Dissertation, University of Cambridge, 2004.

Shin, Bock Eyun. "Calvin's Doctrine of the Knowledge of God", Ph. D. Dissertation, California Graduate School of Theology, 1972.

Venema, Cornelis P. *The Promise of the Future*. Edinburgh: Banner of Truth, 2000.

Yoshida, Takashi. "Calvin's Eschatology in its Historical and Exegetical Context", Ph. D. Dissertation, Calvin Theological Seminary, 2015.

10
기독교윤리학자 이상원 교수의 종말론[1]

I. 들어가는 말

이상원 교수는 1997년 말에 네덜란드 깜쁜신학대학교(Theogische Universiteit te Kampen)에서 기독교윤리학 연구로 박사학위[2]를 받고 귀국한 이후 1998년 9월부터 모교인 총신대학교신학대학원 첫 윤리학 교수직에 취임하여 현재까지 재직중이다.[3] 22년간의 공적인 활동을 통하여 학교내 강의뿐 아니라 다양한 학회에서 발표를 했고, 윤리학에 관련된 논문과 저술들을 출간해 왔다.[4] 그의 글들은 학문적 논의를 위한 신학저널들 기고문들도 많지만, 일반 신자들이나 청소년들을 대상으로

---

[1] 본 장은 「신학지남」 87/4 (2020): 103-130에 처음 공표되었음을 밝힌다.

[2] Lee Sangwon, *Market and Ethics: A Comparative Study of the Theories of Economic Justice of John Rawls and Dutch Protestant Socio-Economic Thought in Relation to South Korean Economy* (Kampen Van den Berg, 1997). 지도교수는 G. Manenschijn 박사였고, 공동지도교수는 2002-2010년 간 네덜란드 수상으로 재직하기도 한 자유대학교 교수 Jan P. Balkenende였다. 이교수는 앞서 총신대학교 신학과(1979), 총신대학교신학대학원(1987)을 졸업하고, 1989년 9월 도미하여 귀국 웨스트민스터신학교(Th. M. 1991)를 졸업하고, 보스톤대학교 신학부에서 2학기 수학하였다. 화란에서의 유학 기간은 1993년 8월부터 1997년 말까지 만 4년간이다.

[3] 『총신대학교 100년사』(서울: 총신대학교출판부, 2003), 377에 의하면 이상원 교수의 교수 임용일이 1999년 9월 1일로 되어 있으나, 전임대우로 임용된 것은 그보다 한 해 앞선 1998년 9월 1일부터이다. 이교수의 취임과 더불어 기독교윤리학은 조직신학 내 필수과목 중 하나로 개설되어진다.

[4] 이교수의 윤리학적 연구 성과는 『기독교윤리학』, 개정판 (서울: 총신대학교출판부, 2013)와 『현대사회와 윤리적인 문제들』(서울: 대서, 2019)에 집성되어 있다.

하는 월간지들에도 신학적인 이슈들을 눈높이 조정하여 쓴 글들도 많이 있다.[5] 또한 신학자요 윤리학자로서 학술적인 활동만 한 것이 아니라, 다양한 기회에 실제적인 실천 운동에 동참하기도 했다. 특히 2017-2018어간 총신 학내사태 기간 동안에는 총신의 정상화를 위해 앞장 서서 활동하기도 했다.[6]

이상원 교수는 그간에 기독교윤리학자로서 많은 윤리적 이슈들을 논구하여 발표해왔기에 필자가 그의 종말론을 다룬다고 하는 것이 의아하게 여겨질 수가 있다. 그러나 그가 다룬 윤리학적인 주제 가운데는 자살, 안락사, 존엄사 등 죽음과 관련된 글들이 많이 있고, 조직신학과 특성상 윤리학 과목 외에도 교의학 과목들을 가르칠 기회들이 많았기에 종말론 강의안도 남아있다. 따라서 이교수의 종말론에 대한 논구 작업도 가능할 뿐 아니라 유의미하다고 생각된다. 물론 이교수의 학문적 업적을 평가함에 있어 그의 주전공인 기독교윤리학 분야에 천착해 보는 것이 당연히 큰 의미가 있을 것이라는 점을 인정하지만, 그러한 주제에 대한 논의는 윤리학 전공자의 몫이라고 사료된다. 그리고 필자 역시도 2012년 조직신학교수로 부임한 이래 종말론 강의를 진행해 왔기에 이 주제를 논구 주제로 삼아보았다. 이러한 관심은 특히 총신과 평양 장로회신학교의 종말론적 전통에 대해 관심을 가지고 연구해온 필자로서는 대단히 흥미롭고 적실한 주제라고 여겨진다.

본 장에서 취한 논의의 순서는 개혁주의 신학자들의 종말론 논의 순서에 따르되, 개인적 종말론과 우주적 종말론의 순으로 논의를 전개하

---

5 월간지에 실린 글들을 선집한 이상원, 『하나님 저랑 베프하실래요?』 (서울: 두란노, 2011); 『하나님 저랑 톡하실래요?』 (서울: 두란노, 2015); 이관직, 이상원, 『삶이 묻다』 (서울: 대서, 2016) 등을 보라.
6 아직 총신학내 사태에 관해 전모를 기록한 역사서는 출간되지 않았으나 박용규, 『한국기독교회사 3』 (서울: 한국기독교사연구소, 2018), 1188-1192에서 부분적으로 확인할 수가 있다.

고자 한다.[7] 이러한 논의를 진행함에 있어 이상원 교수의 종말론 강의안(2019년 2학기)을 기본적인 텍스트로 삼고, 그가 종말론적 주제중 특히 개인적 종말(죽음)과 관련하여 발표한 몇 편의 논문들과 종말론에 대한 구절들이 담긴 성경 본문에 대한 강해서들[8] 등을 적재적소에서 참고하고자 한다. 이러한 논구 과정을 통해 기독교 윤리학자인 이상원 교수가 믿고, 이해하고, 가르쳐온 개혁주의 종말론의 내용과 특성이 선명하게 드러나게 될 것이라고 생각된다.[9]

II. 개인적 종말론

일반적으로 종말론이라고 하면 "현 세계가 끝나고 새로운 세계가 시작되는 그리스도의 재림의 때를 다루는 것을 목표"로 하는 분야이지만, 개인적인 종말론을 다루는 이유는 개개인에게는 이생을 살아가다가 개인적인 종말인 죽음을 맞이하게 되기 때문이다. 따라서 개인적 종말론

---

[7] 이상원 교수는 『인간론과 종말론 강의안』(2019학년도 2학기 총신대학교 신학과)에서 종말론을 다룸에 있어 크게 세 부분으로 나눈다: I. 서론(57-64), II. 개인적 종말론(65-101), III. 일반적 종말론(102-181). 또한 인간론과 달리 종말론 부분에 대해서는 참고문헌도 수록한다(182-183). 이처럼 종말론을 개인적 종말론과 일반적(혹은 우주적) 종말론으로 나누어 다루는 것은 루이스 벌코프나 그 뒤를 따르는 죽산 박형룡과 남송 신복윤의 논의 방식이다(Lee Sangung, "The Individual Eschatology of Anthony A. Hoekema(1913-1988)," *Chongshin Theological Journal* 25 [2020]: 61).

[8] 성경 강해서들 가운데 『주의 날이 이를 때에』(서울: 한국성경교육연구소, 2000); 『행하는 삶: 기독교윤리학자가 든 야고보서』(서울: 총신대학교출판부, 2004); 『십자가에서 아가페로』(서울: 솔로몬, 2016); 『질그릇 안에 있는 보배』(서울: 솔로몬, 2018) 등이다.

[9] 이 교수는 종말론이 "부록"이 아니라 결정적인 중요성을 가진다는 점을 여러 가지로 설명하는 중에 기독교윤리학에서 중요한 주제인 하나님의 공의로운 통치와 연관해서도 그 의의를 설명한다: "역사와 세계는 끝나는 때가 있으며, 역사와 세계가 끝나는 때 그리스도의 재림이 있고, 그리스도께서 재림하실 때 인류의 역사 안에서 일어난 모든 불의가 정밀하게 검사 받고 판단 받으며, 거기에 상응하는 형벌과 상급이 주어진다. 이 때에 역사 안에서는 집행이 유보되었던 하나님의 공의가 완전히 실현된다."(이상원, 『인간론과 종말론 강의안』, 59).

에서는 죽음의 문제를 다루고, 죽음이후 세계에 관한 문제를 다루게 된다.[10] 이교수는 개인적 종말론을 세 부분으로 나누어 설명하는데, 1. 육체적 죽음, 2. 영생, 그리고 3. 중간기 상태이다. 이교수의 논의를 간략하게 살펴보기로 하자.

1. 육체적 죽음

이교수는 "성경은 세 가지 죽음을 말한다"는 언명으로 죽음에 대한 논의를 시작한다. 하나님과의 영적인 단절인 "영적 죽음," 영혼과 육체의 분리인 "육체적 죽음", 그리고 심판 후에 불신자의 영혼이 영원히 하나님으로부터 단절된 삶을 살게 되는 "영원한 죽음" 등이다.[11] 이 가운데 개인적 종말론의 중심 주제는 특히 "인간의 몸이 지닌 자연적인 생명이 끝나는 상태"를 의미하는 육체적 죽음(physical death)이다.[12] 이교수는 육체적 죽음과 영혼의 죽음을 분명하게 구별하여 말한다. 즉, 몸이 죽을 때에 영혼이 같이 죽은 것이 아니라는 것을 성경 구절들(마 10:28; 눅 12:4)을 들어 설명하고, 육체적 죽음은 "몸과 영혼이 분리되는 것"이라고 말한다. 또한 육체적 죽음 후에 영혼은 "생명의 근원이신 하나님께로 돌아간다"는 점을 밝힌다. 그리고 육체가 한 번 죽으면 다시

---

[10] 이상원 교수는 개인적 종말론에 대해 다음과 같이 피력한다: "인간은 죽음으로써 현 세계에서의 삶을 종결짓고 다른 차원의 세계로 옮겨가므로, 한 개인에게 있어서는 죽음이 사실상의 종말이다. 그러므로 한 개인의 죽음과 죽음 이후의 세계에 관한 문제들이 종말론의 주제가 된다. 개인의 종말과 관련된 문제들을 다루는 분과를 개인적 종말론이라고 한다. 개인적 종말론에서는 죽는다는 것은 무엇을 의미하며, 죽음의 대응개념인 영생은 또 무엇인가? 인간은 죽음 후부터 재림 때까지 어떤 상태에 있는가하는 문제들이 논의된다."(이상원, 『인간론과 종말론 강의안』, 58).

[11] 이상원, 『인간론과 종말론 강의안』, 65. Louis Berkhof, *Systematic Theology* (Grand Rapids: Eerdmans, 1941), 668; 박형룡, 『교의신학 - 내세론』 (서울: 은총문화사, 1973), 51.

[12] 이상원, 『인간론과 종말론 강의안』, 65.

"현세로 귀환할 수가 없"다는 점도 분명히 한다.[13]

죽음에 대한 논의에 있어 또 하나의 중요한 주제는 죽음의 원인이 무엇인가 하는 문제이다.[14] 이교수는 사람이 필사적 존재로 태어났다고 하는 펠라기우스주의자들, 소키니우스주의자들, 칼 바르트, 현대 과학에 대해 성경적 입장을 제시한다. 성경에 의하면 원래 창조시 "인간의 몸은 완전한 몸이요 영생할 수 있도록 창조된 몸"이었으나, 죄로 인하여 죽음이 왔음을 말한다는 것이다. 이교수는 "죄 때문에 죽음이 왔다는 말은 무엇보다도 원죄의 관점에서 이해"해야 한다고 역설한다.[15] 정리하면 육체적 죽음은 인간 존재에 본질적인 것이 아니라 죄에 대한 형벌(punishment)로서 온 것이다.

하지만 그리스도 안에서 죽음은 정복되었기에, 그리스도인은 "사망의 세력으로부터 해방되어 영생에 참여하"게 된다는 점에 있어 이교수는 명확하다.[16] 그런데 왜 그리스도인들도 육체적 죽음을 겪게 되느냐도 정확한 설명이 요청되는 주제이다. 이교수는 신자들에게 죽음은 형벌이 아니라 징계와 같은 성격으로 변화되었다고 답한다.[17] 나아가서 "징계로서 죽음"이 주는 유익이 무엇인가에 대해서도 말해주는데, 신자를 성화시키며, 모든 인간의 삶의 완성이며, "복락으로 가득찬 새로운 삶으로 진입하는 관문"이며, 죽는 순간 "인간의 운명은 고정"된다는 것이다.[18]

---

13 이상원, 『인간론과 종말론 강의안』, 66-67.
14 이 주제에 관련하여 Anthony A. Hoekema, *The Bible and the Future* (Exeter: Paternoster, 1979), 79-82를 보라.
15 이상원, 『인간론과 종말론 강의안』, 68.
16 이상원, 『인간론과 종말론 강의안』, 69.
17 이상원, 『인간론과 종말론 강의안』, 70.
18 이상원, 『인간론과 종말론 강의안』, 70-72. 이 부분의 설명은 박형룡, 『교의신학 – 내세론』, 62-67처럼 Loraine Boettner, *The Immortality* (Philippsburg: P& R, 1956)의 논의를 요약 제시한 것이다. 그리고 죽산 박형룡은 이어서 '신도의 죽음에 대한 태도"에 대해서 아주 자세하게 서술하고 있는데, 이 부분은 일반 신자들에게도 유익한 묵상소재이다

이상에서 간략하게 살펴본대로 이교수의 육체적 죽음에 대한 설명은 성경적이고 개혁주의적인 주요 관점을 잘 정리하여 강의안에 담고 있다고 평가할 수가 있다. 개혁주의 교리의 핵심을 신학 기초과정 학생들에게 잘 전달해 주어야 하는 강의안과 달리 이상원 교수의 학술적인 기여는 죽음을 둘러싼 여러 주제들에 관하여 발표한 논문들 속에서 확인할 수가 있다. 육체적 죽음과 관련하여 자살의 문제, 안락사, 존엄사 등에 대해 논문을 발표했고,[19] 죽음 이후 장례문제와 관련하여 여러 논문을 발표하기도 했다.[20] 이러한 논문들은 모두 현실적으로 많은 논쟁이 되고 있는 핫이슈들이라고 할 수가 있는데, 이교수는 개혁주의적인 관점에서 어떻게 분석하고 대안을 제시하는지의 본을 제시해 준다. 자살(suicide)의 관련해서는 "기독교인이 피해야 할 죄라는 것과 구원은 오직 예수 그리스도를 믿는 믿음에 있는가에만 근거하여 결정"된다는 점을 강조하면서도 "신앙고백을 한 신자라면 사망을 포함한 그 무엇도 그리스도의 사랑에서 끊을 수 없다"는 입장을 제시한다.[21] 또한 "의사조력자살을 포함한 안락사" 문제에 관해서도 "고통의 경감이라는 하위의 규범을 위하여 생명의 보호와 증진이라는 절대적인 상위의 규범을

(박형룡, 『교의신학 - 내세론』, 67-78).

19 이상원, "안락사는 정당한가?" 「신학지남」 68/4 (2001): 253-276; "자살과 교회의 대책," 「신학지남」 71/3 (2004) 92-115; "기독교윤리적 측면에서 본 자살," 「신학지남」 76/1 (2009): 55-80; "존엄사를 어떻게 볼 것인가?" 「신학지남」 76/2 (2009): 76-96; "'연명치료 중단'을 둘러싼 한국사회의 법적 논쟁에 관한 연구: 개혁주의적 인간관과 윤리관의 관점에서," 「성경과 신학」 62 (2012): 97-131; "교회 안 자살자에 대한 개혁 신학적 관점," 「신학지남」 84/1 (2017): 39-46; "Suicide and the Response of the Church," *Chongshin Theological Journal* 10 /1-2(2005): 132-159; "Euthanasia and Physician-assisted Suicide in the Netherlands : The Experiential, Logical, and Legal-historical Evidence of the 'Slippery-slope'," *Chongshin Theological Journal* 12/1 (2006): 3-29.

20 이상원. "장묘 방식에 관한 기독교윤리학적 성찰," 「성경과 신학」 26 (1999): 239-273; "납골당은 정당한가?" 「신학지남」 71/2 (2004): 180-214; "자연장(수목장) 및 빙장에 대하여," 「신학지남」 76/3 (2009): 148-161.

21 이상원, "자살과 교회의 대책," 113.

희생시키는 행위"라는 점에서 정당화하기 어렵다고 비판한다.[22] 연명치료 중단 법제화와 관련해서도 "생명종결권은 오직 하나님께만 있다"는 원칙을 천명하여 반대한다.[23] 이러한 논의들을 진행함에 있어 이교수는 단순히 신학적인 논의에만 의존하는 것이 아니라 의료 윤리적인 측면이나 법률관련 자료들을 토대로 현실을 분석하고, 이에 대해 신학적이고 윤리적인 답변을 제시하곤 한다. 이 점은 장례 문화에 대한 논의들에서도 동일하게 적용되어진다. 이교수는 장묘방식이 "교리적인 차원의 문제"는 아니나 매장이 성경적임을 분명히 밝히면서도 심각한 국토 잠식이라는 현실적인 문제 때문에 화장을 개인적으로 허용할 수 있다고 하는 점을 밝힌다.[24] 그리고 불가피하게 화장을 하더라도 "남은 유골이라도 신중하게 처리하는 것이 바람직하므로" 납골처리하는 것이 낫다고 말한다.[25] 최근 등장한 자연장(수목장)과 빙장에 관해서도 자세히 검토한 후에 전면 거부하지는 않으나 "장법의 절차와 과정이 사후의 소망을 상징적으로 표현하기에 적합한가의 여부와 유가족들의 정서적 위로를 전하기에 적합한가"라는 관점에서 검토되어야 함을 제언한다.[26] 장묘방식에 대한 이교수의 다양한 논의들은 성경적인 장례법은 무조건 매장만 가능하다고 주장해온 선대 학자들의 입장 보다는 유연성을 가진 입장이라고 평가할 수가 있다.[27]

---

[22] 이상원, "안락사는 정당한가?" 124-125.
[23] 이상원, "'연명치료 중단'을 둘러싼 한국사회의 법적 논쟁에 관한 연구: 개혁주의적 인간관과 윤리관의 관점에서," 124-126.
[24] 이상원, "장묘 방식에 관한 기독교윤리학적 성찰," 268-270.
[25] 이상원, "납골당은 정당한가?" 206-210.
[26] 이상원, "자연장(수목장) 및 빙장에 대하여," 159-160.
[27] 박형룡, 『교의신학 - 내세론』, 75-78; 신복윤, 『종말론』(서울: 개혁주의신행협회, 2011), 129-140. 죽산보다 남송은 더욱더 강경한 입장에 서있다. 남송은 "성경은 매장의 방법을 계명으로 규정하지 않았으나, 매장에 대한 규범적 의미를 부여하고 있는 것만은 틀림없다"고 말한다(139).

2. 영생

개혁주의 종말론에서 죽음에 이어 다루어지는 것은 불멸의 문제 혹은 영생의 문제이다. 이는 "육체가 죽은 후에 영혼은 어떤 방식으로 존재하는가"라는 주제이다.[28] 이상원 교수는 불멸성과 영생이라는 두 단어가 교호적으로 사용된다고 본다.[29] 성경적으로 영생은 하나님께만 적용되는 절대적 의미의 영생과 타락 이전의 순정 상태의 인간이 누릴 수 있었던 "부패와 영적 죽음과 영원한 죽음으로부터 완전히 자유로운 상태"로 구분한다. 그리고 철학자들이 말하는 단순한 영혼 불멸과 성경이 말하는 영생은 다르다는 점을 분명히 밝힌다.[30] 이상원 교수의 영생에 대한 정의는 명쾌하고 포괄적이다.

> 요약하면, 성경이 말하는 영생은 하나님에게만 적용되는 절대적인 의미의 영생과는 다른 것으로서, 하나님의 은사로서 주어지며, 시작이 있는 상대적 영생이다. 그것은 단순한 존재의 계속이 아니라 인격적 교제가 풍부히 있는 삶이며, 부패, 영적 죽음, 영원한 죽음의 가능성으로부터 완전히 해방된 진정한 의미의 영생이다. 이 영생은 그리스도의 구속을 통해서 신자에게 주어진다.[31]

이어서 영생에 대한 유물론자들의 해석들에 대해 비판적으로 소개하

---

[28] 이상원, 『인간론과 종말론 강의안』, 73.
[29] 이상원, 『인간론과 종말론 강의안』, 73.
[30] 이상원, 『인간론과 종말론 강의안』, 73. "성경에서 말하는 영생은 단순하게 존재를 계속하는 차원을 넘어서서 하나님과 성도들 상호간의 풍부한 인격적 교제가 계속된다는 것을 뜻한다." 영혼불멸이 기독교적인 개념인가하는 문제에 관해서는 Hoekema, *The Bible and the Future*, 86-91; Lee Sangung, "The Individual Eschatology of Anthony A. Hoekema(1913-1988)," 71-78 등을 보라.
[31] 이상원, 『인간론과 종말론 강의안』, 73-74. 이상원, 『21세기 사도신경 해설』 (서울: 솔로몬, 2001), 176-181에 있는 평신도를 위한 영생에 대한 강론도 보라.

고 나서, 이상원 교수는 영생에 대한 일반계시의 다양한 증언들을 소개하고,[32] 마지막으로 영생에 대한 특별계시의 증언들을 소개해 준다. 이상원 교수에 의하면 "성경은 하나님이나 영생의 존재를 증명하려고 하지 않고 다만 증명할 필요 조차 없는 자명한 것으로 '전제'하고 있을" 뿐이라고 본다. 그는 따라서 성경적인 증언들을 구약과 신약의 순으로 제시한다.[33] 이교수는 이러한 성경적인 영생이 대한 믿음이 주는 실천적인 유익이 무엇인지에 대해 소개함으로 논의를 종결하는데, 그에 의하면 영생을 믿을 때 고통 받는 자들이 "위로와 안식을 얻으며," "현세에 대한 보다 책임있는 삶을 살게" 되며, "현세의 삶의 가치와 의미를 상대화시키고 어느 정도 초연할" 수가 있다는 것이다.[34]

3. 중간기 상태

개인적 종말론에서 중요한 논의중 하나는 중간기 상태(the intermediate state)론으로, 중간기 상태란 "영혼이 사망과 부활 사이에 존재하는 상태"를 말한다.[35] 이상원 교수 역시 중간기 상태론을 개진하였는데, 먼저는 이 교리의 역사적 개관을 제시한다.[36] 두 번째로 성경적인 중간기관에 대해서는 "천국과 지옥 이외에 어떤 중간적인 제3 혹은 제4의 처소의 존재를 인정하지 않"는다고 바르게 적시해 준다.[37] 이교수에 의하면 신자는 죽은 후에 즉시 "하늘의 영광"으로 들어가고, 불신자들은 지옥에 던져져서 "대심문의 날까지 머무른다"고 한다. 이교수는 이 중간기

---

32 이상원, 『인간론과 종말론 강의안』, 74-78. 이상원 교수는 역사적 논증, 형이상학적 논증, 목적론적 논증, 도덕적 논증, 직각적 논증, 유추론적 논증 등의 순으로 논의한다.
33 이상원, 『인간론과 종말론 강의안』, 79-80.
34 이상원, 『인간론과 종말론 강의안』, 80.
35 이상원, 『인간론과 종말론 강의안』, 81.
36 이상원, 『인간론과 종말론 강의안』, 81-82.
37 이상원, 『인간론과 종말론 강의안』, 82.

상태가 양자간에 불완전한다고 보는데, 이는 "아직 신체를 입지 않은 상태"이고, "상급"을 아직 받지 못하기 때문이라는 것이다.[38] 이와 같은 견해들은 정통 개혁주의 입장을 따른 것이라고 평가할 수가 있다.[39]

이상원 교수는 앞서 소개한 정통적인 중간기관에 근거하여 스올을 두 부분으로 구분하는 해석에 반대하며 오직 "고통과 멸망"의 장소일 뿐이라고 설명한다.[40] 또한 이상원 교수는 로마교회의 중간기 상태론에 대해 비판적으로 소개한다. 천국과 지옥외에 로마교회는 연옥, 조상림보(limbus patrum), 그리고 유아림보(limbus infantum) 등을 중간기 거처로 교리화해 왔는데, 이러한 세 가지 부가된 거처관들이 성경적 근거가 전무함을 명확하게 밝혀준다.[41] 이어서 이교수는 사후 영혼의 상태와 관련된 논의에로 나아간다. 이교수는 "생전의 인간과 사후의 인간 사이의 인격적 연속성이 있음"과 "영혼의 사후 의식 활동"에 대해서 적시하고, 이에 대한 몇 가지 반론들(영혼수면설, 중간기 몸의 존재를 주장하는 입장, 멸절설과 조건적 영생설 등)에 대해 비판적으로 소개한다.[42] 또한 이교수는 사후에 또 다른 구원의 기회(second chance post mortem)가 있다는 주장과 죽은 영혼이 이 지상에 돌아올 수 있는가하는 문제, 그리고 사후에 영혼

---

[38] 이상원, 『인간론과 종말론 강의안』, 83. 한편 이교수는 중간기 상태 동안 영혼이 더욱 더 진보할 가능성에 대해는 거부한다.

[39] Hoekema, *The Bible and the Future*, 108: "Therefore the condition of believers during the intermediate state, as Calvin taught, is a condition of incompleteness, of anticipation, of provisional blessedness."

[40] 이상원, 『인간론과 종말론 강의안』, 83-84. 벌코프와 박형룡은 스올의 용례를 죽음의 상태, 무덤, 그리고 형벌받는 장소로서 지옥 등 세 가지로 정리하지만(Berkhof, *Systematic Theology*, 684-686; 박형룡, 『교의신학 - 내세론』, 138-140), 벌코프의 제자 후크마의 경우는 구약의 용례를 살펴서 형벌의 장소로서의 의미는 구약에 없다고 주장한다(Hoekema, *The Bible and the Future*, 96-99).

[41] 이상원, 『인간론과 종말론 강의안』, 84-89. 벌코프는 로마교회 중간기 거처론에 대해 간략하게 다루고(Berkhof, *Systematic Theology*, 686-688), 죽산은 자세하게 다루어주고(박형룡, 『교의신학 - 내세론』, 141-149), 후크마의 경우는 별도의 논의를 하지 않는다. 이교수는 벌코프와 죽산의 노선에 서서 비판한다.

[42] 이상원, 『인간론과 종말론 강의안』, 90-95.

은 귀신으로 존재하는가 등의 문제에 대해서도 비판적으로 검토한다.[43] 이교수는 사후의 영혼들에 대해 의식이 있을 뿐 아니라 활동적이다고 말한다. 그는 성경적인 근거위에서 다음과 같이 적시해준다.

> 신자들은 사후에 당위의 수고를 그치지만, 하늘에서는 지상에서와는 다른 일이 주어진다. 성도들의 영혼은 하나님의 보좌와 어린 양 앞에 서서 (계 7:9, 15) 부르짖고, 탄원하고, 찬양하고 예배한다(계 6:10, 7:10, 22:17).[44]

우리는 이상원 교수의 개인적 종말론을 간략하게 살펴보았다. 그의 논의는 성경 본문들과 주요 개혁주의 신학자들의 저술에 근거하고 있으며, 그의 논의 과정은 신중하고, 결론은 개혁파적이다. 한 마디로 요약해 본다면 죄의 결과 죽음이 들어왔고, 육적 죽음 후에도 영혼은 생존하며, 사후 영혼은 천국과 지옥 외에는 다른 거처가 없음을 분명하게 적시했다.[45]

III. 일반적 종말론

앞서 말한대로 이상원 교수의 종말론은 개인적 종말론과 일반적 종말론으로 양분되어 있다. 이제 우리는 이교수의 일반적 종말론을 개관해 보려고 한다. 이교수는 논의를 다섯 부분으로 나누어 제시하는데, 1. 재림, 2. 천년왕국론, 3. 죽은 자의 부활, 4. 최후 심판, 5. 최후 상태 등이다. 우리는 이러한 분류에 따라 논의를 전개해 보고자 한다.

---

[43] 이상원, 『인간론과 종말론 강의안』, 96-101.
[44] 이상원, 『인간론과 종말론 강의안』, 96.
[45] 우리는 이 개인적 종말론 주제와 관련하여 고후 4:17-5:10에 관한 이상원 교수의 강해도 참고해 볼 필요가 있다(이상원, 『질그릇 안에 있는 보배』 [서울: 솔로몬, 2018], 201-232).

1. 재림

이상원 교수는 예수 그리스도의 재림에 대해서는 구약(단 7:13, 14)을 통해서도 예언되었으나, 신약성경에서 본격적으로 예언되었음을 적시함으로 논의를 시작한다. 그에 의하면 재림의 "구체적인 시점"에 대해서 성경은 침묵한다는 점을 분명히 한다. 이렇게 재림 시기를 알려주지 않으시고 불시에 오실 것을 예고하신 것은 우리들로 하여금 "영적으로나 도덕적으로 항상 깨어 있어야 한다는 윤리적 권고의 신학적 근거"가 된다는 점도 초두에 명시한다.[46] 또한 신약 본문들 중에 재림의 임박성과 지연에 대해 말하는 구절들을 어떻게 조화시킬 것인가라는 난제를 다루면서, 이교수는 재림전에 많은 사건들이 일어날 것을 말하는 본문이 "재림의 시기를 생각할 때 우선적인 권위를 갖는 규범적인 본문들"이라고 주장한다. 따라서 재림의 임박함에 대한 본문도 "그 강조점이 시간에 있는 것이 아니라 확실성"에 있는 것이라고 말한다.[47]

이교수는 재림 전에 일어날 사건들로서 다섯 가지의 내용을 제시한다. 첫째, 복음이 온 세상에 전파되는 것(마 24:14)인데, 이것은 "적어도 모든 이방인들에게 복음을 들을 수 있는 기회가 제공될 것이며, 이 과정에서 많은 이방인들이 회개하고 돌아오는 정도의 사건이 있게" 될 것을 의미한다고 설명한다.[48] 둘째, 이스라엘 전체의 회심 사건(롬 11:26)으로, 이교수는 죽산 박형룡과 정암 박윤선의 견해를 따라 "역사상의

---

[46] 이상원, 『인간론과 종말론 강의안』, 102. 자세한 설명은 "재림의 시기와 재림을 준비하는 성도들의 바른 삶의 자세"라는 제목이 붙은 살전 5:1-11에 대한 이교수의 강해(이상원, 『주의 날이 이를 때에』 [서울: 한국성경교육연구소, 2000], 103-108)와 막 13장 감람산 강화에 대한 이교수의 강해(이상원, 『인간론과 종말론 강의안』, 144-152) 등을 보라.

[47] 이상원, 『인간론과 종말론 강의안』, 102-103. 이 주제와 관련하여서는 Gerrit C. Berkouwer, *The Return of Christ*, trans. James van Oosterom (Grand Rapids: Eerdmans, 1972), 65-95; Hoekema, *The Bible and the Future*, 109-128 등을 참고하라.

[48] 이상원, 『인간론과 종말론 강의안』, 104.

어느 한 시점에 존재하게 될 이스라엘 민족 전체가 한 차례 모두 구원받는 것을 묘사"하는 것이라고 생각한다.[49] 셋째, 대배교(살후 2:3, 딤전 4:1, 딤후 3:1-5)와 대환란(마 24:29-30)이 재림 직전에 일어날 것이며, 세대주의자들의 견해와 달리 교회도 면제되지 않고 참여하게 될 것이다.[50] 넷째, 적 그리스도의 출현이 있을 것인데, "하나의 원리 혹은 세력(사탄의 세력)으로서 이미 성경이 기록되던 시대에도 활동하기 시작했으며, 종말을 향하여 갈수록 큰 권능을 발휘하게 될 것인데, 최후에는 어느 한 인물에게로 집중될 것으로 보는 것이 견실한 해석"이라고 이교수는 설명한다.[51] 다섯 번째, 재림전에 있게 될 "재난의 시작으로서 전쟁, 흉년, 지진, 거짓 선지자의 등장과 같은 자연적인 사건들"이 일어날 것이고, 재림의 때가 임박하게 되면 "현재의 하늘의 일월성신에 비상한 변화가 일어날 것"인데 이교수는 이것이 "하나님의 기적적인 활동에 의하여 일어나는 비상한 사건들"로 보아야 한다고 주장한다.[52]

이러한 재림의 징조들에 대해 다룬 후에 이교수는 재림 자체에 대해 논의를 전개한다. 먼저는 재림의 시기를 다루는데, 시기 문제는 어떤 천년기론을 취하느냐와 대환난에 대하여 어떤 입장을 취하느냐에 따라 달라진다는 점을 지적한다.[53] 천년기와 관련해서는 천년기전 재림론, 천년기 후 재림론, 그리고 무천년설 등의 입장이 있고, 대환난과 관련

---

49 이상원, 『인간론과 종말론 강의안』, 104-105. 이상원 교수는 역사 가운데 구원받은 이스라엘 총수를 가르친다고 해석하는 루이스 벌코프의 견해와 자신의 입장이 상호 충돌한다기 보다는 조화될 수가 있는 입장들이라는 점을 말하는 점에서 특이한 사유를 보여주기도 한다. 필자는 죽산, 정암, 이상원 교수 등의 입장과 관련하여 이전에 충분히 논의를 한 바가 있다(이상웅, "'그리하여 온 이스라엘이 구원을 얻으리라'- 유대인의 미래적 회복에 관한 죽산 박형룡의 입장 고찰과 신학적인 평가," 『신학지남』 84/4 [2017]: 153-191).
50 이상원, 『인간론과 종말론 강의안』, 105.
51 이상원, 『인간론과 종말론 강의안』, 106-107. 대배교와 적 그리스도에 관련된 살후 2:1-17에 대한 이교수의 상세한 설명은 이상원, 『주의 날이 이를 때에』, 139-155를 보라(또한 이상원, 『인간론과 종말론 강의안』, 118-125를 보라).
52 이상원, 『인간론과 종말론 강의안』, 107.
53 이상원, 『인간론과 종말론 강의안』, 107.

해서는 세대주의자들처럼 대환난전 재림론(즉, 공중 비밀 강림)과 대환난후 재림론(역사적 전천년설)이 있는데 이교수는 특히 세대주의자들의 대환난전 재림론을 비판한다.[54] 이 부분에서 이교수는 자신의 입장이 역사적 전천년설이고, 대환란후 재림론임을 명시적으로 보여주기 시작한다. 즉, "천년기전 재림론은 계시록 20장에 있는 선명한 진술에 근거하여 신자의 부활과 불신자의 부활 사이에 1000년의 간격을 설정한다"는 주장을 통해서 그렇게 한다.[55] 이교수는 세대주의자들이 이중재림(공중강림과 지상재림)을 주장한 것에 대하여 그 근거들을 자세히 살펴서 "비성경적인 사색이 개입된" 것이라는 점을 비판하여 적시해 준다.[56] 재림의 방식에 대하여서는 벌코프와 죽산 박형룡의 노선에 따라 "인격적, 육체적, 가시적, 갑작스러운, 영광스럽고 승리에 찬, 그리고 종말적이고 완성적인 강림"이 될 것임을 상술한다.[57]

2. 천년왕국론

이제 우리는 종말론의 전체 구조와 방향을 결정짓는 중심주제라고 할 수가 있는 천년왕국론(Millennialism or Chiliasm)에 대한 이상원 교수의

---

[54] 이상원, 『인간론과 종말론 강의안』, 108-109. 재림과 대환난의 관계에 관한 세 가지 입장을 잘 정리해 주고 있는 Craig Blaising, Alan Hultberg, and Douglas J. Moo, *Three Views on the Rapture: Pretribulation, Prewrath, or Posttribulation*, 김석근 역, 『휴거 - 세 가지 견해 : 환란 전, 진노 전, 환란 후』 (이천: 성서침례대학원대학교출판부, 2019)를 보라.

[55] 이상원, 『인간론과 종말론 강의안』, 110.

[56] 이상원, 『인간론과 종말론 강의안』, 110-112. 세대주의자들이 공중 강림과 비밀 휴거와 관련하여 표준적인 본문으로 주장하곤 하는 살전 4:13-18에 관한 이교수의 자세한 강해를 참고하라(이상원, 『주의 날이 이를 때에』, 95-102; 이상원, 『인간론과 종말론 강의안』, 113-116).

[57] 이상원, 『인간론과 종말론 강의안』, 112. 박형룡, 『교의신학 - 내세론』, 214-219; Berkhof, *Systematic Theology*, 704-706). 후크마는 재림이 "인격적이고, 가시적이며, 영광스러운 강림"일 것이라고 간략하게 설명한다(Hoekema, *The Bible and the Future*, 171-172).

논의를 살펴보게 된다.⁵⁸ 이교수는 요한계시록 20장 1-6절에 근거하여 천년왕국에 대한 세 가지 입장이 존재함을 명시하는데, 그의 논의 순서는 천년기 후 재림론, 무천년기 재림론, 천년기 전 재림론으로 진행된다.

이교수는 먼저 천년기 후 재림론(Postmillennialism)을 검토한다. 그는 이 입장에 대해 "천년왕국이 별도로 존재한다는 것을 인정하면서 이 왕국이 재림보다 앞선다고 믿는 학설"이라고 정의내리고, "재림이 있기에 앞서서 여호와를 아는 지식이 세계에 편만해지고 평화로운 통치가 이루어질 것(사 11:9)"이라고 설명해 준다.⁵⁹ 이 학설을 주장한 이들로는 19세기 미국의 장로교 신학자들이나 현대의 뵈트너 등을 들고 있는데, 이교수는 티코니우스와 아우구스티스도 지지자 명단에 포함시켰다.⁶⁰ 이교수는 후천년설도 "교회의 선교 노력을 매개로 한 성령의 초자연적인 영향을 통하여 천년왕국이 이루어진다고 주장"하는 보수적 입장과 "점진적인 진화의 과정을 거쳐서 이루어진다고 주장"하는 자유주의 입장으로 양분됨을 잘 설명해 준다.⁶¹ 이교수는 후천년설에 대해 개요적으로 잘 소개한 후에 "천년기 후 재림론이 넘어야 할 난관들"에 대해서도 자세하게 서술한다. 우선 근본적으로 이 학설은 "이 세상이

---

58 천년왕국 문제는 종말론에 있어서 대단히 중요하면서도 논쟁이 극렬한 주제이다. 세 너 가지 입장에 대한 논의를 잘 정리하고 있는 Robert G. Clouse (ed.), *The Meaning of the Millennium*, 권호덕 역, 『천년왕국』 (서울: 성광문화사, 1980); Craig A. Blaising, Kenneth L. Gentry, and Robert B. Strimple, *Three Views on the Millennium and Beyond*, 박승민 역, 『천년왕국이란 무엇인가』 (서울: 부흥과개혁사, 2011) 등을 참고하라.
59 이상원, 『인간론과 종말론 강의안』, 127.
60 이상원, 『인간론과 종말론 강의안』, 127. 박형룡은 아우구스티누스의 종말론이 "사실상 천년기 후론과 무천년기론의 요소들이 아울러 발견되기 때문에 두 편이 다 그의 권위에 호소하는 터이다"라고 말해주는데(박형룡, 『교의신학 - 내세론』, 234-235), 아우구스티누스의 De Civitate Dei XX. 6-9(김광채 역, 『신국론 18권-22권』 [서울: 아우름, 2018], 237-259)에 의하면 분명히 무천년설이라고 할 수가 있다. 김광채에 의하면 튀코니우스 역시도 시한부 종말론을 말하기는 하나 무천년설이었다(김광채, "튀코니우스와 어거스틴," 「국제신학」 14 [2012]: 97-111).
61 이상원, 『인간론과 종말론 강의안』, 127-130. 박형룡, 『교의신학 - 내세론』, 238-245.

점차 개선되어서 자연스럽게 바람직한 이상세계를 형성하게 된다는 낙관주의적인 역사관"을 가지고 있다는 것이 문제인데, 그들이 말세에 대해 낙관적으로 생각하는 것과 달리 성경은 배교와 대환난에 대해서 명시적으로 말하고 있다는 점과 그들의 증거제시와 달리 "오늘날 이 세계의 상황은 결코 영적이고 도덕적인 차원에서 긍정적인 방향으로 진전되어 가고 있다고 보기 어려운" 점을 들어 비판한다. 또한 지상명령에 관련된 본문(마 28:18-20) 역시도 "당위를 규정한 규범적 선언일 뿐, 상태의 묘사가 아니"라고 정해해준다.[62]

이상원 교수가 두 번째로 다룬 입장은 무천년기 재림론(Amillennialism)이다. 이교수는 많은 개혁주의 학자들이 이 입장을 주창하고 있다는 점을 인정하면서, 이 입장은 "문자적인 의미의 천년왕국이 별도로 존재하는 것을 부인하면서 예수님의 재림에 의하여 현세가 끝이 나면 바로 영원한 하나님의 나라가 시작"된다고 말한다고 소개해준다.[63] 이교수는 또한 이 입장에 의하면 "천년왕국이 그리스도의 초림과 재림 사이의 기간 동안 육체를 떠난 영혼들이 하늘에서 그리스도와 함께 영적으로 왕노릇"하는 것을 가리킨다는 점도 명시적으로 말해준다. 또한 그는 무천년기론에 의하면 "이 세상이 점점 향상되어 마침내 온 세계가 기독교화된다는 낙관적인 세계해석을 지양"한다는 점과 "재림전의 기간에 세계가 기독교화되고 유대인들이 모두 회심한다는 주장에 대해" 의문시하고 오히려 "이 기간 동안에 적그리스도가 등장하는 대환난이 있을 것을 적극적으로 말"해준다는 점을 적시한다.[64] 이러한 소개

---

[62] 이상원, 『인간론과 종말론 강의안』, 130-132. 20세기의 후천년설의 대변자인 로레인 뵈트너가 제시한 다섯 가지 논거에 대한 이교수의 반박도 보라(132).

[63] 이상원, 『인간론과 종말론 강의안』, 133. 이교수는 무천년기론을 주창하는 학자들로 벌코프, 후크마, 바빙크 등을 언급한다.

[64] 이상원, 『인간론과 종말론 강의안』, 133. 이교수는 안토니 후크마의 무천년기 재림론의 구도를 약술해서 소개한다(134-135). 천년왕국에 대한 후크마의 자세한 논의는 Hoekema, *The Bible and the Future*, 173-238을 보라.

후에 이교수는 역시 "무천년기 재림론이 넘어야 할 난관들"에 대해 조목 조목 제시를 한다. 어거스틴이나 칼빈을 현대적 구분법에 따라 무천년설로 속단하는 것은 시대착오적이라는 것, 예언의 성취로 이해하기 쉬운 완료형(perfect)은 미래에 "반드시 그리고 의문의 여지없이 일어날 사건"에 대해 쓰였다는 점, 요한계시록은 무천년설자들의 주장과 달리 그 "중심적 사건들은 역사적 순서에 따라 기록된 것"이라는 점, 사탄을 무저갱에 가두는 것을 초림 때 성취된 것으로 해석하는 것은 "초림 이후 전개된 역사적 경험과 들어맞지 않는다"는 점 등이다.[65] 이교수는 이러한 일반적인 난관들에 대한 비판을 마치고도, 주요 주창자인 헤르만 바빙크의 천년기전 재림론에 대한 무천년설적 비평을 되받아 논박하기도 한다.[66]

마지막으로 이상원 교수가 다루는 입장은 천년기 전 재림론(Premillennialism)이다. 그는 이 입장아래 역사적 천년기 전 재림론(Historic Premillennialism)과 세대주의적 천년기 전 재림론(Dispensational Premillennialism)을 구분한다.[67] 이교수는 먼저 세대주의 전천년설에 대해 소개하고 이 입장이 넘어야 할 난관들에 대해 말한다. 이 학설이 주장하는 바 교회와 이스라엘의 엄격한 구별, 이중 재림설, 왕국 연기설, 7년 대환난 전에 성도들이 공중휴거하여 환난에 참여하지 않는다는 것

---

[65] 이상원, 『인간론과 종말론 강의안』, 135-138.
[66] 이상원, 『인간론과 종말론 강의안』, 138-139. 이교수는 너덜란드 유학 시절부터 참고하곤 했던 화란어 원본을 인용하며 비판한다(Herman Bavinck, *Gereformeerde Dogmatiek*, 4vols. 2nd ed. [Kampen: Kok, 1928-1930], 4: 639-664).
[67] 이상원, 『인간론과 종말론 강의안』, 139. 벌코프는 전천년설 내의 구분을 하지 않고 한 꺼번에 비판하지만(Berkhof, *Systematic Theology*, 710-716), 박형룡과 박윤선에 이르러 국내에서는 역사적 전천년설과 세대주의 전천년설이 명시적으로 구분되어 사용되기에 이르며, 역사적 전천년설이 개혁주의 신학 체계와 양립가능함을 굳세게 믿었다(Pak, Ungkyu, "From Fear To Hope : The Shaping of Premillennialism in Korea, 1884-1945" [Ph. D. dissertation, Westminster Theological Seminary, 1998], 340-356).

과 같은 주장들은 성경적인 근거가 없는 것임을 분명하게 밝힌다.[68] 특히 구약의 유대 왕국을 "율법 나라와 시대"라고 보고, 신약 교회를 "은혜의 나라와 시대"라고 잘못 해석하는 세대주의 주장에 대하여 이교수는 다음과 같이 논박한다.

> 신구약 모두 은혜→율법 곧 '율법은 은혜에 대한 감사의 표현'이라는 구도가 유지된다. 그리스도를 통한 구원의 약속은 이미 아담과 하와에게 주어졌다(창 3:15). 이 말은 향후 인류의 어느 시대도 구속의 은혜가 결여된 시대는 없었다는 뜻이다 … 모세의 율법도 출애굽의 구속은혜를 이미 받은 이스라엘 백성들에게 필요한 생활지침으로 주어졌다.[69]

이제 마지막으로 이교수는 자신이 속한 입장인 역사적 천년기 전 재림론에 대해 소개한다. 일반적인 전천년설의 구도를 먼저 소개해 주는데 좀 단순화 시켜 보자면 역사의 종말에 모든 민족에 대한 전도가 있고 대배도와 대환난 그리고 불법의 사람의 출현이 이어지고, 주님의 재림과 지상 천년왕국이 있고, 그 끝에 곡과 마곡의 반란이 일어나게 되지만 진압되며, 죽은 불신자들의 부활이 있은 후에 최후심판과 신천신지의 도래가 있을 것이라고 하는 것이다.[70] 이교수는 이어서 "역사적 전년기 전 재림론이 넘어야 할 난관들"도 소개하고 있어 일견 보기에 놀라기까지 하다. 하지만 논의를 잘 읽어보면 이교수는 역사적 전천년설에 대해 제기된 반론들을 주목하고 자신의 입장에서 논박을 하고 있다. 지나친 문자주의도 문제이지만 지나친 영해도 문제라는 점, 두 번

---

68 이상원, 『인간론과 종말론 강의안』, 139-142. 이교수는 왕국연기설을 비판하면서 "예수님은 신정국의 회복을 의도하신 일이 없고 다만 신정국이 예표하는 영적 실재의 도래에 관심이 있었을 뿐"이라고 말하거나 "예수님이 지상에 오셨을 때 이미 왕국은 현실 속에 임"한 것이라고 적시하기도 한다.
69 이상원, 『인간론과 종말론 강의안』, 141-142.
70 이상원, 『인간론과 종말론 강의안』, 142. 이교수는 조지 E. 래드가 제시한 도식도 소개한다.

의 부활에 대한 성경적 근거가 빈약하다는 것에 대해 "천년의 간격을 적극적으로 시사하지도 않지만 부인하지도 않는다"는 점, 한 본문(계 20:1-6)에만 근거해서 천년왕국을 말한다는 비판에 대해서는 "사실상 천년기 전 재림론에 의하여 설명될 수 없거나 적절히 대처될 수 없는 성경 인용 구절은 없다"고 반박한다.[71]

이처럼 천년기론에 관련하여 이상원 교수는 총신의 전통을 따라 역사적 전천년설의 입장을 명시적으로 취하는 것을 확인했다.[72] 이교수는 네 가지의 입장을 간략하게 소개하고, 각 입장이 가지고 있는 문제점들을 열거하고, 자신이 속한 역사적 전천년설에 대해 제기되는 비판들에 대해서도 다루되 일일이 논박하여 결과적으로는 역사적 전천년설이 가장 성경적인 입장이라고 하는 자신의 입장을 더욱더 강변한다.[73]

3. 죽은 자의 부활

그리스도의 재림 후에 일어날 중요한 사건 중 하나는 죽은 자의 부활(the resurrection of the dead)이다. 이상원 교수는 천년왕국론 이후에 죽은 자의 부활을 다룬다. 논의를 시작하면서 부활교리의 중요성과 의의를 다음과 같이 상술해 준다.

---

[71] 이상원, 『인간론과 종말론 강의안』, 143-144. 이교수는 재림에 대한 예언이 주후 70년 예루살렘 멸망시에 다 성취되었다고 해석하는 과거주의(preterism)에 대해서도 간단하게 소개하고 비판한다(144).

[72] 죽산 박형룡과 총신 조직신학자들의 천년기에 대한 입장은 이상웅, "죽산 박형룡과 구례인의 천년기론에 대한 연구,"「개혁논총」 38 (2016): 177-207과 "죽산 박형룡 이후 총신 조직신학자들의 천년기론,"「성경과 신학」 80 (2016): 103-132에서 정리했다. 필자의 연구 결과에 의하면 총신 조직신학 전통은 지난 70년 동안 역사적 전천년설과 무천년설이 양립해 왔다.

[73] 이 점에서 필자의 입장은 이교수와 달리 무천년설의 입장에 굳게 서있음을 밝힌다(이상웅,『개혁주의 종말론에 기초한 요한계시록 강해』 [서울: 솔로몬, 2019]). 그러나 적어도 개혁주의 진영에서는 역사적 전천년설과 무천년설을 상호간에 부단한 대화를 통해 서로의 장점과 약점을 보완할 필요가 있다고 생각한다.

부활교리는 초대교회 뿐만 아니라 모든 기독교 전도의 핵심적인 소식이며, 신약의 중심제목으로서, 영원히 살고 싶어하는 인간의 궁극적인 소망을 충만하게 채워주는 복음이며, 슬픔과 고통으로 얼룩진 짧은 한 평생을 살아가는 인생들을 위로하는 복음이다. 부활은 철저하게 그리스도를 중심에 둔 사건이다. 다시 말해서 신자의 부활은 그리스도께서 잠자는 자들의 첫 열매가 되셨다는 고린도전서 15장 20절의 말씀처럼 그리스도의 부활에 의하여 보장되고 '그리스도와 함께 일으키사'라는 에베소서 2장 6절 말씀처럼 그리스도와 더불어 일어난다.[74]

이교수는 부활에 대해 세 주제로 나누어 설명한다. 첫 번째 주제는 부활의 성경적 근거 제시이다. 그는 구약의 본문들(출 3:6; 시 49:15; 욥 19:26; 단 12:2; 겔 27:1-14)과 신약의 증거 본문들(요 5:29, 6:39, 40, 54; 롬 8:11; 고전 15장)을 제시한다.[75] 두 번째로 부활의 성질에 대해서는 부활이 삼위일체 하나님의 사역이라는 점, 현재의 몸과 부활체간에는 동일성과 아울러 질적인 변화를 동시에 보여준다는 점,[76] "부활시의 몸의 형체는 현세에 존재할 때의 형체와 동일한 형체"이라는 점 등을 제시하고, 이러한 사실들에 근거하여 "부활은 두 번째의 새로운 창조라고 보기 보다는 재창조(eene herschepping)이라고 보는 것이 적절한 판단"이라고 적시한다. 아울러 이교수는 신자만 아니라 불신자도 부활할 것을 명시한다.[77] 이교수는 부활장으로 유명한 고린도전서 15장 35-58절에 대한

---

[74] 이상원, 『인간론과 종말론 강의안』, 153.
[75] 이상원, 『인간론과 종말론 강의안』, 153-154.
[76] 현재의 몸과 부활체의 동일성 문제를 분명히 긍정하면서도 이교수는 "구체적으로 어떻게 동일성이 유지될른지는 신비에 속한 문제로서 그 때에 가봐야 알 수 있을 것"이라고 말한다(154). 이 주제와 관련하여 개혁주의 고백문서들의 입장을 정리한 글들로 이상웅, "웨스트민스터 신앙고백서의 종말론." 「한국개혁신학」 44 (2014): 161-163와 "벨직신앙고백서의 역사적 배경과 37조에 담긴 종말론." 「개혁논총」 38 (2015): 127-128 등을 보라.
[77] 이상원, 『인간론과 종말론 강의안』, 154-155.

강해 부분을 전면 인용하여 부활체의 성질에 대한 논의를 보강해 주기도 한다.[78]

부활에 대한 마지막 논의는 부활의 시기에 대한 논의인데, 이교수는 무천년설을 취하느냐 전천년설을 취하느냐에 따라 부활 시기 이해가 달라진다고 밝힌다. 무천년기론에 의하면 신자나 불신자나 모두 동시적으로 부활(일반 부활)한다는 입장을 취하게 되지만, 전천년설에 의하면 천년왕국을 중심으로 해서 이중 부활론을 주장하게 된다. 즉, 천년왕국 전에 신자들의 부활 사건이 먼저 일어나고, 천년왕국이 끝나고 나서야 악인들의 부활이 일어나게 된다고 하는 것이다.[79] 이교수는 이러한 이중부활론을 주창하는데, 그 근거로 여러 성경구절들(계 20:4-6; 고전 15:22-24)을 제시한다. 심지어 동시적 부활을 지지하는 것처럼 보이는 본문들(단 12:2; 요 5:28, 29; 행 24:15) 조차도 "신자와 불신자의 부활 사이에 천년의 간격을 두는 것을 지지 하지 않지만, 그렇다고 해서 배제하지도 않는다"라고 해설한다.[80]

4. 최후 심판

몸의 부활 사건 다음에 오는 사건은 최후 심판인데, 이교수는 논의 초두에서 칭의와 최후 심판의 차이를 구별지어 설명함으로 시작한다. 즉, 칭의는 성도와 하나님 사이에 "은밀하게" 진행된 의인으로 판단 받는 것이라면, 최후 심판 때에는 "칭의 사건 때 이미 결정된 판결의 결과가 구름과 같은 증인들 앞에서 만천하에 공개적으로 선언"되는 차이

---

[78] 이상원, 『인간론과 종말론 강의안』, 155-168(이상원, 『십자가에서 아가페로』 [서울: 솔로몬, 2016], 817-84)).
[79] 이상원, 『인간론과 종말론 강의안』, 168-169.
[80] 이상원, 『인간론과 종말론 강의안』, 169.

인 것이다.⁸¹ 최후 심판에 대한 이교수의 논의는 여덟 가지 세목으로 구성되어 있는데, 첫 주제는 최후 심판이 신자에게 주는 교훈에 대한 것이다. 신자들의 언행심사도 최후 심판의 대상이라는 사실을 생각하면 "신자들은 보다 엄숙하고 진지한 태도로 현세의 삶을 영위"하게 되며, 죄인의 경우는 "회개하도록 자극"을 받고, 상선벌악의 때가 온다는 생각을 할 때에 "수난 받는 신자들에게 위안을 주며, 신자들의 선행을 격려"한다고 설명한다.⁸² 이처럼 이교수는 최후 심판 교리의 실천적 용도(usus practicus)를 밝히는 일로부터 무거운 주제에 대한 논의를 시작한 것이다.

두 번째로 심판의 성질을 논의한다. 하나님은 현세에서도 심판을 하곤 하시지만 역사 안에는 여전히 많은 불의한 사건들이 벌어지고 있는데 최후 심판은 "온갖 불의한 일들에 대한 하나님의 결정적인 답변"인 것이다. 이러한 최후 심판은 "장래에 일정한 시기에 나타날 외면적이고 유형적이며 일시적인 사건"이다.⁸³ 세 번째로 이교수는 최후 심판의 실재성에 대한 여러 가지 오해들을 검토하고 성경적으로 논박한다. 특히 왜 신자들에게 최후 심판이 필요한지에 대해서 다음과 같이 분명하게 해설해준다.

> 각 사람의 심판은 은밀하나 최후의 심판은 공개적이며, 각 사람의 심판은 영혼에만 관계하나 최후의 심판은 육신에도 관계될 것이며, 각인의 심판은 각 개인에게만 관계되지만 최후의 심판은 모든 사람들에게 적용된다.⁸⁴

---

81 이상원, 『인간론과 종말론 강의안』, 170.
82 이상원, 『인간론과 종말론 강의안』, 170. 또한 이상원, 『21세기 사도신경 해설』, 176과 『질그릇 안에 있는 보배』, 228-232에 있는 평신도들을 위한 강론들을 보라.
83 이상원, 『인간론과 종말론 강의안』, 170.
84 이상원, 『인간론과 종말론 강의안』, 171.

넷째로 이교수는 심판자와 심판 조력자에 대해 논의한다. 심판은 원래 "삼위 하나님의 사역"이지만, 그리스도에게 위임되어졌다는 점을 이교수는 명확히 밝힌다. 이렇게 최후 심판자의 권한을 맡기신 이유는 "십자가 위에서 죽기까지 순종하심으로써 구속 사역을 완성하시고 성부께 순종하신 행위에 대한 성부 하나님의 보상으로 주어진 영예"라고 설명한다.[85] 한편 심판의 협조자들로는 선한 천사들과 성도들을 들고 있다. 이교수는 성도들이 어떤 양식으로 어떤 정도로 심판에 참여하는지에 대해서 "정확하게 갈하기 어렵다"는 점을 긍정한다.[86]

또한 심판의 대상들에 대해서는 악한 천사들과 전인류가 포함될 것이라고 밝힌다. 특히 신자들도 심판에 참여하는 것은 "심판시에 … 자기가 지은 죄를 고백함과 동시에 자기가 행한 선행에 대한 상급"을 받기 위해서라고 해명해준다.[87] 심판의 시기에 관해서 이교수는 "죽은 자가 부활한 직후"에 확실하게 있을 것이며 "심판 직후에 신천신지가 완전히 나타날 것"이라고 짧게 제시한다. 심판의 표준에 관해서는 각자가 받은 "하나님의 계시하신 뜻"에 대한 지식에 따라 심판이 이루어질 것을 말해준다. 물론 천국에 들어가는 조건은 "그리스도의 의로 옷입었는가"가 될 것이다.[88] 그리고 이 대목에서 늘 논란이 되는 주제인 신자가 선행에 근거하여 구원을 받는 것처럼 표현된 구절들에 관한 문제[89]에 대해, 윤리학자이기도 한 이교수는 다음과 같이 선명하게 답변해 준다.

---

85 이상원, 『인간론과 종말론 강의안』, 171. 죽산은 그리스도에게 심판권에 주어진 이유에 대해 "비하에 대한 상, 성육신에 대한 상, 대속에 대한 상, 승귀로 나타난 상" 등으로 나누어 구체적으로 설명해준다(박형룡, 『교의신학 - 내세론』, 324-326).
86 이상원, 『인간론과 종말론 강의안』, 172.
87 이상원, 『인간론과 종말론 강의안』, 172.
88 이상원, 『인간론과 종말론 강의안』, 172-173.
89 이 주제에 관련하여 제시되는 네 가지의 주요한 견해에 대해서는 Robert N. Wilkin e. a. *Four Views on the Role of Works at the Final Judgment*, 김귀탁 역, 『최후 심판에서 행위의 역할 논쟁 - 구원과 심판에 관한 네 가지 관점』 (서울: 새물결플러스, 2019)을 보라.

성도들의 경우에는 선행 그 자체가 이미 구원의 과실이요, 선행도 그리스도의 전가된 공로의 영향권 안에 있는 것으로서, 하나님 앞에 내세워지는 그리스도의 공로는 이미 그 안에 성도의 행실 전체를 포괄하고 있는 것이다. 여기서 말하는 선행은 물론 사랑의 동기에서 행한 행동을 뜻한다.[90]

5. 최후 상태

최후심판에서 하나님의 판결이 공개적으로 선언되면 이어지는 것은 판결의 집행이라고 할 수가 있다. 그 결과 의인은 신천신지로 들어가 영원히 살고, 악인은 지옥(게헨나)으로 들어가 영원한 형벌을 받게 된다는 것이 성경적인 최후 상태론이다. 이상원 교수의 종말론의 강의의 마지막 주제도 바로 이 최후 상태에 대한 것이다. 이교수는 먼저 악인의 최후 상태에 대해 다루고, 이어서 의인의 최후 상태에 대해 다룬다.

이교수는 악인이 들어갈 최후 거처를 지옥(Gehenna)이라고 밝히며 여러 성경구절들을 제시한다.[91] 악인이 받게 되는 벌에 대해 구체적인 설명을 다음과 같이 제시하기도 한다.

> 악인은 하나님의 은총이 전혀 없고, 죄의 완전한 지배와 이에 따른 생활상의 혼란, 육신과 영혼의 극심한 고통과 고난, 양심의 가책, 고뇌, 절망, 비탄, 이를 갊 등과 같은 상태에 처하게 된다.[92]

그리고 악인들이 받는 벌에 있어서 차등이 있을 것도 밝힌다.[93] 또한

---

90 이상원, 『인간론과 종말론 강의안』, 173. 또한 Herman Bavinck, *Reformed Dogmatics*, 4 vols. trans. John Vriend (Grand Rapdis: Baker, 2003-2008), 4:700-701을 보라.
91 이상원, 『인간론과 종말론 강의안』, 174.
92 이상원, 『인간론과 종말론 강의안』, 174.
93 이상원, 『인간론과 종말론 강의안』, 174.

이교수는 악인들의 형벌은 영원한 형벌(eternal punishment)이 될 것이며, 최후 심판 이후에는 더 이상의 구원의 기회가 없다는 점을 분명하게 밝힌다.[94]

두 번째로 이교수는 의인의 최후 상태에 대해 다루는데, 그러한 최후 상태가 오기 전에 "먼저 현재의 세상이 사라지고 새로운 창조가 있게 될 것"이라고 언명한다.[95] 이교수는 첫 창조와 새창조의 관계에 대한 문제를 다루는데, 개혁주의 신학자들의 일반적인 주장대로 만물 갱신론을 본인의 입장으로 제시한다. 이교수는 그 논거로서 첫 창조는 멸절이 아니라 "죄로 말미암아 왜곡된 창조세계를 혁신적으로 새롭게 한다는 생각이 더 자연스럽다"는 점, 신체의 부활과 신천신지의 유추적 관련성, 신(新)이라는 헬라어 단어 네오스(neos)가 "이미 존재하는 것이 새로운 면모를 띠고 나타나는 것을 가리킨다"는 점 등을 제시한다.[96] 그리고 이교수는 죽산 박형룡의 견해에 따라 "거처로서의 천당"에 대한 논의를 전개한다. 즉, 성도들이 영원히 살 천당은 "일정한 공간을 가진 하나의 거처"라는 것이다. 계시록에서는 천당을 새 예루살렘으로 표현하고 있다고 보고, 새 예루살렘에 대한 성경의 기술을 천당에 대한 기술로 받아들인다. 그에 따르면 천당에는 동물계도 존재할 수가 있다고 한다.[97] 또한 이교수는 의인이 받는 상급의 성질에 대해서 논의하면서 칸트의 의무윤리를 비판하고, "성경은 보상의 약속을 중요한 행동의 동

---

94 이상원, 『인간론과 종말론 강의안』, 174-176. 이교수는 가설적 보편주의(hypothetical universalism)에 대해서 소개하고, 이에 대해 조목 조목 비판을 한다. 이에 대해서는 Bavinck, *Reformed Dogmatics*, 4:704-706도 보라.
95 이상원, 『인간론과 종말론 강의안』, 176.
96 이상원, 『인간론과 종말론 강의안』, 177. 개혁주의적 만물갱신론에 관한 포괄적인 논의는 이상웅, "'새 하늘과 새 땅'(계 21:1-8)에 대한 개혁주의적 이해와 설교," 「한국개혁신학」 49 (2016): 8-38을 보라.
97 이상원, 『인간론과 종말론 강의안』, 177-178; 박형룡, 『교의신학 - 내세론』, 359-365; 신복윤, 『종말론』, 416-418. 이상웅, "'새 예루살렘'(계 21:9-22:5)에 대한 개혁주의적 이해와 설교," 「신학지남」 83/3 (2016): 11-39도 보라.

기로 제시"한다고 주장한다.[98] 성도들의 누리게 될 영원한 삶의 특징으로 무궁하고 완전한 삶, 하나님과 교제하는 삶, 거룩하고 의로운 생을 살며, 천성이 아름답고 화려한 것처럼 성도들도 도덕적으로 극히 아름다운 모습을 보여줄 것이며, 그러한 성도들 상호간의 인식과 사교가 있게 될 것이라고 설명해준다.[99]

IV. 나가는 말

이상에서 우리는 총신대학교 신학대학원의 첫 윤리학 전담 교수로 22년을 넘게 가르쳐온 기독교윤리학자 이상원 교수의 종말론에 대해 분석 개관해 보았다. 이교수의 전공 분야는 윤리학이지만, 학과의 특성상 교의학에 속한 여러 과목들을 가르치는 중에 종말론을 가르쳤고, 공표한 논저들 가운데 종말론적인 자료들이 많이 포함되어 있기 때문에 이러한 논의가 가능했다. 이제 앞선 논의들을 요약 정리해 보도록 하겠다.

우선 이상원 교수의 종말론 논의들은 헤르만 바빙크, 루이스 벌코프, 죽산 박형룡 등의 역사적 개혁주의 노선에서 정리되고 개진되었다는 점을 분명히 확인할 수가 있었다. 이교수는 종말론을 구성함에 있어서도 개인적 종말론과 일반적 종말론으로 양분하는 전통을 반영했고, 각 장별 구성이나 논의 내용에 있어서도 자신이 속한 신학적 전통에 충실하였다. 물론 때때로 바빙크를 비평하는 부분들에서 그가 전통에 대해 맹종하는 것이 아님을 보여주기도 한다. 그럼에도 불구하고 역사적 개혁주의 종말론 전통이 성경적인 근거와 신앙고백적인 근거위에서 정립된 것이기 때문에 대체로 그 해설을 따라가고 있음을 곳곳에서 확인할

---

98 이상원, 『인간론과 종말론 강의안』, 178.
99 이상원, 『인간론과 종말론 강의안』, 181. 이러한 특징들은 주로 박형룡, 『교의신학 – 내세론』, 365-369에 따른 것이다.

수가 있었다. 이교수가 충심으로 존경하고 신학 작업의 참조점으로 삼았던 죽산 박형룡의 신학의 자세를 따라 선대로부터 물려 받는 좋은 신학 전통을 잘 연구하고 보완하여 후대에게 조달하고자 하는 열심을 그의 종말론 속에서도 충분히 확인할 수가 있었다.

또한 이상원 교수의 종말론은 주요 요목들을 잘 정리해서 제시해 줄 뿐 아니라 윤리학자로서 교리와 윤리(혹은 삶)의 연관성을 항상 염두에 두고 전개하였다는 점도 곳곳에서 확인할 수가 있었다. 특히 재림이나 최후 심판의 실천적인 의미에 대해서 논하면서 현재 우리 신자들의 삶에 어떠한 영향을 미치는지를 잘 포착하여 제시하고 있다. 뿐만 아니라 자살, 안락사, 존엄사, 장례 방식에 대한 많은 논문들은 종말론과 관련하여 현재 가장 논쟁적인 주제들을 다룬 것인데, 이상원 교수의 성경적이고 신학적일 뿐 아니라 사회 법률 등을 고려하여 연구된 탁월한 안내문이라고 할 수가 있다. 그리고 본 장에서는 주로 이교수의 2019년 종말론 강의안을 주자료로 삼아 논구하였지만, 일반 신자들을 위한 여러 성경 강해서들이나 교리 강론들이나 에세이 형식의 글들을 통해서 종말론적인 교리들이 단순히 상아탑에 갇힌 자들의 유희거리가 아니라 현실속에 살아가고 있는 일반 신자들에게 어떤 의미를 가지는지에 대해서 평이한 필체로 풀어내는 작업도 많이 수행하였다는 점을 우리는 간과해서는 안 될 것이다.

이제 논문을 마무리하면서 두 어가지 첨언하고자 한다. 첫째는 20세기 개혁주의 진영에서 잘 개진되고 보완된 "시작된 종말론"(inaugurated eschatology)이 가시적으로 강의에서 할애되지 않은 점이나 벌코프 이후 후크마에게서 분명하게 정리된대로 악인들의 중간기 거처인 하데스와 최후 거처인 게헨나의 용어상 구분의 필요성 등은 보완내지 논의가 필요한 부분들이라고 하는 점이다. 둘째는 기독교 윤리학자로서 해당 분야에 탁월한 논저를 많이 발표하여 기여를 해왔을 뿐만 아니라 종말론 강의안을 요목만 담은 것이 아니라 완결된 내용들을 담고 있는데, 소망하기는 이제 좀 더 보완해서 종말론 교과서로 출간을 하면 좋겠다는 것이다. 이상원 교수는 윤리학 뿐만 아니라 종말론 강의에 있어서도 역사적 개혁주의에 충실한 신학자로 역할을 하셨다는 점을 다시 한 번 찬하하며, 후학으로서는 더욱 더 정진하여 개혁주의 종말론의 내용을 더 풍성하게 개진할 소명을 느끼면서 본 장을 끝맺고자 한다(*)

참고문헌

김광채. "튀코니우스와 어거스틴." 「국제신학」 14 (2012): 97-111.
박용규. 『한국기독교회사 3』. 서울: 한국기독교사연구소, 2018.
박형룡. 『교의신학- 내세론』. 서울: 은성문화사, 1973.
이상웅. "웨스트민스터 신앙고백서의 종말론." 「한국개혁신학」 44 (2014): 152-177.
____. "벨직신앙고백서의 역사적 배경과 37조에 담긴 종말론." 「개혁논총」 38 (2015): 105-143.
____. "죽산 박형룡과 구례인의 천년기론에 대한 연구." 「개혁논총」 38 (2016): 177-207.
____. "'새 하늘과 새 땅'(계 21:1-8)에 대한 개혁주의적 이해와 설교," 「한국개혁신학」 49 (2016): 8-38.
____. "'새 예루살렘'(계 21:9-22:5)에 대한 개혁주의적 이해와 설교," 「신학지남」 83/3 (2016): 11-39.
____. "죽산 박형룡 이후 총신 조직신학자들의 천년기론." 「성경과 신학」 80 (2016): 103-132.
____. "'그리하여 온 이스라엘이 구원을 얻으리라'- 유대인의 미래적 회복에 관한 죽산 박형룡의 입장 고찰과 신학적인 평가." 「신학지남」 84/4 (2017): 153-191.
____. 『개혁주의 종말론에 기초한 요한계시록 강해』. 서울: 솔로몬, 2019.
____. 『박형룡신학과 개혁신학 탐구』. 서울: 솔로몬, 2019.
이상원. "장묘 방식에 관한 기독교윤리학적 성찰." 「성경과 신학」 26 (1999): 239-273.
____. 『주의 날이 이를 때에』. 서울: 한국성경교육연구소, 2000.
____. 『그리스도의 형상이 이루기까지』. 서울: 한국성경교육연구소, 2000.
____. 『21세기 사도신경 해설』. 서울: 솔로몬, 2001
____. "안락사는 정당한가?" 「신학지남」 68/4 (2001): 253-275.
____. "납골당은 정당한가?" 「신학지남」 71/2 (2004): 180-214.
____. "자살과 교회의 대책." 「신학지남」 71/3 (2004) 92-115.
____. 『행하는 삶: 기독교윤리학자가 본 야고보서』. 서울: 총신대학교출판부,

2004.

____. "기독교윤리적 측면에서 본 자살."「신학지남」 76/1 (2009): 55?80.
____. "존엄사를 어떻게 볼 것인가?"「신학지남」 76/2 (2009): 76?96.
____. "자연장(수목장) 및 빙장에 대하여."「신학지남」 76/3 (2009): 148-161.
____. "'연명치료 중단'을 둘러싼 한국사회의 법적 논쟁에 관한 연구: 개혁주의적 인간관과 윤리관의 관점에서."「성경과 신학」 62 (2012): 97-131.
____. 『기독교윤리학』. 개정판 서울: 총신대학교출판부, 2013.
____. 『십자가에서 아가페로』. 서울: 솔로몬, 2016.
____. 『개혁주의적 관점에서 본 기독교 장례문화』. 서울: 대서, 2016.
____. "교회 안 자살자에 대한 개혁 신학적 관점."「신학지남」 84/1 (2017): 39-46.
____. 『질그릇 안에 있는 보배』. 서울: 솔로몬, 2018.
____. 『현대사회와 윤리적인 문제들』. 서울: 대서, 2019.
____. 『인간론과 종말론 강의안』. 2019학년도 2학기 총신대학교 신학과.

Asugustinus of Hippo. *De Civitate Dei*. 김광채 역.『신국론 18권-22권』. 서울: 아우름, 2018.
Bavinck, Herman. *Reformed Dogmatics*. 4 Vols. Trans. John Vriend, Ed. John Bolt. Grand Rapdis: Baker, 2003-2008.
Berkhof, Louis. *Systematic Theology*. Grand Rapids: Eerdmans, 1941.
____. *The Second Coming of Christ*. Grand Rapids: Eerdmans, 1953.
Berkouwer, Gerrit C. *The Return of Christ*. Trans. James van Oosterom. Grand Rapids: Eerdmans, 1972.
Blaising, Craigm Alan Hultberg, and Douglas J. Moo. *Three Views on the Rapture: Pretribulation, Prewrath, or Posttribulation*. 김석근 역,『휴거 - 세 가지 견해 : 환란 전, 진노 전, 환란 후』. 이천: 성서침례대학원대학교 출판부, 2019.
Calvin, John. *Institutes of the Christian Religion*. 2 Vols. Trans. Ford L. Battles. Philadelphia: Westminster Press, 1960.
Genderen, J. van and W. H. Velema. *Concise Reformed Dogmatics*. Trans. Gerrit Bilkes and Ed M. van der Maas. Phillipsburg: P & R, 2008.

Hodge, Charles, *Systematic Theology*. 3 vols. New York: Scribner's Sons, 1872-1873.

Hoekema, Anthony A. *The Bible and the Future*. Exeter: Paternoster Press, 1979.

Kim Kilsung. "Dr. Hyung Nong Park's Theology of the Last Things." *Chongshin Theological Journal*. 1/2 (August 1996): 72-89.

Lee, Sangwon. "Suicide and the Response of the Church." *Chongshin Theological Journal* 10 /1-2(2005): 132-159.

_____. "Euthanasia and Physician-assisted Suicide in the Netherlands : The Experiential, Logical, and Legal-historical Evidence of the 'Slippery-slope'." *Chongshin Theological Journal* 12/1 (2006): 3-29.

Lee, Sangung. "'Already but Not Yet': A Study on the Background and the Inaugurated Eschatology of Anthony A. Hoekema (1913-1988)." *Chongshin Theological Journal* 20 (2015):

_____. "The Individual Eschatology of Anthony A. Hoekema(1913-1988)." *Chongshin Theological Journal* 25 (2020): 61-97.

Pak, Ungkyu, "From Fear To Hope : The Shaping of Premillennialism in Korea, 1884-1945." Ph. D. Dissertation, Westminster Theological Seminary, 1998.

Wilkin, Robert N. E. A. *Four Views on the Role of Works at the Final Judgment*. 김귀탁 역. 『최후 심판에서 행위의 역할 논쟁 - 구원과 심판에 관한 네 가지 관점』 서울: 새물결플러스, 2019.

부록

1. 죽산 박형룡과 예장합동 교단
2. 죽산 박형룡의 경건한 생애와 경건 이해
3. 한국 장로교회의 신학적 전통에 대한 죽산 박형룡의 이해
4. 송암 김길성의 생애와 신학적 관심사들
5. 최홍석 교수의 삶과 신학세계
6. 이상원 교수님을 뒤따라온 사반세기- 한 회상

1
죽산 박형룡과 예장합동 교단[1]

I. 들어가는 말

코로나 19라는 판데믹이 전세계를 강타하고 있는 시기이지만 예장합동 교단은 신학적 정체성에 대한 관심과 WEA나 로마교회 등에 대하여 어떻게 이해할 것인가 등의 문제가 뜨거운 화두가 되고 있는 상황이다. 예장합동은 1959년 예장 통합과 분열하면서 생겨난 교단명이지만, 그 시작은 1912년 조직된 대한예수교장로회로 거슬러 올라간다.[2] 교단 신학교는 1901년 5월 15일 마포삼열 선교사의 자택에서 시작된 평양 장로회신학교를 기원으로 삼아, 현재도 총신대학교는 졸업 기수를 산정하고 있다.[3] 따라서 예장합동의 신학적 정체성을 따져묻는 일은 이러한 역사적인 연속성의 맥락을 존중해야 한다고 생각하고, 일반적으로 그렇게 진행되어 왔다. 특히 예장합동의 신학적 정체성 문제를 논함에 있어서는 죽산 박형룡(1897-1978)의 신학을 중요한 참조점(reference point)으로 삼지 않을 수가 없다. 매년 강도사 고시 조직신학 과목은 여전히 박형룡 박사의 『교의신학』 전집에 제시된 신학적 내용들이 여

---

1 본 장은 예장합동 총회의 훈장추서위원회(위원장- 박창식목사)에 제출하기 위한 자료로 작성되었고, 총신대학교신학대학원 계간지인 「신학지남」 88/1 (2021): 47-69에 처음 공표되었음을 밝힌다.
2 백년사편찬위원회 편, 『대한예수교장로회 총회 100년사』, 전2권 (서울: 대한예수교장로회 총회, 2006).
3 100년사편찬위원회 편, 『총신대학교 100년사』, 전3권 (서울: 총신대학교출판부, 2003).

전히 근간을 이루고 있고,⁴ 신학적인 문제와 관련된 토론이나 논쟁에는 항상 죽산은 무엇이라고 말하였는가를 묻곤 한다.⁵ 또한 신학교(seminary)의 어원(seminarium)이 모판을 의미하듯이, 신학 교육은 그 교단의 미래를 결정지을 수밖에 없다. 죽산은 직접적으로 교단 정치에 참여한 것은 아니지만, 오랜 세월 동안 한국 장로교회의 신학교육에 전념하면서 교단 지도자들을 길러내었기 때문에 그가 교단에 차지하는 기여에 대해 말할 수가 있는 것이다.⁶

따라서 본 장에서는 죽산 박형룡과 예장합동의 관계를 정리해 보고자 한다. 앞서 밝힌대로 예장합동은 한국 최초의 장로교 총회와 연속성을 가지고 있기 때문에, 비단 8.15 광복이후의 시기만 아니라 일제 시대하의 한국 장로교 시기도 포함하여야 한다. 죽산은 선교사들이 세운 한국 장로교회의 일원으로 신앙 교육을 받고, 선교사들의 후원에 힘입어 유학을 했고, 귀국한 후에는 장로회신학교 교수직에 취임하여 중요한 기여들을 했기 때문에 먼저는 평양 장로회신학교 교수로서 죽산과

---

4 박아론, 『세월 따라 신학 따라』 (서울: 기독교연합신문사, 2002), 42; 박형룡, 『교의신학』, 전7권 (서울: 은성문화사, 1964-1973). 이 전집은 김길성 교수와 제자들에 의해 현대어체로 개정되어 출간되기도 했다: 박형룡, 『조직신학』, 전7권 (서울: 개혁주의출판사, 2017).

5 2020년에 시작된 예장합동 총회 신학부의 신학정체성선언위원회의 활동도 죽산 박형룡을 하나의 중요한 참조점으로 삼을 수밖에 없다는 것은 일반적인 중론이다.

6 김의환은 한국교회의 경이적 성장의 이유중 하나는 "성경의 권위를 높이며 성경훈련에 힘쓴 평양신학교나 총회신학 같은 신학교들이 많은 훌륭한 목회자를 양성한 사실"에 있음을 적시하고, 이어서 말하기를 "실로 한국 교회 성장에 가장 큰 역할을 감당한 사람은 목회자들이요 그런 목회자들을 양성한 사람은 신학교 교수들이다. 훌륭한 신학교 교수가 있는 곳에 훌륭한 목회자가 배출되기 마련이다. 이런 점에서 한국교회가 이만큼 성경의 권위를 높이며 복음적 신앙에서 성장하는데 공헌한 인물 중에 박형룡 교수를 맨 먼저 손꼽지 않을 수 없다."라고 말한다(김의환, "추천사," 박용규 편, 『죽산 박형룡 박사의 생애와 사상』 [서울: 총신대학출판부, 1996], 22-23). 또한 한철하는 제1회 죽산기념강좌에서 발제한 자료에서 "이제 또 반세기 동안에 1천 2백만 신도 수만교회를 이룬 것에 대하여 우리는 그 가장 큰 공로를 박형룡 박사에게 돌려야 한다. 그분이 보수신학을 한국교회에 확실하게 세워주지 않았다면 사실 한국교회가 오늘의 한국교회 될 수가 있었겠는가. 그리고 모든 면에 흠잡을 데가 없는 건실한 신학을 세워주신 일에 대하여 우리는 감사해야 하겠다."라고 결론짓는다(한철하, "20세기 세계교회의 엘리야 박형룡," 「신학지남」 64/3 [1997]: 43).

한국 장로교회의 관계를 규명해야 한다고 본다(2). 그러고 나서는 해방 이후 죽산이 주도적인 역할을 하게 되는 시기에 대해서 논구해 보게 될 것이다(3). 이러한 논의를 통하여 우리가 확인하게 되는 것은 죽산 박형룡과 한국장로교회는 떼려야 뗄 수가 없는 관계라는 점이고, 점점 그의 기여와 역할을 잊어가고 있는 세대들에게 역사적 정체성을 잘 가르쳐야 할 필요성을 재다짐하게 될 것이라고 본다. "하나님의 말씀을 너희에게 일러 주고 너희를 인도하던 자들을 생각하며 그들의 행실의 결말을 주의하여 보고 그들의 믿음을 본받으라"고 한 히브리서 기자의 권면은 여기서도 유효하다고 생각한다(히 13:7).

II. 죽산 박형룡과 해방 이전의 한국장로교회

죽산 박형룡이 한국 장로교회와 연관을 맺게 된 것은 어린 시절 서당 선생의 인솔하에 서양식 웅변을 듣기 위해 나가기 시작한 벽동읍 교회 출석때 부터이다.[7] 가세가 빈한하여 선천 신성학교 시절에는 고학을 해야 했는데, 이 시기부터 선교사들의 영향과 지원을 힘입는다.[8] 1916년에 경제적 지원을 얻어 평양 숭실전문에 입학하게 된 죽산은 서양식 대학 교육과 성경 교육을 받게 되는데, 여기서 그는 마포삼열 선교사를 비롯한 여러 선교사들과 친밀한 관계를 형성하게 된다. 이렇게 죽산의 초기 형성 과정을 살펴 보면, 그는 한국 장로교 선교사들의 영향을 많이 받으면서 신앙의 골격을 세워가게 된다는 것을 확인할 수가 있다.

---

[7] 이상웅, "3. 1 운동 100주년에 즈음하여 다시 보는 박형룡 박사의 초기 생애(1897-1923)," 「신학지남」 86/3 (2019): 5-37 이중에 10-11을 보라. 필자는 이 논문을 통해 신학 수업 이전의 죽산 박형룡의 생애를 재구성하여 제시하였다.

[8] 이상웅, "3. 1 운동 100주년에 즈음하여 다시 보는 박형룡 박사의 초기 생애(1897-1923)," 13-18. 당시 교장은 윤산온선교사였고, 특히 이 시절에 만난 소열도선교사는 죽산의 평생의 은인으로서 심지어는 그의 아들 박아론의 유학 시절에도 일정한 도움을 주었다고 한다.

심지어는 그의 노년에 쓴 글속에서 조차도 그러한 사실을 분명하게 확인할 수가 있다.⁹

죽산은 숭실전문 졸업후 10개월간의 옥고를 치루고 만기 출소한 후에 중국 남경 금릉대학교에 편입하여 문학사 학위를 받음으로 미국 유학 요건을 갖춘다. 선교사들의 권면에 따라 죽산은 프린스턴신학교에 진학하여 3년 만에 신학사(B.D.)와 신학석사(Th.M.) 과정을 다 이수하였고, 졸업후에는 남침례교신학교에 등록하여 변증학 전공으로 박사과정을 시작해 1년 만에 과정 이수를 마치게 된다.¹⁰ 도합 4년이라는 짧은 미국 유학 기간을 마치고, 한국으로 귀국한 죽산은 평양 산정현교회 교역자로 사역하면서 정착 과정을 밟게 되고, 1931년 봄학기에 장로회신학교 변증학교수로 임용이 되었고, 변증학, 현대신학, 기독교윤리 뿐 아니라 성경과목들도 가르치게 된다.¹¹ 그의 앞서 1925년에 남궁혁이 교수로 임용되고, 1929년에 이성휘가 교수로 임용되었는데, 이 세 사람의 임용으로 말미암아 평양 장로회신학교는 학적으로 든든히 세워져가는 계기가 된다.¹²

죽산 박형룡이 평양에서 교수한 만 7년 기간 동안 박사학위 논문이 통과되었고,¹³ 「신학지남」을 통해 60여 편에 달하는 논문들을 기고하였다.¹⁴ 이 시기의 그의 주저는 1935년 11월에 출간한 『기독교근대 신학

---

9 박형룡, "한국장로교회의 신학적 전통," 「신학지남」 43/3 (1976): 11-22; 박형룡, 『신학논문(하)』 (서울: 한국기독교교육연구원, 1981), 389-402에 재수록.
10 죽산의 미국 유학 기간에 관해서는 장동민, 『박형룡의 신학연구』 (서울: 한국기독교역사연구소, 1998), 61-99에 잘 정리되어 있다.
11 정성구, 『나의 스승 박윤선』 (용인: 킹덤북스, 2018), 258.
12 김요나, 『총신 90년사』 (서울: 양문, 1991), 226. 김요나는 "상기한 세 분의 교수들은 훗날 평양 신학교를 본 궤도에 올려놓는 인물이고 한국교회 보수신학의 맥을 이어준 대들보였다"라고 적시해준다.
13 Hyung Nong Park, "The Anti-Christian Inferences from the Natural Science" (Ph. D. diss, Southern Baptist Theological Seminary, 1933); 한동수 역, 『자연과학으로부터 반기독교적 유추』 (서울: 한국기독교사연구소, 2018).
14 해방 이전에 박형룡이 「신학지남」에 기고한 논문들의 목록은 장동민, 『박형룡의 신학 연

난제선평: 학파편』이라는데는 이의를 제기할 사람이 없을 것이다.[15] 한국장로교선교사에 있어 한 획을 그은 중요한 작품[16]인 이 저술을 통하여 죽산은 19세기 자유주의 신학과 20세기 초반 현대신학의 동향과 문제점들을 낱낱이 밝히고 개혁주의 신학과 무엇이 다른지를 분별할 수 있는 기준을 장로교 목회자들에게 제공했다.[17] 이러한 대작에 힘입어 해방 이후 조선신학교에 재학중이던 정규오, 차남진, 신복윤 등 51인 학생들은 김재준의 성경관에 문제가 있음을 밝히 깨닫고 저항의 목소리를 낼 수가 있었다.[18]

죽산은 평양 장로회신학교 재직시절이던 1935년에 개최된 총회에 창세기 저자 문제와 여권 문제에 대한 보고서를 작성하는 일에 기여하였다. 위원장은 라부열이었으나, 보고서는 박형룡 목사가 쓴 것으로 알

구』, 429-431을 브라.

15 박형룡, 『기독교근대 신학난제선평: 학파편』 (평양: 예수敎長老會神學校, 昭和10年 [1935]). 이 작품을 왜 대작이라고 불러야 마땅한지에 대해서는 이상웅, "박형룡 박사 기념도서관 명명(命名)의 의의와 과제," 「신학지남」 341 (2019): 240, 246-249을 보라.

16 연세대 교수였던 유동식도 본서에 대해 다음과 같이 평가하였다: "박형룡으로 하여금 한국 최고의 보수주의 신학자의위치에 올라서게 한 것은 그의 최초의 저서였다... 이러한 비판을 통하여 정통주의 보수 신학을 체계화한 셈이다. 여기 한국 보수주의 신학의 수립이 있었고, 여기에 박형룡의 위치가 있었다."(유동식, 『한국 신학의 광맥』, 전면개정판 [서울: 다산글방, 2003], 223-224).

17 1935년에 칼 바르트와 에밀 부룬너의 신정통신학(Neo-orthodoxy)의 문제점을 분석하고 비평하는 작업을 죽산이 이미 수행했다는 것도 실로 놀라운 일이다(이상웅, "박형룡 박사 기념도서관 명명(命名)의 의의와 과제," 247-248).

18 해원 정규오(1916-2006)는 일제 강점기 때 담임목사로부터 죽산의 난제선평을 선물 받아 여러 번 읽었다고 한다. 1996년에 쓴 한 글에서 해원은 이렇게 죽산과 난제선평의 가치에 대해 술회한다: "젊은 나이에 신학이 무엇인지, 신앙이 무엇인지도 잘 모르는 나에게 그 책은 나의 일생을 큰길로 인도하는 지침서가 되었고, 신학과 신앙의 골격을 바로 세우는 성경 다음가는 귀중한 지혜서가 되었을 뿐만 아니라 칼빈주의 정통 보수신학의 기초서가 되었다. 내가 80이 넘도록 백절불굴의 자세로 일편단심 한 길만을 걸을 수 있었던 것은 신학난제선평의 영향 때문이다. 나는 그때부터 오늘에 이르기까지 박사님을 나의 최고의 스승이요, 신학과 신앙의 지도자요, 공사(公私)간 나의 인생에 절대적 영향을 끼친 위대한 인물로 존경하고 있다. 그래서 누구라도 나에게 양서 추천을 의뢰할 때는 즉각 현대신학 난제선평을 추천하고 있다."(정규오, "나의 신학, 신앙, 인격의 모델," 박용규 편, 『죽산 박형룡 박사의 생애와 사상』 [서울: 총신대학출판부, 1996], 187).

려져 있다.¹⁹ 또한 1935년 24회 총회 결정에 따라 표준성경 주석 편집 책임을 맡음으로 교단 신학이 웨스트민스터 표준문서에 근거한 정통 칼빈주의를 확고히 할 수있도록 크게 기여했다.²⁰ 그래서 일찍이 김양선 목사는 『한국기독교해방10년사』에서 "초대 선교사들의 보수 신앙에 기초하여 확립된 한국교회는 제일 희년에 이르러서는 한인 보수주의 신학자에 의하여 지도되고 있음이 역연하게 되었다"고 평가한 것은 과언이 아니라고 할 것이다.²¹ 이렇게 신학교와 한국 장로교회에 신학적인 리더로서 우뚝 세운바 되었지만 일제의 신사참배 강요로 인하여 난항에 부닥치고 만다. 죽산은 일제의 신사참배 강요에 맞서 반대의 목소리를 내다가 후일을 기약하기 위하여 동경으로 건너가 표준 주석을 편집하는 일에만 전념하면서 은거 생활을 하기에 이른다(1938-1942).²²

그러다가 1942년 9월에 만주 봉천신학원(후에 동북신학교로 개명)의 교수로 초빙되어 대동아 전쟁 기간이라 혼란스러운 시기였지만 소수의 정통주의 목회자들을 양성하기에 진력했다. 이 시기에 죽산은 처음으로 조직신학 전 분야를 홀로 가르쳐야 했는데, 그는 루이스 벌코프(Louis Berkhof)의 조직신학(1932, 1941)을 교본으로 삼아 강의안을 작성하기 시작했다. 그가 전수받은 영미 장로교 신학에 벌코프를 통한 카이퍼와 바빙크의 화란 개혁주의 신학을 조화롭게 종합함으로 그 자신이 명명한

---

19 백년사편찬위원회 편, 『대한예수교장로회 총회 100년사』, 1:577-580.
20 백년사편찬위원회 편, 『대한예수교장로회 총회 100년사』, 1:574, 613-616. 또한 이호우, 『초기 내한 선교사 곽안련의 신학과 사상』 (서울: 생명의말씀사, 2010), 139-142를 보라.
21 김양선, 『한국기독교해방10년사』 (서울: 대한예수교장로회총회종교교육부, 1956), 189.
22 박아론, 『세월 따라 신학 따라』, 38, 101-103. 죽산이 일본으로 가기 위해 평양 역에 나갔을 때에 주기철목사 부부가 전송을 나왔고, 주목사는 남아서 같이 순교하자고 권했다고 하는데, 이에 죽산은 다음과 같이 답했다고 한다: "주기철 목사님, 저는 조국 독립 후에 이 땅에 돌아와서 보수신학을 세우기 위하여 외국으로 망명할 수밖에 없습니다. 기도해 주십시오." 그리고 이 시기에 동경에는 후일에 대한신학교를 설립하게 되는 김치선목사가 목회하고 있었다(김동화, 『나에게 있어 영원한 것』 [서울: 기독교연합신문사, 1998], 78-80). 또한 박아론, 『나의 아버지 박형룡』 (서울: 대한예수교장로회총회, 2014), 345-350에 수록된 어린 시절 박아론의 회상을 보라.

"한국형 청교도 개혁신학"의 틀을 만들어 내었다.²³ 해방 이후에도 이러한 방향에서 조직신학을 가르치고, 강의안을 십 수년간 증보한 끝에 『교의신학』 전집(전7권; 1964-1973)을 출간하기에 이른다.

III. 죽산 박형룡과 해방 이후 한국장로교회

1945년 8월 15일 한국은 일제의 마수에서 독립을 했지만, 남북 교회 상황은 어지러웠다. 북한에는 공산주의 정권이 들어섰기에 위험해졌고, 남한에는 김재준 등이 주도하고 가르치는 조선신학교만 존재했기에 해방이 되어도 죽산은 쉽사리 귀국을 할 수가 없었다.²⁴ 그러다가 그가 귀국을 결심하게 된 것은 부산 고려신학교의 초청을 받게 되었기 때문이다. 이제 죽산은 남은 생애는 서북지방이 아니라, 남한 지역을 주 무대로 하여 활동하게 된다. 이 시기를 몇 개의 시기로 나누어서 고찰해 보려고 한다.

1 귀국후 초기 박형룡 박사의 활동(1947-1959)

앞서 말한대로 고려신학교 교장으로 초대를 받아 죽산의 가정은 인천항을 통해 입국해서 부산에 내려가서 교장으로 취임하여 남한에서의

---

23 죽산과 네덜란드 신학의 수용에 관련해서는 이상웅, 『박형룡신학과 개혁신학 탐구』, 수정판 (서울: 솔로몬, 2021) 66-175를 보라.
24 허순길, 『고려신학대학원 50년사』 (서울: 영문, 1996), 47; 박아론, 『나의 아버지 박형룡』, 201-203, 355-365. 그리고 해원에 의하면 죽산이 귀국을 결심하게 된 이면에는 51인 학생들이 써보낸 간절한 귀국 요청의 편지가 작용했기 때문이다. 해원의 기록에 따르면 죽산은 귀국하자마자 그를 영접한 51인 학생들에게 다음과 같이 밝혔다고 한다: "학생들의 탄원 서한이 없었던들 귀국의 결심이 나지 않았을런지도 모르는데…, 한국교회는 아직 살았구나 생각할 때 귀국코자 하는 마음이 불일 듯 일어났다."(정규오, 『신학적 입장에서 본 한국장로교회사(상)』 [글주: 광신대학교출판부, 2014], 88-89).

사역을 시작하게 되는데,²⁵ 한상동목사와 여러 가지 면에서 의견 차이가 생겨나 7개월 만에 죽산은 부산을 떠나 상경하기에 이른다.²⁶ 귀국을 결심할 때의 죽산의 마음에는 오로지 정통 개혁신학으로 무장된 교역자를 양성하여 자유주의 물결에 대항하고, 후대 교회를 만세반석 위에 세우고자 하는 데 있었고, 그렇게 하려면 미국 장로교선교부와 장로교 총회의 지지를 받는 신학교를 세워야 한다는 소신을 가지고 있었다. 그러나 고신이 전체 교단의 인정을 받지 못하고 고립에 빠지게 되자, 총회가 인정하는 전국적인 신학교를 세우기 위하여 1948년에 상경하여 총회 여러 원로들과 협력하여 6월에 남산에 장로회신학교를 설립하게 된 것이다.²⁷ 박형룡 박사는 이 학교가 1938년에 신사참배를 반대하면서 무기한 휴교에 들어갔던 평양 장로회신학교를 계승한다고 역설했고, 6월 9일에 열린 신학교 특별기도회 시간을 통해 오늘날 총신의 교훈이 되는 5훈(訓)을 처음으로 공표하기도 했다.²⁸

---

25 1947년 10월 14일에 행한 교장 취임 연설은 "사도적 신학 소론"으로 『박형룡 박사 저작전집XIII-신학논문(상)』 (서울: 한국기독교교육연구원, 1981), 216-231에 수록되어 있다. 죽산은 "사도들의 신학이 기독교의 정통적 신학이라는 것은 의문의 여지가 없다"고 선언하고, "근년에 사도적 신학, 바울사상의 가장 정확한 전승"은 개혁파 신앙고백서들과 주요 신학자들에게서 발견된다고 적시한다. 교장으로서 고려신학교가 나가야 할 교육의 근본 기초는 "성경 전서와 웨스트민스터 표준문서의 등본인 조선 예수교 장로회 헌법"이라고 소개하는가 하면, 자신의 전담 과목인 "조직신학은 언약론을 포함하는 완성된 칼빈주의를 내용으로 하되 최근에 나타난 서양 개혁파 장로파의 보수 신학자들의 해설을 많이 의뢰할 것이며 변증학과 성경신학과 기독교 윤리를 교수하여 조직신학의 보충, 강화에 봉사케 할 것이"라고 방향성을 밝혔다(박형룡, "사도적 신학 소론," 217, 222-223, 229).

26 죽산이 고려신학교를 사임하고 상경한 이유에 대해서는 고신측 역사학자들과 합동측 역사학자들의 해석이 다를 수밖에 없다. 양낙홍, "박형룡의 고려신학교 사임 이유에 대한 재고," 「한국기독교와 역사」 25 (2006): 201-233; 허순길, 『고려신학대학원 50년사』, 48-67; 남영환, 『한국교회와 교단- 고신교단사를 중심으로』 (서울: 소망사, 1988), 311-317. 또한 합동측에 속한 이들의 설명은 김요나, 『총신 90년사』, 321-323; 박아론, 『나의 아버지 박형룡』, 205-210을 보라.

27 김요나, 『총신 90년사』, 324-325.

28 박형룡, "선지학의 중건," 『박형룡 박사 저작전집XVIII-설교①』 (서울: 한국기독교교육연구원, 1988), 129-125. 죽산이 기도회를 통해 제시한 5훈은 경영자가 되라(후일 신자가 되라로 바뀜), 학자가 되라, 성자가 되라, 전도자가 되라, 목자가 되라 등이었다. 현재도 총

당시 조선신학교(김재준 목사)와 신학적인 갈등 속에 있던 남한의 장로교회로서는 박형룡 목사의 이러한 용단에 힘입어 정통 개혁주의 신학을 가르치는 교단 신학교를 비로소 가지게 된다. 1949년에 열린 장로회 총회는 장로회신학교를 총회직영신학교로 인준해 줌으로 총회내에는 조선신학교와 장로회신학교라는 두 개의 신학교가 생겨나게 되었고, 하나로 통합하고자 하는 총회적인 노력을 기울였지만 조선신학교 측의 반발로 인해 성공할 수가 없었다. 그리하여 1951년 총회는 두 신학교의 인준을 취하하고, 새로운 인준 신학교를 대구에 설립하기로 가결하고, 1951년 9월 18일에 정식 개교를 하기에 이른다.[29] 교장은 감부열선교사가 맡고, 박형룡 박사는 교수진에 합류하게 되었다. 김요나의 평가대로 이러한 시작은 "보수 계열의 승리를 의하는 것이며, 해방 후 5년 동안 빼앗겼던 교계의 신학적 헤게모니를 탈환했다는 큰 의미"를 가지는 일이었다.[30] 그도 그럴것이 해방 이후 5년간은 조선신학교와 김재준의 신학 노선 문제로 남한 장로교회 총회는 끊임없는 진통을 겪어왔기 때문에, 장로회총회신학교의 설립은 총회내에서 보수적인 신학 노선의 승리를 의미하는 것이었고, 그간의 박형룡 박사의 신학적 지로가 맺은 결실이라고 평가할 수가 있기 때문이다. 죽산은 전 장로교회에 영향을 미치기 위해서는 신학교 교육에 있어 정통 개혁주의 노선을 확립하는 것이 자신의 천명이라고 생각해서 일로매진했고, 그의 소망은 당시 총회 주류 인사들의 협력에 힘입어 제도적으로 성취될 수가 있었다.[31]

신대학교의 사당동 캠퍼스와 양지 캠퍼스의 돌비에 이 5훈이 새겨져 있다.

[29] 100년사편찬위원회 편, 『총신대학교 100년사』, 전3권 (서울: 총신대학교출판부, 2003), 1:479-493.

[30] 김요나, 『총신 90년사』, 350.

[31] 1951년 총회장이었던 권연호목사는 "우리 대한예수교장로회의 신학교는 바울, 어거스틴, 칼빈의 신학 정로를 계승하여 온다"라고 천명했다(정성구, "총신과 박형룡," 정성구 편집, 『박형룡 박사 회고록』[서울: 총신대학출판부, 2011], 157에서 재인용).

우리는 이러한 일련의 과정이 6.25민족 상쟁의 시기(1950-1953)와 도 겹쳐졌음을 잘 알고 있는데, 전쟁 기간 동안 죽산 박형룡의 활동은 신학 교육에만 제한되지 않았다는 점을 잠시 주목할 필요가 있다. 한국 전쟁 기간 동안 박형룡 박사는 부산초량교회에서 열린 교역자 수련회에서 11번이나 설교를 하면서, 회개와 화합의 메시지를 외쳤다.[32] 1945년 해방 후에 신사참배에 참여한 교역자들의 자숙과 자정을 요구했으나 관철할 수 없었는데, 이렇게 전쟁이라는 시련과 회개의 집회를 통해서 그러한 자정의 시간을 가지게 되었다고 죽산은 판단하고, 양자 간에 서로 정죄하지 말고 화합할 것을 권면했다.[33] 물론 박형룡 박사와 가족들도 동족상쟁의 전쟁으로 인한 피난 생활과 궁핍한 삶의 어려움을 감내하면서도 신학교 교육과 집회 설교들을 감당해낸 것이었다.[34]

한편 휴전협정이 체결된 후 10일이 지난 1953년 8월 6일 대구에서 모인 신학교 이사회는 한국인 교장을 요구하는 시대적 요청에 부응하여 박형룡 박사를 교장으로 선임하기에 이른다.[35] 죽산은 "한국교회 신학수립의 기초확립"이라는 교장 취임 연설을 통해 "사도적 전통의 바른 신앙의 전통에 굳게 설" 것을 다짐하면서도, "영적이고 도덕적인 교육"에 치중하며, "전도와 목회에 대한 열정"을 겸비한 신학생들을 길러

---

32 이 때에 전한 죽산의 설교들은 박형룡, 『우리의 피난처』 (서울: 은총문화협회, 1953)에 실려있으며, 또한 『박형룡 박사 저작전집XVIII-설교①』 (서울: 한국기독교교육연구원, 1988)에 재수록되어 있다

33 죽산의 설교신학을 연구했던 박세환은 "1950년대 수양회에서 증거했던 설교는 1950년 6.25사변을 통한 환난과 피난 가운데 하나님께 소망을 두고 회개하여 영적인 회복과 각성을 통한 교회와 민족과 국가의 부흥을 위한 애국적인 예언 설교와 경건 설교를 강조했다."라고 평가한다(박세환, "죽산 박형룡 목사의 설교 연구"[신학박사, 총신대학교, 2004], 209).

34 박형룡 박사 가족의 피난시절에 대해서는 박아론, 『나의 아버지 박형룡』, 225-229. 대구 피난민 신학교 교수의 불편함은 단적으로 죽산이 한밤중에 식구들이 잠든 방 한켠에 있는 사과 상자위에 책을 놓고 강의준비를 했다고 하는 대목에서 확인이 된다(61-64).

35 김요나, 『총신 90년사』, 354-355. 죽산의 교장선임에 대한 반대가 없는 것은 아니었다. 특히 훌륭한 학자에게 행정을 맡기면 덕이 되지 않는다는 우려…

낼 것을 천명했다. 아울러 교장으로서 죽산은 외국인들의 원조보다는 전국교회가 신학교에 대한 의무를 이행해 줄 것을 요청하기도 했다.[36] 박형룡 박사가 교장으로 취임한 1953년은 전쟁이 끝난지 얼마 안되는 시점이어서 많은 어려움들이 산적해 있었다. 학교를 서울로 다시 복교하는 일에 심혈을 기울였고, 1954년에는 「신학지남」(1918년 평양 장로회신학교 기관지로 창간되었으나 1940년에 휴간)을 복간함으로 총신의 역사적 정통성을 천명할 수있게 되었다.[37] 이 계간지는 1959년 통합과 교단 분열할 때에도 총신이 지켜내었고 오늘날까지도 본 신학교의 기관지로 남아있다. 1954-1955년 어간에는 북장로교회 선교부의 주선으로 세계 각국의 신학교를 탐방하고 견문록을 남겨주기도 했다.[38]

죽산은 1948년 남산에 신학교를 설립할 때부터 이미 조직신학을 가르치는 유일한 신학 교수였고, 1972년 퇴임하기까지 이 소임을 다했다. 이로서 그에게서 배운 수 많은 교단 목회자들의 신학적인 근간을 세워주는데 크게 기여를 했다. 장신의 이종성 교수가 신학교수이면서 통합 총회장을 역임한 것에 비해, 박형룡 박사는 직접적으로 교단 정치에 참여하지는 않았지만 그가 길러낸 수 많은 제자 목회자들을 통해 교단이

---

36 정성구, "총신과 박형룡," 158-159. 죽산의 1953년 교장 취임 연설문은 저작전집(전20권)에는 수록되어 있지 않다.
37 박형룡, "속간사- 신학의 지남침은 다시 움직인다."「신학지남」23/1 (1954.02): 1-2; 박아론,『세월 따라 신학 따라』, 144-146.
38 박형룡,『박형룡 박사 저작전집XVII - 세계 견문록』(서울: 한국기독교교육연구원, 1988). 사람들은 그다지 이 견문록에 주목하지를 않았지만, 이 견문록은 6개월간 죽산의 세계 신학교들과 교회들에 관한 성실한 정보수집과 평가가 들어있어 죽산 연구에는 소중한 자료 중 하나이다. 그리고 당시 북장로교회선교부가 이렇게 박교장의 세계신학교 견문여행을 주선하고 경비를 댄 이유는 박교장의 신학이 보수적이기에 세계교회와 신학계의 변화를 보게 하여 사고의 변화를 가져오게 하기 위한 것이었다고 하나 결과적으로는 그들의 의도는 실패했다고 할 것이다(박아론,『세월 따라 신학 따라』, 146-154). 한편 죽산이 교장으로 시무했던 기간(1953-1958)에 대해 박순도사모는 죽산에게만 아니라 죽산의 가족에게도 "제일 행복한 시절"이었다고 회상하기도 한다(박아론,『나의 아버지 박형룡』, 266).

신학적으로 바른 방향으로 갈 수있도록 지도했다.³⁹ 일찍이 박형룡 박사의 신학 강의를 통해 우리 교단은 영미 개혁주의와 화란개혁주의 신학을 조화롭게 종합한 아름다운 신학 전통을 가지게 되었고, 바른 신학과 바른 삶의 실천의 균형을 강조하고 실천하는 전통을 수립하게 되었다. 선교사 시대에는 19세기 말-20세기 초 미국 학생 자원운동(SVM)의 영향을 받은 관계로 세대주의 전천년설을 무분별하게 전파하는 사례가 많았으나, 박형룡 박사의 지도 덕분에 역사적 전천년설로 방향을 잡을 수가 있게 되었다.⁴⁰

이제 우리는 또 다시 역사적인 교단 분열과 신학교 분열이라는 뼈아픈 시기를 주목해야 한다. 일반적으로 1959년 44회 총회와 더불어 일어난 합동과 통합의 분열의 원인을 박형룡 교장의 행정적인 실책(3천만환 사건)에 그 원인을 돌리려고 하는 이들이 있어 왔다.⁴¹ 남산에서 사용하던 부지를 내어주고, 새로운 신학교 부지를 구해야 하는 절체절명의 상황에서 박호근이라는 거간군을 믿고 이사회 결정 없이 학교 공금을 거간비로 지불한 일로 인해 결국 박형룡 교장은 책임을 지고 교장직을 사임하게 되는 일이 발생한 것을 두고 하는 말이다.⁴² 그러나 교단 분열의 심층적인 원인은 오히려 신학적인 문제에 있었다. 이는 WCC에 가입하자고 하는 이들과 이에 반대하는 NAE 계열의 교단 중진들 간의 갈

---

39 우리는 죽산의 지도하에 신학 교육을 받은 제자들의 회고담을 박아론, 『나의 아버지 박형룡』, 404-454(내가 만난 박형룡)이나 박용규 편, 『죽산 박형룡 박사의 생애와 사상』 (서울: 총신대학출판부, 1996)을 보라.
40 박형룡, 『교의신학- 내세론』 (서울: 은성문화사, 1973). 죽산의 종말론에 관해서는 이상웅, "죽산 박형룡과 구례인의 천년기론에 대한 연구," 「개혁논총」 38 (2016): 177-207을 보라.
41 통합의 역사 기록은 대체로 그러한 원인에 비중을 두고 기술하는데, 고신역사가 양낙흥 역시도 이 문제를 부각시키고, NAE측이 W.C.C. 가입 문제를 신학적 이슈로 비화시켰다고 해석한다(양낙흥, 『한국 장로교회사』 [서울: 생명의말씀사, 2008], 575-586).
42 100년사편찬위원회 편, 『총신대학교 100년사』, 1:586-587. 박교장의 사표는 1958년 3월 17일자로 수리되었으며, 교장직에서 물러날 뿐 아니라 조직신학 교수 조차 물러나서 김규당목사가 대신하게 되었다.

등이 마침내는 교단 분열에 이르고 말았다고 하는 것이다.[43] 또한 총회 내에 지역별, 계파간 분열도 크게 한몫했다는 점도 부수적으로 인정해야 할 것이다. 이 어려운 시기에 박형룡 박사는 일찍부터 W.C.C.의 실체와 동향을 잘 살펴서 통일 교회 수립이라는 목표에 대하여 비판을 함으로 교단 목회자들이 에큐메니컬 운동에 대한 바른 판단을 할 수가 있도록 신학적인 지로를 하였다.[44] 다시 강조해서 말하자면 1959년 교단 분열의 근본 원인은 에큐메니컬 운동을 둘러싼 입장 차이가 주된 것이었고, 기타 여러 가지 문제들이 얽혀있었음을 기억해야 한다. 이 문제에 대해서는 자신이 속한 진영에 따라 강조점의 차이가 달라질 수밖에 없는 문제이지만, 이제는 역사적 거리 두기(historical distancing)가 가능한 때이기 때문에 보다 더 공정하고 객관적인 연구가 필요하다고 생각된다.

---

[43] 박용규, 『한국기독교회사2』 (서울: 생명의말씀사, 2017), 996-1008; 정규오, 『신학적 입장에서 본 한국장로교회사(상)』, 173-341; 박아론, 『나의 아버지 박형룡』, 273-288. 로즈와 캠벨선교사는 1959년 분열에 대해 다음과 같이 적시해주었다: "Disruption in the Korean Presbyterian General Assembly, mainly over the question of the World Council of Churches and the Ecumenical Movement, results in the third and greates division of the church."(Harry A. Rhodes and Archibald Campbell, eds. *History of the Korea Mission Presbyterian Church in the U. S. A.* Volume II 1935-1959 [New York: Commission on Ecumenical Mission and Relations the United Presbyerian Church in the U.S.A., 1964], 416). 문병호도 "WCC에 가입하는 문제는 한국 교회 장로교 교단이 분열되는 데 핵심 쟁점이 되었다"고 적시하고 있다(문병호, 『교회의 '하나됨'과 교리의 '하나임' – WCC의 비성경적, 반교리적 에큐메니즘 비판』 [서울: 지평서원, 2012], 22).

[44] 박형룡, "에큐메니칼 운동의 교리와 목적," 「신학지남」 24/2 (1958): 11-22; 정준모, 『개혁신학과 WCC 에큐메니즘』 (용인: 목양, 2010), 235-268에 재수록. 죽산은 이 논문에서 "우리 교회는 칼빈주의 개혁과 장로교회의 전통적 복음주의 신앙을 충실히 보수하여 오는 입장에 있으니 이 WCC 에큐메니칼운동에 방심하고 두조건 참여할 수는 없는 형편이다."고 선언한다(박형룡 "에큐메니칼 운동의 교리와 목적," 정준모, 『개혁신학과 WCC 에큐메니즘』, 267).

2. 후기 박형룡 박사의 활동(1959-1972)

1959년 44회 총회시에 에큐메니컬 문제를 둘러싸고 통합과 합동이 교단 분열한 후인 1960년 9월 24일에 박형룡 박사는 다시금 총신의 교장으로 복직하였다. 박용규의 평가대로 "박형룡 박사의 리더십은 신학교 발전에 매우 중요"하였던 시기에 총신은 처해 있었다.[45] 교명도 장로회총회신학교에서 총회신학교가 되었고, 문교부 인가는 장로회신학교 측이 가져가서 총회신학교는 무인가 신학교였다. 교사도 갖추지 못하여 용산의 한 건물에서 몇 년간 강의를 해야 했다. 어려운 시기에 죽산은 신학교 행정 책임자로 수고를 했고, 고신과의 합동 그리고 환원이라는 교단적인 변화의 중심에도 서게 되었다. 한편 학교 교사를 마련하기 위한 교단적인 노력이 경주되어 1966년 백남조장로가 사당동 부지를 제공하고, 1967년에는 재단인가를 받고, 1969년에는 대학 인가를 받기에 이른다.[46] 사당동 부지에 1965년 여름부터 시작한 신학교 본관 건축은 1967년 12월에 완공을 보게 되었다.[47] 이러한 도약의 시기인 1969년 죽산은 7대 교장으로 추대되었고, 그 해 문교부로부터 총회신학대학 인가를 받게 됨으로 초대 학장이 되어 1972년 2월까지 재임하게 된다. 이 시기는 경제적으로도 많이 힘든 시절이라 교수 급여가 몇 달씩 체불되기도 하던 시절이었으나, 박형룡 교수와 다른 교수들은 인고하며 기도로 버텨내고 자신의 소임에 최선을 다했다.

그러나 학교 재정 악화를 감당하지 못한 이사회는 사당동 부지 매각 계획을 세우고 비밀리에 추진하다가 학내사태가 발생하였고, 이에 대

---

[45] 백년사편찬위원회 편, 『대한예수교장로회 총회 100년사』, 2:156. 김요나는 교단 분열후 곳곳에서 불상사가 일어나고 있고 "신학교도 분립이 되어 보수신학의 태두요, 총신 설립자 격인 박 박사의 재등장은 당시 피할 수 없는 교단 상황이었다"고 적시한다(김요나, 『총신 90년사』, 396).

[46] 김요나, 『총신 90년사』, 413-414.

[47] 백년사편찬위원회 편, 『대한예수교장로회 총회 100년사』, 2:234.

한 책임을 지고 초대 학장이던 박형룡 박사는 학장직을 사임하기에 이른다.[48] 1948년 남산에 장로회신학교를 세우고 교수와 행정 책임자로 총신의 발전에 크게 기여했던 죽산의 공적 활동은 이렇게 쓸쓸하게 끝이 나게 된 것이다. 많은 이들은 죽산이 신학 교육자로서나 교단 신학의 정초자로서 독보적으로 기여한 것을 인정하면서도, 교육행정가로서의 그의 부족함은 인정하지 않을 수가 없었다.[49]

3. 은퇴 후의 활동(1972-1978)

죽산은 75세가 되던 1972년 초 총신에서 은퇴하고, 봉천동 자택에 머물면서 저술 출간 준비에 진력했다.[50] 1964년에 시작한 교의신학 전집 간행을 1973년에 완성했고, 1975년에는 40년 전에 출간했던 『근대신학 난제선평』을 개정하여 『현대신학 난제선평』으로 출간하였다. 그리고 1975년 12월에는 서울노회 공로목사로 추대되기도 했다.[51] 죽산은 1976년 가을 「신학지남」에 마지막 글을 기고하였는데, 제목은 "한

---

48 백년사편찬위원회 편, 『대한예수교장로회 총회 100년사』, 2:234-239; 100년사편찬위원회 편, 『총신대학교 100년사』, 1:682-693.
49 백년사편찬위원회 편, 『대한예수교장로회 총회 100년사』, 2:239. 홍치모는 "박형룡 박사는 학교 경영자로서는 어쩌면 불행한 학자였는지 모른다"거나 "교육행정가로서는 실패했다고 하지 않을 수 없다"라는 평가를 했고, 죽산의 장남 박아론 역시 "박형룡 박사는 한국교회가 낳은 위대한 보수신학자(정통개혁주의 신학자)였지만 탁월한 경영자는 아니었다"라고 평가하였다(박아론, 『세월 따라 신학 따라』, 183).
50 그의 아들 박아론에 의하면 죽산의 은퇴시에 "격식에 맞는 예우 없이 영구 은퇴를 감수하여야만 했다"고 했고, 은퇴 사유가 이사회에 있음에도 불구하고 도의적 책임을 지고 학장직에서 은퇴한 죽산은 "마음의 충격과 상처가 컸기 때문에 박형룡은 총신대학교를 그의 7년 은거 기간 중에 방문하지 않았"다고 회상해 준다(박아론, 『나의 아버지 박형룡』, 324. 335). 2019년 9월 6일 양지캠퍼스 도서관을 박형룡 박사 기념도서관으로 명명하는 총회적 행사를 하였는데, 이런 관점에서 흥미로운 사실은 은퇴 후의 죽산은 매일 같이 성실하게 일기를 기록했고 그 기록을 박아론이 가지고 있다고 하는 것이다(396-397).
51 박형룡, 『박형룡 박사 저작전집』, 매권 말미에 있는 연혁 참고.

국 장로교회의 신학적 전통"이라는 제하의 글이었다.[52] 이 짧은 기고문을 통해 죽산은 선교사들이 전해주었고, 자신이 반세기 동안 가르쳤던 한국 장로교 신학 전통이 무엇인지에 대해서 다시 한 번 간략하게 정리해 주었다.[53] 죽산은 영미장로교회 신학에 유럽 개혁주의 신학을 보완시킨 한국형 개혁주의 신학이 한국 장로교회 정체성이라고 역설했다. 세부적으로는 웨스트민스터 표준문서에 구현된 칼빈주의 신학과 경건한 삶과 실천의 균형을 강조했다. 죽산은 일찍이 청소년기부터 시작해서 소천하기전 노년에 이르기까지 개인적 경건 생활과 가정적 경건 생활에 일관되게 힘쓴 것으로 알려져 있기도 하다.[54]

한편 죽산이 소천하기 직전에 죽산을 존경하는 교계의 여러 목회자들이 힘을 모아 죽산 전집을 간행하기로 결정하고 재원을 마련해 주었고, 죽산은 저작 전집 간행을 준비하는 일에 마지막 혼신의 힘을 다하였다. 첫 7권은 1977년에 간행되기 시작하여, 1983년에 20권 저작전집이 완성되기에 이른다.[55] 그리고 죽산 박형룡은 저작 전집이 간행되기 시작한 후인 1978년 10월 25일 이른 아침 봉천동 자택에서 소천했다. 81세의 노령이었으나 큰 지병없이 전날까지 건강하게 원고 작업하다가 잠들고 이른 아침 시간에 심장마비로 하나님의 부르심을 받은 것이

---

[52] 박형룡, "한국 장로교회의 신학적 전통," 「신학지남」 43/3 (1976): 11-12; 박형룡, 『박형룡 박사 저작전집XIV-신학논문(하)』 (서울: 한국기독교교육연구원, 1981), 389-402에 재수록됨.

[53] 죽산의 마지막 논문과 관련한 논의는 이상웅, 『박형룡신학과 개혁신학 탐구』 (서울: 솔로몬, 2019), 167-175에 제시되어 있다. 죽산은 대한예수교장로회의 신학의 정체성을 "청교도 개혁주의"라고 표방했고, "구주 대륙의 칼빈 개혁주의 신학에 영미의 청교도적 특징을 가미한 장로교회의 신학적 전통"이라고 설명했다. 죽산은 특히 5가지 요점을 강조해서 말하는데, "성경의 신성한 권위를 믿는 신념, 하나님의 주권에의 확신, 안식일의 성수와 경건 생활에 치중, 성실한 실천, 천년기전 재림론" 등이다.

[54] 홍정이 편, 『박형룡 박사 가정예배 365일』 (서울: 쿰란, 2003), 머리말; 이상웅, "죽산 박형룡의 경건한 생애와 경건 이해," 「한국개혁신학」 65 (2020): 148-184.

[55] 저작전집편집위원회, 『박형룡 박사 저작전집』, 전20권 (서울: 한국기독교교육연구원, 1977-1983). 현재 이 전집의 판권은 개혁주의출판사(최석진장로)가 가지고 있다.

다.⁵⁶ 은퇴후에 거리가 멀지도 않으나 스스로 방문하지 않았던 총신대학교 교정에서 1978년 10월 27일 총회장으로 장례예배가 드려졌다.⁵⁷

그러나 죽산의 은퇴후부터 사반세기 어간 예장합동 내부에서는 죽산 신학에 대한 평가나 공인 작업이 부진했다고 말할 수밖에 없다. 1970-1980년대 교단 상황이 그러했고, 총신의 상황도 그러했다. 오히려 죽산이 소천한 후 처음으로 그의 신학에 대한 평가 작업을 해준 곳은 예장합동이나 총신이 아니라 한신대학교의 「신학사상」의 지면을 통해서였다.⁵⁸ 죽산의 신학에 대해 비판적인 평가들(이종성, 주재용)과 긍정적인 평가들(박아론, 신복윤)이 지면상에 수록되었다. 그러다가 죽산 탄생 100주년을 앞두고 박용규 교수의 편집하에 수 십명이 참여하여 『죽산 박형룡 박사의 생애와 사상』이라는 단행본이 출간되기에 이른다.⁵⁹ 1997년에는 총신대학교신학대학원 양지캠퍼스에서 제1회 죽산기념강좌가 개최되었고,⁶⁰ 1998년에는 총신 출신인 장동민 박사가 박형룡의 신학적 전기를 연구하여 박사논문을 썼고,⁶¹ 2019년에는 양지 도서관이 박형

---

56 박아론, 『세월 따라 신학 따라』, 198-199. 죽산은 소천하기 전에 소화불량으로 몇 일 고생하기는 했으나 급서할 병은 아니었다고 박아론은 말해준다.
57 정성구, 『나의 스승 박윤선 박사』 (용인: 킹덤북스, 2018), 245; 100년사편찬위원회 편, 『총신대학교 100년사』, 1:709-712. 박아론의 회상에 따르면 죽산은 은퇴후에 단 한번도 학교를 방문하지 않았고, 심지어 학교의 특강이나 설교 초대도 일절 고사했다고 한다(박아론, 『세월 따라 신학 다라』, 186-188).
58 「신학사상」 25 (1978 여름): 199-300.
59 박용규 편, 『죽산 박형룡 박사의 생애와 사상』 (서울: 총신대학출판부, 1996). 최근까지 죽산 박형룡에 대한 연구 현황은 이상웅, 『박형룡신학과 개혁신학 탐구』, 19-25를 보라.
60 죽산 기념강좌는 매년 정기적으로 개최되지 못했기에 2019년 5월 16일(목)에 제14회 기념강좌를 개최했고, 필자가 "3. 1운동 100주년에 즈음하여 다시 보는 박형룡 박사의 초기 생애(1897-1923)," 「신학지남」 86/3 (2019): 5-37를 발제했다. 2020년은 코로나19 사태로 개최하지 못했지만, 2021년에는 제15회 죽산 기념강좌를 개최하고자 준비중이다.
61 Chang Dong Min, "A Theological Biography of Hyung Nong Park (1897-1978)" (Ph. D. diss., Westminster Theological Seminary, 1998), 장동민, 『박형룡의 신학 연구』 (서울: 한국기독교역사연구소, 1998).

룡 박사 기념 도서관으로 명칭 변경되기에 이른다.62 또한 난해하고 어려운 문체로 되어 있는 죽산의 교의신학 전집 개정판 작업도 김길성 교수와 제자들의 수고에 의하여 2017년에 출간됨으로 한자나 고어체에 약한 세대들이 읽을 만하게 편의를 도모해 주었다.63

　죽산 박형룡 신학에 대한 연구 작업은 현재 신학계에서도 논의중일 뿐 아니라, 한국 장로교회사와 관련해서도 논의의 대상이 되지 않을 수가 없는 상황이라고 필자는 판단한다. 특히 1979년 주류와 비주류의 분열 때에도 죽산 신학은 초점에 놓여있었고,64 2005년에 다시금 예장합동과 예장개혁이 교단합동을 한 이후 현금에 이르기까지 죽산 박형룡의 신학은 교단 연합의 주요한 명분내지 초석중 하나라는 사실을 부인할 수가 없는 상황이다. 따라서 예장합동과 총신은 교단의 신학적 정체성을 분명히 하기 위해서도 죽산 신학을 더욱 더 연구하고 계승해야 할 필연성을 가지고 있다고 생각된다.

IV. 나가는 말

　이상에서 우리는 죽산 박형룡과 예장합동의 관계에 대해서 간략하게 살펴보았다. 죽산 박형룡은 교단 정치에 직접적으로 개입하거나 나설 처지에 있지는 않았으나, 신학 교육을 통하여 장로교회 지도자들을 양성함으로 교단에 영향을 미쳤기 때문에 이러한 연구가 가능한 것이다. 일반적으로 한 교단의 건전한 성장과 발전은 그 모판인 신학교에서의

---

62 이상웅, "박형룡 박사 기념도서관 명명(命名)의 의의와 과제,"「신학지남」 86/4 (2019): 235-259.
63 박형룡,『조직신학』, 전7권 (서울: 개혁주의출판사, 2017).
64 박용규,『한국기독교회사 3』(서울: 한국기독교사연구소, 2018), 512-517; 정규오,『신학적 입장에서 본 한국장로교회사(하)』(광주: 광신대학교출판부, 2014), 283-379.

성경적으로 바른 교육에 달려있다고 하는 점은 긍정되는 사실이기도 하다. 죽산은 일제 강점기에 평양 장로회신학교의 변증학 교수로 사역하면서, 정통 개혁주의 관점에서 다양한 이사상들을 분별하고 비판할 수 있는 신학적인 지식을 전수했고, 일제의 박해 아래서도 만주 봉천신학원 교수로서 교역자 양성에도 힘을 쏟았다. 뿐만 아니라 해방 이후 처음에는 고려신학교 교장으로 취임하였고, 1948년에는 전국적인 신학 교육을 실현하기 위하여 남산에 장로회신학교를 설립하고 평양 장로회신학교의 신학적 계승을 만천하에 공표하기도 했다. 그 후 1972년 퇴임하기까지 24년간 죽산은 장로교 교역자들 양성에 지대한 공헌을 했다. 영미 청교도 개혁주의와 화란 개혁주의를 조화롭게 종합한 청교도 개혁주의 신학 사상을 강의와 저술들을 통해서 수 많은 신학생들에게 전수해 주었고, 교장 혹은 학장으로서 학교를 경영하기는 일에 기여하기도 했다. 행정적으로 실수가 없진 않았으나, 그가 교단의 성장과 발전에 신학적으로 기여한 바를 조금도 가볍게 평가할 수는 없는 일일 것이다.

죽산이 소천한지 43년이 지나가는 이 시점에서 교단 상황을 조망해 볼 때에도 여전히 죽산이 전수해준 청교도 개혁주의 혹은 정통 개혁주의 신학의 중요성은 교단 목회자들에 의해서 공명을 얻고 있다고 보여진다. 또한 총신과 여러 교단 신학교에서도 변함없이 역사적 개혁주의 혹은 칼빈주의(Historic Calvinism) 방향에서 신학이 연구되고 있고 목회자 후보생들에게 가르쳐지고 있음을 확인하게 된다. 죽산 박형룡의 신학적인 기여는 생시에만 제한된 것이 아니라, 오늘날까지도 교단 신학의 정체성이나 내용을 따져 물을 때에 여전히 지로적(指路的)인 기능을 하고 있음도 부인하기 어려운 현실이다. 다만 그러한 자각이나 인정에도 불구하고 죽산의 신학이 무엇인지에 대한 관심과 자세한 연구는 아직 부진하지 않은가 하는 안타까움을 느낀다. 기장에서 장공 김재준을 기리면서 연구하고, 장신에서 한경직을 중시하고 연구하듯, 우리 예장합동에서도 좀 더 교단 신학의 정초자인 죽산의 신학과 앞세대 신학자들에 대한 연구 작업이 활성화될 수가 있기를 필자는 소망한다(*)

참고문헌

김동화. 『나에게 있어 영원한 것』. 서울: 기독교연합신문사, 1998.
김양선. 『한국기독교 해방 10년사』. 서울: 종교교육부, 1956.
김요나. 『총신 90년사』. 서울: 양문, 1991.
남영환. 『한국교회와 고단- 고신교단사를 중심으로』. 서울: 소망사, 1988.
문병호. 『교회의 '하나 됨'과 교리의'하나임' - WCC의 비성경적, 반교리적 에큐메니칼 신학 비판』. 서울: 지평서원, 2012.
박세환. "죽산 박형룡 목사의 설교 연구." 신학박사 총신대학교, 2004.
박아론. 『세월 따라 신학 따라』. 서울: 기독교연합신문사, 2002.
____. 『나의 아버지 박형룡』. 서울: 대한예수교장로회총회, 2014.
박용규. 『한국장로교사상사』. 서울: 총신대학출판부, 1992.
____. "한국교회 종말신앙: 역사적 개관."「성경과신학」 27 (2000): 190-222.
____. 『한국기독교회사 1-3』. 서울: 한국기독교사연구소, 2004-2018.
____. "박형룡 박사의 생애, 저술활동, 신학사상 (1928-1960)."「신학지남」 340 (2019): 49-98.
박용규 편. 『죽산 박형룡 박사의 생애와 사상』. 서울: 총신대학출판부, 1996.
박형룡. "한국장로교회의 신학적 전통."「신학지남」 43/3 (1976): 11-22.
____. 『박형룡 박사 저작전집』. 전20권. 서울: 한국기독교교육연구원, 1977-1983.
____. 『조직신학』. 전7권. 서울: 개혁주의출판사, 2017.
100년사편찬위원회 편. 『총신대학교 100년사』. 전3권. 서울: 총신대학교출판부, 2003.
백년사편찬위원회 편. 『대한예수교장로회 총회 100년사』. 전2권. 서울: 대한예수교장로회총회, 2006.
양낙흥. "박형룡의 고려신학교 사임 이유에 대한 재고."「한국기독교와 역사」 25(2006): 201-233.
____. 『한국 장로교회사』. 서울: 생명의말씀사, 2008.
유동식. 『한국 신학의 광맥』. 전면개정판. 서울: 다산글방, 2003.
이상웅. 『박형룡신학과 개혁신학 탐구』. 서울: 솔로몬, 2019.
____. "3. 1 운동 100주년에 즈음하여 다시 보는 박형룡 박사의 초기 생애

(1897-1923)." 「신학지남」 86/3 (2019) : 5-37.

_____. "박형룡 박사 기념도서관 명명(命名)의 의의와 과제." 「신학지남」 86/4 (2019): 235-259.

_____. "죽산 박형룡의 경건한 생애와 경건 이해." 「한국개혁신학」 65 (2020): 148-184.

장동민. 『박형룡의 신학 연구』. 서울: 한국기독교역사연구소, 1998.

_____. 『박형룡-한국 보수신앙의 수호자』. 파주: 살림, 2006.

정규오. 『신학적 입장에서 본 한국장로교회사(상), (하)』. 광주: 광신대학교출판부, 2014.

정성구 편집. 『박형룡 박사 회고록』. 서울: 총신대학출판부, 2011.

_____. 『나의 스승 박윤선』. 용인: 킹덤북스, 2018.

정준모. 『개혁신학과 WCC 에큐메니즘』. 용인: 목양, 2010.

한철하. "20세기 세계교회의 엘리야 박형룡." 「신학지남」 64/3 (1997): 23-43.

허순길. 『고려신학대학원 50년사』. 서울: 영문, 1996.

홍정이 편. 『박형룡 박사 가정예배 365일』. 서울: 쿰란, 2003.

Chang, Dong Min. "A Theological Biography of Hyung Nong Park (1897-1978)." Ph. D. Diss., Westminster Theological Seminary, 1998.

Rhodes, Harry A. and Archibald Campbell. Eds. *History of the Korea Mission Presbyterian Church in the U. S. A*. Volume II 1935-1959. New York: Commission on Ecumenical Mission and Relations the United Presbyerian Church in the U.S.A., 1964.

2
죽산 박형룡의 경건한 생애와 경건 이해[1]

I. 들어가는 말

20세기에 대두된 중요한 신학적 관심사 중 하나는 기독교 영성(Christian Spirituality)에 대한 탐구이다. 영성신학이라는 표현은 로마교회에서 주도적으로 사용되다가 어느새 복음주의권의 유행어가 되었고, 나아가서는 개혁교회에서도 영성에 대한 연구가 수행되고 있다.[2] 심지어 칼빈의 영성에 대한 논의나 연구도 학자들 사이에 진행되고 있다. 그러나 칼빈이나 개혁파 정통주의자들은 영성이라는 키워드 보다는 경건(piety)이라는 용어로 연구되는 경향이 강하였고, 이런 관점에서 접근하는 것이 더 타당하다고 할 것이다.[3] 이는 칼빈 자신이 주저 『기독교강요』(Institutio Christianae religionis) 초판(1536) 부제로 신학대전(summa theologiae)이 아니라 경건 대전(summa pietatis)으로 명명한 점을 보아서

---

[1] 본 장에 실린 내용은 2019년 가을 한국복음주의신학회 학술대회에서 발표한 후에 「한국개혁신학」 65 (2020): 148-184에 처음 공표되었음을 밝힌다.

[2] Howard Rice, *Reformed Spirituality : An Introduction for Believers*, 황성철 역, 『개혁주의 영성: 그리스도인을 위한 입문서』 (서울: CLC, 1995); Joel R. Beeke, *Puritan Reformed Spirituaiity*, 김귀탁 역, 『개혁주의 청교도 영성』 (서울: 부흥과개혁사, 2009). 심지어는 칼빈의 경우에도 영성이라는 키워드로 연구물을 내놓기도 한다.

[3] 김윤태는 칼빈에게 있어 영성에 해당하는 적절한 용어가 경건임을 잘 적시했다: "For Calvin, the proper word for Christian spirituality is 'piety.' Piety is the very word that can properly summarize Calvin's entire theology and life."(Kim Youn Tae, "Calvin's Spirituality: Fiety as the Knowledge of God," 「조직신학연구」 28 [2018]: 78).

도 알 수가 있다.[4] 따라서 우리는 칼빈의 주저를 읽을 때에 사변적이고 추상적인 신학보다는 경건을 함양하는 실천적인 지식의 관점에서 읽을 필요가 있다고 사료된다. 달리 말해서 참된 경건이 무엇인지에 대해 칼빈을 통해 배울 수 있다는 것이다.[5] 칼빈은 경건을 "하나님에 대한 경외와 하나님에 대한 사랑이 결합된 것을 말하는데, 이 사랑은 그의 은혜를 깨달아 앎으로써 오는 것"이라고 정의내린다.[6] 칼빈의 이와 같은 정의는 후대의 개혁신학자들 뿐 아니라 성경적인 경건의 개념이 무엇인가를 추구하는 이들에게는 좋은 지표가 될만하다고 사료된다.

본 장에서 필자는 한국 장로교회의 신학적 정초기에 활동했던 정통 개혁신학자 죽산 박형룡(1897-1978)의 경건 이해에 대해 논구해 보고자 한다. 죽산은 미국과 호주의 장로교선교사들이 선교하여 세운 한국 장로교회에서 양육받고 유학을 통하여 준비된 최초의 한인 신학자들 중 한 사람이며, 선교사들과 더불어 평양 장로회신학교에서 교수했고 (1930-1938), 해방 이후에는 한국 장로교회 신학교육에 남은 생애를 헌신한 신학자이기도 하다.[7] 죽산에 대한 신학자들의 평가는 극과 극을

---

4 1536년 바젤에서 초판이 출판될 때 *Christianae Religionis Institutio. totam fere pietatis summam et quidquid est in doctrina sautis cognitu necessarium compectens, omnibus pietatis studiosis lectu dignissimum opus ac recens editum* (W. Niesel and P. Barth eds., *Opera Selecta Ioannis Calvini*, 5 vols. [München: Kaiser, 1926-1952]), 1:19 John Calvin, *Institutes of the Christian Religion*, trans Francis L. Battles, 2 vols. (Philadelphia: Westminster, 1960), 1:xxxiii.

5 칼빈은 『기독교강요』 최종판 가운데 수십 곳에서 경건을 언급한다(Calvin, Institutes, 2:1687-1688에 있는 인덱스를 보라).

6 Calvin, *Institutes*, 1.2.4. 칼빈은 1537년에 간행한 『제네바 교회가 사용하는 신앙교육서』에서도 이미 "참된 경건이란, 하나님의 심판을 자발적으로 피하면서 그 피할 수 없음을 두려워하는 그런 두려움에 있지 않다. 오히려 참된 경건은 하나님을 온전히 아버지로서 사랑하며 그를 주님으로 온전히 존경하며 그의 의를 사랑하며 그에게 죄짓는 것을 죽는 것보다 더 두려워하는 순수하고 진정한 일심 안에 있다." 박건택 편역, 『칼뱅 소품집』 (용인: 크리스천 르네상스, 2016), 1:497.

7 한승홍, 『한국신학사상의 흐름(하)』 (서울: 장로회신학대학교출판부, 1996), 82-130; 정일웅, "박형룡의 개혁신앙 재조명," 「한국개혁신학」 21 (2007): 1-7; 김영한, "죽산 박형룡과 한국개혁신학," 「한국개혁신학」 21 (2007): 19-47; 최덕성, "박형룡과 개혁과 정통신학,"

달리지만, 적어도 그가 『교의신학』 전집(1964-1973) 간행을 통해 한국인 신학자로서 고전적인 신학 교과서를 남겼다는 것과 정통 교단들 가운데 여전히 중요한 신학적인 참조점으로 역할하고 있음을 부인할 사람은 없을 것이다.[8] 그러나 죽산의 신학에 대한 학술적인 논의와 평가는 지지부진하다가 그의 탄생 100주년(1997년)을 즈음하여서부터 본격적으로 시작되었다고 할 것이나 여전히 그 연구 결과들이 충분하다고는 할 수가 없다.[9] 본 장에서 논구하고자 하는 주제와 관련해서는 선행 연구가 부재하기 때문에, 죽산의 경건론을 논구해 보는 것은 학술적으로 의미있는 작업이라고 생각한다.

죽산은 제자들에 의해서 하나님, 성경, 교회 중심의 신학자로 인식되어졌을 뿐만 아니라 그의 삶이 경건의 모범이 되었다고 하는 점도 잘 알려져있다.[10] 따라서 죽산의 공적으로 알려진 삶가운데 드러나는 경건

「한국개혁신학」 21 (2007): 158-186.

8 죽산에 대해 비판적인 자세를 취하는 이종성은 다음과 같이 적절하게 평가한다: "그는 1973년에 이르러 『敎義神學』 7권을 한 질로 묶어서 출판했다. 이것은 한국교회 90년의 역사가 낳은 가장 위대한 작품이라고 하지 않을 수 없다. 그 양에 있어서나 그 질에 있어서 타의 추종을 불허할 정도의 위업이라고 할 수 있다." 이종성, "박형룡과 한국 장로교회," 「신학사상」 25 (1979 여름), 250. 한신의 김경재 역시도 유사한 평가를 내렸다: "진실로 박형룡 박사가 한국 교계에 공헌한 보수정통 신학에서의 공헌은 1973년 그의 『敎義神學』 일질 칠권이 완간되고 1977년부터 간행에 착수한 『박형룡 박사 저작전집』이 완간됨으로써 사실상 한국신학계의 하나의 고전이 된 것이며 그의 신학사상의 전모를 문자로 표현된 자료로서 살필 수 있게 된 것이다."(김경재, "한국교회의 신학사상," 「신학사상」 44 [1984]: 13). 김영한 역시 7권 전집 완간을 통해 "죽산은 한국교회를 위한 최초의 정통적 교의신학을 완성"하였다고 평가한다(김영한, "죽산 박형룡과 한국개혁신학," 22).

9 현재까지 박형룡신학에 대한 연구 현황은 이상웅, 『박형룡신학과 개혁신학 탐구』 (서울: 솔로몬, 2019), 19-25을 보라.

10 1947년 이래 죽산의 제자였던 정규오는 "그분은 경건 생활에도 보범이 되셨습니다."라고 단적으로 말해주며(정규오, "추천사," 홍정이 편, 『박형룡 박사 가정예배 365일』 [서울: 쿰란, 2003], 2), 김남식은 박형룡을 "하나님 중심의 신학자," "성경 중심의 신학자," "교회 중심의 신학자" 등으로 요약하고, 첫 번째 특징에 대해서는 다음과 같이 기술해준다: "박형룡 박사는 교의신학자로서 기독교 교리를 개혁주의 신학의 전통에 따라 정리하여 체계화하였습니다. 박형룡 박사의 '교의신학'은 하나님 중심의 원리에 입각하여 이것을 구체적으로 해설하였습니다. 신학자의 가슴속에 하나님을 향한 열망이 있을 때에 그 신학은

의 특징을 일별해 보고, 그가 남긴 많은 저술들 가운데 경건에 대한 논의들이 어떻게 개진되어져 있는지를 정리해 보려고 한다. 본 장에서 논구할 1차적인 자료는 죽산의 주저인 『교의신학』 전집(총 7권, 1964-1973)[11] 과 1930년대에 저술했을 것으로 보이는 『목회서신 주석』 등이다.[12] 바울의 목회서신 가운데 경건에 대한 용어가 많이 등장하기 때문에 죽산의 『목회서신 주석』은 그의 경건론을 이해하는데 많은 도움이 될 수가 있다. 이어지는 본론에서는 우선 논의의 배경 연구로서 경건이라는 관점에서 죽산의 생애를 간략하게 개관해보고(II), 초기의 목회서신 주석에 나타나는 경건에 대한 논의들을 정리하고(III), 주저 『교의신학』 전집에 나타나는 경건에 대한 주요한 언급들을 논구해 보려고 한다. 본 장은 죽산의 경건이해가 무엇이었는지를 종합해 보는 수준에서 목표를 제한하게 될 것이며, 보다 심도있는 논의나 다른 신학자들의 경건론과 비교 평가하는 작업은 앞으로 수행될 수 있기를 바란다.

II. 죽산 박형룡의 경건한 생애

일반적으로 인정되듯이 신학사상은 신학자의 형성과정과 시대적 배경과 떼려야 뗄 수가 없다.[13] 더욱이 조나단 에드워즈가 잘 적시했듯이

살아 움직이는 역동력을 가지게 됩니다. '죽산의 신학' 이 바로 그렇습니다."(김남식, "추천사," 홍정이 편, 『박형룡 박사 가정예배 365일』, 3).

11 죽산의 『교의신학』은 총 7권으로 처음에는 은성문화사에 의해 1964-1973년 어간에 간행되었고, 1977년 저작전집 1-7권으로 재간행되었다. 2017년에는 김길성 교수와 제자들의 손을 거쳐 현대어체로 개정한 판본이 출간되기도 했다(『박형룡 박사 조직신학』 1-7 [서울: 개혁주의출판사, 2017]).

12 이호우, 『초기 내한 선교사 곽안련의 신학과 사상』 (서울: 생명의말씀사, 2010), 139-142. 표준 성경주석 시리즈는 1937년에 『욥기 시편』으로 시작해 1964년에 나온 『예레미야』 주석까지 총 12권이 간행되었다.

13 Herman Bavinck, *Gereformeerde Dogmatiek*, 1:337; 이상웅, 『박형룡신학과 개혁신학

참된 신앙이나 참된 경건에 대해 "교리와 교훈"(doctrine and precept)을 통해 설명하는 방법과 "예증과 본보기"(instance and example)라는 방법이 필요하다고 할 수가 있다.¹⁴ 이런 점에서 죽산 박형룡의 신학이나 경건론 역시도 그의 성장과정이나 시대적 상황 속에서 이해될 수가 있다. 먼저 경건이라는 관점에서 죽산의 생애를 간단하게 살펴보려고 한다.¹⁵ 구한말이던 1897년 3월 28일(음력) 평북 벽동에서 출생하여 1978년 10월 25일 서울 봉천동 자택에서 소천하기까지 죽산은 81년 반을 이 땅위에 살았는데, 본 장에서는 세 시기로 나누어서 고찰하려고 한다.

1. 죽산의 입신과 성장과정(1897-1927)

박형룡은 압록강이 가까운 시골 마을에서 태어나 가정적으로는 대주가이던 아버지 덕에 찢어지도록 가난했고, 국가적으로는 일본에게 주권을 잃고 압제를 당하던 힘든 시기에 성장과정을 거쳤다. 선교사들의 영향으로 서북지북에 학교들이 우후죽순처럼 세워지던 시기에 죽산은 여러 소학교를 전전하면서 공부를 이어갔다. 그가 교회에 나가게 된 계기는 10여세 더 서당 선생을 따라 연설(즉, 설교)을 들어보기 위해서였고, 그렇게 다니다가 기독교에 입문하게 되고 동생들도 전도하기에 이른다.¹⁶ 죽산은 어린 시절부터 교회의 가르침을 따라 외견상 교인

탐구』(서울: 솔로몬, 2019), 829에서 재인용.

14 Jonathan Edwards, *Life of David Brainerd*, WJE 7 (New Haven and London: Yale University Press, 1985), 7:89; 이상웅, 『조나단 에드워즈의 성령론』(서울: 부흥과개혁사, 2009), 299에서 재인용.

15 죽산의 생애와 관련해서는 다음의 자료들을 우선적으로 참고할 필요가 있다: 박용규 편집, 『죽산 박형룡 박사 박사의 생애와 사상』(서울: 총신대학출판부, 1996); 장동민, 『박형룡의 신학연구』(서울: 한국기독교역사연구소, 1998); 장동민, 『박형룡: 한국 보수신앙의 수호자』(파주: 살림, 2006); 정성구 편집, 『박형룡 박사 회고록』(서울: 총신대학출판부, 2011); 박아론, 『나의 아버지 박형룡』(서울: 대한예수교장로회총회출판부, 2014).

16 중국유학 시기까지의 죽산에 대한 논의는 각주가 없는 한 제14회 죽산 기념강좌에서 발

생활에 힘을 썼지만, "예수를 참으로 믿기로 결심"하게 된 것은 1913년 10월 20일 벽동읍교회에서 열린 벽동군 도사경회에 참여하여 은혜를 받았을 때부터이다.

죽산의 형성기에 있어서 큰 영향을 미친 스승들을 만나게 되는 첫 기회는 그가 1913년에 신성중학교에 입학한 후이다. 신성중학교에서 죽산은 윤산온 교장, 강규찬 선생(후일 평양산정현교회 목사), 소열도선교사(Stanley Soltau) 등을 통해 학업을 이수했을 뿐 아니라 양전백목사의 신앙 지도도 받게 된다. 주목할 만한 것은 이 시기 동안 죽산은 학업에 힘쓸 뿐만 아니라 공적인 신앙훈련이나 개인 경건훈련에 매진했다고 하는 것이다. 그는 성경읽기와 기도하는 일에 힘썼고, 성화를 위한 몸부림도 쳤기에 그의 별명이 올빼미 아니면 박목사로 불리기도 했다.[17] 김익두목사의 부흥회 설교를 통해 주님 재림 고대에 대한 신앙도 가지게 되었고, 1914년 10월 21일에는 "복음사역에 헌신하기로 서약"하기도 했다.[18]

1916년에 신성중학교를 졸업한 죽산은 이어서 평양 숭실전문학교에 진학을 하여 4년간 서구식 대학 교육을 받게 된다. 늘 학업에 성실했던 죽산은 숭실에서도 학업에 열중하면서, 학생들 자치 활동에도 적극적

표했던 필자의 "3.1운동 100주년에 즈음하여 다시 보는 박형룡 박사의 초기 생애 1897-1923," 「신학지남」340 (2019): 5-37을 참고하였다.

[17] 스승이었던 소열도는 후일 제자에 대한 회상을 남기는데, 박형룡에 대한 장의 제목을 "박형룡 박사, 성인같은 학자"라고 붙였다(Stanley T. Soltau, *Yin Yang: Korean Voices* [Wheaton: Key Publishers, 1971], 63-67). 또한 죽산에게 영향을 미친 미국 장로교 선교사들은 보수적이면서도 청교도적인 신앙과 경건에 관한 교훈과 실제를 체현한 사람들이었다(Arthur J. Brown, *The Mastery of the Far East*, 류대영, 지철미 공역, 『극동의 지배』 [서울: 한국 기독교역사연구소, 2013], 587).

[18] 죽산은 회고록에서 다음과 같이 기록한다: "삶의 미래를 마음 가운데 고민하다가 문득 복음사역에 헌신하기로 서약하는 글을 종이에 써놓고 하나님 앞에 기도하므로 목회자로 일생을 바치기로 서원하고 뜻을 굳혔다."(정성구 편집, 『박형룡 박사 회고록』, 54; 이상웅, "3.1운동 100주년에 즈음하여 다시 보는 박형룡 박사의 초기 생애 1897-1923," 18에서 재인용).

으로 참여했다. 그는 특히 문학부와 전도부에 적극 참여했고, 숭실시절에 이미 수 많은 교회들에 전도 강사내지 연사로 초빙을 받아가기도 했다. 죽산이 4학년이 되던 1919년 3.1운동이 평양에도 발발했을 때에 죽산은 참여했다가 일경에 잡혀가 고초를 치루기도 했다. 그리고 1920년 숭실전문을 졸업한 후에도 곧바로 경상도와 전라도를 순회하는 숭실전도대 활동에 동참했고, 목포 양동교회에서 전한 설교가 문제되어 일경에 끌려가 구속 수감되고 재판을 통해 총 10개월 목포감옥 생활을 하기도 한다.[19] 죽산은 수감생활 동안 불평 원망없이 하나님의 섭리에 순종하여 신앙적 연단의 기회로 생각하고 주경이독에 힘을 썼다.[20]

1921년 2월 11일에 만기출소한 죽산은 몇 개월간 준비과정을 거쳐 중국 남경소재 금릉대학으로 유학을 떠나게 된다. 숭실전문 4년을 졸업해도 학사학위를 주지 않던 시기였기 때문에, 금릉대학에 편입학해서 2년간 공부하고 학사 학위를 취득하게 된다. 미국으로의 유학 준비를 위해 힘을 쓴 시기이지만, 유학생 교회에 속하여 신앙생활에 열심히기도 했다. 1923년 죽산은 마침내 미국 프린스턴신학교에 입학하게 되고, 신학사 과정과 신학석사 과정을 병행하여 1926년에 Th. B.와 Th. M.학위를 동시 취득하게 된다.[21] 프린스턴신학교에서 미국북장로교 신학의 정수를 배웠을뿐 아니라, 메이첸을 통해서는 자유주의에 대한 정통칼빈주의적인 변증을 배우게 된다.[22] 프린스턴에서 변증학을 전공으로 택했던 죽산은 1926년 남침례교신학교 박사과정에 등록하여 1년간

---

[19] 이상웅, "3.1운동 100주년에 즈음하여 다시 보는 박형룡 박사의 초기 생애 1897-1923," 26-30.
[20] 죽산의 목포감옥 생활에 대한 자세한 이야기는 2011년에 출간된 정성구 편집, 『박형룡 박사 회고록』, 78-95을 통해서 비로소 알 수 있게 되었다.
[21] 장동민, 『박형룡의 신학연구』, 61-88; 장동민, 『박형룡: 한국 보수신앙의 수호자』, 59-85; 이상웅, 『박형룡신학과 개혁신학 탐구』, 35-37.
[22] 이상웅, "박형룡 박사와 J. G. Machen의 신학적인 관계: 박형룡 박사의 생애와 저술에 나타나는 메이첸의 영향 분석," 「신학지남」 79/2 (2012): 142-167.

박사과정을 성공적으로 이수한다.[23] 어떤 이유에서인지는 알 수가 없지만, 죽산은 논문을 쓰지 않고 1927년 한국으로 귀국하게 된다.

2. 신학교수로서 산 공적인 삶(1927-1972)

6년간의 유학생활을 마치고 귀국한 죽산의 정착 과정은 평탄하지는 못했다. 1927년 후반부에는 신의주 제일교회 전도사로 시무했고, 1928년 1월부터 평양 산정현교회 전도사로 옮겨서 사역하던 중 1929년 5월에 목사안수를 받는다. 평양 산정현교회 위임목사로 청빙을 받았음에도 불구하고 죽산은 평양 장로회신학교에서 가르치기를 소망해서 마침내 1930년 9월에 임시교수가 되고 이듬해 4월에는 전임교수로 취임하게 된다.[24] 1938년 신사참배를 거부하며 자진 휴교에 들어갈 때까지 죽산은 소위 평양신학교에서 변증학, 현대신학, 기독교 윤리 등의 과목을 가르쳤고, 「신학지남」에 약 60편에 달하는 글들을 기고했다. 1934-1935년 장로교회 내에 일어난 여러 가지 신학적인 문제들에 대해서는 정통개혁주의 입장을 대변하는 역할도 하게 된다. 그러나 죽산은 공사다망한 중에도 박사논문 작성에 정진하여 1933년 1월에는 남침례교신학교로부터 철학박사 학위를 받게 된다. 「신학지남」 소식란에 이 소식을 전하면서 다음과 같은 인물평을 전해주기도 한다. 청년 학자 박형룡의 인상을 선명하게 전하고 있기에 인용해 보겠다.

선생은 소장학자로 일반 학생과 교수간에 다대한 신임(信任)을 받고 있는 바 소시부터 두뇌가 명석(明?)하고 변론에 장(長)하여 일반의 촉망이 많았으며 천성이 온후하고 침착하여 일견에 학자의 풍이 있고 또 겸손 과언(寡

---

23 장동민, 『박형룡의 신학연구』, 88-99; 장동민, 『박형룡: 한국 보수신앙의 수호자』, 85-95.
24 이상웅, 『박형룡신학과 개혁신학 탐구』, 38-39.

름)하여 종교가적 인격미가 타인으로 하여금 존경을 불(拂)케 한다.[25]

죽산은 연구에 돌두하여 1935년에는 847쪽에 달하는 『기독교 근대신학 난제선평』이라는 대작을 출간하여 한국 목회자들 뿐만 아니라 서양 선교사들도 놀라게 만들었다.[26] 한국 장로교선교 희년을 맞이하여 한국인 신학자가 지로적인 역할을 맡게 된 것을 공인받게 되지만, 죽산의 평양신학교 재직 기간은 불과 8년에 그치게 된다. 그도 유일신이신 하나님만 경외하라는 제1계명에 위반되는 신사참배에 참여하기를 거부하고, 후일을 기약하며 일본 동경으로 가서 은거 생활에 들어가기 때문이다.[27]

1938년에 시작된 죽산의 동경 은거 기간은 1942년까지 만 4년간 이어졌다. 그가 표준 성경주석 편집 작업에 매진했다는 것 외에 그의 공적인 활동은 확인하기 어렵다.[28] 1942년에 만주 봉천신학교 교수로 청빙을 받은 죽산은 가족들과 배를 타고 일본에서 중국으로 향하게 된다.[29] 그곳에서 그는 처음으로 조직신학 전과목을 가르치게 되면서 루이스 벌코프의 『조직신학』(1932, 1941)을 교재로 삼게 된다.[30] 당시 만주도 신사참배에서 자유로운 곳이 아니었으나, 죽산은 끝까지 신사참배

---

[25] 편집부, "신학교 소식," 「신학지남」 15/1 (1933.03): 69.
[26] 박형룡, 『기독교 근대신학 난제선평』 (평양: 장로회신학교, 1935). 죽산은 40년 뒤에 이 책을 개정하여 『기독교 현대신학 난제선평』 (서울: 은성문화사, 1975)으로 출간하기도 한다.
[27] 이상웅, 『박형룡신학과 개혁신학 탐구』, 41-42.
[28] 박형룡은 「신학지남」 22/1 (1940.1): 15-18에 "신관념의 유래"라는 글을 기고했는데, 죽산의 기고문이 끝나는 18쪽 여백에 누군가 다음과 같은 소식을 적었다: "본사 주간 남궁혁박사는 지난 11월 하순에 상해에로 여행중. 박형룡교수는 동경에 체류하시면서 표준 주석 편집에 진력 중."
[29] 봉천신학교에 관해서는 Seu Young Il, "To Teach and to Reform: the Life and Times of Dr. Yune Sun Park," (Ph.D. diss., Westminster Theological Seminary, 1992), 238-241을 보라.
[30] 죽산의 벌코프 사용을 통한 화란 개혁신학 수용에 대해서는 이상웅, 『박형룡신학과 개혁신학 탐구』, 66-98을 보라.

를 하지 않는다.³¹ 박아론의 증언에 의하면 어린 아들이 학교에서 동방요배하는 것도 1, 2계명 위반이라고 엄히 금하였다고 한다.³² 해방후에도 죽산은 1947년까지 만주에 머물러 있었다. 평양에도 서울에도 그가 가서 가르칠 정통신학교가 없었다고 판단했기 때문이다.

    1947년 고려신학교 교장으로 초대를 받음으로 위험한 여로를 통해 마침내 귀국을 하게 된다. 한국장로교회 내에는 해방 이후부터 신사참배한 이들과 출옥 성도간의 시비가 일어나 복잡한 양상일 때였다. 죽산은 비록 신사참배를 끝까지 거부했지만 초기의 입장과는 달리 차차 강한 입장을 버리게 된다.³³ 그리고 전국적인 영향을 미칠 수 있는 장로교 신학교 설립을 위해 고신을 떠나 서울로 올라간 죽산은 총회 인사들의 도움을 얻어 마침내 1948년 6월 3일에 남산 장로회신학교를 설립하고 교장으로 취임하게 된다.³⁴ 그러나 6.25전쟁 발발로 인해 죽산과 그의 가족들은 대구, 부산, 제주로 이어지는 피난생활을 하게 되고, 열악한 환경중에도 대구에서 신학교육을 하게 된다.³⁵ 이 시기 동안 죽산은 피난민 교역자 집회나 여러 기회들에 설교들을 하게 되는데, 그 설교들 속에서 하나님의 예정과 섭리의 빛에서 민족적 재난을 이해할 것과 교역자들 간의 불화를 종식하고 서로 용납할 것을 권하기도 한다.³⁶

---

31 Seu Young Il, "To Teach and to Reform: the Life and Times of Dr. Yune Sun Park," 240-241.
32 박아론, 『나의 아버지 박형룡』, 351-352.
33 1951년 6월 11일에 전한 "새 생활의 회개"라는 설교를 보라(박형룡, 『박형룡 박사 저작전집 XIX 설교②』 [서울: 한국기독교교육연구원, 1988], 68).
34 박형룡, 『박형룡 박사 저작전집 XIX 설교②』, 73.
35 당시 열악한 환경속에서도 사과상자를 앞에 두고 연구에 열중했던 죽산에 대한 회고는 박아론, 『나의 아버지 박형룡』, 61-63을 보라.
36 한국전쟁 기간 동안 죽산이 전했던 많은 설교들은 박형룡, 『박형룡 박사 저작전집 XVII 설교①』 (서울: 한국기독교교육연구원, 1988)과 박형룡, 『박형룡 박사 저작전집 XIX 설교②』에 수록되어 있다. 박세환은 "1950년 6.25사변을 통한 환난과 피난가운데 하나님께 소망을 두고 회개하여 영적인 회복과 각성을 통한 교회와 민족과 국가의 부흥을 위한 애국적인 예언 설교와 사명 설교와 경건 설교를 강조했다"라고 평가한다(박세환, "죽산 박

전쟁 중 장로회총회는 장로회총회신학교라는 이름하에 신학교를 새로 개교했고, 1953년에 이르러 죽산은 교장으로 취임하게 된다. 1954-1955년어간에는 미국북장로교선교부 주선으로 세계 신학교 방문의 시간을 가지기도 한다.[37] 1958년에는 신학교 부지 불하와 관련하여 3천만환 사기 사건의 책임을 지고 교장직에서 물러났다가,[38] 1959년 에큐메니컬운동 참여문제 등과 관련하여 합동과 통합이 교단분열하고 일시적이긴 하지만 예장합동과 고신이 교단합동한 후인 1960년에 다시금 교장과 교수로 복귀하게 된다. 1969년에 7대 교장으로 취임하였고 같은 해에 문교부로부터 4년제 정규대학인 총회신학대학교 설립인가를 얻고 난 후에는 첫 번째 학장으로서 직무를 계속하게 된다. 1972년에 영구은퇴하게 되기까지 죽산은 때때로 교장내지 학장직을 수행하기도 했지만, 교의신학 강의에 매진했고, 1964-1973년 어간에 『교의신학』 전 7권을 출간하기도 한다.

죽산이 총신에서 재직하는 동안 일관되게 제자들을 존대했고, 반대자들을 욕하거나 인신공격하지 아니하였으며 설교나 강의는 허튼 소리를 하지 않기 위해 철저하게 원고 중심으로 하였다.[39] 죽산의 강의 방

형룡 목사의 설교 연구'[신학박사논문, 총신대학교, 2004]: 209-211). 죽산의 설교신학에 관해서는 류웅렬, "박형룡의 설교 신학과 설교 연구," 「한국개혁신학」 21 (2007): 210-236도 보라.

[37] 죽산은 1954년 10월 12일 한국을 떠났고, 1955년 4월 16일에 다시 귀국을 하게 된다. 이 기간 동안의 기록은 사후에 『박형룡 박사 저작전집 XVII 세계견문록』 (서울: 한국기독교교육연구원, 1983)으로 공표되었다.

[38] 합동과 통합의 분열의 원인으로 통합은 박교장의 3천만환 사기사건을 강조하나, 합동은 에큐메니컬참여 문제가 핵심 사안이었다고 주장해 왔다. 그 외에도 또 다른 면모에 대해서는 정성구, 『나의 스승 박윤선박사』 (용인: 킹덤북스, 2018). 238-239를 보고, 고신측 교회사가로서 3자적 입장에서 쓴 양낙흥, 『한국장로교회사』 (서울: 생명의말씀사, 2008), 608-621를 보라.

[39] 이상웅, 『박형룡신학과 개혁신학 탐구』, 51: "그에게서 직접 배운 제자들이나 동역자들의 한결같은 고백이 있다면 바로 박형룡 박사의 고매한 인품이요, 흐트러짐이 없는 자세요, 그리고 남에 대해서 비방하지 않는 아주 절제된 그의 언어 생활이었다." 제자 장차남 목사의 자세한 죽산 인물평은 『나의 목회 회고록 소명과 순명』 (서울: 쿰란출판사, 2015),

식에 대해 제자였던 정정숙은 다음과 같이 회상한다.

> 죽산의 강의 방법은 그의 강의 노트를 그대로 읽는 방식이었다. 우리는 프린트 판 교재에 밑줄을 치면서 죽산이 읽는 것을 따라갔고, 간혹 질문을 하기도 했으나 대부분의 학생들은 웅변 보다는 새로운 지식에 목말라서 침묵을 택했다. 그리하여 우리는 죽산으로부터 신학서론, 신론, 인죄론, 구원론, 교회론, 종말론 등의 3년에 걸친 교의신학 전반의 교육을 받았다. 어떻게 보면 무미건조한 교육방법이었지만 총신의 신학적 근간을 확립한 면에서 그의 신학은 우리에게 개혁주의 신학의 골격을 세워 주었다.[40]

3. 죽산의 노년과 소천

죽산은 1972년 75세의 노령이 되어 총신대학교를 은퇴한다. 평소에 자신의 개인사에 대해 언급하기를 좋아하지 않았던 죽산이지만, 죽산의 『교의신학』 출판을 위한 원고 정리를 위해 3년 동안 그의 집에 머물며 숙식을 했던 홍정이 목사는 간단하지만 죽산의 가정 경건의 특징들을 회상해 준다.[41] 홍정이는 존경하던 사람도 가까이 지내면 흔히 실망하기 마련인데, 3년간이나 스승의 집에 머무는 동안에 죽산의 "학문과 경건, 예절, 그리고 겸손, 검소"함에 더욱 머리를 숙여 존경하게 되었다고 한다.[42] 홍정이는 또한 죽산의 가정예배에 대해 소개해주는데 "평일에는 저녁 식후에, 방학 때는 오전 오후로 두 번" 예배를 드렸다고 한

734-764를 보라.

40 정정숙, "한국 보수신앙의 수호자, 죽산 박형룡 박사"를 보라(http://blog.daum.net/_blog/ BlogTypeView.do?blogid=0HAOD&articleno=6023222. 2019년 8월 29일 접속).
41 죽산의 『교의신학』 강의안은 한문이 많이 사용되었기 때문에 그의 제자들이 원고지에 정서하면서 한글화하는 작업을 했다. 이 일에 참여했던 정정숙의 회상은 앞의 링크를 참고하라.
42 홍정이 엮음, 『박형룡 박사 가정예배 365일』(서울: 쿰란, 2003), 8.

다. 가정 예배시 찬송가를 무려 10장씩 불렀고, 죽산이 간단하게 설교를 하면 박순도 사도가 받아 적었다고 한다. 또한 성경책도 함부로 쓰지 아니하고, 표시가 필요할 경우에는 "연필로 윗 절수에 작은 괄호( )를 표시"하곤 했다고 한다.[43] 한편 홍정이는 죽산의 학문적 성과와 경건생활에 있어 박순도사모(1907-1999)의 역할이 컸다고 회상하기도 한다.[44] 이러한 죽산의 가정내에서의 경건은 자신이 추구했던 "청교도 개혁주의 신앙과 신학"의 한 면모를 분명히 잘 보여준다고 생각된다.[45]

죽산은 1978년 10월 25일에 소천했다. 81세의 노령이었으나 특별한 지병없이 건강하게 지내며 저작전집 간행 준비에 매진하다가 하나님의 부르심을 받았다. 소천후 달려온 제자의 눈에 죽산은 천사같은 얼굴을 하고 있었다고 한다.[46] 이러한 죽산의 노년과 소천 정황을 보더라도 죽산의 평소의 삶이 경건하고 자기 절제와 훈련으로 잘 연단된 삶을 살았다는 것을 추정해볼 수가 있다. 우리는 죽산의 생애를 뒤돌아 보면서 그의 제자 중 장차남 목사의 간단한 평가의 글이 적절한 소결론이 될 수 있지 않을까 생각한다.

> 박형룡 박사는 태산북두(泰山北斗)라 할 만큼 학문적으로나 인격적으로나 신앙적으로 독보적인 존재였다. 일제 시대를 거쳐온 온 한국교회 지도자들 중 그분만큼 절조를 지키고 공적을 남긴 지도자는 달리 찾아보기 어렵다.[47]

---

43 홍정이 엮음, 『박형룡 박사 가정예배 365일』, 9.
44 홍정이 엮음, 『박형룡 박사 가정예배 365일』, 8. 연구에 집중하는 죽산으로 하여금 때때로 박순도는 기도를 하야 한다고 권하고, 죽산은 이에 어린아이 같이 순종하여 기도를 하기도 했다고 한다.
45 Joel Beeke and Mark Jones, *A Puritan Theology*, 김귀탁 역, 『청교도 신학의 모든 것』 (서울: 부흥과개혁사, 2015), 976-996을 보라.
46 정문호, "박형룡 박사님의 교훈과 그 저작 전집을 생각하며!" 박용규 편집, 『죽산 박형룡 박사 박사의 생애와 사상』, 203.
47 장차남, 『나의 목회 회고록 소명과 순명』, 90.

III. 목회서신 주석에 나타나는 경건론

정성구는 죽산이 평양 장로회신학교에서 변증학교수(1930-1938)로 시무할 때에, 변증학 외에도 여러 성경 과목들도 가르쳤다고 말해준다. 특히 죽산이 가르친 과목 중에는 디모데전후서도 있었다.[48] 1935년 총회의 결정에 따라 표준 성경주석 시리즈 편집위원장도 맡은 바가 있어 고린도후서를 집필 출간했고,[49] 그후 디모데전후서와 디도서 즉 목회서신에 대한 주석도 집필을 했다.[50] 목회서신 가운데 바울은 경건에 대해 많이 말하고 있기 때문에,[51] 죽산의 해설을 논구함으로서 그가 경건을 어떻게 이해하고 있는지를 확인해 볼 수가 있다.

1. 디모데전서주석

경건(εὐσεβεία)이란 단어가 처음 등장하는 2장 2절 주석에서 죽산은 경건을 "하나님과의 관계"라고 정의 내린다.[52] 이러한 간단명료한 정의는 6장 11절에서도 반복된다.[53] 4장 7절 주석에서는 경건이란 "하나

---

48 정성구는 1930년대의 박형룡은 변증학 뿐만 아니라 여러 성경 과목들(이사야, 예레미야, 룻기, 열왕기상하, 사무엘상하, 사사기, 디모데전후)을 가르쳤으며 등사본을 소장하고 있다고 밝힌 바가 있다(정성구, 『나의 스승 박윤선박사』, 258).

49 1939년에 출간된 고린도후서 주석에는 박형룡과 박윤선 공저로 되어 있으나 서영일은 자료에 근거하여 박윤선의 독자적인 첫 주석으로 평가했다(Seu Young Il, "To Teach and to Reform: the Life and Times of Dr. Yune Sun Park," 206-211).

50 박형룡, 『주석 (목회서신, 전도서)』, 15-226. 전도서의 경우는 1939년에 표준 성경주석 속에서 출간되었지만, 목회서신 주석은 출간된 적은 없다.

51 목회서신 안에 등장하는 경건과 관련된 구절 이해에 관해서는 구기정, "목회서신 안의 경건과 불경건의 개념," 「성경과 신학」 52 (2009): 317-346을 보라.

52 박형룡, 『주석 (목회서신, 전도서)』, 57.

53 박형룡, 『주석 (목회서신, 전도서)』, 123. 죽산은 "하나님의 사람의 삶에 필요한 아름다운 덕" 가운데 의는 "사람과의 관계"에 해당하고, 경건은 "하나님과의 관계"에 해당한다고 해설한다. 바울이 열거한 믿음 역시도 하나님과의 관계에 적용한다.

님께 드리는 영적 예배를 말하고 양심의 순결로서 이루어진다"라고 좀 더 길게 정의해준다.[54] 혹은 4장 9절 해설에서는 "경건은 사람에게 향한 선한 양심과 하나님의 경외만이 아니라 하나님을 믿고 부름을 포함한다"고 상술하기도 한다.[55] 반면에 경건하지 않은 사람에 대해서는 "하나님을 경외하는 마음이 없을 뿐만 아니라 그의 임재하심을 감각하지 못하는 사람"이라고 정의내린다.[56] 죽산은 또한 경건은 단순히 하나님과의 관계만을 말하지 않고 경건이 "사람의 마음속에 좌정해서 생활 전체에 영향을 확대"한다고 주장하기도 한다.[57]

우리는 "경건에 이르기를 연습하라"(4:7)는 구절을 주목해 볼 필요가 있다. 죽산은 연습을 수련과 동의어로 보고, "수련은 성격의 힘줄과 골격을 굳세게 해서 거룩한대로 자라게 한다"고 말한다.[58] 이와 같은 수련의 중요성과 내용들을 설명하기 위해 죽산은 토마스 브룩스(Thomas Brooks), 굴번(E. M Gculburn)과 캐스퍼스(A. Caspers)의 글들을 인용한다. 죽산이 인용한 굴번의 글 일부를 인용해 본다.

> 요약해서 말하여 삶의 모든 사태를 영적 수련으로 변화시켜 그 모든 일에서 영적 복리를 취한다면, 그 사람은 외적 생활에 종사하는 동안에도 내적 생활을 수양하는 일이 되고 한편 은혜의 기름을 적절히 쓰는 동시에 그것의 신선한 저장(貯藏)을 자기의 그릇에 채우는 일이 된다.[59]

죽산은 그러한 경건의 연습이 범사에 유익하다(4:8)는 바울의 말에

---

[54] 박형룡, 『주석 (목회서신, 전도서)』, 86.
[55] 박형룡, 『주석 (목회서신, 전도서)』, 89.
[56] 박형룡, 『주석 (목회서신, 전도서)』, 50.
[57] 박형룡, 『주석 (목회서신, 전도서)』, 88.
[58] 박형룡, 『주석 (목회서신, 전도서)』, 86.
[59] 박형룡, 『주석 (목회서신, 전도서)』, 87.

대해서도 비교적 자세하게 설명을 한다. "경건에 따라오는 상급은 가장 참되고 가장 선한 이생과 내생을 사는 것이다"라거나 "경건을 가진 자는 비록 적은 도움을 받지 못하였으나 결핍이 없는 것은 경건은 홀로 사람을 완전에 능히 이르게 하기 때문"이라고 그 유익을 설명한다.[60] 죽산은 이미와 아직 아니의 구도 속에서 경건이 주는 유익을 설명해준다. 한편으로는 "하나님은 경건한 사람의 궁핍함을 원하지 않으시고 그에게 모든 행복을 약속"하신다라고 말하지만, 이 세상에서 경건이 불완전하듯이 그것에 따르는 행복도 완전하지 않기 때문에 금생에서 신자들이 경험하게 되는 것은 "참된 행복의 견본과 맛보기 뿐"이라고 말한다.[61] 심지어는 "금생에서 받아누리는 행복이란 수많은 환난과 고통으로 섞여 있을 뿐만 아니라 거의 그것들에게 눌리게 될 위험이 있음"을 직시하게 한다. 죽산은 이러한 이미와 아직 아니의 구도속에서 신자들이 이 지상에서 누리게 되는 "풍부하고 평안한 즐거움이 경건한 사람들을 유혹해서 '땅에 있는 것'을 이상으로 삼게"되는 위험에 대해 경계하기도 하고, 달리는 "경건한 사람이 금생에서는 흔히 모든 평안과 이권을 잃었으므로 얼핏 생각하면 하나님에게서 버림을 당한 것같이 보이기도 한다"는 점을 주의하라고 경고한다.[62] 죽산은 이어지는 4장 10절에서 권하는 대로 "살아계신 하나님께 소망을 두어 경건에 따르는 상급의 약속이 금생과 내생에 틀림없이 성취될 것"과 "우리의 경건 수련의 수고와 노력은 결코 헛되지 않을 것"을 확신해야 한다고 적시한다.[63]

죽산은 3장 16절 "경건의 비밀"을 "오류가 섞인 불경건, 신앙이탈,

---

60 박형룡, 『주석 (목회서신, 전도서)』, 88.
61 박형룡, 『주석 (목회서신, 전도서)』, 89.
62 박형룡, 『주석 (목회서신, 전도서)』, 89.
63 박형룡, 『주석 (목회서신, 전도서)』, 90.

사탄의 교리와 반대되는 진리"로 해설한다.**64** 6장 3절에 등장하는 "경건에 관한 교훈"이라는 것을 "바른 말 곧 우리 주 예수 그리스도의 말씀"과 동일한 것으로 보고, 이러한 바른 교훈은 "하나님께 대한 경외와 예배, 사람에게 향한 착한 양심의 생활로써 이루어지는 참된 경건을 가르친다"라고 말한다.**65** 한편 죽산은 경건을 이익의 방도로 생각하는 자들에 대한 바울의 경고를 담은 6장 5절과 관련하여 "기독교를 믿는 것을 재리의 방편으로 여기"는 자들 혹은 "돈 주머니의 이득에 마음을 바친 자들은 경건과 참된 종교의 교훈을 자기들의 이득에 보탬이 되는 것으로 삼는다"고 말한다.**66** 반면에 "지족하는 마음"이 있으면 경건은 큰 유익이 된다는 바울의 말에 대해 죽산은 다음과 같이 설명한다.

> 곧 경건에 지족(만족한 것을 앎)을 더하는 것이 지족을 덧붙인 경건이 큰 이익, 참된 행복이라고 한다 … 주님은 그의 백성과 항상 함께 계시고 그들의 수요에 충족하도록 자기의 충만한데서 사람들에게 각각 그 몫(분깃)을 주신다. 참된 행복은 경건으로 이뤄진다. 그것에 덧붙인 지족은 이익의 증가라고 볼만하다.**67**

2. 디모데후서

디모데후서에서 경건이라는 단어는 말세의 고통하는 때의 특징들을 열거하는 3장 1-5절 맥락에서 등장한다. 죽산은 말세란 "주님의 재

---

64 박형룡, 『주석 (목회서신, 전도서)』, 75. 죽산은 후일 『교의신학 기독론』 속에서도 딤전 3:16과 관련하여 "하나님의 아들의 성육신은 모든 역사 위에 가장 크게 기발(奇拔)한 사실이며 '경건의 비밀'이라"고 말한다(박형룡, 『교의신학- 기독론』 [서울: 은성문화사, 1970], 132).
65 박형룡, 『주석 (목회서신 전도서)』, 117.
66 박형룡, 『주석 (목회서신 전도서)』, 117-118.
67 박형룡, 『주석 (목회서신 전도서)』, 118.

림 전(벧후 3:3, 유 18)"을 가리킨다고 보고, 그 말세의 특징은 도덕적인 부패상에 있다고 지적한다.[68] 죽산은 말세의 이러한 특징 때문에 "참으로 하나님을 경외한 경건한 사람들에게는 이와 같은 도덕적인 부패를 보는 것보다 더 고통스러운 것이 없다"라고 말한다.[69] 본문에서 여러 종류의 죄악들을 언급한 후 말세자들이 "경건의 모양은 있으나 경건의 능력은 부인"한다고 바울이 결론지은 부분에 대해 죽산은 "쾌락을 사랑하는 것과 경건의 능력을 부인하는 것은 그 결론"이며, 말세자의 결론적 특징은 "경건의 실질적인 실효(實效)가 없는 자"라고 이해한다. 이러한 해설에는 말세의 도덕적인 타락상이 세상에만 아니라 교회안에도 나타났던 것으로 이해한다는 것을 보여준다. 심지어 죽산은 "말세의 특징을 이루는 모든 죄는 현대에도 떠돌아 다니므로 디모데는 삼가서 멀리 피하는 것이 옳다"라고 권면한 것으로 적시한다.[70]

경건에 대한 언급이 디모데후서에서 등장하는 두 번째 구절은 3장 12절로서 "무릇 그리스도 예수안에서 경건하게 살고자 하는 자는 박해를 받으리라"는 말씀 속에서이다. 바울은 11절에서 자신이 다양한 박해를 받은 것과 그 모든 박해 가운데 주께서 구원해 주신 것에 대해 간증한 다음에 말한 내용이다. 죽산은 11절과 연관성 속에서 12절에 대해 "자기의 당한 핍박을 말한 바울은 그것은 자기의 경험에 독특한 것이 아니라 모든 경건한 사람의 삶에 공통된 것임을 선언"한 것이라고 설명해 준다.[71] 그리고 12절의 의미에 대해서는 "경건한 신도마다 반드시 투옥되거나 순교를 당하거나 쫓겨나거나 하지는 않을지라도 세상은 항상 그의 원수가 되어 미움(憎惡), 훼방, 교란(攪亂) 그 밖의 온갖 방식의

---

68 박형룡, 『주석 (목회서신, 전도서)』, 166. 죽산은 역사적 전천년설의 입장을 고수한 신학자이다. 박형룡, 『교의신학 내세론』 (서울: 은성문화사, 1973)과 이상웅, "죽산 박형룡과 구레인의 천년기론에 대한 연구,"「개혁논총」 38 (2016): 177-207을 보라.
69 박형룡, 『주석 (목회서신, 전도서)』, 166.
70 박형룡, 『주석 (목회서신, 전도서)』, 167.
71 박형룡, 『주석 (목회서신, 전도서)』, 170.

방해로써 대한다"라고 해설한다.[72] 죽산은 이와 같은 박해나 고난에도 불구하고 복음이 왕성하게 전파되어 많은 귀의자(歸依者)들을 얻게 되는 것이 "기독교는 반드시 신적인 기원"을 가진 것을 입증하는 것이기도 하다고 적시한다.[73]

3. 디도서

디도서에서 경건을 언급하는 구절은 세 구절이다. 1장 1, 2절에서 바울은 자신이 사도된 것은 "하나님이 택하신 자들의 믿음과 경건함에 속한 진리의 지식 영생의 소망을 위함이라"고 밝힌다. 죽산은 "경건함에 속한"을 "경건함을 이루는 혹은 경건에 적합한"의 의미로 이해하고, "경건에 인도하는 진리는 복음이다(골 1:5)"라고 설명한다. 그것은 "그릇된 교리와 실행(實行)을 대상으로 하는 거짓 교리에 반대"되는 것으로 설명하기도 한다.[74]

두 번째 구절은 늙은 남자(Πρεσβύτας)가 갖추어야 할 덕목을 열거하는 2장 2절에 나타난다. "늙은 남자로는 절제하며 경건하며…" 문제는 개역과 개역개정이 "경건하며"로 번역한 헬라어 단어는 σεμνός이라는 것이다. 죽산은 원문을 바로 이해해서 "삼가 엄숙한 것(謹嚴)"을 의미한다고 말하고, 또한 그러한 덕목은 "잘 조정된 수행에 의해서 얻게 되는 것"이라고 설명한다.[75]

---

72 박형룡, 『주석 (목회서신, 전도서)』, 171.
73 박형룡, 『주석 (목회서신, 전도서)』, 171.
74 박형룡, 『주석 (목회서신, 전도서)』, 192-193.
75 박형룡, 『주석 (목회서신, 전도서)』, 207. 거스리에 의하면 σεμνός의 문자적인 의미는 "grave, serious"이지만(Donald Guthrie, *The Pastoral Epistles*, TNTC [Downers Grove: IVP, 1990], 213), 야브라우에 의하면 "It refers to that which is sublime, majestic, holy evoking reverence"이다(Robert W. Yarbrough, *The Letters to Timothy and Titus*, PNTC [Grand Rapids: Eerdmans, 2018], 509).

경건이라는 용어가 세 번째로 등장하는 구절은 2장 12절인데, 죽산은 2장 11-13절을 하나의 문맥속에서 해설한다. 이 부분은 "구속의 뜻(意匠)은 경건하고 참으로 곧은 삶에 인도하려는 것"임을 밝히고, 그리스도인의 삶은 먼저는 옛 삶을 청산하는 데 있다고 말한다. 12절에 의하면 청산되어야 할 이전의 생활은 "경건치 않은 것과 이 세상 정욕"이다. 죽산은 경건치 않은 것 즉, 불경건에 대해 "미신(迷信)에 빠지는 것만이 아니라 참된 하나님께 대한 불손(不遜)하고 업신여김"을 포함한다고 해설한다.76 죽산은 이어지는 12절에 있는 "근신함과 의로움과 경건함으로 이 세상에 살고"에서 "그리스도인의 삶의 총화"를 발견한다. 이 가운데 경건함에 대해서는 "하나님께 대한 의무에 충실함"이라고 해설한다. 그리고 경건한 신자들은 이 세상을 시련장으로 삼고 그러한 덕목을 살아내어야 할 것을 강조하면서, 13절에 있는 "우리의 크신 하나님 구주 예수 그리스도의 영광이 나타나심"을 소망하여 "그것에 눈길을 붙이고 정의의 나아가는 길에서 싫증(倦怠)을 느끼지 말"것을 권면한다.77

IV. 교의신학에 나타나는 경건론

이제 우리는 죽산 박형룡의 주저라고 할 수 있는 『교의신학』 전집에 나타나는 경건에 대한 이해를 논구해 보려고 한다. 일반적으로 평가되어 온 것처럼 죽산의 신학은 미국 장로교신학과 화란 개혁주의의 조화

---

76 박형룡, 『주석 (목회서신, 전도서)』, 212. 죽산은 불경건에 대한 정의에 이어서 다음과 같이 상술하기도 했다: "그들이 여간 종교적 신념을 가진다고 해도 하나님을 성실 정직하게 경외, 존숭(尊崇)하지 않고 그의 뜻에 복종해서 살려는 결심이 없는 한, 그들은 불경건 생활을 버리지 못한다." 그리고 "이 세상 정욕"은 "육체의 모든 정욕"을 가리킨다고 해설한다.
77 박형룡, 『주석 (목회서신, 전도서)』, 212-213.

로운 수용으로 특징지을 수 있으며,[78] 특히 그의 경건이해와 실제는 장로교 선교사들을 통해 전수받은 청교도적인 입장에 속해 있다고 평가할 수가 있다.[79] 이하에서는 신학적으로 체계적인 논의를 전개하기 보다는 죽산의 저술속에 나타나는 경건에 대한 언급과 설명들만 차례대로 개관해 보려고 한다.

1. 『교의신학- 서론』(1964년)

죽산은 기독교의 역사적 신조들과 절연하려고 하는 자유주의 신학자들에 대하여 "교회의 과거 교리사에 있었던 성령의 지도의 무시와 부정이며 교회의 최대 최경건한 선생들의 기도 노력, 투쟁에 대한 존경의 흠결"이라고 비판한다.[80] 또한 "교리들의 조직적 묘사 때문에 상해를 받는 경건은 필시 약하고 그릇된 무엇일 것"이라고 말한다.[81] 이는 교리에 대한 신학적인 연구가 경건을 해친다그 하는 주장에 대한 반론을 제기한 것이다. 죽산은 성경 계시가 "진정한 하나님 봉사의 표준과 사람의 종교적 생활, 경건, 예배의 규칙"이라고 말하거나,[82] 성경이 "경건을 독려(督勵)"한다고 말한다.[83] 교의신학 연구를 위해 필요한 요건들을 상술하는 가운데 죽산은 "갱신되어 경건한 심정"이 필요하다고 말한다. 이는 그런 심정만이 "능히 하나님의 계시의 필요를 느끼며 그것

---

[78] 이상웅, 『박형룡신학과 개혁신학 탐구』, 15-310에는 이러한 죽산신학의 형성 내지 정체성에 관련한 논의가 제시되어 있다.
[79] 죽산은 소천하기 2년 전인 1976년에 기고한 "한국 장로교회의 신학적 전통" 「신학지남」 43/3 (1976): 11-22을 통해 자신이 평생동안 표준으로 삼은 신앙과 신학에 대해 분명하게 밝혔다.
[80] 박형룡, 『교의신학- 서른』 (서울: 은성문화사, 1964), 26.
[81] 박형룡, 『교의신학- 서른』, 35.
[82] 박형룡, 『교의신학- 서른』, 52.
[83] 박형룡, 『교의신학- 서른』, 252.

이 나린(내린으로 수정할 필요가 있다) 때에는 능히 그것을 이해할 수"있기 때문이라는 것이다.[84]

경건에 대한 논의는 종교의 원리를 다루면서 여러 번 등장한다. 죽산은 종교의 어원중 하나인 렐리가레(*religare*)를 다루면서, 종교는 "하나님과 사람의 관계로 암시함"이라거나 "경건은 하나님이 심정에 느껴짐"이라고 한 파스칼의 말을 인용한다.[85] 종교 내지 경건에 해당하는 신약의 단어중 하나인 트레스케이아(*threskeia*)를 "신앙적 원리로부터 나오는 하나님에 향한 봉사를 가리킴"으로 이해한다.[86] 개혁자들이 종교를 "생활 전체에 특별히 예배의 행위들에 표현되는 의식적 또는 하나님에 대한 자원적 영적 관계로 간주한고로 종교의 원리로서의 경건(*pietas*)과 종교의 행동으로서의 예배(*cultus*)를 구별하였다"고 죽산은 소개해준다.[87] 성경의 무오를 다루면서는 주제와 관련하여 해결되지 않은 난관에 대해서는 "우리의 무식을 자백하고 경건한 태도로써 미래의 해결을 기다리"는 것이 좋다고 권한다.[88] 즉, 경건의 정신을 가지지 않은 자유주의자들은 성경의 난해한 곳을 보면 즉시 오류로 지적하지만, "경건의 정신으로 성경을 대하는 자는 난관을 발견할 때 마다 이를 변증하여 해명하고 해명이 곤란하면 자기의 무식을 자백하고 장차 해명될 때 오기를 대망"한다고 말한다.[89]

---

84 박형룡, 『교의신학- 서론』, 67; A. H. Strong, Systematic Theology, 1:34-40.
85 박형룡, 『교의신학- 서론』, 153-154.
86 박형룡, 『교의신학- 서론』, 155.
87 박형룡, 『교의신학- 서론』, 155.
88 박형룡, 『교의신학- 서론』, 363.
89 박형룡, 『교의신학- 서론』, 366.

2. 『교의신학- 신론』(1967년)

죽산의 『신론』 가운데 경건에 대한 첫 언급은 하나님의 편재성을 논하는 중에 등장하는데, "하나님 임재의 양식이 악자(惡者)안에와 경건자 안에 동등 동의의 의미로 거주하지 않는다"는 논술이다.[90] 또한 선택의 무조건성을 설명하는 중에 경건하지 않은 자들에 대한 선택은 하나님의 "주권적인 열의에 따른 것"임을 밝히면서, "경건이 선택이나 구원의 조건이 아"니라는 점을 강조했다.[91] 범신론의 섭리관에 대해 비판하면서는 죽산은 "인격적인 하나님의 섭리의 신념이 약화되는 때에는 참된 기도와 예배, 경건과 건덕의 생활이 유지되기 어렵다"고 비판한다.[92] 반면에 "경건한 신도(信徒)들은 항상 그들의 생애에 오인(誤認)될 수 없고 예외적인 신적지로(神的指路)를 경험한 것을 증언하였다"고 논평한다.[93]

3. 『교의신학- 인죄론』(1968년)

『인죄론』에서는 아담의 최초 범죄의 결과를 다루는 중에 경건이 처음으로 언급된다. 즉, "이 한 명령의 위범(違犯)에서 모든 경건의 기초인 그 권위가 위범되었다"라고 하는 죽산의 논평속에서이다.[94] 죽산은 선악과를 따먹지 말라는 명령을 깨뜨리므로 모든 경건의 기초가 되는 하나님의 권위가 위범되었다고 해설한 것이다. 또한 하나님이 왜 죄를 허용하셨는가라고 하는 난제와 관련하여 죽산은 "경건한 심령들은 하나

90　박형룡, 『교의신학- 신론』 (서울: 은성문화사, 1967), 113.
91　박형룡, 『교의신학- 신론』, 287-288.
92　박형룡, 『교의신학- 신론』, 435.
93　박형룡, 『교의신학- 신론』, 476. 또한 죽산은 "예로부터 경건한 신도들은 특사(特事)와 기도응답의 실재성을 확실히 믿고 또 체험하여 왔다."고 말하기도 한다(박형룡, 『교의신학- 신론』, 477).
94　박형룡, 『교의신학- 인죄론』 (서울: 은성문화사, 1968),

님이 모든 일을 그 마음의 원대로 역사하시되 결코 불의한 일을 하지 않으셨을 것을 믿음으로 만족하고 그의 하신 일에 힐문하지 않는다"고 말한다.[95] 그리고 완전이라는 용어를 경건한 사람들에게 사용할 때는 "신실한 경건 혹 그리스도인 판단의 성숙과 상등(相等)한 상대적 완전 즉, 오랫동안 그리스도를 신뢰하여 그의 성격의 주요 결점이 그리스도에게 극복된 죄인의 완전"을 의미한다고 말하기도 한다.[96] 죽산은 "[자연적]은사들은 경건자와 불경건자 함께 모든 사람이 소유한다"는 칼빈의 견해를 인용하기도 한다.[97] 은혜언약이 구약이나 신약이나 동일하다는 것을 설명하는 중에 구약의 경건한 자들도 이스라엘의 구원을 대망하였다고 말한다.[98] 구약시대 아브라함의 경건에 대해 다음과 같이 상술하기도 한다.

> 동시에 아브라함의 실제생활은 고상한 도덕적 수준에서 진행하였다, 성경기록은 그의 생활의 완전무결하지 못함을 표시하는 동시에 그것의 자선(慈善), 관대(寬大), 충성, 자기 희생으로 탁월함을 우리에게 인상시켜 준다. 그는 과연 [나는 전능한 하나님이라. 너는 내 앞에서 행하여 완전하라] (창 17:1)하신 하나님의 명령에 따라서 하나님이 이적적 은혜로 그의 생(生)을 채워 주실 것을 확신하면서 하나님의 동행하심을 느끼는 경건생활을 꾸준히 살았다.[99]

95　박형룡, 『교의신학- 인죄론』, 172.
96　박형룡, 『교의신학- 인죄론』, 190.
97　박형룡, 『교의신학- 인죄론』, 270; Calvin, *Institutes*, 2.2.14.
98　박형룡, 『교의신학- 인죄론』, 379.
99　박형룡, 『교의신학- 인죄론』, 405.

4. 『교의신학- 구원론』(1970)

죽산은 『구원론』에서 "경건의 본질은 하나님과 그의 언약에 확신적 의뢰를 가지는 신앙에 있다는 것이 세월을 따라 더욱 밝히 드러났다"고 말한다.[100] 또한 성령 충만을 논술하면서, 성령의 충만함과 경건함을 동일시하기도 한다. "사람이 평소에 참으로 중생하고 성화되어 성령에게 사로잡힌 생활을 사"는 것이 성령의 충만함이고, 이러한 충만함은 다르게 보자면 "경건한 인물의 통상한 영적 상태를 관설(關說)"하는 것이라고 죽산은 생각한다.[101] 죽산은 특별은혜와 보통은혜(즉, 일반은혜)를 구분하여 다루는데, 악한 사람이 경건한 사람보다 "더 큰 분량의 보통 은혜를 소유하며 생의 자연적 행복에 보다 더 큰 부분을 누리는 때도 많다"는 것을 인정한다.[102]

죽산은 또한 칭의의 대상이 원래 경건한 자가 아니라 불경건한 자이며, 그런 자들에게 그리스도의 의를 전가시키심으로 의롭다 하신다는 점에서 하나님의 은혜라고 설명한다.[103] 따라서 그리스도 안에서 "거룩에 향해 나가려는 끊임없는 신앙의 운동은 우리의 경건을 추구하는 노력 중에 모든 자기를 의롭게 여기는 마음을 경계하여 막는다"고 적시하기도 한다.[104] 죽산은 외적 소명이 성령의 적용하시는 은혜로 말미암아 종종 내적 소명이 되어 신앙과 경건의 자주 반복되는 행동들을 결과

---

100 박형룡, 『교의신학- 구원론』 (서울: 은성문화사, 1972), 231.
101 박형룡, 『교의신학- 구원론』, 55.
102 박형룡, 『교의신학- 구원론』, 75. 심지어 "악자가 흔히 창성하여 생의 복락의 다대한 부분을 점유하되 경건한 자는 도리어 빈궁한 생활을 살며 환난과 고통의 끊임없는 침해를 당"한다는 것을 죽산은 지적하기도 한다(박형룡, 『교의신학- 내세론』 [서울: 은성문화사, 1973], 100).
103 박형룡, 『교의신학- 구원론』, 277, 278, 313.
104 박형룡, 『교의신학- 구원론』, 357.

한다는 말을 하기도 한다.[105] 또한 회개의 신약적 용어중 하나인 메타노이아(*metanoia*)의 구성요소를 설명하면서 죽산은 "경건한 애통이 수반하여(고후 7:10) 죄인에게 희열의 새경지를 열어 주기에 이르는 감정적 생활"을 포함한다고 말한다.[106] 그리고 경건한 신자라고 하더라도 "신적 선(善)을 앎으로 기뻐하고, 자체의 불행을 느낌으로 슬퍼하며, 복음의 약속들에 의지하고, 자체의 불의의 증가를 보아 떨며, 생의 이해로 즐거워하고, 사망의 공포로 놀라"는 이중성을 경험할 수 밖에 없다는 점을 죽산은 인정한다.[107] 죽산은 성화론에서 상(賞)의 문제를 다루면서 선행의 공로성을 두려워하는 자들이 선행의 동기 내지 "경건에의 격려"로 주어진 상에 대한 약속들을 무시하게 된다는 점을 비판적으로 언급한다.[108]

6. 『교의신학— 교회론』(1973년)

죽산은 『교회론』에서 교회와 국가의 관계라는 주요 주제도 다루는데, 특히 국가의 의무를 설명하는 중에 "마땅히 세속적 질서와 함께 경건을 조장하기를 추구"해야 한다고 말한다. 후자는 특히 "기독교 안식일과 기독교 혼인을 침범하지 않도록 하며 공립학교들에 기독교 교훈을 시행하도록 설비함에 의해 할 것"이라고 상술한다.[109] 따라서 기독교인이 관장(官長)의 직에 피택되어질 때에는 수락하고 "건전한 국법에 의하여 경건, 공의, 평화를 유지"하기 위해 노력할 것을 권하기도 한

---

[105] 박형룡, 『교의신학— 구원론』, 183.
[106] 박형룡, 『교의신학— 구원론』, 195.
[107] 박형룡, 『교의신학— 구원론』, 262: H. Kuiper, *By Grace Alone* (Grand Rapids: Eerdmans, 19), 77-78 인용.
[108] 박형룡, 『교의신학— 구원론』, 373. 죽산은 카이퍼의 논의를 언급하는데 Berkouwer, *Faith and Justification*, 112-129를 통해 간접 논의하고 있는 부분이다.
[109] 박형룡, 『교의신학— 교회론』 (서울: 은성문화사, 1973), 120.

다.[110]

죽산은 교인의 의무에 대해 다루면서, 신자들은 "예배당을 건축하고 하나님의 말씀을 좇아 경건히 예배드"릴 의두가 있다고 말한다. 이는 달리 말해서 "교훈을 받고 덕을 세우기 위함만도 아니라, 창조주 구속주에게 신령과 진정으로 예배드리기 위"해서라고 죽산은 설명한다.[111] 하나님의 가족들이 모여 단체적 예배를 드리는 것의 필요성을 주장하며 "그리스도의 몸과 경건자들의 교제를 떠나서는 하나님으로 더불어 화목될 희망이 있기 불능"하다는 칼빈의 말을 인용하기도 한다.[112] 또한 예배를 거행하는 형식인 의식(ritual)은 외식이 되지 않도록 "자주 재검사되어 이것이 참 경건의 운하(運河)로 되고 그것의 대용이 되지 않"아야 한다고 경계한다.[113] 예배의 요소중 하나인 헌금에 대해 설명하면서 죽산은 "사람의 굴질의 봉헌(奉獻)은 그의 경건과 순종의 좋은 검증(檢證)"이라고 말하기도 한다.[114]

한편 은혜의 방편을 다루는 중에 "신자들의 경건한 담화나 회합중에 성경 토론도 신앙의 계발과 강화를 위해 사용될 수 있다"고 죽산은 말한다.[115] 죽산은 바킹크나 벌코프의 화란 전통보다는 찰스 핫지와 웨스트민스터 표준문서를 따라 은혜의 방편들을 말씀, 성례, 그리고 기도 등 세 가지를 말한다.[116] 은혜의 방편으로서 하나님의 말씀 자체의 임무를 설명하면서, 성경을 통해 "그리스도의 성격과 사역을 알기 전에는 그에게 사랑이나 경건을 드리지 못할 것"이라고 지적하고, 그리스도인에게 성경 말씀은 "영혼의 영적 생명을 지속하며 경건한 연습을 쌓아

---

110 박형룡, 『교의신학- 교회론』, 121.
111 박형룡, 『교의신학- 교회론』, 175.
112 박형룡, 『교의신학- 교회론』, 178.
113 박형룡, 『교의신학- 교회론』, 180.
114 박형룡, 『교의신학- 교회론』, 184.
115 박형룡, 『교의신학- 교회론』, 204-205.
116 박형룡, 『교의신학- 교회론』, 201-387.

구원을 완성함에 절대로 필요"하다라고 강조한다.[117] 성례의 집례자의 신앙적 준비를 말하면서, 성례자의 경건 유무는 성례의 유효성에 의뢰하는 것은 아니라는 점을 명시적으로 주장한다.[118] 은혜의 방편으로서 기도는 "만복의 근원이신 하나님께로 우리를 가깝게 인도"하여 다양한 "경건의 모든 은혜로운 정서들을 불러 내어 운행에 나가게 한다"고 죽산은 밝힌다.[119] 열납될 만한 기도의 요건들을 제시하는 중에 "경건한 송구(悚懼)로 그를 섬길 것"도 요구된다고 죽산은 말한다.[120] 그리고 공기도를 집례하는 목사는 "참으로 경건한 정신을 가지어 기도로 발언되는 감상(感想)들과 기원들이 그 자신의 마음 속에서 운행되어"야 한다고 말하기도 한다.[121] 죽산은 기도가 미치는 영적 영향에 대해서도 다음과 같이 설명한다.

> 그리스도인의 경건 생활은 하나님과 담화하는 기도로 출발하고 지속한다. 경건이란 하나님을 가까이 모시는 생활이므로 그를 만나 담화하는 것으로 구성되고 또 진행된다. "사람의 경건의 가장 깊은 밑바닥에 잠겨 있는 것은 기도이니 즉 은밀하고 열렬한 신앙에서 나오는 기도이다."(세란 포아- (아프리카)의 케리 형제단). 경건을 하나님과 연결된 영혼의 생활이라고 생각하면 기도는 영혼의 호흡이라고 하는 유사(喩辭)를 다시 한 번 기억하게 된다.[122]

---

117 박형룡, 『교의신학- 교회론』, 227.
118 박형룡, 『교의신학- 교회론』, 258. 죽산은 "성례의 유효성은 이것을 집행하는 자의 경건이나 의도에 의뢰하지 않는다."고 한 『웨스트민스터 신앙 고백서』, 제27장 3항을 인용한다.
119 박형룡, 『교의신학- 교회론』, 383. 또한 박형룡, 『교의신학- 구원론』, 351에서도 Charles Hodge, *Systematic Theology*, 3:708에서 인용하여 동일한 주장을 한다.
120 박형룡, 『교의신학- 교회론』, 375.
121 박형룡, 『교의신학- 교회론』, 382.
122 박형룡, 『교의신학- 교회론』, 385.

7. 『교의신학- 내세론』(1973)

　　죽산은 『내세론』에서도 경건에 대한 몇몇 언급들을 남겼다. 죽산은 초대 그리스도인들이 "경건한 자들에게 영원한 영광의 상을 받게 된다는 소망을 가졌다"고 적시한다.[123] 또한 죽산은 매장의 정당성을 주장했는데, 화장(火葬)은 "경건하고 욕망할만한 방편"이 아니라고 비판적으로 말한다.[124] 죽산은 그리스도의 재림의 임박함을 기다리는 사람들에 대해 "경건한 신앙적인 태도"라고 긍정할 뿐 아니라,[125] 세대주의 전천년설에 대해 비판적임에도 불구하고 죽산은 "주의 재림을 열정적으로 기다리는 경건한 신도들은 교회의 귀중한 성원들이다"라고 평가한다.[126] 죽산이 취하는 역사적 전천년기에 의하면 천년왕국이 임하기 전 "종말이 가까울 때에 경건한 사람들의 수난과 핍박은 크게 증가"할 것을 말하기도 한다.[127] 그러나 경건한 성도들은 "영혼과 신체의 성령의 썩지 않는 영원한 부활을 바라보면서 그리스도의 주시는 잔을 무엇이든지 마시고자 한다'라고 담담하게 진술하기도 한다.[128] 죽산의 역사적 전천년설에 의하면 천년기 시초에 경건한 사람들의 부활이 있고, 천년기 끝에 악인들의 부활이 있다고 하는 이중부활을 말하게 된다.[129] 그러나 경건한 자와 악자의 육체의 부활의 공통점은 "양자에서 다 신체와 영혼이 재연합된다는 것뿐"이고, 본질적인 차이가 있음을 바르게 적시

123　박형룡, 『교의신학- 내세론』, 31.
124　박형룡, 『교의신학- 내세론』, 77. 매장의 정당성과 화장의 부당성에 대한 전체적인 논의는 『교의신학- 내세론』 75-78에 있으며, 그의 제자 신복윤의 매장의 정당성 변론은 훨씬 더 자세하고 강력하게 제시된다(신복윤, 『종말론』 [서울: 개혁주의신행협회, 2001], 129-140).
125　박형룡, 『교의신학- 내세론』, 227.
126　박형룡, 『교의신학- 내세론』, 256.
127　박형룡, 『교의신학- 내세론』, 249.
128　박형룡, 『교의신학- 내세론』, 282.
129　박형룡, 『교의신학- 내세론』, 284.

한다.130

V. 나가는 말

이상에서 우리는 한국 장로교회 신학의 형성 과정에 지대한 공헌을 했고, 역사적 개혁주의를 추구하는 진영에서는 여전히 "지로적인 신학자"로 참고되어지곤 하는 죽산 박형룡의 생애와 저술을 참 경건이라는 관점에서 논구해 보았다. 논의의 배경으로서 죽산의 경건한 생애를 간략하게 살펴보았고(II), 죽산의 초기 저술인 『목회서신 주석』에 나타나는 경건에 대한 설명들을 개관하고 나서(III), 마지막으로 그의 주저인 『교의신학』 전집에 나타나는 경건에 대한 언급들을 논구해 보았다. 이러한 논의의 과정을 통하여 우리는 다음과 같은 결론적인 평가를 내릴 수 있다고 생각된다.

첫째, 죽산의 생애는 어린 시절 기독교 신앙에 입신(入信)한 이래 개인적, 가정적, 그리고 국가적으로 내우외환의 환경에도 불구하고 전생애 동안 일정하게 경건한 삶의 자세로 일관했음을 보여주었다. 초기의 죽산은 1, 2계명을 목숨걸고 지키겠다고 하는 신앙을 가지고, 신사참배 반대운동에 참여했고, 뿐만 아니라 초기의 죽산의 삶의 여정에는 3.1운동 참여나 시국 연설로 인한 10개월의 옥고와 같은 민족의 수난에 동참하는 면모도 가졌다고 하는 점을 주목해 보고 제대로 평가해야 한다고 생각된다. 초기 죽산의 이런 면모들은 그를 따르던 이들도 별로 주목하지 못했기에 반대진영은 더더욱 관심을 가지지 못했던 점이다. 또한 생애 후반에 박정희 대통령 시절의 독재에 대해 선지자적 증언을 하지 않았다고 하는 비평에 주의를 기울이면서도 균형을 위해서는 잊지 말아

---

130 박형룡, 『교의신학- 내세론』, 302.

야 할 대목이라고 생각된다.¹³¹ 또한 죽산은 어린 시절부터 경건에 이르기 위한 훈련으로서 성경 읽기와 기도하는 일에 평생 힘썼고, 성화를 위한 분투노력 중에 침묵 과언(寡言)의 성품을 개발했고, 모든 사람들을 대하여 신사적으로 대하는 자세를 일관되게 갖추었으며, 가정에서는 어린 아이 같은 순수한 신앙자의 모습을 보여주기도 했다는 점을 간과할 수가 없다. 이러한 개인 경건과 가정 경건의 측면들을 관찰해 볼 때 죽산의 경건한 삶의 특징들은 어린 시절부터 전수 받아 배우고 익힌 청교도적 경건의 요소들을 체현한 것이라고 평가해 볼 수가 있을 것이다.

둘째, 죽산의 경건이해의 핵심은 하나님을 경외하여 믿고 하나님을 부름을 중심에 두고. 그 경건은 마음속의 경건에 그치지 아니하고 삶의 경건으로 나타나되 모든 삶의 영역에서, 그리고 모든 삶의 관계들 속에서 드러나야 한다고 생각하였다는 것이다. 죽산은 여러 가지 인생의 역경과 환난에도 불구하고 하나님을 믿고 하나님의 말씀에 근거하여 장래를 소망하며 견인해 가는 일에 있어서도 경건이 추동력으로 작용하며, 심지어는 신학 작업을 하는데 있어서도 경건은 당연히 갖추어야 할 요건중 하나임을 강조했다는 점을 살펴 보았다. 산발적이긴 하지만 이러한 죽산의 언급들로 미루어 볼 때 죽산의 경건 이해는 칼빈의 경건 이해와 다르지 않고 동질적인 면을 가지고 있었다고 평가할 수가 있을 것이다.¹³²

이제 본 장에서 다룬 논의의 한계를 말하려고 한다. 본 장은 죽산의 경건 이해를 파악하려고 시도한 것이지만, 그 결과는 죽산의 주요 저술들 속에 언급되어지는 경건이 직접 언급된 부분들 만을 찾아서 확인해

---

131 1969년 박정희의 3선개헌에 대한 박형룡을 비롯한 보수적인 교계 지도자들의 환영에 대한 비평은 양낙흥, "개혁주의 사회 윤리와 한국 장로교회』 (서울: 개혁주의신행협회, 1994), 184-186을 보라.

132 최윤배는 칼빈과 박형룡의 구원론을 비교 연구하여 동질성을 잘 밝혀준 바가 있다(최윤배, "죽산 박형룡의 구원론: 칭의와 성화를 중심으로," 「한국개혁신학」 21 [2007]: 187-209).

보는데 그치고 말았다는 점을 인정하지 않을 수가 없다. 경건에 관련된 다양한 신학적 주제들을 좀 더 분석적이고 체계적으로 논구하는 일이나, 칼빈과 여러 개혁신학자들의 경건신학 내지 경건론과 대비하여 공통점과 차이점 등을 밝히는 심화된 논의를 결여하고 있다고 할 것이다. 그러한 심화된 논의는 추후에 기회를 얻어 다시금 도모해 보고자 한다. 그러나 이상의 논의들을 바탕으로 하더라도 죽산 박형룡은 참으로 경건한 생애를 산 신앙의 선배였고, 장로교 신학자였다고 하는 점과 그가 참 경건이라는 주제에 대해서도 조직적이지는 못해도 산발적으로라도 관심을 가지고 제시해 줌으로 후학들의 논의의 근거를 제시해 주었다는 점은 분명하다고 생각한다. 보다 더 폭넓은 논의와 또한 학술적으로 비판적인 평가를 하는 하는 등의 일은 후일에 수행할 수 있기를 소망해 보면서 논의를 마치고자 한다(*).

참고문헌

구기정. "목회서신 안의 경건과 불경건의 개념."「성경과 신학」 52 (2009): 317-346.
김경재. "한국교회의 신학사상."「신학사상」 44 (1984): 5-34.
김광열. "죽산 박형룡의 구원론 연구 - 성령론과 성화론을 중심으로."「조직신학연구」 25 (2016): 44-83.
김영한. "죽산 박형룡과 한국개혁신학."「한국개혁신학」 21 (2007): 19-47.
류응렬. "박형룡의 설교 신학과 설교 연구."「한국개혁신학」 21 (2007): 210-236.
박세환. "죽산 박형룡 목사의 설교 연구." 신학박사논문, 총신대학교, 2004.
박아론.『나의 아버지 박형룡』. 서울: 대한예수교장로회총회, 2014.
박용규.『한국장로교사상사』. 서울: 총신대학교출판부, 1992/ 2009.
____.『한국기독교회사 I』. 서울: 한국기독교사연구소, 2017.
____.『한국기독교회사 II』. 서울: 한국기독교사연구소, 2017.
박용규 편집.『죽산 박형룡 박사 박사의 생애와 사상』. 서울: 총신대학출판부, 1996.
박윤선.『성경과 나의 생애- 정암 박윤선 목사 자서전』. 서울: 영음사, 1992.
박응규. "한국장로교회와 박형룡의 역사, 신학적 의기."「개혁논총」 32 (2014): 293-347.
박형룡.『근대기독교 신학난제 선평(학파편)』. 평양: 평양장로회신학교, 1935.
____.『교의신학-서론』. 서울: 백합출판사, 1964.
____.『교의신학-신론』. 서울: 백합출판사, 1967.
____.『교의신학-인죄론』. 서울: 백합출판사, 1968.
____.『교의신학-기독론』. 서울: 백합출판사, 1970.
____.『교의신학-구원론』. 서울: 백합출판사, 1972.
____.『교의신학-교회론』. 서울: 백합출판사, 1973.
____.『교의신학-내세론』. 서울: 백합출판사, 1973.
____. "한국 장로교회의 신학적 전통."「신학지남」 43/3 (1976): 11-22.
____.『박형룡 박사저작전집XIII. 신학논문(상)』. 서울: 한국기독교교육연구원, 1983.

____. 『박형룡 박사저작전집XIV. 신학논문(하)』. 서울: 한국기독교교육연구원, 1983.

____. 『박형룡 박사저작전집XVI. 주석(목회서신, 전도서)』. 서울: 한국기독교교육연구원, 1983.

____. 『박형룡 박사저작전집XVII. 세계견문록』. 서울: 한국기독교교육연구원, 1983.

____. 『박형룡 박사저작전집XVIII. 설교(1)』. 서울: 한국기독교교육연구원, 1983.

____. 『박형룡 박사저작전집XIX. 설교(2)』. 서울: 한국기독교교육연구원, 1983.

____. 『박형룡 박사저작전집XX. 설교(3)』. 서울: 한국기독교교육연구원, 1983.

방선영. "박형룡(朴亨龍)의 교회론에 영향을 끼친 신학자들에 관한 연구." 「조직신학연구」 14 (2011): 56-74.

신복윤. 『종말론』. 서울: 개혁주의신행협회, 2001.

신성학교동창회 편. 『信聖學校史』. 서울: 信聖學校同窓會, 1980.

양낙흥. 『개혁주의 사회 윤리와 한국 장로교회』. 서울: 개혁주의신행협회, 1994.

____. 『한국장로교회사』. 서울: 생명의말씀사, 2008.

유동식. 『한국신학의 광맥』. 서울: 전망사, 1982.

이상웅. 『조나단 에드워즈의 성령론』. 서울: 부흥과개혁사, 2009.

____. "박형룡 박사와 J. G. Machen의 신학적인 관계: 박형룡 박사의 생애와 저술에 나타나는 메이첸의 영향 분석." 「신학지남」 79/2 (2012): 142-167.

____. "죽산 박형룡과 구례인의 천년기론에 대한 연구." 「개혁논총」 38 (2016): 177-207.

____. "죽산 박형룡의 행위 언약 이해에 대한 고찰." 「조직신학연구」 29 (2018): 142-177.

____. 『박형룡신학과 개혁신학 탐구』. 서울: 솔로몬, 2019.

____. "3.1운동 100주년에 즈음하여 다시 보는 박형룡 박사의 초기 생애 1897-1923." 「신학지남」 340 (2019): 5-37.

이종성. "박형룡과 한국 장로교회." 「신학사상」 25 (1979 여름): 241-264.

장동민. 『박형룡의 신학연구』. 서울: 한국기독교역사연구소, 1998.

_____. 『박형룡: 한국 보수신앙의 수호자』. 파주: 살림, 2006.
장차남. 『나의 목회 회고록 소명과 순명』. 서울: 쿰란출판사, 2015.
정성구 편집. 『박형룡 박사 회고록』. 서울: 총신대학출판부, 2011.
_____. 『나의 스승 박윤선박사』. 용인: 킹덤북스, 2018.
정일웅. "박형룡의 개혁신앙 재조명."「한국개혁신학」21 (2007): 1-7.
최덕성. "박형룡과 개혁파 정통신학."「한국개혁신학」21 (2007): 158-186.
최윤배. "죽산 박형룡의 구원론: 칭의와 성화를 중심으로."「한국개혁신학」21 (2007): 187-209.
편집부. "신학교 소식."「신학지남」15/1 (1933.03): 69.
한국기독교역사연구소. 『한국기독교의 역사 II』. 서울: 기독교문사, 1993.
한숭홍. 『한국신학사상의 흐름(하)』. 서울: 장신대학교출판부, 1996.
홍정이 편. 『박형룡 박사박사 가정예배 365일』. 서울: 쿰란출판사, 2003.
홍철. "성경관의 비교 연구: 박형룡과 김재준을 중심으로."「조직신학연구」27 (2017): 226-254.

Beeke, Joel and Mark Jones. *A Puritan Theology*. 김귀탁 역. 『청교도 신학의 모든 것』. 서울: 부흥과개혁사, 2015.
Brown, Arthur J. *The Mastery of the Far East*. 류대영, 지철미 공역. 『극동의 지배』. 서울: 한국기독교역사연구소, 2013.
Calvin, John. *Opera Selecta Ioannis Calvini*. Eds. W. Niesel and P. Barth. 5 vols. M?nchen: Kaiser, 1926-1952.
_____. *Institutes of the Christian Religion*. Trans Francis L. Battles. 2 Vols. Philadelphia: Westminster, 1960.
_____. 『칼뱅 소품집』. 박건택 편역. 전2권. 용인: 크리스천 르네상스, 2016.
ChangDong Min. "A Theological Biography of Hyung Nong Park, 1897-1978." Ph. D. Diss Westminster Theological Seminary, 1998.
Guthrie, Donald. *The Pastoral Epistles*. TNTC. Downers Grove: IVP, 1990.
Kim Youn Tae. "Calvin's Spirituality: Piety as the Knowledge of God."「조직신학연구」28 (2018): 78-117.
Seu Young Il. "To Teach and to Reform: the Life and Times of Dr. Yune Sun Park." (Ph.D. Diss. Westminster Theological Seminary, 1992.

Soltau, T. Stanley. *Yin Yang: Korean Voices*. Wheaton: Key Publishers, 1971.
Yarbrough, Robert W. *The Letters to Timothy and Titus*. PNTC. Grand Rapids: Eerdmans, 2018.

3
한국 장로교회의 신학적 전통에 대한 죽산 박형룡의 이해[1]

I. 들어가는 말

1885년 언더우드(Horace Underwood) 선교사의 입국으로 시작된 한국 장로교회는 이제 130여년의 역사를 지나오는 사이 세계 교회가 주목할 만한 거대 교파가 되었지만, 한편으로는 동일한 130여년의 역사는 수많은 분열의 뼈아픈 역사로 점철되기도 했다.[2] 수 많은 교단들과 더불어 다양한 신학적 스펙트럼 때문에 한국 장로교회 신학을 규명하고 정리하는 일은 쉽지 않은 일이 되고 말았다.[3] 단적으로 가장 규모가 큰 예장합동과 예장통합만 해도 신학적인 차이는 적지 않아 보인다. 뿐만 아니라 같은 교단에 속해도 자신이 속한 교단의 신학적 전통 내지 정체성이 무엇인지에 대한 논의는 쉽사리 정리되기가 어려운 일로 보인다. 필자가 속한 예장합동 교단의 경우 코로나 19가 유행하기 직전인 2019년 12월 31일 기준으로 예장합동의 교회 수는 11,758개였고, 목사 수는

---

[1] 본 장은 「조직신학연구」 28 (2021): 28-64에 처음 공표되었음을 밝힌다.
[2] 허순길, 『한국장로교회사』 (서울: 영문, 2008); 양낙흥, 『한국장로교회사』 (서울: 생명의말씀사, 2008).
[3] 아직까지 이러한 신학적인 스펙트럼을 아울러 정리한 한국장로교 신학사는 출간되지 않은 것으로 파악되며, 한국 장로교회의 주요 신학자들에 대한 소개를 선집한 안명준 편, 『한국교회를 빛낸 칼빈주의자들』 (용인: 킹덤북스, 2020)이 현재로서는 유용한 자료집이라고 판단되어진다.

24,855명이었으며, 교인 수는 2,556,182이었다.[4] 다소 교세가 감소하는 경향이 있기는 하지만, 예장합동은 통합과 더불어 여전히 양대 거대 교단을 이루고 있다. 그러나 이러한 외면적인 수치에 비해 교단 내부적으로는 질적이고 영적으로 건전한 성장을 이루고 있는지, 강단은 건전한 개혁주의 설교들이 전달되고 있는지에 대한 다양한 질문들이 제기되고 있는 실정이다. 특히 교단 목회자들의 신학이 동질성을 가졌는지에 대한 질문은 안팎으로 의문시될 때도 있다. 즉, 계시의 종결성을 부인하고 새로운 계시를 주장하는 이들도 있고, 세대주의 종말론이 여전히 강단에서 전달되기도 하고, 신사도 운동을 따르는 집회들도 때로 진행되고 있다. 물론 교단 내의 일부 현상이겠지만, 이런저런 문제들이 제기되어질 때 교단의 신학적인 표준이 무엇인가, 혹은 교단 신학의 정체성은 무엇에 의해서 말해질 수 있는가 하는 근원적인 문제로 초점 맞추어지게 된다.

필자는 이와 같은 논의 상황속에서 예장합동 교단 뿐만 아니라 한국 장로교회의 신학적 전통 문제를 논함에 있어 빠트릴 수가 없는 하나의 신학적 참조점(reference point)인 죽산 박형룡(1897-1978)에 주목해 보려고 한다. 죽산은 "한국이 낳은 최초의 조직신학자"였을 뿐 아니라 장시간 동안 평양 장로회신학교와 총신에서 가르치면서 "한국교회의 신학의 기초를 놓는 일에 헌신"했던 신학자이기 때문이다.[5] 또한 그의 신학에 대해 비판적이었던 신학자들 조차도 인정하였듯이[6] 죽산의 신학은

---

4 https://webbible.tistory.com/62 (2021년 5월 6일 접속).

5 김광열, "죽산 박형룡의 구원론 연구 – 성령론과 성화론을 중심으로," 「조직신학연구」 25 (2016): 46.

6 한신의 김정준 교수는 죽산에 대하여 "한국 보수주의 계통의 교회와 신학 형성, 그리고 그 지로에 지대한 공헌을 한 것은 물론이지만 그러한 교파적인 관점을 떠나서 한국 신학사라고 하는 차원에서 교파를 초월한 하나의 봉우리를 이루었다"고 평가했다("박형룡 신학의 평가[토론 정리]," 「신학 사상」 25 [1979]: 281-282). 1978년에 죽산이 소천한 후, 최초로 그의 신학에 대한 평가 작업을 한 것이 한신과 관련된 「신학 사상」이라고 하는 것은 아이러니가 아닐 수가 없다. 그리고 죽산 박형룡을 지로적 신학자로 즐겨 명명해 온 그의 아

예장합동 교단의 "지로적 신학"으로 역할을 해왔을 뿐만 아니라 한국 장로교회의 신학적 전통 형성에 지대한 영향을 미쳤음을 부인하기는 어렵다.[7] 그가 소천한지 40년이 넘었지만, 그의 주저인 『교의신학』전집(1964-1973)은 예장합동 뿐 아니라 역사적 개혁주의를 지향하는 진영에서는 여전히 주요 신학 교재중 하나로 다루어지고 있기도 하다.[8]

본 장에서는 죽산 박형룡이 한국장로교회의 신학적 전통 내지 정체성을 어떻게 규정하고 있는지를 확인해 보려고 한다. 이어지는 본론에서 우리는 초기 박형룡의 글로부터 시작해서 소천 직전에 쓴 글에 이르기까지 관련된 문헌 몇 가지를 중심으로 논구해 보려고 한다.

II. 초기 박형룡 박사가 제시하는 정통신학의 기준(1935/ 1941)

죽산 박형룡은 장로교 선교사들의 감화와 교육 하에 중학교와 숭실전문을 졸업했고, 미국 프린스턴 신학교와 남침례교 신학교에서 4년간 신학 수업을 받았다.[9] 어떤 이유인지는 모르나 1927년 여름에 한국

들 박아론의 견해에 대해서는 박아론, 『나의 아버지 박형룡』(서울: 대한예수교장로회총회, 2014), 41-43을 보라.

[7] 한국신학연구소가「신학 사상」25집(1979)에서 죽산에 대한 특집호를 낸 후에, 한국개혁신학회도 2007년에 "박형룡의 개혁신앙 재조명" 특집호를 공표했다(「한국개혁신학」17 [2007]: 1-236). 그리고 죽산 신학에 대한 양극화된 평가 문제에 관해서는 방선영, "박형룡(朴亨龍)의 교회론에 영향을 끼친 신학자들에 관한 연구,"「조직신학연구」14 (2011): 56-57을 보라.

[8] 박형룡, 『교의신학』, 전7권 (서울: 은성문화사, 1964-1973). 이 전집을 현대어체로 개정한 것도 출간되어 있다: 박형룡, 『조직신학』, 전7권 (서울: 개혁주의출판사, 2017). 예장합동의 강도사고시 조직신학 과목은 여전히 죽산의 교본들을 표준적인 자료로 활용하여 출제되고 있다.

[9] 본 장에서는 죽산의 생애에 관해 자세히 언급하지 않을 것인데, 죽산의 전기적 연구를 위해서는 다음의 자료들을 참고해야 한다: 장동민, 『박형룡의 신학 연구』(서울: 한국기독교역사연구소, 1998); 장동길, 『박형룡-한국 보수신앙의 수호자』(파주: 살림, 2006); 박아론, 『세월 따라 신학 따라』(서울: 기독교연합신문사, 2002); 박아론, 『나의 아버지 박형룡』(서

에 귀국하였고 정착 과정을 거쳐, 1931년 봄학기에 평양 장로회신학교 변증학 교수로 임용이 되었다. 선교지의 크지 않은 신학교인지라 변증학만 가르친 것이 아니라 현대신학, 기독교 윤리 뿐 아니라 성경 과목들도 가르쳐야 했고,[10] 같은 선교부 부지 안에 이웃하고 있던 숭실대학에서 성경 과목을 가르치기도 했다. 죽산은 왕성한 학술 활동을 하면서, 총회적인 영향도 미치게 된다. 1935년 총회에서 아빙돈 주석 역본이 문제가 되자, 총회는 표준 성경 주석 편찬을 결정하고 편집 책임을 죽산에게 맡긴다. 이 일은 해방 이후까지도 작업이 이어진다. 또 한 가지는 여권(女權) 문제에 대한 총회 보고서를 직접 집필했다는 것이다. 이러한 활동만으로도 죽산은 당시 장로교 내에서 두각을 나타내게 되지만, 특히 1935년 11월에 발간한 『기독교 근대 신학 난제 선평』 출간은 한국 목회자들 뿐만 아니라 선교사 교수들도 깜짝 놀라게 만들만 했다.[11] 이는 19세기 근대 자유주의 신학의 여러 유형들을 분석하고 비판해 줄 뿐 아니라, 당시 조선 교회 가운데 문제가 되고 있던 여러 분파들에 대해서도 분석과 평가를 제시해 주었기 때문이다. 사실 선교 희년을 지나가는 시점에서도 그러한 현대 신학 비판서나 조직신학 교과서가 출간된 적이 없었기에 선교사들도 놀라지 않을 수가 없었다. 분량도 무려 847쪽이나 되었기에 말 그대로 대작이라 부를 만했다. 우리는 이러한 대작 속에서 제시되는 죽산의 정통 신학의 기준에 대해서 살펴보고, 아울러 1941년에 간행한 설교 속에 유사하게 등장하는 내용을 간략하게 살펴 보려고 한다.

울: 대한예수교장로회총회, 2014).
10 정성구, 『나의 스승 박윤선』 (용인: 킹덤북스, 2018), 258.
11 박형룡, 『기독교 근대 신학 난제 선평』 (평양: 장로회신학교, 1935). 해방 이후에까지 등사본으로 만들어 교재로 사용하기도 했고, 40년이 지난 후에 수정 증보판이 출간된다(박형룡, 『기독교 현대 신학 난제 선평』 [서울: 은성문화사, 1975]). 죽산의 1935년 대작에 관해서는 이상웅, "박형룡 박사 기념도서관 명명(命名)의 의의와 과제," 「신학지남」 86/4 (2019): 246-249를 보라.

1. 정통 신앙 혹은 신학의 기준

죽산은 『기독교 근대 신학 난제 선평』에서 여러 사상 조류들을 다루기에 앞서 무엇이 정통 신학인지 잣대를 제시하는 일을 먼저 하고 있다.[12] 먼저 죽산은 정통(orthodox)이 무엇을 의미하는지에 대한 논의를 제시해 주는데, "채택된 기준, 혹은 일반적으로 우세를 가진 기준에 가장 적합한 종교적 의견"이라거나, 어원적으로 "옳은 의견"이라는 뜻이 있음을 먼저 말해준다.[13] 죽산은 정통의 절대 불변한 기준이 무엇인가를 제기하면서, 곧 바로 그것은 성경 외에 달리 없음을 명시한다.

> 절대적인 인식학적 권위는 오직 천계(天啓)와 영감에 의하여 기록된 성경에 있는 것이다. 순전히 성경에 따라서 거기 기초하고 거기 부합하는 종교적 의견이면 옳은 의견 즉 정통 신앙이라고 인정할 것이다. 교회의 교의를 제정함에 있어서 다수인의 권위나 선생의 권위에 따르지 않는 바 아니다. 그러나 최고의 권위는 성경이다. 그 의견이 성경과 합하느냐 않느냐를 상고하여 성경에 가장 잘 부합하는 의견을 정통이라고 해야 할 것이다.[14]

이어서 죽산은 초대 교회부터 종교개혁 시기까지 정통의 기준에 대한 역사적인 논의를 속개하면서도 결국 정통 신앙 혹은 신학의 표준은 오직 성경 밖에 없음을 확인시켜 준다.

---

[12] 박형룡, 『기독교 현대 신학 난제 선평』, 15: "정통이 비정통의 원인이라고 할 수 없지만 정통이 없다면 비정통이 비판되지 못할 것만은 사실이다." 죽산의 1935년판 1장과 1975년판 1장의 내용의 차이가 없기 때문에 본 장에서는 1975년판에 근거하여 분석하였음을 밝힌다.

[13] 박형룡, 『기독교 현대 신학 난제 선평』, 16-17.

[14] 박형룡, 『기독교 현대 신학 난제 선평』, 18. 죽산 박형룡의 신학이 한평생 강조했던 신학의 근거와 규범은 성경이었다(홍철, "성경관의 비교 연구: 박형룡과 김재준을 중심으로," 「조직신학연구」 27 [2017]: 226-254).

2. 정통 신학의 골자

그러고 나서 죽산은 "프로테스탄트 제교회에 공통한, 적어도 그 다수를 대표하는 정통신학의 내용은 무엇이냐?"는 질문을 제기한다. 이러한 질문을 제기하면서 죽산은 자신의 저술이 정통 신학에 대한 해설을 제시하는 것이 아니라 "비정통 제설의 비평을 목적으로"하고 있음을 의식하면서 "정통 신학의 골자만"을 제시하겠다고 한다.[15] 그리고 이어서 죽산이 제시하는 내용들은 간단 명료하고, 대체로 조직신학의 7론(loci)의 핵심을 제시하고 있다.[16] 죽산이 교의 신학을 본격적으로 가르치게 되는 것은 1942년 만주에서 부터이지만, 1935년 시점에서 죽산이 교의 신학 7론의 주요 요점을 정통 신앙의 골자로 소개해 준다는 것은 흥미로운 일이다.

일반적으로 교의 신학은 서론(prolegomena)으로 시작하는데, 죽산 역시 서론에서 다루어지는 성경관에 대한 언명으로 시작한다. "정통 신학은, 신구약 성경을 천계와 영감으로 말미암아 온 하나님의 말씀으로, 그리고 우리의 신앙과 행위의 정확무오한 법칙으로 인정하는 초자연적 성경관을 가진다."[17] 이와 같은 입장은 초기 한국 장로교회 선교사들의 일치된 성경관이자, 12신조의 첫 항목과 일치하는 바이기도 하다.[18]

죽산은 정통신학의 두 번째 골자로 신론적인 주제들을 언급하는데, 하나님의 존재와 사역 양 면을 포함하고 있다. 먼저 죽산은 하나님께서

---

15 박형룡, 『기독교 현대 신학 난제 선평』, 20.
16 우리는 죽산이 변증학 전공자였고, 1935년 당시에는 교의학 과목을 가르치지 않았음을 염두에 두어야 한다. 그럼에도 불구하고 죽산은 프린스턴신학교에서 조직신학을 배웠다고 하는 점 또한 기억해야 한다.
17 박형룡, 『기독교 현대 신학 난제 선평』, 20.
18 대한예수교장로회(예장합동), 『헌법 개정판』 (서울: 대한예수교장로회총회. 2020), 21. 선교사들로부터 전수받은 성경의 절대적 권위에 대한 확신은 죽산이 평생 동안 견지하고 변증한 신학적 원리이다(박형룡, 『교의 신학 서론』 [서울: 은성문화사, 1964], 12).

는 "인격적 신, 유일신, 삼위일체의 신, 영원하신 신, 무한하신 신으로 믿"는다고 고백한다.[19] 그리고 하나님의 사역과 관련해서는 "작정과 예정, 우주의 창조와 섭리와 이적 기사가 포함"된다고 밝힌다.[20] 세 번째 항목은 인간론과 죄론에 관련된 것인데, 먼저 인간에 대해서는 "하나님의 특별 창조에 의하여 하나님의 형상인 자유의 영혼을 가지고 기원하여 처음부터 만물의 영장이 되었다"고 말한다. 또한 죄에 관해서는 "원죄와 본죄를 포함하는 것으로서 금생과 내세에 하나님의 진노와 형벌을 받는다"고 적시해준다.[21] 죽산은 이어서 그리스도에 대하여 "처녀 성탄, 그의 신격, 그의 무죄, 그의 대속, 그의 육체 부활, 그의 승천, 그의 유형한 재림"을 믿는 것이 정통 신앙이라고 소개한다.[22]

죽산은 또한 구원론에 대한 골자들을 소개하는데, 두 문단으로 내용을 소개해 준다. 먼저는 "성신이 교회 안에와 우리 영혼에 공작하여 신자의 구원을 성취하시되 구원 얻는 종교 경험에는 중생, 회심, 신앙, 칭의, 성화 등의 계단이 있게 하신다"라고 하면서 구원 서정(ordo salutis)에 대해 명시해 준다.[23] 1935년의 죽산이 말하는 서정론은 다섯 단계로 간단하다고 할 수가 있겠고, 이어지는 문단에서 죽산은 구원의 중심적인

---

19 박형룡, 『기독교 현대 신학 논제 선평』, 20.

20 박형룡, 『기독교 현대 신학 난제 선평』, 20-21. 1967년에 출간되는 죽산의 『교의 신학 신론』 (서울: 은성문화사, 1967) 제2편 하나님의 사역편에서 다루어지는 주제와 동일하다. 다만 변신론 논제단 빠지는데, 이는 1950년대 중반 베르카워의 책들을 접하게 되기 때문에 추가되는 주제이다.

21 박형룡, 『기독교 현대 신학 논제 선평』, 21. 죽산은 후일에 인간론(Anthropology)을 인죄론이라고 하는 특이한 표제를 사용한다(박형룡, 『교의 신학 인죄론』 [서울: 은성문화사, 1968]).

22 박형룡, 『기독교 현대 신학 난제 선평』, 21. 해방 이후 교의 신학 교본을 출간하려는 죽산의 첫 시도는 기독론의 출간으로부터 시작된다(박형룡, 『기독론』 [서울: 대한예수교장로회총회 종교교육부, 1957]).

23 박형룡, 『기독교 현대 신학 난제 선평』, 21. 1972년에 출간한 『교의 신학 구원론』 (서울: 은성문화사, 1972)에서 죽산은 구체적이고 체계적인 구원 서정론을 제시해 주고 있는데 총 9단계의 서정론을 제시해준다(소명, 중생, 회개, 신앙, 칭의, 수양, 성화, 견인, 영화).

내용이 무엇인지를 다음과 같이 재 진술해 준다.

> 구원은, 제2의적으로 도덕적 개선을 포함하지마는 기본적으로 창세전에 예정된 개인의 영혼이 이신칭의함을 얻어 지옥을 면하고, 천당에 들어가 영생함을 의미하는 것이라고 믿는다.[24]

죽산이 이어서 제시하는 정통 신학의 골자는 교회론과 관련된 것으로서 두 가지로 대별하여 제시해준다. 먼저는 세례와 성찬에 대해서 "신앙 생활의 출발과 진정(進程)에 있어서 신성한 의의와 효능을 가진 성례"라고 명시해준다.[25] 그러고 나서 교회에 대해 제법 길게 서술을 해주는데, 죽산은 무형교회 뿐 아니라 유형 교회(조직 교회)의 중요성도 아울러 강조하고 있는 것을 보게 된다.

> 교회는, 전득구자(全得救者)의 총집단인 무형교회 만이 아니라 교리 정치 의식 설비 등을 포함하는 유형적 교회도 하나님께서 세우신 바니 신자는 유형교회의 일원으로서 예배와 건덕과 증거 등의 종교 생활을 여행(勵行)할 본분을 가졌다고 믿는다.[26]

죽산은 마지막으로 종말론적인 요점을 제시하는데, 그가 중요시하는 요점들에는 "의인과 악인의 부활과 그리스도 앞에서 전개될 대심판이 있을 것이며, 위치 있는 천당에서의 영생과 위치 있는 지옥에서의 영벌이 있을 것"이라는 것들이다.[27] 죽산이 평양에서 활동하던 시기의 한국

---

[24] 박형룡, 『기독교 현대 신학 난제 선평』, 21.
[25] 박형룡, 『기독교 현대 신학 난제 선평』, 21.
[26] 박형룡, 『기독교 현대 신학 난제 선평』, 21.
[27] 박형룡, 『기독교 현대 신학 난제 선평』, 21. 죽산은 자유주의 신학을 분석하고 비판하는 중에 위치있는 천당의 중요성, 그리스도의 육체적 재림, 육체적 부활, 지옥에서의 영벌 등에 대해서 정통적인 입장을 상세하게 설명한다(박형룡, 『기독교 현대 신학 난제 선평』, 110-

장로교회에는 세대주의 전천년설이 편만하게 영향을 미치고 있었지만, 초기의 죽산은 천년기 문제에 대한 어떤 언급도 하지 않는 것을 보게 된다.[28]

이상에서 우리는 초기 박형룡 박사의 정통 신앙 혹은 정통 신학의 주요 골자가 무엇인가를 제시한 것을 살펴 보았다. 죽산은 이것을 "일반적 정통 신학의 극히 간략한 요령"이라고 부르고, 정통 신학을 가장 명확하게 표현한 것은 "개혁주의 신학"이라고 달한다.[29] 죽산은 이와 같은 정통 신앙을 잘 이해하고 지켜 나가야 할 교역자의 의무를 강조함으로 당시 조선 장로교회 목회자들에게 일침을 가하기도 한다.

> 고로 교회의 교역자로서 정통 신학을 옹호하고 준수하며 또한 이것을 잘 가르쳐야 할 자기의 의무를 무시하고 이행치 아니한다면 그는 그리스도의 복음이 충복이라고 할 수 없겠다.[30]

3. 장로교 표준문서의 중요성(1941)

죽산의 첫 설교집은 1941년 3월에 간행된 『믿음을 지키라』이고, 이 가운데 "정통교리와 이단 비판"이라는 설교가 수록되어 있다.[31] 어느

---

132).

28 해방 이전 한국 장로교회의 종말론과 관련해서는 다음의 두 논문을 보라: 이상웅, "평양 장로회신학교의 종말론 전통," 「한국개혁신학」 70 (2021): 218-264; "해방 이전 한국 장로교 목회자들의 종말론," 「조직신학연구」 37 (2021):94-122.

29 박형룡, 『기독교 현대 신학 난제 선평』, 21. 해방 이전 박형룡의 종말론에 관련해서는 이상웅, "해방 이전 한국 장로교 목회자들의 종말론." 「조직신학연구」 37 (2021): 110-111을 보라.

30 박형룡, 『기독교 현대 신학 난제 선평』, 22.

31 박형룡, "정통 교리과 이단 비판," 『박형룡 박사 저작전집 XIV. 신학논문(하)』(서울: 한국기독교교육연구원, 1981), 159-171. 저작전집 18-20권에 설교들이 모아졌는데, 이 설교의 경우는 교리적 강론이기에 신학 논문에 선집되어 있다.

기회에 전한 설교인지를 알 수는 없지만, 죽산은 이 설교 속에서 앞서 살펴본 정통 신학에 대한 논의를 소개하고 나서 장로교 표준문서와 성경의 관계를 잘 천명해 주는 것을 보게 된다. 죽산은 모든 교파들 중에 가장 정통적인 교파의 신조 교리는 "장로교 신조 교리"라고 말하고, 그 이유로서 "가장 충분하게 성경을 해석하고 또 거기에 부합하기 때문이라고 함이니 사심(私心)의 독단이라 할 수는 없"다라고 해명한다.[32] 그렇다고 해서 죽산은 표준문서들을 절대시하는 것이 아니다. 그는 후일에 신앙고백서들 가운데도 성경적이지 않은 점이 있다면 "순성경화"해야 한다고 주장하는 사람이다.[33] 죽산은 앞선 해명에 이어서 "그러나 더 근본적이고 원만한 대답은 성경에 가장 잘 부합하는 교리들이 가장 정통적이라 함일 것"이라고 부언하기도 한다.[34] 죽산은 신학 난제 선평의 학술적인 논의의 장이 아니라 설교 상황이었기에 자신의 파토스(pathos)를 다음과 같이 청중들에게 쏟아내기도 한다.

> 그러므로 나는 장로교인이요 장로교 신조 교리를 가장 정통적이라고 믿는 사람이지만 다른 여러 교파나 학파를 비평하여 논함에는 장로교 헌법을 표준할 것이 아니라 직접 성경에 호소하여 참과 거짓 그리고 우열(優劣)을 판단하려고 합니다. 그러나 장로교 신조 교리가 성경에 포함된 것인 이상 성경에 호소함이 즉 장로교 신조 교리를 제외하는 것은 아닙니다. 보십시오. 장로교 12신조와 요리 107문답을 볼 때 그 중에 성경에서 가르치지 않는 것이 어디 있습니까? 성경의 고등한 견해와 하나님의 완전한

---

[32] 박형룡, "정통 교리와 이단 비판," 165-166.
[33] 박형룡, 『기독교 현대 신학 난제 선평』, 38: "그러나 우리는 교회의 신조는 성경을 바탕으로 하는 것이고 어느 시대나 지방의 사상을 반영하는 무엇이 될 수 없는 것을 역설해 마지 않는다. 만일 어느 신조에 비성경적 사상 이 섞여 있다면 그것을 단연 배제하여 순성경화하여야 할 것이다. 그러므로 교회의 신조를 공격함은 후대인의 신학에 반항함이 아니요, 바로 성경 진리에 반항하는 것이다."
[34] 박형룡, "정통 교리와 이단 비판," 166.

속성과 삼위일체, 창조와 섭리 그리고 고등한 인생관과 타락과 원죄 및 본죄 그리고 그리스도에 관한 고등한 견해와 그의 속죄와 부활과 승천과 성령의 구원 공작(工作) 또한 예선(豫選)과 소명(召命)과 회개와 신앙과 칭의와 수양과 성화(聖化)와 영화(榮化)의 구원관, 성례의 정당한 의의와 신자의 정당한 본분과 부활과 심판 그리고 영생과 영벌의 교리를 즉 성경을 정확하게 해석하는 것을 누가 반대할 수 있습니까? 이 12신조를 자세히 설명하여 소요리 107문답이 되었으나 그 각 조 중에 어느 하나라도 성경에 없는 것이 있습니까?[35]

죽산은 이와 같은 정통 신앙을 잘 배우고 가르치는 것이 중요하다는 점을 설교를 통해서도 역설하였다. 이처럼 우리가 앞서 살펴 본 초기 박형룡 박사가 제시하는 정통 신학과 신앙의 기준을 보면 오직 성경에 근거하고, 장로교 표준문서인 웨스트민스터 표준문서들에 의거한 것임을 알 수가 있다. 이러한 전통은 선교사들이 전해준 보수적이고 정통적인 신학 전통에 부합하는 것이기도 했다.[36]

III. "사도적 신학 소론"(1947)

일제의 신사참배 강요에 맞서 평양 장로회신학교는 무기한 휴교를 결정하였고, 이에 죽산은 후일을 기약하면서 일본 동경으로 가서 은거

---

35 박형룡, "정통 교리와 이단 비판," 166. 죽산은 신학적인 글들이나 강의 속에서는 개인적인 소회를 밝히지 않으나, 설교들 속에는 자신에 관련된 이야기나 소회를 밝히기도 하기 때문에 죽산의 생애를 재구성하는 작업을 하려면 설교집들을 주의 깊게 검토하는 것도 중요하다고 생각한다.

36 해방 이전 한국 장로교 선교사들의 신학적 입장에 대해서는 Park Yong Kyu, "Korean Presbyterianism and Biblical Authority"(Ph. D. dissertation, Trinity Evangelical Divinity School, 1991) 39-117을 보라.

생활을 시작하게 된다. 그러다가 1942년에 만주 봉천신학원 교수로 부름 받아 가서 처음으로 교의 신학을 강의하게 되고, 해방 이후에도 돌아갈 곳이 없어 만주에 머무른다.[37] 그러다가 1947년 부산 고려신학교의 초대로 귀국을 결행하게 된다.[38] 죽산은 새롭게 시작하는 고려신학교 교장으로 취임하면서 "사도적 신학 소론"이라는 제목의 취임 연설을 하였다.[39] 죽산의 연설은 디모데전서 2장 2절을 본문으로 삼았는데, "기독교의 순정한 신앙 그대로를 후대에 효과적으로 전승"시키고자 하는 사도 바울의 염원을 해설하면서 자신의 신학교 경영과 교육의 모범으로 삼고자 했다.[40]

죽산은 바울의 신학의 기원은 "오로지 예수 그리스도에게서 받은 그리스도의 신학"이요, "사도적 신학을 대표하는 기독교 정통 신학임에 틀림 없다"고 명시한다.[41] 혹은 "역사적이며 전통적인 기독교는 실질적으로 바울 종교와 동일하다는 것은 일반적으로 시인된다"라고 말하기도 한다.[42] 따라서 그 신학은 반드시 보수되어야 할 신학이라고 죽산은 밝힌다.[43] 죽산은 그러한 사도적 신학이 초대 교부, 중세 신학자들, 그리고 종교개혁자들을 거쳐 "교회의 절대 다수가 의연하게 사도적 신학,

---

[37] 이상웅, "박형룡 박사 기념도서관 명명(命名)의 의의와 과제," 240.

[38] 이미 공산화된 중국 만주에서 남북이 갈라져 있던 상황에서 한국으로 돌아오는 일은 실로 목숨을 건 일이었고, 밀항선을 구하는데도 막대한 돈이 들어갔으나 죽산의 프린스턴 동문인 Samuel G. Craig가 보내준 돈으로 충당할 수가 있었다(박아론, 『나의 아버지 박형룡』, 201-203, 355-365).

[39] 박형룡, "사도적 신학 소론," 『박형룡 박사 저작전집 XIII - 신학논문(상)』 (서울: 한국기독교교육연구원, 1981), 216-231.

[40] 박형룡, "사도적 신학 소론," 216.

[41] 박형룡, "사도적 신학 소론," 218.

[42] 박형룡, "사도적 신학 소론," 221. 죽산은 스승이었던 존 그래샴 메이첸의 *The Origin of Paul's Religion*을 의지하여 "기독교 역대를 통하여 천만 성도가 믿어 온 역사적 전통적 기독교는 사도적 신학을 대표하는 바울 종교와 동일하다는 의미의 선언"이라고 주장하기도 한다(박형룡, "사도적 신학 소론," 222).

[43] 박형룡, "사도적 신학 소론," 217.

바울 사상을 보수하여 오늘날까지 이르"렀다고 말한다.⁴⁴ 그럼에도 불구하고 "사도적 신학, 바울 사상의 가장 정확한 전승"은 칼빈주의 개혁주의 신학에 있다는 점을 죽산은 분명하게 지적한다.⁴⁵ 죽산은 여러 개혁파 신앙고백 문서들이 "칼빈주의 신학을 가장 순수하고 완전하게 표현한 표준문서"라고 평가하고, 구 프린스턴 신학자들, 카이퍼, 바빙크 등을 포함한 주요 개혁신학자들의 명단을 제시하면서 "최근의 가장 충성된 대표적 칼빈주의 신학자(들)"이라고 적시해준다.⁴⁶

해방 이후 남과 북이 갈라지고 조선신학교로 인한 소동이 잠잠해지지 않은 상황을 염두에 두고 죽산은 칼빈주의 정통 신학이 설 자리가 있는가라는 질문을 던진다.⁴⁷ 새롭게 시작하는 고려신학교 관계자들과 학생들 앞에서 그에 대한 답으로 "사도적 정통 신학을 전승하며 보수하려한다"라는 결연한 의지를 밝히기도 한다.⁴⁸ 또한 당시 어려운 여건들을 검토한 후에 다음과 같이 선언하기도 한다.

그러므로 우리는 20세기의 중엽인 오늘날에는 바울주의 사도적 신학, 칼

---

44 박형룡, "사도적 신학 소론," 221. 역사적인 개관을 통해 죽산이 내리는 평가는 상당히 긍정적이다. 죽산은 "항상 변동하는 환경 가운데서 형식의 피상적 변동이 많이 일어난 중에서도 기독교의 근본적인 전형은 실질적으로 동일성을 보전하여 온 것"이라고 말하기도 한다.
45 박형룡, "사도적 신학 소론," 222-223.
46 박형룡, "사도적 신학 소론," 222.
47 박형룡, "사도적 신학 소론," 230: "돌이켜 보건대 재 평양 조선 예수교 장로회신학교가 시국의 험악한 풍문 중에 무너진지 이제 10년, 한국 해방의 희소식이 들려 온지도 벌써 3년이나, 저 한국 교회의 초기 50년에 교회 사복(賜福)의 유일의 은혜로운 기관이던 선지학교는 회복되지 못하고 있다... 멀리 북한의 평양에 옛 신학교 무너진 자리를 점령할래야 점령할 수 없어서 남단의 부산에서 그 회복의 기초 공사를 하는 우리 신학교의 미약한 상태!"
48 박형룡, "사도적 신학 소론," 223. 죽산은 초자연주의적인 신자들이 교회원들 중에 우세하며, "정통 신앙은 지하천의 잠류(潛流)로 흐르고" 있으며, 경험을 통하여 보건대 "신도 대중은 정통 신앙을 보수하며 환영"하고 있다고 말한다(박형룡, "사도적 신학 소론," 223-226).

빈주의 정통 신학을 안심하고 전승, 보수시킬 수 있다고 믿는다. 아니 우리 한국 교회에 있어서 이 신학의 전승을 필요 불가결의 것이다.[49]

죽산은 이어서 한국 장로교의 역사를 회고하면서 선교사들에 의해 장로교가 세워지던 창업기에 "웨스트민스터 표준문서를 신앙과 예배의 모범으로 삼고 칼빈주의 정통 신학을 배운 선교사와 목사의 지도 아래 신앙 생활로 살아왔다"라고 호평한 후에, 이제 "수성기(守成期)"에 이른 시점에서도 "사도적 신학의 최고로 정확한 전통이오, 우리 교회 창업기에 가장 큰 능력을 발휘한 바 있는 칼빈주의 정통 신학 외에 다른 무엇이 있을 것인가"라고 묻는다.[50] 죽산은 후세를 위한 신학교 교육에 있어서도 필요한 것은 "사도적 신학의 가장 정확한 전통"인 "칼빈주의 정통 신학"이라고 못박아 말한다.[51] 죽산은 또한 은사인 마포삼열 선교사의 말을 빌려와서 그러한 정통 신학의 요체는 하나님의 말씀의 권위에 강조점을 두고 있음을 강조하기도 한다.[52] 죽산은 이러한 사도적 신학 혹은 칼빈주의 정통 신학을 다른 사람들에게 충성되어 전달한 충성스러운 일꾼들을 신학교에서 길러 내어야 한다고 강조한다.[53]

연설 말미에서 죽산은 고려신학교의 교육 방침을 밝히기도 하는데, 그는 "동 서양의 개혁파 정통주의 신학교들이 일반적으로 가지고 오는 교육 방침을 습답하며 특히 1938년까지의 재 평양 조선 예수교 장로회

---

49 박형룡, "사도적 신학 소론," 226.

50 박형룡, "사도적 신학 소론," 226-227.

51 박형룡, "사도적 신학 소론," 227. "칼빈주의 정통 신학은 사도적 신학의 가장 정확한 전통일 뿐 만 아니라 우리 한국 교회의 성공을 설명하는 최대의 원인이니 우리 교회는 이를 후세에 전수하지 않을 수 없다."

52 박형룡, "사도적 신학 소론," 227.

53 박형룡, "사도적 신학 소론," 228: "사도적 신학의 교육을 받고 또 타인에게 교수할 신학생, 교역자들은 무엇보다 사도적 복음진리를 충실히 전승 보수하여 타인에게 교수할 사람이어야 할 것이다."

신학교의 교육 방침"을 따르겠다고 말한다.[54] 이어서 죽산은 "우리 신학교의 전학과의 근본적 기초는 성경 전서와 웨스터민스터 표준문서의 등본(謄本)인 조선 예수교 장로 헌법"이라고 정리해 주기도 한다.[55] 죽산은 신학교에서 교수되어야 할 분과들에 대해서도 설명하는데, 특히 조직신학에 관해서는 다음과 같이 명시해 준다.

> 조직신학은 언약론을 포함하는 완성된 칼빈주의를 내용으로 하되 최근에 나타난 서양 개혁파 장로파의 보수 신학자들의 해설을 많이 의뢰할 것이며 변증학과 성경 신학과 기독교 윤리를 교수하여 조직신학의 보충, 강화에 봉사케 할 것이다.[56]

1947년 고려신학교 취임 연설을 통해 죽산이 강조하는 바는 한국 장로교 초기부터 전승되어온 사도적 신학, 개혁파 정통신학의 계승이고 전달이었다. 그러나 죽산의 강조점은 단순히 학적인데만 있지 아니하고 실천적인 측면에서도 강조되었다.[57] 또한 죽산이 말하는 개혁파 정통주의는 웨스트민스터 표준문서에서 명료하게 해설된 개혁주의였으며, 죽산에게 있어 사도적 신학은 성경중심적이며 신앙고백에 근거하는 신학이었다는 점을 우리는 확인하게 된다.

---

54 박형룡, "사도적 신학 소론," 229.
55 박형룡, "사도적 신학 소론," 229. 헌법에는 12신조, 웨스터민스터 표문문서, 헌법, 예배 모범 등이 실려있다.
56 박형룡, "사도적 신학 소론," 229. 이 짧은 해설에도 죽산의 언약신학에 대한 강조가 분명하게 드러나고 있다(이상웅, "죽산 박형룡의 행위 언약 이해에 대한 고찰,"「조직신학연구」29 [2018]: 142-177).
57 박형룡, "사도적 신학 소론," 230. 신학교에서 가르쳐져야 할 분과들에 대해 간략하게 설명을 한 후에 죽산은 다음과 같이 적시한다: "이렇게 하여 우리는 해방 한국의 부흥되는 교계에 영적이며, 학적으 양쪽의 모두가 겸비된 정통주의 전도자들을 내어 보내기를 목적한다."

IV. 『교의 신학』(전 7권, 1964-1973)의 신학적 특징

죽산은 1942년 만주 봉천신학원에서부터 조직신학 강의를 시작했고, 1948년 남산에 장로회신학교가 설립된 후 1972년 총신 교수직을 은퇴하기까지 사 반세기 동안 교의 신학을 가르쳤다. 전기 죽산의 학문적 기여가 변증학과 현대신학 비평에 있다면, 해방 이후 후기 죽산의 학문적 기여는 교의 신학 강의와 저술 출간에 있다고 해도 과언이 아니다.[58] 죽산의 교의 신학은 처음에는 등사본(mimeographed)으로 만들어지곤 했는데, 1964년에 이르러 교의 신학 전집 출간이 시작되어 1973년에 완간되기에 이른다.[59] 이 교재는 여전히 역사적 개혁주의를 지지하는 신학교들에서는 교재 내지 참고서로 활용되기도 하고, 강도사 고시 조직신학 문제 출제와 관련하여 참조되기도 하다. 따라서 우리는 이 전집의 정수를 잘 이해할 때에, 죽산 신학의 정수를 이해할 수 있을 뿐만 아니라 예장합동의 신학적 정체성 파악에 도움이 될 수가 있다고 생각된다.

지면의 제한상 우리는 죽산의 저자 서문을 중심으로 이 교의 신학 전집이 추구하는 방향에 대해서 확인해 보려고 한다. 죽산은 만주에서 처음으로 교의 신학을 가르치게 되면서, 최신의 개혁주의 교재를 찾다가 루이스 벌코프의 『조직신학 서론』(1932)과 『조직신학』(1941)을 입수하게 되었다. 죽산은 벌코프의 교본을 중심으로 강의의 골격을 만들

---

[58] 물론 죽산이 학교 교장(학장)으로서 기여한 점들이나 제자들을 통한 교정가로서의 역할도 주목해야 한다(이상웅, "죽산 박형룡과 예장합동 교단," 「신학지남」 88/1 [2021]: 71-93). 죽산의 장남 박아론은 80대에 출간한 부친에 대한 회고록에서 박형룡에 대해 "위대한 신학자," "위대한 아버지"였을 뿐 아니라 "위대한 교회정치가"였다고 말해준다. 물론 박아론이 말하는 교회정치가는 부정적인 의미에서의 정치꾼을 말하는 것이 아니라, 교단의 신학적 지로자의 역할을 말한다(박아론, 『나의 아버지 박형룡』, 160-341).

[59] 박형룡, 『교의 신학』, 전7권 (서울: 은성문화사, 1964-1973). 이 전집은 『박형룡 박사 저작전집 I-VII』 (서울: 한국기독교교육연구원, 1977)으로 이어졌고, 2017년에는 현대어체로 개정한 『박형룡 박사 조직신학』, 전7권 (서울: 개혁주의출판사, 2017)도 출간되어 있다. 여전히 아쉽고 안타까운 점은 죽산 박형룡의 신학의 정수를 정리한 개관서가 아직 출간되고 있지 않다고 하는 사실이다.

고, 자신이 가지고 있던 영미 신학자들의 책들로부터 보완 작업을 함으로 초기 강의안을 만들어 나갔다.[60] 죽산은 공자가 말한 술이부작(述而不作)의 자세를 신학 작업에 방법론으로 적용하여 서구의 선진 개혁신학자들의 저술들로부터 자료들을 보완해 나가는 일을 기쁘게 생각했다.[61] 1964년에 간행한 『교의 신학 서론』에 보면 죽산은 "이 책의 배경에는 하지, 월필드, 떱네, 쉐드, 스밀, 카이퍼, 빠빙크, 보쓰 등 최근 개혁파 대표적 신학자들의 정통적인 신앙 사조가 움직이고 있다"라고 명시한다.[62] 이러한 죽산의 신학 작업 방식을 두고 꽃꽂이 신학이니 심지어는 표절 신학이라고 비판하는 이들도 있지만,[63] "다양 중에서 통일이 있는 지로적 신학"이라고 평하는 이도 있다.[64]

죽산이 왜 이런 방식으로 교본을 만들어 나갔는지에 대해서는 여러 가지 설명이 가능할 것이지만, 죽산이 직접 밝히는 바를 주목하는 것이 필요하다고 생각한다. 죽산은 술이부작의 자세를 표방하면서 "이 책은 역시 다른 사람들의 화원에서 꺾어 모은 꽃다발에 지나지 못한다"라고

---

60 박형룡, 『교의 신학 서론』, 11.
61 공자와 죽산의 술이부작의 자세에 관해서는 이상웅, "박형룡신학과 개혁신학 탐구』, 44-46을 보라. 장동민 박사논문에서 술이부작을 "description-But-Not-Creation"이라고 영역했다(Chang Dong Min, "A Theological Biography of Hyung Nong Park [1897-1978] [Ph. D. dissertation, Westminster Theological Seminary, 1998], 12).
62 박형룡, 『교의 신학 서론』, 11. 죽산이 언급한 학자들은 Charles & A. A. Hodge, B. B. Warfield, R. L. Dabney, W. G. T. Shedd, H. B. Smith, A. Kuyper, H. Bavinck, G. Vos 등을 말한다.
63 최덕성은 "한국 교회는 이제 박형룡이 작품의 표절성에 관한 논의가 가능할 만큼 성장했다"라고 말한 적이 있으나(최덕성, "박형룡 신학 전통," 『고신의 인물과 신학 사상』 [서울: 영문, 1996], 78), 동일한 논문에서 죽산이 세대주의 종말론을 수용했다는 잘못된 평가를 내리고 있다(74-75).
64 박아론, 『나의 아버지 박형룡』, 40: "놀랍게도 벌코프, 찰스 핫지, 워필드, 쉐드, 스트롱, 댑니, 카이퍼, 바빙크, 그레샴 메이첸, 보스 등 서양의 선진 정통 신학자들이 그들 사이에 존재하는 신학적 특징들과 관점적 차이에도 불구하고 그의 손에서 하나의 아름답고 장엄한 협화협을 이루고 있다는 것이다. 이것이 바로 박형룡 박사가 끼친 신학적 공헌이며, 그의 신학을 가리켜 다양 중에서 통일이 있는 지로적 신학이라고 말할 만한 충분한 이유가 되는 것이다."

고백하면서, 자신의 지식이 부족해서 그러하기도 하지만 무엇보다도 자신의 "본의에 맞는 일"이라고 선언한다. 이어지는 죽산의 서술을 직접 보도록 하겠다.

> 필자의 본의는 칼빈주의 개혁파 정통신학을 그대로 받아서 전달하는데 잇고 감히 무엇을 창작하려는 것이 아니다. 이것은 옛 사람이 말한바 술이부작(述而不作)의 태도라 할 것이다. 팔십년 전 이 땅에 서양 선교사들이 와서 전혀준 그대로의 바른 신학을 새 세대에게 전달하는 것이 필자의 염원이기 때문이다.[65]

따라서 우리가 죽산의 교의 신학 전집을 읽어보면 서구 개혁신학자들의 해석을 잘 정리하여 소개하는 죽산의 부지런한 모습을 보게 되며, 때로 상충되는 부분에 있어서는 웨스트민스터 표준문서에 의거하여 취사선택을 하는 것을 보게 된다.[66] 루이스 벌코프에게 크게 의존하면서 죽산은 때로 벌코프를 따르지 아니할 때에는 웨스트민스터 표준문서와 구프린스턴 신학자들의 견해를 따르는 것을 보게 된다. 물론 죽산의 교의 신학의 골격과 많은 내용적인 측면은 벌코프에 의존하고 있고, 또한 벌코프를 통하여 카이퍼와 바빙크의 화란 개혁주의 신학을 수용하고 있음도 부인할 수가 없는 사실이다.[67] 그래서 서철원은 죽산이

---

[65] 박형룡, 『교의 신학 서론』, 11.

[66] 죽산의 웨스트민스터 표준문서에 대한 평가와 활용에 대해서는 이상웅, "박형룡 박사와 웨스트민스터 신앙고백서," 『박형룡신학과 개혁신학 탐구』, 수정판 (서울: 솔로몬, 2021), 221-265을 보라.

[67] 죽산의 루이스 벌코프를 통한 화란 개혁주의 수용에 관련해서는 이상웅, 『박형룡신학과 개혁신학 탐구』, 66-98을 보라. 차영배 교수는 죽산의 신학서론을 살핀 후에 다음과 같이 평가해 준다: "한 마디로, 박형룡 신학의 원리는 대체적으로 Bavinck-Berkhof의 개혁신학의 노선을 걸은 칼빈주의에 입각한 원리, 곧 성경을 객관적 원리로 삼고 신앙을 내적 원리로 삼아 오직 계시 의존 신앙으로 신학을 세워야 한다는 원리에 거의 일치한다고 결론을 지을 수 있다."(차영배, "박형룡 신학의 원리," 박용규 편, 『죽산 박형룡 박사의 생애와 사상』, 434).

"전통적인 개혁신학을 자기의 신학으로 채택"했으며, "그것도 미국 토양에서 개진된 개혁신학이 아니라, 구라파 특히 화란 개혁신학을 채택하"였다고 평가했고, 이러한 이해와 수용이 "하나님의 은혜"였다고 적시했다.[68]

우리는 또한 죽산이 교의 신학 전집을 마무리하여 출간하는 과정에서 중요한 신학적인 자료원을 활용했다는 점도 주목해야 하는데, 이는 자신의 동시대 신학자였던 베르까워(G. C. Berkouwer, 1903-1996)의 『교의학 연구』(Studies in Dogmatics) 전집이다.[69] 죽산은 베르까워의 자료들을 통해 20세기 중반에 개진된 현대 신학과 개혁신학의 자료들을 보충할 수가 있었다. 뿐만 아니라 카이퍼와 바빙크에 대한 보다 더 풍성한 지식을 베르까워의 저술들에서 인용할 수가 있었다.[70]

이처럼 죽산의 교의 신학 전집에서 확인하는 죽산의 신학은 영미 개혁주의와 화란 개혁주의의 조화로운 종합이라고 할 수가 있다. 죽산의 변증학에 있어서 구프린스턴의 영향이 강력했다면, 그의 교의 신학에서는 화란 신학의 영향이 강력했다고 할 수도 있다. 물론 죽산은 유럽 개혁파 표준문서들을 존중하면서도, 자신이 속한 장로교회 표준문서를 더욱 더 중시하고 신학 작업의 근간으로 삼았다는 점을 간과해서는 안 된다. 어쨌든지 죽산은 자신의 신학을 창작하려고 하지 아니하고, 서구의 개혁신학자들의 좋은 연구 결과들을 잘 수용하고 정리하여 소개하고자 하는 열정을 가지고 교의 신학 작업을 수행했었다는 것을 우리는 기억해야 한다. 그리고 간과해서 안 되는 다른 요점은 죽산이 그러한 술이부작의 자세로 교의 신학을 저술했다고 히도, 그 저술은 단순히 자

---

[68] 서철원, "박형룡 박사의 조직신학," 박용규 편, 『죽산 박형룡 박사의 생애와 사상』, 442.
[69] G. C. Berkower, Dogmatische Studiën, 18 vols. (Kampen: Kok, 1949-1972); ET. Studies in Dogmatics. 14 vols. (Grand Rapids: Eerdmans, 1952-1976).
[70] 죽산과 베르까워의 신학적인 관계에 관해서는 이상웅, 『박형룡신학과 개혁신학 탐구』, 99-145를 보라.

료 선집[71]이 아니라, 독창적인 교의 신학 저술을 출간했다고 하는 사실이다.[72] 우리는 또한 죽산이 평생에 걸쳐 근면성실한 독서가요, 새로이 발견한 좋은 자료들을 자신의 강의안에 보완해 나가는 일에 힘썼던 성실한 학자이기도 했다는 점도 우리에게는 도전을 주는 특징이다.[73]

V. "한국 장로교회의 신학적 전통"(1976)

죽산 박형룡은 1972년(만 74세)에 총신을 영구 은퇴하고 저작전집 간행 준비에 몰두하다가 1978년 10월 25일에 소천했다. 은퇴후 4년이 지난 시점에 죽산은 반세기를 함께 했던 「신학지남」에 마지막 기고를 하게 되는데, 그 제목은 "한국 장로교회의 신학적 전통"이었다.[74] 기고문은 몇 몇 각주를 포함하고 있기는 하나 비장한 선언서(Manifesto) 느낌을 준다. 죽산이 이 비장함이 느껴지는 마지막 기고문을 쓴 이유는 그가

---

71 개혁신학의 경우 이러한 자료원의 책자는 대표적으로 Heinrich Heppe, *Reformed Dogmatics* (Eugene: Wipf and Stock Publishers, 2008)을 들 수가 있다.

72 김길성, "박형룡 박사의 신학에 대한 이해와 평가," 「신학지남」 71/4 (2004): 108-112. 서철원의 다음과 같은 평가는 적실하다고 생각한다: "박형룡 박사는 벌코프의 조직신학을 번역하여 교과서로 쓰면서 꾸준한 연구를 계속하여, 신학 각 부분에 새로운 추가를 하여 자기대로의 체계를 세웠다. 기본틀은 벌코프의 조직신학이어도, 자기 연구들로 채우므로 자기 신학 체계라고 할 수 있게 되었다... 어떤 형태로든지 우리는 박형룡 박사의 손에서 처음으로 우리의 조직 신학을 갖게 되었다."(서철원, "박형룡 박사의 조직신학," 445). 심지어 죽산의 신학에 대해 상당히 비판적인 견해를 밝힌 이종성도 죽산의 교의신학 전집에 대해 "이것은 한국 교회 90년의 역사가 낳은 가장 위대한 작품이라고 하지 않을 수 없다. 그 양에 있어서나 질에 있어서 타의 추종을 불허할 정도의 위업이라고 할 수 있다."(이종성, "박형룡과 한국 장로교회," 250).

73 이상웅, "죽산 박형룡의 경건한 생애와 경건론," 「한국개혁신학」 65 (2020): 156-161.

74 박형룡, "한국 장로교회의 신학적 전통," 「신학지남」 174 (1976): 11-22. 박형룡, 『박형룡 박사 저작전집 XIV- 신학논문(하)』, 389-402에도 재수록되어 있으나, 본 장에서는 원 기고문을 참고하였다. 또한 이 논문과 관련하여 필자는 이전에 분석을 한 적이 있는데(이상웅, 『박형룡신학과 개혁신학 탐구』, 167-174), 본 장에서는 새롭게 죽산의 기고문을 분석한 것이며, 이전 분석과 평가를 활용할 시에 각주에 표시하였음을 밝힌다.

학내 사태 때문에 갑자기 은퇴하였고, 당시 예장합동 총회의 신진 세력이 죽산을 지지하던 그룹을 정치권에서 밀어내었고, 그의 아들 박아론 교수가 재직하고 있던 총신 안에서 이런 저런 우려스러운 일들이 일어나고 있었기 때문이다.[75] 이전에 필자가 표현한대로 "이 논문은 박박사의 신학적 생애에 있어서 백조의 노래(swan song)였다고 할 수 있"으며, "이 짧은 글은 박박사가 평생 보수해 온 정통 신학이 무엇인가에 대한 마지막 천명이라고 할 수 있"을 것이다.[76] 죽산의 글은 크게 세 부분으로 구성되어 있는데 글의 모두에서부터 장로교 신학 전통이 무엇인지에 대한 선언으로부터 시작하는 것을 보게 된다.

> 장로교회 신학이란 구주 대륙의 칼빈 개혁주의에 영미의 청교도 사상을 가미하여 웨스트민스터 표준에 구현된 신학이다. 한국 장로교회의 신학적 전통이란 이 웨스트민스터 표준에 구현된 영미 장로교회의 청교도 개혁주의 신학이 한국에 전래되고 성장한 과정이다.[77]

죽산은 초두에서부터 이렇게 선언한 후에 글을 세 부분으로 나누어 먼저 영미에서의 청교도 개혁주의 신학에 대해 다루고, 이어서 한국에서의 청교도 개혁주의 신학을 다루고 나서, 마지막으로는 "우리의 신학적 전통의 보수"에 대해서 다룬다.

---

[75] 정규오, 『신학적 입장에서 본 한국장로교회사 (하)』(광주: 광신대학교출판부, 2014), 17-203; 박아론, 『세월 따라 신학 따라』, 182-210. 죽산의 기고문 전면에 흐르는 불편한 심기는 당시 죽산의 신학을 도외시하고 화란 신학의 직수입을 주장하는 후학들이 있었기 때문이기도 하다.
[76] 이상웅, 『박형룡신학과 개혁신학 탐구』, 167.
[77] 박형룡, "한국 장로교회의 신학적 전통," 11.

1. 영미에서의 청교도 개혁주의 신학

초두에서 본대로 죽산은 한국 장로교회의 신학적 전통은 일단 영미 청교도 신학과 연관이 되어 있다고 보기 때문에, 죽산은 먼저 영미에서 청교도 신학이 어떻게 생겨나고 발전하게 되었는지를 서술한다. 죽산은 유럽의 칼빈주의 신학과 영국의 청교도 신학의 관계를 다음과 같이 설명해준다.

> 구주대륙에서 칼빈 개혁주의 신학이 하나님의 주권과 성경의 권위에 치중함으로 출발하고, 전적 패괴, 무조건적 예정, 제한 속죄, 불가항적 은혜, 성도의 견인을 오대요령으로 하여 전개된 칼빈 개혁주의 신학이 서로 영국에 건너가 열렬하고 심각한 경건으로 받아 들이는 교인들이 많아서 청교도(puritan)란 별명을 얻었다.[78]

그와 같은 청교도들이 마침내 웨스트민스터 회의를 통해 "후일 영미 장로교회 신앙생활의 표준"이 되는 신앙고백 문서들과 예배모범 등을 산출했다고 죽산은 명시한다.[79]

간단히 역사적인 소개를 마친 후에, 죽산은 곧 바로 청교도 신학의 특징이 무엇인지를 밝히는 데로 나아가는데, 그는 제임스 I. 패커(James I. Packer)에 의지하여 청교도 신학의 2대 특징은 "성령의 역사의 세밀한 거론과 일요일을 기독교 안식일로 보는 개념"이라고 소개한다.[80] 죽산은 이 두 가지 특징을 상술하여 주는데, 첫째 특징과 관련해서는 성

---

[78] 박형룡, "한국 장로교회의 신학적 전통," 11. 죽산은 이러한 서술 속에서 시대 착오적인 발언을 하는데, 칼빈주의 5대요령의 결정은 청교도 운동이 시작되고 난 후인 1619년에 공표된 것이다.
[79] 박형룡, "한국 장로교회의 신학적 전통," 11.
[80] 박형룡, "한국 장로교회의 신학적 전통," 11.

령의 역사가 특히 전도와 관련해서 "하나님의 주권," "성경의 신성한 권위," "확신있는 전도의 실천"이라는 세 가지 세목으로 나누어 설명해 준다.[81] 패커를 따라 죽산이 강조하는 청교도 신학의 두 번째 특징은 "일요일을 기독교 안식일로 인정함"에 대한 것이다. 죽산은 소위 "대륙적 안식일" 개념과 청교도적인 주일을 안식일로 여기고 성수하려는 두 전통이 있음을 잘 알고 있다.[82] 그러나 죽산은 "안식일은 창조 율례요, 제4계명은 영구한 도덕성을 가지고 있기 때문에 청교도들처럼 주일을 안식일로 인정하고 거룩하게 지켜야 한다"고 주장한다.[83] 죽산이 신학적 표준문서로 중시하는 웨스트민스터 신앙고백서 21장 7조에서도 그러한 주일의 안식일 준수를 강조하고 있기 때문에 죽산은 더욱 더 확신할 수가 있었다.

> 이 안식일은 창세부터 그리스도의 부활까지는 일주간의 마지막 날이었으나, 그리스도의 부활 후부터는 일주간의 첫날로 바꾸어 성경에서 주의 날이라고 칭하는데 그리스도교 안식일로 이 세상 끝날까지 계속되어야 한다.[84]

죽산은 패커를 따라 청교도 신학의 양대 특징을 이렇게 소개하면서도 청교도 신학의 특징이 그것들 뿐이라고 생각하지 않는다. 청교도 신학이 잘 집대성된 웨스트민스터 표준문서와 관련하여 죽산은 다음과

---

81 박형룡, "한국 장로교회의 신학적 전통," 12-13.
82 박형룡, "한국 장로교회의 신학적 전통," 13-14. 루터와 칼빈의 경우 주일을 안식일법으로 지켜야 한다고 주장하지는 않았다. 그러나 유럽에 속한 카이퍼, 바빙크 시대의 화란 개혁 교회도 청교도 전통에 많은 영향을 받아서 철저한 주일성수(the sanctification of sunday)를 했다는 것도 우리는 간과해서는 안된다(Jan Veenhof, "A History of Theology and Spirituality in the Dutch Reformed Churches [Gereformeerde Kerken], 1892-1992," *Calvin Theological Journal* 28/2 [1993]: 268; 이상웅, 『박형룡 신학과 개혁신학 탐구』, 169에서 재인용.
83 이상웅, 『박형룡신학과 개혁신학 탐구』, 169.
84 박형룡, "한국 장로교회의 신학적 전통," 14.

같이 논평을 해줌으로 다음의 주제로 넘어가고자 한다.

웨스트민스터 표준문서들에 실린 천천의 교훈들이 다 교회의 신앙 지도를 위한 금과옥조(金科玉條)들이었다. 이 표준문서들은 스코틀랜드와 미국의 장로교회가 보유하고, 그 교의의 표준은 영국과 신영란(New England)의 회중파가 다소 수정하여 채용하였다.[85]

2. 한국에서의 청교도 개혁주의 신학

죽산은 두 번째 주제로 "한국에서의 청교도 개혁주의 신학"에 대해 다룬다. 첫 항목은 바로 이 항목을 설명하기 위한 배경 역할을 하도록 쓴 것이다. 죽산은 한국 장로교회 선교 시초부터 청교도 개혁주의를 추구하는 선교사들에 의해 시작되었고, 장로교회가 세워질 때에도 웨스트민스터 표준문서를 채용함으로 "청교도 개혁주의 신학 위에 법적으로 확립"되었다고 명시한다.[86] 죽산의 글쓰기 방식은 먼저 자신이 주장하는 명제를 제시하고, 그 다음에 해설하는 형태로 진행되고 있는데, 이 두 번째 항목도 모두에 다음과 같은 선언으로부터 시작했다.

대한 예수교장로회는 청교도적인 영미 장로교회 선교사들의 선교를 받아 출발하고 웨스트민스터 표준문서들을 교의와 규례의 표준으로 채용하여 수행함으로 한국에서의 청교도 개혁주의 신학의 교회가 된 것이다.[87]

---

[85] 박형룡, "한국 장로교회의 신학적 전통," 14.
[86] 박형룡, "한국 장로교회의 신학적 전통," 15-16. 죽산은 한국 초기 선교사들이 청교도 개혁주의 전형을 따르는 자들이었음을 주장하기 위하여 본 장에서도 A. J. Brown의 글을 인용한다(A. J. Brown, *The Mastery of the Far East* [New York: Scribners, 1919], 540).
[87] 박형룡, "한국 장로교회의 신학적 전통," 15. 죽산은 또한 "청교도적 개혁주의 신학의 전 체계가 웨스트민스터 표준문서들의 번역판인 우리 교회의 표준문서들에 충분히 담겨 있다. 평양 장로회신학교와 서울 장로회 총회신학교에서 간행하고 사용한 신학 교본들은 신학 체계의 해설들이다"라고 말하기도 한다(18).

죽산은 해방 이전 한국 교회에서는 개혁주의나 청교주의라는 말을 드물게 사용하고, 장로교회라는 표현으로 개혁교회를 포함시키기도 했다는 점을 상술하면서, 평양 장로회신학교가 개혁주의와 상관없고 단순히 보수주의라고 폄하하는 이들에 대해 반박한다.[88] 죽산은 한국 장로교회 신학은 초기부터 명백한 "청교도 개혁주의"(Puritan Reformed Theology)였음을 거듭 천명한다.

> 이러므로 대한 예수교 장로회의 신학적 전통은 청교도적 개혁주의 장로교회의 그것이다. 그것은 구주 대륙의 칼빈 개혁주의 신학에 영미의 청교도적 특징을 가미한 장로교회의 신학적 전통이다.[89]

죽산은 그러한 한국 청교도 개혁주의의 주요 특징들이 무엇인가를 다섯 가지로 설명해 주기도 하는데, 죽산이 말하는 장로교 신학의 정체성을 파악하기 위해서는 주의해서 살펴봐야 할 대목이기도 하다. 첫째 특징은 "성경의 신성한 권위를 믿는 신념"으로서, 한국 교회는 죽산이 말하는대로 "성경을 무오한 하나님의 말씀으로 믿고 신학교와 각종 사경회와 성경 학교와 주일 오전 공부 예배 등을 통해 열심히 공부"했다는 것이다.[90] 둘째 특징은 "하나님의 주권에의 확신"이라고 하면서, 죽산은 피니 식의 "연합 부흥 전도"보다는 "각종 사경회에 치중한 것은 죄인의 회심을 성령의 주권적 유효적 소명에 기대하는 청교도 전도의 방식에 따름인 듯 하다"라고 말한다.[91] 죽산이 말하는 셋째 특징은 앞

---

88 박형룡, "한국 장로교회의 신학적 전통," 18-19.
89 박형룡, "한국 장로교회의 신학적 전통," 18.
90 박형룡, "한국 장로교회의 신학적 전통," 16.
91 박형룡, "한국 장로교회의 신학적 전통," 16. 평양 대부흥을 찰스 피니식 부흥이라고 주장하는 역사학자들이 있기 때문에(김상근, "1907년 평양 대부흥 운동과 알미니안 칼빈주의의 태동,"「한국기독교신학논총」 46/1 [2006]: 383-410), 죽산의 해명은 대단히 중요하다고 사료된다. 평양 대부흥이 관해서는 박용규,『평양 대부흥 운동』(서울: 생명의말씀사,

서도 살펴본 바 있는 "안식일의 성수와 기도와 예배의 경건 생활에 치중"한 것에 있다.⁹² 네 번째 특징은 "성실한 실천"에 있다는 것인데, 죽산의 말을 인용해 보도록 하겠다.

> 한국 교회의 신도들은 성경 진리의 실천 궁행(躬行)에 성실하였다. 그들은 교회 헌금의 희생적 봉사를 감행하며 다른 사람의 영혼을 구원하려고 개인 전도에 근실하며 비열한 오락과 술, 담배를 금지하고 모든 방면에서 단정한 생활을 힘썼다.⁹³

죽산이 제시하는 한국 청교도 개혁주의의 마지막 다섯 번째 특징은 "천년기전 재림설"이다. 정확하게 표현하자면 세대주의(= 시대론적) 전천년설이 아니라, 역사적 전천년설(Historic Premillennialism)이 한국 장로교회의 전통이라는 것이다. 죽산은 평양에서 조직신학을 가르쳤던 이눌서(William D. Reynolds) 선교사와 평신과 총신에서 가르쳤던 죽산 자신은 이 입장이 장로교 전통이라고 강조했다고 말한다.⁹⁴ 한국 청교도 개혁주의의 다섯 가지 특징 속에 굳이 역사적 전천년설을 넣은 것은 전천년설적인 신앙이 초기 한국 장로교회 상황에서 유력했고 환난기를 통과할 때 유익을 주었기 때문이었을 것이다.

우리가 간략하게 살펴본 이 다섯 가지 특징들을 미루어 볼 때에 죽산이 한국 장로교 신학 전통으로 규명한 것은 결국 "마포삼열을 비롯한

2003)을 보라.

92 박형룡, "한국 장로교회의 신학적 전통," 17.

93 박형룡, "한국 장로교회의 신학적 전통," 17. 죽산은 이어서 한국 교인들에 대한 A. J. Brown의 칭찬을 인용해준다.

94 박형룡, "한국 장로교회의 신학적 전통," 18. 천년기에 대한 죽산의 자세한 논의는 『교의 신학 내세론』(서울: 은성문화사, 1973), 230-278에서 볼 수가 있다. 죽산의 천년기론에 관해서는 이상웅, "죽산 박형룡과 구례인의 천년기론에 대한 연구,"「개혁논총」38 (2016): 177-207; Kim Kil-sung, "Dr. Hyung-nong Park's Theology of Last Things," *Chongshin Theological Journal* 1/2 (1996): 72-89를 보라.

초기 장로교 선교사들이 전하여 준 신학 전통이며, 그 전통이란 구주 대륙의 칼빈주의와 영미 청교도 신학의 종합"이라고 이해할 수가 있을 것이다.[95] 사실 죽산이 규정하는 신학 전통의 성격은 정확하게 서구 개혁주의 어느 전통과 꼭 맞아 떨어지지는 않는다. 이 점에 관해서는 일찍이 최덕성 교수가 잘 지적한 바가 있다.

> 박형룡의 논문 "한국 장로교회의 신학적 전통"은 한국 장로교회가 구라파 개혁교회 전통보다 장로교 본래의 전통에 충실할 것을 바라는 내용이었지만, 그것은 다음 세 가지 사실을 간접적으로 시사한다. 첫째는 자신의 신학이 17세기 화란에서 꽃피운 칼빈주의의 복사판 혹은 재판이 아니며, 둘째는 순수히 교리 우선주의적 혹은 고백주의적 구 프린스턴 신학을 답습한 것도 아니며, 셋째는 청교도들이 가졌던 경건주의적 특징과 완전히 일치하지 않는다는 것이다. 상기 논문은 한국형 개혁주의 정통 신학(Korean Reformed Orthodoxy)을 한국 장로교회의 신학적 전통으로 천명하고 있다.[96]

아무튼 죽산은 한국 청교도 개혁주의에 대해서 해명한 후에 당시 벌어지고 있던 불기한 상황을 넌지시 언급하고 있다. 사실 80세에 이른 죽산이 논문을 기고하게 된 중요한 이유이기도 하다. 당시 신진 학자들 중에는 기존 한국 장로교회에는 개혁주의가 부재하다시피 했으니, 이제라도 유럽 개혁주의를 직수입해야 한다고 주장하는 이들이 있었던 것이다. 죽산은 이에 대해서 단호하게 반대하는 목소리를 발한다.

> 그러나 우리 교회은 옛날에도 개혁주의를 모른 것이 아니라 그 말을 드물

---

[95] 이상웅, 『박형룡신학과 개혁신학 탐구』, 170; 김길성, "박형룡 박사의 신학에 대한 이해와 평가," 113-114. 죽산의 초기 선교사들에게 물려 받은 신앙적 특징에 대해서는 이상웅, 『박형룡신학과 개혁신학 탐구』, 50-55를 보라.

[96] 최덕성, "박형룡 신학 전통," 76; 이상웅, 『박형룡신학과 개혁신학 탐구』, 171에서 재인용

게 썼고 혹은 장로교회란 말에 포함시킨 것 뿐임이 상술한 바와 같으니 이제 개혁주의를 새로이 개발하거나 수입할 필요가 없다. 그리고 우리 교회는 유럽 대륙의 개혁주의에 영미의 청교주의를 가미하여 가진 장로교회이니 전자의 직접 수입을 수요하지 않는다. 우리는 이미 소유하고 있는 청교도적 개혁주의 장로교회의 신학적 전통을 확고히 보수하면서 그것의 해설에 필요한 보완을 행할 것 뿐이다.[97]

3. 우리의 신학적 보수

죽산의 스완 송의 마지막 절은 "우리의 신학적 보수"라는 제목을 가진다. 죽산은 앞서 한국 장로교 신학 전통이 청교도 개혁주의 전통이라는 점을 밝히고, 이러한 전통은 웨스트민스터 표준문서에 근거하고 있다는 점을 여러 차례 강변하였고, 이제 마지막 절에서는 당시 서구 교회뿐 아니라 한국 교회내에도 불어닥친 신학적 조류들에 대해 우려를 표명하면서 신학적 정체성을 보수하자는 결의를 요청하고 있음을 보게 된다. 죽산은 미국장로교회가 1967년에 새신앙고백서를 만들고,[98] 웨스트민스터 표준문서들을 시대에 뒤떨어진 것으로 폐기해야 할 것으로 주장하는 이들과 교회연합운동(WCC)에 동조하는 신복음주의의 융성을 경계한다.[99] 그러면서 죽산은 "금일에 서양의 타락 속화된 교회가 이 몇 백년간 교회 발전의 원동력이 된 웨스트민스터 신앙고백을 포기할

---

[97] 박형룡, "한국 장로교회의 신학적 전통," 19. 죽산은 소천하기 직전 신길동 순장로교 신학교에서 특강을 했는데, 이 마지막 특강을 통해서는 더 강렬한 표현을 쓰고 있다(박형룡, "정결한 교회," 『박형룡 박사 저작전집 XX. 설교(3)』 [서울: 한국기독교교육연구원, 1988], 345-52). 죽산은 유럽 대륙의 개혁주의를 "불충분한 개혁주의"라고 규정하고, 개혁교회와 영미 장로교회를 구분하지 않은 것은 불찰이었다고 토로하기까지 하였다. 죽산은 예장합동 교단 내에 유럽 "대륙의 개혁주의로 다시 떨어지려고 하는 위험"이 있다고까지 경고의 말을 한다.

[98] 박형룡, "신구신도게요의 대차이," 「신학지남」 138 (1967): 6-13을 보라.

[99] 박형룡, "한국 장로교회의 신학적 전통," 20-21.

지라도 우리는 산 신앙고백을 확집하여 우리의 청교도적 개혁주의 신학적 전통을 영구히 보수"할 것을 호소한다.[100] 죽산은 한국 장로교회가 많은 복을 누린 까닭은 "청교도적 개혁주의 신학적 전통" 아래 있었기 때문이라고 확신했기 때문에, 심지어는 "우리 교회는 우리의 고유의 신학적 전통을 버리고 다른 사상을 따르는 일은 결단코 하지 않기로 하나님 앞에 서약하야 할 것이다"라고 까지 말한다.[101] 이것은 죽산이 소천하기 전에 자신이 24년간 몸담았던 총신의 계간지를 통해 최후 호소한 내용이기도 하다.[102]

우리는 이상에서 살펴본 죽산의 마지막 기고문인 "한국 장로교회의 신학적 전통"을 통해 죽산이 생애 마지막 순간까지 확집했던 "한국장로교 신학의 정체성이자 자신의 신학의 정체성으로서 사수하고자 한 것은 한국형 청교도 개혁주의 신학이었음"을 분명하게 확인할 수가 있었다. 죽산이 제시하는 신학의 특징들은 사실 그의 생애 초기부터 선교사들에 의해서 전수받은 바로 그 전통이었다는 점도 우리는 확인하게 되었다.[103] 우리가 한 가지 진지하게 숙고해야 할 또 다른 문제는 죽산은 생애 말년에 쓴 글을 통해 유럽 개혁주의 신학의 직수입이 필요하지 아니하고, 이미 가지고 있는 한국 "청교도 개혁주의 전통을 확고히 보수하면서 그것의 해설에 필요한 보완을 행"하면 된다고 한 주장

---

100 박형룡, "한국 장로교회의 신학적 전통," 20.
101 박형룡, "한국 장로교회의 신학적 전통," 402.
102 물론 죽산은 앞서 언급한 소천 직전의 신길동 순장로교 신학교 특강에서도 동일한 호소를 하였음을 보게 된다. "그리고 장로교회를 순결하게 지켜 보존하는 것은 청교도 개혁주의 신앙을 웨스트민스터 표준문서에 진술된 신학교리 규례를 그대로 믿고 수행하여 후세에 전하는 것이니 극일 순 장로회신학교 학도들의 의무입니다."(박형룡, "정결한 교회," 352).
103 이상웅, 『박형룡신학과 개혁신학 탐구』, 175. 따라서 한숭홍은 죽산의 신학의 골격은 시작부터 끝까지 근본적으로 변화가 없이 동일하였다고 적시한다(한숭홍, 『한국 신학 사상의 흐름(하)』 [서울: 장로회신학대학교출판부, 1996], 123).

을 어떻게 이해해야 하는가 하는 점이다.[104] 죽산은 앞서 살펴본 대로 1942년에 루이스 벌코프의 저술을 통해 화란 개혁주의를 수용하게 되었고, 후기에는 베르까워의 저술들을 통해 자신의 말 그대로 신학적 내용을 풍성하게 보완을 했다는 것을 염두에 둔다면, 죽산의 발언은 유럽 개혁주의 특히 화란 개혁주의에 대한 전면 거부로 오해하지 않는 것이 옳다고 생각한다. 죽산은 후기 베르까워의 성경관에 문제가 생긴 것을 보고 "절뚝거리는 보수주의"가 되었다고 안타까워하긴 했지만, 자신의 『교의 신학』 전집에 풍성하게 활용된 바빙크와 베르까워의 영향을 모두 제거해야 한다고 생각하거나 그런 발언을 한 적은 없었다.[105]

VI. 나가는 말

이상에서 우리는 죽산 박형룡이 정통 신학 혹은 신앙의 핵심이 무엇인지에 대해 밝힌 초기 자료들로부터 시작해서 그의 소천 2년 전에 쓴 한국 장로교회의 신학적 전통이 무엇인가에 이르기까지 몇 편의 주요 자료들을 분석해 보았다. 이러한 논구는 한국 장로교 신학의 정체성이 무엇인가에 대한 관심에서 비롯된 것이다. 죽산 박형룡은 평양 장로회신학교 교수(1931)로부터 시작해서, 서울 장로회신학교와 총신에 이르기까지(1972년 은퇴) 40여년 동안 장로교 신학 교육에 종사했고, 표준적인 교의 신학 집필과 수 많은 신학 논문들을 통하여 장로교(특히 예장합동) 신학의 정초와 확립을 위해 기여한 바가 크고 이러한 사실은 역사적으로 공인된 사실이기 때문에, 우리는 한국 장로교회의 신학적 정체성에 대한 대해 규명해 보기 위해서 죽산의 글들을 논구해 본 것이다.

---

104 박형룡, "한국 장로교회의 신학적 전통," 19.
105 죽산의 후기 베르까워에 대한 평가에 대해서는 이상웅, 『박형룡신학과 개혁신학 탐구』, 146-167 에 제시된 논의를 보라.

초기부터 노년에 이르기까지 약 40여년에 걸친 죽산의 활동과 공표된 글들을 참고해 볼 때 죽산은 초기 장로교 선교사들이 전해준 칼빈주의 정통 신학에 착근하여 신학을 했고, 그러한 신학적 전통을 다음 세대에 잘 전달하는 것이 자신의 소임이라고 굳게 믿었다는 것을 알 수가 있다. 죽산은 성경의 영감과 무오에 대한 확신에 바탕하여 장로교 표준문서들이 해설하는 바를 기준으로 삼고, 서구의 수많은 개혁신학자들의 신학 저술들을 근거로 하여 한국 청교도 개혁주의 신학 전통이라는 것을 빚어내었다. 신학 형성 과정을 보면 죽산의 신학적 정체성은 구 프린스턴 신학 전통이 먼저였고, 거기에 남침례고 신학의 건전한 면이 더 하여졌고, 후일에 투이스 벌코프와 G. C. 베르까워를 통하여 화란 개혁주의 전통의 장점들이 가미되어진 것임을 알 수가 있다. 따라서 죽산이 말하는 신학적 정체성은 단순히 영미 청교도 신학과 장로교 신학만도 아니고, 화란 개혁주의만도 아닌 것이다. 죽산은 양자택일이 아니라, 두 전통의 장점들을 조화롭게 수용하여 자신의 특이성을 가지는 신학 전통을 완성했다고 해야 마땅할 것이다. 개혁파 교리들을 해설함에 있어서는 바빙크와 베르까워가 정리해준 자료들을 많이 참고하였다는 점도 분명하게 확인할 수가 있다.

그럼에도 불구하고 죽산이 강조하는 신학과 신학의 핵심은 청교도 개혁주의라는데 있다. 이는 한편으로 개혁주의 신학의 학습과 전승에 강조를 두면서, 다른 한편에서는 실천적인 전도와 경건생활도 강조한다는 조화를 가지고 있다. 이러한 특징은 죽산의 신학 수업 이전 선교사들의 영향하에 신앙이 형성되고 훈련되던 시기부터 자신의 것으로 흡수한 특징들이라고 할 수가 있다. 그가 신성중학교와 숭실전문에 재학 중일 때에 이미 선교사 교수들의 영향 아래에 성경의 권위를 굳세게 믿고, 경건 생활 훈련에 치중하고, 주일의 안식일적 성수, 개인 전도의 실천 등에 힘썼던 것을 우리는 확인할 수가 있기 때문이다. 또한, 죽산이 청교도 개혁주의의 주요 특징 중 한 가지로 강조했던 요소는 역사적 전천년설인데, 이 또한 후대의 신학연구를 통해 강화된 것이기는 하지만, 그 뿌리는 이미 선교사들로부터 배운 전천년설적인 신앙에 있다는 것을 우리는 말하지 않을 수가 없다.

그렇다면 죽산에게서 확인하고 배우게 되는 장로교 신학의 정체성이 무엇일까? 먼저는 죽산이 강조한 대로 성경의 영감과 무오성에 대한 근본적인 신앙이라고 할 수가 있다. 그리고 그 근거 위에서 영미권과 유럽권의 개혁주의 표준문서들에 뿌리를 내리고(강조점은 보다 더 웨스트민스터 표준문서에 주어지지만), 주요 개혁신학자들의 저술들을 통하여 풍성한 신학 해설들을 배우려고 하는 자세라고 할 수가 있다. 죽산의 교의 신학을 읽어보면 죽산은 매 교리들을 해설함에 있어 치우침이 없이 공교회적이면서도 개혁파적인 정통을 따르고 있음을 보게 된다. 오늘날 수 많은 비정통적인 이해나 치우친 해석들이 난무한 상황을 볼 때에 우리는 죽산이 근면성실하게 개혁파 신학을 추구했던 신학함의 자세를 다시금 주목해 보아야 한다고 생각한다. 역사적 개혁주의를 표방하는 장로교 교단들 안에서 조차도 자신들이 목사 안수시 서약했던 웨스트민스터 표준문서의 해설을 따라 가르치겠다는 서약을 저버리고 표준문서를 허물려고 하는 이들도 있는데, 적어도 자신의 교단이 표준으로 받아들인 신앙 고백 문서들에 대해 존중하여 연구하고 적용하는 태도를 견지하는 것이 마땅하다고 생각된다.[106] 뿐만 아니라 죽산이 말하는 신학은 지적인 유희에 그치는 지적 정통주의가 아니라 경건의 실천(praxis pietatis)을 강조하는 균형잡힌 청교도 개혁주의였음을 우리는 유념해서 보아야 한다. 오늘날 신학과 영성(혹은 경건) 중에 한 쪽으로 치우친 사역자들과 신자들이 많은 시점에서 신학과 경건의 균형을 강조한 죽산의 강조점은 또 하나의 중요한 귀감이 된다고 생각한다(*).

---

[106] 개혁주의 신앙고백서의 기능과 현대적 적용 문제에 관해서는 김영한, "신앙고백서의 현재적 의의와 적용 – 개혁교회의 관점에서," 「조직신학연구」 25 (2016): 118-150을 보라.

참고문헌

『고신의 인물과 신학 사상』. 서울: 영문, 1996.

김광열. "죽산 박형룡의 구원론 연구 - 성령론과 성화론을 중심으로."「조직신학연구」 25 (2016): 44-83.

김길성. "박형룡 박사의 신학에 대한 이해와 평가."「신학지남」 71/4 (2004): 100-117.

김상근. "1907년 평양 대부흥 운동과 알미니안 칼빈주의의 태동."「한국기독교신학논총」 46/1 [2006]: 383-410.

김영한. "신앙고백서의 현재적 의의와 적용 - 개혁교회의 관점에서."「조직신학연구」 25 (2016): 118-150.

대한예수교장로회(예장합동).『헌법 개정판』. 서울: 대한예수교장로회총회, 2020.

박아론. 박아론, "한국 교회의 신학적 전통."「신학지남」 43/3 (1976): 8-10.

_____. "총신의 신학적 전통: 박형룡의 신학을 중심하여." 58/3 (1991): 44-68.

_____. "합동측 장로교회의 신학."「신학지남」 58/4 (1991): 4-7.

_____. "총신의 신학 전통과 나의 신학."「신학지남」, 241(1994): 15-23.

_____.『세월 따라 신학 따라』. 서울: 기독교연합신문사, 2002.

_____.『나의 아버지 박형룡』. 서울: 대한예수교장로회총회, 2014.

박용규.『한국장로교사상사』. 서울: 총신대학출판부, 1992.

_____.『평양 대부흥 운동』. 서울: 생명의말씀사, 2003.

_____.『한국기독교회사1-3』. 서울: 한국기독교사연구소, 2004-2018.

박용규 편.『죽산 박형룡 박사의 생애와 사상』. 서울: 총신대학출판부, 1996.

박형룡.『기독교 근대 신학 난제 선평』. 평양: 장로회신학교, 1935.

_____.『교의 신학』. 전7권. 서울: 은성문화사, 1964-1973.

_____.『기독교 현대 신학 난제 선평』. 서울: 은성문화사, 1975.

_____. "한국장로교회의 신학적 전통."「신학지남」 43/3 (1976): 11-22.

_____.『박형룡 박사 저작전집』. 전20권. 서울: 한국기독교교육연구원, 1977-1983.

"박형룡 신학의 평가(토론 정리)."「신학 사상」 25 (1979): 281-300.

방선영. "박형룡(朴亨龍)의 교회론에 영향을 끼친 신학자들에 관한 연구."「조직신학연구」14 (2011): 56-74.

신복윤. "박형룡 신학의 한국 보수신학사적 의의."「신학 사상」25 (1979): 221-240.

_____.『개혁주의 신학의 특성들』. 수원: 합신대학원출판부, 2007.

양낙흥.『한국장로교회사』. 서울: 생명의말씀사, 2008.

이상웅. "죽산 박형룡과 구례인의 천년기론에 대한 연구,"「개혁논총」38 (2016): 177-207.

_____. "죽산 박형룡의 행위 언약 이해에 대한 고찰."「조직신학연구」29 (2018): 142-177.

_____. "3. 1 운동 100주년에 즈음하여 다시 보는 박형룡 박사의 초기 생애 (1897-1923)."「신학지남」86/3 (2019) : 5-37.

_____. "박형룡 박사 기념도서관 명명(命名)의 의의와 과제."「신학지남」86/4 (2019): 235 -259.

_____. "죽산 박형룡의 경건한 생애와 경건 이해."「한국개혁신학」65 (2020): 148-184.

_____.『박형룡신학과 개혁신학 탐구』. 수정판. 서울: 솔로몬, 2021.

_____. "죽산 박형룡과 예장합동 교단."「신학지남」88/1 (2021): 71-93.

_____. "평양 장로회신학교의 종말론 전통."「한국개혁신학」70 (2021): 218-264.

_____. "해방 이전 한국 장로교 목회자들의 종말론."「조직신학연구」37 (2021): 94-122.

이종성. "박형룡과 한국 장로교회."「신학 사상」25 (1979): 241-264.

장동민.『박형룡의 신학 연구』. 서울: 한국기독교역사연구소, 1998.

_____.『박형룡-한국 보수신앙의 수호자』. 파주: 살림, 2006.

정규오.『신학적 입장에서 본 한국장로교회사(상), (하)』. 광주: 광신대학교출판부, 2014.

정성구 편집.『박형룡 박사 회고록』. 서울: 총신대학출판부, 2011.

_____.『나의 스승 박윤선』. 용인: 킹덤북스, 2018.

주재용. "한국 기독교 역사에 있어서의 박형룡의 위치."「신학 사상」25 (1979): 265-280.

한숭홍,『한국 신학 사상의 흐름(하)』[서울: 장로회신학대학교출판부, 1996.

허순길.『한국장로교회사』. 서울: 영문, 2008.
홍철. "성경관의 비교 연구: 박형룡과 김재준을 중심으로."「조직신학연구」 27 (2017): 226-254.

Brown, Arthur J. *The Mastery of the Far East*. New York: Scribners, 1919.
Chang, Dong Min. "A Theological Biography of Hyung Nong Park (1897-1978). Ph. D. Dissertation. Westminster Theological Seminary, 1998.
Kim, Kil-sung. "Dr. Hyung-nong Park's Theology of Last Things." *Chongshin Theological Journal* 1/2 (1996): 72-89.
Park, Yong Kyu. "Korean Presbyterianism and Biblical Authority." Ph. D. Dissertation. Trinity Evangelical Divinity School, 1991.
Veenhof, Jan. "A History of Theology and Spirituality in the Dutch Reformed Churches (Gereformeerde Kerken), 1892-1992." *Calvin Theological Journal* 28/2 (1993): 266-297.

4
송암 김길성의 생애와 신학적 관심사들
− 하나님·성경·교회 중심의 신학과 삶 −[1]

I. 들어가는 말

"하나님·성경·교회중심의 신학과 삶"(The Theology and Life Centered on God, the Bible and the Church). 이러한 타이틀은 전 개혁신학회 회장이자 총신대학교 신학대학원 조직신학 교수이셨던 송암 김길성 박사의 정년퇴임 기념논총을 준비하면서 필자가 은퇴 논총의 제목을 무엇으로 하면 좋겠느냐고 문의하였을 때에 교수님께서 심사숙고 끝에 정해 준 것이다.[2] 하나님 중심적이고, 성경 중심적이며, 그리고 교회 중심적인 신학과 삶이란 송암이 어린 시절부터 장로교 목회자였던 아버지로부터 배웠고, 총신에서의 신학수업을 통하여 확립하였으며, 미국 유학을 통하여 재확인하고 보강하게 되었던 바 개혁주의의 요강(要綱)이라고 할 수가 있다. 또한 오랜 미국 유학생활을 끝내고 모교로 돌아와서 22년 동안 조직신학을 가르치면서 송암을 지배했던 중심 사상이기도 했다.[3] 송암은 1992년 가을학기부터 시작해서 2014년 8월까지 짧

---

[1] 본 장에 실린 글은 김길성 교수 정년 퇴임 기념호로 간행된 「개혁논총」 30 (2014): 17-64에 처음 공표된 글임을 밝힌다.

[2] 이상웅 편, 『송암 김길성 박사 정년퇴임 기념논총-하나님, 성경 그리고 교회중심의 신학과 삶』 (용인: 목양, 2014).

[3] 송암은 "조직신학 교육의 현재와 미래"라는 글에서 성경에 정통한 설교자라도 조직신학이 왜 필요한가를 설명하는 중에 "설교자가 개혁주의 정통신학의 원리에 따라, 하나님 중심, 성경 중심, 교회 중심이 되어야 하는 까닭이 여기에 있다. 설교자는 자기에게 주어진

다면 짧고 길다면 길다고 할 수 있는 세월 동안 여러 가지 면에서 공적인 활동을 해왔으며 그 결과 두드러지게 많은 결실을 맺었다. 교수로서 제자들을 육성하는 일, 개혁신학을 밝혀 논구한 여러 저작들과 수십 편에 이르는 논문들, 수 많은 논문들을 지도하는 일과 나아가서는 한국복음주의신학회와 개혁신학회 임원으로 학회 발전에 이바지하였다. 뿐만 아니라 자신이 속한 총신대학교의 발전을 위해서 처, 실장을 비롯하여 신대원장 및 부총장, 통합대학원장 및 부총장 등의 보직을 맡아 수고했고, 2013년 후반기 몇 개월 동안은 총장직무대행의 임무를 수행하기도 했다.[4]

필자는 본 장을 통해 송암 김길성 박사의 생애와 신학적 관심사를 개략적으로 소개해 보려고 한다. 그러한 목표를 성취하기 위하여 필자는 송암이 저술했던 저서들과 논문들 뿐 아니라 관련된 자료들을 중심으로 삼아 최대한 객관적으로 제시해 보려고 노력할 것이다.[5] 그러나 생애나 공적 활동상을 다루기 위해서 때때로 송암과의 개인적인 대화를 통해서 얻게 된 정보들도 참고하였음 밝혀둔다. 이제 본문에서 논의하게 될 단계를 먼저 밝히려고 한다. 우선 송암의 신학의 배경이 되는 생애를 다루되 준비 내지는 배움의 과정(II)과 귀국 후에 현재까지의 공적인 활동 내지는 공적 활동 시기(III)로 양분해서 다루고, 마지막으로 송암이 관심을 기울여 왔던 신학적인 관심사들(IV)을 간략하게 정리하여

모든 것을 사용하되, 사람의 존재의 최고의 목적, 곧 하나님의 영광을 위해 사용해야 한다"라고 설술한다. 이 글은 『21세기 총신: 그 신학과 교육의 전망』 (서울: 총신대학교 출판부, 1998)에 처음 실렸으나 인용은 김길성, 『개혁신앙과 교회』 (서울: 총신대학교 출판부, 2001), 236에서 함.

4 학교당국은 송암을 국무총리표창 후보로 추천하면서 "약 26년을 교원으로 봉직하며 각종 보직과 총장직무대행직을 역임하여 학교의 발전에 공헌하고 개혁신학 사상의 다수의 책을 출간함으로 후진양성에 기여함"이라는 사유를 밝힌 바 있다. 송암은 1980-1981년 어간에 총신대학교에서 시간강사를 역임했고, 고등학교 영어교사를 지낸 바도 있어서 교원 26년간이라고 언급한 것이다.

5 김길성 박사의 논저목록은 이상웅 편, 『하나님, 성경 그리고 교회중심의 신학과 삶』, 32-38을 참고하라.

소개하는 순서로 논의를 전개하려고 한다. 지면의 제한상 송암의 신학 세계를 세밀하게 소개하는 일은 다음 기회로 미루고자 한다.[6]

II. 송암 김길성 박사의 성장과 배움의 과정(1949-1992)

우리가 한 사람의 신학자나 사상가를 이해하기 위해서는 그 사람의 전기적인 요소를 어느 정도 명확하게 알 필요성이 있다. 유명한 개혁신학자 헤르만 바빙크 스스로도 "우리의 생각은 우리의 존재에 근거한다. 행위는 존재[됨됨이]에 뒤따른다(쇼펜하우어). 사람이 선택한 어떤 철학은 그가 어떤 사람인가에 달려 있다. 우리의 사고 체계는 자주 우리 마음의 역사일 뿐이다(피히테)"라는 말들을 한 적이 있다.[7] 송암 김길성 박사의 경우도 예외가 아닐 것이다. 본 항목에서는 그의 신학자로서의 형성과정을 먼저 살펴보려고 한다.

1. 송암의 성장배경과 총신에서의 수학 과정

송암은 1949년 7월 1일에 경남 통영시(옛 충무시) 도천동 298번지에서 장로교 목사인 김용기(金容器) 목사의 장남으로 출생했다. 부친은 경남노회에 속한 여러 도서 지역에서 목회를 하되 주로 작고 어려운 교회들을 섬기며 간난신고(艱難辛苦)를 많이 겪은 분이었다. 그러나 어린 시절부터 송암은 부친에 의해서 철저한 신앙교육을 받고 자랐다는 점을

---

[6] 본 장에 실린 글외에도 김길성 교수 정년퇴임 기념으로 간행된 「신학지남」 특집호에 실린 필자의 "송암 김길성교수의 삶과 신학세계," 「신학지남」 320 (2014): 29-62를 참고하라.

[7] Herman Bavinck, *Gereformeerde Dogmatiek*, 2de ed. (Kampen: Kok, 1906), 1:337: "Ons denken wortelt in ons zijn. Operari sequitur esse (Schopenhauer). Was für eine Philosophie man wähle, hängt davon ab, was für ein Mensch ist. Unser Denksystem ist oft nur die Geschichte unseres Herzens(Fichte)."

고백하기를 주저하지 않는다. 송암은 부친 김용기목사에 대해서 이렇게 자술한 적이 있다:

> 사실, 총신이 남산에 있던 시절에 신학을 하신 아버님(김용기목사)은 박형룡 박사 밑에서 역사적 개혁주의, 정통 칼빈주의 신학을 배우셨고, 이 때문에 목사의 아들로서 필자의 신학과 신앙의 골격은 매우 일찍부터 자리 잡게 되었다고 해도 과언이 아닐 것이다.[8]

그리고 부친이 소장하여 남긴 박형룡 박사 교의신학 등사본들을 살펴보거나 목사로서 경남지역 성경학교에서 강의했던 육필 원고를 볼 때에 김용기 목사는 송암이 지적한대로 "역사적 개혁주의 혹은 정통 칼빈주의 신학"을 따라 평생을 사역했다는 점을 확인할 수 있고, 이러한 신학전통은 어린 시절부터 송암의 의식세계에 또렷이 각인되어졌음을 알수가 있다.[9] 송암은 자신이 10세일 때에 발생했던 합동과 통합의 분열 사건을 기억하고 있기도 하다.[10]

송암은 부친의 목회 아래 신앙훈련을 잘 받고 자랐을 뿐 아니라 학업에도 열중하여 고려대학교 영어영문학과에 진학하게 되었다. 송암은 장남이어도 집안 형편이 어려웠기 때문에 서울에서 힘겹게 고학을 해야만 했지만 학교 공부에 열중하고 객지에서의 신앙생활도 성실하게 하였다. 대학을 졸업한 후에 송암은 동 대학원 영어영문학과에 진학

---

8 김길성, 『개혁신학과 교회』(서울: 총신대출판부, 1996), 4.
9 김요나, 『총신 90년사』(서울: 양문, 1991), 915에 의하면 김용기목사는 총신 52회(1958년)로 졸업하였다. 김용기목사는 목회에서 은퇴한 후에 미도 필라델피아에서 거주하다가 소천했다. 송암의 서재에는 부친이 신학교시절 사용했던 여러 등사본 교안들을 간직하고 있고, 성경학교에서 강의했던 육필 두루마리 강의안을 보관하고 있다. 필자는 송암의 허락하에 이러한 자료들을 관찰해 볼 수가 있었다.
10 박민균, "인터뷰/ 정년퇴임하는 총신 김길성 교수," 「기독신문」 1964호 (2014년 5월 38일), 16면.

하여 영시 전공을 하여 석사학위를 취득하기에 이른다. 송암은 대학교에 재학중일 때에도 항상 성실하고 최선을 다하는 삶을 살았기 때문에 졸업시에 성적 최우수자에게 주는 금메달을 수여받기도 했다. 그리고 학교내 영자신문을 편집하는 일에도 참여 하였다. 송암은 사석에서 대화하는 가운데 미국 시인이자 문학평론가인 에즈라 파운드(Ezra Weston Loomis Pound, 1885-1972)에 대해 여러 차례 설명해 준적도 있다.[11] 그렇게 수 년 동안 열성적으로 영어와 영시를 공부한 덕분에 후일 신학공부나 유학생활 중에 크게 유익을 누렸고, 그리고 총신신학연구원에 재학중일 때는 총신에서 영어강사 직도 수행할 수 있게 되었다(1979-1980).[12]

송암은 계속해서 영시를 전공해서 영문학자가 될 것을 권하는 영문학과 교수들의 만류를 뿌리치고, 신학에 대한 소명을 따라 부친이 졸업한 총신대학교 신학연구원(= 현 총신대학교 신학대학원)에 입학하게 되었다. 송암이 입학하던 해는 1978년 봄이었다. 당시 총신의 규모는 현재와 같이 그렇게 크지 못했고, 교단분열과 신학교 분열이라는 감내하기 힘든 일들이 송암의 재학 기간 중에 발생하게 되었다. 그러나 송암은 자신에게 주어진 배움의 자리에서 개혁신학을 배우고 연마하는데 최선을 다했다. 당시 총신에는 박윤선 박사, 차영배 교수, 박아론 교수, 신복윤 교수, 박형용 교수, 윤영탁 교수, 김명혁 교수, 최낙재 교수 등이 교수로 재직하고 있었다.[13] 그러나 앞서도 지적했듯이 송암이 총신에 재학했던 1978-1980년 어간은 학교 역사상 격동의 소용돌이 속에 빠진 어려운 시기였다. 1978년 비주류측이 총회를 이탈하여 개혁교단을 세웠고, 1979년에는 합동신학교가 분리되어 나가는 설상가상의 위기를 총신은

---

[11] 에즈라 파운드에 대해 간단한 소개는 http://en.wikipedia.org/wiki/Ezra_Pound 에서 읽을수 있다.
[12] 김길성,『총신의 신학 전통』(서울: 총신대학교출판부, 2013), 5.
[13] 송암이 재학중이던 시기 총회에 보고된 총신의 상황들은 김요나,『총신 90년사』, 822-838을 보라.

겪어야 했다.**14**

　이와 같은 갈등과 분열의 격랑속에서 수 많은 학우들이 총신을 떠나갔지만 송암은 그와 같이 어려운 시기에도 외견하지 아니하고 학교를 정상화하고 교단을 지키기 위해 자기가 할 수 있는 일에 최선을 다했다.**15** 당시의 동급생이었던 권호덕 박사(전 성경신학대학원대학교 총장)의 증언을 들어보면 우리는 당시의 상황과 송암의 그러한 노력을 확인해 볼 수가 있다.

> 내가 처음으로 김길성 박사를 만난 것은 1978년 3월 총신대 신대원(당시 신학연구원)에 입학하고서였다. 여러 대학 출신들이 모여서 함께 공부를 한다는 것은 다소 마음의 흥분을 일으켰다. 상당히 희망을 가지고 신학을 공부하게 되었으나 교단 지도자들 문제로 학교 분위기는 사뭇 긴장된 상태를 유지했다. 우리 동기생들의 출신이 다양한 만큼 의견도 다양했다. 모두가 유능한 사람들인 것 같았다. 나는 반 친구들이 허심탄회하게 자기 주장을 허물없이 말하는 것이 보기 좋았다.
>
> 2학년이 되었을 때 김길성 박사는 반장으로 봉사하게 되었다. 그때 학교 문제로 상당히 동기생들의 마음들이 갈려져 있었다. 김박사는 이런 동기들을 하나로 묶으려고 많은 노력을 하는 것을 보았다. 그에게는 별 다른 생각없이 모두가 하나되기를 바랐고 이를 위해 많은 노력을 했던 것 같다. 그 이후 학교 문제는 점점 복잡하게 꼬이어 우리는 정상적으로 공부할 수도 없었고 동기로서 한 자리에서 의견을 나누는 일도 할 수 있는 기회가 없었다. 결국 동기생들은 총신과 합신으로 나누어지는 불행을 겪게 되었다.**16**

---

14 이 분열의 역사에 대해서는 김요나, 『총신 90년사』, 472-516과 100년사편찬위원회 편, 『총신대학교 100년사』 중3권 (서울: 총신대학교출판부, 2003), 1:716-765 등을 보라.

15 박민균, "인터뷰/ 정년퇴임하는 총신 김길성 교수," 16면.

16 권호덕, "축사," 『하나님, 성경 그리고 교회중심의 신학과 삶』, 16.

결과적으로 송암이 신학연구원 2학년에 재학중였던 1979년에 정규오 목사 등이 이끄는 비주류측이 분열해 나갔고(2005년에 다시 합동과 교단 통합이 됨), 3학년이던 1980년에는 박윤선박사를 비롯한 젊은 교수들 중심으로 총신을 떠나 합신을 세우게 됨으로 신학교와 교단이 분열되기에 이른다. 그런 와중에서도 송암은 부친의 모교이기도 했던 총신에 남아 공부를 마무리하고 1981년 초에 졸업을 하게 된다. 그리고 총신 2학년에 재학중이던 1979년에 송암은 친구 전도사의 소개로 정문호 목사(당시 신용산교회 담임목사이자 유명한 부흥사)의 장녀 정진숙사모와 결혼하게 된다. 송암은 장인이었던 정문호 목사에게서도 깊은 영향을 받게 된다. 정목사는 박형룡 박사를 누구보다도 존경하고 그의 신학사상을 계승 보급하기 위해 특심한 열심을 가진 분이었다. 1977년에 간행되기 시작하여 20권으로 완간된 『박형룡 박사 저작전집』의 출간위원장의 역을 수행한 이도 바로 정문호 목사였다.[17] 송암은 1996년에 쓴 글속에서 장인어른에 대한 감사를 이렇게 표현한 바 있다:

> 그러나, 더욱 감사한 것은, 필자의 신앙의 여정 속에서 지울 수 없는 영향을 끼친 또 한 분을 말할 수 있게 된 사실이다. 결혼후로 오늘까지 신앙의 대들보로 든든하게 서 주신 장인어른(정문호목사)을 말하지 않을 수 없다. 장인어른은 부산 피난 시절 박윤선목사님 밑에서 7년 동안을 수학하신

---

[17] 정문호목사는 "박형룡 박사님의 교훈과 그 저작전집을 생각하며,"『죽산 박형룡 박사의 생애와 신학』, 박용규 편 (서울: 총신대출판부, 1996): 195-208와 "위대한 스승 박형룡 박사,"『나의 아버지 박형룡』, 박아론 저 (서울: 대한예수교장로회총회, 2014): 407-411 등을 통해서 자신과 박형룡 박사의 관계에 대해서 회고하고 있다. 그리고 저작전집의 서문들에서도 스승 박형룡 박사에 대한 존경심을 분명하게 표현하고 있다(『박형룡 박사 저작전집 I- 신학서론』 [서울: 한국기독교교육연구원, 1988], 간행사). 특히 그가 쓴 두 편의 회고록에는 1972년 총신대학을 은퇴한 후 만년의 죽산 박형룡 박사의 삶에 대한 편린을 볼 수가 있는 중요한 자료이다. 그리고 정문호목사의 저술들은『정문호목사저작전집』, 전 9권 (서울: 갈릴리, 2001)으로 간행된 적이 있다.

목사님이시다.[18]

그리고 이어지는 글 가운데 부친과 장인을 통해서 전수받게 된 박형룡 박사와 박윤선박사의 신학 전통에 대해서 감사하는 마음으로 회고하는 것을 발견하게 된다:

> 두 분의 아버님이 대한예수교 장로회총회 합동교단의 목사이신 것도 기쁜 일이지만, 두 분의 신학과 신앙의 뿌리가 한국장로교회의 양대 산맥을 이룬 스승들 밑에서 형성되었다는 것 자체가 필자에게는 더 없는 복이요, 유산이라고 생각된다.[19]

2. 송암의 미국 유학 시절(1981-1992).

(1) 트리니티신학교 유학시절

두 차례에 걸친 교단 분열과 그에 따른 신학교의 분열이라고 하는 소용돌이 속에서도 자신이 자란 예장합동 교단에 남아서 총신을 졸업한 송암은 신학을 더 깊고 넓게 연마하기 위해서 1981년 8월에 도미 유학을 떠나게 된다. 송암은 처음에는 시카고 근교 디어필드에 소재한 트리니티신학교(Trinity Evangelical Divinity School)에 입학하여 신약신학을 공부하기 시작했다. 원래는 조직신학을 공부하고 싶어했던 송암에게 박윤선 박사는 먼저 신약학을 공부하라고 권면하였기 때문이다.[20] 송암의 회고에 의하면 트리니티신학교는 당시까지 한국에 잘 알려진 신학교가 아니었기 때문에 유학생도 몇 명 되지 않았다.[21] 송암은 신약학의

---

18 김길성,『개혁신학과 교회』, 4.
19 김길성,『개혁신학과 교회』, 4.
20 김길성, "신약신학의 대들보, 월터 라이펠트 교수,"『월간목회』(2013년 6월호), 65.
21 김길성, "신약신학의 대들보, 월터 라이펠트 교수," 64.

주임교수였던 월터 라이펠트(Walter L. Liefeld) 교수의 지도에 따라 구약과 신약 과목들을 이수하게 된다. 라이펠트 교수, 더글러스 무(Douglas Moo) 교수, 그랜트 오스본(Grant Osborne), D. A. 카아슨(Douglas Carson) 교수 등에게서 신약학을 배우는 한편, 글리슨 아처(Gleason Archer), 월터 카이저 2세(Walter Kaiser Jr.) 등에게서 구약학을 배울 수가 있었다. 당시 트리니티신학교에는 모세 실바(Moises Silvas) 교수와 토머스 매코미스키(Thomas McComiskey) 교수도 재직하고 있었다. 그러하기에 송암이 트리니티 유학시절을 회상하는 가운데 자신은 '행운아'였다고 고백하면서, 그 이유로서 "신약과 구약 분야의 당대 최고의 교수들을 한꺼번에 만났고, 직접 수업을 듣는 행복을 누렸다"라고 말하는 것은 당연지사일 것이다.²²

송암은 앞서 소개한 라이펠트 교수의 지도하에 바울 서신 가운데 난해하기로 유명한 "로마서 7장 14-25절과 성화의 교리"라는 주제로 신학석사논문을 써서 Th. M. 학위를 취득하게 된다.²³ 송암은 로마서 7장 14-25절이 그리스도인의 "성화 교리와 관련하여 매우 중요한 구절임이 분명"하다는 점을 절감하면서 논문을 시작하고 있다.²⁴ 송암은 로마서 7장 본문에서 말해지는 "나"(I)가 누구이냐에 대한 질문에 대해 주어진 세 가지 해석 가능성(중생자, 비중생자, 중간해석)을 설명하고, 본문의 주석사를 고찰하는 일에 주의를 기울인다.²⁵ 그러고나서 송암은 로마서 7장 14-25절의 본문에 대해 주해 작업을 진행하되 구속사적인 성경

---

22 김길성, "신약신학의 대들보, 월터 라이펠트 교수," 66.
23 송암이 작성했던 신학석사논문의 내용은 귀국후에 "로마서 7:14-25절과 성화의 교리 (I)," 「신학지남」 통권 제239호 (1994년 봄호): 119-37와 "로마서 7:14-25절과 성화의 교회(II)," 「신학지남」 통권 제240호 (1994년 여름호): 112-27 등으로 번역 소개하고, 후에 『개혁신학과 교회』 (서울: 총신대학교출판부, 1998), 243-282에 재수록했다.
24 김길성, "로마서 7:14-25절과 성화의 교리(I),"『개혁신학과 교회』, 244.
25 김길성, "로마서 7:14-25절과 성화의 교리(I),"『개혁신학과 교회』, 246-264.

해석법에 중점을 두고 전개해나간다.²⁶ 송암의 주석학적 연구의 결론에 의하면 로마서 7장 14-25절은 중생자의 체험을 반영하되 죄와 대항하여 싸워야 하는 신자들에게 '위로와 소망과 격려의 원천'이 되는 본문이라고 하는 것이다.²⁷

송암이 재학중이던 시절의 트리니티신학교에는 아직 박사과정이 개설되지 않았기 때문에, 박사학위 과정 공부를 위해 송암은 트리니티신학교를 떠나서 필라델피아 소재 웨스트민스터신학교로 옮겨 가게 되지만, 그가 트리니티에서 쌓은 신약학과 구약학 연구는 이후의 신학수업 과정이나 후일에 귀국하여 신학활동을 하는데 있어서 큰 자원이 되었다. 필자가 보기에 안명준 교수는 이점에 대해서 정확하게 파악을 하고 있다고 보여진다

> 교회론 연구의 권위자로서 그는 항상 성경적 역사적 개혁신학적 관점에서 분석 연구되어지는 특징이 있다. 그의 신학적 장점은 원어에 대한 깊은 의미를 파헤치고 본문에 대한 주석을 통하여 얻어진 성경신학적 결과를 조직화하는데 있다.²⁸

그리고 송암의 트리니티신학교 유학 시절에 주목해야 하는 두 가지 점이 있는데, 하나는 후일 모교로 돌아와서 교수로 재직하는 기간 동안에도 늘 그러하였듯이, 송암은 트리니티신학교 유학시절에도 일주일에

---

26 김길성, "로마서 7:14-25절과 성화의 교리(II),"『개혁신학과 교회』, 265-279.
27 김길성, "로마서 7:14-25절과 성화의 교리(II),"『개혁신학과 교회』, 279-282.
28 안명준, "한국의 정통 개혁신학자," 19. 안교수가 지적하는 이러한 특징들을 다음과 같은 송암의 논문들에서 확인해 볼 수가 있다: "개혁주의 성령론 고찰."「신학지남」통권 254호 (1998년 봄호): 249-280; "개혁주의 성령론 고찰(II)."「신학지남」통권 제255호 (1998년 여름호): 133-241; "성경전서 표준새번역에 대한 신학적 검토." 신학지남 제 275호 (2003년 여름호): 198-224; "한글성경 번역을 위한 몇 가지 신학적 고려."「기독교와 어문학」제2권 1호 (2005년): 12-47.

네 번 모이는 채플에 빠지지 아니하고 성실하게 참석하면서 많은 감화를 받고 훈련을 받았다는 것이다. 그리고 또 하나는 송암과 정진숙 사모는 유학기간 내내 스스로 경제적인 필요를 충당하기 위해서 애쓰고 힘쓸 수밖에 없었다는 점이다. 트리니티시절 송암은 '한인교회 사찰 겸 부교역자'로 사역했고, 정사모는 돼지 가방(Piggy Bag)을 바느질하여 만드는 일을 하여 매주 조금씩 송암의 등록금을 갚아나가야 했을 정도로 고학을 하였다.[29]

2. 웨스트민스터신학교 유학시절

그렇게 고학을 하여 트리니티신학교에서의 신학석사 과정을 성공적으로 마친 송암은 이어서 성경해석학 박사과정이 개설되어 있던 웨스트민스터신학교(Westminster Theological Seminary in Philadelphia)로 학교를 옮겨서 박사과정을 시작하게 된다. 웨스트민스터는 송암이 평생동안 존경하는 신학적 스승들인 박형룡 박사와 박윤선 박사의 스승인 존 그레샴 메이첸(John Gresham Machen, 1881-1937)이 핫지 부자와 워필드의 신학전통을 포기한 프린스턴에서 나와 1929년에 설립한 학교였다.[30] 송

---

[29] 김길성, "신약신학의 대들보, 월터 라이펠트 교수," 67.
[30] 웨스트민스터신학교의 전체 역사를 다룬 단행본이나 박사논문을 찾아보기 어렵다. 웨스트민스터신학대학원 한국 총동문회 편, 『웨스트민스터 역사와 신학』 (서울: 필그림, 2010)은 그런 점에서 귀한 자료원이다. 메이첸의 신학교개교 연설문을 비롯하여 여러 교수진들에 대한 소개와 한국교회와의 연관성에 대해서 다루고 있다. 그리고 메이첸, 반틸, 존 머리 등의 전기들이나 여러 교수들의 은퇴논총에 실린 글들을 통해서 간접적으로 신학교 역사를 확인해 볼수도 있을 것이다. 그리고 다음의 자료들이 있으나 본 장에서는 참고하지 못했다: Mark W. Kalberg, *The Changing of the Guard: Westminster Theological Seminary in Philadelphia* (The Trinity Foundation 2001); David VanDrunen, *The Pattern of Sound Doctrine: Systematic Theology at the Westminster Seminaries* (Philippsburg: P & R Publishing, 2004); Mark Karlberg, *Federalism and the Westminster Tradition* (Eugene: Wipf and Stock, 2006); Jeon Jeong Koo, *Covenant Theology and Justification by Faith: The Shepherd Controversy and Its Impacts* (Eugene: Wipf and Stock, 2006).

암이 웨스트민스터에서 박사과정을 시작했을 때(1984년)에는 아직 조직신학 분과 박사과정은 열리지 않은 때였기 때문에 조직신학 전공을 선택할 수가 없었다. 그래서 송암은 2년여에 걸쳐 성경해석학 전공으로 박사과정을 이수하게 되었다(1984-1986). 이 과정 동안 송암이 어떤 공부를 하였는지에 대해서 자신의 말로 확인해 보기로 하자:

> 트리니티 복음주의신학교에서 Th. M. 학위를 받고 바로 필라델피아 웨스트민스터신학교로 와서 성경해석학 과정에서 지도 교수인 개핀(Professor Richard B. Gaffin Jr.) 교수님을 통해 구속역사적 관점의 중요성을 배우고, 다시 만난 실바 교수를 통해 구약원전과 LXX, 그리고 신약성경으로 이어지는 성경 원문에 대한 이해의 폭을 넓혔고, 포이스레스(Professor Vern Poythress) 교수를 통해 개혁주의 성경해석학과 성경해석학의 다양한 신학적 모델들을 배우게 되었다.³¹

당시 성경해석학 전공으로 박사과정을 진행했던 이들 가운데는 김정우 교수(구약)와 권성수 교수(신약)도 있었다. 송암이 성경해석학 박사과정을 다 이수한 후에, 조직신학 전공의 박사과정이 웨스트민스터신학교에 개설되게 되었다. 이미 박사과정을 다 마쳤음에도 불구하고 송암은 1987년에 조직신학으로 전과하여 다시금 코스 웍(course work)을 이수하게 된다. 그만큼 송암에게는 개혁주의 조직신학을 공부하고 싶은 열망이 컸던 것이다. 하지만 그렇게 함으로 그의 유학 기간은 더욱더 길어질 수 밖에 없게 되었다. 조직신학과 관련해서 그가 사사했던 교수들과 배웠던 과목들에 대해서는 역시 송암 자신의 말로 들어보기로 한다:

---

31 김길성, "신약신학의 대들보, 월터 라이펠트 교수," 67.

또한 퍼거슨(Professor Sinclair Ferguson) 교수를 통해 성화론을 배웠고, 반틸 교수님의 후계인 누슨(Professor Knudson) 교수님을 통해 현대신학에 대한 이해를 넓혔다. 당시 반틸(Professor Cornelius Van Til) 교수님은 이미 은퇴하여 가르치는 않고 예배에는 늘 참석하셨다. 가끔 특강을 하실 때는 인자하신 모습이 매우 단순하였으나 깊이가 있었다.[32]

송암은 조직신학 분과에서 요구하는 박사과정을 이수하고 종합시험을 치룬 후에 숙고 끝에 박사논문의 주제로서 "J. 그레샘 메이첸의 교회론"(J. Gresham Machen's Doctrine of the Church)을 선택하게 된다. 이러한 주제 선정은 사실 적지 않은 위험 부담을 안고서 이루어진 것이라고 송암은 말한다. 당시까지 메이첸에 대해서 영미권 학자들 조차도 논문을 많이 쓰지 않았던 시점이었는데 동양에서 온 신학생이 메이첸을 선택한다는 것도 부담스러운 일이었고, 또한 메이첸에 매우 비평적인 학자들이 그의 교회론을 분리주의적이라고 비난해 왔기 때문에 그의 교회론을 주제로 선택하여 박사논문을 쓴다는 것은 결코 쉬운 일이 아니었다는 것이다.[33] 그러나 송암은 메이첸의 교회론이라는 주제를 선택하여 1992년에 끝맺음하기까지 논문 연구와 작성에 심혈을 기울였고, 그의 논문 지도교수는 클레어 데이비스 교수(Professor Clair Davis)가 맡았다.[34] 그의 논문의 부지도 교수들로는 오랫동안 신약신학을 가르치다가 조직신학 교수로 전과한 리처드 개핀 교수와 윌리엄 바아커 교수(Professor

---

32 김길성, "신약신학의 대들보, 월터 라이펠트 교수," 67.
33 메이첸을 분리주의자라고 비평한 대표적인 학자는 Dallas Morgan Roark이다. 그의 박사논문 "J. Gresham Machen and His Desire To Maintain a Doctrinally True Presbyterian Church" (Ph. D. Diss. The University of Iowa, 1963)을 보라.
34 폴 울리의 후임자인 클레어 데이비스 교수에 대해서는 박웅규, "폴 울리의 역사신학과 웨스트민스터," 『웨스트민스터 역사와 신학』, 274와 각주 36에 소개된 Peter A. Lillback ed. *The Practical Calvinist: An Introduction to the Presbyterian and Reformed Heritage in Honor of Professor Clair Davis' Thirty Years at Westminster Theological Seminary* (Geanies House: Mentor, 2003)를 보라.

William Barker) 등이 맡았다.[35] 그리고 교외 심사위원으로는 역시 메이첸 전공자로서 휘튼대학에서 가르치고 있던 데릴 하트(Darryl Hart) 박사가 맡았다.[36]

이렇게 해서 송암은 고국을 떠나 미국으로 유학간지 만 11년 만에 조직신학 전공으로 박사학위를 취득하게 된다. 그러나 앞서도 언급했듯이 송암의 유학기간은 다른 염려는 모두 잊어버리고 오로지 공부에만 전념할 수 있었던 기간이 아니었다. 송암은 필라델피아로 옮겨온 후인 1984년에 산 순교자로 알려진 이인재 목사의 후임으로 새한장로교회 담임목사를 맡아서 몇 년간 사역하게 된다. 현재 평택대학의 안명준 교수와 총신대학의 김광열 교수 등이 당시에 부교역자로서 송암과 함께 새한교회에서 동역했다.[37] 그리고 송암은 1987년부터 영생장로교회(이용결목사시무)의 협동목사로 사역하며 논문 작성에 진력하는 한편, 정진숙사모는 남편의 박사공부를 뒷바라지하고 가정 살림을 꾸려나가기 위해 많은 힘든 일들을 하여야만 했다.[38] 그러한 과정을 잘 인내하고 마침내 목표하던 공부를 마칠수 있었기에 송암은 자신의 박사논문 감사의 글 초두에 로마서 8장 18절의 말씀("생각하건대 현재의 고난은 장차 우리에게 나타날 영광과 비교할 수 없도다.")을 기록하는 것을 보게 된다.[39] 당시 같은 학교에서 신학수업을 받았던 어떤 분이 들려준 이야기에 의하면 송암

---

35 Ezra Kilsung Kim, "J. Gresham Machen's Doctrine of the Church" (Ph. D. Diss. Westminster Theological Seminary, 1992), 인준지와 김길성, "신약신학의 대들보, 월터 라이펠트 교수," 67 등을 보라.
36 Darryl Glenn Hart, "'Doctor Fundamentalis': An Intellectual Biography of J. Gresham Machen, 1881-1937" (Ph. D. Diss. Johns Hopkins University, 1988).
37 안명준, "한국의 정통 개혁신학자,"『하나님, 성경 그리고 교회중심의 신학과 삶』, 18.
38 이상원, "교회를 사랑한 따뜻한 정통신학자― 김길성 교수님을 회고하면서,"『하나님, 성경 그리고 교회중심의 신학과 삶』, 27. 송암은 필자나 제자들 앞에서 자신의 미국 유학 시절 동안 정사모께서 얼마나 고생을 했는지를 회고하면서 감사를 표하곤 하던 것을 또렷이 기억한다.
39 Kim, "J. Gresham Machen's Doctrine of the Church," iv. 또한 아마도 재직기간 중 저술한 마지막 저서가 될『총신의 신학 전통』, 5쪽 서두도 보라.

은 자신이 웨스트민스터신학교에서 개혁주의신학을 공부하고 있다는 사실 자체를 기쁘게 생각하고 감사했다고 한다.

III. 총신의 교수로 지낸 송암의 공적활동 기간(1992-2014)

송암 김길성 박사는 1992년에 조직신학 박사학위를 취득하고 귀국하여 같은 해 가을 학기부터 모교인 총신대학교 신학대학원에서 가르치기 시작한다. 송암은 첫 학기에는 시간강사로서 "구 프린스턴 신학전통과 메이첸의 신학"이라는 선택과목을 가르쳤다. 1993년 초에 교수로 임용되어 박아론 교수, 차영배 교수, 서철원 교수, 최홍석 교수 등과 더불어서 조직신학을 가르치게 된다.[40] 송암은 2014년 8월 말에 이르기까지 만 22년을 조직신학교수로 사역하게 되는데, 이 기간 동안 송암이 감당하고 수행했던 여러 가지 공적 활동 분야에 대해서 몇 가지 영역으로 나누어서 살펴보려고 한다.

1. 조직신학 교수

송암이 중시했던 첫 번째 공적 사역은 조직신학 교수로서 학생들에게 강의하는 일과 석박사 과정의 학생들을 가르치는 일이었다. 송암은 2004년 가을 학기에 웨스트민스터신학교에서 안식학기를 보낸 이외에는 총 41학기를 가르치는 일에 매진했다.[41] 그리고 그 긴 세월 동안 송

---

[40] 송암이 박아론 교수와 서철원 교수의 신학사상에 대해서 쓴 글들은 『총신의 신학 전통』, 제6장과 제7장에 수록되어 있다.
[41] 2013년의 두 학기는 학교의 방침에 따라 학부 신학과 교수로 강의처를 변경하여 강의하였다.

암은 정말 다양한 과목들을 강의했다.⁴² 송암이 강의한 과목들은 조직신학 제분야에 걸쳐 있었다. 22년 동안 기회를 따라서 조직신학 7분과(seven loci, 즉, 서론, 신론, 인죄론, 기독론, 구원론, 교회론, 종말론 등) 모두를 강의할 수가 있었다. '기회를 따라'라고 표현한 이유는 과거 박형룡 박사처럼 7과목을 항상 다 가르쳤다는 의미가 아니라, 조직신학 분과의 상황에 따라 강의를 맡다 보니 재직 기간 동안 조직신학 7분과를 한 번 이상을 가르칠 수 있게 되었다는 의미이다. 송암은 교수 초기에는 구원론과 신론을 강의하였고, 1995년 이후에는 드디어 자신의 전공분야인 교회론도 가르칠 수 있게 되었다. 그리고 후반기에는 교회론, 신론, 종말론 등에 집중하여 가르치게 되었다. 그리고 총신에서의 마지막 학기는 신대원/ 신학원 1학년들에게 신학서론을 강의하였다. 그리고 뿐만 아니라 송암은 "메이첸의 신학," "변증학" "신조학," "현대신학," "Theological Readings I" 등의 과목들도 개설하여 강의하였다.⁴³

송암은 자신이 맡은 강의마다 존경하는 코넬리우스 반틸이 그러하였듯이 강의안(syllabus)을 성실하게 준비했다. 매학기가 시작되기 전 방학내내 송암은 학교 연구실에 출근하여 다음 학기 강의를 준비하곤 했다. 매년 반복되는 강의 과목이어도 새로운 자료들을 읽고 보충하는 작업을 계속하곤 했다. 그리고 송암의 강의안은 주로 존 칼빈, 찰스 핫지, 헤르만 바빙크, 루이스 벌코프, 박형룡 박사 등의 저술들을 근간으로 삼고 다양한 개혁주의 신학자들과 건전한 복음주의신학자들의 저술들에서 자료들을 원용하여 만들었다.⁴⁴ 따라서 송암은 올리버 버스웰

---

42 강의안 목록은 "송암 김길성 박사 약력과 논저 목록," 『하나님, 성경 그리고 교회중심의 신학과 삶』, 33-34을 참고하라.
43 조직신학 교과목들에 대한 소개는 김길성, "조직신학 교육의 현재와 미래," 『개혁신앙과 교회』, 226-232를 보라.
44 권호덕박사는 송암의 신학적 특징에 대해서 "또 그는 총신의 신학적인 맥을 이어가는 일의 중요성을 절감했던 것 같다. 그래서 그는 개혁신학 특히 구프린스턴 신학과 박형룡 박사 신학을 깊이 연구했고 그것을 후학들에게 전수하고 싶어했던 것이다"라고 바르게 논

(Oliver Buswell jr.), 로버트 레이몬드(Robert Reymond), 마이클 호튼(Michael Horton) 등과 같은 개혁주의 신학자들 뿐 아니라 밀라드 에릭슨(Millard Erickson)이나 웨인 그루뎀(Wayne Grudem)과 같은 복음주의 신학자들의 글들도 참고하였다.

그리고 총신의 조직신학 교수로서 활동한 송암의 업적을 평가할 때에 결코 빠트릴 수 없는 것은 제자들의 논문지도라고 할 것이다. 수 백편에 이르는 신대원/신학원 논문지도는 말할 것도 없거니와 신학석사 논문을 수십편 지도했고, 송암의 주 지도하에 총 10명의 박사학위(Ph. D.)를 취득한 제자들이 배출되었다.[45] 1996년 2월에 최초로 신학박사학위(Th. D.)를 수여하게 된 총신대학교에서(후에는 Ph. D. 학위로 전환됨) 송암은 지난 18년 동안 10명의 박사제자들을 길러내었다. 비교적 짧은 기간안에 적지 않은 박사 제자들을 송암은 길러낸 셈이다.[46] 송암은 자신이 사랑했던 역사적 개혁주의 혹은 청교도 개혁주의 전통에 속한 여러 주제들을 제자들이 연구 과제로 삼는 것을 좋아했다. 그리고 지도과정에서는 각자 성실하고 정직하게 자신의 길을 걸어갈 수 있도록 자유를 주었으며, 늘 긍정적으로 격려하는 말을 잊지 않았고, 그러면서도 수정사항을 분명하게 연필로 적어주곤 했다. 그렇게 함으로 박사제자들이

평했다(권호덕, "축사," 16).

[45] 류재룡, "개혁주의 관점에서 본 천국상급에 대한 연구"(2005); 김우정, "*Imitatio Christi*를 통해 본 John Calvin의 그리스도 중심적 영성 연구"(2006); 윤정식, "성령의 임함과 떠남에 관한 연구"(2007); 문홍선, "율법과 복음에 관한 '새 관점'(New perspective)에 대한 비판과 연구"(2008); 이순홍, "개혁주의 칭의와 성화의 관계 연구"(2008);『칭의와 성화: 구원의 두 기둥』[서울: CLC, 2010]으로 출간됨); 이상웅, "조나단 에드워즈의 성령론"(2008);『조나단 에드워즈의 성령론』[서울: 부흥과개혁사, 2009]으로 출간됨); 최성헌, "한국장로교회 신앙고백서 연구"(2010); 조형욱, "구프린스턴 신학의 종말론: 아치볼드 알렉산더부터 박형룡 박사까지"(2011);『프린스턴신학의 종말론』[서울: 히스토리앤러브, 2013]으로 출간); 이병일, "구프린스턴의 성경관연구"(2012). 그리고 최근에 중국에서 유학온 김원철목사가 "워치만 니의 인간론"라는 주제로 쓴 박사논문이 심사위원회에서 통과됨으로 송암은 10명의 Ph. D. 제자들을 길러내고 은퇴를 하였다.

[46] 송암의 지도하에 박사학위를 취득한 제자들의 논문 소개와 박사과정에 대한 회고는 이상웅 편,『하나님, 성경 그리고 교회중심의 신학과 삶』, 967-1014를 참고하기를 바란다.

시작한 논문을 끝까지 잘 마무리할 수 있도록 안내자와 든든한 울타리가 되어주었다.[47]

2. 송암의 저술 활동

송암이 학자로서 기여한 중요한 분야는 학술적인 저술과 논문을 저술하고 공표한 것이다. 그렇게 함으로서 송암은 역사적 개혁주의를 계승하고 발전시키는데 큰 기여를 해왔다. 총신연구원 시절의 은사였던 박형용 총장(웨스트딘스터신학대학원대학교)은 "깊은 물이 조용히 흐르듯 연구와 교수 사역에도 몰두하신 귀한 학자"라고 평가한 적이 있는데,[48] 송암은 자신이 사랑하는 역사적 개혁주의 전통을 천착하고 밝히는 몇 권의 저술들과 수십 편의 옥고를 저술 발표하셨다.

송암의 대표적인 저술로는 『개혁신학과 교회』,[49] 『개혁신앙과 교회』,[50] 그리고 『총신의 신학전통』 등이 있다.[51] 1996년 간행한 『개혁신학과 교회』에는 '교회 일치와 순결,' '장로교 표준문서에 대한 서약,'

---

[47] 그저 하나의 예로서 필자의 박사논문 감사의 글에 있는 송암에 대한 감사의 글을 인용해 보려고 한다: "무엇보다도 박사과정과 논문을 지도해 주셨던 김길성 교수님께 감사를 드립니다. 1992년 가을에 처음으로 교수님을 뵙게 된후 지금까지 교수님은 항상 제게 호의적이셨고, 신학함에 있어서 정통 개혁주의에 대한 애정을 길러 주셨고, 또한 학문에 있어서 저의 길을 거침없이 걸어갈 수 있도록 기회를 주셨습니다. 처음에는 "불가능한 가능성(unmögliche Möglichkeit)"에 동키호테처럼 도전하는 것이 아닐까 스스로 주저함이 있던 저였지만, 논문 지도 과정 동안에 교수님은 저에게 끊임없이 자신감을 불어 넣어 주셨고, 잘 마칠 수 있을 거라고 하는 굳은 신뢰를 표현해 주셨습니다. 그리고 사역에 있어서 큰 위기의 때였던 2006년 9월 어느 월요일 수업 시간에 교수님이 유학 시절 부터 애송하시던 로마서 8장 18절의 말씀을 읽어주셨을 때 지치고 곤했던 제 영혼이 깊은 위로를 받았던 기억이 아직도 생생합니다."(이상웅, "조나단 에드워즈의 성령론," i-ii).

[48] 박형용, "김길성 박사의 정년퇴임에 즈음하여," 『하나님 성경 그리고 교회중심의 신학과 삶』, 14.

[49] (서울: 총신대학교 출판부, 1996/ 개정판 2004, 2010).

[50] (서울: 총신대학교 출판부, 2001).

[51] (서울: 총신대학교 출판부, 2013).

'구프린스턴 신학전통의 연속성과 불연속성,' '프린스톤 신학교의 재편성과 종교다원주의의 수용,' '표준새번역 성경전서에 대한 신학적 검토,' '요한 칼빈의 성령론,' '칼빈주의 문화관,' '칼빈주의 이적관,' '성령의 사역,' '로마서 7:14-25과 성화의 교리(I), (II),' '박형룡 박사의 내세론 연구' 등의 연구 성과가 담겨있다. 그리고 2001년에 간행한『개혁신앙과 교회』에는 '조직신학자 박형룡 박사의 신학과 사상,' '박아론 박사의 신학에 대한 고찰과 평가,' '미국의 개혁주의 신학 전통,' '메이첸의 초기 신학과 사상,' '메이첸의 후기 신학과 사상,' '개혁주의 성령론(I), (II),' '성경과 여성임직,' '조직신학 교육의 현재와 미래,' '조직신학과 선교신학' 등이 수록되어 있다. 2013년에 간행했던『총신의 신학전통』의 제1부 총신의 신학자들 편에서 박형룡 박사, 박윤선 박사, 명신 홍박사, 이상근 박사, 차남진 박사, 박아론 박사, 서철원 박사, 정규오 박사 등의 신학사상을 개괄적으로 소개하였고, 제2부 총신의 신학의 배경편에서는 '구 프린스턴 신학 전통,' 「신학지남」으로 표현된 개혁신학 전통,' '청교도 장로교회 신학 전통,' '12신조에 나타난 고백교회의 전통,' 'W. C. C. 신학 배격' 등의 글이 담겨있다.

또한 송암은 몇 권의 양서를 번역하기도 했다. 헨리 코리가 쓴『잔 그레샘 메이첸』,[52] 메이첸의 명저인『기독교와 자유주의』,[53] 서부 웨스트민스터신학교 교수인 마이클 호튼의 저작『언약과 종말론』등을 번역 소개했다.[54] 그리고『메이첸박사 저작 선집』을 편역하여 출간하기도 했다.[55] 데럴 하트가 편집 출간한『J. 그레샘 메이첸의 소논문 선집』(J. Gresham Machen Selected Shorter Writing)라는 편집서가 있지만, 송암은 독자적으로 메이첸의 중요한 소논문들을 편집하고 번역하고 자신의 서

---

[52] (서울: 총신대학교 출판부, 1997).
[53] (고양: 크리스챤출판사, 2000).
[54] (고양: 크리스챤출판사, 2003).
[55] (서울: 총신대학교 출판부, 2002).

론과 결론을 첨부하여 『메이첸박사저작선집』을 출간하였다.[56] 이 편저 속에는 '누가복음 1장에 나타난 찬양시들,' '누가복음 첫 두 장의 기원,' '2세기의 동정녀 탄생,' '예수님과 바울,' '기독교와 문화,' '역사와 신앙' 등의 주옥같은 메이첸의 논문들이 수록되어 있다.

또한 송암은 예장합동 교단의 신학교수로서 총회의 요청에 따라 신학적 보고서를 작성하는 일에도 여러 차례 동참하였다. "다락방 운동 및 류광수씨 신학의 몇 가지 문제점"이나 "성경적 성령론"과 같은 글이 바로 그런 계기로 쓴 보고서 글이다.[57] 그리고 송암은 1918년 3월 평양신학교시절에 창간된 「신학지남」의 역사적 가치를 매우 중시하였고, 수 많은 논문들을 기고하였다. 그리고 기회에 따라 다른 신학 저널들에도 논문을 기고하였으며, 특히 총신의 국제화 내지 세계화를 위해서 1996년에 창간한 Chongshin Theological Journal에 12편의 영문 논문들과 동일한 추지에서 같은 시기에 창간된 Chongshin Review에 1편의 영문 아티클을 기고하였다.[58] 자신이 속한 신학적 전통을 세계적

---

[56] Darryl G. Hart ed., *J. Gresham Machen Selected Shorter Writing* (Philippsburg: P & R Publishing, 2004).

[57] 김길성, "다락방 운동 및 류광수씨 신학의 몇 가지 문제점,"「1996년 총회보고서- 총회다락방확산방지 및 이단성규명위원회 보고서」(서울: 대한예수교장로회 총회신학부, 1996); "성경적 성령론,"「1998년 총회보고서- 총회21세기 교단발전부 보고서」(서울: 대한예수교장로회 총회신학분과위원회, 1998) 등.

[58] 두 영문 저널의 창간 경위에 대해서는 『총신대학교 100년사』, 1:892-893을 보라. 이 두 개의 영문 저널에 대해서 송암은 "전 세계 유명 도서관과 신학교에 우리학교와 학문을 선전하고 있다"라고 바르게 지적한 바 있다(김길성, "조직신학 교육의 현재와 미래," 225). *Chongshin Theological Journal* 창간호(1996)를 필자가 유학중이던 암스테르담 자유대학교 도서관에서 발견하고 감격했던 기억이 또렷이 남아있다. 그리고 송암이 기고했던 13개의 영문 논문들은 아래와 같다: Ezra Kilsung Kim, "Professor Hyung Nong Park's Theology of the Last Things," *Chongshin Theological Journal*, Vol. I, No. 2 (August 1996): 72-89; "J. Gresham Machen's Ecclesiology in His Later Years," *Chongshin Theological Journal*, Vol II, No. 2 (September 1997): 52-70; "The Theology and Thought of Professor Hyung Nong Park as a Systematic Theologian," *Chongshin Theological Journal*, Vol. II (March 1999): 75-92; "J. Gresham Machen and the Concern in His Early Works," *Chongshin Theological Journal*, Vol. V, No. 1 (February

으로 알리는 일에 있어서 송암은 누구보다도 더 열정을 다했다는 증거이다.

3. 학회 활동과 학교 행정가로서의 사역

송암의 공적인 활동은 가르치고 연구하는 일에만 그친 것이 아니고 대내외적인 행정가로서의 활동도 활발하게 수행하였다. 이러한 관점에서 우리는 그의 학회 활동과 학교내 행정가로서의 기여를 생각해 볼 수가 있다. 먼저 학회 활동을 살펴본다면, 송암은 "한국복음주의신학회"와 "개혁신학회" 등에 속하여 왕성한 학회 활동을 하였다. 송암은 양 학회에 성실하게 참여할 뿐 아니라 임원으로서 오랜 기간 동안 수고를 하기도 하였다.[59] 오랫동안 송암과 함께 학회 활동을 해온 안명준 박사

2000): 82-100; "The Relationship between Theology and Culture in Machen's Theology," *Chongshin Theological Journal*, Vol. VII, No. 1 (February 2001): 3-19; "John Calvin's Ecclesiology," *Chongshin Theological Journal*, Vol. VII, No. 1 (February 2002): 3-19; "John Gresham Machen's Apologetic Method," *Chongshin Theological Journal*, Vol. VIII, No. 1 (February 2003): 176-97; "The Position of the Westminster Confession of Faith in the History of American Presbyterianism," *Chongshin Theological Journal*, Vol. IX, No. 1-2 (February 2004): 163-89; "The Subscription Controversy in the Tradition of American Presbyterianism," *Chongshin Theological Journal*, Vol. XI, No. 1 (February 2006): 68-90; "A Theological Appraisal of the Auburn Affirmation," *Chongshin Theological Journal*, Vol. XIII, No. 1 (February 2008): 44-85; "John Calvin and the Unity of the Church," *Chongshin Theological Journal*, Vol. XV, No. 1 (February 2010): 39-57; "The Tradition of Chongshin Theology," *Chongshin Theological Journal*, Vol. XVII, No. 1 (February 2012): 31-56; "The Controversy on the Confessions in the Early History of the PCUSA," *Chongshin Review* 19 (February 2014): 81-99.

59 1982년에 창립된 한국복음주의신학회 활동과 관련해서는 정규남, "웨스트민스터와 한국신학,"「웨스트민스터 역사와 신학」, 111을 보고, 개혁신학회 회장으로서 쓴「개혁논총」의 권두언들을 보라: "개혁신학이 나아갈 길,"「개혁논총」제24권 (2012년 겨울호); "개혁신학자들의 역사의식과 책임,"「개혁논총」제25권 (2013년 봄호); "다문화 가정사역의 중요성,"「개혁논총」제26권 (2013년 여름호); "교회 주일학교 교육과 가치관 정립,"「개혁논총」제27권 (2013년 가을호); "개혁주의 신앙과 삶,"「개혁논총」제28권 (2013년 겨울호); "신학에의 길,"「개혁논총」제29권 (2014년 봄호).

는 송암의 학회활동과 그 기여도에 대해서 분명하고 적절하게 평가해 준다:

> 성경적 신학과 개혁신학에 충실하신 김길성 박사님은 여러 신학회가 있을 때마다 조직신학자의 선배로서 후배들을 위해 개혁신학의 바른 길을 보여주시며, 성경적 관점에서 최근의 신학적 경향을 평가해 줌으로써 조직신학의 리더로서 고범이 되셨다. 특별히 박형룡 박사의 전통을 존중하고 재해석하여 한국의 개혁신학의 맥을 이어주셨다.[60]

그리고 송암의 공적 활동중 빠트릴 수 없는 중요한 영역을 살펴보려고 한다. 그것은 자신이 속한 총신의 발전을 위해서 보직 교수로서 다양하게 활동한 점이다. 송암은 각 부처의 처, 실장을 두루 역임했고, 신대원장 겸 부총장과 통합대학원장 겸 부총장 등을 역임했으며, 2013년 가을에는 몇 개월 동안 총장 직무대행을 역임하기도 했다. 행정가로서 송암은 다양한 사람들의 목소리를 청취하여 의견을 반영하려고 애를 썼으며, 범사에 대화와 토론을 통하여 합의를 도출하려고 노력했다. 그리고 총장으로 학교를 섬기고 싶은 강한 소원이 있어서 두 번이나 총장 선출에 입후보하기도 했다.[61] 송암은 행정 책임자로서 함께 일하는 교수들이나 직원들의 의견을 듣고 반영하려고 애를 썼을 뿐 아니라 유사시에는 책임자로서의 책임을 지려고 하는 자세를 견지했다.

돌이켜 보면 송암이 부임했던 1992년의 총신의 상황과 은퇴하던 2014년의 상황은 엄청난 차이가 나는 것을 확인하게 된다.[62] 송암이 부

---

60 안명준, "한국의 정통 개혁신학자," 18-19.
61 총장에 입후보하여 학교를 섬기고자 했던 송암의 진의는 동료교수인 이상원 교수에 의해서 간단하지만 분명하게 설명되어졌다(이상원, "교회를 사랑한 따뜻한 정통신학자," 29-30).
62 송암이 편집위원의 일원으로 참여하여 작업하기도 한 100년사편찬위원회 편, 『총신대학교 100년사』, 850-912여 는 1992년-2001년까지의 총신역사가 기록되어 있다. 필자는 송

임한 시기의 총신신대원 교수는 십수명에 불과했으나, 은퇴 무렵에는 41명의 교수가 재직하고 있으며, 송암의 재직과 행정가로서의 활동 기간을 통하여 신대원 캠퍼스에는 2, 3생활관, 도서관, 본관 행정동 등이 세워지게 되었고, 오래된 강의동, 도서관, 그리고 식당 등의 리모델링 작업도 이루어졌다. 당시 신대원/신학원에는 약 1,700여명에 이르는 원우들이 장래의 사역을 준비하고 있었다. 그리고 또한 총신은 그동안 개혁주의를 추구해온 세계의 여러 대학/신학교와 자매결연을 체결해서 교환학생을 파견하고 있을 뿐 아니라, 2013년에는 암스테르담 자유대학교와 공동 박사학위 수여를 위한 협정 체결까지 하기에 이른다. 후자는 송암이 통합대학원장 및 부총장으로 재직하고 있던 시점에서 성사되어진 일이다. 이처럼 총신의 내실화와 대내외적인 역량강화와 인프라 구축 등에 송암은 적지 않게 기여를 했다고 할 수가 있다.

4. 송암의 인격과 삶의 몇 가지 특징들

이제 마지막으로 송암의 공적인 삶을 지켜 보면서 발견하게 되는 두어가지 특징들을 언급하고 공적 생애에 대한 서술을 마치려고 한다. 송암의 동료교수나 제자들은 송암이 오랜 세월동안 일관되게 성실한 사람이라고 하는 인상을 간직하고 있다. 특별한 사유가 발생하지 않는 한 송암은 교수회의, 강의, 교수 세미나, 자신이 참여해야 할 각종 회의 등에 성실하게 참여를 하곤 했다. 그리고 기회가 있을 때 마다 자신의 신학적 소신에 따라 의견을 개진하는 일에도 열성을 다했다. 특히 재직 기간 동안 송암은 화요일부터 금요일까지 매일 드려지는 채플시간에 성실하게 참여하되 늘 앞자리에 앉아서 예배를 드리곤 했던 것은 아주

암의 은퇴논총을 준비하면서 회고록을 짧게라도 쓰시면 어떻게냐고 제안했으나 송암은 고사하였다. 평소 오래된 역사나 저술들의 내용들에 대해서도 정확하게 기억해서 말씀하는 것을 자주 보았는데 언젠가 회고의 글을 쓰시게 되기를 소망할 뿐이다.

유명한 일화로 남겨질 것이다.[63] 송암의 제자요 후배교수이기도 했던 현 와싱톤중앙장로교회 류응렬 담임목사는 이 점에 대해서 다음과 같이 존경의 염을 표한 바 있다:

> 강단에서 칼빈주의와 청교도의 정신을 이어 받는 개혁신학의 후예가 되어야 할 것을 강조하시고 그 일념으로 집필과 학문활동을 해 오신 교수님은 삶 속에서 따라야 할 많은 흔적을 남기셨습니다. 스승님을 생각하면 가장 먼저 떠오르는 것은 예배입니다. 신학대학원에 강의가 없는 날도 화수목금 채플 시간에 한번도 빠진 적이 없으신 교수님은 예배가 시작되기 전에 언제나 그 자리에서 기도를 하심으로 예배자의 삶이 무엇인지 가르쳐 주셨습니다.[64]

그리고 필자는 송암이 운전하는 차의 옆자리에 앉을 기회가 자주 있었는데, 시동을 걸기 전에 운전대를 잡고 잠시 동안 묵도하는 모습도 볼 수가 있었다. 어떤 인위적인 꾸밈이 아니라, 범사에 무슨 일을 하기 전에 기도로 시작하는 경건의 습성이 몸에 배어져 있었던 것이다. 또한 오랫동안 낡고 닳아 먼지가 많이 날것 같은 성경책은 송암의 트레이드마크중 하나이기도 하다. 류응렬 목사의 글을 한 번 더 인용해 본다:

> 스승님은 오랜 세월의 향기와 페이지마다 사랑과 눈물이 베어있는 성경과 찬송가를 특별히 사랑하셨습니다. 개역개정 성경으로 바꾸고 난 다음에도 들고 다니시기에 이제 바꾸실 때가 되지 않았는지 조심스럽게 물어보는 제자에게 그래야 할 텐데요 하면서 검은 테이프로 범벅이 된 책을 보여 주셨습니다. 그 모습을 떠올리면 진리의 깊이가 사라지고 가벼운 기

---

63 이상원, "교회를 사랑한 따뜻한 정통신학자," 28.
64 류응렬, "은퇴 이후가 더 빛나는 스승님," 『하나님, 성경 그리고 교회중심의 신학과 삶』, 22-23.

독교로 변해가는 오늘의 강단을 향한 회초리처럼 느껴지기도 합니다.[65]

또한 송암은 학기중이나 방학중이나 할 것 없이 특별한 일이 없는 한 아침부터 학교 연구실에 나와 지냈다. 송암의 연구실은 늘 열려있었고 방문하는 누구에게나 "웰컴"하며 맞아들이곤 했다. 송암에게서 신학석사(Th. M.) 논문 지도를 받았고, 인도 꼴까따에서 선교사역하고 있는 로수종선교사(Rev. Sujoy Roy)는 송암의 퇴임을 축하하는 글에서 "거대한 양의 지식을 전달해 주었을 뿐 아니라, 진정한 친구가 되어준 것"에 대해서 단적으로 감사하는 것을 들 수 있다.[66] 그리고 연구실이 사당 캠퍼스에도 있던 시절에는 자원하는 20-30여명의 학생들과 더불어서 방학중에도 칼빈의 『기독교강요』(Institutes of the Christian Religion) 영문 강독모임을 지속적으로 이끌기도 했다. 송암은 스터디 모임을 인도했을 뿐 아니라 참여자들에게 식사를 사주곤 했다. 필자는 이 모임에 참여한 적은 없지만, 송암이 강독을 위해서 사용한 칼빈의 원서를 자세하게 살펴본 적이 있다. 책의 더스트 재킷이 낡고 닳을 정도로 송암은 학생들과 더불어 몇 년에 걸쳐 강독을 진행했다는 것을 알 수가 있었다.

송암의 성실함과 청렴함을 가시적으로 보여주는 또 한 가지 중요한 사실은 1992년에 귀국하자마자 장인 정문호 목사가 개척한 예손교회(방배동소재)의 협동목사가 되어 22년 동안 두 번이나 담임목사가 바뀌었지만 교회를 옮기지 아니하고 현재까지도 변함없이 출석하며 교회를 섬기고 있다는 사실이다. 오랜 세월 동안 협동목사로 사역해 왔지만,

---

65 류응렬, "은퇴 이후가 더 빛나는 스승님," 23.
66 로수종, "정년퇴임을 축하드립니다,"『하나님, 성경 그리고 교회중심의 신학과 삶, 24: "Not only have you imparted a great amount of knowledge onto me, but you have also been a true friend to me. You have always taken the time to establish rapport with me by getting to know me personally. In recognizing the intrinsic worth of all your students and striving to include every participant in course discussions, you have enriched the educational experiences of so many."

아무런 사례도 받지 아니하고 주차나 안내 위원과 같은 봉사를 마다 하지 않고 해왔다.[67] 이 점에 대해서는 송암과 미국 유학시절 부터 알고 지냈고 현재까지 동료 교수로 재직해온 이상원 교수의 회고의 글이 잘 밝혀주고 있다고 생각되어 인용해 본다:

> 김 교수님은 유학생활 중에도 이민 교회의 담임목사 직분을 담당하시거나 교회출석을 어느 한 순간도 거르지 않고 유지하셨습니다. 귀국하신 첫 해부터 예손교회에 출석하신 후에 지금까지 변함없이 여일한 모습으로 조용히 예손교회에 출석하여 봉사하시면서 교회에 대한 사랑을 몸소 실천하고 계십니다. 예손교회의 담임교역자가 여러 번 바뀌는 가운데서도 김 교수님은 조용히 뒷자리에서 교회를 섬기셨습니다. 특히 교수님은 학교에서는 신학을 가르치는 선생의 역할을 담당하시지만 교회에서는 항상 일찍 도착하여 차량정리를 하는 봉사를 실천해 오고 계십니다. 현재 예손교회를 담임하고 있는 신성수 목사님의 말에 의하면 김 교수님은 '신학자도 주일에 교회에서 담임목사의 말씀을 듣고 은혜를 받아야 힘을 얻어서 사역을 하지 않겠는가? 이렇게 교회에 출석하면서 성도들과 교제도 하고 교회도 섬길 수 있어서 행복하다'는 말씀을 하시면서 교회생활을 즐거워하신다고 합니다.[68]

IV. 송암 김길성 박사의 신학적 관심사들

이제 마지막으로 송암 김길성 박사가 평생동안 관심을 기울여서 연

---

67 이상원, "교회를 사랑한 따뜻한 정통신학자," 29. 2014년 5월 22일(목) 양지 100주년 기념 예배당에서 송암의 퇴임예배를 드릴 때에 축사를 통해 신성수 목사는 이러한 사실들을 청중들에게 분명하게 확인시켜 주기도 했다.
68 이상원, "교회를 사랑한 따뜻한 정통신학자," 29.

구하고, 가르쳐왔던 신학적 관심사들이 무엇이었는지를 간략하게 살펴 보려고 한다. 지면관계상 여기서는 그의 신학적 관심사가 되었던 주제들을 간략하게 짚어 보는 것으로 한정하려고 한다. 앞서 살펴본대로 송암은 22년의 재직 기간 동안 여러 권의 저술들과 수십 편의 논문을 공표하였기 때문에 소논문에서 그의 신학적 관심사들을 다 밝히는 것은 불가능한 일이라고 생각된다. 그러나 송암은 여러 학자들이 지적하는 대로 일관된 방향에서 역사적 개혁주의를 추구해온 학자이기 때문에 그의 신학적 관심사들을 요약적으로 개관해 볼 수가 있다고 생각된다.

1. 송암의 신학의 정체성 – 총신의 신학전통에 대한 학문적 탐색

송암의 생애와 신학적 논저들을 탐구해 보면 어린 시절부터 은퇴하기까지 송암이 줄곧 관심 기울여 온 것은 바로 그가 속한 한국장로교회와 평양신학교 전통을 잇는 총신의 신학 전통(The tradition of the Chongshin theology)이었다고 말할 수가 있을 것이다. 은퇴 직전에 간행한 저서의 이름을 『총신의 신학 전통』이라고 명명한 것만 보아도 자신이 속한 예장합동 교단과 총신의 신학 전통이 무엇인지에 대한 관심이 지대했다는 것을 확인할 수가 있다.[69] 그리고 오랫동안 송암과 더불어 신학 활동을 해온 학자들이 일치된 의견 역시도 송암의 신학적 관심사가 총신의 신학전통을 계승하고 발전시키는데 있었음을 증거해주고 있다. 안명준교수는 송암의 신학에 대해 성경적 신학과 개혁신학에 충실한 "한국의 정통 개혁신학자"라고 명명했고,[70] 류웅렬 박사는 송암을

---

69 김길성, 『총신의 신학전통』 (서울: 총신대학교출판부, 2013). 또한 송암이 쓴 "The Tradition of Chongshin Theology," *Chongshin Theological Journal*. Vol. XVII, No. 1 (February 2012): 31-56과 "신학지남으로 본 총신의 조직신학," 「신학지남」 291호 (2007년 여름호): 74-91를 보라.
70 안명준, "한국의 정통 개혁신학자," 18.

"칼빈주의와 청교도의 정신을 이어 받는 개혁신학의 후예"가 되라고 외쳤던 송암으로 회고하였으며,[71] 이상원 교수는 "교회를 사랑한 따뜻한 정통신학자"라고 회고록의 제목을 잡고 있다.[72] 그리고 총신에서 동문수학했으며 개혁주의 조직신학자로 활동해온 권호덕 박사는 송암이 심혈을 기울여 탐구하고 가르쳐온 신학이 무엇인지를 좀 더 분명하게 밝히고 있다.

> 또 그는 총신의 신학적인 맥을 이어가는 일의 중요성을 절감했던 것 같다. 그래서 그는 개혁신학 특히 구프린스턴 신학과 박형룡 박사 신학을 깊이 연구했고, 그것을 후학들에게 전수하고 싶어했던 것이다.[73]

송암 자신도 첫 번째 저술인 『개혁신학과 교회』 머리말에서 "두 분의 아버님"(김용기 둔사와 정문호 목사)이 예장합동 교단의 목사인 것도 기쁜 일이지만 "두 분의 신학의 뿌리가 한국장로교회의 양대 산맥을 이룬 스승들 밑에서 형성되었다는 것 자체가 … 더 없는 복이요 유산"이라고 생각한다고 밝힌 바가 있다. 또한 송암은 자신이 전수받았으며 발전 계승하기를 원했던 총신의 신학적 정체성이 무엇인지를 다음과 같이 분명하게 밝힌다.

> 앞서 말한대로 비록 필자의 학문이 천박하고 미약할찌라도, 필자 역시 전통적으로 성경의 영감과 무오, 그리고 그 권위를 고백하는 역사적 개혁주의, 정통칼빈주의, 청교도적 장로교 신앙의 거대란 물줄기 위에 서 있음이 분명하다고 생각한다.[74]

---

71 류웅렬, "은퇴 이후가 더욱 빛나는 스승님," 22.
72 이상원, "교회를 사랑한 따뜻한 정통신학자," 26-31.
73 권호덕, "김길성 박사의 정년 퇴임을 축하하며," 17.
74 김길성, 『개혁신학과 교회』, 4.

송암은 칼 바르트를 위시한 신정통주의자들이 주장하는 개혁주의와 구별하여 "역사적 개혁주의, 정통칼빈주의, 청교도 장로교주의"라고 분명하게 밝히면서, 그와 같은 신학이 "성경적"이라고 하는 분명한 확신 위에서 한평생 신학작업을 수행해 왔음을 고백하기도 했다.[75] 송암은 그와 같은 분명한 정체성을 가지고 신학 작업을 수행해 왔고, 후학들을 양성해 왔다. 그리고 또한 자신이 속한 교단과 신학교가 그러한 신학적 전통을 잘 보수하고 있는지에 대해서 심각하게 질문을 제기하기도 했다.[76] 물론 송암은 오늘날의 신학이라는 것이 "단순한 과거전통의 반복이나 되읊음"만 되어서는 안된다는 사실도 분명하게 말하고 있다.[77]

역사적 맥락을 살펴 본다면, 송암이 추구해 온 신학의 전통은 곧 박형룡 박사가 한평생 견지했고 가르쳐 왔던 신학전통임을 확인할 수가 있다. 박형룡 박사는 평신과 총신의 신학적 전통을 "한국 청교도 개혁주의"라고 하는 신조어로 표현을 하면서, 이 신학은 영미 선교사들이 전해준 신학 전통이며, 웨스트민스터 표준문서에 의해서 규정된 신학이라고 보았다.[78] 박박사는 또한 그 신학 전통을 "구주 대륙의 칼빈 개혁주의 신학에 영미의 청교도적 특징을 가미한 장로교회의 신학적 전통"이라고 상술하기도 했다.[79] 그리고 이 신학 전통이 가지고 있는 다섯 가지 주요 특징들로 "성경의 신성한 권위를 믿는 신념, 하나님의 주

---

[75] 김길성, 『개혁신학과 교회』, 4.
[76] 송암은 총신 개교 100주년을 맞이하여 쓴 "총신 100년과 그 신학적 정체성," 「신학지남」 268 (2001 여름): 99-137에서 "우리가 과연 본교의 건학정신에 따라 신구약 성경 66권을 하나님의 말씀으로 자신이 가감 없이 믿고 가르치는 신앙, 곧 역사적 개혁주의, 정통 칼빈주의, 청교도적 장로교 신학의 물줄기에 서있는지 새삼 자신을 돌아보는 계기가 되어야겠다."라고 하는 경계로 끝을 맺는다(137쪽).
[77] 김길성, 『개혁신학과 교회』, 4.
[78] 이상웅, 『박형룡 박사와 개혁신학』 (용인: 목양, 2013), 175.
[79] 박형룡, 『박형룡 박사 저작전집 XIV: 신학논문(하)』 (서울: 한국기독교교육연구원, 1981), 398.

권에의 확신, 안식일의 성수와 경건생활에 치중, 성실한 실천(직접 전도주의 실행, 주초 금지 등), 천년기 전 재림론"을 소개하기도 했다.[80] 이와 같은 평신과 총신의 신학적 전통과 삶의 원칙들은 박형룡 박사에게서도 고수되고 체현되었지만, 송암의 신학과 삶을 통해서도 두드러지게 고수된 내용들이다.

2. 총신의 신학 전통과 그 뿌리들에 대한 학문적 탐구

송암은 이러한 역사적 개혁주의 혹은 청교도 개혁주의 신학 전통의 근원과 발전사와 특징들을 논구하고 밝히는 일에 신학적 관심사를 집중해 왔다는 사실은 그의 강의를 들은 제자들이나 그의 저술들을 읽는 독자들에게 또렷하게 각인되어 있는 사실이다. 송암은 역사적 개혁주의의 원조가 되는 개혁자 존 칼빈의 신학 사상을 연구하고 밝히는 글들을 썼는가 하면,[81] 한국 청교도 개혁주의의 교리적 표준문서들에 대해 탐구하는 여러 편의 논문들도 발표하기도 했다.[82] 그리고 한국 개혁주의 신학의 형성에 가장 깊은 영향을 미친 구프린스턴신학 전통에 대해

---

80 박형룡, 『박형룡 박사 저작전집 XIV: 신학논문(하)』, 395-397.

81 김길성, "John Calvin's Ecclesiology," *Chongshin Theological Journal*, 7/1 (February 2002): 3-19; "칼빈과 교회의 일치," 「신학지남」 274호 (2003년 봄호): 170-95; "교회 일치와 순결에 관한 요한 칼빈의 견해," 「총신대논총」 24집(특별호) (2004년): 83-98; "John Calvin and the Unity of the Church," *Chongshin Theological Journal*, 15/1 (February 2010): 39-57 등.

82 김길성, "웨스트민스터 표준문서에 대한 서약," 「신학지남」 통권 제237호 (1993년 가을호): 141-56; "The Position of the Westminster Confession of Faith in the History of American Presbyterianism," *Chongshin Theological Journal*, 9/1 (February 2004): 163-89; "The Subscription Controversy in the Tradition of American Presbyterianism," *Chongshin Theological Journal*, 11/1 (February 2006): 68-90; "12신조에 관한 연구," 「개혁논총」 제10권 (2009년 봄호): 199-235; "The Controversy on the Confessions in the Early History of the PCUSA," *Chongshin Review*, 19 (February 2014): 81-99 등.

서 밝히는 글들을 여러 편 쓰기도 했다.[83] 송암은 1812년에 세워진 프린스턴신학교(Princeton Theological Seminary)가 1929년까지 견지했던 신학적 특징들을 다음과 같이 요약적으로 진술한다.

> 1812년 신학교의 설립 이래로 1929년까지, 동 신학교에서는 스코틀랜드의 상식철학의 도움을 받아, 성경의 영감과 무오, 그리고 그 권위에 대한 확고한 신념과 동시에 장로교 표준문서인 웨스트민스터 신도게요와 대소요리문답에 구현된 성경의 근본 교리들에 대한 입장을 일관되게 변호했다.[84]

그러나 송암은 자유주의와 종교다원주의에 대해 관용하거나 수용하는 인사들이 포함된 이사회 재편성으로 인하여 구프린스턴신학 전통은 죽고, 그 전통은 메이첸이 1929년에 설립한 웨스트민스터신학교에로 옮겨졌다고 생각했다.[85]

송암이 웨스트민스터신학교에서 긴 시간 동안 신학 공부를 하고 메이첸의 교회론에 대한 연구로 박사학위를 취득하게 된 이면에는 "한국

---

83 김길성, "구 프린스턴 신학 전통의 연속성과 불연속성,"「신학지남」통권 제236호 (1993년 여름호): 22-39; "프린스턴 신학교의 재편성과 종교다원주의,"「신학지남」통권 제242호 (1995년 봄호): 61-82; "총신100년과 그 신학적 정체성,"「신학지남」통권 제268호 (2001년 여름호): 99-137 중 100-114; "찰스 핫지의 교회론,"「신학지남」통권 제292호 (2007년 가을호): 100-20(= "찰스 핫지의 교회론,"『찰스 핫지의 신학』, 길자연 · 강웅산 편 [서울: 솔로몬, 2009], 141-168에 재수록 됨); "A Theological Appraisal of the Auburn Affirmation," *Chongshin Theological Journal*, 13/1 (February 2008): 44-85 등.
84 김길성,『개혁신앙과 교회』, 13.
85 이러한 송암의 판단은 웨스트민스터신학교 개교식에서 설립자 존 그레샴 메이첸이 행한 개교연설에 근거한 것이기도 하다. 메이첸은 "웨스트민스터 신학교 설립 목적과 계획"이라는 연설 마지막 문단에서 "비록 프린스턴 신학교는 죽었지만 프린스턴 신학교의 고귀한 전통은 여전히 살아있습니다. 하나님의 은혜 가운데 웨스트민스터 신학교는 결코 약화될 수 없는 그 전통을 이어나가겠습니다."(웨스트민스터신학대학원 한국 총동문회 편,『웨스트민스터 역사와 신학』, 135)라고 선언하고 있다.

의 청교도 개혁주의 전통"에 대한 관심이 놓여있음을 알아야 한다. 송암은 그런 관심에서 "메이첸의 교회론" 연구로 박사논문을 썼을 뿐 아니라 귀국후에 총신에서 22년간 가르치면서도 기회가 있을 때 마다 메이첸의 생애와 신학사상을 밝히는 논문들이나 번역서들을 출간하였다. 송암이 저술한 논저 목록을 보면 그가 메이첸을 한국 신학계에 널리 알리기 위해서 얼마나 많은 노력을 기울였는지를 확인할 수가 있다. 송암의 그러한 노력을 가시적으로 볼 수 있도록 논저들의 목록을 본문 가운데 인용해 보려고 한다:

- "J. Gresham Machen's Ecclesiology in His Later Years," *Chongshin Theological Journal*, 2/2 (September 1997): 52-70.
- "J. Gresham Machen and the Concern in His Early Works," *Chongshin Theological Journal*, 5/1 (February 2000): 82-100.
- "메이첸의 초기작품에 나타난 신학과 사상,"『신학지남』262호 (2000년 봄호): 164-85.
- "메이첸의 후기작품에 나타난 신학과 사상,"『신학지남』264호 (2000년 가을호): 195-216.
- "The Relationship between Theology and Culture in Machen's Theology," *Chongshin Theological Journal*, 7/1 (February 2001): 3-19.
- "예수와 바울,"「신학지남」268호 (2001년 여름호): 372-407 (메이첸의 논문 번역).
- "잔 그레샘 메이첸의 교회론,"「신학지남」270호 (2002년 봄호): 226-77.
- "메이첸의 교회론,"「교회와 문화」9호 (2002년): 126-79.
- "John Gresham Machen's Apologetic Method," *Chongshin Theological Journal*, 8/1 (February 2003): 176-97.
- "그레샘 메이첸의 신학과 사상,"『웨스트민스터 역사와 신학』(서울: 웨스트민스터총동문회, 2010): 200-255.

송암이 메이첸 관련 글들을 통해서 강조했던 몇 가지 요점들을 적어본다. 송암은 메이첸의 교회론을 다룬 박사논문에서 메이첸의 교회론이 독립파적이고, 분리주의적이라고 비판한 로아크(Roark)의 주장에 대하여 '교회의 일치와 순결'이라고 하는 관점에서 메이첸이 신실한 개혁주의요 장로교 신학자였음을 변호하는 일에 심혈을 기울였다.[86] 그리고 『메이첸 박사 저작선집』의 편역 작업을 통해서는 특별히 변증학자가 아니라 신약학자로서의 메이첸의 탁월성을 보여주는 여러 소논문들을 소개해 주었다. 또한 (칼 매킨타이어와 같은) 근본주의자로 메이첸을 오해한 비판자들에 대항하여 메이첸이 신실한 개혁주의/ 장로교 신학자임을 변호하는 일에 송암은 심혈을 기울이기도 했다. 송암은 특히 메이첸이 1912년에 행한 "기독교와 문화"라는 연설문의 내용속에는 기독교가 문화에 종속하거나, 파괴하는 역할이 아니라 "기독교가 문화를 헌신케 하여 하나님께 봉사하도록 만드는 일"을 해야 한다는 소위 '문화변혁적인 사고'를 가지고 있었음을 강조하여 알려준다.[87]

3. 박형룡 박사의 신학에 대한 송암의 신학적 탐구

청교도 개혁주의 혹은 역사적 개혁주의에 대한 송암의 학문적인 탐구는 칼빈, 표준문서, 구프린스턴 신학전통, 메이첸 등에 대한 탐구에서 끝나는 것이 아니라 그러한 신학적인 전통을 한국 장로교 안에서 계승하고 발전시킨 여러 선배 신학자들에 대한 신학적 평가 작업 속에서도

---

[86] Ezra Kilsung Kim, "J. Gresham Machen's Doctrine of the Church," (Unpublished Ph. D. dissertation, Westminster Theological Seminary, 1992). 송암은 1장에서는 역사적이고 문학적인 문맥에서 주제를 다루고, 2장에서는 주제와 관련하여 메이첸의 저작들을 논구하고, 3장에서는 종교개혁의 관점에서 주제를 다루고, 4장에서는 미국장로교의 전통이라는 관점에서 주제를 논구하였다.

[87] 김길성, 『개혁신앙과 교회』, 86-88. 메이첸의 연설문은 『메이첸 박사 저작선집』, 257-272에 번역소개되어 있다.

분명하게 드러나고 있다.[88] 그러나 우리가 주독해서 보아야 할 것은 이러한 선배 신학자들 중에서도 송암의 신학적 관심이 집중된 것은 바로 총신의 조직신학 전통을 정초하고 지로적인 신학을 수행했던 박형룡 박사(1897-1978)의 신학에 대한 탐구 작업이라고 할 것이다.

송암 김길성 박사하면 많은 이들은 메이첸과 박형룡 박사를 함께 연상하게 된다. 그만큼 기회있을 때마다 송암은 두 사람의 신학과 삶에 대해서 자주 이야기해 왔고, 많은 논저들 속에서 그러한 관심사를 드러내어 왔기 때문이다. 그래서 다음과 같은 이상원 교수의 논평이 지나치다고 생각되지 않을 정도이다.

> 아마도 박형룡 박사님의 신학을 가장 아끼고 사랑하며 그 전통을 초지일관하게 지키려고 헌신했던 현존하는 한국 신학자가 누구인가라고 묻는다면 김길성 교수님이라고 답변해도 이의가 없을 것입니다.[89]

송암은 모든 조직신학 강의안을 작성할 때에 박형룡 박사의 『교의신학』(전7권, 1964-1973)을 근간으로 삼았으며, 학생들에게 박형룡 박사의 교본을 필수적으로 읽을 것을 요구하곤 했다. 그리고 송암은 박형룡 박사의 신학이 단순히 루이스 벌코프(Louis Berkhof, 1873-1957)의 『조직신

---

[88] 김길성, "박아론 교수의 신학에 대한 고찰과 평가," 박아론 박사 회갑기념논총, 「신학지남」 통권 제241호 (1994년 가을·겨울호): 45-53; "서철혁 박사의 신학세계 이해," 「신학지남」 통권 제290호, 서철원교수정년퇴임기념호 (2007년 봄호): 7-25; "해원 정규오 목사의 신학과 종말사상," 「신학지남」 통권 제298호 (2009년 봄호): 140-180; "명신홍 박사의 신학과 사상," 「신학지남」 제299호 (2009년 여름호) 38-56; "차남진 박사의 신학과 사상," 「신학지남」 통권 제303호 (2010년 여름호): 44-62; "박윤선 박사의 신학과 사상," 「신학지남」 통권 제304호 (2010년 가을호): 43-66; "이상근 박사의 신학과 사상," 「신학지남」 통권 제312호 (2012년 가을호): 242-263 등.

[89] 이상원, "교회를 사랑한 따뜻한 정통신학자," 26. 최근에 나온 박아론 박사의 『나의 아버지 박형룡』, 473쪽에 보면 박형룡 박사의 정통 보수신학 혹은 정통개혁주의 신학을 잘 계승하고 가르쳐온 교수로서 총신의 조직신학의 K교수라고 인정하였는데, 이니셜로 되어있어도 송암을 가리키고 있음을 쉽게 알수가 있다.

학』(Systematic Theology, 1941)의 번안 내지 요약본이 아니고 보다 더 풍성한 신학 전통들이 그 속에 용해되고 집성되어 있음을 기회 있을 때 마다 밝히는 일을 했다. 송암은 대학원 제자들과 더불어서 박형룡 박사의 『교의신학』 전집을 현대어체로 개정하는 작업을 하기도 했다.[90] 그리고 그러한 개정 작업 뿐 아니라 박형룡 박사의 신학의 가치가 "전 세계에 바르게 소개되는 날을 기대"하는 마음을 가지고 있기도 하다.[91] 송암이 그동안 박형룡 박사의 신학에 대해서 발표해온 논문들을 아래와 같다:

- "박형룡 박사의 내세론 연구,"『죽산 박형룡 박사의 생애와 사상』, 박용규 편 (서울: 총신대학교 출판부, 1996): 451-469.
- "Professor Hyung Nong Park's Theology of the Last Things," *Chongshin Theological Journal*, 1/2 (August 1996): 72-89.
- "조직신학자 박형룡 박사의 신학과 사상,"「신학지남」252호 (1997년 가을호): 44-59.
- "The Theology and Thought of ProfessorHyung Nong Park as a Systematic Theologian," *Chongshin Theological Journal*, 2 (March 1999): 75-92.
- "박형룡 박사의 신학에 대한 이해와 평가,"「신학지남」281호 (2004년 겨울호): 100-17.
- "박형룡 박사의 신학과 사상에 대한 이해,"『죽산 박형룡과 정암 박윤선』(수원: 합동신학대학원대학교, 2005).
- "박형룡 박사의 신학과 한국교회,"『이용걸목사 성역 30주년 기념논총: 오직 은혜』(서울: 아침향기, 2006).

---

90 박형룡 박사의 신학사상을 터치하지 아니하고 문체나 어려운 용어들을 현대어로 바꾸어 주는 선에서 이 작업은 이루어졌으며 2017년에 이르러 개혁주의출판사에 의해서 출간되었다.
91 김길성,『개혁신앙과 교회』, 236.

이상의 연구물들을 읽어보면, 박형룡 박사의 신학에 대해 비판적인 진영에 대하여 송암은 박박사의 신학의 중요성과 의의를 밝히는 일에 심혈을 기울였다는 점을 분명하게 알수가 있다.[92] 그리고 박박사의 신학적 기여에 대하여 송암은 다음과 같이 분명하게 요약해 준다:

첫째, 박형룡 박사는 한국교회에 장로교 신학을 정립시킨 신학자였다.
둘째, 박형룡 박사는 현대 자유주의 신학의 도전을 원천봉쇄하는 일에 성공했다.
셋째, 박형룡 박사의 저술은 일차적으로 그의 창작물이다.
넷째, 박형룡 박사의 신학은 영미계통의 장로교신학과 화란계통의 개혁신학의 조화를 일구어낸 신학이었다.
다섯째, 박형룡 박사의 저술은 '한국신학' 또는 '한국적 신학'의 가능성을 열어놓은 위대한 업적으로 평가되어야 한다.[93]

그러나 우리가 유의해야 하는 것은 박박사의 신학에 대하여 송암이 맹종적인 자세를 취하고 있지 않음도 눈여겨 보아야 한다.

여섯째, 박박사도 '그 시대의 사람'임을 지적하고, 그가 남긴 수 많은 저술을 통해 변함 없이 견지해온 신학적 전통은 확고하게 유지, 계승될 뿐만 아니라, 미래지향적으로 발전되어야 할 것이다.[94]

---

92 백종구박사는 박형룡 박사의 신학이 개혁주의 본류가 아니라 지엽적이고 협소한 신학을 한국에 소개한 사람이라고 서양 학계에 소개했다: Paik Jong Koe, *Constructing Christian Faith in Korea* (Diss. Leiden Univ./ Zoetermeer: Boekencentrum, 1998), 12, 229-230.
93 김길성, 『총신의 신학전통』, 12-49.
94 김길성, 『총신의 신학전통』, 44-49. 이는 박형룡 박사의 경우에도 마찬가지였다. 박박사 역시도 벌코프를 비롯하여 여러 개혁신학자들의 저술들을 원용하되 주체적인 신학작업을 수행하였다(이상웅, 『박형룡 박사와 개혁신학』, 79-88).

앞서도 언급했지만 송암은 모든 조직신학 과목 강의안을 작성함에 있어서 박형룡 박사의 『교의신학』 전집을 근간으로 삼았다. 성경의 영감과 무오, 삼위일체론, 그리스도의 양성교리, 성령론 등 주요한 교리 해설에 있어서 죽산의 신학적 해설에 주의를 기울였고 따라가려고 노력했다.[95] 특히 박형룡 박사가 "대한예수교 장로회의 신학적 전통은 역사적 천년기전 재림론"이다고 분명히 밝힌 천년기에 대한 견해를 송암은 철저하게 따르고 있다.[96] 송암은 자신의 입장을 "무천년기 재림론을 사랑하는 역사적 천년기전 재림론자들의 입장에 서기를 원한다"라고 밝힌 바 있다.[97] 그리고 W. C. C. 운동에 대해서 비판적이었던 박형룡 박사를 따라 송암도 W. C. C. 운동을 신학적으로 따라갈 수 없는 이유를 학술적으로 천명하기도 했다.[98]

---

[95] 송암의 성령론은 특별히 주의를 기울여 볼만한 특징들을 가지고 있다: "개혁주의 성령론 고찰," 「신학지남」 254호 (1998년 봄호): 249-80; "개혁주의 성령론 고찰(II)," 「신학지남」 255호 (1998년 여름호): 133-241.

[96] 박형룡, 『박형룡 박사저작전집 VII: 교의신학-내세론』 (서울: 한국기독교교육연구원, 1981), 230-278. 그러나 1957년경에 등사된 『내세론』 강의안에는 이런 강한 표현이 나타나지 않는다(83-100). 다만 "필자도 역시 한국교회 전도자들의 일반적 사상의 감화하에 성장하야 천년기 전설에 흥미를 가지고 왔다"라고 말할 뿐이다(등사본 100쪽).

[97] 김길성, "박형룡 박사의 내세론 연구," 『죽산 박형룡 박사의 생애와 사상』, 박용규 편 (서울: 총신대학교 출판부, 1996), 468. 송암 앞서 박아론 박사, 차영배 교수, 최홍석 교수 등이 역사적 전천년설을 가르쳐왔다. 송암은 또한 박박사의 내세론의 특징들에 대하여 영문으로 글을 써서 세계교회 앞에 소개하기도 하였다: "ProfessorHyung Nong Park's Theology of the Last Things," *Chongshin Theological Journal*, 1/2 (August 1996): 72-89.

[98] 김길성, "총신과 신앙고백과 WCC 대책," 「신학지남」 303호 (2010년 여름호): 4-8; "WCC 성경관 비판," 『W. C. C. 신학 비판』 (서울: 대한예수교장로회 총회 WCC대책연구위원회/총신개혁신학센터, 2010); "W. C. C. 신학에 대한 이해와 평가," 「개혁논총」 16권 (2010년 겨울호): 89-128; "WCC 한국총회를 앞둔 한국교회의 방향과 전망," 「총회WCC대책위원회 보고서」 (서울: 총회WCC대책위원회, 2011).

V. 나가는 말

이상에서 우리는 송암 김길성 박사의 생애, 공적 활동, 그리고 신학적 관심사에 대하여 개괄적으로 살펴 보았다. 본 장은 서두에서 밝혔듯이 역사적 개혁주의 계승과 발전을 위해서 한평생을 진력해온 송암의 정년퇴임을 기념하여 그의 생애와 신학적 활동상과 신학적 기여 등을 정리하고 개관하는 것에 목표를 두고 작성된 논문이었기 때문에 비평적인 입장에서 보다는 소개하는 입장에서 논의를 전개해 왔음을 다시금 부언한다. 필자는 이러한 성격의 글을 쓰면서 "하나님의 말씀을 너희에게 일러 주고 너희를 인도하던 자들을 생각하며 그들의 행실의 결말을 주의하여 보고 그들의 믿음을 본받으라."(히 13:7)는 말씀을 염두에 두었다. 본 장을 마무리하면서 앞서 밝힌 내용들을 몇 가지로 정리해 보려고 한다.

우리는 송암이 어린 시절부터 한국장로교의 보수 정통 신앙으로 훈련 받았고, 한국 청교도 개혁주의 내지 역사적 개혁주의 신학을 배우고 익혀서 한평생을 가르쳐온 신학자임을 확인할 수가 있었다. 특히 부친을 통해서 엄격한 신앙훈련을 받았고, 총신에서의 교육을 통하여 박형룡 박사가 전수한 '한국 청교도 개혁주의 신학'(Korean Puritan Reformed Theology)을 잘 배우고 익혔다는 것을 살펴 보았다. 총신과 예장합동 교단이 표방하고 있던 신학사상이나 표준문서에 대한 깊은 존중심을 가지고 미국 유학 시절 동안에도 그 신학적 전통의 뿌리와 근원을 살피는 일에 혼신의 힘을 다했음도 확인해 보았다. 특히 송암은 많은 이들이 증언하는대로 성실한 성품을 지닌 학자로서, 온갖 어려움들을 잘 감내하면서 신학 공부를 했을 뿐만 아니라 총신에서의 교수사역을 감당했음도 이런 성격의 글에서는 언급할 필요가 있다고 사료된다. 그리고 송암은 개혁주의 신학사상을 배우고 가르칠 뿐 아니라 그 교훈에 따라 살려고 한평생을 분투노력해 온 한 사람의 그리스도인이었음도 주목하였다. 본 장의 부제처럼 "하나님 중심적이고, 성경 중심적이며 교회 중심적인 신학과 삶"을 열렬히 추구해 왔으며 몸소 보여주는 언행일치의 삶을 살았다고 할 수 있다.

또한 지면관계상 깊이 논구하지는 못했지만 송암이 한평생 동안 탐구하고 계승 발전시키고자 했던 신학적 관심사에 대해서도 다소간 살펴보았다. 송암은 박형룡 박사가 지로해준 대로 웨스트민스터표준문서에 구현된 청교도 개혁주의 신학을 본인의 신학의 정체성으로 분명하게 받아들이고, 그러한 표준에 따라서 평생의 신학 작업을 수행했다는 점을 논구해 보았다. '한국 청교도 개혁주의' 내지 '역사적 개혁주의'의 근원과 발전사를 연구해 나가는 과정에서 송암은 장로교회 표준문서들, 미국 구프린스턴신학과 존 그레샴 메이첸의 신학을 탐구하는 데 매진하기도 했다는 점을 살펴보았다. 그의 생애, 신학수업 과정, 수 많은 논저들, 강의내용들 등 모든 객관적 자료들을 종합해서 볼 때에 우리는 송암의 신학을 "한국 청교도 개혁주의 신학"의 계승과 발전을 이루는 데 기여한 신학이라고 평가할 수가 있다. 여러 학자들의 평가를 종합해서 다르게 표현해 본다면 "성경적이고 따뜻한 인품을 지닌 정통 개혁신학자"라고 송암을 평가할 수도 있을 것이다.

결론적으로 송암 김길성 박사의 신학 작업을 개관하면서 드는 중요한 질문은 송암은 선대의 신학적 작업위에 서는 전통주의 혹은 '교의학의 재생적 기능'만 강조한 신학자였는가 하는 것이다.[99] 물론 송암의 생애와 신학 작품들을 통해 가지게 되는 강한 인상은 그는 분명히 '역사적 개혁주의' 전통을 충심으로 받아들이고, 해설하고, 가르치는 일에 전념한 신학자라고 하는 것이다. 그러나 송암은 수 년에 걸쳐 신구약신

---

[99] '교의학의 재생적 기능'(die reproduktive oder zusammenfassende Funktion der Dogmatik)에 대해서는 Horst Georg Pöhlmann, *Abriß der Dogmatik: Ein Kompendium*, fünfte Auflage (Gütersloh: Gütersloher Verlaghaus, 1990), 28-30을 보라.

학을 배우고 익힌 학자로서 성경신학이나 주석학이 건전하게 발전시킨 내용들을 잘 수용하여 조직신학 작업에 반영하려고 노력한 학자라는 점과 앞선 선배들의 어깨위에 설 뿐 아니라 당대의 여러 장로교/ 개혁파 신학자들이나 건전한 복음주의 신학자들의 현대적인 저작들을 성실하게 읽고 반영하려고 노력한 신학자였음도 분명하게 확인할 수가 있다. 송암은 개혁신학이 옛 사람의 글을 읊조리는 것에 머물지 아니하고 현대 속에서 성경적이면서 개혁주의 표준문서에 맞추어 발전시켜야 하는 사명이 있음도 분명히 말했다. 후학된 우리는 한 평생을 개혁신학의 계승과 발전에 기여한 이러한 선배 학자의 노작들을 주의깊게 고찰하고 살펴서 다음 세대를 위한 신학의 발전을 도모해야 할 책무가 있다고 생각된다.

참고 문헌

권호덕. "김길성 박사의 정년 퇴임을 축하하며."『하나님, 성경 그리고 교회중심의 신학과 삶』. 이상웅 편. 용인: 목양, 2014: 16-17.
김길성.『개혁신학과 교회』(서울: 총신대출판부, 1996/ 개정판 2004.
_____. "박형룡 박사의 내세론 연구."『죽산 박형룡 박사의 생애와 사상』. 박용규 편. 서울: 총신대학교 출판부, 1996: 451-469.
_____. "개혁주의 성령론 고찰."「신학지남」통권 254호 (1998년 봄호): 249-280.
_____. "개혁주의 성령론 고찰(II)."「신학지남」통권 제255호 (1998년 여름호): 133-241.
_____.『개혁신앙과 교회』(서울: 총신대학교 출판부, 2001.
_____. "총신 100년과 그 신학적 정체성"「신학지남」통권268호 (2001 여름): 99-137.
_____.『메이첸 박사 저작 선집』. 서울: 총신대출판부, 2002.
_____. "찰스 핫지의 교회론."『찰스 핫지의 신학』. 길자연·강웅산 편. 서울: 솔로몬, 2009: 141-168.
_____.『총신의 신학 전통』(서울: 총신대학교출판부, 2013.
_____. "신약신학의 대들보, 월터 라이펠트 교수."「월간목회」(2013년 6월호): 64-67.
김요나.『총신 90년사』. 서울: 양문, 1991.
로수종. "정년퇴임을 축하드립니다."『하나님, 성경 그리고 교회중심의 신학과 삶』. 이상웅 편. 용인: 목양, 2014: 24-25.
류응렬. "은퇴 이후가 더 빛나는 스승님."『하나님, 성경 그리고 교회중심의 신학과 삶』. 이상웅 편. 용인: 목양, 2014: 22-23.
박민균. "인터뷰/ 정년퇴임하는 총신 김길성 교수."「기독신문」1964호. 2014년 5월 38일. 16면.
박아론.『나의 아버지 박형룡』. 서울: 대한예수교장로회총회, 2014.
박용규 편.『죽산 박형룡 박사의 생애와 신학』. 박용규 편. 서울: 총신대출판부, 1996.
박용규. "정년퇴임을 축하드리면서."『하나님, 성경 그리고 교회중심의 신학과 삶』. 이상웅 편. 용인: 목양, 2014: 20-21.
박형룡. 『내세론』 (장토회신학교 등사본 강의안, 1957년경).
_____. 『박형룡 박사 저작전집 I: 교의신학-신학서론』. 서울: 한국기독교교육연구원, 1988.
_____. 『박형룡 박사 저작전집 VII: 교의신학-내세론』. 서울: 한국기독교교육연구원, 1981
_____. 『박형룡 박사 저작전집 XIV: 신학논문(하)』 서울: 한국기독교교육연구원, 1981.
박형용. "김길성 박사의 정년퇴임에 즈음하여." 『하나님, 성경 그리고 교회중심의 신학과 삶』. 이상웅 편. 용인: 목양, 2014: 14-15.
100년사편찬위원회 편. 『총신대학교 100년사』. 전3권. 서울: 총신대학교출판부, 2003.
안명준, "한국의 정통 개혁신학자." 『하나님, 성경 그리고 교회중심의 신학과 삶』. 이상웅 편. 용인: 목양, 2014: 18-19.
이상웅. "조나단 에드워즈의 성령론 연구." 철학박사. 총신대학교, 2008.
_____. 『조나단 에드워즈의 성령론』. 서울: 부흥과개혁사, 2009, 2013.
_____. 『박형룡 박사와 개혁신학』. 용인: 목양, 2013.
_____. "서평: 총신의 신학전통." 「신학지남」 319호 (2014년 여름): 302-304.
_____. "서평: 나의 아버지 박형룡." 「신학지남」 319호 (2014년 여름): 305-307.
이상웅 편. 『송암 김길성 박사 정년퇴임 기념논총- 하나님, 성경 그리고 교회중심의 신학과 삶』 용인: 목양, 2014.
이상원. "교회를 사랑한 따뜻한 정통신학자: 김길성 교수님을 회고하면서." 『하나님, 성경 그리고 교회중심의 신학과 삶』. 이상웅 편. 용인: 목양, 2014: 26-31.
웨스트민스터신학대학원 한국 총동문회 편. 『웨스트민스터 역사와 신학』. 서울: 필그림, 2010.

Bavinck, Herman. *Gereformeerde Dogmatiek* 2de ed. dl. 1. Kampen: Kok, 1906.
Kim, Ezra Kilsung. "J. Gresham Machen's Doctrine of the Church."

Unpublished Ph. D. dissertation, Westminster Theological Seminary, 1992.

_____. "ProfessorHyung Nong Park's Theology of the Last Things." *Chongshin Theological Journal*. Vol. I, No. 2 (August 1996): 72-89.

_____. "J. Gresham Machen's Ecclesiology in His Later Years." *Chongshin Theological Journal*. Vol II, No. 2 (September 1997): 52-70.

_____. "The Theology and Thought of ProfessorHyung Nong Park as a Systematic Theologian." *Chongshin Theological Journal*. Vol. II (March 1999): 75-92.

_____. "J. Gresham Machen and the Concern in His Early Works." *Chongshin Theological Journal*. Vol. V, No. 1 (February 2000): 82-100.

_____. "The Relationship between Theology and Culture in Machen's Theology." *Chongshin Theological Journal*. Vol. VII, No. 1 (February 2001): 3-19.

_____. "John Calvin's Ecclesiology." *Chongshin Theological Journal*. Vol. VII, No. 1 (February 2002): 3-19.

_____. "John Gresham Machen's Apologetic Method." *Chongshin Theological Journal*. Vol. VIII, No. 1 (February 2003): 176-97.

_____. "The Position of the Westminster Confession of Faith in the History of American Presbyterianism." *Chongshin Theological Journal*. Vol. IX, No. 1-2 (February 2004): 163-89.

_____. "The Subscription Controversy in the Tradition of American Presbyterianism." *Chongshin Theological Journal*. Vol. XI, No. 1 (February 2006): 68-90.

_____. "A Theological Appraisal of the Auburn Affirmation." *Chongshin Theological Journal*. Vol. XIII, No. 1 (February 2008): 44-85.

_____. "John Calvin and the Unity of the Church." *Chongshin Theological Journal*. Vol. XV, No. 1 (February 2010): 39-57.

_____. "The Tradition of Chongshin Theology." *Chongshin Theological Journal*. Vol. XVII, No. 1 (February 2012): 31-56.

____. "The Controversy on the Confessions in the Early History of the PCUSA." *Chongshin Review* 19 (February 2014): 81-99.

Paik, Jong Koe. *Constructing Christian Faith in Korea*. Diss. Leiden Univ./ Zoetermeer: Boekencentrum, 1998.

Pöhlmann, Horst Georg *Abriß der Dogmatik: Ein Kompendium*, fünfte Auflage. Gütersloh: Gütersloher Verlaghaus 1990.

5
최홍석 교수의 삶과 신학세계[1]

I. 들어가는 말

10년이면 강산도 변한다고 예로부터 말했으니, 31년이면 세 번도 더 강산이 변한 셈이다. 참으로 장구한 세월인 셈이다. 이 긴 시간 동안 최홍석 교수는 총신대학교 신학대학원의 조직신학교수로 재직하다가 이제 정년을 맞이하여 2016년 2월말에 퇴임을 하게 된다. 정년퇴임하시는 은사에 대한 글을 쓰게 되어 만감이 교차함을 느낀다. 학술적인 형태의 글을 써야 하지만, 이런 종류의 글을 건조한 스타일로 쓰기는 어려운 것 같다. 필자가 처음으로 은사를 만나 강의를 듣기 시작한 것은 신대원에 입학한 1990년 봄학기였다. 교수님에 대한 무성한 에피소드를 듣고서 입학한지라 기대가 되는 만남이었다. 처음엔 신학서론을 배웠고, 그후에 인간론, 교회론, 화란어 등을 배웠다. 그리고 암스테르담에서의 유학 기간 동안 교수님이 박사논문연구를 위해서 휴직하고 목회중이던 한인교회에 출석하면서 고등부 사역자로 동역할 수 있는 기회를 누렸다. 짧은 유학 기간을 마치고 돌아와 지방에서 오랜 기간 목회하는 동안엔 자주 교수님을 뵐 기회가 없었다. 그러다가 2003년 대학원에 입학하여 신학석사 과정을 이수하게 되면서 여러 과목을 들을 기회를 누리게 되었다. 그리고 최초의 신학석사 논문 지도를 받는 나름

---

[1] 본 장에 실린 글은 최홍석 교수님 정년퇴임 기념호로 발간된 「신학지남」 324 (2015): 85-135에 처음 공표되었음을 밝힌다.

의 영예도 누렸다.² 그리고 2012년 가을부터 총 7학기 동안은 교수님과 같은 조직신학 분과 후배교수로서 동사할 수 있는 기회도 누릴수 있게 되었다. 뒤돌아보니 교수님을 알게 되고 이도저모로 교제하게 된 세월이 만 26년이 차가는 셈이다. 교수님의 재직 기간의 거의 대부분을 차지하는 긴 시간이다. 교수님은 정년퇴임하게 되시는 것을 기쁘게 여긴다고 필자에게 고백한 적이 있다. 수 년 전부터 건강이 좋지 않기 때문이실 것이고, 복잡다난한 공직 생활에서 특유의 성격상 참고 인내하며 산 시간이었기 때문일 것이다. 이러한 원인 분석은 오랫동안 교수님을 지켜보아온 제자의 사적인 견해일수가 있다.

이제 이렇게 퇴임하시는 최홍석 교수의 삶과 신학세계를 개관하는 글을 쓰면서 여러모로 한계를 경험하게 된다. 필자의 역량의 부족 때문일 것이고, 한 신학자의 생애나 신학세계를 한편의 글에다 정리해야 하는 지면 제한성도 문제일 것이다. 그러나 더욱더 이 일이 어렵게 만드는 것은 교수님 스스로가 자신에 대해서는 거의 발언하지 않는 성격이기 때문이다. 강의나 설교뿐 아니라 개인적인 대화 속에서도 지나칠만큼 자신에 대한 이야기를 하지 않으려 하셨고, 개인적인 회고의 글도 찾아볼 수 없었을 뿐 아니라 직접적으로 이려저러한 질문을 드려도 자세한 답변을 해주지 않으셨다. 따라서 은사의 생애와 배경을 밝히는 작업은 난해한 일이 아닐 수가 없었다. 가까이에 있는 가족들에게 문의를 해도 마찬가지였다. 이러한 교수님의 성격은 1539년 사돌레토 추기경에 보낸 편지에서 밝힌 칼빈의 성격을 닮았는지도 모르겠다. 칼빈은 "나는 나 자신에 대해서 잘 말하지 않는다"(*de me non libenter loquor*)라고 밝히고 있기 때문이다.³ 그러나 칼빈은 시편주석 서문이나 수 많은

---

2 2004년 가을 최홍석 교수님의 지도하에 필자와 다른 두 원우가 석사논문을 썼고 통과되었다. 필자의 논문 제목은 "박형룡 박사와 화란개혁주의의 관계연구"이었다. 이 논문은 약간 수정된 형태로 이상웅, 『박형룡 박사와 개혁신학』 (용인: 목양, 2013), 8-180에 실려있다.

3 Calvin, *CO*, 5:389. 이상웅, 『박형룡 박사와 개혁신학』, 397에서 재인용. 이러한 칼빈의 성

편지글속에서나 혹은 제자 드 베즈나 꼴라동이 쓴 전기속에 많은 이야기들을 남겨주었다. 하지만 은사에 대해서는 그러한 자료들 자체도 거의 남긴 것이 없으니 더 심각하다고 할 수가 있다. 최홍석 교수를 생각하면 또 가슴에 떠오르는 문장이 있다. 그것은 17세기 뉴잉글랜드의 청교도였던 토머스 셰퍼드의 말이다. "바리새인의 나팔 소리는 마을 끝에서도 들리지만, 순박한 사람은 걸어서 마을을 통과하는 것조차 눈에 띄지 않는다."[4] 그러나 어차피 학교 혹은 학계의 관례에 따라 은퇴 특집 논총(Festschrift)을 간행하게 되고, 한 학자의 삶과 사상에 대해 조명하는 글을 실어야 하는 것이기에 용기를 내어 교수님께 몇 가지 질문을 드렸고, 많은 고민 끝에 답변을 주셨기에 본 논문의 정확도를 높이는데 도움을 주셨다.[5]

필자는 이 논문을 씀에 있어서 출간된 최홍석 교수님의 논저들과 관련된 학교들의 여러 자료들을 참고했음을 밝힌다. 아울러 몇 몇 분들의 개인적 증언들도 참고했음도 밝힌다. 본론에서 필자는 우선 최홍석

항에 대해서는 396-397에 있는 설명을 보라.

4 "A Pharisee's trumpet shall be heard to the town's end; when simplicity walks through the town unseen." 뉴잉글랜드의 청교도 토머스 셰퍼드목사의 말로 Jonathan Edwards, *Religious Affections, WJE 2* (New Haven and London: Yale University Press, 1959), 137에서 재인용함.

5 이하의 글에서 최홍석 교수의 답변은 2015년 5월 6일자로 필자에게 보내준 최홍석 교수의 답메일이라고 주에서 출처를 밝히도록 하겠다. 필자는 교수님께 질문을 드리면서 "이왕 특집호를 내는 김에 좀 더 정확하게 글을 쓸수 있도록 몇 가지 질문에 답변을 주시면 감사하겠습니다. 그렇지 않으면 상상력이나 정확하지 않은 정보에 바탕해서 글을 쓰게 되어 더욱 교수님께 누가 될까 걱정입니다. 제가 맡은 기고문이 삶과 신학적 관심사를 개관하는 일입니다."라고 요청했고, 교수님께서는 "부족한 자에 대해 신경을 쓰게 하여 송구스럽습니다. 이 교수님께서 요청하시기에 몇 자 적어 보냅니다(첨부). 그러나 사실 인간의 일이란 다 사라져야 할 것들이라고 평소 생각하고 있습니다. 글을 쓰실 이 교수님께서 요청하셨기에 단지 쓰시는 분의 이해를 돕기 위하여 몇 자, 적은 것뿐이오니, 쓰실 글의 내용 속에는 별로 사용할 내용이 없으리라 생각됩니다. 무익한 자로서 조용히 떠나가는 것이 유익하리라는 마음이 늘 생각을 사로잡습니다."라는 교수님다운 코멘트와 함께 답변을 주셨다. 그러나 이 논문을 쓰는 일에 있어서 최교수님의 메일은 중요한 기여를 하게 된다는 것을 곳곳에서 발견하게 될줄 안다.

교수의 삶의 여정을 기술하되 두 부분으로 나누어 II에서는 성장배경과 학업과정을 다루고, III에서는 총신에서의 교수생활을 다루어보려고 한다. 그리고 마지막으로 수 많은 논저들 속에서 드러나는 최교수의 신학적 관심사를 신학세계라는 명칭하에 개관해 보려고 한다(IV). 그러나 지면 제한상 최교수의 신학적 관심사를 언급하는 선에서 만족하려고 한다. 아울러 기회가 되면 후일에 스승의 신학을 깊이 분석하고 조명하는 작업을 해보려고 한다. 그러나 본 장에서는 은사의 삶의 여정과 신학적 관심사를 개관하는 선에서 멈추려고 한다는 점을 독자들은 이해해 주기를 바란다.

II. 최홍석 교수의 성장배경과 학업과정[6]

한 사람의 신학자나 사상가를 제대로 이해하고 평가할 수 있기 위해서는 그 사람의 전기적인 요소를 명확하게 알 필요성이 있다는 점은 대체로 동의하는 바이다. 최홍석 교수가 평생에 존경하고 열심히 연구한 학자인 헤르만 바빙크(Herman Bavinck, 1854-1921) 역시도 『개혁교의학』(*Gereformeerde Dogmatiek*) 속에서 "우리의 생각은 우리의 존재에 근거한다. 행위는 존재[됨됨이]에 뒤따른다(쇼펜하우어). 사람이 선택한 어떤 철학은 그가 어떤 사람인가에 달려 있다. 우리의 사고 체계는 자주 우리 마음의 역사일 뿐이다(피히테)"라고 말해 주고 있다.[7] 최홍석 교수의 경

---

6 본론에서 부터는 경칭을 일체 사용하지 아니하고 최홍석 교수라는 평칭을 사용할 것임을 밝힌다.
7 Herman Bavinck, *Gereformeerde Dogmatiek*, 2de ed. (Kampen: Kok, 1906), 1:337: "Ons denken wortelt in ons zijn. Operari sequitur esse (Schopenhauer). Was für eine Philosophie man wähle, hängt davon ab, was für ein Mensch ist. Unser Denksystem ist oft nur die Geschichte unseres Herzens (Fichte)." 김창원박사에 의하면 바빙크는 "행위는 존재[됨됨이]에 뒤따른다(*operari sequitur esse*)"라는 쇼펜하우어의 표현을 애호하여 그의 교의학에서 자주 인용했다: Bavinck, 『개혁교의학』, 1:491, 770;

우도 이러한 일반적인 상례에 벗어나지 않는다고 필자는 생각하여 먼저 최교수의 생애의 여정을 추적하여 정리해 보려고 한다.

1. 성장 배경(1951-1974)

(1) 어린 시절의 신앙배경

최홍석 교수는 1951년 1월 11일에 전영창 교장과 거창고등학교로 유명한 경남 거창군 거창읍에서 출생했다. 교회 출석의 배경에 대한 필자의 질문에 대해 최교수는 다음과 같이 답변을 해주었다.[8]

> 해방이 되고 6.25 동란을 거치는 어간에 온 가족이 복음화 되어, 고신교단 소속인 거창읍교회에서 신앙생활을 하였고, 저도 그곳에서 유아 세례(1953년)를 받았으며, 입교문답(1968년)을 하였습니다. 고신 교단에서 모(母) 교회로 생각하였던 교회에서 자랐기에 어릴 때부터 엄격한 신앙생활의 훈련을 받았습니다. 특별히 기억나는 것은 주일학교에서 좋은 선생님들의 신앙지도로 일찍이 십자가의 은총을 깨닫게 되었습니다. 아마도 초등학교 저학년 때로 기억됩니다. 주님의 십자가를 생각할 때, 죄 사함의 은총에 대한 감동이 자주 자주 생겨났던 기억이 새롭습니다. 그리고 그 이후, 중학교 시절, 담임 목사님(남영환)께서 갈라디아서 강해를 연속하여 설교하셨는데, 그 말씀들을 통해 복음의 이치를 분명히 깨닫게 되었습니다.[9]

2:671, 697; 3:676; 4:90, 99(김창원, "헤르만 바빙크(Herman Bavinck)의 언약 신학에 대한 연구"[철학박사, 백석대학교, 2014], 34, 각주1).
8 2015년 5월 6일자로 필자에게 보내준 최홍석 교수의 답메일.
9 이러한 최교수의 어린 시절의 신앙과 은혜 체험을 보면서 후일에 유학가게 되는 네덜란드 나더러 레포르마치(*Nadere Reformatie*, Dutch Second Reformation) 시기의 유명한 신학자 빌헬무스 아 브라컬(Wilhelmus à Brakel, 1635-1711)의 전기에 나오는 말들이 떠오른다: "To the great joy, wonder, and gratitude of both parents, it became evident at a very early age that the fear of the Lord was to be found in the young

주남선 목사가 시무한 교회이기도 한 거창읍교회는 고신교단의 모교회로 여겨지는 교회였다.¹⁰ 그리고 최교수가 출석하여 신앙교육을 받던 시기의 담임목사 남영환 목사(1915-2008)는 신앙적인 기개가 대단한 인물이었다.¹¹ 남목사는 일제 말 박형룡 박사가 교장으로 재직하고 있던 봉천 신학원에 재학하다가, 신사참배 거부로 학교에서 퇴학당하였던 신앙인이었다. 그리고 거창읍교회 시무시 구제품을 가져오는 일에 시간이 늦어져 주일 성수를 못하게 되는 일이 발생하자 경남노회에 스스로 고하고 6개월간의 근신 처분을 받은 것으로 유명하다고 한다. 바로 이와 같은 목회자 밑에서 자라면서 최교수는 은혜를 알되, 엄격한 형태의 신앙훈련을 받았던 것이다. 우리가 이러한 배경을 이해하게 될 때에 최홍석 교수의 공적인 삶의 자태도 이해할 수가 있을 것이다.¹²

Wilhelmus. At a later date he was at times compared with Obadiah who, by grace, was able and privileged to say, 'I thy servant fear the LORD from my youth.' Later in his life à Brakel said he knew of no change in his life. From his earliest years he remembers having had a great love for his Savior Jesus Christ."(W. Fieret, "Wilhelmus à Brakel," in: Wilhelmus à Brakel, *The Christian's Reasonable Service*, trans. Bartel Elshout, 4 vols. [Grand Rapids: RHB, 2015], 1:xxxi-xxxii).

10 주남선목사(1888-1951)은 항일 독립 투쟁, 신사참배 반대 운동가로 유명하며, 1931-1938어간에 거창읍교회 담임목사였다. 한편 거창은 항일 독립 투쟁에 있어서 거점중 하나였고, 해방후 여순반란 막바지에 양민학살 등으로 고통을 당하기도 한 곳이다(주정열, "주남선 목사의 생애와 사상 연구" [석사학위, 총신대학교 2001]).

11 남영환 목사에 대한 간단한 이력은 http://www.ksco:amdeo.com/news/articleView.html?idxno=1615(2015년 5월 7일 접속)을 참고하였다. 최홍석 교수와 고등학교 동기였던 이환봉 교수도 이 시절 거창읍 교회에 출석했고, 최근의 회상록에서 남목사의 신앙교육이 두 사람으로 하여금 교의학 교수의 길을 걸어갈 수 있도록 밑거름이 되었다고 회상했다(이환봉, "여호와 하나님을 기억하면서," 「갱신과 부흥」 16 [2015], 8).

12 어린 시절 그러한 남목사의 훈육하에 자란 최홍석 교수는 철저한 주일 엄수주의자가 되었다. 화란유학시에 남긴 유명한 일화가 회자되고 있다. 유학중 설교목사로 깜뻔과 암스털페인을 오가던 어느 주일 유력한 교인 한 사람이 최교수 가정을 모시고 유명한 오쿠라 호텔의 일식점에 갔다. 그러나 최교수는 기도를 한 후에 어릴적부터 주일에는 매식을 하지 않는다고 하는 소신을 정중하게 밝히고 깜뻔으로 돌아갔다고 하는 이야기이다.

(2) 거창고등학교 시절

최홍석 교수는 또한 경남 거창의 명문인 거창고등학교를 졸업했다. 이 학교는 익히 알려진대로 전영창 교장이 설립한 학교이다.[13] 아직 전 교장이 생존해있던 시기에 최교수는 고등학교 시절을 보내었다. 총신에서 역사신학 교수를 지낸 심창섭 교수는 몇 년 선배가 되기도 한다.[14] 교회에서는 남영환 목사의 교육이 학교에서는 전영창 교장의 훈육이 최홍석 교수의 신앙관과 가치관을 분명하게 결정지웠다고 해도 과언이 아닐 것이다. 전교장이 지양했던 인간상은 "1. 정의로운 인간, 2. 교양과 실력을 갖춘 글로벌 지식인, 3. 사회와 인류를 위해 봉사하는 인간"이었다.[15] 그리고 전영창교장의 정신이 분명하게 배어있는 거창고의 교육목표는 아래와 같다.[16]

사람은 모두 하나님의 뜻에 의해 고귀한 인격체로 이 세상에 태어났다.
인간의 존재 가치는 절대적인 것으로 그 무엇과도 비교될 수 없다.
이 세상에는 '나'만큼 귀한 '너'가 살고 있다.

---

[13] 전영창 교장은 1976년 수술 일정을 미루고 학교에 헌신하다가 순직했다. 고 전영창 교장 동상에 새겨진 추모의 글은 "불의 앞에서는 맹수보다 더 하시고 일신의 고난 앞에선 위대한 노예로 순진했던 이! 님은 살아 생전에 우리에게 빛과 소금이었고 죽어선 한 알의 밀알로 이 땅에 묻히셨도다."이다. 전교장의 정신은 심창섭교수와 최홍석 교수 등을 포함한 거창고등학교 출신들의 정신에 깊은 영향을 미쳤다고 할 것이다(http://cafe.daum.net/btfmr/34pO/73?docid=1GiPZ|34pO|73|20090210180817&q=%C0%FÇ%BF%B5%C3%A2&srchid=CCB1GiPZ|34pO|73|20090210180817. 2015년 5월 7일 접속).
[14] 23년간 최교수와 심교수는 총신대학교 신학대학원 동료교수로 재직했는데, 심교수는 1966년에 거창고를 졸업했고, 1973-1978어간에 거창고 교사를 역임하기도 했다(『심창섭교수 은퇴 기념 논문집: 세상속에 존재하는 교회 II』 [서울: 총신대학교출판부, 2011], 986-987).
[15] 조성국, "전영창, 학교의 목자 조국의 목자," 『참스승』 (서울: 새물결플러스, 2014): 217-223(조성국교수의 글 전체는 205-225에 실려있다).
[16] http://geochang-h.gne.go.kr/index.jsp…. 2015년 5월 9일 접속. 거창고등학교의 교육에 대해서는 배평모, 전성은, 도재원, 『울타리 없는 학교 거창고등학교 이야기』 (서울: 한걸음, 2000)을 참고할 필요가 있다.

'너'라는 존재는 이용의 대상이 아니라 사랑과 구원의 대상이며, 더불어 살아가야 할 나의 소중한 이웃이다.

교훈- 여호와를 경외하는 것이 지식의 근본 (잠언 1장 7절)

교육 목표- 기독교 정신을 바탕으로 한 민주 시민 양성

교육 시책- 기독교 정신을 바탕으로 한 자아 완성

- 능동적인 학습 활동을 통한 학력 신장
- 만남과 체험을 통한 자율성 교육국제화 시대를 선도하는 인재 양성학교

경영 방침- 본교의 교육 이념을 교육 과정과 그 현장에서 능동적으로 구현

- 학생들에게 자신의 자능과 소질을 발견하고 계발하는 기회를 제공
- 인간의 천부적 존엄성을 전제로 학생 중심의 교육 실현
- 학생 스스로 주체성을 지니고 공존의 삶을 훈련
- 기독교 신앙 교육, 인간 존중 교육, 바른 지식 교육의 추구

이러한 전교장의 교육철학이 청소년 최홍석의 신앙인격을 형성하는 데 크게 기여했을 것은 불문가지일 것이다.[17] 그리고 최교수의 거창고 재학시절을 기억하고 회상해준 신학자가 한분 있다. 고신대학교 신학과에서 오랫동안 가르치고 2015년에 정년퇴임한 이환봉 교수로서 최교수와 거창고 동창이기도 했고, 심지어 한때는 최교수의 방에 함께 기거하기도 했다고 한다. 이교수는 감사하게도 오래된 추억을 떠올려 답변을 해주었다. 이교수가 기억하는 고등학생 최홍석에 대한 짧은 추억을 옮겨 적어본다.[18]

거창고등학교 기숙사에 들어 가기전 한동안 최교수 공부방에서 함께 지냈지요 추억 속의 최교수는 옛 고향 놀이터의 맑은 샘터와 같습니다. 기

---

[17] 최홍석 교수의 거창고 동창 이환봉 교수도 전영창 교장이 학생들에게 미친 감화에 대해서 기술하였다(이환봉, "여호와 하나님을 기억하면서," 7-8).

[18] 2014년 7월 24일자로 이환봉교수가 필자에게 페북 메시지로 보내온 내용.

억에 남는 것은 어느날 손양원 목사님의 전기인 『사랑의 원자탄』을 돌려 가며 읽고 '우린 우째 이렇게 살 수 있을꼬?' 밤 늦게 이야기를 나누다 잠자리에 들었지만 서로 돌아누워 흐르는 눈물을 훔치며 제대로 잠을 이루지 못하였던 동화같은 그 날 밤의 기억이 새롭습니다. 고등학교시절 짓궂은 친구들이 붙여준 그의 별명이 '촌 색시'였는데 최교수는 학창시절부터 정말 '나실인'처럼 언제나 순수하고 겸손하였으나 말씀대로 살기 위해선 항상 진실하고 강직하였습니다, 누구에게든 항상 온화한 미소로 좋게 대해 주었고 많은 친구들로 부터 사랑을 받았지요.

지난번 총신 신대원에 종교개혁 특강을 위해 방문하였을 때 한 학생이 "최교수님은 총신대의 성자로 불리우십니다"라고 말해 주었을 때 변함없이 살아 온 친구의 옛 모습을 전해 듣는 듯하였습니다. 대학 진학시에 아마 부모님의 바람이었는지 공대에 진학하지만 나중에 자기도 신학을 하겠다던 말대로 마침내 신학을 지원하였고 서로 의논한 적도 없지만 전공도 같은 조직신학이어서 총신과 고신의 조직신학 교수로 각각 묵묵히 한 평생을 섬겨 오게 된 것은 우리의 남다른 감사이기도 합니다 주님이 사랑하시고 기뻐하시는 친구 최교수의 아름다운 은퇴를 축하하며 그동안 떨어져 있어 마음껏 나누지 못했던 우정을 더욱 새롭게 하길 기대합니다.

(3) 한양대학교 공대시절

고등학교 시절 절친한 친구가 회상한 대로 분명 최교수는 고등학교 시절에 이미 신학을 공부할 마음을 품고 있었다. 그러나 부모님의 바람에 따라 일단은 일반대학에 진학을 하게 된다. 고향을 떠나 서울 한양대학교 공대에 진학하여 공부를 하게 된 것이다(B. E.). 한양대에 재학하면서 최교수는 서울 동대문구 중화동에 소재한 중화동교회(고신교단소속)에 출석하면서 신앙생활을 하였다. 그 교회에는 후일에 반려자가 될 차명숙 사모와 그 동생 차재승도 출석하고 있었다. 이들은 당시 외대 화란어과 교수로 재직하고 있던 차영배 교수의 자녀들이었다. 현재 뉴 브문즈윅신학교에서 조직신학을 가르치고 있는 차재승 교수는 당시 주일학교 학생이었는데, 초등 5학년때 최교수는 차재승의 주교 교사였다. 인자하고 온화한 주교 선생의 감화를 받으며 차재승은 인상깊은 주일학교 시절을 보내었다. 그리고 후일에 어린 나이였지만 최홍석 교수가 자신의 자형이 된다는 사실에 기뻐했었다고 술회한다.[19]

2. 신학 수업 기간(1975-1984년)

한양대학교 공대를 졸업한 최홍석 교수는 1975년 봄에 총신대학교 신학연구원(= 신학대학원의 전신)에 입학을 하게 됨으로 신학공부를 하고 싶었던 청소년 시절의 소망을 성취하게 된다. 그리고 총신에서의 신학수업은 최교수의 신학의 기초를 놓는 기회가 되었다. 최교수는 신학연

---

[19] 2015년 5월 4일자로 보내온 차재승 교수의 이메일: "초등학교 5학년이었는지, 6학년이었는지 정확하지 않습니다. 주일학교 아이들을 가르치셨는데 늘 조용하셨고, 굉장히 성실하셨던 기억이 있습니다. 그래서 저의 큰 누님과 혼인얘기가 오갈 때, 혼인에 대해서 잘 몰랐던 제가 최홍석 교수님을 적극 지지했었던 기억이 있습니다." "또한 그후 지금까지 대화를 해보시면 신학적으로 주관심사가 무엇인지, 혹은 신학적인 경향이 어떠하다고 판단하시는지요? 전문적인 신학자이시니 드리는 질문입니다."라고 하는 필자의 질문에 대해서는 다음과 같이 긴 답변을 주었다: "일년에 한 두차례도 만나뵙기 어려웠기 때문에 신학적인 토론을 할 기회는 거의 없었습니다. 그저 몇 가지 기억하고 있는 것이 있습니다. 우선 제가 신학을 공부하겠다고 결정을 하고 나서 기도원에서 시간을 보내고 있었을 때 찾아오시어 신학에 대해서 얘기를 나눌 수 있는 기회가 있었습니다. 제가 가장 염려했던 문제는, 과연 "신학이 창조적인 학문인가?"라는 질문이었고, 최홍석 교수님의 대답은 일정한 테두리 안에서 신학함의 작업들이 창조적이고 창조적일 수 있는 여지가 있다는 점이었습니다. 신학에 문외한이었던 제가 그 때까지 받은 인상은 신학은 이데올로기와 비슷해서 이단논쟁에 주된 열정을 쏟아야 하는 유사학문정도였는데 최홍석 교수님의 긍정적인 답변으로 인해서 당시 가지고 있었던 우려의 상당부분을 덜 수 있었습니다. 그 이후에 박사과정을 공부하면서 잠시 한국을 방문했을 때, 한국의 신학을 이해하고 배우기 위해서 축자영감설에 대해서 몇가지 질문을 드린 적이 있고 축자영감설의 가치에 대해서 설명해 주셨던 기억도 있습니다. 최홍석 교수님의 신학적인 경향을 제가 논할 위치에 있는 것 같지는 않습니다. 단지 그 분의 인간학 가운데서 중간상태를 conditional duality로 설명하신 부분을 아직도 저의 강의에서 인용하고 있습니다." 차재승 교수는 웨스턴신학교(M. Div., Th. M.)와 암스테르담 자유대학교(Th.D.)를 졸업한 후에 미국 뉴브런즈윅신학교 조직신학 교수로 재직중이다.

구원 졸업 후에도 대학원에서 잠시 공부했고, 그후에 네덜란드 유학을 떠나게 되어 3년 반 동안 개혁신학을 연구하였다. 따라서 본 항목은 총신에서의 수업기간과 화란에서의 수업기간으로 나누어 논술하도록 하겠다.

(1) 총신에서의 신학수업 기간

최홍석 교수는 1975년에 총신대학교 신학연구원에 입학을 했다.[20] 그 시절의 신학교 형편은 아직 규모가 작고 열악한 면이 많았다. 그리고 신학생들의 삶은 대체적으로 가난하고 힘겨웠다. 신학연구원 시절의 형편에 대해서 최교수의 회상하는 바는 다음과 같다:[21]

> 기억을 더듬어보니, 총신에서 공부할 당시, 구약 분야에는 김희보, 최의원, 윤영탁 교수님, 신약 분야에는 박윤선, 박형용 교수님, 조직신학 분야에는 이상근, 신복윤, 차영배, 박아론 교수님, 교회사 분야에는 김의환, 홍치모 교수님, 실천신학 분야에는 김득룡, 정성구 교수님께서 계셨군요.[22] 그리고 강사들께서 각 분야에서 많이 도우셨지요. 물론 위의 교수님들은 제가 신학교에 재학하던 기간 동안, 통하여 배운 선생님들이시고, 위의 분들이 같은 기간에 모두 동시에 계셨던 것은 아닙니다.[23]

그 당시에는 현재의 신학교 형편에 비하면 학생들의 숫자나 학교의 규모

---

20 당시 신학연구원에는 61명이 등록했다(김요나,『총신 90년사』, 814).
21 2015년 5월 6일자로 필자에게 보내온 최홍석 교수의 이메일 답변.
22 최교수를 가르쳤던 총신의 은사들 가운데 박윤선 박사, 이상근 박사, 박아론 박사 등에 관해서는 22년 동안 최교수와 더불어 조직신학과 동료교수로 재직하고 은퇴한 김길성 교수의 『총신의 신학전통』 (서울: 총신대학교출판부, 2014), 51-83, 113-140, 169-184 등을 보라.
23 1975년 학교가 총회에 보고한 자료에 의하면 1975년 3월 1일자로 박윤선교수는 사임했다(김요나,『총신 90년사』, 814). 그리고 1976년 2월 28일자로 이상근, 최의원, 김의환, 이진태 교수 등이 사임했고, 동년 3월 1일자로 차영배, 김명혁, 윤영탁, 박형용교수 등이 신임교수로 부임했다(김요나,『총신 90년사』, 816).

가 훨씬 작았고, 신학 자료나 서적들도 부족하였지만, 진지한 태도로 열심히 공부하는 학생들이 많았던 것 같습니다.[24] 그리고 기억하기로 월요일 오후부터 금요일까지 공부하였던 것으로 생각되며, 저는 입학하여 1년간 사당동 기숙사 생활을 하였었는데, 사생들은 늘 배가 고팠지만, 사당동 뒷동산에 기도 소리가 끊임이 없었고, 원우들이 뒷동산에 송충이도 잡고, 리어카를 끌며 교정 마당 고르는 작업도 했건 기억이 납니다. 그 때만 해도 학생들의 근로 기회가 많았었습니다. 자연스럽게 신학수업을 노작교육과 병행한 셈이지요.[25]

그러나 최홍석 교수의 총신재학 기간 동안 가장 큰 영향을 미친 교수는 차영배 교수(1929-2018)라고 할 수가 있다. 1976년에 차영배 교수가 외대 화란어과를 떠나 총신의 조직신학 교수로 부임하게 된다.[26] 외부사역에 바빴던 차고수를 제외한 네 가족은 서울 동대문구 중화동에 소재한 중화동교회에 출석했기에, 최교수와는 아는 사이였지만, 차고수는 최교수와 총신에서 사제지간으로 처음 만나게 된 것이었다. 후일에 장인어른이 될 차영배 교수가 신학생 최홍석 교수에게 미친 영향은 컸다고 할 수가 있다. 차교수는 6년 동안 화란 깜쁜신학교(브루더벡소재)에서 신약과 교의학을 연구하여 독토란두스 학위를 취득한 후에 귀국하여 고신에서 강사로서 그리고 한국외국어대학교 화란어과 교수로 재직

---

[24] 최교수가 입학하던 당시 총신도서관의 소장 도서는 19,566권에 불과했다고 하니 최교수의 회상하는 바는 정확하다(김요나, 『총신 90년사』, 814).

[25] 최교수가 회상하는 건물 공사는 1975년 4월에 기공한 사당동 신관(과거 대학부 건물이라 불리던 건물) 건물을 가리킨다(김요나, 『총신 90년사』, 466, 825).

[26] "심산 차영배 교수 연보,": 『삼위일체론과 성령론』, 차영배 외 공저 (서울: 태학사, 1999), 37-38에 의하면 차교수는 화란에서 만 6년간(1965.2.-1970.12.) 신학을 공부한 후 귀국하여, 한국외국어대학교 화란어과 교수로 4년 반(1971.9-1976.2) 재직한 후에 최홍석 교수가 신학연구원 2학년으로 올라갔을 때인 1976년 3월게 조직신학교수로 부임을 하였다 (-1995.2.까지).

하였다.²⁷ 차교수는 당시 형편으로 봐서는 언어적 재능과 열정이 탁월해서 일본어, 영어, 독일어, 화란어, 라틴어와 성경 원어 등을 익숙하게 공부하였고 라틴어의 경우는 문법서를 출간하기도 했다.²⁸ 그리고 스킬더와 흐레이다누스가 총회측으로부터 치리당함으로 세워지게 된 신학교에서 공부를 하면서 화란 개혁신학, 특히 헤르만 바빙크의 신학에 심취하게 된다. 바로 이러한 점들이 귀국한 후에 차교수가 가르치는 곳마다 빛을 발하게 된 특징들이었다.²⁹

차교수가 총신 교수로 부임할 당시 2학년에 재학중이던 최홍석 교수는 차교수의 영향하에 헤르만 바빙크 신학과 화란어, 라틴어 등의 어학공부에 도전을 얻게 된다. 그리고 근면성실하고 꼼꼼하게 공부하는 학

---

27 차교수는 박윤선 박사의 제자로서 그 영향을 입어 깜쁜신학교에서 처음에는 신약학을 전공했으나 1966년 교단분열 사건후 지도교수가 은퇴를 하는 바람에 교의학으로 전공을 바꾸어서 L. Doekes교수의 지도하에 독토란두스 학위를 취득했다(논문제목: "Opvatting van K. Barth en P. Tillich over de zondeval in het paradijs," 1968.11). 그후 박사과정에 진학하여 계속해서 바빙크 연구에 심혈을 기울였으나 학위취득에 이르지는 못했다. 귀국한 후에 교수사역을 하면서 바빙크의 주저를 완역하려고 하는 프로젝트를 진행했으나, 결과적으로는 1권의 번안인 『(헤르만 바빙크의) 신학의 원리 : 신학서론』 (서울: 총신대학 출판부, 1983)를 출간하는데 그쳤다. 그의 독자적인 개혁교의학 시리즈 중 유일하게 출간된 『改革敎義學 (2/1) : 三位一體論(神論)』 (서울: 총신대학출판부, 1982) 역시도 바빙크의 주저를 많이 참고하고 있다(이상웅, "헤르만 바빙크와 그의 주저 개혁교의학," 「신학지남」, 318 [2014 봄]: 59. 각주 7).

28 오병세, "축사," 『삼위일체론과 성령론』, 27.

29 차영배 교수에게 깊은 영향을 입어 네덜란드 개혁신학에 관심을 가지게 되었다고 고백하는 강영안교수(서강대 철학과 명예교수)의 회상에 의하면, 차교수가 외대 화란어과에서 강의할 때도 바빙크의 *Magnalia Dei* (Kampen: Kok, 1909, 1931)를 읽혔다고 한다. 그리고 차교수가 1970년대 초반 갓 귀국하여 고려신학교에서 강의를 할 때에 어떠한 방식을 취했는지를 자세하게 술회한 적이 있다: "차교수님의 강의는 이전까지 들은 강의와 확연히 달랐어요... 교수님은 그 때 헤르만 바빙크의 『개혁교의학』(*Gereformeerde Dogmatiek*)을 가지고 강의를 하셨어요. 번역을 해온 부분은 그냥 읽으시고 그렇지 않으면 네덜란드어 원본을 펼쳐 두고 죽죽 번역해 내려가는 식이었어요. 네덜란드에서 돌아오신 지 얼마 되지 않을 때라 눈으로는 네덜란드어 원본을 보면서 입으로는 번역을 해가면서 때로는 주석을 덧붙인 강의였지요. 눈이 번쩍 뜨였어요. '야, 저런 신학도 있구나!' 참으로 놀라운 경험이었지요."(강영안, 양희송, 『묻고 답하다』 [서울: 홍성사, 2011], 239-240).

생이었던 최교수는 차교수가 가르치던 과목 시험지를 탁월하게 써서 눈에 뜨이게 되었다고 한다. 그러나 항상 말없이 강의 듣는 일에 열중했던 최교수가 후에 자신의 사윗감이라는 소식에 다소 놀랐다고 술회하기도 한다. 최교수와 차교수의 장녀 차명숙사모를 중매한 것은 최교수의 고모였었다. 최홍석 교수와 차명숙 사모는 신학연구원 졸업을 앞둔 1977년 12월에 결혼하였고, 슬하에 아들 영준군과 딸 수산양을 두었다.[30]

일반적으로 총신대 재학중일 때에 교육전도사로 사역을 시작하게 되는데 최홍석 교수도 예외가 아니었다. 총신에 입학한 해인 1975년 8월부터 대학시절부터 출석하고 있던 고신교단 소속의 중화동교회에서 교육전도사로 사역하기 시작해서 1977년 1월까지 시무했고, 구로구 독산동 소재 신일교회(합동측, 담임 전우덕목사시무)에서 1977년 7월 17일에 교육전도사로 부임해서, 1978년에 강도사 인허를 받았고, 1979년 10월에 목사안수를 받고 부목사로 청빙을 받아, 1979년 12월 31일 시무사면하기까지 사역을 했다.[31]

그리고 1979년에 총신대학교 대학원에 진학하여 1년간 조직신학 공부를 하였다.[32] 공부를 마무리짓지는 못했으나 1년 동안 신복윤교수와

---

[30] 최교수는 1978년 2월 17일에 총신 71회로 졸업했다. 신학연구원, 교역자연수원 등을 포함하여 총 167명이 졸업했다. 현재의 규모에 비하자면 1/3수준이었다. 그리고 신학연구원을 같이 졸업한 이들 가운데는 권성목, 정훈택, 이근수, 안재은, 홍정식 목사 등과 같은 이들이 있었다(김요나, 『총신 90년사』, 920-921).

[31] 「신일교회 요람」과 2015년 5월 6일자로 필자에게 보내온 최홍석 교수의 이미일 답변. 이 논문을 쓰는 과정에서 최교수가 부목사로 사역했던 신일교회 출석중인 정회웅 형제를 알게 되었다. 정형제는 신일교회 재직시절의 최교수에 대한 이야기를 한 자락 소개해주었다: "최홍석 교수님께서 전도사 시절 제가 다니고 있는 교회에서 사역을 하셨다고 하더라고요... 사람에게 좀 인색(?)하신 저희 아버지 조차도 최교수님에 대해서 좋게 말씀하시는 걸 보면, 늘 겸손하고 한결 같은 성품을 갖고 계시는 분이구나 … 라는 생각을 하게 되네요~~".

[32] 그전에도 총회 인준과정으로 대학원이 운영되고 있었으나 문교부로부터 Th.M.과정을 공식적으로 인정받고 시작하게 된 것은 1978년 2월 15일에 되어진 일이다(김요나, 『총신 90년사』, 471).

차영배 교수의 지도를 받아 조직신학을 전공했고,³³ 이미 은퇴했다가 다시 대학원장으로 초청되어 온 박윤선교수에게서 신약을 공부했다. 그리고 재학기간 동안 총신대학교 신학부 조직신학 분야의 조교로 일하면서 조직신학 분야 교수들의 사역을 돕는 일을 하기도 했다.³⁴ 하지만 계속해서 신학석사(Th. M.)학위를 취득하는데까지는 전진하지 않았다. 1979-1980년 어간의 총신의 혼란스러운 상황속에서 계속해서 학업을 감당한다는 것이 어려웠을지 모르겠다.³⁵

(2) 화란 깜뻔에서의 유학기간(1980-1984)

최홍석 교수는 총신대학원에서의 학업과정도 중단하고, 신일교회에서의 부목사직도 시무사면하고 난 1980년에 들어서 화란 유학 준비에 집중했다. 그리고 드디어 1980년 가을에 신학연구원에서 같이 공부했던 정훈택 목사 가정과 함께 깜뻔신학교로 유학을 떠나게 되었다. 여러 모로 사정이 어려웠던 시절이었지만, 최교수의 장인 차영배 교수의 주선에 힘입어 전면 장학금을 받기로 하고 간 유학 길이었다. 당시 깜뻔에는 두 개의 개혁파 교단 신학교가 있었다. 하나는 1854년에 세워진 화란개혁교회 교단신학교이고, 또 다른 신학교는 1944년 동교단에서

---

33 신복윤교수(1926-2016)는 장로회신학교 시절 박형룡 박사에게 신학을 공부했고, 캘리포니아 신학대학원(California Graduate School of Theology, Ph. D.)을 졸업한 후 귀국하여 총신 조직신학 교수로 재직하다가 합동신학교로 옮겨가서 총장을 지내고 은퇴했다 (http://ko.wikipedia.org/wiki/%EC%8B%A0%EB%B3% B5% EC%9C%A4. 2015년 5월 9일 접속). 루이스 벌코프의 저서들을 번역하기도 했다. 최홍석 교수는 차교수의 강의에서는 바빙크 신학의 중요성을 배우고, 신복윤 교수나 박아론 박사의 강의를 통해서는 박형룡 신학의 중요성을 배웠을 것이라고 사료된다.

34 2015년 5월 6일자로 필자에게 보내온 최홍석 교수의 이메일 답변. 박윤선박사는 1974년만 69세로 은퇴하고 미국에 체류중이면서 주석 완간 작업을 하고 있었는데, 비주류측이 이탈한 후 혼란스러운 총신의 대학원장으로 1979년에 부임하였다가, 1980년 합신으로 옮겨갔다(100년사편찬위원회 편, 『총신대학교 100년사』 전3권 [서울: 총신대학교출판부, 2003], 1:731-733).

35 그 혼란스럽고 분열들이 발생했던 시기의 역사는 김요나, 『총신 90년사』, 472-516과 100년사편찬위원회 편, 『총신대학교 100년사』, 1:716-765 등을 참고하라.

발생한 스킬더와 흐레이다누스 교수 치리 사건으로 인해 분리하게 된 해방파 신학교 교단 신학교였다.³⁶ 사실 학교 규모의 차이는 아니지만, 전자를 대깜쁜신학교 후자를 소깜쁜신학교로 부르기도 한다. 혹은 전자는 아우더스트라트(와 꼬른마르크트)에 소재하고 있어서 그 이름을 부쳐서 부르기도 하고, 후자는 브루더벡(Broederweg, '형제의 길'이라는 뜻)에 소재하고 있기에 그 이름을 부쳐서 부르기도 한다. 최교수와 정교수가 유학을 간 곳은 아우더스트라트(와 꼬른마르크트)에 소재한 깜쁜신학교였다. 1854년에 설립되었으며, 헤르만 바빙크가 19년 동안 교의학교수를 지낸 곳이자, 얀 리덜보스와 그의 아들 헤르만 리덜보스가 교수했던 곳이기도 하다. 한인 중에는 고 강유중 교수가 최초로 이 신학교에서 유학하여 독토란두스 학위를 취득한 바가 있는 곳이었다.³⁷

네덜란드도 현재는 다른 나라들의 학제(즉, BA와 MA 시스템)를 수용하였지만, 최교수가 유학갔던 당시의 깜쁜신학교는 구학제를 유지하고

---

36 흔히 깜쁜신학교로 호칭을 하지만, 사실 깜쁜은 신학교 소재지를 가리킬 뿐이다. 정식 명칭은 Theologische Universiteit van de Gereformeerde Kerken in Nederlad te Kampen이다. 그리고 1854-1939년 까지는 Theologische School이었고, 1939년에 Theologische Hogeschool이 되었으며, 1986년에야 Theologische Universiteit가 되었다. 최교수가 공부했던 시기(1980-1984)에는 아직 Theologische Hogeschool van de Gereformeerde Kerken in Nederlad te Kampen 이라 불리우던 시절이다. Hogeschool은 영어로 옮기면 Highschool이 되는데, 고등학교로 번역하면 아주 빗나가는 번역이 된다. 그냥 신학교라고 옮기는 것이 합당하다. 깜쁜신학대학교는 시기마다 역사서를 여러 번 간행한 적이 있는데, 가장 최신의 것들이 최교수의 유학시절을 이해하는데 도움이 될 것이다: Beatrice de Graaf en Gerrit van de Klinken, *Geschiedenis van de Theologische Universiteit in Kampen 1854-2004* (Kampen, Kok, 2005); J. van Gelderen en C. Houtman, *Profiel. Theologiebeoefening in kampen 1970-1990* (Kampen: Kok, 2004); P. N. Holtrop, Passion of Protestants(Kampen: Kok, 2004).
37 강유중교수는 자유대학교를 거쳐 깜쁜신학교에 진학을 해서 헤르만 리덜보스 교수의 지도하에 독토란두스 과정을 이수했다(1970-1973년). 그의 힘겨워 보이는 유학생활에 대한 자서전적인 기록은 강유중, 『Veritas Dei: 신학논설 제 II집』 (서울: 요단, 1985), 505-507을 보라. 그는 독토랄 스투디를 진행하는 중에 헤르만 리덜보스의 주저중 하나인 『바울』(*Paulus. Ontwerp van zijn theologie* [Kampen, Kok, 1966], 656 pp.)에 대한 구두시험을 두 번이나 낙제하고 세 번째에야 겨우 합격을 할 수가 있었다고 자술하고 있다 (506-507쪽).

있었다. 최교수가 이수한 과정을 이해할수 있기 위해서 구학제에 대한 설명을 간략하게 해보도록 하겠다. 화란에서 인문고등학교(Gymnasium)를 졸업하고 나면 예과(propedeuse) 과정을 거쳐, 깐디다츠 엑사먼(kandidaatsexamen)을 치루기 위한 공부들을 진행하게 된다. 영어로는 이 과정을 학사과정(B.A.)이라고 부를 수가 있다. 그리고 구학제의 깜쁜신학교에서는 이 깐디다츠엑사먼에 통과하고 교단이 시행하는 목회자 후보생 고시에 합격하면 바로 목회를 시작할 수가 있었다.38 그래서 20세기 화란교회 역사를 읽다보면 목회자들이 Ds(= Dominee 목사) 호칭만 표기한 경우들을 많이 보게 된다. 적지 않은 이들은 목회를 하면서 독토란두스 과정을 이수하기도 했다. 따라서 담임목회를 하는데 있어서 독토란두스 과정을 이수하는 것은 필수적인 과정은 아니었던 것이다. 아무튼 깐디다츠 엑사먼을 치루고 나면, 독토랄 스투디(doctoraal studie)을 진행할 수 있게 되는데, 이 과정에서는 주로 교수와 학생간의 1대 1 구두 시험으로 진행하게 된다. 주전공이 정해지고 나면, 지도교수와 의논해서 부전공 두 개를 정하고, 각 교수들이 지정해주는 수 천페이지에 달하는 주요 문헌들을 충분히 읽고 소화하여 시험 시간을 예약하여 만나서 구두로 시험을 치루게 된다. 구두시험은 부과된 참고문헌 구석 구석을 잘 읽었는지에 대한 테스트이기 때문에 경험자들에게는 정말 두렵고 떨리는 경험이 될 수밖에 없다. 이와 같은 독토랄 스투디 과정이 끝나고 나면, 마지막에 요구되는 것은 바로 독토란두스 논문(화란어로 독토랄스크립치 *doctoraalscriptie*라 부름)이다. 논문을 써서 제출하고 방어식에 통과를 하게 되면 소위 독토란두스(*Doctorandus*, 여성의 경우에는 *Doctoranda*)학위를 취득하게 된다.39

---

38 그러한 구제도 아래에서 목사가 되었던 C. Veenhof나 J. Kamphuis(두 사람 다 브루더벡 소재 깜쁜신학교 교수였음) 등은 박사학위는커녕 독토란두스 학위도 없이 교수직에 있었고, 박사제자들도 길러내기도 했다.

39 독토란두스라는 말은 영미식으로 하면 모든 코스웍을 마치고 박사논문만 남겨 놓은 박사

그러면 이제 최홍석 교수가 화란에서 이수한 학업과정을 설명해 보도록 하겠다. 일단 한국에서 신학 기초과정과 대학원 1년 과정 공부를 했고, 목사이기 때문에 독토란두스 과정에 바로 입학할 수 있었지만, 학교는 두 가지의 선결요건을 요구했다. 하나는 화란어를 배우고 익히는 것이었는데, 이를 위해서 화란어 교사에게 개인 교습을 받아야 했다. 그리고 또 다른 선결요건은 신학 전 분야에 대한 기초를 다지는 일이었다. 최교수의 자술하는 바에 의하면 다음과 같은 과목들이 포함되었다.[40]

> 화란에 도착하여 우선 화란어 학습기간을 가졌고, 그 후, 구약(E. Noort 교수), 신약(H. Baarlink 교수), 교리사(G. P. Hartvelt 교수), 선교학(A. G. Honig 교수), 교회사(A. J. Jelsma) 윤리학(G. Th. Rothuizen 교수) 과목들을, 담당교수님들께서 주시는 필독도서들을 받아 스스로 공부하며 연구한 후, 각각의 교수님 앞에서 구술시험 통과하는 방식으로 공부하였지요.[41]

최홍석 교수의 화란 유학기간이 3년 반이라고 하는 시간이 걸렸다고 하는 것을 이해하는데 이런 과정에 대한 이해가 필요하다고 생각된다.

후보생(Ph. D. candidate)과 동급이라고 할 수가 있다. 그런데 이 학위를 Drs.라 약칭을 하기 때문에 doctors의 준말로 이해하는 어처구니 없는 일도 벌어지기도 했었다(허순길, 『은혜로만 걸어온 길』, 135). 신학제에서는 독토란두스가 없어지고 MA라고 부른다. Cf. http://nl.wikipedia.org/wiki/Doctorandus. 2015년 4월 20일접속.

40 2015년 5월 6일자로 필자에게 보내온 최홍석 교수의 이메일 답변.
41 당시 깜뻔신학대학교의 구약 교수는 Edward Noort(1944- , 1979-1989재직), 신약 교수는 정훈택교수의 지도교수이자 헤르만 리덜보스의 후계자인 Heinrich Baarlink(1927- , 1979-1989재직), 고의학 교수는 G. P. Hartvelt(1921- , 1966 교회사, 1973-1986 교의학 교수), 선교학 교수는 A. G. Honig (1915-1998, 1967-1984재직)와 J. T. Bakker(1924-2012, 1957 실천신학, 1967-1988 교의학교수), 교회사 교수는 A. J. Jelsma(1933- , 1978-1998재직), 윤리학교수는 G. Th. Rothuizen (1926-1988, 1964-1987재직)과 실천신학 교수는 끌라스 루니아 교수 등이었다(De Graaf en van de Klinken, *Geschiedenis van de Theologische Universiteit in Kampen 1854-2004*, 358-359).

이런 기초 다지기 과정을 마치고서 최교수는 독토란두스 과정을 본격적으로 시작하게 된다. 끌라스 루니아(Klaas Runia, 1926-2006)의 지도를 따라 실천신학을 전공 과목(hoofdvak)으로, 바꺼르가 담당하고 있던 교의학과 오꺼 야허르(Okke Jager, 1928-1992) 박사가 담당하고 있던 대중전달법(Massa-communicatie) 등 두 과목을 부전공(bijvak)으로 공부하게 되었다.[42] 앞서 이야기했듯이 각 과목들은 담당교수가 읽으라고 요구하는 수 천 페이지에 달하는 문헌들을 읽고, 정한 시간에 교수에게 구두시험을 치르는 방식으로 진행되었다. 최교수가 실천신학을 루니아의 지도하에 전공하게 된 점에 대해서 약간의 설명이 필요한 줄 안다.[43] 차영배 교수에게 필자가 들은 바에 의하면, 최교수가 실천신학을 선택하여 공부하게 된 것은 차교수의 추천을 따라 끌라스 루니아 교수의 지도하에 공부할 수 있기 위해서였다고 한다.

　수 년간 한 선생의 지도하에 공부를 하고, 인격적인 교제를 하다 보면 지도교수의 영향을 많이 받을 수밖에 없다는 것은 당연지사일 것이다. 따라서 총신에서의 차영배 교수와의 만남에 이어, 최교수의 삶과 신학세계를 이해하기 위해서는 그의 독토란두스과정 지도교수였던 끌라스 루니아 박사에 대해 살펴볼 필요가 있다고 생각된다.[44] 루

---

[42] 오꺼 야허르는 원래 베르까워의 지도하에 조직신학 논문으로 학위를 취득한 학자이며 (그러니까 바꺼르, 루니아 등과 더불어 동문수학한 사람이다), 1923년부터 깜뻔신학교 hoofdmedewerker/ hoofddocent(우리나라로 치면 조교수, 부교수)로 재직하면서 윤리학, 복음전도학 그리고 대중전달법 등을 가르치다가 1988년에 은퇴했다(A. J. Jelsma, "Vereerd en gewantouwd," in *Profiel: Theologiebeoefening in Kampen 1970-1990*, 311-323).

[43] 동료 정훈택 교수는 헤르만 리덜보스의 제자이자 후계자가 된 하인리히 바알링크 (Heinrich Baarlink)의 지도하에 신약학을 전공하고, 박사학위를 취득하게 된다(1989년). 정훈택 교수에 대해서는 안인섭, "개혁신학의 견인차: 고 정훈택 교수와 캄펜신학대학교,"「신학지남」317 (2013 겨울): 191-203을 참고하라.

[44] 끌라스 루니아의 생애 이력과 저술목록에 대해서는 David T. Runia (ed.), Bibliography of the Writings of Professor Klaas Runia 1926-2006 (2010년; http://theologicalstudies.org.uk/pdf/runia-bibliography.pdf. 2015년 5월 2일 접속)을 참고하였음을 밝힌다. 데이빗 루니아(1951-)는 끌라스 루니아 교수의 아들로서 자유대학교

니아는 20세기 화란개혁교회의 유명한 신학자, 교정가 그리고 저널리스트였다. 그는 암스테르담 소재 자유대학교 신학부에서 공부했으며, 그 유명한 베르까워(G. C. Berkouwer, 1903-1996) 교수의 지도하에 바르트의 시간관 연구로 학위를 취득하였다.[45] 즉, 루니아도 분명히 조직신학 전공자였던 것이다. 그래서 루니아의 교수생활의 첫 이력은 조직신학 교수로 시작을 했다. 학위를 취득한 이듬해인 1956년에 그는 오스트레일리아 지롱(Geelong)에 소재한 개혁신학대학(Reformed Theological College in Geelong, Australia)의 조직신학 교수로 부임하게 된다. 그곳에서 그는 영어르 개혁신학을 강의했으며, 대학들과 신학교 등에서 많은 영향력을 행사했다. 그는 또한 개혁주의 운동에도 열정적으로 참여하여 1968-1976년 어간에는 개혁주의 에큐메니컬 협회(Reformed Ecumenical Council)의 회장직을 수행하기도 했다. 무려 15년간이라는 호주에서의 교수생활을 정리하고 다시금 화란으로 돌아오게 된 것은 1971년 깜뻔신학교의 실천신학교수직 임명에 응해서였다. 조직신학 교수직을 15년 지낸 후, 루니아는 깜뻔에서 21년간 실천신학 교수로 개혁교회 목사후보생들을 기르게 도 였다.[46] 그는 교단내 벌어지는 일들에 적극적으로

철학부에서 필로 연구르 박사학위를 취득한 후에 자유대학교, 레이든대학교, 그리고 멜버른대학에서 철학 교수로 재직했으며, 필로 전문가로 국제적인 명성을 얻었다(H. E. S. Woldring, Een handvol filosofen: Geschiedenis van de filosofiebeoefening aan de Vrije Universiteit in Amsterdam van 1880 tot 2012 (Hilversum: Verloren, 2013), 256, 365, 412, 416, 417, 475 등.

45 Klaas Runia, *De theologische tijd bij Karl Barth. Met name in zijn anthropologie* (Franeker: T.Wever, 1955). 그의 나이 29세일 때 박사학위를 받았고, 같은 베르까우어의 지도하에 동문수학한 유명한 신학자들로는 H. M. Kuitert, J. T. Bakker, H. Wiersinga, Fred H. Klooster, Lewis B. Smedes 등이 있다.

46 루니아는 특히 실천신학개론과 설교학강의에 집중하되 주로 조직적인 접근을 했다. 그리고 실천신학내 다른 과목들은 여러 도센트들이 분담해서 가르쳤다(예컨대, G. N. Lammens, K. A. Schippers, G. Heitink, J. H. van der Laan en H. R. Juch 등). 이 가운데 판 데어 란 박사는 루니아 교수의 후임교수가 되어 1993-2002년 어간에 실천신학 교수로 재직했다(E. van der Veer, "Constant en consistent. Prof. K. Runia," in *Profiel: Theologiebeoefening in Kampen 1970-1990*, red. J. van Gelderen en C. Houtman

참여했으며, 개신교 주간지 *Centraal Weekblad*의 편집장(1972-1996), 프리슬란트주 기독교 일간지 Friesch Dagblad의 편집위원장(1977-1995)으로 활동하기도 했다.⁴⁷ 그리고 1961년 이래로 급변하고 있던 화란개혁교회 내에서 루니아는 보수적인 개혁신학자로 자리를 굳혔다.⁴⁸ 그는 깜쁜신학교 학장직을 오랜 기간 동안 수행하기도 했다(1975?79, 1986-1990). 깜쁜신학대학 교수직을 퇴임하던 1992년엔 화란 왕실이 수여하는 기사작위(Ridder in de Orde van de Nederlandse Leeuw)를 수여받는 영예를 누리기도 했다.⁴⁹

이렇게 베르까우어 제자들 가운데는 가장 보수적인 진영에 속했던 끌라스 루니아 교수의 지도하에 최홍석 교수는 실천신학, 특히 설교학(homiletiek)을 주전공으로 택하여 공부를 하게 된 것이다. 그리고 두 개

[Kampen: Kok, 2004], 283, 408. 루니아 교수에 대해 기술한 279-290을 보라).

47 이름이 -a로 끝나는 화란인들은 그 조상들이 프리슬란트주 출신이라는 뜻인데(Geertsema, Plantinga 등), Runia 역시 프리슬란트 주 아우더스코트(Oudeschoot) 출신이다.

48 영어로 출간한 여러 저술들만 읽어보아도 우리는 그의 신학적인 경향을 잘 헤아려 볼 수가 있다: *Karl Barth's Doctrine of Holy Scripture* (Grand Rapids: Eerdmans, 1962); *I Believe in God… Current Questions and the Creeds* (London: Tyndale Press, 1963, Second edition, 1968); *Reformation Today* (London: Banner of Truth, 1968); *The Sermon under Attack* (The Annual Moore College Lectures, Sydney (Exeter: Paternoster Press, 1983); *The Present-day Christological Debate*, (Leicester: IVP, 1984). 필자는 차영배 교수가 최교수의 지도교수로 루니아를 추천한 것은 바로 그의 보수적인 신학 성향 때문이었다고 생각한다. 대화중에 "그를 만나보니 좋았다"는 표현을 썼지만, 신학적 성향을 가리킴에 분명하다. 그리고 필자는 - 개인적 독서체험에 근거해서라도- 바르트의 성경관에 대한 균형잡힌 개혁주의적 논구와 비평서로서 루니아 교수의 *Karl Barth's Doctrine of Holy Scripture* (Grand Rapids: Eerdmans, 1962)를 능가하는 책이 없다는 것을 지적하고 싶다. 필자는 최교수의 대학원 수업시간에 "말씀의 신학자 칼바르트"에 대한 텀페이퍼를 작성하면서 루니아의 이 저작을 철저하게 읽어 본 적이 있어서 루니아교수의 신학 사상이 얼마나 역사적 개혁주의에 입각하고 있는지, 따라서 화란에서도 보수적이다는 평을 받는지를 분명하게 확인할 수가 있었다.

49 그의 은퇴를 기념하여 동료들과 제자들은 *In het krachtenveld van de geest. Bundel aangeboden aan prof. dr. Klaas Runia bij diens afscheid als hoogleraar Praktische Theologie aan de Theologische Universiteit te Kampen* (Kampen: Kok, 1992)을 헌정했다.

의 전공 중 눈여겨 볼만한 것은 바로 교의학(dogmatiek) 과목이다. 최교수가 본래 공부하고 싶었던 과목이 바로 교의학이었다. 당시 깜쁜신학대학교에서 교의학 교수직은 루니아처럼 베르까우어의 지도하에 루터 연구로 학위를 취득한 바꺼르 (Jan T. Bakker, 1924-2012) 교수가 재직하고 있었다.[50] 그는 화란개혁교회에서 루터를 전문적으로 연구한 최초의 학자라고 인정되는 듯자이다. 1957년 깜쁜신학대학의 교수로 부임한 바꺼르는 초기에는 실천신학교수로 재직하다가, 뽈만(A. D. R. Pclman, 1897-1993) 교수가 은퇴한 1967년에야 교의학교수가 되어 1988년까지 재직하게 된다.[51] 12년은 실천신학교수로 그리고 칼 바르트나 미스코테, 노르트만스와 같은 국교회 신학자들에게 심취하여 있었다.[52] 우리는 바꺼르의 신학적 경향과 루니아의 신학적 경향이 다르다는 점을 눈여겨 보아야 한다.[53] 최교수 스스로도 이 점에 대해서 잘 술회해 주고 있기 때

---

[50] 바꺼르 교수는 루터신학 연구로 학위를 취득했고, 루터와 관련하여 몇 권의 저술도 출간한 바가 있다. Jan T. Bakker, *Coram Deo. Bijdrage tot het onderzoek naar de structuur van Luthers theologie* (Kampen: Kok, 1956); *Eschatologische prediking bij Luther* (Kampen Kok, 1964); *Luther na 500 jaar teksten, vertaald en besproken* (Kampen: Kok, 1983, *Door het donkere venster van het geloof. Teksten van Maarten Luther. Sleutelteksten in godsdienst en theologie* 18 (Zoetermeer: Meinema, 1993). Cf. 이상웅, "헤르만 바빙크의 『개혁교의학』에 사용된 참고 문헌 분석," 「신학지남」 322 (2015 봄): 95. 각주 30.

[51] De Graaf en van de Klinken, *Geschiedenis van de Theologische Universiteit in Kampen 1854-2004*, 358; Gerrit Neven, "Jan Taeke Bakker (1924-2012), leraar in de theologie," *Friese Dagblad*, dinsdag, 21 februari 2012(http://www.frieschdagblad.nl/index.asp?artID=58599. 2015년 5월 2일 접속).

[52] Graaf en Klinken, *Geschiedenis van de Theologische Universiteit in Kampen 1854-2004*, 253. "Bakker 1924) bracht een oriëntatie op de dialektische theologie van Karl Barth op gang. Hij gaf de systematische vakken. In de Nederlandse theologie bestreede hij vooral aandacht aan O. Noordmans en K. H. Miskotte. Dat betekende dat er meer aandacht aan de verhouding tussen bijbelse openbaring en ervaring werd besteed, een verband dat niet meer zo vanzelfsprekend werd gelegd." 또한 G. Douma en M. E. G. de Zeeuw, "'Kan het anders?' In gesprek met professor J. T. Bakker," in *Profiel: Theologiebeoefening in Kampen 1970-1990*, 93-120을 보라.

[53] 앞서 소개한 깜쁜신학대학교(총회측)의 최초 한국유학생이었던 강유중박사 역시도 바꺼

문이다.[54]

그 후, Klaas Runia 교수 아래서 설교학을 공부하였는데, 원래 Runia 교수님께서 조직신학을 전공하셨지만, 당시 Kampen 신학교의 실천신학교수로서 설교학을 비롯한 관련 분야들을 가르치셨지요. 그래서 설교학을 공부하면서도 교의학에 많은 관심을 가지고, 특히 바빙크의 교의학과 화란 개혁파 신학에 관심을 가지고 공부할 기회가 있었지요. 그리고 교의학 교수였던 J. T. Bakker교수님에게서 교의학 자료들을 받아 연구하였는데, M. Luther와 K. Barth 관련 자료들이었지요. 그분은 바르트적 성향을 가진 분이었는데, 저는 바르트의 오류들을 알고 있었고, 또한 K. Runia 교수님의 바르트에 대한 비판적 관점을 동의하며, 저의 입장, 역시 그때나 지금이나 정통적인 개혁신학의 입장에 서 있습니다.

최교수는 바꺼르의 지도하에 교의학을 연구하고 구두시험을 치루었다. 스스로 바빙크와 개혁신학에 대한 연구도 병행했다. 최교수의 독토란두스 논문에는 바빙크의 『개혁교의학』(Gereformeerde Dogmatiek, 3rd ed. 1918)을 비롯한 여러 교의학적 저술들에 대한 참조가 확인되어진다.[55]

르교수에게 교의학 부전공 시험을 치루었다. 강박사의 회상하는 바에 의하면 바꺼르는 "얌전하고 예리한 분"이었고 "그러나 까다롭지는 않"은 분이었다고 한다(강유중, 『Veritas Dei: 신학논설 제 II집』, 507).

54 2015년 5월 6일자로 필자에게 보내온 최홍석 교수의 이메일 답변.
55 Choi Hongsuk, "Verkondiging en de Heilige Geest" (Doctoraal Scriptie, Kampen Theologische Hogeschool, 1984), 104-110("Aangehaalde literatuur)에 수록된 교의학적 저술들을 대략 선별해 보면 다음과 같다: H. Bavinck, *Gereformeerde Dogamtiek*, 4 vols. (Kampen: Kok, 1918); *Algemeene Genade* (Kampen 1894): *Roeping en wedergeboorte* (Kampen 1903); L. Berkohf, *Systematic Theology* (Grand Rapids 1946), *The History of Christian Doctrine* (Grand Rapids 1978); G. C. Berkouwer, *De zonde I* (Kampen 1958), *Faith and Justification* (Grand Rapids 1978); J. Calvijn, *Institutie*, vertaald A. Sizoo (Delft 1931); C. Hodge, *Systematic Theology*, 3 vols. (Grand Rapids 1979); A. G. Honig, *Handboek van de gereformeerde dogmatiek* (Kampen 1938); A. Kuyper, *Encyclopaedie der Heilige Godgeleerdheid*, 3 vols.

최홍석 교수는 3년 반에 걸친 독토란두스 과정을 성공적으로 마치고 난 후에 학제가 요구하는대로 독토란두스 논문을 작성하여 제출하게 되었다. 1984년 4월에 제출한 독토란두스논문(doctoraal-scriptie)의 제목은 "선포와 성령"이었다.[56] 이 학위 논문에 대해서는 박태현 교수가 분석 개관하는 일을 하였으므로 필자는 간단하게 구성만 밝히고자 한다.[57]

서론(Inleding)
1. 성경적 자료들
1.1. 성령
1.2. 하나님의 말씀으로 설교
1.3. 말씀-성령의 관계에 대해 다루고 있는 성경 본문들

2. 말씀-성령의 관계
2.1. 특별계시에 있어서 성령의 사역
2.2. 구원서정에 있어서 말씀과 성령의 관계
2.3. 은혜방편으로서 말씀과 성령
2.4. 소결론

(Kampen 1909), H*et werk van den Heiligen Geest* (Kampen 1927); P. Tillich, *Systematic Theology*, 3 vols. (London 1960). 이 가운데 바꺼르 교수의 성향상 L. Berkhof이나 C. Hodge의 책들은 권독하지 않았을 것으로 사료된다. 전적으로 총신에서 배우고 익힌 신학적 전통에 따른 독서와 인용인 것이다.

56 통상적으로 화란에서는 박사논문은 출판하고 독토란두스논문은 출판하지 않는 것이 관례이다. "Verkondiging en de Heilige Geest"라는 제목의 논문은 최교수 자신이 타이프라이트로 작성하여 제출했고, 현재 총신대학교 도서관에 그 카피본이 보관되어 있다.

57 본 논문의 일부는 귀국한지 얼마 되지 않은 1984년 11월 26일에 목회자를 위한 신학강좌에서 강의한 내용을 듣은 "설교학적 관점에서 본 설교의 본질과 실제,"『신학과 삶』(서울: 총신대학교출판부, 1998), 304-336과 "말씀과 성령,"「신학지남」57/4 (1990.12): 116-130에서 읽을수 있다.

3. 설교, 설교자, 회중 그리고 성령

3.1. 설교학을 위한 성령론의 중요성

3.2. 설교와 성령

3.3. 설교자와 성령

3.4. 회중과 성령

결론(conclusie)

독토란두스 학위 취득후에도 계속해서 박사과정을 이수하고 학위를 취득했던 동료 정훈택교수와 달리 최홍석 교수는 독토란두스 학위를 취득하고 바로 귀국을 하게 되었다. 당시 합신과의 분열이후 총신의 교수 요원이 절대적으로 부족하던 시절이었기 때문에, 학교의 요청에 따라 귀국을 하게 된 것이다.

화란 유학시절에 대해 한 가지 더 주목해야 할 점은 암스테르담 한인교회와의 관계이다. 화란한인교회가 개척되었을 때, 손봉호 박사가 임시 설교자 역을 하다 귀국한 후에 약 3년간(1981년 2월-1984년 1월) 깜쁜에서 공부중이던 최홍석 목사와 정훈택 목사에게 격주로 설교봉사해 줄 것을 요청함에 따라 격주로 깜쁜과 암스털페인(Amstelveen)을 기차로 오가게 되었다.[58] 당시 화란한인교회에는 철학박사 논문을 쓰고 있던 강영안교수도 출석하여 운영위원으로 섬기고 있었다. 필자는 1996년 한 해 동안 최교수님의 주일 설교를 들을 기회를 누릴 수 있었는데, 1980년 초반의 설교하는 모습도 다르지 않았을 것이라고 생각된다. 그리고 강영안 교수의 증언에 의하면 당시 네덜란드에 유학중이던 몇 몇

---

[58] 화란한인교회 홈페이지에 의하면 교회가 정식적으로 설립된 것은 1980년 1월이고 초기에는 안식년차 와있던 손봉호교수와 박사 논문 작성중이던 서철원 교수가 설교자로 활동했고, 그후에 최홍석 교수와 정훈택 교수 등이 격주로 번갈아 가면서 설교자로 섬겼다 (http://www.krcned.org/home/krcn/index.html?year=2015&month=6&ClassID=Document&SectionID=1&LinkID=3. 2015년 5월 3일 접속).

학생들(총신 출신의 정흔택, 최흥석, 고신 출신의 장휘종, 유해무, 변종길, 송제근, 강영안 등)이 함께 모여 스터디도 하고 교제도 나누었다고 한다.⁵⁹

III. 총신대학교 신학대학원 조직신학 교수(1984년 가을-2016.2.)

최흥석 교수는 박사과정에 진학하지 아니하고 바로 귀국을 했다. 무엇보다 합신이 총신에서 갈려져 나간 후 총신의 교수 요원이 부족하던 시절이었기 때문에, 그 어려운 시기에 교무처장을 맡고 있던 차영배 교수의 귀국 권유가 있었을 것이라고 생각된다. 또한 그 시기의 총신의 역사를 회고해보면, 외국에서 Th.M.취득하고 귀국하여 교수가 된 분들도 있었고, 심지어는 M. Div.를 마치고 돌아와 교수직을 시작한 분들도 있다.⁶⁰ 그만큼 총신과 합신의 분열후의 초기 역사는 교수요원의 부족으로 인해서 어려움이 있었음을 보여주는 대목일 것이다. 아무튼 최흥석 교수는 1984년 가을학기부터 조직신학 교수로 교수 사역을 시작하게 된다. 그리고 중간에 박사논문 작성을 위한 3년간의 안식년 포함한 휴직 기간(1995-1998)을 포함하여 만 31년 반을 동일한 교수직에 머물며 사역하게 된다. 이 기간을 제외하고 최교수가 총신의 교수로서 후학들을 가르친 학기는 총 57학기에 달한다.⁶¹

---

59 암스테르담 한인교회의 초대 담임목사가 된 장휘종 목사(대구명덕교회 원로목사)의 차를 타고 깜쁜으로 가서 스터디 모임을 가졌고, 폰 라트, 요아킴 예레미아스, 야콥 반부룩헌 등의 책들을 함께 스터디했다고 강영안 교수는 사적으로 들려주었다.
60 Cf. 이용락, "사람을 품는 큰 나무," 『심창섭교수 은퇴 기념 논문집: 세상속에 존재하는 교회 II』, 5.
61 최교수는 귀국 후, 한성교회에서 교육목사(1984년 2월-1986년 7월)로, 그리고 열린교회를 개척시무(1992년 6월-1995년 2월)하기도 했다(2015년 5월 6일자로 필자에게 보내온 최흥석 교수의 이메일 답변). 열린교회 사역은 최교수가 휴직하고 화란으로 돌아가면서 송제근 교수에게 이임했고, 그후에 문정식 목사가 부임하여 현재까지 시무하고 있다.

1. 조직신학 강의

30년이 넘는 긴 세월 총신의 교수로 재직한 최홍석 교수의 주된 공적 사역 분야는 신대원/신학원에서 조직신학을 강의하며 장래의 목회 후보생들과 기독교 지도자들을 길러낸 것이다. 교수니 당연이 강의를 준비하고 강의하는 것이 주된 사역 아니겠는가 싶지만, 최교수는 다른 일반적인 교수들과 달리 외부 학회에 나가 발표하는 일도 거의 없었고 (적어도 필자가 아는 한 단 한 번도 없는 걸로 안다), 또는 수련회나 컨퍼런스에 강의나 설교를 하는 일도 많지 않았다. 사실 최교수를 수련회나 컨퍼런스나 교회 예배시에 설교자로 청빙하는 일은 쉬운 일이 아니었으며, 가더라도 강사료를 극구 사양한 것으로 유명하다. 이 모든 것이 최교수의 개인적 특성에 일치하는 일들인 것이다. 아무튼 대외활동을 거의 하지 않으면서 조직신학 과목 강의에 전적으로 매진하였던 것이 최홍석 교수의 공적 활동의 특징이었다.

최교수는 조직신학 분과의 여러 과목들을 강의하면서 지내왔다. 비록 총신대학교 대학원에서 1년 동안 조직신학을 공부했다고는 하나, 깜뻔에서 실천신학을 전공하고서 조직신학교수로 임용된 것에 대해 의문이 있을지 모르겠다. 당시 학교내적 상황을 필자는 알지 못하겠고, 다만 필자의 수준에서 해명을 시도해 보려고 한다. 일단 최교수는 화란에서도 바빙크와 개혁신학연구에 일면 집중한 바가 있다는 점, 바꺼르의 지도하에 교의학 부전공 시험을 쳤고(수 천페이지에 달하는 루터나 바르트의 저술들을 읽은 후에 치는 구두시험), 지도교수인 루니아 역시도 실천신학교수로 재직하고 있었지만 박사논문과 호주에서의 교수직이 조직신학교수였다고 하는 점 등을 말할수 있겠다. 또한 심혈을 기울여 연구한 독토란두스 학위논문의 주제("Verkondiging en Heilige Geest")도 성령론적이고 교회론적인 주제연구였다는 점도 상기할 필요가 있다. 그리고 충분히 준비가 되었다면 전공과 상이한 과목의 교수직을 담당한 역사적 선례들이 수도 없이 많았다는 점을 지적하고 싶다.62 또한 1980년대 초반의 총신의 상황은 고수 요원의 절대적 부족 속에 있었다는 점을 고려해야 한다. 무엇보다도 31년간 재직하면서 강의를 통해서 후학들의 조직신학적 실력을 얼마나 일취월장시켜주었는지와 8권의 저술과 60편이 넘는 논문들을 통해서 조직신학자로서의 역량을 유감없이 보여주었다는 점을 기억해야 할 것이라고 생각한다.

이제 조직신학교수로서 최홍석 교수가 어떤 과목들을 가르쳐왔는지를 확인해 보도록 하겠다. 사실 총신의 교수는 교수의 은퇴와 신규 임용 과정, 안식년 등과 같은 학과의 사정에 따라 가르쳐야 하는 과목은 때때로 변경되기도 했다. 조직신학은 크게 봐서 교의학, 윤리학, 변증학, 현대신학 등으로 구성되며, 교의학 안에는 전통적으로 서론, 신론, 인죄론, 기독론, 구원론, 교회론, 그리고 종말론 등 7개의 과목(loci)으로 구성되어있다. 이 모든 조직신학 분과 과목들 중에 최교수는 구원론과 현대신학을 제외한 모든 과목들을 가르친 바가 있다.63 그러나 그 가운데서도 수 년간 집중하여 가르친 과목들은 신학서론, 신론, 인간론, 교회론, 종말론 등과 같은 과목이었다.64 그리고 양지에서 "삶의 체계로

---

62 헤르만 바빙크는 레이든대학교에서 조직신학 전공으로 학위를 취득했지만, 카이퍼와 자유대학교로부터 셈어교수, 신약교수, 구약교수 등의 교수직을 제안받은 바가 있다. 바빙크의 제자 흐레이다누스는 교의학과 교리사를 전공하고 깜쁜신학교의 신약교수로 재직하면서 수 많은 전공 서적들을 출간했고, 또 다른 제자 얀 리덜보스(Jan Ridderbos, 헤르만 리덜보스의 아버지)는 조나단 에드워즈의 신학에 대해 박사논문을 썼으나 깜쁜신학교의 구약 교수로 부임하여 역시 동분야에 수 많은 저술들을 남겼다. 아뻴도오른신학대학교에서 최근에 은퇴한 아드 바르스 교수는 칼빈의 삼위일체론에 대한 방대한 논문(A. Baars, *Om Gods verhevenheid en Zijn nabijheid. De Drie-eenheid bij Calvijn*, promotores J.W. Maris, B. Kamphuis)을 썼으나 교수직은 실천신학교수로 재직했고, T. M. 호프만 교수는 교회사전공 학위논문을 썼으나(T. M. Hofman *Eenich Achterdenken. Spanning tussen kerk en staat in het gewest Holland tussen 1570 en 1620*, promotores W. van 't Spijker, O. J. de Jong) 신약약 교수로 재직한 바가 있다. 지금같이 교수요원이 충분한 시절에도 교회사와 조직신학간에는 교수직을 엇바꾸는 일들이 일어나곤한다.

63 2015년 5월 6일자로 필자에게 보내온 최홍석 교수의 이메일 답변.

64 그 결과 다음과 같은 저술들을 출간했다:『사람이 무엇이관대』(서울: 총신대학교출판부,

서의 경건," "선포와 교의학" 등과 같은 과목을 선택과목으로 개설하여 가르쳤다. 그리고 대학원(석박사과정)에도 여러 제목으로 강의를 하기도 했으나, 후기 몇 년 동안은 건강상의 이유로 대학원에는 출강하지 않으셨다. 최교수는 박사논문 지도를 한 적이 없고, 10여명의 신학석사(Th. M.) 논문을 지도하였다.[65]

최교수의 모든 강의는 기도로 시작되었다. 유명한 일화가 있는데, "같이 기도를 합시다" 하시고는 한참이나 말씀이 없으시기에 누군가 눈을 떠서 쳐다 보니 마치 가슴에서 기도의 말을 펌프질이라도 하시는 듯이 진지한 모습을 취하고 계시더라는 것이었다. 우리가 신대원에 재학중일 때엔 "우리가 여기 있습니다"라고 하는 유명한 말씀으로 기도를 시작하시곤 했었다. 또한 찬송가를 한 장 부르자고 하시고 선곡하신 곡들이 "예부터 도움되시고," "여러해 동안 주 떠나," "후일에 생명그칠 때" 등과 같이 조용하고 때로는 애잔하기까지 한 곡들이 주류를 이루었다. 언젠가 최교수는 화음으로 노래하는 것이 우리의 마음이 내용

1991);『신학과 삶』(서울: 총신대학교출판부, 1998);『교회론- 자기 피로 사신 교회』(서울: 솔로몬, 1998);『인간론-개혁주의신학총서17』(서울: 개혁주의신행협회, 2005);『죽산 박형룡의 삼위일체론』(용인: 목양, 2015). 최교수는 재직하는 동안 신론과 관련된 20여 편에 가까운 논문들을 「신학지남」에 발표해왔다.

65 최홍석 교수의 지도를 받은 Th. M. 학생들 명단을 파악하는 일도 쉽지 않았다. 총신대학교 도서관 홈페이지에서 확인되는 바만 정리해서 소개해보겠다. 일단 2004년 가을에 Th. M. 첫 제자 세 명의 논문이 통과되었다: 이상웅, "박형룡과 화란 개혁주의 신학과의 관계 연구 :박형룡의 신학형성과정과 [교의신학]에 관한 서론적인 한 연구," 박은제, " 마틴 루터의 칭의론과 십자가 신학과의 상관관계 연구," 장윤석, "칼빈의 구원론의 관점에서 본 백영희 구원론." 그리고 그후에도 몇 명의 제자들을 더 기른신 것으로 확인된다: 황의연, "개혁주의 교회 속성의 현대적 적용에 관한 연구"(2008); 최용배, "에베소서 4장 11-12절의 교회직분에 관한 연구"(2008); 조형욱, "토지에 대한 사람의 소유권에 관한 연구: 개혁 신학적 관점에서"(2008); 박영균, "존 힉(John Hick)의 성육신 교리에 대한 개혁신학적 비판"(2009); 조태수, "개혁주의 관점에서 본 영혼 소멸론"(2010); 박희재, "자유주의 신학의 인식론적 전제에 대한 개혁신학적 비판 : 슐라이어마허, 틸리히, 몰트만을 중심으로"(2011). 그리고 필자가 박사과정에 진학했던 10여년 전의 총신대학원의 내규에는 박사학위를 소지 않은 교수는 박사논문 지도권을 부여하지 않았다. 그래서 최교수는 단 한 명의 박사제자도 길러내지 못한 것이다.

보다는 허영에 젖게 할수 있다는 논평을 한적도 있다.[66] 아무튼 그렇게 시작된 강의는 해당 주제에 대한 심원한 강의들로 채워졌다. 평소에나 강의 시간에나 아이스 브레이킹을 위한 말씀 한 마디 하지 않으시는지라 대부분의 시간이 진지한 신학 강의로 채워졌다.[67] 정말 군더더기 하나 없는 강의의 연속이었다. 물론 그렇게 하기 위해서 끊임없는 연구를 통하여 강의안을 보충해 나가셨다. 공대출신이라 기계를 잘 다루시면서도 강의안은 더체르 노트에 육필로 쓰셨고, 개년 보충해 나가는 식이었다. 그리고 수업 시간에 때로 질문을 하였다. 최교수의 강의를 들었던 이들의 기억에는 갑작스레 호명을 당하여 질문을 받고 놀란 가슴을 쓸어 내려본 경험들이 떠오를 것이다. 최교수는 이러한 습성이 너무나 강렬하여 은퇴 직전에는 설교중에도 질문을 하곤 했다. 그냥 같이 생각해 보자는 정도의 제스쳐가 아니라, 실제로 "이쪽 줄 어떻게 생각하세요" 라든지 설교중에도 호명을 해서 질문을 하시고는 답을 기어이 듣고야 지나갔다.

시기마다 다르긴 하겠지만 강의와 관련하여 기억나는 것은 출석을 일일이 부르지 않았다는 것이다. 출석부를 돌리고 개인적인 양심에 맡겼다. 그렇게 해도 원우들은 강의실을 가득 채우고 앉아서 강의를 경청했었다. 최교수의 인격적 감화 덕분이라고 생각한다. 그리고 1학점 강의를 할 수 밖에 없는 경우에도 가능하면 뒷 시간에 이어서 수업을 진행했다. 1994년 신대원 3학년 1학기에 수강한 교회론 수업시간이 바로

---

66 교수님이 은퇴하기 전 어느날 연구실에 들렀다가 그레고리안 챈트를 들으시면서 고요히 묵상중인 최홍석 교수를 목도한 적이 있다.

67 그 오랜 세월 강의와 설교를 들으면서 그나마 좌중을 폭소하게 만든 두 가지 이야기가 기억난다. 결국 딸 수산양의 어린 시절 이야기였다. 이야기 하나. 어릴 때 딸이 아이스크림이 먹고 싶어서 사모님께 하는 말이 "엄마, 내 양심이 속에서 아이스크림을 먹으라고 해요." 이야기 둘. 어릴 때 사모님이 누가복음 16장에 있는 부자와 나사로 비유를 들려주었다. 그리고 결단을 요청하였다. "너는 부자처럼 살다가 지옥갈래, 나사로처럼 살다가 천국갈래?" 딸은 눈물을 글썽이며 "엄마, 난 어디 안가고 엄마하고 살래요."라고 대답했다는 것이다.

그러한 경험을 한 시간이다. 바쁜 원우들은 1시간 수업만 하고 가도 좋다고 했지만, 필자의 기억상은 연속된 수업 시간에도 자리를 이탈한 이들은 별로 없었던 걸로 안다. 그리고 최홍석 교수는 매 강의마다 주요 참고문헌들을 소개해 주긴 했지만 특정한 책을 교재로 삼는 일은 거의 없었다.[68]

최홍석 교수의 강의 내용은 어떠하였을까? 최교수는 한 과목을 맡아 강의를 하면 깊은 고민에서 나온 사색과 폭넓은 지식을 전달하곤 했기 때문에 과목의 중반쯤에서 진도가 끝나는 경우가 대부분이었다. 예를 들자면 2014년 1학기 신론강의에서는 예정론을 논의하다가 강의가 끝이 났고, 2014년 2학기 인간론 강의에서는 인간의 구조적인 본성을 논의하는 것으로 강의를 마무리하였다.[69] 그렇게 되면 신론의 경우에는 창조론, 섭리론, 신정론(= 변신론)에 대한 논의들이 빠지게 되고, 인간론의 경우에는 죄론이 빠트려지게 된다.[70] 물론 강의를 깊고 넓게 하면서 진도를 다 나갈수 있으면 더할나위 없이 좋은 일이겠지만 과목에 따라서는 1시간씩 12-13주, 혹은 2시간씩 12-13주씩 강의를 하게 되는데, 이 제한된 강의 시간을 통해 한 과목(locus)의 진도를 다 나가되 넓이와 깊이를 두루 갖춘다는 것은 실현불가능하다는 것을 필자나 교수들은 잘 이해할 것이라고 생각된다. 따라서 때로 요약적으로 지나가거나 건너뛰면서 진도를 다 나가는 방법을 택하든지, 기초부터 차근차근 폭넓게 다루는 강의를 하다가 진도의 절반에 이르게 되든지를 선택할 수 밖

---

[68] 최교수는 칼빈, 바빙크, 핫지 부자, 워필드, 박형룡 박사 등의 교재들을 기본적으로 소개하곤 했고, 기타 그 과목과 관련된 다양한 문헌들을 소개해 주곤 했다.

[69] 이러한 정보는 강의를 직접 듣고 채록한 총신 원우들의 기록을 열람해 본데서 비롯된 것이다.

[70] 최교수는 20년 동안 인간론을 가르치고 나서 강의안을 토대로 해서 『인간론-개혁주의신학총서17』 (서울: 개혁주의신행협회, 2005)를 출간했다. 이 교본에 의하면 최교수의 인간론 강의는 240쪽에서 끝이 난 것이고, 241-496까지는 진도를 나가지 못한 것이다.

에 없다. 분명 최홍석 교수의 강의는 후자의 형태를 취했다.[71]

최홍석 교수의 강의를 상기해 보면 잔잔하고도 또박또박 강의하시던 음성이 귀에 울려온다. 때로는 돋보기 너머로 강의안을 잠깐 주목하기도 하고, 때로는 (예전에 칠판을 쓰던 시절엔) 분필로 힘있게 주요 개념들을 다양한 언어로 판서하기도 했다. 그리고 학생들로 하여금 하나님 앞에서(Coram Deo) 존재함을 각성시켜 주곤 했다. 분명 강의 내용이 학생들의 지성속에 전달되었지만, 그보다 더 깊은 울림은 바로 가슴의 울림이었다. 그리고 그의 신학적인 입장은 분명하게 역사적 개혁주의(historic Calvinism)의 터전위에 굳게 서있었다. 하지만 바르트, 본회퍼, 몰트만, 큉, WCC문서 등을 읽고 비판적으로 소개하는 일도 소홀히 하지 않았다. 후자의 경우에는 '타산지석'이라는 표현을 자주 쓰곤 했다. 자신의 입장에서 현대신학 서적들을 비평적으로 읽는 것을 그렇게 표현한 것이다.

2. 3년의 휴직기간(1995-1998.2.)

최홍석 교수는 1995년초부터 1998년 2월까지 3년간 교수직을 휴직했다. 최교수는 휴직과 안식년이 합쳐진 것이라고 말한다.[72] 학교 당국의 허락을 받아 박사논문을 쓰기 위해서 화란으로 다시 돌아간 것이다. 필자는 그 기간 중 6개월을 암스테르담에서 유학하며, 서로 멀지 않은 아파트에 기거했고(암스테르담 남동부지역), 1년간은 담임목사로 사역하시던 암스테르담 한인교회 고등부 교사로 봉사했었다. 10여명 남짓한 고

---

71 필자는 최홍석 교수가 1992년 인간론강의시에는 죄론 부분을 과제물로 부과하였던 것을 기억한다.
72 화란한인교회 홈페이지에 의하면 최교수는 1995년 6월 18일-1998년 2월 1일 어간에 화란한인교회 담임목사직을 수행했다(앞의 각주에 소개된 홈페이지 참고). 그리고 이 기간을 제외하고 최교수는 단 한 학기도 안식학기를 취하지 않았다.

등부 학생들 가운데는 최교수의 두 자제(아들 영준과 딸 수산)도 포함되어 있었다. 최홍석 교수는 전통적인 옛 개혁신학(oud gereformeerde theologie)에 대한 연구가 활발했던 위트레흐트대학교 신학부에 박사논문 연구자로 등록을 했다.[73] 지도교수는 요하네스 판 오르트(Johannes van Oort)교수였고, 교수와 의논해서 프로포절로 제출했던 주제는 "칼빈과 바빙크의 신비적 연합사상"에 대한 것이었다. 3년간의 연구를 위한 휴직 기간 동안 학위논문을 완성하지는 못했지만 귀국후에 발표한 몇편의 논문들 속에서 연구성과를 확인해 볼 수가 있다.[74]

박사논문 연구와 더불어 암스테르담한인교회의 초청을 받아들여 담임목사직을 수행했는데 주된 사역은 주일 오전설교와 오후성경공부, 그리고 수요기도회 등에서 설교내지 강의를 하는 것과 필요시 심방을 하는 일이었다. 새벽기도회는 모이지 않았던 것으로 기억된다. 필자는 1년간 회중석에 앉아서 은사의 주일 오전 설교를 매주 들었고, 대개 샌드위치로 점심을 먹고, 다시 모여 오후 성경공부에 참여했다. 오전설교는 연속강해설교는 아니었고, 본문중심의 설교를 했던 것으로 기억난다. 그리고 오후에는 총신에서 강의한 인간론 강의안을 토대로 교인들의 수준에 맞추어 쉽게 강의를 하였다. 그리고 수요기도회시에는 사도

---

[73] 위트레흐트대학교 신학부의 역사와 주요교수들 그리고 신학적 경향에 대해서는 Aart de Groot & Otto de Jong, *Vier eeuwen theologie in Utrecht. Bijdragen tot de geschiedenis van de theologische faculteit aan de Universiteit Utrecht* (Zoetermeer: Uitgeverij Meinema, 2001)을 보라.

[74] 최홍석, "그리스도와의 신비적 연합-그 성경적 의미-,"「신학지남」 65/4 (1998.12): 157-190; "신비적 연합(Unio Mystica)에 대한 헤르만 바빙크의 견해,"「신학지남」 67/2 (2000.6): 38-63; "신비적 연합(Unio Mystica)의 객관적 측면에 대한 칼빈의 견해,"「신학지남」 73/1 (2006.3): 31-59. 왜 최교수가 학위논문을 마무리하지 못하고 교수직을 마무리하는가에 대해서는 본인만이 알것이라 생각한다. 그러나 오랫동안 지켜본 필자의 입장에서 조심스럽게 그 이유를 말해 본다면, 최홍석 교수 스스로가 합당한 수준에서 요령껏 논문을 쓰지 아니하고, 자신만의 완벽성을 추구하기 때문이 아닐까 생각한다. 그리고 목회직이나 교수직에 있으면서 그렇게 높은 수준의 연구를 진행한다는 것은 쉬운 일이 아니었을 것이라고 생각된다. 그러나 이것은 필자의 판단일 뿐이다.

행전 강해를 진행했다.[75] 화란유학을 마치고 돌아온후 11년 만에 다시 돌아가 3년을 머물게 되었지만 필자가 아는한 일반적으로 하듯이 여행을 다니지 않은 것으로 안다. 한 번은 주일사역을 마치고 운전하는 차에 동승하여 암스텔페인에서 암스테르담 동남부 지역 경계선을 따라 귀가하는 중에 들녘 건너에 있는 마을을 가리키며 "저곳이 압까우더(Abcoude)입니다"라고 말씀드리니 "여행을 안 다녀서 압까우던지 압꾸더인지 모르겠습니다"라는 답을 들었던 것이 기억이 난다.

3. 하나님 앞에 선 한 인간으로 살아온 공적 삶의 모습들

최홍석 교수를 생각하면 많은 제자들은 어느새 곁에 다가와 먼저 인사를 건네곤 하던 모습이 떠오를 것이다. 한 컨 대화를 나누고 나면 오랜 시간이 지나서 다시 만나게 되어도 과거의 대화속에 나누었던 내용을 기억하면서 안부를 묻곤 했다.[76] 그런 점에서 최교수는 대체로 인정하듯이 비상한 기억력을 소지한 것 같다. 그리고 처음 만나는 경우에도 이름을 호명해서 놀라게 하곤 했다. 원우수첩을 보고 이름과 얼굴을 익히는 노력을 하곤 했기 때문이다. 사람에 대한 관심보다 하나님을 알고자 추구하는 수도사적인 기질이 더 강한 분인데도 사람에 대한 따뜻한 관심을 간단없이 보여주었다. 최근에 이메일을 통해 총신에서 31년간 교수로 재직하면서 가장 인상에 남는 것이 무엇이냐는 필자의 질문에 최홍석 교수는 다음과 같은 답변을 했다.[77]

---

75 이 강해는 귀국후에 정리하여 『성령행전』(서울: 솔로몬, 2000)으로 간행하였다.
76 총신 졸업생 전장원 목사가 SNS에 올린 자기 체험담은 결코 그만의 체험이 아니다: "'사모님 건강은 좀 어떻습니까?' 신대원 입학 후 가정에 조은 아픔을 겪게 되어 한동안 휴학을 하고 복학했을 때 교수님께서 건네셨던 말씀이셨습니다. 마냥 눈물만 주르륵…" 이는 최홍석 교수의 전형적인 모습이었다.
77 2015년 5월 6일자로 필자에게 보내온 최홍석 교수의 이메일 답변.

많은 일들이 주마등처럼 스쳐가지만, 고통 중에 있던 원우들을 상담하였던 일들 중, 특별히 소명감이 다 소진되고, 자신의 영적 상태가 죽었다고 절망하는 자를 만나 상담자로서 무능함 외에 다른 생각을 할 수 없었던 상황이었는데, 주님의 은총을 구하며 지속적으로 만나 함께 기도하면서 우리의 능력을 뛰어 넘어 주님께서 조금씩, 조금씩 회복시켜 주셨던 일이 기억납니다.[78]

그리고 최홍석 교수는 화를 낼만한 경우에도 극도로 참고 억제하는 인내심을 보여왔다. 강의시간에 이상한 질문을 받아도, 학교가 어려운 시기에도, 혹은 장시간 이어지는 회의시간에도 자제력을 가지고 참여해 왔다. 오죽하면 교수회의 중에 한 시니어 교수는 "나는 최교수님처

---

[78] 최교수가 말하는 사례의 당사자가 누구인지를 SNS를 통해 우연히 알게 되었다. 108회 졸업생 김기훈 목사였다. 그의 입장에서 쓴 글을 그대로 인용해 본다: "〈절망의 기쁨〉 '김기훈 원우와 저는 인간의 한계를 깊이 느끼면서 주님의 자비만을 호소할 수 밖에 없었습니다.' - 2013. 9. 30 최홍석 교수님이 써주신 추천서 중에서 - 2013년 여름. 난 교수님과 함께 있었다. 인간실존의 절대적 절망을 실제로 살아가고 그 절망의 심연 속에서 죄의 자유와 기쁨만을 위안으로 삼고 있던 그 때, 난 교수님과 함께 있었다. 하나님과 분리된 내 존재를 보고 나서부터는 버젓이 눈을 뜨고 살아가는 순간마저도 존재하지 않는 무(無)와 다를 바 없는 삶이었으며 모든 것이 절망이 되는 순간을 살아갔다. 모든 것이 '의미'를 잃었다. 더욱이, 절망의 삶을 더 살아가고자 하는 바람만이 희망으로 자리잡고 있었기에 절망은 심연 속에서 헤어나올 수 없었다. 머리를 땅에 파묻고 다녔다. 아무런 생각도 없었다. 삶의 의미에서부터 나오는 웃음과 눈물도 사라졌다. 다만, 많이 아팠다. 자퇴서를 썼다. 교회사역을 그만두었다. 모든 것을 포기했다. 그런데 그 때, 교수님을 만났다. 나를 불렀다. 지나가는 나를 붙잡고 무슨일 있으시냐며 물으셨다. 없다고 했다. 나를 불렀다. 교수연구실로 갔다. 아무 말 하지 않으셨다. 한 마디 하셨다. 기도할 수 있냐고. 못하겠다고 했다. 한 마디 하셨다. 성경 읽을 수 있냐고 했다. 못하겠다고 했다. 아무 말 하지 않으셨다. 그리곤 내 손을 꼭 잡으셨다. 우셨다. 백발의 노인이 젊은 청년이 되어 '나를 살려달라고' 간절히 기도하시며 우셨다. 내가 되어 기도하셨다. 그칠 줄 몰랐다. 깊게 패인 주름 사이로 흐르는 눈물이 그칠 줄 몰랐다. 그 때부터. 살고 싶다는 생각을 하게 된 것이. 비록 절망이지만 살고자 하는 소망이 생긴 것이. 그 때부터다. 또 지나가면 불렀다. 교수연구실로 데리고 갔다. 기도하셨다. 또 우셨다. 몇 달에 걸쳐 만났다. 그저 그 분이 나를 불러서. 갚을 수 없는 은혜를 받았다. 오늘 밤, 교수님이 써주신 추천서를 보며 잊을 수 없는 그 때를 생각해본다. 절망 중에 기뻐했던 그 때를 추억해본다. 나의 스승이요, 친구요, 아버지 되어 주신 교수님이 그리워지는 밤이다."(김기훈의 Facebook담벼락에서).

럼 인격이 고매하지 못해서…"라고 단서를 다는 것을 들은 적도 있다. 그러나 분명히 할말을 해야 할 때를 알고 차분한 어조로 발언을 하곤 했다. 그리고 그렇게 인간에 대한 관심과 배려를 가졌지만 분명한 소신과 원칙을 가지고 공적 삶을 살았다. 예컨대 입시면접에서는 지원자가 목회자의 자질 문제에 미치지 못한다면 단호하게 대처를 하셨다. 혹은 어떤 기회에는 "지금이라도 늦지 않았으니 소명이 아니라고 생각하면 돌아가십시오"라고 설교한 적이 있는데, 실제로 한 원우는 그길로 신학교를 떠난 적도 있다. 그리고 최홍석 교수는 학교 보직을 맡아 행정을 처리할 때도 원칙을 따라 일을 처리했다. 때로는 인간적인 연민을 가지고 이야기를 들어주기도 했지만, 원칙에 부합하지 아니하면 "죄송하지만 그건 안됩니다"라고 분명히 거절하곤 했다. 사반세기가 넘는 세월 동안 지켜 보면서 최홍석 교수가 의분이랄까 상당히 강렬하게 말씀하시는 것을 한 번 본 적이 있다. 1990년대 초반 어느 수업시간에 최교수는 눈이 충혈된채로 들어와 어느 과정에서 있었던 부정행위에 대해 의분을 표하였다. "차라리 땅을 파는 농부가 될 것이지 왜 그런 식으로 목회자가 되려고 하는가!" 대략 그런 내용이었던 것 같다. 그리고 그것이 전부이다.

최홍석 교수는 사당동 총신 맞은 편 언덕에 있는 낡은 집에서 30여 년 한결같이 살았다. 지난 17년여 동안 여러 차례 방문해 본적이 있는데, 많이 낡은 집이었다. 그리고 정원의 나무 가지들이 너무 자라서 지붕을 해친다고 손수 가지치기를 하러 지붕에 올라갔고, 물이 새는 천정을 위해서 합판을 사와 손수 수리 작업을 하기도 했다. 최교수의 삶에는 근검절약이 배어있다는 것을 사모님께 들은 적도 있다. 기거하는 집도 그러하지만, 이용하는 이동수단의 역사를 보더라도 그 점에 수긍할 수 밖에 없다. 필자는 목도하지 못했으나 처음엔 자전거를 타시다, 엔진을 단 자전거로 바꾸어 탔고, 그후엔 작은 오토바이를 타고 다녔고(여기까진 목격자에게 들은 내용임), 그리고 필자가 면식을 가진 후에는 프라이드를 오래 타시다 아토즈로 바꾸어 15년 이상 타고 있다. 그나마 재직 후기에는 건강 때문에 학교 버스를 타고 사당과 양지를 오고가며 강의를 했다.[79]

그렇게 학교버스를 타고 다니다보면 자연스레 학생들과 긴 대화를 할 기회들이 많았을 것이다. 졸업한 한 원우가 들려준 이야기가 기억난다. 초등부를 맡고 있던 원우의 사역에 대해 물으시매, 한 초등학생이 주일 예배시간에 늦게 되어 가슴 아파했다는 이야기를 들려주자, 최교수도 말없이 눈시울을 붉혔다는 이야기이다. 그렇게 어린 아이가 하나님께 예배하는 시간을 소중히 여긴다는 이야기가 심금을 울린 것이다. 그 이야기를 전해 들으면서 필자나 원우들 역시도 잠시 가슴이 울컥했던 기억이 난다. 참으로 어린아이 같은 마음이 아닐수가 없다. 더욱이 공적으로만 아니라 가정내에서도 동일한 모습으로 살았다고 하니 그 여일한 신앙 인격에 대한 감동은 더해진다.[80]

최교수의 삶을 회고하면서 강렬하게 다가오는 기독교적 미덕은 바로 '겸손'이라고 하는 것이다. 애초부터 그 사실을 경험하곤 했지만, 26년이 지나는 동안 여러 가지로 교제하고, 또 다양한 증언들을 들으면 들을수록 왜 그를 "총신의 성자"라, "총신의 최겸손"이라고들 불러왔는지를 재확인하게 될 뿐이었다. 자신을 두드러지게 내세우는 법이 없었고, 같이 길을 가다가 좁은 문을 통과해야 하면 반드시 상대를 먼저 앞서게 했으며, 수업 시간에도 기억이 안나시면 제자들에게 겸손히 문의했다. 때로 사적으로 질문을 하면 상대에게 어떻게 생각하느냐고 역질문을 하고, 주의깊게 경청을 했고, 그 다음에 자신의 의견을 밝혔다. 화

---

[79] 은퇴 직전에 사시던 사당 주택 일대가 재개발에 들어가게 됨에 따라 주택을 매각하고, 도봉구 쌍문동에 오랜 주택을 구입하여 이사를 했다.
[80] 처남 차재승 교수는 필자에게 보낸 이메일 가운데 다음과 같이 말해주었다: "그 분의 신학은 그 분의 삶처럼 학문적인 정직함을 가지고 있을 것 이라고 믿습니다. 그리고 외부에 알려진 것처럼 식구들과의 삶도 아주 동일합니다."

란에 유학중일 때 조직신학 동향에 대해서 오히려 필자에게 질문하시던 기억이 난다. 그리고 한인교회 시무시 주일사역을 마치고 나면 진공청소기를 들고 솔선수범해서 청소하던 모습이 눈에 선하다. 그리고 한번은 어느 교우 가족과 드 하르(De Haar)성에 피크닉 가는데 동반한 적이 있는데, 짐들을 들고 이동하는 과정에서 교우가 극구 만류하는데도 짐을 들고 가던 최홍석 교수의 겸손한 모습이 생각난다. 사실 오래 같이 생활하다가 보면 이러한 강권하다시피하는 양보정신에 순응할 수밖에 없다는 것을 알게 된다.

긴 세월 동안 최교수의 제자들은 흔히 그를 일컬어 "총신의 성자"라 "최고의 겸손"이라 불러왔다. 가까이에서 함께 지내보면 그냥 붙여진 별명이 아니라는 것을 알 수가 있다. 본 장을 쓰면서 SNS에 "최홍석 교수를 한 마디로 무엇이라 표현할 수 있겠는가?"라는 질문을 던져 본 적이 있는데 한 졸업생은 "성자 외에 다른 게 무엇이 있을까요!"(김찬양)라고 적었다. 어떤 이는 "정중동.. 항상 조용해 보이시지만, 강의하시는 모습이나 기도의 모습 속에서 끊임없이 움직이고 있는 생명력을 느낀 기억이 있습니다."(조원태)라고 썼고, 어떤 원우는 "저는 시계라고 생각합니다. 시계는 언제나 사람들이 찾는 것이고 언제나 그 자리에 묵묵히 제 갈길을 가는 것 처럼 언제나 찾는 자리에서 묵묵히 가시는 교수님과 같다 생각이 들었습니다."(장수훈)라고 썼으며, 다른 원우는 "묵상하는 스승님… "계시의존사색"이 무엇인지 몸소 보이신 스승님이십니다."(정동건)라고 썼으며, 또 다른 졸업생은 "은혜와 코람데오의 삶. 수업 전 짧은 기도속에서도 늘 느낄 수 있었습니다. 그 기도가 그립습니다."(박일종)라고 썼다. 그리고 한 졸업생은 "수청유어(水淸有魚)라는 말은 어떨까요? 원래 수청무어(水淸無魚)라는 말이 '물이 너무 맑으면 물고기가 살지 않는다'는 뜻으로 알고 있는데요. 교수님은 굉장히 맑은 물이신데도 이상하게 가까이 가고 싶더라구요."(승영광)라고 썼다. 총신에서 공부하고 있거나 졸업한 원우들이 특징지어서 말한 바들은 조금도 어색하거나 의구심이 드는 것이 없었다. 그리고 이러한 모든 특성들이 최홍석 교수의 삶과 공적 활동속에 두드러지도록 만든 것은 무엇 보다도 하나님의 은혜(gratia Dei)였다고 하는 점을 우리는 반드시 기억해야 할 것이다. 이런 점에서 1984년 최교수가 총신에 부임했을 때에 1학년으로서 처음 배웠던 권혁재 목사(양지 민들레교회 시무)의 다음과 같은 평가는 적절하다고 생각하여 인용해 본다:

> 은혜의 힘. 하나님의 은혜를 다 받아들일 때에 그 힘이 사람을 어디까지 만들 수 있는지를 보여 주시고, 당신 자신께서 하나님의 은혜를 전달해 주는 힘이 되시며, 또한 하나님의 은혜처럼 여일하시므로 이렇게 명명해 봅니다. 저는 1984년에 신대원에 입학하여서 최교수님의 첫 강의를 들었습니다. 2005년에 일반대학원에 입학하여 다시 그분을 모시고서 강의를 들었을 때도(아쉽게도 조직신학이 전공은 아니었습니다만), 그리고 그로부터 십 년이 흐른 지금껏 최교수님은 여일하게 하나님의 은혜를 보여 주십니다. 하나님의 은혜의 힘이 그분에게서는 역력히 흐릅니다. 그래서 "은혜의 힘"이라고 명명해 봅니다.[81]

이제 이 항목을 정리해 보려고 한다. 웨스턴신학교의 교수였던 유진 오스터하븐은 개혁주의 전통의 중심에는 "하나님 앞에서"(Coram Deo)와 "하나님을 향한 생활의 순결"이 있다고 말한 적이 있는데,[82] 필자는 최교수님의 삶과 공적 활동 가운데서 이 양면성을 잘 드러내 주었다고 생각한다. 또는 조나단 에드워즈(Jonathan Edwards, 1703-1758)목사가 『신앙감정론』(Religious Affections) 제3부에서 기술한 참 성도다움의 12가지 표지를 그래도 가장 근접하게 구현해 주는 삶을 살아온 분이라 생각한

---

[81] SNS에 올린 글이다.
[82] Eugene Osterhaven, 『개혁주의 전통의 정신』, 최덕성 역 (서우리 본문과현장사이, 2000), 4; 이진락, 『신앙과 감정』 (서울: CLC, 2010), 24에서 재인용.

다.[83] 에드워즈는 성령의 내주로 회심 혹은 중생한 신자에게는 지정의가 균형잡힌 전인적인 신앙이 있게 되며, 그리스도를 닮은 성격들로 변화되어갈 수 밖에 없다는 점을 강렬하게 제시한 바가 있는데, 특히 겸손과 온유함에 대한 자세한 상술을 읽다 보면 최홍석 교수의 모습이 오버랩되는 것은 비단 필자만의 착각은 아닐 것이다. 하지만 명백히 말하거니와 이러한 열매들도 결국은 성령의 역사요 하나님의 은혜의 결실임을 우리는 분명하게 인정하면서 하나님께 영광을 돌려드려야 할 것이다.

IV. 최홍석 교수의 신학세계

이제 마지막으로 최홍석 교수의 신학적 관심사가 무엇이었는지를 간략하게 개관해 보고자 한다. 이미 앞서 말했지만, 본 장은 최홍석 교수의 삶과 공적인 이력을 개관하는 것을 목표로하여 쓰여진 글이기에 신학적 관심사 혹은 신학사상에 대한 소개는 단지 개관하는 수준에서 그칠 수 밖에 없음을 양지해 주기를 바란다. 다만 공적 이력을 소개하면서 수 많은 논저들을 통하여 공표했던 최교수의 신학적 관심사를 대략 정리하지 않고 마치는 것도 바르지 않은 것 같아서, 논저들에 드러난 신학적 관심사들을 몇 가지 주제로 정리해 보았다.

1. 신론 연구

최교수는 깜뻔에서 귀국하여 모교 강단에 서게 되었을 때에 신론을 처음 가르쳤다고 필자에게 알려주었다. 그리고 1998년 3년의 휴직을

---

[83] Jonathan Edwards, *Religious Affections*, WJE 2 (New Haven and London: Yale University Press, 1959); 정성욱 역,『신앙감정론』(서울: 부흥과개혁사, 2005), 285-638.

마치고 돌아온 후부터는 본격적으로 신론을 맡아서 집중적으로 가르쳐왔다(2015년 봄학기까지). 참으로 긴 시간 동안 신론을 가르쳐왔을 뿐 아니라, 또한 신론 주제에 대해 관심을 두고 많은 글들을 쓰기도 했다. 언젠가 필자에게 고백하기를 신론은 형이상학적인 내용들도 많이 포함하고 있어서 가르치기 난해한 과목이라고 했는데, 실제로 2013학년도부터 신론을 더불어서 가르치고 있는 필자의 입장에서도 조직신학 7개 분과중에서 가장 난해한 과목이 아닌가 생각한다. 그리고 헤르만 바빙크의 말처럼 신학이란 하나님에 대한 지식(cognitio Dei)이기 때문에 신론은 모든 신학의 근간을 이루는 주요 과목이기도 하다.[84] 앞서 언급한 대로 최홍석 교수는 바빙크, 벌코프, 박형룡 박사의 라인에 따라 가르치되 독자적인 연구를 통한 신론 강의를 전개했으며, 또한 신론 주제에 관련하여 많은 글들을 공표하기도 했다.

1. H. Bavinck의 삼위일체론," 「신학지남」 65/2 (1998): 110-132.
2. "내촌감삼의 삼위일체론," 「신학지남」 69/1 (2002): 81-119.
3. "도르트 신조에 나타난 TULIP 교리의 정당성과 선교적 함축 -전적 무능력과 무조건적 선택교리를 중심으로-," 「신학지남」 69/3 (2002):

---

[84] 바빙크는 교의신학의 정의를 다음과 같이 내렸다: "More precisely and from a Christian viewpoint, dogmatics is the knowledge that God has revealed in his Word to the church concerning himself and all creatures as they stand in relation to him." (H. Bavinck, *Reformed Dogmatics*, trans. John Vriend, 4 vols. [Grand Rapids: Baker, 2003-2008], 1:38). 그리고 신론의 중요성을 다음과 같이 밝히기도 했다: "So then, the knowledge of God is the only dogma, the exclusive content, of the entire field of dogmatics. All the doctrines treated in dogmatics- whether they concern the universe, humanity, Christ, and so forth- are but the explication of the one central dogma of the knowledge of God. All things are considered in light of God, subsumed under him, traced back to him as the starting point. Dogmatics is always called upon to ponder and describe God and God alone, whose glory is in creation and re-creation, in nature and grace, in the world and in the church. It is the knowledge of him alone that dogmatics must put on display."(Bavinck, *Reformed Dogmatics*, 2:29).

144-181.
4. "內村鑑三의 체정교리 이해," 「신학지남」 70/1 (2003): 33-82.
5. "하나님의 인도하심에 대한 개혁신학적 이해," 「신학지남」 72/2 (2005): 85-104.
6. "삼위일체론의 특별한 성격에 대한 박형룡 박사의 견해," 「신학지남」 73/2 (2006): 89-108.
7. "삼위일체 교리의 성경적 근거(구약)에 관한 박형룡 박사의 이해," 「신학지남」 73/3 (2006): 69-88.
8. "삼위일체 교리의 성경적 근거(신약)에 관한 박형룡 박사의 이해," 「신학지남」 74/1 (2007): 47-76.
9. "'우시아'(Οὐσία)의 의미에 관한 죽산의 이해," 「신학지남」 74/2 (2007): 33-46.
10. "'삼위'(三位)의 의미에 관한 죽산의 이해," 「신학지남」 74/3 (2007): 35-54.
11. "죽산에게 있어서 일체(一體)와 삼위(三位)의 등시성과 진술의 순환성," 「신학지남」 75/1 (2008): 35-60.
12. "성자의 영원한 '나심'(generatio)에 대한 죽산의 이해," 「신학지남」 75/2 (2008): 127-156.
13. "성령이 영원한 '나오심'(processio/spiratio)에 대한 죽산의 이해," 「신학지남」 76/1 (2009): 7-28.
14. "섭리신앙(攝理信仰)의 신학적 함축," 「신학지남」 314 (2013): 11-55.
15. "생명(生命)과 성령(聖靈)," 「신학지남」 316 (2013): 50-76.
16. "신적본질(本質)과 속성(屬性)의 관계에 대한 신학적 검토," 「신학지남」 317 (2013): 28-57.
17. "신적 속성들의 분류," 「신학지남」 318 (2014): 8-25.
18. "『웨스트민스터 소요리문답』에 묘술(描述)된 신적 속성," 「신학지남」 319 (2014): 139-160.

19. 『죽산 박형룡의 삼위일체론』(용인: 목양, 2015). 이 책은 6-13으로 공표했었던 8편의 논문들을 묶고 저자 서문과 후기를 부쳤다. 이 작품은 죽산 박형룡 박사의 삼위일체론을 상세하게 논구한 신학 작품으로서 최홍석 교수의 은퇴 전 중요한 결산이라고 생각한다.

2. 인간론 연구

최홍석 교수가 총신에 재직하는 동안 초기부터 후기까지 지속적으로 가르쳤던 과목은 인간론이었다. 최교수의 표현대로 하면 개혁신학적 인간론(The Reformed Doctrine of Man)이었다. 그리고 가장 초기의 작품도 인간론 전편을 평신도 수준에서 다루는 책이었고, 심혈을 기울여 쓴 후기의 신학 교본도 바로 인간론이었다.[85] 최교수의 인간론의 정수는 2005년에 출간된 방대한 『인간론』에서 확인할 수 있겠지만, 교본 출간 전에도 여러 편의 논문을 통하여 인간론적 관심사를 공표하기도 했었다:

1. "하나님의 형상에 관한 소고," 「신학지남」 54/3 (1987): 114-130.
2. "서평- Created in God's Image," 「신학지남」 55/1 (1988): 196-203.
3. "칼빈의 신형상론," 「신학지남」 57/3 (1990): 128-152.
4. "인간의 구조적 본성에 대한 개혁신학적 이해(Ⅰ) -삼분설 및 실체적 이분설과 관련하여-", 「신학지남」 58/1 (1991): 130-146.
5. "인간의 구조적 본성에 대한 개혁주의적 이해(Ⅱ) -단일론과 관련하여-," 「신학지남」 58/2 (1991): 89-104.
6. "죄에 대한 개혁신학적 이해 -전가 원리에 핵심을 두고-," 「신학지남」 65/3 (1998): 242-269.

---

[85] 최홍석, 『사람이 무엇이관대』 (서울: 총신대학교출판부, 1991)와 『인간론-개혁주의신학총서17』 (서울: 개혁주의신행협회, 2005). 인간론 교본은 459쪽에 달한다.

7. "*The Christian View of Man*에 나타난 메이첸의 인간 이해,"「신학지남」68/3 (2001): 248-276.
8. 죽음의 정의와 뇌사(腦死),「신학지남」70/4 (2003): 36-74.
9. 하나님의 형상에 관한 존 머리의 견해, in 『성경과 개혁신학: 서철원 박사 은퇴 기념 논총』, 서철원 박사 은퇴기념 논총위원회 편 (서울: 쿰란출판사, 2007): 285-312.

최교수는 평신도를 위한 해설서 속에서 "인간은 그 자신을 지식의 대상으로 삼을 수 있는 동시에 자신이 그 지식의 주체가 될 수 있는 존재"라는 말로 인간론의 중요성과 관심의 깊이를 언급한다.[86] 그리고 『인간론』 저자 서문에서는 자신이 추구하는 인간론의 방향을 다음과 같이 분명하게 밝히기도 했다:

'인간론'이란 제목을 붙였으나 더 정확하게 표현한다면, '개혁 신학적 인간론'이라고 해야 할 것입니다. 신학적 인간론은 일반적인 인간학과 본질적인 차이가 있습니다. 그것은 무엇보다 하나님과의 관계 속에서 인간을 파악하느냐, 않느냐의 문제와 연관됩니다. 개혁 신학적 인간론은 비개혁 신학적 전통에 근거를 둔 인간론과는 적지 않은 차이를 드러냅니다. 그것은 무엇보다 인간의 전적인 부패를 받아들이느냐, 않느냐의 문제와 관련됩니다.
본서는 바울 사도의 가르침을 좇아 인간의 전적 부패 교리를 받아들입니다. 그렇다면 인간은 전적으로 하나님의 은총에 의해 사는 자들일 수 밖에 없습니다. 이처럼 인간 실존의 근본 문제와 하나님의 은총 사이에는 존재론적으로나 인식론적으로 불가분의 관계가 성립됩니다.
하나님을 알고서야 인간을 알수 있습니다. 인간을 알고서야 그 은총의 크

---

86 최홍석, 『사람이 무엇이관대』, 12-13.

심을 발견할 수 있습니다.[87]

우리는 이러한 최교수의 언명들 속에서 그의 인간론의 분명한 방향을 확인할 수가 있다. 최교수의 교본은 기본적으로 역사적 개혁주의 저술들을 바탕으로 삼고 있으며, 안토니 후크마의 *Created in God's Image*나 화란 신학자들의 영향이 분명하게 드러나고 있다. 구성에 있어서도 '원래 상태의 세계'(5부)속에 인간 창조를 다루고, '타락한 상태의 세계'(6부)속에서 죄론을 별도로 다루었던 바빙크와 달리 벌코프와 박형룡 박사를 따라서 인간론과 죄론을 포함시키고 있다. 하지만 박형룡 박사처럼『인죄론』이라는 독특한 표현을 사용하지는 않았다.[88] 최교수의 주저라고 할수 있을『인간론』의 목차는 다음과 같다: 제1장. 서론적 고찰, 제2장. 역사적 조망, 제3장. 인간의 창조, 제4장. 인간의 본질, 제5장. 신형상의 여러 이해들, 제6장. 구조적인 본성, 제7장. 언약과 인간, 제8장. 죄와 인간, 제9장. 죄와 죽음, 제10장. 악과 고난. 제11장 표준문서의 입장, 제12장. 죄의 억제, 제13장 인간과 영성.

3. 교회론 연구

최홍석 교수의 신학적 주요 관심사로서 빠트릴수 없는 것은 바로 교회론에 대한 관심이다. 깜쁜신학교를 졸업하면서 쓴 독토란두스 논문의 주제도 "선포(설교)와 성령의 관계"에 대한 것이었고, 1991년에 출간한 첫 번째 저술의 이름도『교회와 신학』이라 명명했다.[89] 그리고 오랫

---

[87] 최홍석,『인간론』, 5.
[88] Herman Bavinck, *Gereformeerde Dogmatiek*, 박태현 역,『개혁교의학』(서울: 부흥과개혁사, 2011), 2:509-770, 3:25-233; Louis Berkhof, *Systematic Theology*, 이상원, 권수경 역,『조직신학』(고양: 크리스챤다이제스트, 2001), 387-527; 박형룡,『교의신학-인죄론』(서울: 한국기독교교육연구원, 1983).
[89] Choi, Hong Suk, "Verkondiging en de Heilige Geest"(Doctoraal Scriptie, Kampen

동안 교회론을 강의한 후에 강의 내용을 정리하여 1998년에 『교회론』을 출간하기도 했다.³⁰ 그리고 교회론과 관련하여 다양한 논문들을 발표하기도 했다:

1. "카이퍼의 교회관 연구(1) 카이퍼의 교회본질 이해," 「신학지남」 53/3 (1986): 40-58.⁹¹
2. "교회갱신과 직분," 「신학지남」 54/1 (1987): 105-118.
3. "말씀과 성령," 「신학지남」 57/4 (1990): 116-130.
4. "교의학적 관점에서 본 설교의 본질과 실제," 「신학지남」 58/3 (1991): 69-97.
5. "교회갱신의 은총과 책임," 「신학지남」 66/2 (1999): 159-176.
6. "내촌감삼의 교회 이해," 「신학지남」 66/3 (1999): 73-101.
7. "21세기 교회의 방향-우선적 관심을 찾는 문제-," 「신학지남」 67/1 (2000): 146-163.
8. "성경적인 교회론 정립을 위한 규범 연구," 「신학지남」 67/4 (2000): 142-156.
9. "Uchimura Kanzo's Conception of the Church," *Chongshin Theological Journal* 6 (2001): 27-55.
10. "기독교 예배의 구원사적 고찰," 「신학지남」 70/2 (2003): 41-71.
11. "유아세례(幼兒洗禮)의 신학적 정당성," 「신학지남」 71/1 (2004): 40-82.

Theologische Hogeschool, 1984); 최홍석, 『교회와 신학』(서울: 총신대학교출판부, 1991). 후자는 12개의 논문들을 포함하고 있다.
90 최홍석, 『교회론- 자기 피로 사신 교회』(서울: 솔로몬, 1998), 4. 183쪽으로 된 이 교본은 최교수가 평소 교회론시간에 다루었던 범위까지만 정리된 것이다. 즉, 박형룡 박사에 의하면 『교회론』은 제1편 교회와 제2편 은혜의 방편 등으로 나뉘었는데, 최교수는 제1편에 해당하는 내용만 주로 강의했고 출간된 교본속에서도 그 범위만 다루고 있다.
91 최교수는 카이퍼의 교회론 연구2는 발표한 적이 없다.

12. "John Murray를 통해 본 기독교 복음선포," 「신학지남」 76/4 (2009): 7-28.
13. "John Murray를 통해 본 기독교 복음선포 (Ⅱ)," 「신학지남」 77/1 (2010): 7-26.
14. "John Murray를 통해 본 기독교 복음선포 (Ⅲ)," 「신학지남」 77/3 (2010): 125-160.
15. "John Murray를 통해 본 기독교 복음선포 (Ⅳ)," 「신학지남」 78(1), 2011.3, 64-92.
16. "세계교회협의회(WCC)의 교회관에 대한 성경적 비판," 「신학지남」 78/3 (2011): 102-144.
17. "성격적 에큐메니즘(Ecumenism)에 대한 Cornelius Van Til의 이해," 「신학지남」 310 (2012): 30-63.
18. "죽산(竹山)의 '교회정치 이해'에 관한 연구," 「신학지남」 320 (2014): 63-91.
19. "성경적 직제이해를 위한 교회론적 배경," 「신학지남」 322 (2015): 9-45.

최홍석 교수가 발표한 논문이 약 60여편인 것을 감안하면, 이렇게 19편이나 교회론과 관련하여 논구하였다는 것은 그의 교회론적 관심사가 얼마나 강렬했는가를 잘 보여준다고 생각한다. 최교수는 첫 저술의 서문에서 신학과 교회의 관계를 다음과 같이 명시하고 있다:

참된 교회와 참된 신학은 결코 나눌 수 없는 관계에 놓여있습니다. 교회 없는 신학이나 신학없는 교회는 결코 생각할 수 없습니다. 전자의 경우, 신학이 번쇄적 경향으로 흐를 가능성이 커진다면, 후자의 경우, 교회는 그 정체성을 상실한 위기에 직면하게 됩니다. 이렇게 되면 참된 교회도 참된 신학도 존재할 수 없습니다. 참된 교회와 참된 신학을 기대한다면,

이 둘은 상보적 관계에 있어야 합니다.[92]

한편 『교회론』에서는 교회가 그리스도의 몸(corpus Christi)이며, 머리 되신 그리스도와 그의 지체로 연합하여 있는 교회의 관계를 매우 강조하고 있음을 보여 준다:

> 교회는 이 생명의 근원이신 예수 그리스도께 연결되어 있는 지체들입니다. 이들은 하나의 몸을 이루고 있습니다. 원래 하나님의 계획 가운데 하나의 몸으로 부름을 받았습니다. 생명에로의 투항, 그리고 그 생명에 의한 결속, 이는 그리스도 교회의 신비입니다. 이 신비가 머무는 믿는 자들의 공동체, 곧 교회야말로 온 인류가 두려워하는 미래를 극복할 수 있는 힘의 발원지입니다.[93]

이러한 분명한 교회론적 확신에 근거하여 최교수는 교회론에 관련된 다양한 주제들(본질, 갱신, 직분, 예배, WCC 등)에 대한 논저를 출간했을 뿐만 아니라 실제로 기회가 닿는대로 교회사역에 투신하기도 했다.

4. 다른 신학적 관심사들

이상에서 개관한 신론, 인간론, 교회론 등이 최홍석 교수가 심혈을 기울여온 세 가지 주요 관심분야였다고 한다면, 그 외에도 다양한 관심사를 표명해 왔음도 사실이다.

---

92 최홍석, 『교회와 신학』, 5.
93 최홍석, 『교회론』, 4.

(1) 신학서론

최홍석 교수는 오랫동안 신학서론을 가르친 적이 있으며, 그 강의안을 책으로 출간한 적도 있다.『당신의 말씀은 진리니이다-교의학의 원리와 방법』이 그것이다.[94] 226쪽에 달하는 이 신학서론 교본은 해당 과목에서 다루어야 하는 모든 주제를 다 포함하고 있다.[95] 본서에서 다루어지는 내용을 개관할수 있도록 목차를 제시해 보도록 하겠다: I. 서언, II. 명칭과 개념, III. 신학의 분류, IV. 교의학이 하나의 학문인가? V. 신학의 제 분야와 내적인 통일성, VI. 교의학과 신학의 제분야, VII. 교의학의 내용, VIII. 교의학의 기능과 임무, IX. 교의학의 역사, X. 교의학의 원천과 방법, XI. 인식의 원리, XII. 신학의 외적원리: 계시, XIII. 성경의 영감, XIV. 내적 원리. 그리고 최교수는 신학서론과 관련하여 "웨스트민스터 신조를 통해 본 장로교 신앙의 인식론적 특색"이라는 논문을 공표하기도 했다.[96]

(2) 그리스도와 연합

앞서도 살펴보았지만 1995-1998 휴직 기간 동안 최교수는 그리스도와의 연합에 대한 연구로 박사논문 연구를 시작했었다. 박사논문은 끝맺지 못하고 은퇴를 하지만, 그간의 연구 결과는 다음의 세 논문을 통해서 일부 공표한 바가 있다:

1. "그리스도와의 신비적 연합-그 성경적 의미-,"「신학지남」65/4 (1998): 157-190.

---

[94] 최홍석,『당신의 말씀은 진리니이다-교의학의 원리와 방법』(서울: 총신대학출판부, 1991).
[95] 바빙크, 벌코프, 박형룡 박사의 신학서론과 비교할 때 그러하다는 말이다.
[96] 최홍석, "웨스트민스터 신조를 통해 본 장로교 신앙의 인식론적 특색,"「신학지남」69/2 (2002): 7-28.

2. "신비적 연합(Unio Mystica)에 대한 헤르만 바빙크의 견해," 「신학지남」 67/2 (2000): 38-63.
3. "신비적 연합(Unio Mystica)의 객관적 측면에 대한 칼빈의 견해," 「신학지남」 73/1 (2006): 31-59.

(3) 종말론

최홍석 교수는 종말론 강의도 여러 해 동안 맡았으나, 공표된 글은 그리 많지 않은 것 같다. 그러나 종말론의 경우 그 구조와 내용을 근본적으로 결정짓는 것은 그 신학자의 천년기에 대한 이해가 무엇이냐 인데, 분명한 것은 최교수는 화란에서 공부를 했지만 차영배 교수처럼 무천년설(amillennialism)을 따르지 아니하고 박형룡 박사가 "총신의 종말론적 전통"이라고 분명히 확언한 역사적 전천년설(historic premillennialism)을 따라서 종말론 강의를 진행했다고 하는 사실이다.[97] 최교수가 종말론에 관련하여 쓴 두 편의 글은 아래와 같다:

1. "현대 교의학에서의 천년왕국과 종말 -현대 교의학의 동향과 관련하여-," 「신학지남」 59/4 (1992): 7-48.
2. "죽음, 그 이후 -기독교 장례문화의 이론적 근거 제공을 위한 논의-," 「신학지남」 66/1 (1999): 46-82.

(4) 그 외의 다른 신학적 관심사들

최홍석 교수는 몇 가지 다른 주제들에 대한 글들도 공표하였는데, 총신의 신학교육과 관련하여서나 기관지인 「신학지남」에 나타나는 신학적 내용 분석 등과 같은 글들이 있다.

---

[97] 이상웅, 『박형룡 박사와 개혁신학』, 51-53와 "송암 김길성 교수의 삶과 신학세계," 54-57 등을 보라.

1. "총신신학 교육의 자리매김," 「신학지남」 61/4 (1994): 180-193.
2. "「神學指南」 창간호에 나타난 교의학적 자료의 신학적 내용분석," 「신학지남」 312 (2012): 13-46.

또한 유명한 신학자와 관련해서 볼 때에 최교수는 바빙크와 아우구스티누스에 대한 글을 발표한 바가 있다:

1. "H. Bavinck의 삼위일체론," 「신학지남」 65/2 (1998): 110-132.
2. "Hermann Bavinck의 일반은총론에 대한 신학적 재조명-성경적 근거 제시와 관련하여," 「신학지남」 71/2 (2004): 7-43.
3. "Hermann Bavinck를 통해 본 로마교의 이원론," 「신학지남」 71/3 (2004): 9-33.
4. "Hermann Bavinck가 본 종교개혁의 이원론 극복," 「신학지남」 72/3 (2005): 64-91.
5. "아우구스티누스의 Enchiridion에 나타난 '지혜'," 「신학지남」 68/4 (2001): 188-224.
6. "선(善)에 대한 아우구스티누스(Augustinus)의 견해," 「신학지남」 76/2 (2009): 7-37.[98]

V. 나가는 말

이상에서 31년간 총신대학교 신학대학원에서 조직신학 교수로 재직하다 정년퇴임하는 최홍석 교수의 삶과 신학세계에 대해서 개관해 보

---

[98] 그 외에도 율법주의의 극복과 치유에 대한 글이 있다: "Overcoming Trends of Legalism," *Chongshin Theological Journal* 9/1 (2004. 4.): 3-24; "치유에 대한 신학적 이해 -귀신들림과 관련하여-," 「신학지남」 61/2 (1994): 82-111.

았다. 객관적인 자료들을 토대로 하여 그가 어떠한 신앙적인 배경에서 성장했으며, 총신과 화란 유학 기간 동안 어떠한 전통의 신학을 학습하게 되었는지에 대해서 재구성해 보려고 노력했다. 또한 총신에서 교수로서 지낸 긴 세월의 특징적인 면모들도 몇 가지로 정리해 보았다. 초두에 고백했듯이 스스로 자신에 대해 거의 말을 하지도 않고, 글을 남기지도 않은 은사이기에 이런 종류의 글을 쓴다는 것은 쉬운 일이 아니었다. 하지만 주변의 여러 지인들의 증언, 필자의 강권하는 요청에 참 어렵게도 보내주신 답변, 그리고 공표되어 있는 여러 종류의 자료들(최교수의 논저들, 신학교 역사서들 등)을 섭렵하여 최홍석 교수의 삶과 신학세계에 대한 윤곽을 그려보았다. 이러한 부족한 글은 그 자료적 가치 때문에라도 관심있는 후학들에게 도움이 되리라 생각되며, 보다 충분한 개관 작업과 평가 작업은 후일로 미루고자 한다. 역량을 가진 다른 학자가 그런 일을 능숙하게 해줄 것을 기대해 본다. 이제 글을 마무리하면서 앞서 다루었던 내용들을 간단하게 정리해 보고자 한다.

최교수는 고신의 본 장장인 거창에서 고신교회에서 신앙교육을 받고, 거창고등학교에서 전영창교장의 영향하에 10대를 보냄으로 그의 신앙 인격적 특성이 분명하게 형성되었다는 점을 우리는 주목해 보았다. 지인들이나 제자들이 아는 은사의 모습은 긴 세월을 통하여 형성되었다가 보다는 거창에서 지낸 어린 시절의 신앙교육과 학교 교육을 통하여 거의 특징적으로 형성되었다는 점을 기억해야 한다. 고신의 철저한 신앙교육, 자아를 숨기고 신본주의적으로, 이타적으로 살고자 하는 삶의 가치관이 이미 그 시기에 다 형성된 것이다.

총신에 입학한 최교수는 여러 교수들(박윤선 박사, 신복윤 박사 등)을 통하여 개혁주의 신학을 배웠지만, 특히 후일에 장인이 되는 차영배 교수의 영향을 많이 받게 되었다. 차교수를 통해 화란신학의 중요성도 배우게 되었고, 화란어나 라틴어도 배우게 되었으며, 마침내 화란 유학길에 오르게 된다. 깜쁜에서는 변화하는 신학적 풍조속에서도 역사적 개혁주의를 지향했던 끌라스 루니아의 지도하에 독토란두스 과정을 이수했다. 루니아는 교의학 전공이면서도 실천신학교수를 하고 있었기 때문에 최교수는 루니아, 바꺼르 그리고 오꺼 야허르 등을 통해서 교의신학에 대한 공부도 깊이 할수 있었다.

    다시 모교로 돌아온 최교수는 3년간의 휴직/안식년 기간을 포함하여 31년 반을 가르치게 된다. 조직신학의 제 분야를 가르쳤지만 특히 인간론, 신론, 교회론에 집중하여 가르쳐왔다. 수업은 열정적이고 진지한 강의로 특징지워졌고, 특히 학생들에게 집요하게 질문하여 생각하게 만드는 방식도 택했다. 사실 자신을 늘 절제하고 살기에 가까이 다가서기 어려울 것 같으나 제자들로서는 자석에 끌리듯 가까이 다가가고 싶은 매력을 가진 은사이셨다. 수 많은 학생들에 대한 세심한 관심, 격려와 기도의 지원을 아끼지 않으셨다. 감추려고 해도 감추어질 수 없는 산위의 동네와 같은 묘한 분이셨다. 늘 자신이 하나님 앞에 선 부족한 인간임을 의식하면서 겸손하게 자세를 취하며, 자신의 맡겨진 소임을 다하다 정년퇴임을 한 최홍석 교수의 산 모범은 두고 두고 진한 여운으로 남아있게 될 것이라고 사료된다. 분명 은사께선 제자가 쓴 이 글을 기뻐하시지 않을 것이라고 생각된다. 하지만 31년 반의 긴 세월동안 예장 합동의 교역자들을 길러내는 일에 생을 바친 한 은사의 삶과 학문세계를 개관이라도 하지 아니하고 지나가는 것은 제자로선 더욱 죄송스러운 일이라 생각해서 부족한 글을 썼음을 밝히면서 끝맺음하고자 한다 (*)

6
이상원 교수를 뒤따라온 사반세기
− 한 회상 −[1]

필자가 이상원 교수님을 처음 알게 된 것은 번역하신 책을 통해서 였다. 특히 조직신학에 관심을 가졌던 나로서는 1991년에 공역하신 벌코프의 조직신학을 통해 처음 이름을 접한 것 같다.[2] 일찍이 이 책 외에도 10여권의 책들을 번역했기 때문에 이교수님의 이름은 한국 독자들에게 어느 정도 알려졌다고 할 것이다. 그러다가 이교수님을 처음 상면(相面)하게 된 것은 필자가 총신대학교신학대학원을 졸업한 후 1995년 12월 3일 암스테르담 자유대학교 신학부에 유학을 가서 얼마되지 않은 시절의 일이다. 그러니 이 글을 쓰는 시점에서 돌아보면 교수님과는 사반세기라고 하는 짧지 않은 시간을 알고 지내온 것이다. 따라서 필자의 관점에서 교수님에 대한 회상의 글을 간략하게나마 쓰고 싶은 마음이 들었다. 일반적으로 은퇴논총(Festschrift)에는 은퇴하는 학자의 이력이나 사상 형성 과정 등을 분석 개관하는 전기적인 글이 포함되기 마련인데, 사반세기 동안 알고 지내온 필자가 그러한 종류의 학술적인 글을

---

1 이 글은 『사람보다 하나님께 순종하는 것이 마땅하다- ㅇ상원 교수 정년 퇴임 기념 논총』, 편찬위원회 편 (서울: 슬로몬, 2021), 84-101에 수록된 글임을 밝힌다. 글을 썼던 시점에서 본 장을 읽어주기를 바란다.

2 Louis Berkhof, 『조직신학(상)(하)』, 권수경, 이상원 공역 (서울: 크리스챤 다이제스트, 1991).

쓰야 마땅하지만 교수님의 전공이 기독교 윤리학이고, 필자는 교의학 전공이다 보니 그러한 분석 개관 작업을 하기에는 합당치 않아 결국 회상 형태의 글이라도 쓰게 되는 것이다.

이교수님께서 은퇴를 앞두고 지나온 65년의 생애나 공적인 활동에 대해 회고하는 글을 쓰신다고 하면 단순히 내가 아는 25년의 이야기만 쓰면 될터인데, 이 점에 대해서 카톡으로 문의하니 회고의 글을 쓰지 않으신다고 답을 하셨기에, 부득불 간접적인 정보에 의지해서 내가 만나기 전의 교수님의 생의 이력을 간략하게라도 먼저 정리해 보게 되었다. 이러한 자료들은 여러 공표된 자료들이나 혹은 직접 들은 자료들에 근거하여 정리한 것이다. 또한 2020년에 조혜경사모님께서 월간지 「월드뷰」에 기고하신 글들을 보내주시어 글을 마무리하는데 많은 도움이 되었다.

1. 출생에서 화란 유학기까지(1955-1997)

이상원 교수님은 1955년 9월 8일에 서울특별시 종로구 동숭동 130번지에서 부친 이태우씨(경성사범, 서울대학교 사범대학 전신 수학과 출신)와 모친 현희순씨(교수님의 회상에 의하면 한학에 능하셨다고 함) 사이에 2남 3녀 중 넷째로 태어났다.[3] 친어머니는 5살 때 소천했고, 초등학교 2학년 때 새어머니가 집에 들어오셨다. 이러한 가정적인 환경은 아무래도 이교수님의 성격 형성에 어느 정도 영향을 미쳤을 것으로 짐작된다. 더욱이 친어머니와의 사별 뿐 아니라 경제적인 어려움도 일찍이 겪어야 했다. 청소년들을 위한 월간지인 새벽나라에 연재한 글을 모아 출판한 『하나님

---

3 조혜경사모님의 회상에 의하면 시아버지는 철저한 유학자이셨고, 오성 이항복의 후손인 것에 대해 자부심을 가진 분이셨다고 한다. 그러하기에 성품에 있어서는 "평생 꼿꼿한 선비와 같이 누구에게 거짓말도, 나쁜 짓도, 못 할 짓도 하지 않고 앞만 보고 바르게 살아오신 분"이라고 평가하기도 한다(조혜경, "수제비를 뜰 때 마다," 「월드뷰」 2020년 9월호: 133, 136).

저랑 베프하실러요?』(서울: 두란노, 2011)의 저자 소개란을 보면 10대말의 가정 상황과 본인의 신상에 대해 소개하는 부분이 있다.

> 엄격한 유교 집안에서 태어나 고등학교 때까지 예수를 믿지 않았다. 고등학교 2학년 때 아버지의 사업 실패로 온 가족이 흩어졌고 입학금이 없어 대학 입학을 포기하고 취업을 준비하던 중 어느 집사님의 권유로 신앙생활을 시작했다.

조사모님의 시아버지 회상기에 의하면 사정을 좀 더 자세하게 알 수가 있다.

> 아버님은 경성사범 수학과를 졸업하신 수학자셨다. 초등학교 교장 선생님으로 재직하시면서 처음으로 우리나라에 수학정석과 같은 유의 참고서를 직접 쓰셨고, 출판하는 과정에서 가세가 기울었다고 들었다... 내가 결혼했을 당시 시댁의 가세는 이미 기울대로 기울었고, 연로하신 아버님은 주민 센터에서 운영하는 공공 근로에 나가 일하시는 것 같았다.[4]

가세가 그렇게 기울다 보니 이교수님은 1974년에 건국대학교 법대에 합격했으나 가정 경제가 어려워 진학을 할 수가 없었고, 이른 나이에 취업 전선에 뛰어 들어야 할 상황에 처하게 되었다. 그러나 1974년 5월에 교회에 어느 집사의 권유로 교회에 나가기 시작하여 가을에 세례를 받게 된다. 2018년 12월 어느 날 양지 차플 시간에 설교하던 중에 이교수님은 그 시절을 잠시 이야기하신 적이 있는데, 그 해 진로에 대한 고민을 안고 100일간 새벽기도회에 출석하여 기도하던 중에 총신대학교 신학과에 지원하여 1975년 신입생 전형에서 수석하여 4년 장학

---

4 조혜경, "수제비를 뜰 때 마다," 134.

생으로 합격하여 대학 공부를 할 수가 있게 되었다.

이교수님은 1975년 신학과에 입학하여 1979년 2월까지 기초 교양 과정과 신학과정을 공부했다. 당시 신학과에는 손봉호 교수도 철학 교수로 출강을 하고 있던 시기였고, 차영배 교수가 1976년 신대원 교수로 부임했던 시기이다(당시는 신대원도 사당동에 있었음). 그러나 가정 형편이 어려워 고학해야 하는 이교수님을 살뜰이 챙겨준 이는 역사학 교수였던 낙산 홍치모 교수(1932-2013. 1976년 총신 교수로 부임)였다. 간접적으로 들은 바에 의하면 이교수는 홍교수의 조교로 근무하며 연구실에서 숙식을 하다시피 했다고 한다. 심지어는 당시 교수회 석상에서 까지 이 문제가 제기되었으나 홍교수는 형편이 어려운 제자를 변호했다고 한다. 필자가 총신 교수로 부임하여 초기 시절 교직원 식당에서 식사를 하는 중에 홍교수님이 이교수님을 부르자 아주 깍듯이 예절을 갖추어 대하는 것을 본적이 있다. 그때는 홍교수님과 이교수님의 과거 역사를 전혀 알지 못했었다.

아무튼 그렇게 어려운 중에 이교수님은 신학 공부에 매진했다. 최근에 이교수님의 대학 후배인 박순용목사님(하늘영광교회)에게 직접 들은 바에 의하면 이교수님만큼 그렇게 열심히 공부하는 신학생을 본 적이 없다고 했다. 이교수님은 대학에 수석 입학하여 수석으로 졸업을 했다. 졸업후에 1979년 5월에 육군으로 입대하여 1981년 8월에 제대를 하였다. 그리고 나서 1982년 초에 총신대학교신학대학원에 입학하였으나 (당시 입학동기로 김지찬 교수님, 박용규 교수님, 이관직교수님 등), 미국 유학에 뜻을 두고 진학을 포기했다. 그랜드 래피즈 소재 칼빈대학(Calvin College) M. A. 과정에 진학하려고 준비를 했으나 비자가 나오지 않아 유학을 떠나지 못했다. 그래서 다시 1984년에 신대원에 응시하여 수석 입학을 하게 되어 3년간 양지와 사당에서 수업을 받고 목회학 석사 학위를 취득하게 된다. 신대원 2학년 재학중이던 1985년 6월에 같은 반 클래스 메이트이던 조혜경전도사와 결혼을 하게 된다.[5] 조사모님은 이교수님의 학업을 성공적으로 뒷바라지 하고 귀국한 후인 2004년에 한국소설 신인상을 받음으로 문단에 등단했다.[6] 그리고 두 분 슬하에 세 딸이 태어났는데, 한국에서 큰딸 진희(숭실대 졸업)가 났고, 미국 유학 시절에 둘째 딸 윤희(한양대 의대 졸업)가 태어나고, 네덜란드 유학 시절에 셋째 딸 현희(이화여대 미대 졸업)가 태어나게 된다.[7]

다시 이교수님과 조사모님의 신대원 졸업 시기로 돌아가 보려고 한다. 졸업시 이교수님은 수석, 조사모님은 차석으로 졸업하게 되었는데 졸업시 부상으로 받은 성경책을 양가 부친께 선물을 드렸었다고 한다. 당시까지도 예수님을 믿지 않았던 시아버지께 성경책을 드리며 성경을 한 번 읽어주실 것과 그리고 교회에 나가 주실 것을 눈물로 사모님은 호소하셨다고 한다. 유학자로서 조상 제사에 온갖 정성을 다하며 바늘 끝도 들어가지 않을 것 같았던 시아버지는 그 다음 주일부터 교회에 출석하기 시작해서 소천하시기까지 열심히 신앙생활을 했다고 한다.[8]

이렇게 총신을 졸업한 후 이상원 교수님은 구의동 동원교회에서 부교역자로 사역하면서 유학 준비를 하였고, 마침내 1989년 9월에 필라델피아 소재 웨스트민스터신학교(Westminster Theological Seminary)의 신학석사 과정에 입학을 하게 된다. 1년 반 동안은 뉴욕에 거주하면서 주

---

[5] 조사모님의 성장기와 쿠모님에 대한 회상은 조혜경, "아버지," 「월드뷰」 2020년 2월호에 수록되어 있다.

[6] 2004년에 토지문학제 평사리 문학대상을 수상했고, 2006년에 기독문예대상을 수상하였고, 동년에 문예진흥기금을 수혜받고, 소설집 『꿈꾸지 않는다』 (서울: 문학나무, 2010)를 출간했다. 작가로서 등단과정에 대해서는 조혜경, "그 몰입의 순간," 「월드뷰」 2020년 8월호 수록을 보라.

[7] 두 분은 결혼 후 3년이 지나서야 첫 딸을 낳게 된다. 세 자녀의 출산과 관련된 조사모님의 회상의 글은 조혜경, "크고 위대한 일," 「월드뷰」 2020년 3월호에서 읽을 수가 있다.

[8] 조혜경, "수제비를 뜰 때 마다," 136-137. 한편 이교수님의 새어머니께서도 예수님을 영접하고 "잠이 오지 않는 밤엔 주기도문을 외우고 (이교수님) 가정을 위해 기도"하시곤 하셨다고 한다(조혜경, "작은 선물," 「월드뷰」 2020년 1월호 수록).

중에는 필라델피아의 학교에 가서 공부했다고 한다. 그 시절 목회학 석사 과정에 재학주이었던 강웅산 교수님의 증언에 의하면, 이교수님과 사모님은 뉴욕 퀸즈장로교회에서 사역하였고(사모님은 담임목사님의 저술 작업을 도움) 주중에는 강교수님의 차에 함께 카풀을 해서 학교를 가곤 했다고 한다. 그 후에는 필라델피아 린우드 가든(Lynnewood Garden)으로 이사를 해서 학업을 마무리하게 된다. 이 시기에는 영생장로교회 협동목사로 사역을 했고, 사모님은 이용걸 목사님의 일을 돕는 역할을 했다고 한다.[9] 이교수님은 루터와 몰트만의 십자가 신학 비교 연구로 논문을 쓰고 1991년 5월에 신학석사(Th. M.) 학위를 취득하게 된다.[10] 아는 성도들의 경제적인 후원이 있기는 했지만, 충분하지 않아 번역도 많이 했던 것으로 안다.[11] 미국에서의 유학시기를 회상하는 글에서 조사모님은 "당시 우리에겐 자동차가 없었고, 남편은 자전거로 학교에 다녔다"고 회상하고 있고, 또한 단적으로 "우리 가족이 가장 춥고 배고팠던 유학 시절"이었다고 표현하기도 하였다.[12] 웨스트민스터신학교를 졸업한 이교수님은 보스턴대학교 신학부 S.T.M.과정에 입학하여 두 학기 동안 사회윤리학을 공부하였다(1992.9-1993.5). 보스턴으로 옮겨가기 전에 한 친구가 타던 차를 주어 보스턴에서는 자전거가 아니라 중고차를 사용할 수가 있었다.[13]

---

9 이상원, "교회를 사랑한 따뜻한 정통신학자- 김길성 교수님을 회고하면서," 이상웅 편집, 『하나님, 성경, 그리고 교회 중심의 신학과 삶- 송암 김길성 박사 정년퇴임 기념논총』 (용인: 목양, 2014), 26-27.
10 동일한 주제에 관련하여 이상원, "J. 몰트만의 십자가 신학에 대한 비판적 탐구,"「신학지남」295 (2008), 297-324에서 읽을 수가 있다.
11 총신 도서관 자료 검색을 해보니 이교수님의 첫 번역본 출간 시기는 1985년(신대원 2학년)에 나온 존 뉴턴, 『영적 도움을 위하여』(서울: 크리스챤다이제스트)와 아빌라의 테레사, 『기도의 삶을 위하여』(서울: 크리스챤다이제스트) 등이다.
12 조혜경, "작은 선물,"「월드뷰」2020년 1월호 수록. 이 글에 보면 미국 유학 시절 만나게 된 이웃집 리아 할머니(가난한 90세 할머니)를 위해 이교수님과 사모님이 따뜻한 사랑을 베푼 이야기들이 회상되어진다.
13 조혜경, "누군가, 어디선가,"「월드뷰」2020.7월호 수록. 이 글에서 그 중고 차에 얽힌 이

마침내 네덜란드 깜쁜 소재 개혁파교회 신학대학교(Theologische Universiteit van de Gereformeerde Kerken in Nederland te Kampen, 약칭 깜쁜신학대학교) 박사과정에 합격하여 1993년 8월에 네덜란드로 대륙간 이사를 하게 된다. 암스테르담에서 차로 1시간 정도면 가닿을 수 있는 오버에이설(Overijssel)주 깜쁜시는 현재도 인구 5만이 조금 넘는 작은 도시이지만, 한자동맹의 도시중 하나로 유서깊은 도시이다. 또한 중세말 근세풍의 건물들이 즐비하게 있는 옛 도시 지역을 걸어보면 정말 유럽에 온 것 같은 느낌이 들곤 한다. 깜쁜에는 바빙크가 재직했던 총회파 신학대학과 1944년 해방파 운동 이후 스킬더 진영이 세운 31조파 신학대학이 지근거리에 각기 있었다(현재는 후자만 남아있음). 네덜란드 대학에는 박사과정으로 받아들여지면 영국이나 남아공처럼 박사논문을 쓰면 되는데, 지도교수는 헤리트 만넌스케인(Gerrit Manenschijn, 1931- , 1988-1996 윤리학교수) 박사였다. 만넌스케인 교수는 화란에서 유명한 하리 꽈이떠르트(Harry M. Kuitert, 1924-2017. 자유대학교 신학부 윤리학 교수였음)의 제자였고, 오랫동안 목회를 하고 나서 깜쁜의 윤리학 교수가 된 사람이다. 이교수님은 4년에 걸쳐 연구를 하고 박사논문을 썼다. 아무런 재정 지원 약속 없이 깜쁜에 도착한 이교수님 가정을 위해서 웨스트민스터시절에 만난 김길성 교수님 가정에서 백방으로 알아보아 예손교회(정문호 목사님이 담임목회하던 시절) 장학금을 5개월, 그리고 남은 기간 동안 권성수교수와 진태옥 권사가 함께 운영하던 소망장학회의 경제적 지원을 받게 되어서 학업에 전념할 수가 있었다.[14] 국가적으로는 IMF 구제금융 위기가 터졌던 바로 그 시절인 1997년 11월 21일(금)에 논문 방어식(promotie)을 했다. 후일 들은 바에 의하면 이교수님 가정은 IMF 사태가 터질 무렵에 학위를 마쳤기 때문에 장학 지원을 끝까지 받을 수가 있었으나,

---

야기들을 회고하고 있다.
14 이상원, "교회를 사랑한 따뜻한 정통신학자- 김길성 교수님을 회고하면서," 27-28.

그 후에는 장학금을 지원하던 주역의 사업이 어려워져 장학 사업도 어려움에 처하게 되었다고 한다.

이교수님의 박사논문의 주제는 『시장과 윤리: 한국 경제와 관련하여 존 롤즈의 경제 정의 이론과 화란 개신교 사회 경제 사상의 비교 연구』 (Market and Ethics : A Comparative Study of the Theories of Economic Justice of John Rawls and Dutch Protestant Socio-economic Thought in Relation to South Korean Economy)였다. 제목을 보아도 알 수 있듯이 한국의 경제 현실을 염두에 두고, 하버드의 철학자 존 롤즈의 경제이론과 네덜란드 개신교의 사회 경제 사상을 연구한 논문인 것이다. 한 가지 흥미로운 점은 공동 지도교수(copromotor)는 자유대학교의 발케넨더(J. P. Balkenende, 1956-) 교수였는데, 그는 2002-2010년 어간 네덜란드 수상을 지내기도 한다. 박사논문은 단행본으로 출간되지 않았으나 그 내용들은 「신학지남」에 기고된 논문들에서 확인할 수가 있다.[15]

앞서 말한대로 필자가 이교수님 가족을 처음 만나게 된 것은 1995년 12월 암스테르담에 유학을 가서였다. 개인 사정으로 1997년 3월에 돌아오기까지 16개월 동안 자유대학교 독토란두스과정 학생으로 공부하는 중에, 사는 곳이나 학교는 달랐지만 몇 번 만날 기회가 있었다. 당시 받은 인상으로는 밝은 얼굴에 과묵한 성격으로 느껴졌고, 묵묵히 자신의 학문에 정진하는 선비 스타일의 유학생으로 느껴졌다. 그러나 당시 동일한 스승의 지도를 받던 정광덕 박사의 증언에 의하면 깜쁜 신학대학 윤리학회(Werkgezelschap Ethiek van ThUK) 모임에서는 많은 의견 개진을 하시곤 한다고 했다. 당시 조혜경 사모님도 처음 알게 되었는데, 조용하신 교수님과 달리 쾌활한 성품에 다정다감하셨다. 놀라운 것은 이교수님 가정의 큰 딸과 우리 집 아들의 이름이 같았다는 것이다(이진희).

---

15 이상원, "존 롤즈의 정의론: 공정성으로서의 정의(Ⅰ), (Ⅱ)," 「신학지남」 66/2 (1999): 203-224; 66/2 (1999): 254-282; "네덜란드 개혁주의 사회사상에 있어서의 경제정의론 (I), (II)," 「신학지남」 67/1 (2000): 218-256; 67/2 (2000): 127-173.

아마도 교수님의 성품도 조용하신 편인데다가 딸 셋을 키우시다 보니 더욱 부드러워지신 것은 아닐까 싶은 생각이 들기도 한다.[16]

2. 총신의 기독교 윤리학 교수로가 되신 후(1998-)

필자는 경제적인 어려움으로 학업을 계속하지 못하고 1997년 초에 귀국하여 전임사역을 시작하게 되었고, 그해 말 이교수님께서는 박사학위를 취득하셨다. 귀국 후에 한 학기를 지나 1998년 9월 1일부로 총신대학교 신학대학원의 첫 기독교윤리 전임교수로 임용이 되셨다. 과거 명신홍박사가 윤리학 책을 낸 적도 있기는 하지만,[17] 윤리학이 필수과목으로 정해지고 전임교수가 임용되기는 총신 역사상 처음 있는 일이었다. 아무튼 그렇게 교수님은 모교에서 교수 생활을 시작하셨다. 학교 강의와 연구 활동뿐 아니라 한국성경교육연구소(원장 윤용진박사)에서 성경강해도 시작했다. 유학전에 섬기던 동원교회 협동목사로 재직하기도 했다. 함께 모여 프랜시스 쉐퍼 전작을 읽고 토론하는 콜로키움(*Ethicum Colloquium*)도 진행한 것으로 기억된다. 교수님을 다시 한국에서 만나게 된 것은 2000년 1월 13일 대구동신교회 권성수 목사님 위임식 때였다. 서로 헤어진지 3년여의 시간이 지나서였다. 당시 대구에 오시며 연락을 주셔서 만나게 되었는데, 여러모로 안부를 물으시고 중단된 학업에 대해 안타까움을 표현하셨다. 최근에 논문을 쓰면서 교수님이 주신 책들을 살펴 보니 그 날에 십계명 강해서를 사인하여 주셨던

---

16 첫째 딸(진희)을 임신한 사실을 알게 된 날부터 이교수님은 "하루도 거르지 않고 배에 손을 대고 아기에게 속삭이듯 기도해 주었"고 "다섯 달이 지나자 아빠의 목소리를 기다렸다는 듯 기도할 때 아기가 툭툭 발길 짓을 해서" 두 분을 놀라게 했다고 조사모님은 한 글에서 회상한다(조혜경, "크고 위대한 일," 「월드뷰」 2020년 8월호).

17 명신홍, 『개혁파 윤리학』 (서울: 예수교문서선교회, 1971). 총신 도서관 소장자료 검색에 의하면 이 출판물 앞수 등사본 강의안이 보관되어 있는 것으로 볼 때 명신홍 교수는 윤리학 강의를 했던 것으로 보인다. 그러나 명신홍교수는 총신에 재직하는 동안 실천신학 담당교수였다(http://www.kidok.com/ news /articleView.html?idxno=58792).

것으로 확인된다.

  필자는 4년간의 바쁘디 바쁜 전임사역을 하는 동안에는 시간도 경제 여건도 안되어 학업을 계속할 수가 없었으나, 2001년 박사교회 담임목사로 부임한 이후에는 멀긴 하지만 총신대학교 대학원에 진학하여 중단된 공부를 계속할 수 있는 여유를 얻게 되었다. 그렇게 해서 2003년 봄학기부터 석사과정이 다시 시작되었고, 첫 학기에 이교수님이 개설하신 프랜시스 쉐퍼 강좌를 수강하게 되었다. 한 학기 동안 수강자들이 쉐퍼 전집 다섯 권을 나누어 발제하며 쉐퍼의 전작을 다 공부했었다. 신대원을 졸업하고 8년, 유학에서 돌아오고 6년이 지나 다시금 시작된 학업이었기에 내게는 더할나위 없이 감사하고 즐거운 첫 학기였다. 그 강좌 수강생들 가운데 후배 김찬영 목사는 현재 대신대학교 조직신학 교수로 재직하고 있고, 또 다른 후배 김경호 목사는 이교수님의 지도하에 최근 박사학위를 취득하기도 했다.[18] 유학지에서 선후배로 만났던 이교수님과 나의 관계는 그렇게 사제관계로 변하게 된다.

  그 후 석박사 과정을 통해 기독교윤리학 분야의 다양한 과목들을 배울 수가 있게 되었다. 쉐퍼로부터 시작해서, 생명윤리 세미나, 응용윤리의 문제들, 라인홀드 니버, 현대기독교윤리사상연구 등을 공부했다. 쉐퍼의 저항신학, 낙태문제, 후쿠야마, 개혁주의 저항신학 등 다양한 발표도 하고 텀 페이퍼도 썼다. 수강자가 많으면 강의실에서, 수강자가 많지 않으면 당시 사당동에 있던 교수님 연구실에서 수업을 진행했다. 연구실에서 진행하는 경우에는 수강자들에게 따뜻한 과일차를 나누어 주셨고, 때로는 비타민 태블릿을 먹으라고 주시기도 했다. 자연과학이나 수학 등에 별취미가 없었던 나로서는 생명윤리나 의료윤리와 같은 과목 수강이 쉽지 않을 수도 있었지만, 이교수님의 평이하고 상세한 설명을 통해, 전공지식을 갖춘 수강자들의 여러 발제들을 통해 내용을 잘

---

[18] 김경호, "세 가지 유형의 개혁주의 세계관 연구" (철학박사, 총신대학교, 2020).

이해하고 이수허 낼 수가 있었다는 것도 좋은 기억으로 남아있다.

필자는 2년간의 박사과정 공부를 마치고 나서 2008년 말에 조나단 에드워즈의 성령론을 주제로 박사논문을 완성했다. 지도교수님은 김길성 교수님이시지만, 이상원 교수님은 부심중 한 분으로 두꺼운 논문을 읽고 심사에 참여해 주셨다. 다섯 분의 심사위원들 중 네 분 앞에서 논문 심사가 진행되었고, 이교수님은 에드워즈의 구속사와 관련하여 질문을 하셨던 기억이 난다. 1시간여 시간 만에 논문은 통과되었고 내가 부탁드려 기념촬영도 했었다. 박사논문 감사의 글(Acknowlegement)의 한자락에서 다음과 같은 글을 쓰기도 했다.

> 그리고 이상원 교수님은 기독교 윤리학 분야에서 참으로 많은 가르침을 주셨습니다. 네덜란드에서 처음으로 만나 뵌 이래로 지금까지 인간적으로 따뜻한 관심을 가져 주심에 또한 감사를 드립니다.[19]

그리고 2009년 부흥과개혁사를 통해 책으로 출간이 되었을 때 교수님들께 대한 감사의 글을 다시 쓸 수가 있었다.[20] 그렇게 해서 또 다시 수 년을 나는 목회지에서 사역에 전념하며 대신대학교에 출강하는 일도 병행하게 되었다. 방학중에 서울 처갓집에 들르는 길에 가끔 이교수님과 사모님을 함께 만나는 일도 있었지만, 평소에 전화를 잘 하는 성격이 아닌 나이고, 교수님도 조용한 성격이시라 그저 만날 기회가 있으면 그간의 일들을 대화하곤 할 뿐이었다.

---

19 이상웅, "조나단 에드워즈의 성령론" (철학박사, 총신대학교, 2009).
20 이상웅, 『조나단 에드워즈의 성령론』 (서울: 부흥과개혁사, 2009/ 서울: 솔로몬, 2020).

3. 총신 조직신학과 교수로서 함께 (2012-2020)

2012년 9월 1일부로 필자는 총신대학교 신학대학원 조직신학 교수가 되었다. 11년 3개월의 담임목회 기간을 지내고 나서 전혀 기대치 않은 시점에 모교의 교수직에 임용이 된 것이다. 나는 그렇게 마흔 다섯의 나이에 총신 교수 생활을 시작하게 되었다. 은사들이신 김길성 교수님, 최홍석 교수님, 이상원 교수님 세 분이 재직하고 계셨는데, 신임교수로 부임한 제자를 반가이 환영해 주셨다. 각자 성품이 다른지라 표현 방식은 달랐다. 그리고 이미 개학한지 2주차에 부임하게 되었기에 10시간의 책임시수를 만들어 주시기 위해 세 분이 이미 강의하고 있던 과목들을 할애해 주셨다. 그렇게 해서 나는 총신에서 가을학기에는 늘 종말론 과목을 가르칠 수 있게 되었고(어느 시점에 인간론과 종말론이 한 과목이 됨), 첫 학기에는 이교수님이 나눠주신 현대신학(1학점) 과목도 강의하게 되었다. 이미 대신대학교 시절에도 강의하곤 했던 과목이지만, 교수님이 나눠주신 현대신학 강의안을 중심으로 강의를 진행했다. 그 강의안을 참고하면서 논저뿐 아니라 강의안을 작성할 때도 얼마나 꼼꼼하고 성실하게 글을 쓰시는지를 확인할 수가 있었다.

내가 부임한 당시 이교수님은 정교수 승진을 위해 필수적인 전공서적 집필에 몰두하고 계셨고, 2013년에 기독교 윤리학(개정본)으로 출간이 되었고 정년보장 정교수로 승진하시게 되었다. 어느 날은 구내 식당에서 식사한 후에 학교 산책을 같이 하자고 해서 함께 캠퍼스를 한 바퀴 걸은 적이 있었다. 진중한 성격의 교수님이 그 산책 중에 필자에게 해주신 말씀 한 구절이 8년이 지난 지금에 사무치게 되새김질된다. 문자적으로 정확하게 기억되지는 않지만, 남들이 뭐라고 하든지 상황이 어떻게 변하든지 그저 자신의 할 일에 충실하면서 안달복달하지 말고 묵묵히 자기 길을 걸어가야 한다는 뜻의 말씀이었다. 그리고 그렇게 매일 캠퍼스 내 도로나 둘러싸고 있는 산 중턱에 만들어진 임도를 한 바퀴씩 산책하시는 것은 건강관리를 위한 교수님의 일상의 한 자락 속한다는 것을 추후 알게 되었다. 첫 학기의 끝자락인 11월에는 교수님의 소개로 성산생명윤리연구소 세미나에 참석하여 복된 노년에 대한 발제를 하기도 했다. 그간에 교수님은 기윤실이나 성산생명윤리연구소 등에도 적극적으로 참여하고 활동하셨다는 것을 알게 되었다. 특히 성산생명윤리연구소의 소장직을 맡으신 적도 있다. 그간에 출석하는 교회는 제자가 개척 설립한 장현소망교회로 바뀌어 있었다. 유학중에도 즈볼러 음악원 학생들을 위한 매주 성경공부를 인도하고, 부퍼탈 한인교회 담임목회직도 수행하신 적이 있는데, 개척한 제자를 돕는 의미에서 출석해 오신 걸로 안다.

돌이켜 회상해 보면 나로서는 2012년부터 시작하여 5년 정도는 소위 새로운 환경에서의 적응을 위해 불철주야 힘쓰고 애썼던 시기였다. 강의준비에 논문을 쓰는 일들이 필자의 연약한 체력으로는 감당하기 쉽지가 않았다. 그럼에도 불구하고 조직신학과 교수님들(앞선 세분에 김광열 교수님, 강웅산 교수님, 문병호 교수님, 정승원 교수님 등)의 인격적인 배려속에서 무난히 적응하고 내 역할을 감당해 낼 수가 있었다. 그리고 초기 5년의 시간들은 바쁘고 피곤한 날들의 연속이기도 했지만, 그래도 양지가 평온한 시간들이었던 것으로 추억된다. 강의는 대면으로 잘 진행되었고, 양지 골짜기는 학생들의 밝고 명랑한 소리로 가득했다. 운동장은 때때로 시끌벅적했다. 채플 시간에는 교수님들이나 외부 강사들의 설교들로 늘 풍성했다. 매학기 이교수님의 설교도 한 번씩은 들을 수가 있었다. 강의때도 그렇듯이 설교시간에도 원고를 철저하게 준비하여 읽어나가셨다. 그래서 교수님에게 붙은 별명 중 하나가 Reader이기도 하다. 조용조용히 읽어나가시는 설교를 듣고 있으면 쓸데없는 소리 하나 없고 분위기 뛰우려는 가벼운 조크 하나 없었으나 내용은 충실했고 때로는 법조문을 읽는 근엄한 판사와 같은 느낌이었으나 가슴에 남는 감동과 도전이 있었다. 사실 지난 사반세기 동안 개인적으로 지켜 보아

온 교수님은 항상 올곧고 똑바른 삶을 추구해 오셨다. 그래서 사적인 자리에서도 그다지 재미있는 이야기도 하시지 않았고, 농담도 거의 들어본 기억이 없다.

총신은 2017년 무렵에 학내 사태가 가시화되었다. 그해 11월에 학생들은 수업 거부에 돌입했다. 그리고 2018년 1학기까지 구체제에 대한 저항과 반대로 학생들의 수업 거부는 계속 이어졌다. 나중에는 강의동과 본관까지 봉쇄되었다. 교수협의회는 일찍부터 경영진에 대한 반대와 퇴진운동에 앞장섰다. 부임한 지 몇 년 안되는 소위 주니어 교수들이었던 우리들도 탄원의 형식으로 항의를 표현하기 시작했고, 그로 인해 우리는 적지 않은 고초를 치루어야 했다. 그러나 앞선 선배 교수님들의 수고는 말로 표현하기 어려울 정도였다. 그런 중에 이상원 교수님은 누구보다 앞장 서서 반대의 목소리를 내셨다. 법정 앞이든 총회 앞이든 공공 장소에서 반대 팻말 시위를 했고, 문건 작성도 앞장서서 많이 하셨다고 들었다. 언젠가 조교를 통해 이상원 교수님에 관한 교단 신문(기독신문)의 기사를 모두 검색해 보라고 했더니 그간에 수 백 건에 달하는 기사들이 검색되었다. 그만큼 학내사태뿐 아니라 다양한 운동들이나 학회 일로 뉴스거리가 되시곤 했던 것이다. 아무튼 총신 학내 사태 시기를 뒤돌아 보면 전모를 내가 다 알 수는 없지만 한 가지 뚜렷한 기억이 나는 것은 늘 학생들 편에 서셨다는 것이다. 나는 학교 인근에 살기 때문에 주일 예배를 마치고 학교에 나오곤 했는데, 어느 주일날 교정에서 교수님을 마주쳤는데 학내사태중 본관 점거중인 학생들을 위해 예배 인도하기 위해 오셨다고 하셨다. 그후 회복의 시기 동안에도 교수회마다 이교수님은 늘 학생들 편에서 발언을 하셨다. 조용조용한 성격이심에도 불구하고, 사안에 있어서 의견 개진을 하실 때는 굽힘이 없었고 대쪽같은 성품을 드러내셨다. 회복기의 한 회의 시간이 기억난다. 필자가 생각하기에는 발음이 분명히 다른데 많은 분들이 내 이름과 이상원 교수님의 이름 발음이 구분이 되지 않았다. 그래서 필자는 교수회 석상에서 부드러운 어조로 두 사람 이름을 발음할 때 구분을 좀 해달라고 부탁을 드린 적이 있다.

2018년 10월 관선이사들로 구성된 이사회에 의해 조직신학과의 김광열 교수님이 총장직무대행으로, 이상원 교수님이 신대원 원장 및 부총장으로 선임되셨다. 교수님들께서는 내게 특별히 도서관장 및 에드워즈 연구소장을 맡겨주셔서 2019년 7월 건강상 사의를 표명할 때까지 보직을 수행했다 2019년 연초에는 총장 선거에 출마하시기도 했으나 뜻을 이루시지 못했다. 그리고 2019년 2학기 학부 강의를 하시는 중에 어려운 일을 겪게 되시어 2020년까지 교수님과 사모님이 심적인 고통을 많이 겪으셨고 이 글을 쓰고 있는 시점에서도 여전히 법적인 회복 절차가 진행중이다. 연구실이 인접해 있어서 자주 마주치게 되는데, 교수님의 성품 그대로 단 한 번도 이런 어려운 일들에 관련해서는 내게 말씀하신 적이 없다. 소식과 기사들을 읽으며 함께 가슴앓이하고 기도해온 여러 지인들의 소망하는 바와 같이 교수님과 관련된 모든 문제들이 합당하게 잘 해결되어지기를 소망해 본다. 이제 가을이면 관선이사 체제가 끝나고 정이사 체제로 돌아가는데, 이교수님 징계철회건도 신속하게 다루어지기를 소망해 본다. 아울러 지난 1년 동안 어려운 시간들을 보내고 계신 교수님 주변을 보면서 교수님을 염려하고 위하여 기도하고 앞장 서서 지원하는 안팎의 동역자들이 참으로 많으시다는 것을 확인하게 된다.

이제 교수님이 그간에 출간하신 책들에 관련하여 잠깐 정리를 해보고자 한다. 교수님은 수 많은 책들과 논문들 그리고 기고문들을 공표해 오셨다. 특히 본인의 전문 분야인 윤리학과 관련하여서도 많은 저술들을 출간해 오셨는데 그 가운데 연구 성과를 총집성한 두 권은 『기독교 윤리학』, 개정판(서울: 총신대학교출판부, 2013)과 『현대사회와 윤리적인 문제들』(서울: 대서, 2019)이라고 생각된다. 기독교 윤리의 제문제들에 관심을 가진 이들은 이 두 저작을 세심하게 읽어볼 필요가 있다. 그리고 『프랜시스 쉐퍼의 기독교 세계관과 윤리』(서울: 살림, 2003)와 『라인홀드 니버: 정의를 추구한 현실주의 윤리학자』(파주: 살림, 2006) 두 권은 각각 쉐퍼와 니버의 전작을 읽고 검토하여 쓴 연구서들이며, 대학원 수업 시간을 통해서 함께 읽고 공부해 본 교과서들이기도 하다. 교수님은 전문적인 내용들을 다양한 독자층들을 위해 풀어내는 작업도 많이 하셨다. 특히 『하나님 저랑 베프하실래요?』(서울: 두란노, 2011)나 『하나님 저랑 톡하실래요?』(서울: 두란노, 2015)와 같은 베스트 셀러들은 청소년들 수준에서 기독교 교리와 윤리적인 문제들에 대해 답을 한 글들이고, 이관직 교수와 공저한 『삶이 묻다』(서울: 대서, 2016) 같은 책은 목회자들과 신학생들을 위한 월간지에 연속 기고했던 글 모음이기도 하다. 총회가 기획하여 출간하는 기독교교육총서 12번으로 저술 출간한 『기독교 교육과 윤리』(서울: 대한예수교장로회총회, 2007), 『21세기 십계명 여행』(서울: 토기장이, 1999) 그리고 『21세기 사도신경 해설』(서울: 솔로몬, 2001) 등도 평신도들을 위해 쓴 글들이다.

  이교수님의 저술들 가운데 또 한 가지 다른 장르는 성경 본문 강해서들이다. 앞서도 말한 것처럼 이교수님은 부교역자로서 수 년간 사역을 했고, 유학 중에도 설교나 성경공부 사역을 했었고, 귀국하신 후에도 꾸준히 설교 사역을 진행하고 있기 때문에 이러한 본문에 대한 강해서들이 출간되는 것이다. 출간 연대순으로 적어보면 『주의 날이 이를 때에(데살로니가전후서 강의)』(서울: 한국성경교육연구소, 2000), 『그리스도의 형상이 이루기까지(갈라디아서 강의)』(서울: 한국성경교육연구소, 2000), 『자기 십자가를 지고(사도행전강의)』(서울: 솔로몬, 2001), 『행하는 삶: 기독교윤리학자가 본 야고보서』(서울: 총신대학교출판부, 2004), 『십자가에서 아가페로(고린도전서 강해)』(서울: 솔로몬, 2016), 『질그릇 안에 있는 보배(고린도후서강해)』(서울: 솔로몬, 2018) 등이다. 데살로니가전후서 강해와 야고보서 강해는 과거 목회시에 해당 본문 강해를 하면서 숙독한 적이 있다. 교수님은 주해가 본인의 주전공은 아니시지만, 성경 강해를 준비하면서 여러 좋은 주석들을 충분히 활용해서 준비하고, 회중들의 눈높이에 맞추어 원고를 만들었다는 것을 알 수가 있었다.

이제 회상의 글을 마무리하고자 한다. 필자가 25년간 이교수님과 알고 지내면서 기억나는 점들을 몇 가지 추려서 적어보았다. 그저 필자 시각에서의 이야기들인 것들도 있다. 이런 글이 교수님께 누가 되지 않기를 바란다. 22년 반 동안 총신대학교신학대학원 기독교윤리학 교수직을 잘 수행하시고 은퇴하신 교수님께서 영육간에 강건함을 누리시기를 기원하며, 은퇴하신 후에도 긴 세월 축적한 지식과 경륜을 우려낸 수작들을 많이 공표해 주시기를 바라고, 아울러 1985년부터 35년간 동고동락해 오신 조혜경 사모님과 세 딸(진희, 윤희, 현희) 등 모든 가족들이 강건하고 형통하시기를 바라면서 부족한 글을 끝내고자 한다.(*)